여전히 논란이 많은 사상 체계를 다룬 이 주목할 만한 저서는 철학자들의 입장뿐 아니라 정치인들의 행동을 이해하도록 돕는다. 그것이 이 책의 미덕이다. 포셋은 엄청나게 박식하며 이 책이 그 증거다. _제러미 월드론, 『가디언』

포셋은 지지할 만한 가치가 있다고  려 도발적으로 다룬다. 이 책은 자유주의에 대한 은 자유주의가 변함없이 유의미하다고, 열정적으 _슐러, 『허핑턴포스트』

'사상의 삶'에 대한 인상적인 담화. 어김없이 자극을 주는 포셋의 책이 가진 미덕 중 하나는 우리가 정치 논쟁에 붙이는 오해의 소지가 있는 꼬리표들을 무시하게 만든다는 것이다. 우리 사회를 형성한 개념들의 역사에 관심 있는 사람이라면 누구라도 읽어야 할 책이다. _사이먼 쇼, 『메일온선데이』

포셋은 자유주의의 진화와 궁지, 전환을 밝힌다. 이야기가 문어발식으로 확장되면서도 완전한 일관성과 적절성을 유지하는 이 책은 더없이 훌륭한 역사서다. _제프 블러드워스 개넌대학 교수, 『세르클』

포셋은 경이로운 책을 썼다. 그가 이토록 활기 넘치게 글을 쓰지 않았다면 그의 해박한 지식들은 위압적이었을 것이다. _클리브 크룩, 『블루밍뷰』

포셋의 설득력 있는 역사서가 밝힌 것처럼, 20세기는 초기 자유주의자들의 예상보다 훨씬 더 불안정하고 위험했던 것으로 나타났고 자유주의자들은 그 후 줄곧 인류 개선에 대한 기대를 자유주의적 국제 시스템을 상향 궤도로 유지할 수 있는 작은 조치에 대한 염세적 탐구로 누그러뜨려야 했다. _『포린어페어스』

중요하고 가치 있는 책. _월터 모스, 『히스토리뉴스네트워크』

잘 쓰인 좋은 책이다. 광범위하고 유익하며 자신만의 시각을 갖췄다. _제임스 칼브, 『크로니컬스』

자유주의

자유주의

에드먼드 포셋 지음 **신재성** 옮김
EDMUND FAWCETT

어느 사상의 일생

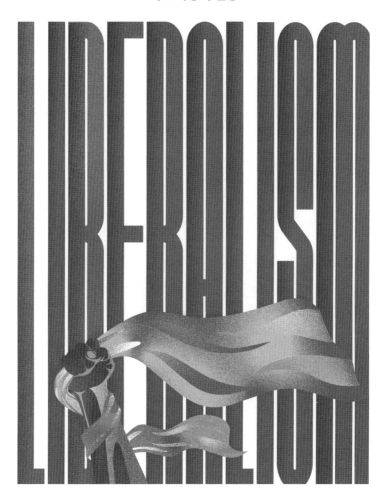

말로에게 바침
일라이어스를 추모함

개정판 서문

약화된 건물을 강화하기 위해서는 그것의 토대를 이해할 필요가 있다. 그 건물이 무엇에 기초를 두고 있는지, 왜 생겨났는지, 어떤 용도를 갖고 있는지 파악할 필요가 있는 것이다. 민주주의적 자유주의, 혹은 더 친숙한 단어로 말해서 자유민주주의 역시 마찬가지다. 근래에 유럽과 미국에서 일어난 충격적인 정치적 사건과 반자유주의의 성공들을 지켜봤다면, 자유민주주의가 안팎으로 도전받고 있음을 누구도 의심할 수 없다. 최근 수십 년간 부와 권력의 차이가 확대되면서, 냉담해진 시민들은 자유주의의 목표와 이상에 대해 의문을 품게 되었다. 최근 세계적으로 선망의 대상이 된 듯한 역사에 남을 만한 부와 안전지대를 갖춘 어떤 거대 구조물이 약점과 결점을 드러냈다. 그것을 점유한 자들의 자부심이 자신감 상실로 바뀌면서, 그 결점들이 개선 가능한 것인지 아니면 치명적인 것인지 사람들은 다각도로 질문했다. 세계 도처에서 자유주의의 지정학적 무게는, 물질적 발전과 안정의 측면에서 매력적으로 보이는 비자유주의적 경로를 제시한 권력들의 부상으로 희미해졌다. 미국과 영국이 정치적으로는 비자유주의적인 길로, 국제적으로는 일방주의적인 길로 나아가고 흔들리는 프랑스와 독일이 유럽의 자유주의 질서의 기수로 남으면서 자유민주주의 세계 자체가 분열되고 있는 것처럼 보였다.

『자유주의: 어느 사상의 일생』 초판은 마지막 장에서 자유민주주의의 현재 약점을 깊은 성찰 없이 언급하는 데 그쳤다. 자유주의가 무엇인지를 설명하고 우리가 걱정해야 할 것이 무엇인지를 더 잘 살펴보는 데 그 책의 목적이 있었기 때문이다. 이 개정판에서는 마지막 4부가 확장되었는데, 2016~2017년의 혼란 이후 집필된 그 부분에서는 자유주의의 현재 병폐와 그 전망에 대한 회의를 이야기한다. 새로 쓴 서론은 이 책의 기본 전제, 즉 자유주의가 비록 복잡하고 다양하긴 하지만 인지되기 쉽고 경쟁자들과 구별되기 쉽다는—자유주의가 위기에 처해 방어를 필요로 하는 듯 보이는 지금과 같은 시기에도—전제를 더욱 분명히 하고 있다.

자유주의는 특수한 목표와 이상들을 따르는 지속적인 정치적 관행이다. 자유주의는 19세기 초에—그 이전이라는 주장도 종종 있긴 하지만—, 전에는 상상도 할 수 없었던 곤경 속에서 시작되었다. 부단히 변화하는 자본주의적 근대성의 한복판에서 최초의 자유주의자들이 윤리적·정치적 안정을 확보할 지속 가능한 새로운 방법을 모색했다. 지금처럼 당시에도 자유주의는 크게 네 가지 이념을 기조로 하여 추구되었다. 첫째, 사회의 도덕적·물질적 갈등은 결코 제거될 수 없고, 그저 억제되거나 어쩌면 유익한 방향으로 길들여질 수 있을 뿐임을 받아들인다. 둘째, 정치적인 것이든 경제적인 것이든 사회적인 것이든 견제되지 않는 권력에 반대한다. 셋째, 사회적 병폐는 치유될 수 있고 인간의 삶은 개선될 수 있다고 믿는다. 넷째, 사람들이 어떤 생각을 하거나 어떤 존재이건 간에, 그들의 삶과 계획을 국가와 사회가 법에 기초해 존중한다.

서론에서는 이 네 가지 이념, 즉 **갈등**, **권력**, **진보**, **존중** 각각에 대해 좀더 상세히 다룰 것이다. 이 이념들을 통해 자유주의는 경쟁자인 19세기의 보수주의와 사회주의, 20세기의 파시즘과 공산주의, 그리고 21세기의 권위주의, 좌우 포퓰리즘, 신정주의, 일당 국가 자본주의와 구별된다. 이 책을 관통하는 자유주의자들 간의 끊임없는 갈등 대부분은 그들이 자신의 이상에 대해 어떤 식으로 생각하며 자신들의 목표를 어떤 식으로 실현하는지와 관련 있다. 자유주의의 지도 이념들은 워낙 높은 수준의 희망을 설정해둔 터라 승리주의에서 절망으로 혹은 그 반대로 분위기 전환을 가져오기도 한다.

자유주의는 정당, 진영, 이해관계, 철학, 지배적 인물 등에서 폭넓은 다양성을 띠고 있음에도 불구하고, 두 세기 동안 높은 수준의 통일성과 연속성을 보여주었다. 자유주의의 안전이 확보된 시기에, 자유주의의 다양성은 단일한 정치적 관행의 변이로 간주되기 힘들 정도로 갈피를 잡기가 몹시 어렵다는 인상을 주었다. 분명 "자유주의"는 상이한 관행들을 가리키는 말이라고 이야기된다. 분명 많은 자유주의가 존재한다고 이야기된다. 분명 **자유주의**나 **자유주의자**에 대해 확립된 개념은 없다고 이야기된다. 그러한 주장은 처음 들었을 때 솔깃하지만 너무 과장되었으며, 주장하는 사람이 자유주의를 제법 알고 있긴 하지만 자유주의에 대해 생각하고 이야기하는 다양한 방식에 홀려 있다는 의심이 들지 않는 한 그 주장들을 억누르기 어렵다. 그렇지만 상실의 두려움은 정신을 예리하게 만든다. 지금처럼 자유주의가 안전하지 않은 시기에, 개념적 난제들은 자유주의의 생존이라는 단도직입적인 문제보다는 덜 까다로워 보인다.

균형 잡힌 설명을 위해 여기서는 자유주의를 다루는 책들의 흔한 방식과 달리 자유로 시작하지 않는다. 자유주의 이념을 추적하기 위해서 자유주의 이전의 먼 과거로 거슬러 올라가려 애쓰지도 않는다. 또한 자유주의 사상을 경제학이나 도덕철학 안에 가두지도 않는다. 오히려 자유주의를 민주주의와 구분하고, 자유민주주의를 낳은 지난하고 언제나 협상 가능한 타협에 대해 기술한다. 이 책은 자유주의를 편협하게 영국과 미국의 독점물로 다루지 않고 프랑스와 독일의 자유주의 전통에도 마땅히 비중을 둠으로써, 이 네 나라 모두를 대표적이지만 배타적이지 않은 핵심으로 다룬다. 논쟁의 에너지는 자유주의의 목표와 이념이 엄밀하게 말해서 서구적이고, 세속적-계몽적이고, 부르주아적-개인주의적이고, 친자본주의적 혹은 (남용되는 유행어를 사용하자면) 어설프게 세계주의적임을 드러내 보이는 데 집중된다. 이 비방이나 꼬리표 중 어떤 것도 고착되지 않는다. 어떤 분파나 당파도 자유주의의 목표와 이념을 소유하지 않는다. 자유주의의 목표와 이념은 모든 민족, 성별, 계급에 봉사한다. 그 때문에 자유주의자에게 보편주의자universalist라는 꼬리표가 붙는다면, 그렇다면 좋다. 자유주의자들은 자부심을 가지고 'U'라는 주홍글씨를 달고 다닐 것이다.

이 책은 자유주의에 관심 있는 일반 독자를 위한 것이다. 그래서 각주도 미주도 없다. 인터넷의 속도와 광대함은 사실을 확인하고 인용을 추적하는 일을 수월하게 해주었다. 번역되지 않은 최근 도서들을 제외하고는 문헌들의 제목을 영어로 제시했고, 초판 발행일을 함께 적었다. 참고문헌 목록은 책 말미에서 볼 수 있다.

200여 년 동안 자유주의자들은 혼란스러운 변화 속에서도 수긍할 만한 안정적인 지점들을 꾸준히 탐색해왔다. 그 어떤 안정적인 지점도 지속적이지 않았다. 지금처럼, 때가 되면 늘 새로운 지점들이 요구되었다. 갈등은 결코 해결되지 않고 단지 완화될 뿐이었다. 탐색은 계속되며, 자유주의자들은 관찰하기를 멈출 때 스스로를 비난할 수 있다. 그들은 맹목적으로 탐색하고 있는 것이 아니다. 그들의 뒤에는 논거와 전통과 경험이 있기 때문이다. 그들은 하나의 역사를 가지고 있다. 그 역사는 자유주의가 무엇인지, 그것이 왜 중요한지, 현재의 충격 속에서 우리가 무엇을 감행해야 하는지를 이해하는 데 불가결하다. 그 역사를 소환하는 것이 내가 이 책을 쓴 이유다.

2018년 1월
에드먼드 포셋

차례

2부 성숙기의 자유주의, 민주주의와 씨름하다(1880~1945)

3부 두 번째 기회와 성공(1945~1989)

4부 21세기 자유주의의 꿈과 악몽

서론
자유주의 관행

자유주의가 위기에 처해 있고 방어할 가치가 있는 것이라고 생각된다면, 자유주의를 있는 그대로 살펴보는 것이 중요하다. 어떤 것을 있는 그대로 살펴보려면 그것이 어떤 종류에 속하는 것인지를 알아야 한다. 만약 자유주의가 어떤 종류의 것인지를 묻는다면, 자유주의란 정치 이데올로기, 윤리적 신조, 사회의 경제 상황, 정치철학, 자본주의의 이론적 근거, 협소한 서구적 시각, 일시적인 역사적 국면, 혹은 보편적 이념들의 영원한 본체라는 대답을 들을 가능성이 크다. 엄밀히 말해 이 모든 것이 틀린 건 아니지만, 대체로 부분적이다. 각각의 답변은 자유주의의 한 양상을 전체적인 것으로 만들고 있다. 어느 답변도 자유주의의 정확한 범주를 찾아주지 못한다. 포괄적으로 보자면, 자유주의는 하나의 정치적 관행으로 간주될 수 있다.

자유주의는 창조 신화나 출생 연도를 갖고 있지 않다. 자유주의의 지적·도덕적 원천은 기력과 호기심이 허락하는 만큼 멀리까지 거슬러 올라가 찾을 수 있지만, 자유주의 자체는 유럽과 대서양 세계 전역에서 1815년 이후에 하나의 정치적 관행으로 생겨났을 뿐 그 전에는 어디서도 유의미하게 존재하지 않았다. 자유주의는 어떤 새로운 사회 환경에 대한 반응이었는데, 당시 사회는 인구 증가로 갑자기 팽창했고, 자본주의에서 동력을 얻었으며, 좋든 나쁘든 끊임없이 물질적·윤리적 변화를 야기하는 정치적 혁명으로 들끓고 있었다. 이런 낯선 환경에서, 초기 자유주의자들은 자신들의 목표에 들어맞고 이상을 존중해줄 정치 세계의 행동 방식을 위한 새로운 용어를 모색했다.

그들 이전의 사람들은 전례 없는 그처럼 변화하는 세계를 상상하지 못했다. 18세기 계몽주의 사상가들은 사람들이 사회를 알고 변화시킬 수 있다는 생각을 고취했다. 흄과 칸트는 윤리적 지침으로서의 자유를 기꺼이 받아들였다. 애덤 스미스는 근대 자본주의의 그 첫 번째 결실을 알아챘다. 하지만 그들 중 누구도 어떤 자유이든 간에 자유의 참된 힘을 경험하지 못했다. 그들 중 누구도 사회가 때때로 전례 없는 속도와 아무도 이해하지 못하는 방식으로 사람들을 변화시키고 있는 새로운 상황을 깨닫지조차 못했다. 어떤 점에선 반갑고 또 어떤 점에선 당혹스러운 그 부단한 새로움이 이 자유주의 서사시를 19세기 초에서 시작하도록 뒷받침한다. 그 이전의 정치적 자유주의를 찾는 것은 17세기의 카뷰레터나 18세기의 마이크로칩을 추적하는 것과 다름없다.

왕조도 대통령제도 혁명도 자유주의의 생애를 말해주지 않는다. 네 가지 대략적 시기가 구별되어 보일 뿐이다. 첫 번째(1830~1880)는 젊은 시절의 자기 인식, 입신, 큰 성취로 이루어진 시기다. 두 번째 시기(1880~1945)에 자유주의는 원숙해졌고, 민주주의와의 역사적 타협을 실현시켰다. 당시 격론이 벌어지고 불안정했긴 하나, 그 타협으로 자유주의는 민주주의적 자유주의, 더 잘 알려진 말을 사용하자면 자유민주주의처럼 더 포괄적인 형태를 띠게 되었다. 거의 치명적인 실패들—제국주의의 과도한 확장, 세계화된 경쟁, 두 차례의 세계대전, 정치 파탄, 경제 침체—이후 1945년에 자유민주주의는 20세기의 우파 경쟁자인 파시즘이 군사적으로 패하고 도덕적으로 몰락하면서 두 번째 기회를 얻었다. 회복에 성공하고 지적 정당성을 확보한 세 번째 시기(1945~1989)는 자유민주주의의 20세기 좌파 경쟁자인 소련 공산주의가 항복함으로써 외견상 승리로 끝났다. 네 번째(1989~현재)는 당혹스러운 충격과 불안스러운 걱정 속에서 다시금 스스로에 대한 회의가 찾아든 시기로, 자유민주주의의 알려진 많은 병폐가 더 이상 자력으로 치유되지 못한 채 다른 것에 혼합되거나 파멸을 불러올 조짐이 나타나고 있었다.

자유주의의 원천들

자유주의자들의 역사에서 그들을 이끌어온 폭넓은 네 가지 이념은 각기 다른 뿌리를 갖고 있다. 첫 번째 이념인 갈등의 불가피성에 대한 인정은 종교 전쟁에 대한 생생한 기억과 경제 변화 및 지적 균열이 견고한 사회를 격변으로 내몰았다는 깨달음에 근거했다.

두 번째 자유주의 이념인 권력에 대한 불신은 분립해 있지 않은 권한으로는 복잡한 사회를 통치할 수 없다는 근대적 깨달음과 더불어, 권력은 견제되지 않으면 무자비해질 수밖에 없다는 인간의 오래된 지혜에 근거했다.

세 번째 자유주의 이념인 인간의 진보에 대한 믿음은 향상되고 정돈되며 개선되려는 인간의 자연스러운 열망에서 비롯됐지만, 더 직접적이고 분명하게는 17, 18세기의 종교적 각성과 계몽주의적 열정에서 생겨났다. 이들 각각은 세속적 희망의 형태로, 한 자유주의자에게서 함께 발견되곤 했다. 칸트만큼이나 기조와 글래드스턴 같은 초기 자유주의 정치가들도 서로 배척적인 신앙과 이성을 함께 가지고 있었다.

네 번째 이념인 시민적 존중—사람들이 어떤 생각을 갖고 있건, 어떤 존재이건 간에 사람들과 그들의 계획을 국가와 사회가 법에 기초해 존중한다는 것—은 사람들의 고유한 가치에 대한 종교적 인정과 사람들의 스스로에 대한 도덕적 책임에의 강조에 근거했다. 또한 이는 법, 특히 소유와 상속에 대한 법에 근거한 것이기도 했다. 그렇지만 자유주의적 존중이라는 정치적 요구는 범위가 더 넓었고 내용이 더 구체적이었다. 자유주의자들은 권력이 사람들의 프라이버시를 침해하지 않아야 하고, 사람들의 목표를 방해하지 않아야 하고, 그 누구도 제외에 의해서든 방치에 의해서든 앞의 두 약속에서 배제시키지 않아야 한다고 보았다. 법과 전통이 사람들의 유익한 혁신과 생산적인 일에 걸림돌이 되지 말아야 한다는, 정치경제학에서 고취된, 당시로서는 더욱 새로운 사상뿐만 아니라 비정통파에 대한 관용의 근대적 출현도 자유주의자들이 시민적 존중을 강화하고 확대하는 데 기반이 되었다.

국가와 사회가 모든 사람을—그들이 어떤 사람이건—존중해야한다고 주장하는 것은 비민주주의적인 것으로 남을 뻔한 신조 속에 뿌려진 민주주의의 씨앗이었다. 자유주의는 분할된 권력, 인간의 진보, 그리고 몇몇 영역에서의 시민적 존중이라는 혜택을 약속했다. 오직 민주주의적 자유주의자들만 그 혜택이 모든 사람에게 돌아가야 한다고 주장했다. 자유주의는 축제를 계획했다. 민주주의는 내빈의 명부를 작성했다. 자유주의 이야기의 대부분은 일부를 위한 자유주의와 모두를 위한 자유주의 간의 부단한 투쟁과 관련되어왔다. 그 다툼에 대해서는 2부(1880~1945)에서 정치, 경제, 문화라는 세 영역을 중심으로 서술된다. 20세기 후반에 이르러서야 민주주의적 자유주의자들이 승리를 주장할 수 있었다. 21세기의 우려는 그 성공이 일시적인 국면일 수도 있으리라는 것이었다.

일단 자유주의가 발판을 마련하고 확산되자, 자유주의 사상가들은 공통의 인식 틀을 통해 더 분명한 관점을 구축했다. 그들은 법학과 철학과 경제학의 논쟁의 여지가 있는 용어들—권리, 개인, 자유 시장—을 정가政街의 애매모호한 구호, 특히 "자유!"와 뒤섞었다. 그들은 16~17세기의 관용과 반군주제적 공화주의의 옹호자들을 거쳐, 스콜라 철학 교회박사들의 공의회 수위설首位說과 윤리적 합리론을 거쳐, 고대 그리스의 권력과 의무와 정의에 관한 논쟁에 이르기까지 이전의 지적 선례들에 의지했으며, 그 선례 모두는 자유주의가 언제 시작되었는지에 대한 미해결의 논쟁들을 야기했다.

자유주의에 대한 그 어떤 견해도 표준이 되지 못했다. 자유주의는 공인된 이론가도, 신앙을 전파할 신도도, 마르크스-엥겔스라는 표준판도 갖고 있지 않았다. 어떤 철학도 자유주의 이념을 대변하지 않았다. 밀의 공리주의와 헤겔의 관념론도 모두 19세기에 정당화 서사로 기능했다. 1945년 이후 영어권에서는 우파에 바탕을 둔 자유주의가 정치철학을 지배하게 되었다. 그런 다양한 공통 용어와 근거 제시로 미루어, 자유주의적 관점은 느슨하고 해석의 여지가 많을 수밖에 없었고, 계속 논란거리가 될 수밖에 없었다. 자유주의 철학자들은 자유주의를 정당화하기 위해 분투한다. 자유주의의 경쟁자들은 자유주의를 물리치기 위해 분투한다. 자유주의자들은 자유주의를 소유하기 위해 자기네끼리 경쟁한다. 자유주의 이념의 복잡한 얽힘 속에서 각자 자기주장이 무엇인지를 명확히 하는 것이 좋다.

낯선 곤경 속에서의 희망과 우려

자유주의는 곤경에서 시작되었다. 최초의 자유주의자들은 초기 산업 자본주의의 격동과 18세기 후반의 두 혁명—미국과 프랑스의 혁명—이 사회를 유익하지만 끝없는 혼란에 빠뜨린 후 새로운 정치 질서를 찾고 있었다. 이제부터의 질서는 정적이지 않고 역동적이리라는 것이 자유주의의 주된 난제였다. 균형이 무너진 사회가 안정을 되찾을 순 있겠지만, 더할 수 없이 희박한 운이 따라주지 않는 이상 원래대로 돌아갈 수는 없다. 기분 좋은 귀향 같은 것으로 상상되는 삶의 지속성은 영원히 사라졌다. 유목민적 근대성을 띤 낯선 세계에 처해 있음을 문득 깨달은 자유주의자들은 전율과 공포를 느꼈다. 그들의 정치 성향도 정치 사상도, 전율과 공포가 동시에 그들을 엄습했음을 알지 못하고는 이해할 수 없다. 부단히 변화하는 불안정한 세계에서 수용 가능한 정치 질서를 모색하는 가운데, 자유주의자들은 당연히 불안정하고 창의적인 긴장 속에서 좋은 꿈과 나쁜 꿈을 결합하고 있는 인간 사회에 대해 희망적인 꿈도, 악몽도, 대낮의 그림도 다 품고 있었다. 처음부터 자유주의는 자유를 추구하는 것만큼이나 질서를 추구하는 것이었다.

희망적인 꿈은 어떤 지배자 없는 세계 질서에 대한 신화를 상상하는 것이었다. 아버지 같은 존재나 형제 관계, 족장이나 동료, 궁극의 권위자나 타고난 친구 같은 것이 없는 평화롭고 번영하는 어떤 곳에 대한 신화 말이다. 그것은 권력과 독점과 권위에 대한 불신, 전쟁과 빈곤과 무지라는 인간 병폐가 이러한 세계에서 고쳐질 수 있다는 믿음, 그리고 사람들의—어떤 사람이건—기획과 관심과 의견에 대한 침해할 수 없는 존중으로 이루어진 매력적인 신화였다. 이런 신념은 사람들의 마음을 끌었고, 앞서기를 바라는, 그리고 기성 엘리트가 자신들에게 걸림돌이 되지 않기를 바라는 교육받은 유산자들에 의해 처음 표명되었다. 하지만 자유주의 이념의 매력은 그런 사람들에게 한정되지 않았고, 민주주의 시대에 사회 범주에 한정되지 않은 채 퍼져나갔다. 자유주의 이념들은 이해관계가 상충하고 논란이 끊이지 않는, 늘 변화하는 새로움의 세계에서 지침으로 기능했다. 자유주의자들은 몽유병자가 아니었다. 그들은 이 지도 이념들이 맞물려 서로를 강화한다는 것을 스스로에게 납득시키기 위해 애썼다.

자유주의자들은 신성한 권위, 기성 전통, 편협한 관습에 의지하지 않는 윤리 질서를 바랐다. 그들은 법으로 정해진 위계나 특권 계급이 없는 사회 질서를 바랐다. 그들은 왕이나 국가의 간섭, 독점적 특권, 전국적인 시장에 방해가 되는 지역적 장벽이 없는 경제 질서를 바랐다. 그들은 무역이 전쟁보다 우세하고 조약이 무력보다 우세한 국제 질서를 바랐다. 마지막으로, 그들은 이러한 희망을 존중하고 증진시키는 적법한 조치들에 따라 모든 시민이 이해하고 수용할 수 있는, 절대적 권위나 분할되지 않은 권력이 없는 정치 질서를 바랐다.

자유주의의 악몽은 무질서한 세계를 상상하는 것이었다. 그 악몽은 16~17세기의 동족상잔에 대한 집단적 기억뿐만 아니라 1789~1815년의 직접적인 혁명 경험과 전쟁 경험에도 기인했다. 그 악몽에는 역사적 불관용과 종교 갈등으로의 회귀에 대한 공포, 그리고 얼마 전 유럽과 대서양 세계를 휩쓸었던 테러와 대항 테러, 민중 소요, 보복적 탄압, 국민총동원, 무제한 전쟁에 대한 충격이 뒤섞여 있었다. 유럽 자유주의자들은 급증하는 도시 폭도들에게 진저리를 쳤다. 미국 자유주의자들은 노예제의 잔인함과 사악함에 대한 보복을 두려워했다. 인구 증가가 농업의 수용력을 능가할 조짐이 나타나면서 시골 지역의 빈곤 증가가 암울하게 예상되었다. 어디서나 자유주의자들은, 진보의 이로움은 보통 널리 퍼져나간 끝에 감지되는 것인 데 반해, 진보를 위해 치르는 대가는 국부적으로 뚜렷이 느껴지는 데다 급격하다며 우려했다.

자유주의는 희망과 악몽을 사회에 대한 바람직한 그림 속에 용해시켰다. 즉, 상충하는 이해관계와 일치하지 않는 신념들이 제거되지는 못하지만 행운과 현명한 법 덕분에 부단한 충돌이 혁신과 논의와 교류라는 환영할 만한 결과로 전환될 수 있는 그런 공간, 자연적 조화가 부재하는 비친교적 공간으로서의 사회를 그리는 데 용해시킨 것이다. 충돌이 평화로운 경쟁으로 이어지는 그림은 어떤 혼란스럽고 유동적이며 늘 놀라움을 안겨주는 사회를 자유주의자들에게 이해 가능한 것으로 만들어주었고, 따라서 어느 정도는 정당화하고 수용할 수 있는 것으로 만들어주었다.

자유주의적 꿈의 요소들이 함께 작동하고 자유주의적 희망들이 이뤄질 수 있다고 가정할 만한 매력적인 근거들이 존재했다. 사람들이 책임지고 스스로를 위해 훌륭하고 지혜로운 선택을 하며 서로의 선택을 존중할 줄 알게 되면서, 윤리 질서는 교육 및 물질적 자립의 확산과 함께 저절로 실현될 것이다. 기술적·경제적 변화의 누적 편익이 비용에 의한 편익 손실보다 커지면서 사회 질서는 저절로 유지될 것이다. 하나의 시장이 실패해도 다른 시장이 제공될 수 있고, 지속적 개입이나 비효율적 개입 없이 경제가 스스로 균형을 되찾게 하는 한 경제 전체가 비틀거려도 번영은 회복될 것이므로, 경제 질서가 저절로 교정될 것이다. 마찬가지로, 무역과 개방을 통한 상호 이익이 전쟁의 성과보다 커지면서 국제 질서는 저절로 이루어질 것이다. 마지막으로, 피치자가 통치자가 되고, 주인-국가가 종복-국가가 되고, 단지 시민이 준수해야 하는 것이었던 법이 어떤 점에서 시민이 스스로를 위해 받아들인 법이 되면서, 정치 질서는 저절로 실현될 것이다. 희망치고는 꽤 큰 희망들이었다.

처음부터 자유주의의 야망은 유토피아적이거나, 적어도 지나치다는 인상을 경쟁자들에게 심어주었다. 만족하는 사람끼리의 지배자 없는 질서에 대한 희망은 많은 물질적 증가를 꾸준히 필요로 했는데, 그것이 이루어지긴 했지만 꾸준하지는 않았다. 그 희망은 국가들 내의 합리적 시민들 사이에서 관용이 많이 늘어나길 요구했는데, 그 관용은 좋은 시절에는 눈에 띄었지만 안 좋은 시절에는 금세 자취를 감췄다. 그 희망은 국가 간의 호전성이 많이 감소하길 요구했는데, 사실 그 호전성은 자유주의자들이 제시한 이유로 감소하긴 했지만 놀랍게도 결국은 전례 없는 더 파괴적인 형태로 되돌아왔을 뿐이다. 새로운 모습을 하고 있지만, 그러한 도전들은 19세기와 마찬가지로 지금도 엄중하다. 무한한 혁신, 개방된 국경, 제한 없는 사회적 자유를 기반으로 하는 질서에 대한 희망은 이익을 전부 나누지 않는, 안정을 갈망하는, 그리고 특히 자신이 좋아하지 않는 이웃을 늘 온당하거나 관대하게 대하고 싶어하지 않는 많은 사람을 끌어들여야 한다.

자유주의 이야기를 특징짓는 것은 희망과 악몽, 성공과 파멸이며, 또한 그것들을 통한 광범위한 분위기 전환이다. 즉, 정치적으로는 과도한 자신감에서 자신감 상실로의 전환, 지적으로는 무한한 보편주의에서 세속적인 피해 제한으로의 전환이다. 그 주기의 절정에서는 언제나 곧 닥칠 재앙을 탐지하는 자유주의자들을 볼 수 있었다. 반면 주기의 바닥에 이르렀을 때는 언제나 흔들리는 동료들에게 곧 닥칠 상승세를 상기시키는 자유주의자들을 볼 수 있었다. 오르내림의 기복이 있는 자본주의 자체와 마찬가지로 자유주의의 분위기 전환은 어느 정도는 위안이 된다. 그러나 자연 현상이 그런 것처럼, 역사의 주기는 끝날 수 있다.

자유주의의 네 가지 지도 이념

　자유주의의 첫 번째 지도 이념인 갈등은 목표나 이상이라기보다는 사회를 묘사해주는 것이었다. 중립적인 묘사라고는 할 수 없지만 말이다. 이해관계와 신념의 갈등은 자유주의 정신에서는 피할 수 없는 것이었다. 하지만 안정적인 정치 질서 안에서 다스려져 경쟁으로 전환될 경우 갈등은 논의와 실험과 교류 같은 결실을 낳을 수 있을 것이다. 사회를 확대된 부족이나 대가족 같은 것이 아니라 평화적 경쟁의 장으로 다룸으로써 자유주의자들은 어떤 규범적 이상을 따라야 하는지에 제약을 가했다. 다시 말해, 그들의 이념은 경쟁 사회에 적합한 것이어야 했다. 자유주의자들이 갈등을 피할 수 없는 것으로 여기고, 갈등의 평화적 형태인 경쟁을 바람직한 것으로 여길 때, 그들은 정치적 경쟁자들이 지지하는 사회적 덕목들을 배제하거나 강등시킨 셈이었다. 자유주의자들이 생각하기에, 마을 광장과 연구실과 시장에서의 경쟁은 협상, 창의성, 진취성을 자극하지만 사회적 조화는 그런 것들을 질식시키고 침묵시켰다. 전통에서 조화를 보는 보수주의자들과 동지애에서 조화를 보는 사회주의자들은 자유주의 이념이 사회의 진실된 그림을 크게 왜곡한다고 즉각 주장했다. 그들이 생각하기에 자유주의자들의 그림은 실물보다 낫게 그린 자유주의의 자화상이며, 있는 그대로의 사회를 그린 것이 아니라 자유주의자들이 희망하는 사회를 그린 것이었다.

　갈등에 대해 생각할 때 미국과 영국의 자유주의자들은 경제학자들을 희망적으로 모방해, 갈등을 왜곡 없이 사회 차원으로 확대될 수 있는 두 명의 협상가나 경쟁자가 관련된 것으로서 개인주의적으로 취급하는 경향이 있다. 프랑스와 독일의 자유주의자들은 갈등을 공유된 사고방식이나 독립된 집단들 내에서 발생하는 것으로서 좀더 사회적으로 취급하는 경향이 있다. 이러한 대조를 고려할 때, 1부 끝에서 설명하듯이, 자유주의는 논쟁의 여지가 있는 "개인주의적" 측면에서 옹호될 수는 있지만 꼭 그래야 하는 것은 아니다.

콩스탕, 토크빌, 밀 같은 희망에 찬 초기 자유주의자들은 다양성을 환영했고 사회 통합을 불신했다. 그들은 근대의 분열에서 물질적·지적 창의력의 바람직한 잠재력을 보았다. 그러나 머잖아 자유주의는 거래하기보다는 싸우려 하는 사람들을 고려해야만 했다. 자유주의는 거래할 것이 거의 없거나 전혀 없는 이들, 즉 자유주의적 자본주의가 특별하게 가치를 부여하는 것인 시장성 있는 것이라고는 전혀 없는 사람들에게 할 말을 찾아야 했다. 이런 어려움에 직면한 나중의 자유주의자들, 특히 1945년 이후의 자유주의자들은, 결국 사회는 피할 수 없는 갈등 속에 있지 않다며 스스로를 속이려 했다. 어느 정도 불신을 갖고 있던 그들은 근대인의 관심과 신념이 사회적 평화와 물질적 풍요라는 공통의 목표로 수렴되고 있다는 맹신적 믿음에 기대고 싶어 했다. 그러한 소망의 그림 위에서는, 자유주의적 근대성에서의 갈등은 길들여지기보다는 삭제되는 것이었다.

21세기의 동요하는 자유주의자들이 보기에, 근대 사회가 확실히 갈등을 순이익으로 전환한다는 것, 또는 자유주의적 자본주의가 불일치 속의 일치라는 '바라던 대로의 정상 상태'를 달성해왔다는 것은 꽤 분명하다. 그들의 전망은 19세기 중반의 자유주의자들이 취했던,

활발한 논쟁과 생산적 경쟁이라는 밝은 전망이 아니다. 또한 개방적이고 다양성 있는 사회에서 온건한 정부의 지원을 받아 경제에 집중된 1945년 이후의 자신감 있는 자유주의도 아니다. 그것은 자유주의의 토대에 대한 의문으로 심해진 끊임없는 갈등과 분열이라는 비관적인 전망이다. 근래의 당황한 자유주의자들은 사회의 지적·물질적 균열을 보댕이나 홉스의 견지에 좀더 가깝게 보는 것 같다. 단, 16~17세기의 신뢰할 만한 해법이지만 자유주의적 근대성에서는 수용될 수도 획득될 수도 없는 것인 절대 권력에는 의지하지 않지만 말이다.

자유주의의 두 번째 지도 이념인 권력에 대해 말하자면, 자유주의자에게 인간의 권력은 절대 받아들일 수 없는 것이었다. 인간의 권력은 좋은 행실에 달려 있는 것이 결코 아니었다. 정치적·경제적·사회적으로 다른 이들에 대한 일부 사람의 우월한 힘은 저항에 부딪히거나 견제되지 않는 한 독단과 지배로 흐르지 않을 수 없었다. 권력은 사람들이 스스로 선택한 대로 하지 못하게 막거나 사람들이 스스로 원치 않는 일을 하게 할 수 있었다. 정치에서 가장 중요한 그런 권력은 시민에 대한 국가의, 빈자에 대한 부자의, 소수에 대한 다수의 공권력이었다. 공권력은 다양한 형태를 띠었다. 공권력은 국가에 의한 강력하고 법적인 강제일 수 있다. 또한 시장에서의 횡포한 경제적 압력이라는 좀더 부드러운 형태일 수도 있고, 제약을 가하는 정통성이라는 사회적인 형태일 수도 있다. 각 형태는 특유의 "그렇지 않으면"을 수반해, 각각 징벌적 억제, 빈곤의 고통, 사회적 배척을 위협함으로써 순응을 강요했다.

경우에 따라 공공연한 폭력이 권력에 저항할 수도 있고, 급진적 상상이 펼쳐지는 흥미진진한 '위대한 밤'에 인민 폭동이 권력에 저항할 수도 있다. 하지만 자유주의자들이 생각하기엔 오직 법과 제도만이 권력에 평화롭게, 영속적으로 저항할 수 있고, 법과 제도는 법적 권위를 획득하려는 경쟁적 이해관계들과 영원히 경합했다. 따라서 권력에 대한 자유주의적 저항은 몇몇 영역에서는 신중해야 했다. 이는 무엇이 배제되었고 그 대신 무엇이 제안되었는지에 의해 가장 잘 이해되었다. 예컨대 전제적 통치가 아니라 헌법적 권위의 분할이라든지, 경제적 독점이 아니라 경제적 경쟁이라든지, 학설의 정통성이 아니라 자유로운 탐구와 열린 토론이라든지 하는 식으로 말이다.

자유주의적 저항은 부담스럽게도 시민 개개인에게 과도한 권력에 복종하지 말 것을 요청했다. 이상적인 자유주의적 시민은 자신감을 지녔고, 권위에 말대꾸할 준비가 되어 있었다. 그러나 자유주의는 순교를 요구하는 것이 아니었다. 효과적인 저항은 집단적이어야 했다. 따라서 자유주의는 하나의 이해관계나 신앙이나 계급이 국가나 경제나 사회에 대한 통제권을 장악해 자신의 횡포한 목적을 위해 사용하는 것을 방지하는 법과 제도에 대한 공동의 헌신을 요구했다. 즉, 자유주의적 저항은 프랑수아 기조의 말을 빌리자면 "모든 절대 권력의 근본적 위법성"을 인정하는 지속성 있는 제도들을 필요로 했다. 하지만 제도를 만드는 것은 집단적 저항의 첫걸음에 불과했다. 권력에 맞서는 자유주의적 임무는 결코 끝나지 않았다. 저항은 좀체 견고하지 않은데, 왜냐하면 권력이 워낙 무자비하고 교활하기 때문이었다.

독단적 권력, 법, 정부에 맞서는 첫 번째 방어 자체가 하나의 권력이었고, 따라서 자유주의자들의 영원한 문제였다. 이 문제는 19세기에 자유주의자들을 따라다녔는데, 훗날 적절히 희화화되었듯이 당시 자유주의자들은 정부를 더 작고 더 약하게 만들려고 애쓴 것이 아니라 더 유능하고 덜 부패하게 만들려고 애썼기 때문이다. 20세기 중반에 그 문제는 자유주의자들을 따라다녔는데, 그들이 정부의 광범위한 사회경제적 책임을 받아들였지만 그와 더불어 전례 없이 비용이 늘어나고 정부에 대한 요구가 끝이 없는 상황에 직면했기 때문이다. 그 문제는 작은 정부를 지향하는 20세기 말의 자유주의자들을 따라다녔는데, 그들은 부나 정통성이 갖는 권력을 무시하고 저항해야 할 권력을 오로지 정부에만 한정했기 때문이다. 국가를 제한하는 것과 국가에 권한을 부여하는 것 사이의 균형을 찾는 일은 21세기의 자유민주주의를 따라다녔는데, 정부의 책임을 부정하고 얕보고 무시한다고 해서 정부의 책임이 저절로 사라지지는 않는다는 것이 분명해졌기 때문이다.

국가 권력의 적절한 수준을 생각하면서 자유주의자들은 세 번째 지도 이념인 진보에 줄곧 많은 것을 걸었는데, 그들은 진보가 사회와 시민을 덜 무질서하게 만들 것이라고 믿었다. 이제 보게 되듯이, 초기 자유주의자들은 다양한 방식으로 진보를 강조했다. 훔볼트와 기조와 밀은 교육을 통해 진보가 이루어질 수 있음을 강조했다. 경제학자인 코브던, 마셜, 발라는 경제성장과 번영의 확산이라는 진보를 강조했다. 스마일스와 채닝은 각각 자기 개발이나 도덕적 고양 같은 개인의 발전에서 진보를 보았다. 공리주의자 채드윅 같은 고위 공직자들은 사회적 병폐의 해소와 공공 복지의 향상을 위해서 정부에 기대를 걸었다. 사회복지에 관심을 갖는 자유주의적 진보의 전통은 홉하우스, 나우만, 부르주아, 크롤리 같은 지난 세기 초의 "새로운 자유주의자들"에 의해 계속되고 확장되었다. 규모와 시기는 달랐지만, 1945년 이후 자유주의의 사회적 전통은—프랑스와 독일처럼 성문화되었든, 미국처럼 절반만 성문화되었든, 영국처럼 관례화되었든—입헌적으로 서구 정치에 새겨졌다. 보편 교육과 요람에서 무덤까지의 사회보장을 포함하는 복지 자본주의는 대서양 세계 전역에서 자유주의의 인류 진보 모델이 되었다. 이후 70년 동안 서구 정치의 심오하고 영속적인 유일한 문제는 자유주의적 진보의 비용과 지속 가능성인 듯 여겨지는 것이 보통이었다.

자유주의의 네 번째 지도 이념은, 우월한 권력이 사람들을 대하는 방식에 제한이 있다는 것, 무엇보다 억압하거나 배제하지 않도록 제한이 있다는 것이었다. 자유주의자들은 국가와 사회가 사람들을, 그가 어떤 사람이건 어떤 생각을 가졌건 상관없이 존중해야 한다고 주장했다. 자유주의자들은 완력이 옳지 않다는 진부한 진리를 반복하지 않았다. 그들은 권력에는 도덕적 규제가 따른다는 것을 처음 생각해내고 있는 것도 아니었고, 현명한 통치자는 잔인함과 도둑질, 그리고 사람들의 의지를 무시하는 일을 해서는 안 된다는 오래된 격언을 재발견하고 있는 것도 아니었다. 자유주의자들은 새로운 종류의 시민이 새로운 요구를 하고 있는 새로운 상황에서 도덕적이고 신중한 어떤 공통의 유산을 활용하고 있는 것이었다. 콩스탕, 토크빌, 밀이 모두 파악했듯이, 근대 시민들은 안전한 사적 공간과 함께 공적 수행을 위한 넓은 운신의 폭을 요구했고, 원하는 바를 자신 있게 옹호할 수 있었다.

사람들이 국가와 사회가 부과하는 다양한 부담에 맞닥뜨리면서, 시민적 존중의 요구들이 몇몇 영역에서 등장했고 다양한 형태를 취했다. 그 요구들은 부정의 방법으로 가장 잘 표명될 수 있었다. 다른 사람들보다 우월한 어떤 사람의 권력이 해서는 안 되는 일에 제한을 둠으로써, 자유주의적 존중은 비非침해, 비방해, 비배제—민주주의적인 "누구나"—를 주장했다. 침해적 권력은 사람들의 사적인 세계를 침해하거나 사람들의 재산권에 간섭하거나 사람들의 의견에 재갈을 물릴 수 있다. 방해적 권력은 창의적 목표와 기업가적 진취성과 기술적 혁신을 가로막을 수 있다. 배제적 권력은 빈자, 여성, 문맹자, 비정통파에 대한 보호와 인정을 거부할 수 있다. 다시 말해 권력은 비민주주의적이게도 사회적 차별의 표식을 통해 열등한 시민으로 분류된 이들에게는 보호와 인정을 거부할 수도 있는 것이다.

시민적 존중은 사람들에게 압제적이거나 바람직하지 않은 권력으로부터의 확실한 보호를 약속했다. 그것은 국가와 사회를 향한 공적인—사적인 것이 아니라—요구이기에 "시민적"인 것이었다. 그것은 국가와 부유층과 사회라는 "냉혹한 괴물들"의 권력을 제한할 것을 비개인적으로 요청했다. 그것은 그 괴수들이 우리 각자에게 해줘야 하는 것에 대한 높은 기준을 설정했다. 시민적 존중이란 사람들에 대한 개인적 관심을 높이 평가하거나 중시하거나 가질 것을 권력에 요구하는 것이 아니다. 이는 중력을 향해 우리에게 잘해달라고 요구하는 것만큼이나 엇나간 바람일 뿐이다. 민주주의와 맞물릴 때 시민적 존중은 어떤 사람인지를 가리지 않고 모든 사람을 위해 요청되었다. 이렇게 이해될 때 시민적 존중은 편애나 배제라는 차별 없이, 중립적으로,

불편부당하게, 그리고 사람들의 주어지거나 채택된 사회적 외피—복잡성과 야망의 요건인—를 가리지 않고, 사유와 실천에서 끊임없는 논쟁을 야기하면서 확장될 수 있었다.

특히 1945년 이후 자유주의자들은 자신들의 전체적 이익이라는 공리주의적 관점보다는 개인 권리의 관점에서 시민적 존중에 따른 보호와 인정에 대해 생각하기 시작했다. 이러한 전환은 개념 축소와 실용성 확대를 수반했다. 철학적으로는, 권력이 우리를 침해하거나 방해하지 말아야 할 이유에 대해 정당한 답변을 찾는 과정에서 자유주의 사상가들은 오래된 자연권 학설의 새로운 계약적 해석을 정교하게 만들어냈다. 12장에 기술된 것처럼, 침해될 수 없는 권리가 어디에 기반을 두고 있는지에 대한 근대적 탐구는 미국에서 시작되었는데, 미국은 방법론적 개인주의가 사회과학을 지배하고, 법원이 정치에서 주도적인 역할을 하며, 모든 종류의 사회 갈등이 두 당사자—흔히 그중 한쪽이 국가 기관인—간 법적 분쟁으로 진행될 수 있는 곳이었다. 그러나 이른바 권리의 폭발은 정치철학계에 한정된 것도 아니며 미국만의 일도 아니었다. 정치적으로는, 1945년 이후 어디서나 자유주의자들은 어떤 면에서든 국가와 사회가 존중의 방식으로 우리에게 해줘야 하는 것을 법적으로 성문화되고 원칙적으로 법정에서 옹호될 수 있는 개인 권리의 문제로서, 즉 1945년 이후의 인권을 다룬 11장에 기술된 그런 실용성 확대의 흐름으로 다루는 경향이 있었다.

때맞춰 권리의 자유주의는 신헤겔주의적인 인정의 자유주의로부터 지원을 받았다. 이 역시 개념 축소, 실용성 확대와 관련 있었다. 20세기 헤겔 해석자들의 독해에 따르면, 헤겔은 인정받지 못하고 권력 없는 자와 인정받고 권력 있는 자 간의 경쟁을, 법치 국가를 공히 받아들임으로써 모두가 모두를 인정할 때까지 계속되는 그 경쟁을 기술했다. 그런 그림 안에서 역사는 결국 인정을 위한 투쟁이 되었다. 이 은유는 신헤겔주의 자유주의자들을 흥분시켰고, 그들은 권력이 사람들에게 해줘야 하는 비개인적 존중을 사람들이 서로 간에 해줘야 하는 인정에 견주었다. 이것은 모든 공적 침해나 방해나 배제를 인정의 거부로 간주하고 정치적 자유주의자들에게 소중한, 공적 영역과 사적 영역 사이, 정치적인 것과 개인적인 것 사이의 경계를 흐릿하게 만드는 한 걸음에 불과했다.

지적으로는, 권리의 자유주의가 20세기 중반의 차별 금지 운동과 시민권 운동을 지원한 반면, 인정의 자유주의는 그 큰 운동들의 골칫거리 의붓자식인 정체성 정치를 도왔다. 14장의 '국민이라는 것, 시민이라는 것, 정체성'이라는 절에서 기술했듯이, 배제를 종식시키는 캠페인과 모든 사람에 대한 시민적 존중을 쟁취하는 캠페인을 통합하는 것은 차이를 기리는 분열적 캠페인이 될 위험이 있었다. 정체성 정치는 분리주의 정신으로 추구될 때 그것의 모든 미덕에도 불구하고 좌파를 분열시켰으며, 우파에 무기를 쥐어주었고, 동등한 시민이라는 민주주의 사상을 약화시켰다.

자유 그 이상에 관한 것

시민적 존중의 삼중 구조는 자유주의자들이 단순화하는 것을 거부할 수 없게 만들었다. 역사상 지배자, 지방 행정관, 세금 징수관, 책검열관, 성직자의 침해에 직면했을 때 무도한 권력을 막아주는 신뢰할만한 보호책은 사람들이 태곳적부터 자유라고 일컬어온 것이었다. 최초의 자유주의자들은 견제되지 않는 권력—정치적, 경제적, 사회적—을 상대로 한 몇 차례의 싸움에서 자유liberty라는 개념을 이용했는데, 이는 주로 유사한 노예 해방 운동의 도덕적 자본을 담보로 한것이었다. 진취적인 새로운 기업을 불공평한 계약과 불공정한 임금에기댄 낡은 구조로부터 해방시키고자 한 자유주의 경제학자와 법률가들은 19세기의 상법에 자유 계약 사상을 새겨넣으려 애썼다. 자유민주주의는 20세기의 경쟁자인 파시즘과 공산주의를 굴복시키는 과정에서, 자유라는 다목적 기치 아래 지정학과 원칙에 있어서 성공적인경쟁을 벌였다.

자유주의자들은 자유를 믿는다고 이야기된다. 사실이다. 하지만대부분의 비자유주의자도 그렇다. 따라서 자유를 옹호하는 것만으로는 자유주의자 혹은 그들의 신념을 구별할 수 없다. 근대의 자유주의 경쟁자 대부분이 자유의 편이라고 주장해왔다. 전통과 반동을 장려하려는 목적에서 1818년에 창간된 프랑스 잡지 『보수주의자』는 "왕,종교, 자유"의 수호가 목표임을 선언했다. 『공산당 선언』(1848)에서 마르크스와 엥겔스는 "각자의 자유로운 발전이 만인의 자유로운 발전의조건이 되는" 계급 없는 사회를 기대했다. 아메리카남부연합의 부통령이었던 알렉산더 스티븐스는 노예제를 고수하는 남부의 새 정부를"우리의 오래된 모든 권리, 특권, 자유"를 보호하는 것으로서 옹호했다. 1888년에 교황 레오 13세는 회칙 「인간의 자유」에서 로마가톨릭교도들을 향해, 모든 사람이 "신의 영원한 법"을 더 잘 준수하게끔 인간의 법을 만드는 것이 곧 "인간 사회의 진정한 자유"라고 이야기했다. 1920년의 나치당 헌장은 "독일의 자유에 대한 독일 정신 안에서의 독일의 재탄생"이 목표임을 밝혔다. 베니토 무솔리니는 이탈리아 파시스트를 자유를 믿는—심지어 적들을 위해서도—"자유지상주의자"로 묘사했다.

그럴지도 모르지만, 분명 저 비자유주의자들은 자유주의자들이 자유를 언급하면서 떠올리는 것과는 다른 것을 생각하고 있었다. 자유가 결국 무엇인지, 그리고 왜 정치에서 자유가 중요한지에 대해 자유주의자들의 의견이 일치한다면, 그 이론異論은 아마도 저절로 명확해지면서 좀더 무게를 가질 것이다. 그러나 자유주의자들의 의견은 일치하지 않는다. freedom과 liberty는 자유를 뜻하는 말로 서로 바꿔 쓸 수 있다고 흔히 이야기되지만, 사실 완전히 같은 의미는 아니다. 자유로서의 freedom은 장애물이나 제약의 부재를 의미하는데, 장애물이나 제약은 자연적인 것일 수도 있고(길을 가로지르는 나무) 사회적인 것일 수도 있다(경찰관의 "멈추시오!", 침입 금지 표지판, 개찰구). 자유주의자들이 정치적으로 자유에 대해 이야기할 때 뇌리에 떠올리는 것은 이 중 후자에 해당되는 자유, 즉 사회적인 종류의 자유, 특히 강압적 금지와 침해로부터의 자유다. 하지만 심지어 이에 대해서도 자유주의자 모두가 동의하는 것은 아니다.

어떤 자유주의 사상가들은 외적 제약의 부재보다 정치에서의 더 많은 자유를 요구할 것이다. 자유를 행사할 능력과 자원이 없다면, 혹은 권력의 변덕에 따라 자유가 박탈될 일은 없다는 확신이 없다면 자유는 별로 가치 없다고 그들은 생각할 것이다. 또 어떤 자유주의 사상가들은 자유를 더 밀고 나가, 자기 삶의 방향을 스스로 선택하지만 그럼에도 자신이 속한 사회에서의 공적 의무를 받아들이는 당당하고 자주적인 시민의 시민적 이상으로서 다루었다. 자유의 몇 가지 개념 중 어떤 것에 해당되든—정치철학의 꼬리표를 사용해 말하자면, 소극적인 것이든 적극적인 것이든 공화주의적인 것이든, 혹은 그 셋의 조합이든—허용과 보호에 대한 자유주의의 약속들이 일부 사람에게 확대된다고 볼 것인가 아니면 모든 사람에게 확대된다고 볼 것인가 하는 민주주의적 문제는 남아 있을 것이다. 민주주의적 자유주의자들은 자유주의의 그 약속을 모든 사람을 위한 것으로 여길 것이다. 만약 자유주의자들에게 부득이 단 하나의 이념만을 허용해야 한다면, 민주주의적 자유주의자들은 자유 아닌 평등이 자유주의의 지배 이념이라고 말할 것이다. 다른 자유주의자들은 그런 선택을 거절하고, 자유주의가 한 가지 이념을 갖고 있다는 것을, 즉 어떻게든 다른 이념을 누르고 자유주의의 기초가 될 수 있는 그런 한 가지 이념—평등이든 자유든—을 갖고 있다는 것을 부인할 것이다.

자유는 자유주의 역사의 모노드라마에서 무대를 장악해왔다. 헤겔의 것이든 휘그당의 것이든 이야기의 본질은 같다. 헤겔이 상상한 역사는 인간의 자유의 훨씬 더 완전한 실현—그게 무엇이건 실제로 중요한 것을 추구하는, 즉 이어지는 사회 무대들에서 인간의 정신적·물질적 힘과 능력의 확장을 지향하는—을 위한 일종의 강력한 대리인이었다. 자유를 추구하는 사람들의 공통된 초점인 역사는, 헤겔의 설명에 따르면, 계몽적이고 법에 의해 통치되는 입헌군주제의 목적이나 목표를 향해 단계적으로 나아갔다. 오직 그런 국가만이 시민들이 자신의 고유한 목표를 최대한 성취하는 데 필요한 자유를 제공할 수 있다고 그는 생각했다. 20세기 이탈리아의 자유주의자 귀도 데 루지에로는 대표작 『유럽 자유주의의 역사』(1924)에서 자유의 진전에 대한 헤겔의 진술을 언급했다. 상이한 목표를 취한 것이긴 했지만 말이다. 루지에로가 생각하기에, 자유의 확산은 시민 각자가 스스로의 능력을 개발하고 스스로의 목표를 실현할 확실한 기회를 갖고 있는 사회 상태, 즉 모두의 삶의 희망과 기회가 동등하게 존중되는 민주주의적 사회로 나아가는 경향이 있었다.

휘그당의 해방 서사 속에서 자유의 대리인들—초기 기독교인, 중세 도시민, 개혁적 개신교도, 17세기 의회주의자, 1688년 스튜어트 왕가에 반기를 든 이, 조세에 저항한 아메리카 식민지 주민, 1789년 프랑스 혁명을 일으킨 사람들—은 살과 피를 가진 개별자로서, 싫든 좋든 개인의 양심이나 성장 열망이나 큰 자존감에 자극받아 자기 진보의 걸림돌을 제거한 사람들이었다. 그런 설명을 따르면 자유는, 심지어 적의 포로가 된 위기 상황에서나 보호 또는 해방이 필요한 상황에서도 모든 인간이 공히 소유한 것이었다. 개신교도인 매콜리 경의 『영국사』(1848~1861)는 1688년 영국에서 일어난 반스튜어트 혁명을 절대주의와 불관용의 체제에서 잃어버렸던 과거의 자유를 회복한 것으로 칭송했다. 가톨릭교도인 액턴의 사후 출간 저서 『자유의 역사』(1907)는 숨 막히는 권위를 막아내려는 개인의 신념에서 나온 오랜 활동을 고대에서 근대까지 추적했다. 중세에 막상막하인 교권과 왕권 간에 벌어진 우위 경쟁에서 액턴은 특히 근대의 자유 회복, 그리고 시민적 자유를 위한 지속 가능한 공간의 발생을 감지했다.

근대성의 멈출 줄 모르는 성공을 자유로운 탐구, 방해받지 않는 신기술, 자유주의 정치의 행복한 동거로 묘사하는 책들이 최근 유행하면서 자유 중심의 역사가 계속 살아 있다. 생물학적으로 말하면, 이런 이야기는 자유를 사회 형태들의 진화를 낳는 만능의 장점으로 만들어준다. 그 이야기들은 갈릴레오가 자신이 직접 제작한 망원경으로 목성의 위성들을 발견한 이후의 인간의 개선과 사회 진보의 모든 측면이 자유의 혜택이 이타적으로 공유된 덕분이라고 본다. 대단히 매력적인 이야기다. 그러나 보편적인 학교 교육, 민주주의적 선거권, 페니실린 같은 요긴한 것들이 자유의 형태 혹은 결과의 전부일까?

자유의 서사 중에는 더 단순한 것도 있다. 그러한 것은 세 가지 자유로 구성된 어떤 기억할 만한 규칙을 따른다. 정치적 자유의 첫 번째 승리는 입헌적 자유였고(19세기 초), 두 번째 승리는 경제적 자유였고(19세기 말), 세 번째 승리는 민주주의적 자유였다(20세기 중엽)는 것이다. 이 깔끔한 순서는 대의 기관, 자유 시장, 민주주의적 참여를 통해 구현되는 하나의 근본 가치가 자유라는, 논란의 여지가 있는 주장을 뒷받침한다. 역사는, 역사를 단번에 파악하려는 시도들이 참작하는 것보다 더 교묘하다. 역사는 자유주의자들이 자유와 관련된 만큼만 자유와 관련 있다. 분명 자유주의 이야기에서 자유를 빼놓을 수는 없다. 체스판의 왕이 그렇듯이, 자유가 제 역량을 발휘할수록 게임의 종결이 가까워진다. 자유는 더없는 매력에 비해, 출발점으로 삼기에 좋은 곳이 아니다.

대문자 "L"로 시작되는 자유주의

언어와 관련된 성가신 어려움도 있을 것이다. 모든 자유주의적 정치인, 사상가, 정당, 유권자만이 스스로를 "자유주의자"라 칭한다면 깔끔할 것이다. 그렇다면 단어 자체로 자유주의자와 자유주의자가 아닌 자를 구별해줄 수 있을 것이다. 하지만 대다수의 자유주의자는 스스로를 뭔가 다른 이름으로 불렀다. 영국의 장수한 정당인 자유당Liberal Party(1859~1988)을 제외하면, 이 책에서 주로 다뤄지는 네 나라의 자유주의적liberal 정당들은 결코 대문자 L로 시작되는 "Liberal"을 당명에 쓰지 않았다. 게다가 "liberal"은 '모 아니면 도' 식의 절대적인 말이 아니다. 사람들은 다소간 자유주의적일 수 있다. 또한 자유주의적 성향을 띨 수도 있다. 게다가 그 단어는 자유주의자들이 정치에 관여하기 전에는 비정치적으로 사용되었다. 그 단어는 너그럽거나 관대하거나 아량 있음—심지어 어떤 잘못에 대해서도—을 뜻할 수 있었다. 애덤 스미스가 그랬듯이 무역과 관련해 그 단어를 사용할 때는 제한 없는 무역이라는 뜻이 되기도 했다. 마지막으로, 그 단어는 애초에 그렇게 정의돼 있었다는 듯이 자유와 연결되는 매혹적인 어원을 갖고 있었지만, 사실 그 단어가 정치 쪽으로 흘러든 것은 우연에 가까운 일이었다.

정치에서 맨 처음 공개적으로 "liberal"이란 말을 택한 사람은 스페인 의회 내에서 입헌적 통치로의 복귀를 요구하던 의원들이었다. 1814년에 부르봉가 출신의 우유부단한 스페인 왕은 가톨릭의 저항, 유럽의 반동, 스페인의 통치에 대한 라틴아메리카 식민지들의 반란에 두루 압박받아, 2년 된 헌법을 유예시켰다. 자유주의적 의원들은 헌법을 부활시킴으로써 종래의 자유를 회복하기를, 그리고 식민지들이 새로운 연방을 이뤄 계속 스페인 영토로 남아 있게끔 하기를 바랐다. 그들은 왕당파를 노예처럼 왕을 지지하는 자들로 보았고, 그런 왕당파와 대비되었다. 유럽의 반동 세력은 스페인 입헌주의자들을 무찔렀지만, "liberal"이라는 말 자체는 새롭게 떠오르는 관점을 가리키는 꼬리표로 살아남았다. 그 말은 스페인에서 프랑스로 빠르게 확산되더니, 급기야 유럽 전역으로 퍼져나갔다.

우선 "liberal"은 전제 정치에 대한 입헌적 반대를 의미했다. 1815년 3월 나폴레옹이 유배지에서 탈출한 것과 관련해, 뱅자맹 콩스탕은 전 황제 나폴레옹의 의도가 "자유주의적"이라 할지라도 결과는 십중팔구 "전제적"일 것이라고 일기에 썼다. 나폴레옹의 최종적 패배 이후, "liberal"이란 말은 권력으로 복귀한 보수주의자들에게는 경멸스러운 것이었다. 1819년에 오스트리아의 총리 메테르니히는 정무 비서 프리드리히 폰 겐츠에게 "극단적 자유주의"는 무자비하게 제거되어야 한다고 말했다. 영국의 토리당 출신 외무장관인 캐슬레이 자작은 1820년대의 선거 개혁을 비롯한 여러 개혁의 지지자인 휘그당원을 "우리의 영국판 자유주의자들"이라 부르면서 '자유주의자들'을 영어 liberals 대신 프랑스어 libéraux로 지칭했다. 마치 프랑스어로 부르는 것만으로도 의회 내 반대파를 불충과 불건전으로 깎아내리기에 충분하다는 듯이 말이다.

1830년에는 "liberal"이 자유주의적 견해뿐만 아니라 그런 견해를 수용한 사람, 즉 자유주의자도 일컬었다. 프랑스에서 자유주의자는 대체로 입헌 정부를 지지하고 구체제로의 복귀를 반대하는 군주제 주의자나 공화주의자를 의미했다. 프랑스 소설가 스탕달은 『파르마의 수도원』(1839)에서 허구의 이탈리아 폭군 에르네스트 4세를 경멸조로 그렸는데, 한밤중에 홀로 겁에 질려 있던 그는 마룻바닥이 삐걱이는 소리만 들려도 "침대 밑에 자유주의자가 숨어 있는 것이 아닌가 하여 날쌔게 권총을 붙잡아야" 했다.

독일의 자유주의자들은 여러 이름을 취했다. 최초의 자유주의자 들은 스스로를 진보당원이라 불렀다. 그들은 우파인 국가자유당과 좌 파인 자유사상당으로 갈라졌고, 자유사상당은 다시 자유사상연맹 과 자유사상인민당으로 갈라졌다가 1910년에 다시 진보당이 되었다. 1918년 이후 바이마르공화국 시기에 국가자유당은 자존심에 상처를 입은 채 독일인민당으로 이름을 바꿨고, 좌파 자유주의자들은 독일민 주당이 되었다. 1949년 이후, 국가적 수치에서 회복되고자 분단된 독 일의 서쪽 지역에서 자유주의자들은 자유민주당으로 개명했다.

프랑스의 제3공화국(1870~1940), 제4공화국(1944~1958), 제5공화 국(1958~)에서 정치의 주류는 자유주의라는 명칭을 쓰진 않았지만 성격상 자유주의적이었다. 1903년 프랑스의 문학 비평가 에밀 파게는 프랑스에는 자유주의자가 없으며 앞으로도 없을 것이라고 썼는데, 많 은 사람이 그의 이런 허세에 넘어갔다. 파게보다는 정치를 잘 이해하 고 있던 프랑스의 영국 사상사가 엘리 알레비는 스스로를 자유주의 자라 칭하지 않아도 자유주의자일 수 있다는 것을 알았다. 1900년에 알레비는 스스로를 "반교권주의적, 민주주의적, 공화주의적이고 사회 주의적이지 않으며 불관용에 반대하는 사람으로—다시 말해 '자유주의자'로" 묘사했다. 1970년대와 1980년대에 프랑스의 자유주의가 회복되면서, 그런 언어적 문제는 덜 까다로워 보이게 되었다. 2003년에 프랑스의 관념사가 세실 라보르드는 "프랑스에서 지배적인 정치 언어는 공화주의지 자유주의가 아니다"라고 판단했지만, 공화주의가 "역사적으로 자유주의의 이데올로기 공간에 자리 잡았다"라는 결정적인 추가 사항을 덧붙였다. 즉, 상이한 단어들이 같은 관념을 표현할 수 있는 것이다. 그렇지만 자유주의의 나쁜 평판은 사라지지 않았다. 특히 신자유주의는 프랑스에서 어리석고 프랑스적이지 않은 것으로 널리 여겨졌다. "자유주의자"라는 말 자체는 전직 은행가이자 중도파 자유주의자인 에마뉘엘 마크롱의 입에서 나올 때조차 냉혹하고 비정한 자유시장주의자를 의미하게 되었다. 마크롱은 "자유주의도 국가주의도 아닌"이라는 슬로건을 내걸고 2017년 5월 프랑스 대통령에 당선되었다.

두 가지 예외를 제하면, 미국 정치에서는 주요 정당들이 자유주의라는 말을 쓰길 꺼렸다. 두 예외 중 하나는 강력한 신문 편집인 호러스 그릴리가 후보로 나선 1872년 대선에서 패배하며 단명한 자유공화당이었고, 다른 하나는 뉴욕 지역의 온건파 민주당 지지자로 이루어진 20세기 중반의 뉴욕자유당이었다. 1850년대 이후 미국에서는 자유주의적인 공화당과 덜 자유주의적인 민주당이라는 두 개의 느슨한 연합체가 정당 경쟁의 명칭을 독점했다.

1945년에 이르러서는 미국에서 "liberal"이라는 말이 국내적 용법과 국제적 용법을 갖고 있었다. 국내 정치에서 쓰일 때 "liberal"은 뉴딜 정책과 민권의 지지자를, 보통 민주당원을 가리켰다. 국제적으로

"liberal"은 미국 주도의 서구와 공산권인 동구를 대조시키는 데 쓰였다. 그것은 "자유로운" "열린" "민주주의적인"이라는 말과 바꿔 쓸 수 있었다. '구글 북스 엔그램'을 통해 "자유민주주의"라는 말이 출판물에 나타난 빈도수를 살펴보면, 1930년대 이전에는 거의 나타나지 않았던 이 말이 이후 1980년까지 5배, 그다음 20년 동안 다시 7배 급증했음을 알 수 있다. 그만큼 "자유민주주의"는 보편적 용어가 된 것이다.

미국의 보수 우파는 그때까지 "liberal"을 자신과 의견이 일치하지 않는 거의 모든 사람을 모욕하는 용어로 쓰고 있었고, 냉전의 종식으로 머잖아 지정학적 대조의 용어로서의 "liberal"의 용법은 박탈된 것처럼 보였다. 결과적으로, "liberal"은 진지한 정치 논문에서 별개의 지시 대상이나 상충하는 의미들에 대한 별표, 조건, 단서 없이는 거의 사용할 수 없는 말이 되었다.

언어적·개념적 혼란에도 불구하고, 이 책에서 주로 다뤄지는 대표적인 서구 사회 네 곳—프랑스, 영국, 독일, 미국—이 1945년 이후 모두 논란의 여지 없이 어떤 인정된 정치 관행으로 수렴되었다는 것만은 분명하다. 그 익숙하고 안정적으로 보이는 관행은 21세기의 첫 20년 동안 걱정 어린 관심을 모았는데, 그것이 정의하기 어려운 것이어서가 아니라 그것이 살아남지 못할 수도 있다는 우려 때문이었다. 그 관행은 하나의 명칭을 받을 만했고, "민주주의적 자유주의" 또는 더 널리 쓰이는 "자유민주주의"라는 명칭이 대부분의 사람에게 적절하다는 인상을 주었다. "liberal"이라는 말 혹은 그것의 개념의 어려움은 그것을 이해하고자 하는 정도에 비례해 크기도 하고 작기도 하다. 특히 지금처럼 어떤 이들은 자유주의의 노고에 감격하고 어떤 이들은 자유주의의 생존을 걱정하는 시대에는 누구나 사람들이 뭘 말하고 있는지를 알게 될 수 있다. 문제는 자유주의를 알아보는 것이 아니라 자유주의를 잘 설명하고 이해하는 것이다.

자유주의의 독특함

자유주의의 네 가지 지도 이념은 독특한 것이었다. 그것들 하나하나가 자유주의자를 비자유주의자나 반자유주의자와 구별해주었다. 종합하면 그것들은 19세기에 자유주의자의 주요 경쟁자였던 보수주의자, 사회주의자의 관점과 뚜렷이 대비되었다.

보수주의자와 사회주의자는 모두 자유주의에 대한 반작용으로 생겨났으며, 자유주의를 맹목적이고 부단한 변화의 원천이자 찬양자로 묘사했다. 보수주의자는 안정을 명분으로 과거의 고착을 호소했다. 보수주의자는 비판적 근대성이 이기적 불만을 조장하고 자유주의적 자본주의가 계급 간의 불화를 퍼뜨리기 이전의 사회를 조화롭고 질서 있는 전체로 간주했다. 보수주의자는 기존 통치자들과 관습의 불변의 권위를 믿었다. 보수주의자에게 권력은 복종받아야 하는 것이지, 의심받거나 스스로를 정당화해야 하는 것이 아니었다. 보수주의자는 인간의 능력이 대체로 정해져 있다고 여겼고, 사회가 대대적으로 진보할 가능성은 적거나 아예 없다고 생각했다. 보수주의자는 사람들이 선택한 계획과 의견들에 대한—특히 그것이 달갑잖거나 혁신적인 형태를 취할 경우—자유주의의 존중이 정통성과 선한 질서에 해를 끼친다고 여겼다. 보수주의자는 시민적 존중이 제멋대로 하는 인간을 덜 규제하고, 사적인 선택을 지나치게 찬양하며, 의무와 경의와 복종의 요구를 업신여긴다고 보았다.

사회주의자도 자유주의에 일일이 반대했다. 사회주의자는 박애를 명분으로 미래의 고착을 호소했다. 사회주의자는 현재 사회가 갈등으로 분열돼 있다는 데는 동의했지만, 갈등이 지속적이고 해소될 수 없다는 데는 동의하지 않았다. 자유주의자와 달리 사회주의자는 일단 물질적 불평등의 원인들이 극복되면 갈등도 종식될 것이라 믿었다. 여기서 사회주의는 자코뱅주의와 대중적 급진주의에서 파생된 19세기의 많은 좌파 진영을 뜻하며, 공상적 집산주의, 푸리에주의, 마르크스주의, 초기 노동조합주의 등이 이에 해당된다. 자유주의자와 마찬가지로 사회주의자도 권력에의 저항을 지지했지만, 모든 권력에 대해 그런 것은 아니었다. 부의 권력이 사회주의자들의 주요 표적이었으며, 그 권력을 억누르기 위해 그들은 선거권 확대와 정치 개혁 같은 민주화 운동의 지원을 받기도 하고 그 운동에 섞여들기도 했다. 이에 반해, 사회주의자는 사회의 권력은 노동자들과 같은 외연을 갖는 것으로 여겨 신뢰했다. 무정부적 사회주의자는 사회란 스스로 구조화되는 것이라 보았고, 따라서 사회의 권력으로부터의 보호가 필요 없다고 보았다. 국가 지향적인 사회주의자는 대중 권력—선출되거나 자임한 지도자들에 의해 직관되는—을 표출하기 위해 국가의 권력을 받아들였다. 이에 반해, 자유주의자는 인민의 권력—어떤 식으로 생각되거나 이야기되는 것이건—을 포함해 일체의 권력을 불신했다.

자유주의자와 마찬가지로 사회주의자도 인간의 진보를 믿었지만, 진보를 반대 의미로 받아들였다. 자유주의자가 진보를 사회의 점진적 개선으로 받아들였고 그것이 대체로 사실이었다면, 사회주의자에게 진보는 근본적인 변화를 뜻했다. 어떤 사회주의자들은 투표를 통해 점진적으로 목표에 다가가려 했고, 또 어떤 사회주의자들은 혁명적 도약으로 그렇게 하려 했다. 그들 모두는 공동 소유 재산 혹은 집단 관리 재산에 의해 실질적인 물질적 평등이 보장되는, 탈자본주의 사회를 바랐다. 마지막으로, 사회주의자는 사람들 개개인에 대한 자유주의적 존중이 동료애, 계급적 충성심, 연대를 희생시켜가면서 프라이버시와 이기심을 지나치게 중시한다고 보았다. 또한 자유주의적 존중이 여러 영역에 걸쳐 대등하게 작동한다는 것도 믿지 않았다. 사회주의자가 보기에 자유주의자는 사기업과 사유재산을 제일 존중했고, 따라서 스스로의 부인에도 불구하고 참된 진보에 반대했다.

20세기 초반에는 파시즘, 공산주의와 대비되어 자유주의의 자기 이해가 관대하게 받아들여졌다. 파시즘과 공산주의는 자유주의 가치를 거부했고, 누구도 배제하지 않는다는 민주주의적 약속을 채택하되 왜곡했다. 파시즘은 국민이라는 거짓된 통일체, 특히 인종에 대한 허구적 사실에 근거한 국민이라는 통일체에 호소하는 것이었다. 공산주의는 계급이라는 거짓된 통일체, 특히 어느 정도 인류를 대표하는 존재로서의 노동 계급이라는 통일체에 호소하는 것이었다. 파시즘에는 국민이나 인종보다 높은 권력이 없었고, 공산주의에는 노동자보다 높은 권력이 없었다. 엘리트 정당에 의해 해석된 각각의 신비적 권위는 절대적이었다. 개인의 진보는 개인이 선택한 경로를 따라 역량이 성장하는 것으로 여겨지기보다는 사회적으로 부과된 본보기의 관점에서 평가되었다. 사회의 진보는 국민이나 인종이나 계급의 진보와 동일시되었고, 부적절한 국민, 인종, 계급에 해당되는 사람들은 그 진보의 혜택에서 제외되었다. 파시즘도 공산주의도 시민적 존중의 기준을, 혹은 사회가 공익 추구에서 넘지 말아야 할 명확한 선을 제시하지 않았다. 좀더 분별력 있는 자유주의자들이 알아보았듯이, 공산주의는 희망의 극단론이었고 파시즘은 증오의 극단론이었다. 그럼에도 불구하고 파시즘과 공산주의 모두 그 네 가지 점에서 거꾸로 자유주의에 그 자체의 매혹적인 이미지를 입혀주기에 충분했다.

파시즘의 포괄적 불명예(1945)와 소련 공산주의의 마감(1989)으로 자유주의에는 역사적으로 대결할, 혹은 개념적 정의에서 대비를 이룰 전 세계적 경쟁자가 더는 없는 것처럼 보였다. 하지만 그런 의미의 종결은 오래가지 않았다. 21세기의 확장된 영역에서, 권력을 과대평가하고 시민적 존중을 과소평가하며 어떤 점에서도 과오를 인정하지 않는, 자유주의에 상충하는 매력적인 '-주의'들이 있다는 것이 이내 분명해졌다. 일당 권위주의, 국가 자본주의, 민주주의적 국가주의, 이슬람 신정주의, 좌우의 비자유주의적인 포퓰리즘적 운동 등이 그것이다.

자유주의 관점의 통일성과 윤곽

자유주의의 네 가지 지도 이념은 어떤 정치적 관점이든 맞닥뜨리는 어려운 질문들에 대한 자유주의의 답변으로 간주될 수 있다. 사회에서 이해관계와 신념의 충돌은 피할 수 없는가? 권력은 무자비한 것인가? 만약 그렇다면, 권력은 통제 가능한가? 인간 사회와 인간의 능력은 고정된 것인가 동적인 것인가? 권력을 더 가진 자가 덜 가진 자를 다루는 방식에 대한 도덕적인 또는 세심한 제한들이 존재하는가? 이런 질문에 대한 답변이 정치적 관점들에 특징적인 형태를 부여했다.

자유주의자들은 갈등이 있다는 사실을 인정했지만, 권력을 불신했고 권력을 제한하려 했다. 따라서 질서를 마련하기 위해 자유주의자들은 사회를 통제하는 힘보다는 시민들의 자제력을 키우는 인간의 진보에 의존했다. 자유주의의 경쟁자인 보수주의와 사회주의는, 사회의 진면목에 대해 대비되는 그림을 그리고 있는 것으로 미루어, 더 단순한 선택들로 구축되었다. 보수주의자들에게 사회는 하나의 유기적 융합이었고, 사회 갈등은 하나의 병폐였으며, 사람들은 근본적으로 개선 가능한 존재가 아니었다. 조화로운 사회에서는 질서를 창출하는 데 진보가 필요치 않았고, 설령 일시적으로 질서가 사라졌다 해도, 질서는 오직 힘에 의해 복원될 수 있을 뿐 진보에 의해 복원되지 않았다. 즉, 보수주의자들에게 진보는 불필요하거나 효과가 없는 것이었다. 사회주의자들에게는 사회가 갈등에 의해 현재 왜곡되어 있는 박애적 융합이었고, 그 갈등은 물질적 불평등이 제거되면 해결될 수 있는 것이었다. 자유주의자들이 생각한 점진적 진보와 달리 사회주의자들이 생각한 급진적 진보는 갈등이 박애로 도약하는 것을 뜻했다. 일단 박애에 도달하면 사람들과 권력은 하나 되어 그들을 권력으로부터 보호할 필요가 없어질 것이다. 여기에는 어떤 패턴이 있었다. 사람들 사이의 갈등에 관한, 그리고 사람들과 권력 사이의 긴장에 관한 어려운 문제들에 대해 보수주의자와 사회주의자가 똑같이 내놓은 답은 방지와 해결의 부담을 정치 행위에서 덜어주는 방식이었다. 자유주의자들의 답은 정치에 더 무거운 짐을 지우는 것이었다.

무엇이 자유주의적 답들을 자유주의적인 것으로 만들었는지에 대한 깔끔한 해명은 없다. "자유주의"에 대한 만족스럽고 비순환적인 정의가 여전히 필요하다 해도 쓸 만한 게 없다. 의미론적 혹은 개념적 공간에서 자유주의를 찾는 것은 잘못된 곳에서 자유주의를 찾는 것이다. 역사적으로, 어려운 정치 문제에 대한 자유주의적 답은 자유주의자들이 내놓은 답이었다. 게다가, 자유주의적 답과 그 답에 수반된 관점은 익숙한 이데올로기 지도에서 경쟁자들과의 분명한 차이점을 나타내주었다. 어떤 지점도 자유주의의 본질이나 문화적 "자유주의자"에 대한 결정적 설명서를 요구하는 이를 만족시키지 못할 것이다. 그럼에도 불구하고 자유주의 관점은 좀더 도움이 되는 제3의 방식으로 뚜렷이 구별될 수 있다.

자유주의자들은 어려운 문제를 단순화하지 않을 것이듯이, 어떤 지도 이념들을 다른 이념에 종속시키지 않을 것이다. 그것들 간의 내적 긴장에도 불구하고 말이다. 자유주의자들은 그 이념 중 어떤 것도 무시하지 않고 모두를 추구했다. 실용주의적 개방성으로 간주되든 좀더 이론적인 종류의 다원주의로 간주되든, 그들 자신의 지도적 이념 사이의 긴장과 갈등에 대한 그 2차 수용은 그 자체로 전형적으로 자유주의적이었다. 자유주의적일 때의 자유주의자들은 자신들의 관점을 더 깔끔하게 체계화하거나 더 추구하기 쉽게 하고자 그 관점에서 어떤 요건을 빼거나 하지 않았다. 자유주의 관점은 어떤 자연 원소의 화학 구조와 같은 응집력 있는 구조가 아니다. 자유주의 관점의 어떤 부분들은 응집력이 있고 어떤 부분들은 상충한다. 그 관점은 모든 요건을 자유나 평등 같은 하나의 최우선 관념으로 축소하는 식으로 지적 일관성이나 설득력을 갖출 수도 없다. 자유주의자들은 자기 관점의 불일치하는 목표들을 함께 추구할 때 그 관점에 일관성을 갖추며, 그렇게 하지 않는다면 자유주의자답게 행동하고 있는 것이 아니다.

자유주의의 지도 이념 가운데 저항과 시민적 존중은 서로를 보강했다. 시민적 존중과 진보는 긴장 속에서 서로를 끌어당겼다. 첫 번째 쌍의 경우, 저항과 시민적 존중 각각은 권력과 국민의 적절한 관계에, 단 서로 다른 측면에서 바라본 관계에 영향을 미쳤다. 저항은 법과 제도에 의해 권력을 제한할 것을, 그것이 실패하면 반대에 의해 그렇게 할 것을 시민들에게 요구했다. 존중은 시민에 대한 과도한 권력 사용을 그만둘 것을 권력에 요구했다. 작용은 한 가지였으나 통치자와 피통치자라는 두 가지 역할이 있었고, 그 역할 각각은 서로 다른 의무를 띠었으며, 부부 사이나 친구 사이의 또는 역할 교환 가능한 구매자와 판매자 사이의 상응하는 의무들과 달리 그 의무들은 서로를 깔끔하게 반영하지 않았다. 시민적 존중은 권력이 사람들에게 할 수 없는 일이 무엇인지에 대한 것이었다. 저항은 권력이 존중을 보이도록 사람들이 어떻게 함께 문제를 해결할 수 있는지에 대한 것이었다. 저항으로부터 권력을 제한하는 장치와 제도가 나왔다. 권력 분립, 바람직하지 않은 정부를 투표를 통해 몰아내는 소극적 제재인 대의 선거, 부유층을 제한하고 빈곤층을 돕는 법, 그리고 이러한 장치들의 시행을 옹호하는 독립된 법원 등이다. 시민적 존중으로부터는 사람들이 권리나 법에 의해 의지할 수 있는, 보증된, 권력에 의한 승인과 권력으로부터의 보호가 나왔다.

긴장에 대해 말하자면, 존중은 진보와 충돌했다. 자유주의적 존중은 인간 권력의 부정적 측면을, 즉 인간의 권력이 견제되지 않을 때 끼칠 수 있는 해악을 강조했다. 하지만 인간의 권력은 긍정적인 측면도 갖고 있었다. 기술, 탁월함, 기교로 표현될 때 권력은 그 자체로 가치 있는 것이 아니었다. 자연의 힘과 마찬가지로 인간의 권력은 작용하고 결과를 낳을 수 있었다. 인간의 권력은 사회와 인간의 진보에 필요한 이로움을 포함해, 이로움을 가져올 수 있었다. 사회를 향상시키려면, 인간의 권력이 나서서 여기서는 강요하고 저기서는 가로막아야 했다. 사람들을 향상시키려면—특히 교육을 통해—그들이 택한 목표나 그들 가족의 목표를 실현시키거나 방해해야 했고, 바로 그런 일을 맡아서 하는 존재가 국가와 사회의 익숙한 기관들이었다. 요컨대, 세상을 더 낫게 하려면 그런 기관들이 세상에 개입해야 했다. 자유주의자들은 진정 다양성과 개인성을 소중히 여겼다. 자유주의자들은 진정 사람들을 그냥 내버려두고 사람들을 권력으로부터 보호하고자 했다. 하지만 자유주의자들의 마음속에는 오만한 선생과 자유주의적 제국주의자가 들어앉아 있기도 했다. 액턴 경은 1887년 한 친구에게 보낸 편지에서 그런 난제를 다음과 같이 폭로했다. "나의 자유주의는 모든 개인에게 자신의 의견을 가질 권리를 인정하고, 나에게는 무엇이 최선인지를 그들에게 가르칠 의무를 부과한다."

자유주의의 일탈과 연합

자유주의 관점의 복잡성으로 인해 여러 일탈과 연합이 생겨났다. 일탈 사례 중 19세기의 아나키즘과 그것의 사촌 격인 20세기 후반의 자유지상주의는 사람들에 대한 존중을 외치며 그것을 최고 원칙으로 만들었고, 자유주의의 다른 지도 이념들은 소홀히 했다. 그 사상들은 국지적으로는 호소력을 발휘했지만, 크고 복잡한 사회들에서 현실화되지는 않았다. 그럼에도 불구하고 자유지상주의적 사상은—특히 강력한 자유 시장 같은 것에 대한—오늘날의 감성에 각인되었고, 대항 권력들의 필요성을 과소평가하도록 부추겼으며, 정치와 정부에 대한 불신을 키웠다.

반대쪽은 진보적 권위주의를 지향하는 것으로, 시민적 존중을 희생하면서, 특히 존중에서의 포괄적이고 민주주의적인 요소를 희생하면서 사회 진보라는 자유주의적 목표를 추구했다. 19세기의 사례들에서 보겠지만, 자유주의자들은 비자유주의적인 방식으로 추구된 사회 진보에 일시적인 차선책으로서 이끌리곤 했다. 경기가 좋을 때, 20세기의 자유주의 경제학자들은 어떤 대가를 치르든 경제 발전이 장차 다른 자유주의적 목표들을 달성할 것이라는 생각에 긴장을 푸는 경향이 있었다.

정치적으로 중간에 자리 잡은 개방적 협상가로서의 자유주의자들은 우파나 좌파 모두와 정당 연합을 할 수 있었다. 19세기 후반에 우파 자유주의자들은 경제 민주화에 맞서 부와 재산을 옹호하고자 시장 지향적 보수주의자들과 연합했다. 자유주의의 그런 우경화는 일찌감치 감지되었다. 절대적 통치와 호화로운 특권에 대항한 1848년의 실패한 혁명으로 독일 자유주의자들이 궤멸된 후, 미래의 프로이센 육군 참모총장이자 독일 참모부의 창설자인 헬무트 폰 몰트케는 한 편지에서 자유주의적 전망에 대해 썼다. 변화에 대한 자유주의자들의 모든 격렬한 이야기에도 불구하고 그들은 자신들의 진정한 관심사가 어디 있는지를 재빨리 알아볼 것이라고 그는 썼다. 오래지 않아 "가장 급진적인 대표자가 단안경을 쓴 신사처럼 직을 수행하게 될 것"이라고 몰트케는 예측했다. 몰트케는 절반만 우파였다. 앞으로 보게 되겠지만, 19세기 후반에는 다수의 좌파 자유주의자가 1945년 이후 민주주의적 자유주의로 이어질 역사적 타협에 착수한 상태였다. 그 타협에 우파인 여당들이 곧 합류했다. 그렇지만 21세기에 이르러서는, 대항 권력들을 무시한다는 점에서 비자유주의적이고 경제적 배제를 주장한다는 점에서 비민주주의적인 강경 우파가 재등장해 다시금 스스로를 차별화했다.

누가 자유주의자고 누가 자유주의자가 아닌가

누가 자유주의자고 누가 자유주의자가 아닌가를 따지는 문제는 늘 있었다. 모든 자유주의자는 네 가지 자유주의 이념 중 어느 하나를 다른 것들에 희생시키는 일 없이 넷 모두를 고수해야 했지만, 그로 인해 변형, 자유주의의 다양한 정도, 주변적 사례의 여지가 생겼다. 토크빌은 자유주의자고 마르크스는 아니지만, 마르크스를 자유주자로 여기는 사람들도 있었다. 자유주의자인지 아닌지는 정도에 달려 있었다. 기조와 밀은 분명 자유주의자였지만, 기조를 정치가가 아니라 사상가이자 역사가로 높이 평가한 밀이 더 자유주의적이었다. 후버도 일종의 자유주의자였지만, 루스벨트보다는 덜 자유주의적이었다. 누구를 협력자로 삼았는지가 많은 관련이 있었다. 언급했다시피, 19세기 말의 친기업적 자유주의자는 친기업적 보수주의자와 잘 구별되지 않곤 했다. 마찬가지로 사회 지향적 자유주의자도 1945년 이후 친자유주의적 사회주의자와 잘 구별되지 않을 때가 많았다.

대표적인 예를 들면, 글래드스턴과 링컨은 19세기의 대표적인 자유주의자였고, 베버리지와 린든 존슨은 20세기의 대표적인 자유주의자였다. 사상가들 중에서는 밀, 베버, 롤스가 대표적인 자유주의자였다. 또한 흥미로운 열외자와 주변적 사례도 있었다. 19세기의 정치가 중 독일의 리히터와 프랑스의 라불레는 비자유주의 체제에서 소수자인 자유주의자들의 목소리를 대변했다. 사상가 중 사르트르나 오크숏은 딱 부러지는 자유주의자는 아니었다. 오히려 이들은 그러한 꼬리표를 경멸했다. 자유주의에 관한 저작에서 이 둘을 언급하는 것은 이 책 초판에 대해 비평가들이 보인 것과 같은, 몰이해에 대한 실망이나 비난을 불러일으켰다. 하지만 지고의 개인성에 대한 사르트르의 철학적 숭배나 시스템과 계획에 대한 오크숏의 조롱하는 듯한 의심에서 자유주의적인 무언가를 감지하는 것은 이상한 일이 아닐 것이다.

자유주의적 열정

연설, 강연, 소설도 논문 못지않게 자유주의에 중요했다. 자유주의의 이야기를 따라가려면 그 사상에 메스를 들이대야 하지만, 또한 그 사상에 힘을 불어넣은 도덕적 감정, 열정, 애착에도 귀 기울여야 한다. 톨스토이는 『안나 카레니나』(1873~1878)에서 안나의 사교적이고 난잡한 오빠 스티바 오블론스키의 "참된 자유주의"를 "그의 핏속에 흐르는" 것으로 묘사했다. 오블론스키의 자유주의는 그가 클럽에서 자유주의적 신문을 보며 접한 교조적 자유주의가 아니라, 깊이 뿌리내린 일군의 도덕적 감정이었다. 톨스토이가 이야기한 바에 따르면, 그런 기질적 자유주의는 "그 자신의 결함에 대한 의식에 기초한 관대함"에, 그리고 "그로 하여금 모든 사람을 신분이나 공적 지위를 막론하고 똑같이 다루게 한", 인간의 평등에 대한 심오한 의식에 근거한 것이었다. 미국의 시인 T. S. 엘리엇은 자유주의적 기질에 대해 덜 아첨하는 견해를 취했다. 엘리엇은 친구이자 동료 시인인 스티븐 스펜더에 대해 이렇게 말했다. "그는 자유주의자다. 그래서 편협하고 남에 대해 판단하는 경향이 있다. 또한 매우 불완전한 이해를 바탕으로 지나치게 우월한 어조를 취하는 경향이 있다." 자유주의의 흉중에는 많은 감정이 존재한다.

특유의 사회적 정서와 도덕적 감정은 자유주의의 지도 이념들에 힘을 실어주었다. 지배에 대한 증오(저항), 자신이 속한 사회에 대한 자부심이나 수치심(진보), 부당한 대우와 전형적인 부당 행위들에 대한 분노(존중), 경쟁적인 도전들에 대한 열정(갈등)이 그것이다. 그 어느 것도 자유주의의 속성은 아니었다. 그런 감정들이 정치 안으로 들어왔을 때, 자유주의는 그 감정들에 특유의 목소리를 부여했다. 이러한 자유주의적 감정들은 좀더 어두운 맞상대를 만났다. 힘, 부, 도덕적 영광이 딸린 권력은 자유주의의 시기심과 원한 감정을 자극했다. 진보에 대한 자유주의적 열망은 비난받지 않는 집단적 병폐들에 대해 자책하는 세심함을 덮어버릴 수 있었다. 사람들에 대한 시민적 존중의 주장은 언제나 왜곡된 선택적 분노로 이어질 수 있었다. 갈등에 대한 절대적 수용은 그것의 반대인 무질서에 대한 과장된 공포와 평온에 대한 간절한 갈망으로 기울 수도 있었다. 좌우를 막론한 자유주의의 날카로운 비판자들—예컨대 조제프 드 메스트르, 카를 마르크스, 프리드리히 니체, 샤를 모라스, 카를 슈미트—은 모두 자유주의적 정서의 그 그늘진 면으로 결과물을 만들었다. 자유주의의 위대한 연설가인 기조와 링컨과 글래드스턴, 자유주의의 달변가인 클레망소와 로이드 조지, 자유주의의 위대한 작가인 오웰과 카뮈와 심지어 절반의 자유주의자 사르트르는 자유주의적 정서의 밝은 면과 어두운 면을 모두 이해했다. 자유주의를 이해하기 위해서는, 그것의 독특한 기질과 변하기 쉬운 분위기를 유념할 필요가 있다.

관행으로서의 자유주의

하나의 정치 관행으로서 자유주의는 자연히 근대의 역사 상황에 대한 규범적 적응으로 간주될 수 있다. 인간의 여느 보편적 관행과 마찬가지로 자유주의는 역사, 실천자들, 그리고 그들을 이끄는 특징적인 관점을 가지고 있다. 관행이란 익숙한 것이다. 관행은 문화적인 것으로 여겨질 수 있으며, 그에 속하는 것들은 자연적인 것과 매우 유사하게 관찰과 검토에 열려 있다. 법, 결혼, 종교, 예술이 그런 예에 해당된다. 정치도 그렇다. 정치가 하나의 관행인 만큼, 자유주의는 엄밀히 말해서 하나의 하위 관행이거나 하나의 관행에 대한 관행이다. 자유주의의 경쟁자인 보수주의와 사회주의도 마찬가지인데, 그것들 각각이 어떤 관행을 실천하는 방식이다. 일단 그것이 이해되면, 이러니저러니 할 것 없이 자유주의를 하나의 관행으로 이야기하는 것이 좀더 간단해진다. "실천자들"이 의미하는 것은 단지 자유주의자, 즉 자유주의 정치에 참여하고 자유주의 정치를 위해 투표하며 자유주의 정치에 대해 생각하는 모든 사람이다. "관행"이라는 말은 "전통"으로 대체될 수 있다. 어떤 것이 선호되는지는 경우에 따라 다르다. 인문학 용어를 원한다면, "이데올로기"가 "관점"을 대체할 수 있다. 자유주의자들은 지도 이념을 갖고 있지만 자유주의 자체는 역사의 시간 속에서 이어진 관행이나 전통으로 간주되는 것으로서, 일군의 지도 이념일 수 없다는 것, 즉 세속화를 위한 정신 노동을 요하는 추상적인 무엇일 수 없다는 것을 명심한다면, 자유주의 관점 아닌 자유주의 이데올로기를 이야기해도 나쁠 것 없다.

연관된 잘못을 피하기 위해 말하자면, 자유주의는 정치철학도 아니다. 자유주의를 정치철학으로 받아들이는 것은 정치와 역사 사이의 차원과 정치와 철학 사이의 차원을 혼동하는 것과 관련 있다. 정치적 자유주의는 지도 이념들에 대한 수준 높은 정당화를 많이 갖춰왔다.

칸트주의, 헤겔주의, 공리주의, 신관념론, 신로크주의, 포퍼주의, 롤스주의, 신헤겔주의, 실용주의 차원에서의 정당화다. 자유주의적 관점을 먼저 파악하지 않고는 그 관점을 철학적으로 분석하거나 정당화할 수 없다. 그 두 작업 모두가 자유주의의 더 높은 자기 이해에 필수적임에도 말이다. 자유주의적 관점을 특정 철학과 묶지 않고 그 관점을 파악하려면 그 관점이 역사적으로 어떻게 자유주의 관행을 이끌어왔는지를 알아야 한다. 이는 자유주의적 관점을 어떤 비정치적 규율에 고정시키려는 다른 시도들과 관련해서도 마찬가지다. 그러한 자유주의는 사변적 인간학, 사회학적 방법론, 혹은 스펜서를 다루는 장에서 보게 될 진화생물학에 호소할 수도 있다. 그럴 필요는 없지만 말이다.

자유주의 이야기

이 책의 1부(1830~1880)는 자유주의가 정치적 논쟁 안으로 들어오게 된 것과 정부 권력으로 등극하게 된 것을 다룬다. 역사적 배경에 대한 개괄적 설명을 한 후, 2장의 7개 절은 자유주의 시조들의 삶과 사상을 서술한다. 사상 간 경쟁을 극적으로 드러내기 위해 대조적인 인물들을 서로 짝지어 설명한다. 교육자 훔볼트는 교육을 통한 인간의 진보를 강조했고, 사회의 아웃사이더 콩스탕은 사적 추구를 통한 개인의 성장을 강조했다. 대중 사회의 어두운 권력에 대항한 토크빌은 자발적 결사체를 촉구했다. 대중 시장의 권력에 대항한 슐체-델리치는 경제적 지역주의와 협동조합을 촉구했다. 채드윅은 정부 조치를 통한 사회 진보를 지지했고, 코브던은 자유 시장의 확대를 통한 사회 진보를 지지했다. 스마일스는 개인의 발전을 자기 개선으로 여겼고 채닝은 개인의 발전을 도덕적 향상으로 여겼는데, 이 모두가 사회주의적 계급의 진보나, 사람들의 근본적 변화의 가능성에 대한 보수주의적 회의와 구별되는 것이었다. 밀은 사람들에 대한 자유주의적 존중을 보편적 선의 확장으로 이해되는 사회 진보와 일치시키려는 철학적 시도를 했다. 위대한 정부 활용자이자 확장자인 링컨과 글래드스턴은 공직에서의 자유주의 이념의 전형이었다.

2부(1880~1945)는 민주주의와 타협했을 때의 자유주의의 성공과 실패를 포함해, 지배적 위치에 오른 자유주의에 대해 기술한다. 이 기간의 자유주의는 자유주의의 목표를 이루고 그 이상을 드높이는 데 큰 도움이 되었다. 또한 자초한 위기로부터 간신히 살아남았다. 입헌적인 면에서, 국가 권력은 정부의 역량이 커지는 바로 그 순간 분할되고 통제되었다. 발라와 마셜, 그리고 경제 매체를 다룬 절에서는 시장을 위해 어떻게 국가가 저항을 받았는지를 설명한다. "사회적" 자유주의자인 홉하우스, 나우만, 크롤리, 부르주아의 유사한 경력이 보여주듯이, 시장 권력은 복지국가가 나타나면서 억제되기 시작했다.

자유주의(1880~1945)는 민주주의와 화해했다. 그 역사적인 타협으로, 자유민주주의로 알려진 자유주의 관행이 출현했다. 자유주의와 민주주의의 대타협은 정치적 선택, 경제적 권력, 윤리적 권위를 수반했다. 각 영역에서 자유주의자들은 신흥 엘리트―이전의 체제들을 대체하고자 하는 교육받고 재산 있는 사람들―로서 품어왔을 만한 독점적 희망들을 완전히 포기했다. 그 세 영역에서 자유주의자들은 인민 주권을 수용했다. 그 대신 대중 세력은 절차에 대한 자유주의적 규칙, 소유권 보호, 개인의 선택에 대한 존중을 받아들였다. 타협은 원활하지도 자동적이지도 않았고, 강력한 저항 속에서 마지못해 이루어졌다. 무엇보다, 그 타협은 역사적으로 불가피하거나 개념적으로 필연적인 것이 아니었다. 자유민주주의는 우발적인 것이었고, 언제라도 되돌릴 수 있는 것이었다.

1880년대 이후 몇십 년간 계급 갈등의 압력 속에서 정부들은 전면적인 사회 개혁을 실시하고 국가에 새로운 임무를 부여했다. 이러한 흐름에 대해, 소수의 자유주의자는 납득할 수 없어하며 자유주의 원리를 포기한 것이라고 반발했지만, 대부분의 자유주의자는 새로운 상황에 맞게 자유주의 원칙을 적용한 것으로 받아들이며 환영했다. 첫째, 교육과 문화 발전은 자유주의자들의 기대와 달리 편견과 불관용을 근절하거나 합리적이고 공정한 시민을 만드는 데 그다지 효과가 없었다. 공격적 국가주의, 호전적 제국주의, 반가톨릭주의, 백인의 인종차별, 반유대주의, 그 외 배타적 증오들이 선거에서 승리했고, 자유주의적 엘리트들은 그런 것에 대해 적극적으로 부추기지는 않더라도 적어도 종종 기회주의적으로 처신했다. 20세기 초에 부글레, 알랭, 볼드윈, 브랜다이스의 다양한 활동은 모든 사람에 대한 시민적 존중을 깊이 새기고 사회 압력에 맞서 비정통과 다양성을 보호하는 도전들을 보여주었다. 그 도전들은 1945년 이후의 인권 운동과 시민권 운동에 이르러 비로소 성과를 낸다.

둘째, 무역과 경제적 상호 의존은 평화와 친선을 보장하지 않았다. 조지프 체임벌린과 에른스트 바서만의 유사한 활동에서 드러나듯이, 그것들은 자유주의적 제국주의의 경쟁을 야기했다. 1914년에 예기치 않은 당혹스러운 세계대전이 발발했고, 많은 사람은 그 전쟁을 자유주의의 종말을 나타내는 것으로 여겼다. 그 전쟁을 계기로 20세기에 두 가지 새로운 정치 유형이 두각을 나타냈다. 하나는 군사적 힘으로 자유주의 가치를 수호하려는 자유주의적 매파였고, 다른 하나는 경쟁 국가들 사이의 다자적 협상과 평화적 협력을 촉구하는 자유주의적 국제주의자들이었다. 마지막으로, 1930년대의 10년에 걸친 불황 속에서 자유주의자들은, 아무리 시장이 붕괴되어도 시장이 스스로 다시 일어설 수 있다는 자유방임 원칙을 더 이상 고집할 수 없었다. 케인스, 피셔, 하이에크는 이후의 후발 주자들에 의해 양립 불가능한 선지자로 자리매김되었지만, 실은 그들을 다룬 장에서 분명히 드러나듯 모두 자본주의를 구하려 한 이들이었다.

3부(1945~1989)는 자유주의의 재안정화와 성공을 기술한다. 자유민주주의는 경제 붕괴, 세계대전, 도덕의 몰락으로부터 살아남아 1945년 이후의 두 번째 기회를 누렸다. 자유주의 세계는 그 기회를 잡았고 기대 이상으로 성공했다. 이 이야기는 인권, 독일에서 완전히 회복된 자유민주주의, 자유주의적 복지국가의 확대로 시작한다. 12장의 5개 절에서는 1950년대부터 1980년대까지의 대표적인 자유주의 사상가들이 다뤄진다. 이어서 국가에 맞선 자유주의 경제학자들의 이야기, 자유주의 좌파와 우파 정치인들의 이야기로 1945~1989년의 시기가 마감된다.

1989년이 끝이라면 서사의 흐름은 단순할 것이다. 자유주의는 상승했다가 하강했다가 다시 상승한 것이다. 1830~1880년의 자유주의자들은 청사진을 그렸다. 1880~1945년의 자유주의자들은 집을 지었지만, 이어서 그 집을 거의 다 태워먹었다. 자유주의자들은 1945년에 두 번째 기회를 잡았고, 1989년에 이르러서는 자유주의가 동네의 자랑거리가 되어 있었다. 하지만 다 지나간 일이다.

4부 '21세기 자유주의의 꿈과 악몽'에서는 21세기의 처음 20년 동안의 자유민주주의의 격변과 좌절을 이야기한다. 여기서는 자유주의가 처음부터 가졌던, 지배자 없는 자기 실현적 질서의 꿈을 환기하고, 그 꿈이 몇몇 영역에서 얼마나 계속 추구 가능한지를 묻는다. 여기서는 또한, 비자유주의적이고 반민주주의적인 강경 우파의 득세, 경제난, 자유민주주의의 심화되는 지정학적 고립, 유럽 진영과 영미 진영으로의 명백한 분열, 그리고 광범위한 지적 불만에 대해 기술한다. 이모두가 그것들의 희망인 민주주의적 실현 가능성에 대한 자유주의의 믿음을 흔드는 것이었다. 결론은 암담하지만 절망적이지는 않다. 이책은 메커니즘의 유혹에 저항하라고 호소하는 것으로 끝난다. 되돌릴수 없는 사회적, 경제적, 역사적, 심지어 진화적 추세가 민주주의적 자유주의가 반드시 실패한다고 혹은 반드시 성공한다고 보장한다는 식의 그 기만적인 이야기들에 저항하라는 것이다. 이 책은 그보다는 정치의 우선성, 선택지들의 유효성, 그리고 자유민주주의가 얼마나 잘이해되고 옹호되는지에 따라 자유민주주의가 존속할 수도 있고 실패할 수도 있다는 생각을 받아들일 것을 자유주의자들에게 권고한다.

포괄적으로 본 민주주의적 자유주의

자유주의는 자본주의적 근대성의 곤경에 대한 실천적 대응으로 생겨났다. 이는 과도한 권력에 의지하지 않는 동등한 시민들 사이에서의 인간적 진보라는 윤리적으로 수용 가능한 질서를 제시했다. 그것은 국가든 부든 사회든 우월한 권력에 의해 휘둘리거나 괴롭힘을 당하지 않으려는 근대적이고 냉정한 사람들에게 특히 설득력을 발휘했다. 자유주의는 사람들의 삶을 개선할 것을, 그리고 사람들과 사람들의 기획을 동등하게 존중할 것을 제안했다. 자유주의자들은 사회 안에서의 도덕적·물질적 갈등을 불가피하게 여겼지만, 그 갈등이 논쟁과 실험과 교류를 통해 결실을 맺기를 바랐다. 네 가지 지도 이념— 갈등, 권력에 대한 저항, 진보, 시민적 존중—은 자유주의의 익숙한 경쟁적 표어인 "자유" "개인" "권리" "평등"의 근간이자 그것들을 강조하는 것이었다. 자유주의의 약속은 서구적이거나 부르주아적인 것으로 좁게 한정되지 않았다. 자유주의의 호소력은 보편적이었다. 자유주의의 약속이 어느 정도까지 민주주의적으로 지켜질 수 있는지, 즉 어떤 사람인지를 가리지 않고 누구에게나 지켜질 수 있는지는 여전히 충돌을 일으키는 문제로 남아 있다.

1부

자신감 넘치는 청년기

(1830~1880)

LIBERALISM

1장

1830년대의 역사적 상황:

부단히 변화하는 세계

1835년 4월 12일, 빌헬름 폰 훔볼트—외교관, 언어학자, 보편 교육 지지자, 자유주의의 개척자—는 베를린 서북쪽 외곽에 자리한 자신의 사유지 정원에, '희망의 여신상'이 내려다보고 있는 작은 터에, 아내 카롤리네의 곁에 묻혔다. 떡갈나무들 사이로 테겔 호수가 보이는 곳이다. 테겔 호수는 그 도시에 반짝이는 빛을 주는 많은 호수 중 하나다. 거기서 조금만 걸어가면 당시 프로이센의 일류 건축가였던 카를 프리드리히 싱켈이 신고전주의 양식으로 재건한 그 가족의 우아한 저택과 만나게 된다. 그 고요함과 호젓함은 훔볼트가 격변의 세계를 살았다는 단서를 거의 주지 않는다. 그는 자유주의에 대한 꿈이 싹트기 전인 1767년에 프로이센의 한 귀족 가문에서 태어났다. 그가 사망할 당시에는 미국, 네덜란드공화국, 프랑스에서 일어난 혁명으로 대서양 세계가 요동치고 있었고, 자유주의가 오늘날에 그런 것처럼 끊임없이 움직이는 시장 사회의 일반적인 정치 관행이 되어가고 있었다.

그 도시 서남쪽에 위치한 포츠담의 작은 마을에서 훔볼트가 태어날 당시에는 계몽 군주 프리드리히 대왕이 프로이센을 통치하고 있었고, 아메리카 식민지가 영국령이었고, 부르봉 왕가가 프랑스를 통치하거나 통치하려 시도하고 있었다. 대부분의 유럽인이 태어난 곳 가까이에서 살고 일을 했으며, 일반적으로 마흔 살이 되기 전에 죽었다. 대다수의 사람이 글을 읽거나 쓸 줄 몰랐다. 영국에서는 남자 열 명 중 네 명, 여자 열 명 중 일곱 명이 결혼할 때 서명을 할 수 없었다. 산업과 마찬가지로 도시화는 미래의 일이었다. 독일의 루르 지역에서 뒤셀도르프는 소도시였고 에센은 하나의 마을에 지나지 않았다. 런던, 브리스톨을 비롯한 몇몇 작은 도시를 빼면, 잉글랜드는 시장이 있는 시골 소도시들로 이루어져 있었다. 제임스 와트가 번득이는 과학적 상상력을 통해 효율적인 피스톤의 작동 방식을 간파했지만, 이제는 믿을 만한 증기 기관이 완성되어 산업에서 활용되어야 했다. 사회의 번성하는 새로운 유형의 사람들인 중간 계급 구매자들을 만족시키기 위해서, 유럽은 무역과 신세계 식민지에서의 노역을 위해 아프리카에서 팔려온 노예들에 의지했다. 계몽주의 사상은 인간의 향상에 대한 희망에 부풀었지만, 설탕, 커피, 담배에 대한 희망에도 부풀었다.

일반적으로 법과 관습은 사람들이 어디서 일하고 어디서 살 수 있는지, 생각이 맞는 친구나 동료 노동자들과 어떤 관계를 맺을 수 있는지, 돈을 벌기 위해 어떤 어떤 사업들을 할 수 있는지를 한정했다. 노동자들을 자기 마을에 매이게 하는 일종의 농노제가 프로이센의 시골 지역에 잔존해 있었다. 영국의 200만 아메리카 신민 중 약 4분의 1이 노예이거나 아니면 대서양을 건너는 항해와 음식을 대가로 무보수로 일하는 한시적 계약 하인들이었다. 비성공회 교도들은 성공회 교구 목사의 특별 허가 없이는 영국의 학교나 대학에서 가르칠 수도 없었고, 합법적으로 결혼을 할 수도 없었다. 가톨릭교도들은 투표를 하거나 의회에 진출할 수 없었다. 영국, 프랑스, 프로이센의 유대인들은 정치적 권리나 시민적 권리를 보장받지 못한 채 그저 묵인하에 살아갔다. 언론과 출판의 자유는 위태로웠다. 사전 검열이 존재하는 경우 그 검열은 불규칙적이고 임의적이었지만, 보복의 위협은 사람들로 하여금 생각을 표현하기 전에 두 번 생각하도록 하기에 충분했다. 처벌은 종종 잔혹하고 이목을 집중시켰는데, 처벌받는 사람이 가난하거나 권력에 반항했거나 공인된 의견을 경멸했을 때 특히 그랬다.

이것이 훔볼트가 태어난 해인 1767년의 구세계의 모습이었다. 그 세계는 비판자들이 주장하는 것처럼 성장이 멈췄거나 퇴보적인 곳은 아니었다. 훔볼트가 태어난 세계는 무엇보다 고정되어 있지 않았다. 그곳은 움직이는 세계였다. 유럽의 인구는 수백 년간 완만한 증가와 감소를 반복하다가 폭발적으로 증가했다. 더 많은 사람을 먹여 살리는 새로운 방법을 찾아야 한다는 압박이 있었다. 산업 자본주의라는 용어는 80여 년 뒤에야 쓰이지만, 산업 자본주의—사적 이윤을 위해 생산 기계에 투자하는 체제—의 첫 싹은 이미 모습을 드러냈다. 현명하고 유능한 통치자들이 항상 해왔던 일, 즉 민중에게 귀 기울이는 일을 새로운 방법으로 해야 한다는 압박도 있었다.

이는 구세계의 병폐와 골칫거리들에 대해서 이의를 제기하는 목소리가 높아졌기 때문이다. 독단적인 절대 군주, 퇴보와 무시와 문맹, 노예제와 불관용, 원하는 바를 말하고 표현하거나 바라는 만큼 돈을 버는 것의 불가능함, 발언권 없음 같은 것에 대해서 말이다. 전에는 공기처럼 어디에나 있고 무게가 느껴지지 않았던 기존의 윤리적 권위와 수용된 행동 양식들이 갑자기 부담스럽고 해명을 요하는 것이 되었다. 전에는 자연스럽다거나 없앨 수 없다고 여겨졌던 관행이나 조건에 대해 이제는 많은 사람이 대안을 주장했다. 그럼에도 변화를 일으킬 당파도, 저항의 중심도, 진보의 수단도 없었다. 자유주의자liberal들은 더더욱 존재하지 않았다. 훔볼트의 젊은 시절에는 "liberal"이라는 말이 너그럽거나 통이 크거나 혹은 잘못에 관대한 것을 의미했다. 명사로서의 "a liberal"은 문법적으로 잘못된 말이었고 "liberalism"이라는 말에 사람들은 멍한 표정을 지을 뿐이었다. 그러나 훔볼트가 죽을 무렵에는 세상이 달라져 있었고, 놀라운 변화를 받아들이며 이끌기 위해 정치에 대한 새로운 접근법이 등장하고 있었다.

훔볼트는 자신의 생애 중에 있었던 첫 번째 위대한 격변인 미국 혁명을 목도하기엔 너무 어렸고, 너무 멀리 있었다. 신세계의 불만에 찬 영국 식민지들이 1783년에 독립 전쟁을 승리로 이끈 뒤 협의를 통해 독자적인 헌법을 만들고 미국이라는 실험적이며 독립된 새로운 공화국을 건설한 것이 미국 혁명이었다. 프랑스 혁명이라는 또 다른 격변의 여진이 계속되는 동안에는 훔볼트는 계몽적이면서도 전제적인 프로이센 정부에 고위 관리, 외교관, 자유주의적 반대자로서 직접 참여했다.

1789년 여름, 청년 훔볼트는 나이 많은 가정교사와 유럽을 여행하던 중 프랑스 혁명 소식을 접했다. 그들은 곧장 파리로 갔고, 함락된 지 3주가 지나 노동자들에 의해 막 허물어지기 시작한 바스티유를 찾아갔다. 가정교사가 엄숙하게 "전제주의의 무덤"이라 표현한 그 바스티유는 그들 모두에게 감동을 주었지만, 혁명이라는 게 청년 훔볼트를 완전히 매료시킨 것은 아니었다. 그는 열악한 상황으로 자신에게 충격을 안겨준 도시의 병자와 빈자들에게 혁명이 무슨 도움이 될까 자문했다. 앞으로 어떻게 될지는 아무도 알 수 없었다. 남은 여정을 파리에서 보낸 훔볼트는 명소를 돌아보거나 유곽을 찾았고, 파리에서의 일을 일기에 꼼꼼히 기록했다.

훔볼트는 자신이 혁명의 더 높은 목표로 꼽은 것, 즉 독단적 통치의 종식과 인간 역량의 역사적 해방을 기꺼이 받아들였지만, 사회의 기본 규칙을 다시 쓰는 그 혁명이라는 방법은 반드시 실패한다고 생각했다. 외국의 침략, 내전, 역공세, 그리고 국가 주도의 위협—부유하건 가난하건 혁명을 적대시하는 자들에 대한, 그리고 위협에 대해 불평을 토로하는 자들에 대한—은 훔볼트의 최악의 우려를 확인시켜주는 듯했다. 그것들은 또한 그에게 역사적인 도전 과제를 남겼다. 혁명과 전쟁은 유럽의 낡은 정치 질서를 무너뜨렸다. 훔볼트의 세대와 후속 세대는 새로운 질서를 찾는 오랜 탐구에 직면했다.

프랑스인들은 공화국을 선포하고 부르봉가의 왕을 반역죄로 처형했으며, 하사관 출신 황제 나폴레옹 보나파르트의 치하에서 유럽 대부분을 손에 넣었다가 다시 잃었다. 나폴레옹은 1815년의 패배 후 15년에 걸친 반동의 세월을 겪었지만, 부르봉가의 왕정복고를 1830년에 전복시키면서 다시금 유럽을 뒤흔들었다. 영국인과 독일인들은 그런 분위기를 감지했다. 11월에 자유주의적인 휘그당이 거의 반세기에 이르는 야당 생활 끝에 보수적인 토리당을 누르고 집권당이 되었으며,

의회에서 경제적·사회적·정치적 개혁의 시대가 시작되었다. 독일에 속하는 지역들에서는—독일은 1871년에야 통일 국가가 된다—전제적이든 계몽적이든 절대 군주들이 시민의 자유, 입헌 통치, 대의제 정부라는 요구에 직면했다. 도처에서 구질서의 무자비함과 무도함이 종식되기 시작했다. 미국에서는 정치적·도덕적 개선을 호소하는 물결이 까다로운 새 공화국을 휩쓸었다. 그 개선에는 많은 대의—금주, 여성의 권리, 그리고 가장 큰 분열을 야기한 노예제—가 내포돼 있었지만, 그 각각의 문제에 활력을 불어넣은 것은 미국인의 삶이 덜 야만적이고 더 질서 있고 더 개혁적이어야 한다는, 때로 종교적이기까지 한 열띤 확신이었다.

유럽에서는 변화를 억제하고 구질서를 유지하거나 회복하려는 보수적 시도로 점철된 반세기가 막을 내리고 있었다. 언론, 출판, 여행, 거주, 결사, 거래, 상업, 공개적 종교 활동에 대한 제약들은 도전받았고, 많은 경우 폐지되었다. 신생 아메리카 공화국에서는 주의 법이나 관습에 잔존할 뿐 연방헌법에서는 거부된 종류의 제약들이 이제 사라져가고 있었다. 그런 제약들은 경쟁적 이해관계나 상반되는 우선순위를 가진 상충하는 목소리들에서 나온 뒤죽박죽의 대의가 되었다. 말이 의미하는 바는 말하는 사람마다 달랐다. 한데 그 개별적인 대의들을 상당 부분 내몰아버리는 방편이 "자유"라는 기치를 내거는 것이었다. 어떤 움직임을 취하는 크고 느슨한 당파가 형태를 갖추기 시작했다. 그 당파의 추종자들은 스스로를 자유주의자라 칭하기 시작했다.

훔볼트가 사망한 해인 1835년, 독일의 첫 번째 증기기관차인 '아들러'가 뉘른베르크에서 퓌르트까지의 노선을 증기를 내뿜으며 달렸다. 그해 프랑스 해군은 파리에서 대서양에 면한 르아브르 항구까지의 철도를 건설하기 시작했다. 새뮤얼 모스는 새로운 발명품인 전신으로 짧은 메시지를 보내는 데 사용되는 부호를 고안해냈고, 새뮤얼 콜트는 자신이 개발한 리볼버에 대한 특허를 취득했다. 독일의 화학자 유스투스 리비히는, 머잖아 사람들의 의식주를 변화시킬 플라스틱이라는 인공 물질의 전구체를 합성해냈다. 판유리 거울이 일반 가정에 등장하기 시작했고, 윌리엄 폭스 탤벗은 최초의 사진 음화陰畫를 현상해냈다. 그리고 이 두 장치는 사람들이 스스로를 보는 방식을 변화시켰으며, 패션 산업뿐만 아니라 자기 개선을 위한 새로운 일과들의 필요성을 자극했다. 화폐는 무엇이든 구매할 수 있는 만능 해결책이자 공통의 가치 척도가 되어갔다. 프랑스에서는 라피트 은행이 자유주의적인 정부 부처들에 자금을 조달해주었다. 영국은 전해의 제국 노예제 폐지에 따른 "재산" 손실을 보상하기 위해 로스차일드 형제들에게서 2000만 파운드를 빌렸다. 잉글랜드은행이 발행한 지폐는 상거래에서 거부할 수 없는 지불 수단이 되었고, 머잖아 영국의 유일한 법정통화가 되었다. 낮은 품질 기준과 대량 생산을 특징으로 하는 공장 생산이 수공업을 대체하고 있었다. 1835년에는 훔볼트가 태어난 해인 1767년에 비해 프로이센의 1인당 모자 제조업자의 수가 더 적었지만 새 모자는 훨씬 더 많이 생산되었다.

1835년의 여름이 끝날 무렵, 한 라인란트 상인의 아들이 본대학에 진학했다. 거기서 그는 음주와 도박 클럽에 푹 빠져 지냈다. 아버지는 아들에게, 훔볼트가 베를린에 세운 신생 대학으로 가 진지하게 학문에 매진하라고 닦달했다. 그 청년은 바로 카를 마르크스였고, 머잖아 그는 역사의 변화에 대한 생각을 달리하게 된다. 9월에는 영국의 해군 함정 비글호가 4년간 지질학 탐사를 수행 중이던 박물학자를 태운 채 갈라파고스 제도에 정박했다. 그 박물학자는 바로 찰스 다윈이었고, 조만간 그는 자연의 변화에 대한 생각을 달리하게 된다. 마르크스주의는 지배 계급의 교체를 통해 역사가 진보한다는 경쟁적인 그림으로 포괄적인 자유주의적 점진주의에 도전했다. 다윈주의는—다윈 자신은 아니고—자유주의자들이 정치를 일종의 생물학으로 여기도록 부추겼다.

1835년 보스턴에서는 랠프 월도 에머슨이 천박한 영리 추구의 세계에서 자기 수양의 더 고귀한 가치들을 설파하는 연사로서의 경력을 시작했다. 파리에서는 자유주의자들에 대한 반감을 드러내면서도 다른 한편으로는 사회적 자유에 대한 그들의 투지와 의식을 거부할 수 없다고 생각한 작가 오노레 드 발자크가 급변하는 사회에서의 야망, 배신, 숨겨진 힘, "이기주의"를 다룬 소설 『고리오 영감』을 출간했다. 나중에 자유무역 옹호자가 되는 영국 청년 리처드 코브던은 미국 여행을 하면서 수완 좋은 미국인들이 튼튼한 경제의 비결을 찾아냈다는 생각을 갖게 되었다. 3년 후 코브던은 역시 열의에 차서 독일을 방문하게 되는데, 당시 동생에게 보내는 편지에 프로이센 정부에 대해 열광적으로 떠들어대도 전혀 이상할 게 없다고 여기게 된다. 코브던은 사회의 번영을 위해서는 두 나라 다 필요하다고 보았다. 또한 1835년에 지방 관리로 봉직하던 프랑스의 젊은 귀족 알렉시 드 토크빌은 미국 여행을 통해 전통, 신분, 특권에 등 돌린 사회를 몸소 체험한 뒤 그 신생국에 대한 어리둥절한 성찰인 『미국의 민주주의』 제1권을 출간했다. 토크빌의 글은 대체로 명쾌했지만, 노예제와 관련해서는 미국에서 억누를 길 없이 갈등이 격화되고 있었음에도 명쾌하지 못했다. 10월에는 한 무리의 군중이 『리버레이터』 지의 발행인인 노예 해방론자 윌리엄 개리슨의 뒤를 따라 보스턴 거리를 걸었다.

2장
선구자들이 보여준 지도 이념:
갈등, 저항, 진보, 존중

1. 훔볼트, 콩스탕: 개인의 능력 발양과 프라이버시 존중

빌헬름 폰 훔볼트가 탐험가이자 박물학자인 동생 알렉산더처럼 1850년대까지 살았다면 이 신세계에 대해 어떤 반응을 보였을지 궁금해할 만하다. 어떤 사람들은 훔볼트가 열린 마음의 소유자지만 보수적인, 구세계 옹호자라고 여겼지만, 그는 19세기의 자유주의 사상을 관통하는 어떤 신념을 표명한 바 있다. 그의 주된 생각—그의 청년기에 쓰였으나 사후에야 온전히 출간된 논문『국가 활동의 한계』(1792)에 피력된—에는 양면이, 즉 긍정적인 면과 부정적인 면이 담겨 있었다. 인간의 능력을 다양성과 개성의 차원에서 최대한 계발하는 것은 긴급한 과제지만, 일반적으로 법·정부·규제는 그러한 과제와 잘 맞지 않는다는 것이었다.

훔볼트의 논문 제목을 그냥 지나치지 못하는 사람이라면 그가 말하려는 바를 놓치기 쉬웠다. 그는 정부의 시장 개입을 생각하고 있었다기보다는, 국가와 사회—그의 심중에서는 뚜렷이 구별되지 않는 것인—가 인간 삶의 참된 목적을, 즉 각자의 방식으로 각자의 재능을 발굴하고 온전히 활용하는 것을 얼마만큼 억압할 수 있는지를 생각하고 있었다. 분명 홈볼트는 국가의 능력에 대해 협소한 견해를 취했다. 그는 국가가 사람들을 보호하는 일("소극적 복지")을 하는 것이지 사람들을 부양하는 일("적극적 복지")을 하는 것은 아니라고 썼다. 국가가 재산을 보유한다는 것은 부적절한 발상이었는데, 왜냐하면 그 것이 사실상 과다 소유로 이어질 수밖에 없으며, 또한 판매 수익만큼 치러지는 것인 판매세를 부과하는 것으로는 가망이 없기 때문이었다. 국가가 수행할 수 있고 또 수행해야 하는 과제인 보호와 정의를 위한 비용을 마련하기 위해서 국가는 다른 한편으로 소득에 대해 과세할 수 있었다. 국가는 품행을 개선하려들지 말아야 하며 개인의 양심에 간섭하지 말아야 하는데, 홈볼트의 생각에 따르면 누구나 어떤 것이든 자신이 선택한 종교를 따를 수 있어야 하거나 또는 아무 종교도 따르지 않을 수 있어야 하기 때문이었다. 홈볼트는 정체政體에 대해서는 관대했다. 적합한 정체는 지역마다 달랐다. 어디서나 관건은 "가능한 한 시민들의 특성에 적극적이고 특별한 영향을 미치지 않는" 정체를 취하는 것이었다. 그의 친구이자 동시대인이었던 뱅자맹 콩스탕(1767~1830)은 홈볼트의 주된 생각의 보호적이고 소극적인 측면에 동조하며 그것을 확충했다. 『정치의 원리』(1815)에서 콩스탕은 "인간 존재에게는 부득불 개인적이고 독립적으로 남아 있어야 하는 부분이 있으며, 그 부분은 당연히 사회라는 범위 밖에 놓여 있다"라고 썼다.

자유주의의 핵심 사상들은 사람들의 독립을 응원하는 것에 집중되어 있다. 첫 번째 사상은, 모든 사람은—특히 권력을 가진 사람—다른 사람들이 깊이 간직하고 있는 목표와 신념을 존중해야 하며, 그들 스스로가 선택한 것이 아닌 목적과 이상을 부과하는 것으로 그들을 침해하지 말아야 한다는 것이다. 두 번째 사상은, 사람들은 향상과 개혁에의 무한한 능력을 내면에 간직하고 있어서, 필요하면 다른 이들의 도움과 지도도 받아가면서 계속 성장하고 나아지며 진보할 수 있다는 것이다. 좀더 관대하고 자유방임적인 정신의 소유자인 콩스탕은 비침해적인 첫 번째 사상을 더 강조했다. 타고난 교육자인 훔볼트는 좀더 교육적인 두 번째 사상을 강조했다. 둘 다 사람들에게서 고유한 가치를 보긴 했지만, 콩스탕은 그 가치를 근대인들이 더 많은 방법으로 침해로부터 보호할 수 있게 된 사적인 것으로 보았고, 훔볼트는 그 가치를 성장을 위해 배양되고 자극되어야 할 잠재력의 싹으로 여겼다. 이론적으로 두 신념—개인의 프라이버시에 대한 존중과 인간의 진보에 대한 열망—은 동시에 함께 성장하는 것이었다. 그러나 실제로는, 자유주의자들이 곧 서로 부딪쳐야 했던 것처럼, 두 신념은 서로의 길을 방해하곤 했다. 19세기의 자유주의 정치사상에는 스스로 삶의 목표를 선택하는 능력을 길러주는 간섭적인 일, 즉 가장 넓은 의미에서의 교육에 어떤 식으로든 의지하지 않는 주제가 거의 없었다.

두 사람은 모두 체제 내부자들 속의 아웃사이더였다. 훔볼트는 기질적으로 그러했고, 콩스탕은 기질적으로나 태생적으로 모두 그러했다. 콩스탕이라는 인물에 대해서는 그가 자유주의적 프라이버시를 옹호한 일과 함께 살펴볼 것이다. 그에 앞서 훔볼트가 외교에서 교육으로 전환하면서 인간 잠재력의 육성에 관한 자신의 이상을 어떻게 실행에 옮겼는지를 살펴볼 필요가 있다.

1806년 프로이센이 나폴레옹 군대에 항복한 후 훔볼트는 교황청 주재 공사라는 직책을 잃었고, 6년간 머무르며 고전 고대에 한껏 심취해 그에 대한 글을 썼던 곳 로마를 곧 떠났다. 스산한 베를린으로 복귀한 그는 내무부 소속의 교육국을 맡아, 유럽 최초의 중앙 관리식 공립 학교 제도를 수립했고, 인문학과 법학 같은 비기술적 학문을 가르치는 대학을 설립했다. 국가는 "학교가 아니라 법전"이라고 주장한 선구적인 자유주의자로서는 이상한 행보라고 생각될 수 있다. 그러나 훔볼트는 전혀 모순을 느끼지 않았는데, 그가 문제시한 것은 국가가 제공하는 학교였기 때문이다. 그는 목표를 부과하고 선택을 제한하는 교육은 지양되어야 한다고 믿었으며, 부과되는 목표가 국가의 목표나 국가 엘리트들의 목표라면 특히 그랬다. 비록 성공하진 못했어도 훔볼트는 그 점을 명심하면서 프로이센의 사관 학교와 귀족을 위한 학교들을 폐지하려 노력했다. 또한 그는 주로 기술과 상업을 가르치는 직업 학교들에 대해서도 반대했다. 훔볼트가 생각하기에 그런 학교의 문제는 군인, 공무원, 기능공 같은 최종 산물을 겨냥한다는 것이었다. 그런 학교는 삶의 선택지들을 제한했다. 사람들을 상자 안에 넣고 옴짝달싹 못하게 했다. 반면에 그는 고대 그리스·로마 교육에서 풍부하게 드러나는 자발적이고 열려 있는 "자유주의적" 교육, 전인 교육을 선호했다. 여성이 아직 자유주의 이야기의 일부가 되지 못한 상황에서 그 교육의 실질적 대상이 누구였든 간에 말이다.

그러한 이상은 실현하기 쉬운 것이 아니었다. 훔볼트는 교육 관런 직책을 맡은 지 2년이 채 안 된 상태였다. 프로이센의 공립 학교들은 교육 내용과 학생 선발에서 신속히 계층화되었다. 엘리트들은 호메로스와 베르길리우스를 읽었고, 가난한 아이들은 수공업 기술을 배웠다. 그럼에도 1830년대에 프로이센을 방문한 코브던 같은 낙후된 영국의 자유주의자들은 영국과 달리 프로이센에는 어쨌든 공립 학교들이 존재한다는 사실에 감탄을 금치 못했다.

전인적 인간이라는 이상은 자유주의에 미결의 의문을 남겼다. 그것은 지나친 전문화 없이 다양한 목표와 관심을 추구하는 것이 우리 각자에게 좋다는 말인가? 아니면 "다양한 상태"를 가진 사회가 더 건강하고 창의적이라는 말인가? 사람들의 다재다능함과 사회의 다양성은 구별되었다. 다재다능한 사람은 더 풍부한 삶을 이끌 수는 있어도 사회에 크게 기여하지는 못한다. 노동 분업은 사회를 풍요롭게 했지만 사람들의 삶을 제한했다. "개성"이 누구에게 유익한가—사람들 각자인가 사회 전체인가—하는 문제는 저서 『자유론』(1859)에서 열심히 훔볼트를 인용한 존 스튜어트 밀이라는 숭배자에게 이어졌다. 이후 1880년대부터 1940년대까지의 민주주의 시대에 "새로운 자유주의자들"은 스스로 선택한 노선에 따라 각자 성장할 수 있는 능력에 대해 다른 의문을 제기했다. 그들은 물었다. 모든 사람이 그런 능력을 개발할 수단—건강, 시간, 공간, 돈—을 갖고 있는 것이 아니라면, 그 능력을 찬양하는 것이 무슨 소용인가?

훔볼트는 나폴레옹 전쟁을 종식시킨, 파리와 빈에서 열린 1813~1815년의 평화 회담들에서 프로이센 재상 카를 아우구스트 하르덴베르크를 보좌하는 것으로—발언권을 지닌 능동적인 참여자라기보다는 청각을 거의 잃은 상관을 수행해 돕는 존재로서―외교직에 복귀했다. 훔볼트는 훗날 독일에 속하게 될 자치 지역들이 각자의 특성과 위치에 걸맞은 대의제 헌법을 가진 채 느슨한 연방을 형성하기를 바라고 있었다. 군주의 전제에 대립하는 그의 주장들은 당장은 아무 성과가 없었다. 의회 권력은 유럽 국가들 사이의 평화와 안정을 추구했지, 그 국가들 내에서의 자유주의적 변화를 추구하지 않았다. 1819년 프로이센 당국이 오스트리아를 좇아 언론을 탄압하고 급진주의자들을 체포했을 때 훔볼트가 반대하자 왕은 그를 파면했고, 그는 영원히 공직을 떠났다.

젊은 모습이든 나이 든 모습이든 초상화 속의 훔볼트는 무슨 생각을 하는지 알 수 없는 초연한 얼굴을 한 채 큰 눈으로 우리를 응시하고 있다. 그가 많은 여성 친구에게 보낸 편지는 상세한 내용은 거의 없이 따뜻한 추상적 관념이나 열정적인 근심으로 가득하다. 그가 프로이센 유대인들의 해방을 주장했음에도 유대인 친구가 거의 없었다는 것은 그를 단적으로 보여주는 일면이다. 프로이센의 폐쇄적인 공직자 세계에서 훔볼트는 오만하고 수줍은 사람이었으며, 음모를 꾸미기에는 너무 고상하고 술책을 꾀하기에는 너무 참을성이 없는 사람이었다. 그의 조국과 그 나라의 엘리트들을 변모시키고 있던 떠들썩한 상업을 이해하기에 그보다 적합하지 않은 사람은 없었을 것이다. 그는 요구하기보다 주어지길 기다렸다. 어떤 것도 제공되지 않자 그는 불쑥 불가능한 요구를 했고, 자신의 상관이나 친구나 왕이 거부하자 놀라움을 금치 못했다. 최종 퇴짜를 맞은 후 은퇴한 훔볼트는 테겔의 사유지에 거주하면서 고대 조각상을 수집했고, 바스크어와 자바어를 포함해 놀라울 정도로 넓은 범주의 외국어들을 연구했으며, 인간의 언어를 엄격하게 규칙에 지배되면서도 열려 있고 한없이 비옥한 것으로 설명하는, 인간의 언어에 대한 대단히 현대적인 묘사를 보여주었다. 굳건한 질서 내에서의 무한한 창의성은, 이상적인 자유주의 사회에 관한 매력적이지만 구체성이 떨어지는 훔볼트의 설명과 그리 동떨어진 것이 아니었다. 그를 자유주의 선구자들의 반열에 올려놓게 하는 그의 주장은 우리 각자의 독특한 잠재력을 발견하고 발휘시켜야 한다는 것이다.

인간의 성장 가능성에 대한 훔볼트의 믿음은 희망차고 그리스 애호적인 것이었고, 당시의 독일 작가들 사이에 만연해 있었다. 그중에는 훔볼트를 알고 그의 학식을 높이 평가한 괴테와 실러도 있었다. 그의 신념은 한 계급과 한 시대를 말해주는 것이었다. 개인의 독립성에 대한 뱅자맹 콩스탕의 주장은 그 자신의 여러 인성, 그의 프로테스탄트 신앙, 그리고 근대의 삶에 대한 관찰에서 비롯되었다. 그는 평생 도박사로, 정당 정치의 풍향계로, 그리고 부단히 남의 아내를 유혹하는 자로 살았다. 그의 기벽과 부조리함은 반대자들에게 넘치는 조롱거리를 제공했다. 터무니없는 결투를 벌이고, 끊임없이 송사에 휘말리고, 도박 빚을 갚기 위해 라피트 가문과 왕에게 굽실거리는 따위의 것이었다. 1815년의 풍자적인 노래 「풍향계」는 나폴레옹에 대한 콩스탕의 태도가 처음에는 적이었다가, 그다음에는 동지였다가, 나폴레옹 황제가 워털루에서 최종적으로 패하자 다시 적이 되는 식으로 조변석개한 것을 조롱했다. 1830년 말에 7월 왕정(1830~1848)의 프랑스 "시민왕" 루이 필리프는 그해에 일어난 프랑스 자유주의 혁명을 지지한 것에 대한 보답으로 죽어가는 콩스탕을 국참사원의 일원으로 임명했다. 소문에 의하면 콩스탕은 그 기회를 이용해 새로운 왕과 접촉했고, 군주가 잘못을 범한다면 제일 먼저 비판에 나설 인물 중 자신도 포함될 것이라고 언급하면서 자신의 도박 빚을 갚을 어음을 얻어내고자 했다. "아무렴, 아무렴." 루이 필리프는 너그럽게 중얼거렸다.

뱅자맹 콩스탕은 스위스 로잔에서, 프랑스 위그노계 집안에서 태어났다. 어머니는 그를 낳고 곧바로 죽었다. 아버지는 네덜란드 군대의 대령이었는데, 뱅자맹의 어린 시절의 많은 시간 동안, 휘하의 한 병사가 근무 외적인 다툼 중에 사망한 일과 관련해 자신에게 책임이 없음을 밝히는 일에 매달렸다. 기이하게도 콩스탕은 글을 쓸 때 자기도 모르게 논쟁 상대로 상정하곤 하던 침묵의 적수 장 자크 루소와 성장 배경이 많이 비슷했다. 루소 역시 허약하지만 다정다감한 편부 슬하에서 자랐고, 인근 제네바 출신이지만 프랑스인이 되었다. 두 사람다 명민한 청년이었고, 가톨릭 국가를 택한 프로테스탄트 아웃사이더였다. 그들은 통상적인 의미에서 종교적이진 않았지만, 인류에게 중요하고 사회에 필요한 것으로서의 넓은 의미의 신앙을 갖고 있었다. 독학자 루소와 달리 콩스탕은 오랜 정규 교육을 받았지만, 둘 다 학자가 아니면서도 학식이 넘쳤다. 콩스탕은 옥스퍼드에서 영어를, 에를랑겐에서 술과 도박을 배웠고, 에든버러에서는 도덕 관념의 인간적 내용과 정치적 합의의 역사적 맥락에 세심한 주의를 기울이는 스코틀랜드 계몽주의의 가르침을 배웠다.

콩스탕은 두 번의 정략결혼을 했지만, 엄마를 구하기라도 하듯 연상의 여인들과 몇 차례 외도를 했다. 초기의 후원자였던 샤리에르 부인은 그의 변덕스러운 기질을 잘 이해해주었다. "그가 어떤 감정을 표현하는 즉시, 그것은 그 감정이 곧 사라지리라는 의미가 되었다"고 그녀는 말했다. 콩스탕과 가장 오래 내연 관계에 있었던 상대는 작가인 제르멘 드 스탈이었는데, 그녀는 프랑스 왕실의 파산을 막으려 애쓴 스위스 은행가 자크 네케르의 딸이었다. 그녀는 나폴레옹 보나파르트에 대한 반대에서는 콩스탕보다 더 확고했지만, 관점에서 덜 자유주의적이었고 시대에 대한 이해에서 더 피상적이었다.

스탈 부인과 달리 콩스탕은 가진 돈이 거의 없었다. 그는 구체제에 뿌리를 두고 있지도 않았고, 노르망디의 대지주 토크빌이 결코 완전히 벗어난 적 없는, 구체제 소멸과 관련된 복잡한 분규에 뿌리를 두고 있지도 않았다. 콩스탕은 20대 초반에 브라운슈바이크의 숨 막힐 듯한 법정에서 말단 고용인으로 봉직하면서 군주의 권위가 당면한 문제들을 감당할 수 없다는 확신을 갖게 되었다. 1792년 9월 프랑스 공화정 수호라는 기치를 내걸고 정규군과 의용군이 발미에서 브라운슈바이크 공작이 이끄는 의욕 없는 반혁명 군대를 격퇴했을 때 그는 놀라거나 실망하지 않았다.

혼란의 순간에 콩스탕은 보수 질서의 편에 섰지만, 이내 그것을 후회했다. 1799년, 이제 파리에 자리 잡은 그는 보나파르트를 지지했고, 다른 식으로 전제적인 별 볼일 없는 대의 기관인 호민원에 들어갔지만, 2년 후 나폴레옹이 호민원의 임기 제한을 빌미로 첫 번째 임기 말에 콩스탕을 포함해 가장 성가신 트집쟁이들을 제거할 때 축출되었다. 콩스탕은 이후 몇 년간 종교에 대한 개괄적이고 보편적인 역사를 쓰는 데 많은 시간을 바쳤는데, 이것은 그의 사후 그의 아내에 의해 충실하게 출간되었다. 부르봉 왕정복고기인 1814~1815년에 콩스탕은 귀족 계급의 부활을 지지했고, 그랬다가 결국 자유주의 국가에는 귀족의 특권이 있을 수 없다는 초기의 신념으로 돌아갔다. 1815년 봄에 콩스탕은 전 황제의 백일천하 동안 자유주의적인 나폴레옹 헌법을 기초했지만, 나폴레옹이 프랑스의 보수주의자 적들을 쳐부수고 권력을 되찾을 경우 그 헌법을 고수하리라는 환상은 거의 없었다. 나폴레옹의 패배에 이어 나폴레옹 지지자, 공화주의자, 신교도에 대한 백색 테러가 자행되는 동안, 콩스탕은 그 비열한 행위에 반대한다는 뜻을 분명히 밝혔다. 건강이 나빠졌지만 그는 1820년대에도 계속해서 자신의 자유주의 원리들을 구체화한 목표를 옹호했다. 재능에 따른 출세, 책임 정치, 배심 재판, 자유 언론, 정교 분리, 종교적 관용, 직업 학교나 종교 학교의 선택 같은 목표였는데, 이것들은 1870년 이후 제3공화국에 와서야 프랑스에서 확실하게 달성되었다.

콩스탕은 새로운 종류의 사회가 나타나고 있으며 그 사회가 정치를 영원히 바꿔버리고 있다고 믿었다. 그 사회는 그 자체로 진보의 이로움을 가져다주고 있었고, 따라서 적극적인 개혁의 필요를 줄여주고 있었다. 그 사회는 대중 정치의 낡은 형태들을 내몰고 있었고, 따라서 과도한 권력을 제한하는 것과 관련된 새로운 임무들과 마주하게 하고 있었다. 무엇보다, 이 새로운 종류의 사회에는 거리낌이 없고 요구가 많은 새로운 인간 부류가 살고 있었다. 이들 부류는 시민적 존중이라는 방식으로, 국가와 사회에 기대하는 바를 변화시키고 있었다.

콩스탕이 정치를 변화시키고 있는 존재로 여긴 그 새로운 인간 부류는 콩스탕과 아주 흡사했다. 말하자면 유연한 성격을 지녔고, 특정한 꼬리표로 고정되기 어려웠으며, 자신의 사적인 세계에 관심을 갖고 있었다. 콩스탕은 소설 『아돌프』(1816)의 반영웅을 통해서 근원도, 확고한 목표도, 지속적 애착도 없이 오직 자아에 대한 선명하고 구별적인 감각만 갖고 있는 극단적인 표본을 창조해냈다. 허구적 인물 아돌프는 콩스탕의 자기 인격에 대한 의식뿐만 아니라 자신을 둘러싼 세계에 대한 예리한 관찰에서도 생명을 취했다. 이제는 관심사가 다양하며, 사람들을 분류하거나 정형화하는 것이 점점 더 어려워지고 있다고 콩스탕은 썼다. 예를 들어, 각기 다른 나라의 사람들이 관심사를 공유해 자기 동포보다 외국인들에게 더 가까워질 수도 있었다. 그만큼 세계는 국제화되고 있었다. 일반적으로 사람들은 일체의 간섭을 싫어했는데, 간섭이 공평하지 않다고 감지될 때 특히 그랬다. 사실 사람들은 이전에도 늘 간섭을 싫어했다. 차이점이 있다면, 이제 사람들이 간섭에 대해 불만을 표하고 간섭하는 자에게 저항하고 간섭을 멈추라고 요구할 준비가 좀더 되어 있다는 것이었다. 돈 있는 사람이 더 많아졌다. 그들은 아는 게 더 많았고, 더 많이 읽었다. 이제 권력은 사람들을 괴롭히거나 협박하기보다는 설득해야 했다. 사람들은 권력에 말대꾸를 할 수 있었고, 말대꾸를 했다.

콩스탕은 요구가 많은 새로운 인물이 대기하고 있는 곳에서 날개가 돋기를, 즉 사적 시민이 생겨나기를 기대하고 있었다. 그는 국가와 사회가 이런 인물을 존중할 것을, 그리고 그 인물의 삶의 목표와 심오한 믿음을 침해하지 말 것을 촉구했다. 콩스탕은 자신의 주장을 더 높은 원리에서 끌어냈다기보다는 통찰력에서 끌어냈다. 모든 사람과 그들의 권리에 대한 고급한 사변적 옹호는 1945년이 한참 지나서야 자유주의 사고를 지배하게 되었다. 그 전의 자유주의자들은 모든 사람이 인간성에 수반되는 공통의 권리와 특권을 누린다는 것을 마지못해 받아들이거나, 떠밀려서 받아들이기도 했다. 콩스탕은 덜 야심적이고 더 제한적인 이야기를 하고 있었다. 사회가 변해서 사람들의 관심과 믿음에 대한 낡은 형태의 간섭들이 더 이상 타당하거나 효과적이지 않다는 것이었다.

진보에 관해서 콩스탕은 태평했던 것 같다. 부상하는 그 새로운 사회에서는 여러 이유에서 진보의 가능성을 믿을 수 있었다. 방해만 없다면 진보의 이로움이 수월하고 자연스럽게 흘러넘칠 가능성이 컸다. 사회는 크게 개혁을 요하지 않았는데, 사회가 저절로 개혁되고 있기 때문이었다. 콩스탕이 생각하기에 진보의 큰 장애물은 진보를 멈춰 세우거나 원하는 특정 방향으로 돌리려는 시도들이었다. 인간의 지식과 지적 활력은 간섭에 의해 방해받지만 않는다면 증진되기 마련이라는 것이 경험의 교훈이었다. 교조적인 사고방식들은 사람들이 정신적·도덕적 문제에서 권위를 거부하면서 사라져갔다. 전쟁과 그것의 사촌인 폭정 및 제국 수립은 당대의 상업 정신에 부합하지 않았다. 파괴적이고 압제적인 삶의 형식들은 사람들이 제조, 판매, 구매에 몰두하면서 줄어들었다.

더 많은 상거래가 전쟁을 부추길 수 있다거나, 친선을 꾀하는 것과는 거리가 먼, 사람들의 큰 이동 및 외국인과의 접촉이 적대적인 격정을 야기할 수 있다는 생각도 콩스탕을 주저하게 만들지 못했다. 이어진 한 세기 반의 세월은 진보의 가능성에 대한 자유주의적 믿음이 과도하다는 생각을 심어주게 된다. 열정적인 콩스탕은 진보에 대해 자동적이고 자기 추동적인 것처럼 말하는 경향이 있었다. 콩스탕은 근대 사회가 이제 스스로 번영과 평화를 가져올 수 있다는 듯이, 불일치와 경쟁이 이제 틀림없이 생산적인 결과를 가져올 것이라는 듯이 씀으로써, 자유주의적 착각이 되어버린 생각을 드러냈다. 즉, 그는 진보의 혜택을 가져오기 위해 얼마나 많은 사람이 노력해야 하는지, 또 그 혜택들을 위해 애쓰지 않으면 그것이 얼마나 쉽게 사라져버릴 수 있는지를 간과했다.

권력을 억제할 방법과 관련해, 콩스탕은 사회가 어떤 식으로 변하고 있는지에서 출발했다. 사회는 점점 더 복잡해지고 있었다. 사람들은 서로 덜 직접적으로 접촉했다. 구매자와 생산자 사이의 공급 라인은 길어지고 있었다. 정부의 영향력은 점점 확장되고 있었지만, 점점 멀어졌다. 콩스탕이 보기에 그런 변화를 저지하려 애쓰는 것은 무의미한 일이었다. 당면한 문제는 그 새로운 맥락에서 권력에 저항하는 적절한 방법을 찾는 것이었다. 물론 더 이상 권력을 억제할 수 없는 것은 직접 민주주의였다. 광범위한 대중 사회는 그 고대의 이상을 실현 불가능한 것으로 만들고 있었다. 이 지점에서 콩스탕은 자기 마음속의 논쟁 상대인 루소에게 대립하고 있었다.

루소는 시민들이 어느 정도는 공동생활 수행에 직접 참여하는 그런 작은 공화국들을 그려 보여주었는데, 이는 자유주의자들을 매료시켰다. 이론상, 동료 시민들과의 일에 대한 직접적인 발언권은 외부 세력의 지배와 전제적 통치에 맞서는 매력적인 방어물이었다. "공화주의적" 이상이라고 일컬어지는, 하나의 억압적 권력 없이 동등한 사람들 사이에 능동적 시민권이 존재한다는 이상은 16세기의 마키아벨리에게서, 17세기의 영국 급진주의자들에게서, 18세기 후반 미국의 제퍼슨주의자들에게서 옹호되었다.

근대 사회가 이 이상에 닿을 수 없다는 콩스탕의 믿음은 그의 『고대와 근대의 자유』(1819)에 가장 명쾌하게 서술되었다. 콩스탕이 말하는 고대의 자유는 그리스 도시국가의 모든 사람이 가지고 있었다고 여겨지는, 정부에서의 직접적 발언권이었다. 콩스탕의 주장에 따르면, 그들의 자유는 참여할 자유, 참여 없이 강요받지 않을 자유였다. 이와 반대로 근대의 자유는 원치 않는 국가나 사회의 간섭으로부터 보호받는 것이었다. 각각의 자유에는 장단점이 있었다. 고대의 자유는 직접적 발언권은 있지만 개인적 자유 재량이 거의 없었고, 근대의 자유는 직접적 발언권은 거의 없지만 상당한 자유 재량이 있었다. 대의민주주의는 다음과 같은 암묵적인 거래에 기초했다. 시민은 자기 삶에 대한 직접적 권력을 포기하고, 그 대신 국가는 그들을 간섭하지 않는 것으로 보상한다는 것이다. 그것은 괜찮은 거래였는가? 이 지점에서 다시, 콩스탕이 드러낸 정치적 견해가 사회에 흔적을 남겼다. 그의 말에 따르면, 근대인들은 공적 삶에서의 직접적인 발언권보다 프라이버시를 더 원했다. 바로 이러한 것이 이제 자유주의 정치가 사회생활에 대해 고려해야 할 사실들이었다. 분명한 해결책을 제시하진 않았지만, 콩스탕은 공적 삶에서 지나치게 유리되는 것의 위험성을 인식하고 있었다. 이러한 생각은 동료 자유주의자 토크빌에게 큰 영향을 미쳤고, 토크빌은 이 생각을 더 발전시켰다.

콩스탕은 권력에 대해서는 태평하지 않았다. 훗날의 자유주의자들에게 이르러서야 제대로 다루어진 그의 유익한 제안들 중 또 하나는, 전제주의란 시도 때도 없고 여러 모습을 하고 있다는 오래된 깨달음을 소환하는 것이었다. 콩스탕은 전제적 권력이 다양한 형태를 띠며 어느 시대에나 존재할 수 있다고 생각했다. 그는 사회가 개선되리라 기대할 수는 있지만 그래도 오만한 권력은 남아 있을 것이라고 믿었다. 달리 말해, 진보가 과도한 권력을 몰아내리라 기대할 수는 없었다. 권력에 대한 콩스탕의 생각을 확장하는 것, 그리고 권력에 저항하는 일은 결코 끝나지 않는다는, 자유주의자들을 위한 교훈을 도출하는 것은 역사가이자 동료 정치인인 프랑수아 기조의 몫이 되었다.

19세기 말에 콩스탕의 저작들은 구식이 되어 있었다. 프랑스 정치에 대한 날카로운 관찰자 존 스튜어트 밀은 콩스탕을 언론의 수호자이자 "음모가들"에 둘러싸인 참된 자유주의자로 여기며 경의를 표했다. 1830년에 한 신문의 부고에서 밀은 콩스탕의 죽음에 대해 "전 세계의 불행"이라 말했다. 전제 정치에 반대하는 콩스탕의 생각은 훗날 경제적으로는 자유주의적이지만 정치적으로는 전제적이었던 제2제정 시기에 쥘 시몽과 에두아르 라불레 같은 프랑스 자유주의자들에게 전승되었고, 이들은 정치에 대한 콩스탕의 가르침을 재출간했다. 콩스탕의 글은 제3공화정 때는 덜 읽혔는데, 이는 단지 그의 18세기적 논조와 경제 소홀 때문은 아니었고, 당시에는 이미 과도한 권력, 자유로운 언론, 개인의 프라이버시에 관한 그의 사상이 프랑스의 자유주의 시각에 널리 흡수돼 있었기 때문이다. 콩스탕의 글들은 1980년대에 재편집·재출간되었고, 당시 콩스탕은 기조, 토크빌, 밀과 함께 자유주의의 시조로 거론되었다.

콩스탕이나 훔볼트 모두 선출에 대한 의식을 가진 민주주의자는 아니었고, 노동자의 친구도 아니었다. 훔볼트의 자유주의는 아래로부터의 심각한 간섭이 없는 통치를 기대하는 엘리트의 자유주의였다. 콩스탕은 특권에 반대했고, 재능에 대해 열려 있는 사회를 바랐다. 윤리적으로 말해서, 그는 사람들이 각자의 방식으로 살아가야 한다고 생각했다. 그는 투표장에서의 엄격한 평등도, 산업 민주주의도 믿지 않았다. 훔볼트와 콩스탕의 세계는 두 사람 다 완전히 이해할 수 없는 방식들로 변하고 있었다. 정치적으로는, 훔볼트의 배경이나 콩스탕의 연줄이 없는 사람들이 정부에서의 발언권을 원했다. 경제적으로는, 사장과 노동자들 사이의 계급 투쟁이 시작되었다. 훔볼트와 콩스탕의 뒤를 이은 자유주의자들은 새로운 교훈과 마주하게 되었다. 그들은 사람들에 대한 시민적 존중이 "어떤 사람이건 상관없이" 모든 사람에게, 새롭고 제한 없는 방식으로—즉, 민주주의적으로—적용되어야 한다는 것을 배웠다.

훔볼트가 사망한 달인 1835년 4월 파리에서는 리옹의 견직물 공장 노동자들과 그들의 지지자에 대한 대규모 재판이 시작되었다. 그 노동자들은 전해에 낮은 임금과 열악한 노동 환경에 항의하며 공장을 점거했다. 프랑스의 자유주의적인 내무장관 아돌프 티에르는 공장주들의 요청으로 그들을 몰아내기 위한 군대를 파견했다. 살육에서 살아남은 노동자들은 재판에 넘겨졌고, 대부분 추방되거나 무거운 징역형에 처해졌다. 질서를 찾는 과정에서의 자본과 노동의 갈등은 그 세기의 남은 기간과 그 이후에도 자유주의자들의 뇌리를 떠나지 않게 된다. 장수한 티에르는 프랑스 좌파에게는 1834년의 리옹을 환기하는 인물이자 1871년의 파리코뮌 유혈 진압을 지시한 인물로 기억되게 되었고, 결국 좋을 때는 좋지만 필요하면 무자비함을 보이곤 하는 것이 전형적인 자유주의자의 모습이라는 인식을―프랑스인들만의 인식이 아닌―남겼다.

2. 기조: 독단적 권력에 기대지 않고 갈등을 제어하기

19세기에 티에르가 프랑스에서 가장 미움받은 자유주의자였다면, 프랑수아 기조(1787~1874)는 아마 가장 경멸당한 자유주의자였을 것이다. 역사학 교수에서 정치가로 변신한 그는 부르봉 왕정복고와 루이 나폴레옹 독재(1848~1870) 사이의 자유주의적 시기인 7월 왕정의 핵심 인물이었다. 1848년 2월에 7월 왕정이 붕괴하자 기조는 그 실패의 희생양이 되었다. 그의 경력은 끝났고 그의 명성은 사라졌다. 기조는 영미권 독자들에게는 존재감이 별로 없을지 몰라도, 자유주의 이야기에서 첫째가는 인물이다. 당시 기조는 유럽에서 가장 호평받는 자유주의자 중 한 사람이었다. 젊은 토크빌은 1820년대 초반에 소르본에서 그의 강의를 들으며 필기한 많은 양의 기록을 남겼다. 존 스튜어트 밀은 1840년에 기조에 대해 "살아 있는 가장 위대한 공인으로서 이제 세계 앞에 서 있다"라고 썼다. 밀은 오래지 않아 정치가 기조에 대한 생각을 바꾸게 되었는데, 공직에 있으면서 기조가 취한 "비열한 책략들"과 자유주의적이지 않은 행동에 수많은 동료 자유주의자와 마찬가지로 실망을 느꼈기 때문이다. 하지만 밀은 역사가이자 사상가로서의 기조에 대해서는 결코 존경심을 잃지 않았는데, 그 이유를 찾는 것은 그리 어려운 일이 아니다.

자유주의 정신에 입각해 기조는 견제되지 않는 권력이 지속적으로 위협이 된다는 것, 그리고 어떤 하나의 계급·신념·이해관계가 사회를 지배하지 못하게끔 하는 것이 시급한 일임을 상세히 설명했다. 그가 이런 두 가지 생각을 갖게 된 것은 역사적이고 역동적이었다. 권력은 교묘하고 가변적이었으며, 언제나 새로운 형태로 되돌아왔다. 정치는 상충하는 이해관계들 사이에서 새로운 균형점을 찾는 끝없는 과정이었다. 기조는 조국을 분열시키고 유럽의 대부분과 등지게 만든 프랑스 혁명의 배경에 대해 비판적으로 썼다. 그는 사회들이 조화롭지 않고 갈등에 의해 분열되어 있다고 생각했다. 그는 16세기 말과 17세기 초의 종교적 불화 및 내전에 충격받았던 보댕과 홉스 같은 앞선 사상가들과 마찬가지로 절절하게 그런 생각을 했다. 또한 젊은 마르크스에게 환영받은, 그리고 좀더 자기만족적인 훗날의 자유주의자들에게서는 보기 어려워진 담대함으로 그런 생각을 했다. 그렇지만 갈등과 무질서에 대한 기조의 답은, 보댕이나 홉스의 경우와 달리, 그리고 마르크스주의 규범에서와 달리, 권력이 아니었다. 기조에게 권력은 문제 있는 것이었고, 절대적이고 견제되지 않을 때 특히 그랬다. 권력을 제한하는 것이 정치의 첫 번째 과제라는 것이 기조의 생각이었다.

기조의 말을 따르자면, 그의 최우선적인 신념은 "모든 절대 권력의 근본적인 불법성"이었다. 권력이 한 사람의 수중에 있지 않을 때, 그리고 현명하건 어리석건 통치자가 자신이 통치하는 사람들의 말에 원하건 원치 않건 귀 기울여야만 할 때 정부가 가장 견고하고 또 사람들에게 가장 간섭하지 않는다고 기조는 생각했다. 이와 대조적으로 절대 권력은 중앙집중적이고 오직 그 권력 자체에만 귀 기울여야 했다. "절대적absolute"이라는 말은 극단적 원리 원칙의 주장이자 역사와 관련된 전문 용어였지만, 기조가 염두에 둔 것은 모두에게 친숙한 것인 독재나 전제였다. 그런 견제되지 않는 권력은 독단적이고 무정하며 억압적일 수 있었고, 또 실제로 흔히 그랬다. 문제는 권력이 하고자 하는 일이 아니라, 권력이 할 수 있는 일이었다. 절대 권력은 그것의 옹호자들이 주장했듯이 계몽적일 수도, 유익할 수도, 자비로울 수도 있었다. 하지만 자유주의자들에게는 그것으로 충분치 않았다. 절대 권력은 자신이 원하면 언제든 마음을 바꿀 수도 있었다. 해롭고 악의적으로 될 수도 있었다. 의도는 계속 바뀌었지만 그 능력은 변하지 않았다. 권력은 믿을 만한 게 못 되었다.

기조는 좋은 정부와 독재의 차이에 대한 자신의 생각을 뒷받침하기 위해, 역사가로서 유럽의 과거 속으로 깊이 뛰어들었다. 롬바르드족의 평의회와 색슨족의 위턴 회의에서 모호하거나 어쩌면 신화적일 수도 있는 초기 대의제 정부 형태들을 추적하면서 기조는 이중의 목적을 가지고 있었다. 그는 프랑스인들에게 프랑스 혁명 지지자와 반대자로 분열된 나라의 화해를 권고하고 있었다. 대개의 초기 프랑스 자유주의자와 마찬가지로, 기조는 그 혁명에서 나쁜 점뿐만 아니라 좋은 점도 보았다. 따라서 그는 양쪽 모두에게 호소했다. 기조는 과거를 숭배하는 반동 세력에게는, 분할된 권력과 대의 정부가 프랑스의 전통 속에 자리하고 있다는 것을 보여주려 했다. 진보 세력에게는, 자유주의자들에 의한, 입헌 정부와 개혁을 위한 역사가 회복되기를 바랐다.

권력에 대한 기조의 또 다른 가르침은 광범위하게 적용되는 것으로, 프랑스에 국한되지 않았다. 옛 자료들을 파고든 이 역사가는 전제 정치가 어느 시대에나 있을 수 있고 단일한 정체를 취하지 않는다는 콩스탕의 생각을 확인했다. 고대인들이 경험했듯이, 전제 정치는 한 사람, 몇몇 사람, 여러 사람의 통치에서도 나타날 수 있었다. 정부를 왕정, 과두정, 민주정으로 분류하는 것은 적절하지만 피상적이었다. 각 유형은 권력이 제한되지 않는다면 전제적으로 될 수 있었다. 자유주의자들에게 중요한 것은 누가 혹은 무엇이 지배하느냐가 아니라 어떻게 지배하느냐였다. 권력에 저항하기로 마음먹은 자유주의자들에게 이것은 힘든 교훈이었다. 하나의 권력은 또 다른 권력을 숨기고 있었다. 따라서 저항하는 일은 결코 끝나지 않았다. 그것은 언제나 진행 중이었다.

기조와 동료 프랑스 자유주의자들은 가까운 과거에서도 교훈을 얻었다. 절대 왕정의 폐지는 구속받지 않는 권력을 끝장내지 않았다. 공화국의 통제권이 로베스피에르 및 국민공회를 통해 인민의 이름으로 말하는 파리의 혁명 분파들에게 넘어간 1792년 이후의 그 "나쁜" 혁명 속에서 자코뱅파 사람들의 견제되지 않는 권력이 뒤따랐다. 그러고 나서는, 1799년 질서를 회복시킨 나폴레옹 보나파르트의—처음에는 통령이, 그다음에는 종신 통령이, 그다음에는 결국 황제가 된 그 군사 독재자의—견제되지 않는 권력이 출현했다. 그 뒤 1815년 그의 퇴위와 함께 왕정복고가 이루어지면서 복수심에 불타는 보수적 극단주의자들의 지지 속에 부르봉가 왕들의 견제되지 않는 권력이 이어졌다. 기조는 어린 시절부터 그 모든 것을 지켜보았다.

그는 개인적 범위나 작은 범위에서가 아니라 아주 큰 범위에서 정치를 조망했다. 심지어 동지들은 그에 대해, 사유 속에서 살아갈 뿐 다른 사람들에 대한 상상력이 부족하다고 말했다. 좌파가 그를 경멸한 만큼 우파는 그를 불신했다. 폴 들라로슈가 그린 초상화(1837)를 보면 우리에게서 눈길을 돌리고 있는 기조의 창백한 얼굴은 위엄 있고 근엄하며 정이 안 가게 생겼다. 기조를 그린 오노레 도미에의 스케치(1833)는 두툼하고 울퉁불퉁한 이목구비의 그가 의회의 벤치에 구부정하게 앉아 있는 음울한 모습을 보여주는데, 나이 든 권투선수 같은 느낌을 주는 이 막후 인물의 모습이 진실에 더 가까울지도 모르겠다. 그는 적수들의 비웃음을 가볍게 넘기지 못하고, "당신들의 조롱은 나의 어마어마한 경멸에 비하면 아무것도 아니다"라고 응수하곤 했다. 그가 정말로 이런 말을 했는지는 모르겠지만, 재산가와 똑같은 조건으로 투표권을 요구하는 노동자와 급진주의자들에게 그가 했다는 위압적인 충고, "열심히 일하고 아껴서 부자가 되라!"라는 충고를 잊은 사람은 없었다. 1848년 혁명 중에 튀일리 궁전에 난입한 공화주의자 군중은 어떤 보수주의적 귀족에 의해 조련되었음에 틀림없는 한 늙은 앵무새가 "기조 타도!"라고 외치는 것을 들었다고 전해진다.

총리로서 기조는 아무런 예상도 하지 못했다. 러시아 귀족 여성이자 차르의 스파이로 알려진 그의 절친한 지인 도로테 리벤은 앞서 그해 2월 자신의 살롱에서 파리 경찰청장과 거리의 소요에 관해 근심스럽게 대화를 나누고 있었다. 그들은 기조를 불러 그의 의견을 물었다. "아, 걱정 마세요. 그 문제로 걱정하실 필요는 없습니다." 그는 이렇게 말했다. 하지만 혼란에 빠진 왕은 며칠 지나지 않아 기조를 파면했고, 기조는 독일 마차 하인으로 변장한 채 영국으로 도망쳤다. 당시 영국은 프랑스의 적이었지만, 유럽 대륙의 수많은 자유주의자와 마찬가지로 기조는 잘된 제도라는 영국의 제도들을 충분한 이해 없이 예찬했다.

그것은 기조의 두 번째 야반도주였다. 첫 번째 야반도주는 어린 시절에 있었다. 프로방스의 칼뱅주의 변호사였던 그의 아버지는 프랑스 혁명의 초기 자유주의자들이었던 지롱드당 편에 서서 자코뱅파가 장악한 파리의 힘에 헛되이 저항했고, 그러던 중 1794년 4월 단두대에서 처형되었다. 어머니는 일곱 살의 프랑수아 기조와 그의 남동생을 데리고 제네바로 피신했다. 거기서 기조는 여러 언어를 사용하는 탁월한 교육을 받았고, 1805년 프랑스로 돌아온 후 새로운 영역을 대담하게 파헤친 역사가로서 재빠르게 명성을 얻을 수 있었다. 기조는 부르봉 왕가, 자코뱅파, 나폴레옹파의 전제 정치에 똑같이 반대하는 파리의 영향력 있는 정치인·교수·지식인 집단과 교류했다. 흔히 그들은 브뤼셀의 친보나파르트주의적 풍자 잡지 『옐로 드워프』가 유행시킨 "공론가들"이라는 경멸조의 명칭으로 불렸지만, 프랑스 최초의 자유주의자들이었다. 1815년 프랑스가 영국에, 그리고 오스트리아·프로이센·러시아라는 반동적 제국들에 패했을 때, 프랑스의 자유주의자들은 두 가지 전제 정치 사이에서 결정을 해야만 했다. 예외는 있었지만, 그들은 자신들이 보기에 덜 사악한 쪽을 선택해 나폴레옹에 반대했고, 부르봉가의 복원된 쾌활한 왕 루이 18세를 지지했다.

이론적으로 루이 18세는 중간의 자유주의자들과 오른쪽의 극단주의자들 사이에서 균형을 잡았다. 그러나 실질적으로, 철저히 반동적인 그의 정권은 변화를 억누르려 했다. 1783년부터 권력을 잡았지만 미국과 프랑스의 혁명으로 흔들리고 있던 영국의 토리 정부도 마찬가지였다. 1815년 유럽 승전국들에 의해 통치권을 회복한 40여 개에 이르는 왕국과 공국들의 절대 통치자인 독일 군주들 역시 마찬가지였다. 프랑스가 제일 먼저 균열을 일으켰다. 기조는 그 이야기의 중심에 있었다. 그와 동료 자유주의자들은 프랑스 부르봉가, 영국 토리당, 독일 군주들보다 혁명에 대해 더 유연한 생각을 갖고 있었다. 기조는 보수적인 앵글로-아이리시 휘그당원인 에드먼드 버크의 생각보다 유연한 생각을 갖고 있었다. 버크는 1790년에 나온 『프랑스 혁명론』에서, 변화의 이로움이나 변화 지지자들의 현명함을 해치는 위험을 제대로 포착하지 못한 채, 기존의 전통을 버리고 전통의 지혜를 무시하는 것의 위험성을 강조했다.

　기조와 동료 "공론가들"은 공화주의자도 민주주의자도 아니었다. 그들은 재산에 기반한 제한된 선거권에 대한 합의를 기초로 하는 대의 정부, 그리고 군림하되 통치하지 않는 군주 아래 이루어지는 입헌적 권력 분립을 믿었다. 그리고 분할된 통치권, 권력에 말대꾸하기, 정당 간 경쟁을 믿었다. 다시 말해 그들은 정치를 경쟁으로 여겼다. 그들은 인민 대중이 그 경쟁에 참여할 수 있다고는 생각하지 않았다.

　그런 견해는 (로베스피에르와 공포 정치가 프랑스 혁명을 "나쁜" 것으로 바꾸기 이전의) 프랑스 혁명을 "좋은" 것으로 보는 공론가들의 해석 속에 반영되어 있었다. 자유주의자들은 1815~1830년의 극단주의자들에게 역사적 근거 면에서 반대했다. 프랑스 사회는 진보해왔으며 구체제는 재개될 수 없었다. 1789년의 혁명은 자유주의자들이 계속 지키고 싶어한 가시적인 성과들을 가져다주었다. 이제는 잘 관리되는 일률적 법치가 사회 질서와 경제 발전의 두 전제 조건인 사유재산과 상업에 유리했다. 교회와 귀족이 보유한 토지의 혁명적인 매각으로 토지 소유권이 확산된 것은 자유주의 역사가 쥘 미슐레가 『프랑스 혁명사』(1847~1854)에서 열띠게 주장한 것처럼 2000만 명의 토지 소유 민중을 만들어내지는 않았다. 그것은 19세기 프랑스 시골의 사회적 기둥인 부유한 "소작농"이 뿌리내리게 했다. 또한 그 "좋은" 혁명은 종교적 관용, 시민적 자유, 언론의 자유 같은 계몽주의의 이상들을 끌어안았다. 구체제가 경계했고 혁명과 반혁명의 극단주의자들이 무시하거나 내던졌던 이상이었다. 바로 이런 것이 프랑스 자유주의자들부터 자유주의자 전반에 이르기까지 받아들여진, 1789년 혁명에 대한 보편적 해석이었다.

1820년대 후반에 부르봉가의 극단주의자들이 "좋은" 혁명으로 얻은 것들을 위협하려는 듯 보이자, 이에 반대하는 프랑스 자유주의 진영은 다시 정신을 차렸다. 사람들 말에 귀 기울이기보다 제 고집만 내세우던 왕은 분별없이 의회를 해산시켰다. 『르 나시오날』의 티에르가 앞장선 자유주의 언론은 저항을 촉발했다. 외젠 들라크루아의 「민중을 이끄는 자유의 여신」에 의해 우리의 상상과 어휘 속에 고정된 에피소드처럼, 파리의 보통 사람들이 가두 시위를 벌였고, 출동한 군대에게 함께할 것을 설득했다. 일단 거리가 안정을 되찾자, 기조와 그의 동지들은 왕과 극단주의자들을 몰아냈고, 1793년 자기 사촌인 루이 16세의 처형에 찬성표를 던진 자의 아들인 오를레앙가의 루이 필리프를 왕위에 앉혔다.

1830년 7월 프랑스의 "영광의 3일"은 영국과 독일을 뒤흔들었다.

그해 11월에 영국의 야당인 휘그당—나중에 근대의 자유당을 이루게 되는, 계몽적 지주와 도시 급진주의자들의 느슨한 연합체—은 거의 반세기 만에 처음으로 웨스트민스터에서 단독으로 집권했다. 독일 전역에서 왕과 군주의 견제되지 않는 권력을 입헌 통치와 대의 정부로 교체할 것을 요구하는 목소리가 울려 퍼졌다. 프랑스와 기조가 앞장선 가운데 유럽에서 자유주의의 국면이 열린 것이다.

7월 왕정에는 장엄한 분위기라고는 없었다. 도미에는 왕좌에 오른 지 겨우 일 년 된 루이 필리프를 동굴 같은 커다란 입을 벌리고서 자루에 담긴 뇌물을 삼키고 있는 나태한 가르강튀아로 묘사했다. 기조, 티에르, 그리고 또 다른 자유주의자들이 내각에 들어갔다. 베를린대학을 나왔고 친구 프리드리히 엥겔스와 함께 『공산당 선언』을 쓴 카를 마르크스가 보기에, 공론가 교수와 자유주의 신문의 편집자들은 돈이라는 진짜 권력을 가리고 있을 뿐이었다. 7월 왕정이 1848년 붕괴한 후 마르크스는 그 체제를 "프랑스의 국부를 착취하기 위한 합자회사"로 묘사했다.

7월 왕정은 프랑스에 식량 부족, 부패, 압제를 가져왔다. 또한 증진된 언론의 자유, 소년들을 위한 공립 학교, 불균등하지만 점증하는 번영도 가져왔다. 기조를 무너뜨린 1848년 혁명은 사회적으로나 경제적으로 중요하기보다는 정치적으로 중요했고, 시작하기도 전에 거의 소진되어 있었다. 그해 여름에 이르러 급진주의자들은 실망을 금치 못했다. 경제 발전과 사회 질서는 회복되었지만, 그것은 자유주의적 질서가 아니었다. 두 번째 나폴레옹, 즉 루이 나폴레옹은 스스로를 선출된 군주로 자리매김했다. 1860년대부터 1880년대까지 독일에서 수상

비스마르크가 그랬던 것처럼, 이 새로운 나폴레옹은 자유주의적인 목표들을 비자유주의적인 방식으로 달성하면서 자유주의자들을 정치적으로 압박했다.

영국 망명 중이던 기조는 옥스퍼드의 교수직 제안을 거절하고 1849년 프랑스로 돌아갔다. 다른 자유주의자들이 출세한 프랑스에서 기조는 다시 의회에 들어가려 노력했으나 실패했다. 그는 단지 7월 왕정의 붕괴라는 대실패 때문에 비난받은 것이 아니었다. 그는 공직에 있으면서 자신의 지고의 자유주의 이상들을 저버렸다. 그는 언론에 재갈을 물렸고, 1820년대에 극단주의자들이 자신을 저지했던 것처럼 미슐레의 공개 강연을 금지시켰다. 아마도 가장 악영향을 미친 것은, 기조가 좌파와 우파의 적들에게 자신을 반프랑스적으로 여길 만한 빌미를 준 것이었다. 매일 아침을 기도로 시작할 정도로 평생 독실한 프로테스탄트로 산 그는 18세기 계몽 사상가들처럼 반교권주의자도 무신론자도 아니었고, 기독교 신앙과 자유주의의 이상들이 충돌한다고 보지 않았다. 기조는 국제적인 사람이었는데, 단지 그가 유럽의 주요 언어들에 능통해서가 아니었다. 적들은 외무장관이 영국을 부드럽게 대하자 그를 공격했고, 무역을 위해 이전의 적과 화해하는 것이 무력 경쟁보다 낫다는 그의 자유주의적 신념을 무시한 채 조롱조로 그를 "기조 경"이라 불렀다. 기조는 공화주의적이고 친나폴레옹적인 좌파의 비난, 즉 (1815년 공공연히 헌법을 옹호하기 위해서 헨트에 체류 중이던 루이 18세를 찾아갔을 때) 그가 프랑스의 적들에게 군사 비밀을 누설했다는 비난을 결코 불식시키지 못했다. 그는 오랜 은퇴 생활에 들어갔고, 자서전을 썼고, 정치적으로 잊혀갔다. 두 번째 나폴레옹의 권위주의적 통치에 저항하는 것은 신세대 프랑스 자유주의자들의 몫이 되었다.

기조는 정말로 프랑스를 열렬히 사랑했고, 그 사랑을 표하는 방식에서 후대의 자유주의자들에게—프랑스뿐 아니라 외국의 자유주의자들에게도—교훈이 될 만했다. 기조는 국가에 대한 애착을 부정하지도 않았고, 전 세계적인 원리로 그것을 씻어내려 하지도 않았다. 오히려 그는 대외적 영광, 타자의 배척, 군사적 역량에 의지하지 않고서 프랑스라는 국가에 대한 의식을 고취하고 싶어했다. 1833년에 교육장관으로서 그는 프랑스의 모든 최소 행정 단위마다 소년들을 위한 공립 학교를 만들고 그보다 큰 행정 단위마다 교사 양성소를 마련하는 중대한 개혁 사업과 전국적인 교육 과정의 출발을 관장했다. 프랑스 소년들은 학교의 딱딱한 의자에 앉아 자신이 프랑스인임을, 특히 프랑스어를 배우면서 알아가기 시작했다. 또한 1830년에 기조는 사적지와 국가 기념물들을 식별하고 보존하는 조사단을 창설했다. 기조는 프랑스의 '기억의 장소들'—사람들이 자신들이 같은 과거를 공유하고 따라서 어느 정도는 같은 현재를 공유한다고 생각하는 데 단초가 될 만한 장소들—에 대한 최초이자 가장 헌신적인 옹호자들 중 한 명이었다. '기억의 장소들'이라는 표현은 한 세기 반이 지나서야 날개를 달게 되지만 말이다.

자유주의 사상에서 기조가 한 자리를 차지하는 것은 그가 분할되지 않은 절대 권력에 대해 반대했기 때문이다. 그는 1820~1822년 파리에서 한 『대의 정부에 대한 강연』 제6강과 제8강에서 그 점을 분명히 했다. 기조는 빌렐 백작의 반동적 정부가 입헌적 변화의 희망을 완전히 끝장냈을 때 그 강연을 시작했다. 강연은 중지당했고, 그는 국참사원에서 해임되었다. 1828년에 강연이 다시 허용되었다. 기조는 "여러분은 6년 전 우리가 했던 말을 기억하실 겁니다"라는 말로 강연을 재개했고 박수가 터져나왔다.

기조는 권력 억제라는 과제는 경험을 통한 권력에 대한 앎에서 나온다고 주장했다. 제약 없는 권력은 영속화되는 경향이 있었다. 공정하게 통치한다고 주장하는 이들 중에 자신의 권력을 나누어 가진 사람은 거의 혹은 전혀 없었다. 달리 뭐라 주장되든, 주권은 당연히 그 누구의 것도 아니었다. 왕이든 시민이든 그 누구도 제약 없이 주권을 행사할 수 없었다. "완벽하고 지속적인 이해력, 정의와 이성의 확고하고 신성한 적용은 불완전한 존재인 우리의 것이 아니므로, 주권은 그 누구건 한 사람의 권리가 아니다." 기조는 이렇게 썼다. 우리가 어느 순간에 바라게 된 것은 단독으로든 함께든 공정한 결정이나 올바른 선택의 근거가 되지 않았다. 여기서 기조가 공격한 것은 최종 결정권을 믿는 좌파와 우파 모두의 약점이었다. 그는 예컨대 루소에게 소중한 생각, 즉 우리가 우리 자신을 지휘하며 우리의 뜻은 철회될 수 없다는 생각을 받아들이지 않고 있었다. 지휘를 맡고 있는 것은 우리의 바람들이 아니라 이성과 권리라고 기조는 생각했다. 이상적으로 보면, 사람들의 바람은 일관되고 적절할 것이다. 그러나 사람들은 이상적이지 않았고, 정치는 바로 그러한 이들과 함께해야 했다. 동시에 기조는 왕의 절대 권리라는 원리에 목매는 정통주의자들을 공격하고 있었다. 최고 권력의 행사라는 바로 그 주권 개념은 기조가 생각하기엔 폐기되어야 했다. 정치에서 유일한 주권은 법과 정의와 이성이었다. 이러한 생각은 아주 중대한 결과로 이어졌다. 모든 권력 행사가 공유되어야 했다. 정부가 선거를 통해 교체될 수 있어야 했다. 언론이 제한받지 않아야 했고, 정치적 모임들이 자유롭게 허용되어야 했다.

기조에게는 마지막 요구 사항이 가장 중요했다. 권력은 말대꾸를 들어야 했고, "왜?"라는 질문을 받아야 했고, 질문에 답해야 했다. 철저한 검토와 비판이 수반되지 않는다면 권력 분할과 주기적 선거의 승인도 권력을 통제하는 데 부적합한 것으로 드러날 수 있었다. 법이 압제의 기반이 될 수도 있고, 유권자가 독재자를 선출할 수도 있기 때문이었다. 기조의 생각은 누구도 스스로의 규칙을 따르는 권력에 의지해서는 안 된다는 것이었다. 권력에는 다른 목소리가 필요했다. 기조가 보기에, 말대꾸를 듣는 것은 이성의 행사 자체에 필수적인 것처럼 책임 있는 권력에도 필수적이었다. 절대 권력과의 차이는 분명했다. 절대 권력을 가진 사람들은 절대 권력의 지배를 받는 이들에게 귀 기울이거나 그들에게 자신의 행위를 설명하는 것이 현명하거나 편리하다고 생각할 수도 있지만, 꼭 그렇게 해야 하는 것은 아니었다. 마음만 먹으면 절대 권력은 권력이 투명해야 할 때 불투명할 수 있었고, 권력이 다가가기 쉬운 것이어야 할 때 신비주의를 취할 수 있었고, 권력이 이유를 제시해야 할 때 이치에 맞지 않을 수도 있었다. 실질적인 결론은 제도나 법이라기보다는 격렬하고 끝없는 논쟁이었다. 기조는 사고 방식이 첫째고, 제도는 그다음 문제라고 생각했다. 비록 정치인 기조는 공직에 있을 때 자신의 생각을 공개적으로 주장하는 데 소홀했지만, 사상가 기조는 권력에 저항하는 가장 날카로운 무기가 제한 없는 논쟁을 허락하는 비판적 언론과 공적 회합임을 부단히 주장했다.

절대 권력에 대한 기조의 맹비난에서, 자유주의자와 19세기 및 20세기 초의 그들의 경쟁자인 보수주의자·사회주의자들 간의 첫 번째 차이가 확연히 드러난다. 도식화하자면, 보수주의자들은 전통적 권력 혹은 기성 권력을 숭배했다. 권위란 복종받아야 하는 것이었고 질서란 두말없이 지켜져야 하는 것이었다. 보수주의적 사고에서는 제한된 권력이라든가 분할된 주권이라는 개념은 혼란을 초래하는 것이었다. 왜냐하면 주권이란 "왜"에 응답할 필요가 없는 최고의 지휘권이나 다름없기 때문이었다.

사회주의자들은 달랐다. 보수주의자와 마찬가지로 그들은 절대 권력과 승인된 주권을 최고 권력으로서 숭배했다. 하지만 보수주의자들과 달리, 절대 권력을 왕조나 전통이 아니라 인민에게 위치시켰다. 인민의 의사야말로 지고하고 최종적인 것이었다. 여기서, 그리고 이어지는 내용에서 "사회주의자"라는 말은 푸리에나 마르크스의 집산주의적 추종자들뿐만 아니라 현대판 자코뱅파와 포퓰리즘적 공화주의자들까지 포함하는 반자유주의적 좌파를 총칭한다. 어떤 노선을 취하고 있건 간에 사회주의자들은 누가 대중의 권력을 직관하거나 지휘하는가라는 질문에 만족할 만한 답을 갖고 있지 않았다. 어쨌든 자유주의자들은 그렇게 주장했다. 그들의 불만은 민주주의 시대에 더 광범위해져, 좌파의 포퓰리스트뿐 아니라 우파의 포퓰리스트도 대상에 포함되었다. 자유주의 사고에서는, 대중의 의지를 직관한다거나 "인민"을 대변한다고 주장하는 사람은 누구도 신뢰받을 수 없었다.

자유주의자로서 기조는 권력에 대한 생각에서 보수주의자와도 사회주의자와도 일치하지 않았다. 보수주의자는 인민의 권력을 부인했지만, 기조는 인정했다. 물론 살짝 부정적으로 보긴 했지만 말이다. 사회주의자는 인민의 권력을 절대적이고 결정적인 것으로 만들었지만, 기조는 대중의 권력을 본질적으로 분산되고 잠정적인 것으로 보았다. 기조의 견해에 따르면, 대중이 최종 결정권을 가져서는 안 되었다. 왜냐하면 누구도 그래서는 안 되기 때문이었다. 결정이 취해져야 한다는 것은 기조도 아주 잘 알고 있었다. 그가 말하려는 바는, 결정에 대한 공적 논쟁이 멈춰서는 안 된다는 것이었다.

인민 주권에 대한 기조의 이론은 근본적으로 부정적이라는 점에서 미국의 입헌주의자 제임스 매디슨의 이론과 유사했다. 기조에게 인민 주권이란 사실상 어떤 한 분파, 계급, 신앙, 이해관계가 주권을 갖지 않는다는 것이었다. 어느 누구도 지배하거나 최종 권한을 가져서는 안 되었다. 어떤 하나의 논리가 공적 논쟁을 끝내서는 안 되는 것처럼, 그 누구도 모두를 대변한다고 주장해서는 안 되었다. 공적 이유 자체와 마찬가지로 인민의 권력은 기조의 가시권 밖에 있었다. 그 둘은 지향할 순 있지만 도달할 수 없는 것이며, 어느 누구도 이것이 자기 수중에 있다고 주장할 수 없었다.

특정 계급, 믿음, 이해관계에 주권이 없다면, 정치를 균형을 추구하는 것으로, 그리고 경쟁하는 이해관계들 사이에서 타협점을 찾거나 적어도 그중 하나가 득세하지 못하게끔 하는 것으로 여기는 게 무난한 전개였다. 말년의 회고에서 기조는 프랑스가 "공장주와 노동자, 사제와 시장" 사이의 갈등으로 쪼개졌다고 보았고, 그럼에도 여전히 희망을 놓지 않고서 그 갈등이 중도의 정치에 의해 봉합되거나 완화될 수 있기를 바랐다.

기조의 맥 빠진 주장은 좌파와 우파의 놀림감이 되었다. 그러나 계급 없는 미래에 대한 그의 생각은 마르크스의 생각과 유사했다. 역사는 많은 분파, 많은 갈등, 그리고 결국 안정된 타협으로 가는 많은 경로가 존재한다는 것을 보여주었다. 기조의 이야기에 따르면, 허약했던 프랑스의 왕권은 결국 강력한 귀족 세력에 맞서는 도시들과 동맹을 맺었다. 이와 대조적으로, 영국의 왕권은 도시와 귀족의 연합에 맞서 싸웠고, 결국 패했다. 프랑스의 경우는 절대주의를 거쳐 자유주의적 근대성으로 이어졌고, 영국의 경우는 입헌주의를 거쳐 자유주의적 근대성에 도달했다. 두 경로의 존재는 그것들의 종착지가 다르다는 잘못된 생각을 부추겼다. 헌법이 균형과 타협에 의지하는 것이지, 그 반대가 아니었다. 기조가 생각하기에 필요한 균형점은 관련 힘들에 좌우되었는데, 그 힘들은 시대에 따라 달라진다. 그의 시대에는 계급이 유의미한 힘이었다. 그 어떤 갈등도 빈곤층과 부유층과 중간층 사이의 갈등보다 긴급하지 않았다. 기조는 시샘하지도 않고 태만하지도 않은 중간 계급이 언젠가 균형을 이루어내기를 바랐다. 때가 되면 중간 계급이 주요 계급, 어쩌면 유일 계급이 될 수도 있을 것이고, 그제야 사회는 좀더 엄밀한 의미에서 계급 없는 사회가 될 것이다.

기조는 사회의 "중도"를 찾으면서 프랑스의 미래 모습을 내다보았다. 그는 사람들을 당파적 틀들에 끼워넣지 않았다. 그는 사람들이 더 관대하고 협력적일 때 사회가 진보할 수 있다고 생각했다. 그는 프랑스가 지배적이지는 않아도 빛나는 존재로서 속해 있는 유럽에 대해 세계주의적 자부심을 느꼈다. 그는 다양성과 갈등이 약점이 아니라 강점이 된다고 믿었다. 또한 그는 유럽의 성취가 로마법, 기독교적 자기 성찰, 게르만의 평등성 같은 전통들을 하나의 문명으로 결합한 데 있다고 믿었다.

기조의 자유주의 이상들은 인상적이었지만, 그 이상들의 한계 범위에 대한 그의 생각은 완전히 비민주주의적이었다. 1848년 이후 기조는 반동적인 인물로 기억되었는데, 그가 자유주의자이기 때문이라기보다 민주주의자가 아니기 때문이었다. 자유주의는 프랑스 공화국에 계속 존재했고, 민주주의의 형태로 이른바 "공화주의"라는 진보 정치의 주류가 되었다. 19세기 후반의 프랑스 자유주의의 "소멸"이란 실제의 소멸이 아니라 그 단어의 소멸을 말하는 것뿐이었다. 그때까지 프랑스에서 "자유주의"는 생경하고 인간미 없는 어떤 학설을 지칭하는 것으로서 협소한 의미를 띠고 있었다. 즉, 자유주의는 영국적인 것, 강도 높게 일을 몰아붙이는 맨체스터학파의 공장주들, 그리고 일종의 선택에 의해 사회 구성원이 생겨난다는 로크식 판타지가 결부된 그런 학설을 지칭하는 말이었던 것이다.

갈등에 대한 자유주의적 태도는 권력 문제에 이어, 보수주의와 사회주의라는 경쟁자들과 대조되는 두 번째 점이었다. 자유주의자들에게 갈등은 늘 존재하는 것이었다. 갈등은 중단되지도 근절되지도 않았다. 이해관계나 신념이나 삶의 방식에서 갈등이 어떤 형태를 취하든, 갈등은 길들여지고, 경쟁에 들어가고, 거래·실험·논쟁에서 유효하게 쓰여야 했다. 자유주의자들이 갈등을 건강하고 생산적인 것으로서 환영했는지, 아니면 위험하고 파괴적인 것으로서 우려했는지를 따지는 것은 과도한 일일 수 있다. 둘 다 맞기 때문이다. 자유주의자들에게 갈등은 삶의 기정사실이었다. 정치는 어떻게 갈등이 유익한 결말로

이어져 사회가 해체되지 않게 할 수 있을지를 고민하는 것이었다.

보수주의자들은 갈등에 대해 다른 견해를 취했다. 그들에게는 사회가 본디 분열된 것이 아니었다. 근본적으로 사회는 조화롭고 통일된 것이었다. 특히 계급 갈등의 신화는 원한을 품은 선동가와 불만을 가진 지식인들이 퍼뜨린 것이었다. 의견의 다양성은 열린 마음을 가진 동등한 사람들 간의 끝없는 대화의 바람직한 결과가 아니라, 지혜가 불완전한 사람들의 무지를 물리치는 데 실패한 유감스러운 결과였다. 삶에는 선택할 만한 똑같이 가치 있는 무수한 길이 존재하는 것이 아니라, 덕과 전통이라는 단 하나의 길만 존재했다. 보수주의자의 시력이 자유주의자의 시력보다 나쁜 것은 아니었다. 보수주의자들도 사회의 분열을 알아볼 수 있었다. 그러나 보수주의자들에게는 이런 분열이 사회의 본질이 아니었다. 사회 안에 분열이 존재한다면, 보수주의자들에게 그 분열은 위신의 추락, 근대성으로의 타락, 과거의 통합의 상실로 읽혔다.

사회주의적 좌파의 갈등에 대한 태도 역시 달랐다. 그들은 사회의 갈등이 넓고 깊다는 자유주의자들의 생각에 동의했지만, 그 갈등이 영원하다거나 불가피하다고는 생각지 않았다. 그들은 또한 얼마나 많은 진영이 관련돼 있는지에 대해서도 자유주의자들과 의견을 달리했다. 자유주의자들에게서는 갈등이 아주 많은 진영, 아주 많은 문제와 관련돼 있었다. 어떤 의미에서 갈등의 주제는 무한했다. 사회주의자들에게서는 갈등이 오직 부자와 빈자라는 두 진영과 물질적 불평등이라는 한 가지 주제하고만 관련 있었다. 그들은 물질적 불평등이라는 원천이 일단 제거되면 갈등이 사라질 것이라고 보았다. 사회주의자들은 사회는 어리석게 간섭에 나서지만 않는다면 조화롭다는 보수주의자들의 주장에 반대했다. 그들은 자유주의자들이 대단히 중요한 한 가지 갈등의 뿌리가 어디에 있는지를 보려 하지 않는다고 비난했다. 사회주의자들은 그 뿌리가 불평등한 계급들 간의 물질적 이해관계의 차이에 있으며, 바로 그 차이에서 반드시 다른 갈등들, 특히 신념과 의견의 갈등이 생겨난다고 보았다. 그러니 불공평을 제거하면 삶의 모든 영역에서 조화가 이루어질 것이다. 거칠게 요약하자면, 그것은 일거의 해방이라는 사회주의자들의 꿈이었다. 비록 현재는 사회가 분열되고 변질되었지만, 사회주의적 좌파에게 사회는 본래 조화로운 것이었다. 구조나 시기와 관련해서는 아니었지만, 바로 이 점은 보수주의자들과 일치했다. 보수주의자들에게서는 조화가 위계적인 과거에 놓여 있었고, 사회주의적 좌파에게서는 조화가 타협적인 미래에 놓여 있었다.

자유주의자들에게 사회는 늘 갈등 속에 있는 것이었다. 조화로운 시기는 과거에도 없었고 미래에도 없으리라는 것이 그들의 생각이었다. 희망할 수 있는 최고의 것은 갈등으로 힘들이 변할 때 충분히 유연하게 조정될 수 있는, 질서 있고 안정성 있는 틀을 갖추는 것이었다. 그런 틀은 "인위적"이고 "인공적"일 것이다. 그 틀은 신이 부여한 것이나 자연적인 것이 아니라, 평화·안정성·번영이라는 공동의 이익들에 좌우되는 것일 테다. 그 틀 안에서 사적 갈등은 그 누구에게도 자칫 공동의 이익을 위협할 만한 지독한 아쉬움을 남기지 않는 방향으로 협상될 수 있었다.

자유주의자들은 불안한 상황에서는 끝없는 갈등을 걱정을 억누르며 지켜보았다. 좀더 평온한 때에는 갈등을 흥미와 활력을 주는 것, 무익한 조화와 따분한 일치에 반대되는 것으로서 반겼다. 긴장이 팽팽한 시대에는 갈등을 공포, 폭동, 종교 전쟁과 연결시켰다. 평화로운 시대에는 갈등을 경쟁, 다양성, 개성처럼 충분히 반길 만한 것으로서 재평가했다. 희망이 찾아왔을 때는 갈등을 길들여진 생산적인 것으로, 시장과 광장으로 바뀐 각축장으로 묘사했다. 훗날 (확실하게 굳어진 자유주의 용어를 따르자면) "시장" 자유주의자들은 완화되어 경쟁이 된 갈등이 진정한 선이라고 확신했지만, 결과적으로는 자신들을 보호하자면 간섭적인 법령과 믿을 만한 정부가 필요하다는 것을 거듭거듭 깨닫지 않을 수 없었다. 마찬가지로, "사회적" 자유주의자들은 제약 없는 갈등이 피할 수 있는 해악이라고 확신했지만, 결과적으로는 경쟁이라는 형태를 취한 갈등도 유익할 수 있다는 것을 되풀이해 깨닫지 않을 수 없었다. 어떤 경향의 자유주의건 갈등을 제한하고 활용하는 일은 끝이 없었고, 저항하는 힘도 끝이 없었다. 보수주의자나 사회주의자들과 달리 자유주의자들은 정치에서 벗어날 길이 없었다.

3. 토크빌, 슐체-델리치:
대중 민주주의와 대중 시장이라는 근대 권력

기조는 절대 군주, 자코뱅파, 군사 독재자의 독단적 권력을 경험했다. 한 세대 후에 프랑스의 토크빌과 독일의 헤르만 슐체-델리치는 새로운 형태의 권력들에 몰두했다. 토크빌은 대중 민주주의의 압력에 대한 평형추를 찾고자 했다. 슐체-델리치는 산업 시장의 새로운 권력과 중앙 정부의 커가는 힘 사이에서 중간이 될 길을 찾고자 했다. 이두 사람은 시민사회라고 알려지게 되는 지역적·자발적 공공생활 집단들에서 해법을 얻길 바랐다.

토크빌은 자신의 계급에 애착을 갖고 있긴 했지만, 7월 왕정 때좌파 자유주의자였고, 1848~1851년의 공화정 때는 잠시 외무장관을지냈다. 그는 정치에 대한 저서로 유럽 전역에 알려졌는데, 밀이 칭찬한 그 책은 "개인주의"라는 말을 반자유주의적 욕설보다 더한 것으로서 프랑스의 공적 논쟁에 도입한 것으로 유명하다. 슐체-델리치는 자유주의적인 진보당의 유력 인물이자, 지역 재정과 자활을 위한 활발한 운동으로서 20세기까지 특히 독일 도시들에서 확산되고 유지된독일 협동조합주의의 창시자였다.

알렉시 드 토크빌(1805~1859)은 단지 투표의 문제가 아니라 윤리적·문화적 변화라는 큰 차원에서 민주주의의 확산을 보았다. 사회적으로 위계가 사라지고 있듯이, 의견과 취향에서의 권위가 사라지고있었다. 모든 사람이 자기 자신의 결정권자가 되어가고 있었다. 적어도토크빌이 보기엔 그랬다. 그는 그 자신이 생각하는 넓은 의미에서의민주주의가 중단될 수 있다고 생각하지 않았다. 사회는 진화하고 있었고, 그와 더불어 관점과 태도도 진화하고 있었다. 이득이 있는 만큼치러야 하는 대가도 있었는데, 민주주의가 감당해야 하는 것인 과도한 권력의 근대 국가와 과소한 권력의 근대 시민을 어떻게 처리할지가가장 큰 문제였다. 토크빌이 생각하기에 그 둘은 연결되어 있었고, 둘다 극복되어야 했다. 그가 가장 우려한 점은, 사회가 개입적인 국가, 특히 유익한 동기들을 가진 국가가 부추길 수 있는 계획적이고 이기적인 자아들의 원자화된 덩어리가 되어가고 있다는 것이었다. 새로운 상황에 맞게 수정된 토크빌의 놀라운 그림은 많은 20세기 자유주의자를 매혹했다.

토크빌은 건강이 좋지 않아 늘 신경이 곤두서 있었고, 폭발적으로 일한 뒤 쓰러지곤 했다. 균형 있는 대비와 흔들림 없는 확신을 보여주는 책들의 표면상의 차분함은 기만적인 것이었다. 그의 영국인 전기 작가 휴 브로건이 묘사한 바에 따르면, 토크빌은 냉철한 분석가라기보다는 감정이 개입되어야만 글을 더 잘 쓸 수 있는 충동적인 낭만주의자였다. 그는 파리의 군중을 두려워하면서 싫어했고, 코탕탱반도에 있는 황폐한 가족 영지를 너무나 좋아했으며, 맹목적인 애국주의에 가깝게 프랑스를 사랑했다. 그는 종교적 믿음을 대체로 터무니없는 것으로 여겼지만, (콩스탕과 마찬가지로) 의심의 여지가 없는 신념에 대해서는 사회의 윤리적 접착제가 되어주는 꼭 필요한 것으로 여겼다. 토크빌의 생각에 따르면, 로마가톨릭은 워낙 친숙하고 널리 퍼져 있어서 그러한 목적에 잘 들어맞았다.

토크빌은 냉담해 보일 수 있지만, 사실 애착이 많은 사람이었다. 그는 대토지를 소유한 귀족인 '대검帶劍 귀족'과 전문성을 갖춘 귀족인 '법복法服 귀족'이 몰락했음을 확실히 알고 있었지만, 옛 프랑스에서 세속의 양대 산맥을 이루었던 그 두 귀족 계급에 자신이 속해 있다는 데 자부심을 느꼈다. 그의 아버지는 색슨족의 왕위를 요구한 서자왕 윌리엄과 함께 1066년에 잉글랜드로 항해해 간 한 전사의 후손임을 주장하는 노르망디 토지 소유 귀족 가문 출신이었다. 그의 외증

조부는 프랑스 혁명기에 조국을 버리고 도망간 루이 16세를 변호했던 파리 법조계의 명사 기욤 드 말제르브였다. 공포 정치는 말제르브와 그의 가족 몇 사람의 목숨을 앗아갔다. 그들과 함께 투옥되었던 토크빌의 아버지는, 단지 단두대가 로베스피에르를 먼저 처벌하는 바람에 탈출할 수 있었다.

아들 토크빌은 자기 가문이 취한 태도를 많은 부분 존중했지만 나머지는 무시했다. 정통주의자인 아버지는 부르봉 왕정복고 때 잘나갔지만, 1830년에 부르봉 왕정이 몰락하면서 당시 하급 관리로서 공직에 몸담고 있던 청년 알렉시는 한 가지 선택에 맞닥뜨렸다. 공직자들은 새로운 오를레앙가의 왕에게 충성을 맹세해야 했다. 나폴레옹 치하에서 파리 경찰을 지냈고 이제는 냉소적인 노인이 된 에티엔 파스키에는 그 맹세가 무해한 "구경거리 입장권" 같은 것이라며 웃어넘겼다. 부르봉 왕가에 충성 서약을 했던 많은 정통주의자는 체면 때문에 이를 거부했다. 토크빌은 고민 끝에 결국 맹세를 했다. 그렇지만 그와 같은 환경을 가진 남자로서는 더 대담하게도, 그는 1835년에 귀족도 가톨릭교도도 부자도 아닌 한 잉글랜드 여성과 결혼했다.

토크빌은 탁월함을 노래하고 민주주의적 평범성을 경계한 것 때문에 고상한 체하는 사람, 군중을 경멸적으로 내려다보지만 군중보다 더 나은 사람들은 불안하게 올려다보는 유형의 사람으로 오해받았다. 하지만 실제로 토크빌은 '노블레스 오블리주' 의식이 강한 고상한 사람—이른바 귀족—이었다. 공직은 더 이상 특권이 아니었지만, 그의 마음속에서는 여전히 하나의 의무였다. 토크빌은 1839년 하원의원에 당선되어 중도 좌파의 노선을 걸었다. 1848년에는 잠깐 동안 외무장관을 역임하기도 했고, 공화국 헌법의 입안자로 임명되어 거의 일 년 간 재임하기도 했다.

그는 『회고록』(1850)에서 불행한 프랑스 제2공화국(1848~1852) 때 자신이 어느 편이었는지를 기록했다. 피로 물든 6월의 날들 동안, 면 책특권을 지닌 국민의회 의원이었던 토크빌은 홀로 가두 투쟁을 보러 갔다. 그가 어느 쪽 편인지는 의심의 여지가 없었다. 토크빌은 "질서유 지군이 파리 노동자들의 압제로부터 국가를 구했고, 국가의 신용을 회복시켰다"고 적었다. 여느 자유주의자들의 생각은 달랐다. 토크빌은 자신이 거리에 나섰을 때 러시아 귀족의 아들이자 추방당한 좌파 자 유주의자인 알렉산드르 게르첸을 막 체포한 군대와 우연히 마주쳤다 는 사실은 전하지 않았다. 게르첸은 인민의 대의에 더 공감했는데, 그 역시 밖에 나와 상황을 지켜보던 차였다. 급진적인 러시아 남작 게르 첸은 자유주의적인 프랑스 백작 토크빌에게 중재에 나서주기를 부탁 했다. 구류자들이 사라지고 있고 다수가 총살에 처해지고 있다고 게 르첸은 설명했다. 게르첸의 말에 따르면, 토크빌은 도와달라는 그의 간청을 정중히 들어주었지만, 입법부 사람은 행정부의 일에 개입할 수 없다는 융통성 없는 이유를 대며 개입하기를 거부했다. 군인들은 게 르첸을 끌고 갔다. 결국 그는 긴장된 몇 시간을 보낸 후, 자신이 외국 인 선동가가 아니라는 점을 이성적이고 친절한 어느 경찰 지휘관에게 납득시킨 끝에 석방될 수 있었다.

토크빌이 생각하기에 자유주의자는 파리의 거리 말고도 두려워 해야 할 것이 더 있었다. 근대의 폭군이 대중의 표를 조작할 수도 있 다는 그의 우려는 보나파르트의 조카로서 1848년 12월에 대통령이

된 루이 나폴레옹 치하에서 현실화되었다. 3년 후 나폴레옹은 의회를 폐쇄하고 자기 삼촌이 그랬듯이 황제를 참칭했으며, 그것을 합법화하기 위해 국민투표를 조작했다. 이로써 펼쳐진 제2제정은 프랑스에 안정과 번영을 약속했지만, 토크빌에게는 전제주의의 대가가 너무 컸다.

정치에서 물러난 그는 프랑스 혁명의 역사에 대해 글을 쓰기 시작했지만, 53세에 폐렴으로 사망했을 때 구체제에 대한 부분밖에 끝내지 못한 상태였다. 토크빌은 과거의 군주제하에서 프랑스가 중앙집중적이지만 허약했고, 혁명은 중앙집중적인 프랑스를 유지시키면서도 프랑스를 강하게 만들었다는 것을 보여주고자 했다. 토크빌은 장점과 단점을 알고 있었다. 재산과 상업에 유리한 법치하에 효율적 행정을 펴는 중앙집중적 국가는 경제 발전을 위한 안정된 토대를 구축했다. 한편, 그런 국가는 직접적이거나 지역적인 통제를 제한하기도 했다. 가장 심각한 문제는, 중앙집중화된 국가가 나쁜 정부의 위험 요소들을 증대시킨다는 것이었다. 자유주의적이고 진보적인 국가가 반자유주의의 손으로 넘어갈 수도 있기 때문이었다.

주저 『미국의 민주주의』에서 토크빌은 빠르게 부상하고 있지만 아직 완전히 친숙하지는 않은 것인 중간 계급 사회에 대해 잊지 못할 묘사를 남겼다. 특히 2권(1840)에서, 미국 못지않게 프랑스에 대해서도 많은 생각을 하는 가운데 그렇게 했다. 토크빌이 개략적으로 묘사한 중간 계급 사회는 높은 기준에 들어맞는 고상한 귀족도, 욕구 충족에 이르지 못한 극빈 계급도 없는 곳이었다. 그런 사회는 아마도 오래지 않아 유럽이 갖게 될 모습이었다. 미국인들은 누구라도 이기거나 질 수 있는 경쟁 속에서 대등하게 경쟁하는 경쟁자들이었다. 보상은 지위가 아니라 성과에 따라 주어졌다. 그것이 중간 계급의 경쟁인 만큼, 내기는 반드시 물질적이고 탐욕스러웠다. 경쟁자들의 관심이 탁월함이 아니라 부에 놓여 있다는 점에서 내기는 물질적인 것이었다. 경쟁자들 중 어느 누구도 가난하지 않다는 점에서 내기는 탐욕스러운 것이었다. 그들은 이미 물질적 욕구를 충족했고, 끝없는 사회적 우월성 경쟁에서 부를 하나의 표지로 사용할 뿐이었다. 오늘날과 같은 식으로 말하자면, 그들은 돈을 공통의 기준으로 삼은 그래프 위에서 서로의 등급을 매기고 있었다. 바로 이 때문에 인간의 마음속에 있는 바람들이 계속 변하는 것이었다. 토크빌은 영리를 추구하는 미국의 경쟁 정신에서 지속적이고 다면적인 새로운 형태의 갈등을 엿봤다고 생각했다. 물론 그 갈등 역시 대략 같은 다른 갈등들과 마찬가지로 적당히 느슨한 일련의 기본법들 내에서 억제될 수 있고, 자기 규제적이며 지배자 없는 하나의 질서로서 평화롭고 생산적인 것이 될 수 있지만 말이다. 사회에 대한 서술이라는 외피를 취하고 오해의 소지가 있는 제목을 단 토크빌의 책은 사실 자유주의적 근대성과 그것을 이끄는 개념들—끝없이 계속되지만 평화로운 경쟁, 권력에 대한 제한, 대략 평등한 시민들 사이의 시민적 존중—에 대한 조심스러운 찬사였다.

토크빌이 보기에 자유주의적인 중간 계급 사회에는 결점들이 있었다. 모든 사람의 목소리가 고려되다보니, 다수 의견이 소수 의견을 질식시킬 수 있었다. 다수 의견이 외로운 현명한 목소리나 멸시당하지만 가치 있는 아웃사이더를 짓밟을 수 있었다. 게다가 다수결 원리에 의거해 선출되는 정부들은 지나치게 강함과 약하고 불안정하고 일관성 없음 사이에서 왔다 갔다 했다. 반면, 투표는 교육적이라고 토크빌은 인정했다. 국민투표가 시민들을 사적 관심사에서 벗어나 공동의 사회생활에 참여하게 만드는 가장 중요한 방법은 아니었지만, 어쨌든 그것은 참여를 고무했다. 콩스탕의 또 다른 암시를 좇아 토크빌은 자발적 결사체, 지방 정부, 그리고 자신이 뉴잉글랜드에서 보고 들은 것과 같은 그런 주민 회의의 가치를 강조했다. 토크빌은 우매한 다수와 지나치게 강력한 근대 국가들 때문에 또 다른 새로운 독재를 우려했는데, 활기찬 시민사회가 그런 독재에 저항하는 원천이 될 수 있다고 보았다. 그런 독재들은 자유주의자들 역시 바라는 것인 사회 질서와 번영을 많이 가져다줄 수 있었지만, 거기에는 소수를 침묵시키고 진취성을 억압하는 반자유주의적 희생이 뒤따랐다.

헤르만 슐체-델리치(1808~1883)는 토크빌이 국가와 시장 사이의 중간적 길에 대해 가졌던 그런 바람들을 공유했지만, 좀더 현실적이었다. 그는 라이프치히 근처에 위치한, 작센 왕국 작은 마을 출신의 상사商事 재판관이었다. 정치적으로, 독일 자유주의자로서 그가 오랫동안 한 일은 아직 견고한 타협을 이룰 준비가 안 된 힘들의 균형을 꾀하는 것이었다. 그의 꿈은 근대성의 홍수에 대비해 방주를 만드는 것이었다. 크지도 작지도 않고, 풍요롭지도 빈곤하지도 않은 그 방주는 시기심도 동정심도 없이 대등하게 살아가는 자유로운 "행복한 중간 계층"을 위한 이상적인 집이 될 터였다. 그의 자유주의적 유토피아는 사회의 일들에 대해 큰 발언권을 갖는 것, 협력적 자활에 힘쓰는 것, 클럽·노조·협회의 왕성하고 자발적인 활동에 참여하는 것이었다.

이처럼 과거에 멈춰 있거나 걷잡을 수 없이 미래로 돌진하지 않는, 사람들이 함께 어울려 사는 사회에 대한 강렬하고 매력적인 모습은 19세기의 거의 모든 곳의 자유주의자들에게 호소력을 발휘했다. 때때로 협소하게 자유 시장 안내서로 잘못 기억되곤 하는 밀의 『정치경제학 원리』(1848) 제6편에 제시된, 바람직한 사회에 대한 밀의 묘사가 이와 유사하다. 미국의 노예제폐지론자이자 공화당 급진파였던 웬들 필립스(1811~1884)는 어린 시절에 보았던 뉴잉글랜드의 어떤 마을들이 그런 이상에 가까웠다고 생각했다. 몽상가인 동시에 실무가였던 슐체-델리치는 그 비전을 동시대 독일에서 실현시키려 애썼다. 20세기에 사실상 잊혔지만, 슐체-델리치는 당대의 위대한 인물이었고, 그를 대결하고 비난해야 할 사상을 가진 위험한 경쟁자로 본 사회주의 좌파에게 특히 그랬다.

슐체-델리치는 자신의 이상적인 사회는 자력으로 먹고살아야 할 것이라고 생각했다. 생산, 노동, 무역은 피할 수 없었다. 전문적인 경험, 1848년에 대한 실망, 그리고 정치경제학자들에 대한 신중한 독해는 그에게 반동과 혁명 사이의 시민적 길을 찾아야 한다는 확신을 심어주었다. 작센 왕국은 1750년 이래 인구가 두 배로 증가해 있었다. 과거에 농업 지역이었던 그곳은 세기 중엽에는 유럽에서 가장 빠르게 산업화되고 있는 지역 중 하나가 되어, 식량 수출량보다 더 많은 식량 수입량을 기록하고 있었다. 아마도 노동력의 절반 정도가 직물 생산이나 그와 관련된 일에 종사했을 것이다. 신앙고백을 한 루터파 교인들인 작센 사람들은 종교보다는 계급으로 나뉘어 있었다. 자유 시장을 고무하는 새로운 법령들은 노동 운동과 공장 설립에 대한 낡은 규제들을 느슨하게 만들어놓았다. 슐체-델리치는 법정에서 무역 분쟁을 다루면서, 신생 제조업자와 큰 회사들의 압력 속에서 숙련공과 영세 사업자들이 처한 곤경을 목도했다.

슐체-델리치는 1848년의 실패한 독일 혁명을 통해서 "영역"별로 몇 가지 사실을 알게 되었다. 정치적으로, 그 혁명은 독일 자유주의자들의 패배였고, 그 패배는 조기에 회복되지 못했다. 그들은 평화적으로 통일된 독일의 입헌적 대의 정부를 바랐지만, 어느 것도 얻어내지 못했다. 경제적으로, 그 혁명은 산업과 무역을 촉진하고 있었다. 하지만 그것은 정치가 아니라 비즈니스와 관련된 일이었다. 경제성장은 정치 개혁에 의존하지 않았다. 아직 자유주의자들이 할 일이 있었다. 사회적으로, 자유주의자들은 공장 노동과 도시 과밀의 충격을 완화할 수 있었다. 자유주의자들은 그 고충을 덜어줌으로써, 정부에서의 더 많은 발언권을 바라는 노동 계급의 요구를 피할 수 있었다.

슐체-델리치는 작은 스케일의 이상주의자인 샤를 푸리에부터 큰 스케일의 이상주의자인 마르크스에 이르기까지 여러 사회주의자의 글을 읽었다. 그는 프랑스의 경제적 자유주의자 프레데리크 바스티아의 자유 시장에 대한 대중적인 책들을 읽었다. 사회주의 경제도 시장경제도 저절로 작동할 수는 없다는 것이 슐체-델리치의 결론이었다. 거기에 자본주의가 머물러 있었다. 그것은 유익하지만 파괴적이었다. 자본주의는 그것의 왕성한 에너지를 억제하는 집단적 방법들이 발견될 때에만 번성할 수 있었다. 그런데 집단적 해법을 중앙집중적 해법으로 생각할 경우 집단적 해법은 득보다 실이 많을 수밖에 없었다. 마르크스가 주장한 국가 폐지는 무정부주의적 목적을 띠었음에도, 모든 중앙집중적 해법이 그렇듯이 너무 많은 일을 하려고 해서 나빠졌다. 해법들은 중앙집중적이지 않으면서도 집단적일 수 있다고 슐체-델리치는 생각했다. 답은 상호부조론에 있었다. 슐체-델리치는 1849년에 자신의 첫 번째 무역협동조합을 설립했다. 그의 영향을 받은 자발적 복지 제도와 상호은행들이 급속하게 번져갔다. 20세기 초에 이르러서는 무려 500만 내지 600만에 달하는 독일인이 일종의 협동조합으로부터 직간접적인 혜택을 받고 있었다.

다수의 자유주의자는 상호부조론이 사회 평화를 이루는 데 있어 노동조합과 보통선거권이라는 사회주의적 대안들보다 더 매력적이고 덜 비싼 방법이라고 생각하게 되었다. 사회주의적 좌파는 상호부조론이 노동 계급의 발전에 오히려 걸림돌이 된다고 여겼다. 1863년 유럽 전역에서 양 진영은 슐체-델리치가 독일의 유력한 사회주의자 페르디난트 라살과 벌인 공적 논쟁을 지켜보았다. 상호부조론은 오늘날의 사실과 너무 거리가 먼 숙련공과 자영업자들의 사회를 상정한 것이었다. 그것은 독일의 산업 노동자들에게 든든한 거처가 되어주지 못했다. 그들에게 투표권도 약속하지 못했다. 슐체-델리치는 선거 민주주의자가 아니었다. 1862년에 그는 자유주의에 대해 이야기를 듣고자 찾아온 노동 계급 청중에게, 투표권을 요구하기보다 차라리 노동자 자활 협회 같은 것에 들어가 스스로의 처지를 개선해야 한다고 말했다. 노동자들이 일단 자립할 수 있다면, 자유주의자들의 정당이 그들을 환영할 것이며, 만약 그들이 그 당에 돈을 가져다준다면 그야말로 금상첨화일 것이다. 기조라면 눈치 없이 그렇게 말하지 않았을 것이다. 상호부조론자들에게 매력적으로 다가온 것이 사회주의자들에게는 그렇지 않았다. 슐체-델리치의 초기 추종자 한 명은 라이프치히의 단추 제조공인 아우구스트 베벨이었다. 시간이 지나면서 그는 상호부조론을 이상이라기보다는 하나의 책략으로 보게 되었다. 1863년, 그는 훗날 독일 사회민주당이 되는 정당의 창립자 중 한 명이 되었다. 자유주의자들은 진보의 횃불을 차지하려는 도전자 한 명을 갖게 된 셈이었다.

머잖아, 이제는 비스마르크의 '국가 복지'가 노동 계급의 정치적 요구들을 막는 수단으로서 슐체-델리치의 아버지스러운 비전을 따라잡고 있었다. 베를린의 미테 지구에는 한스 아르놀트에 의해 만들어져 1899년에 설치된 슐체-델리치 기념물이 있는데, 거기 새겨진 고부조 高浮彫 작품을 보면 슐체-델리치가 인자하고 든든한 후견인처럼 묘사되어 있다. 벤치에 앉아 고마워하고 있는 한 숙련공을 일으켜 세우려는 듯 이 건장한 자유주의 개혁가가 그에게 몸을 기울이고 있는 모습이다. 그때쯤엔 슐체-델리치는 구시대적 인물이었다. 비즈니스와 금융은 그의 협동조합적 방주의 능력을 앞지르고 있었다. 좀더 민주주의적인 문화는 온정주의를 못 견뎌했다.

슐체-델리치가 보여준 균형적이지만 지역적인 자유주의 사회라는 비전은 독일 밖에서 주의를 끌었다. 밀은 영국의 동료 자유주의자이자 경제학자이며 후에 장관이 되는 인물인 헨리 포셋에게 독일의 협동조합주의에 주목할 것을 권했다. 단, 밀은 그것이 산업 갈등을 다스리는 보편적 해법이 될 가능성에 대해서는 신중했다. 프랑스의 경제학자 레옹 발라는 협동조합주의를 높이 샀지만, 그것이 근대 사회에 필요한 활동 규모에 부합하는지에 대해서는 회의적이었다. 프랑스의 협동조합주의 옹호자 샤를 지드는 『경제학설사』(1909)에서 회고조로 슐체-델리치의 "웅대한 진보"를 찬양했지만, 그의 운동이 주로 "소상인, 부유한 숙련공, 소小자작농"에게 도움이 되었다고 보았다.

사회의 요구에 따라 조절되는 자본주의라는 슐체-델리치의 더 폭넓은 이상은, 지역주의를 벗어나긴 했지만, 1945년 이후 유럽의 성공의 근간이 된 사회 시장에 대한 자유주의적 언어 속에서 살아남았다. 중도적 진보라는 슐체-델리치의 비전 중 또 다른 요소인 자발주의自發主義도 살아남았다. 참여는 19세기 후반의 독일 정치에서 지역 활동에나 중앙의 영향력에나 중요한 요소가 되었다. 정부 부처, 참모들, 의회만이 독일 공적 세계의 행위자인 것은 아니었다. 독일인들이 중요한 참여자였다. 연맹, 노조, 연합, 협회, 압력단체, 이익집단, 그리고 온갖 종류의 모임—취미 모임, 종교 모임, 직업적 모임, 보수주의자 모임, 반유대주의자 모임, 친유대주의자 모임, 자유주의자 모임, 좌파 모임, 친親해군 모임, 반군사주의자 모임—이 존재했다. 독일이 통일된 후 결사체에 관한 법률은 승인과 통제에서 뒤죽박죽이었다. 비스마르크 체제는 전국적 이익집단들을 장려했지만 전국적인 정당들은 저지했다. 1899년 이후, 법은 양쪽 다 더 자유롭게 운영하도록 허가하는 방향으로 맞춰지고 완화되었다. 독일의 증가하는 다양한 중간 계급에게—그리고 노동 계급들에게는 더욱더—단체에 참여하는 것은 취미이기도 했고, 의무이기도 했고, 열광의 대상이기도 했다. 그것은 사교를 위한 것이기도 했고, 정부의 환심을 사기 위한 것이기도 했고, 정부를 운영하는 것이기도 했다. 지역적 결사체와 전국적 정당들은 서로 경쟁하기도 했고 서로 영향을 미치기도 했다.

슐체-델리치의 협동조합주의 실험과 토크빌의 국가와 대중 사회의 닮은꼴 위협에 대한 생각은 자유주의적 "중도"의 강점과 한계를 보여주었다. 자발적 결사체들과 시민사회가 위협에 처했다는 우려는 때로는 더 강해졌고 때로는 누그러졌지만 결코 완전히 극복되지 못했다. 자유주의자들이 토크빌의 시민사회에 대한 희망과 슐체-델리치의 대중 사회 내에서의 협동조합주의의 진흥을 대하는 더 균형 잡힌 방식은, 자발주의도 지역주의도 그 자체가 목적이 아님을 인식하는 것이었다. 국가는 몇몇 일을 잘했다. 자발적 단체는 몇몇 일을 잘했다. 민간 회사는 몇몇 일을 잘했다. 이들 중 어느 것도 영구히 모든 일을 다 잘한다고 간주될 수 없었다. 이들 중 어느 것도 주어진 모든 일을 혼자서 도맡아 수행할 영구 면허를 갖고 있지 않았다. 일의 종류는 상황에 따라 달랐다. 셋 중 어떤 것이 다른 둘의 부단한 간섭을 필요로 하지 않을 만큼 충분히 오랫동안—실패에 빠지는 한은 아니고—어떤 일을 잘할 공산이 큰지를 아는 것이 비결이었다. 마찬가지로, 중앙의 정책과 해법들은 어떤 시기에 어떤 목적들에 유용했고, 지역의 정책과 해법들은 다른 어떤 시기에 다른 어떤 목적들에 유용했다.

자유주의적 자본주의가 계속 휘몰아치면서, 국가·시장·시민 같은 사회 구성 부문, 그리고 정부와 상업의 사례들—중앙 차원이든 지역 차원이든—이 어떤 의미에서는 부차적이라는 것이 점점 더 분명해졌다. 그것들은 기술적 개선·쇠퇴·재정비의 대상이 되는 도구였다. 자유주의자들에게서 변하지 않는 것, 자유주의자들에게 중요한 것은, 어느 시대에나 독점적 권력을 억제하고 인간의 개선을 촉진하며 사람들을 마땅히 존중하는 자유주의 이상들에 더 도움이 되는 방식이 어떤 것인지를 판단하는 것이었다.

4. 채드윅, 코브던: 사회 진보의 동력이 되는 정부와 시장

초기 자유주의자들은 가까운 18세기의 선조들이 가졌던 진보에 대한 희망을 공유했다. 자유주의자들은 사회라 불리는 어떤 것이 존재한다고 믿었다. 그것은 이해 가능한 것이었고, 일단 이해되면 개선의 여지가 있는 것이었다. 일부 자유주의자들은 기독교적 열의에서, 또 다른 일부 자유주의자는 계몽주의적 이성에서, 그리고 대다수의 자유주의자는 둘 다에서 개혁적인 힘을 발견했다. 일부는 부단한 변화라는 거부할 수 없는 사실에 대해 단호한 척함으로써 단순히 상황에 적응하고 있었을 것이다. 자유주의자들을 추동하는 것이 무엇이든 간에, 그들은 진보에 대한 믿음을 견지했다. 그들은 경제적·사회적 측면뿐만 아니라 인간의 능력과 인간의 성품이라는 측면에서도 진보를 보았다. 자유주의자들은 사회의 진보를 바랐다. 또한 그보다 훨씬 더 인간의 진보를 바랐다. 따라서 진보적 개혁은 사회의 개혁과 자아의 개혁이라는 두 갈래로 나뉘었다. 19세기의 자유주의 사고방식에서는 이 양자를 구분하기가 어려웠다. 하지만 양자는 같은 것이 아니었다. 이 두 가지를 검토해볼 만하다.

그렇지만 일단 한발 물러나, 진보적 개혁을 19세기 자유주의자들과 그들의 경쟁자인 보수주의자·사회주의자들 간의 세 번째 대조점으로서 주목할 필요가 있다. 앞서 권력과 갈등을 대조점으로서 살펴본 것처럼 말이다. 보수주의자들은 진보를 믿지 않았다. 그들은 진정한 인간 개선이란 가능성이 낮거나 착각이라고 여겼다. 사회 개혁이란 기껏해야 전술적인 영합에 불과하고, 최악의 경우 변화의 여지가 적은 뿌리 깊은 사회 양식들에 대한 부주의한 간섭이 될 뿐이었다. 인간 성품 개선이라는 희망도 마찬가지로 불투명했다. 인간은 있는 그대로가 최선이며, 평균은 낮았다. 보수주의자들에게는 탁월함이 절대적인 개념이지 상대적인 것이 아니었다. 사회 개선은, 설령 이루어진다 해도, 잃었던 것을 회복하는 것 이상이 아니었고, 개혁이라기보다는 바로잡기의 문제였다. 보수주의자들이 도덕적으로 맹목적이거나 비정한 것은 아니었다. 지엽적인 잘못과 특정한 비행들에 예민한 대다수의 보수주의자는 지나치게 야심찬 개혁의 자유주의적 사도가 되기보다는 인간의 병폐를 치료하는 더 온건하고 결국 더 성공적인 의사가 되어야 한다며 일리 있는 주장을 했다.

사회주의자들은 인간의 가능성을 좀더 밝게 보았다. 그들은 자유주의자와 마찬가지로 사회 개선을 믿었지만, 그것에 대해 다르게 생각했다. 사회주의자들에게는 진보가 평등한 사람들의 박애로의 도약을 요구하는 것이었고, 이것이야말로 진정한 개선으로 간주될 터였다. 사회주의자들은 새로운 사회의 창출을 믿었고, 자유주의자들은 기존 사회의 점진적 개선을 믿었다. 사회주의자들은 변화의 진보주의자였다. 자유주의자들은 개혁의 진보주의자였다. 자유주의자와 보수주의자가 민주주의의 대중 권력에 대한 공통의 의심에서 잠재적 동지가 되었다면, 자유주의자와 사회주의자는 진보에 대한 공통의 믿음에서 잠재적 동지가 되었다.

자유주의자들은 사회 개혁에 관해 의견이 불일치할 가능성이 컸다. 즉, 19세기 자유주의 개혁가들의 사고를 지배한 것은 두 가지였지만, 그것들이 항상 같은 충고를 주진 않았다. 그 둘 중 하나는 공공의 이익이었고, 다른 하나는 자유 시장이었다. 전자와 관련된 강력한 이론은 제러미 벤담의 공리주의였고, 후자와 관련된 강력한 이론은 애덤 스미스의 정치경제학이었다. 벤담은 어떤 법이나 관례적인 사회적 합의에 대해, 그것이 최대 다수의 최대 행복에 기여하는가를 물었다. 스미스는 시장이 그 자체로 내버려뒀을 때 가장 생산적이라고 가르쳤다. 공리주의를 따르는 정부를 향한 개혁적 메시지는 사회 개선에 복무하는 개입과 통제였다. 정치경제를 따르는 정부를 향한 개혁적 메시지는 부의 확산, 생산자들의 더 많은 자유, 구매자들의 더 폭넓은 선택에 복무하는 통제 철폐와 비개입이었다. 그 메시지들은 수렴되는 것이었다. 정치경제학의 목표인 더 큰 부는 결국 공동선에 기여했다. 공리주의자들의 목표인 더 좋은 사회는 더 큰 자유와 더 많은 선택을 포함하는 것이었다. 그렇게 보였지만, 사실 그 메시지들은 흔히 상충했다. 공동의 이익과 자유 시장이라는 메시지들을 화해시키는 것은 사실상 이후 줄곧 자유주의자들의 마음을 사로잡아왔다.

그 대조를 잘 보여주는 초기의 영국 사례는 1834년 구빈법의 공리주의적 입안자이자 빅토리아 시대의 정부에 의한 하향식 개혁의 대표자인 에드윈 채드윅(1800~1890)과 영국에서 자유무역 운동을 주도한 리처드 코브던(1804~1865)의 삶과 이력에서 찾을 수 있다.

채드윅은 급진적이고 공리주의적인 환경에서 성장했다. 아버지는 급진적 저널리스트였고 조부는 웨슬리파 목사였다. 사적으로 교육받은 그는 치안 개선을 요구하는 『웨스트민스터 리뷰』 기고문으로 벤담의 주목을 끌었고, 결국 그의 비서가 되었다. 1830년 이후 웨스트민스터를 장악한 개혁적인 휘그당은 보고서, 위원회, 통계 자료라는 새로운 행정 문화를 만들어내고 있었다. 휘그당은 채드윅 같은 젊은이들을 필요로 했다. 지금으로 치면 그는 테크노크라트나 정책통 같은 존재였을 것이다. 그는 세심하고 근면하고 조급하고 독선적이었으며, 유머 감각이나 요령이라고는 없었다. 무질서에 대한 그의 공포감은 이상하리만치 강했다. 그는 도시의 범죄가 시골로 침투하는 것을 막기 위해 시市 경찰이 필요하다고 믿었다. 또 학교 다니는 아이들이 화재에 대비해 군사 훈련을 받아야 한다고 생각했다. 좀더 절도 있게 행동하기 위해서 정류장에서는 줄을 서서 기다리기를 바랐다. 채드윅은 재산 있는 여성들에게 투표권이 주어져야 한다고 믿었지만, 벤담의 더욱 급진적인 견해, 예컨대 모두를 위한 보통 선거와 군주제 이후 공화정에서의 의원 임기 제한에 대해서는 거부했다.

그럼에도 불구하고 채드윅은 사회와 정부를 벤담이 묘사한 것처럼 묘사했다. 사회는 쾌락과 고통에만 비슷하게 반응하는 사람들의 집합체였다. 법과 정부는 우대와 불이익을 교묘하게 다룸으로써, 최대 다수의 최대 행복—공동선에 대한 공리주의적 이해—의 순조로운 성취를 방해하는 나쁜 습관과 잘못된 신념들을 사회에서 점차 몰아낼 수 있었다. 그렇게 개혁의 기초 작업이 이루어지고 나면 정부는 사실상 평온할 수 있었다. 그때까지는 정부는 꿈에도 생각지 못한 광포함으로 기를 쓰고 개입해야 한다. 평가자이자 간섭자로서의 채드윅의 명성이 자자해지면서 사람들은 그를 거의 모든 개혁의 기획자로 믿었다. 이전에는 지역 교구가 담당하는 일이었던 출생, 결혼, 사망을 공공 기관에 의무적으로 신고하게 된 것은 채드윅의 작품이 아니었다. 어떤 의미에서 이제 막 스스로를 하나의 사회로 여기기 시작한 나라에서, 총계와 평균을 내는 것은 고사하고, 그러한 신고를 사람들은 그의 중앙집중적 개혁의 하나로 보고 "채드윅스러운 것"이라 불렀다. "영국의 프로이센 장관"으로 알려진 그는 그 나라에서 가장 인기 없는 사람이라 불렸다. 동료들이 더 이상 그와 일하려 하지 않는 탓에 정부가 1854년에 그를 명예퇴직시켰다고 한다.

긴 머리에 반구형의 넓은 이마를 가진 남자 채드윅은 빅토리아 시대적 특성을 넘어서는 인물이었다. 그가 벌인 도시 위생 캠페인은 질병을 줄이고 돈을 아끼고 노동자의 사망을 줄이는 데 큰 기여를 했다. 실질 임금은 1840년대부터 오르기 시작했지만, 채드윅이 취한 것 같은 공적인 조치 없이 그 자체만으로는 생활 수준을 끌어올릴 수 없었다. 채드윅의 주장은 예컨대 아동의 노동 시간에 대한 이른 법적 제한으로 이어졌다. 무질서에 대한 그의 두려움에는 신경증적인 면이 있었지만, 그가 싸운 골칫거리들은 진짜였다. 콜레라와 티푸스는 공포에 떠는 부르주아들의 심중에 투사된 허구가 아니었다.

채드윅은 두 갈래의 자유주의적 개혁을 단적으로 보여주었다. 그 두 갈래는 자유주의의 역사 내내 상이한 모습으로 되풀이된다. 그중 하나는 중앙집중파와 지방분권파의 갈등이었다. 다른 하나는 빈곤에 대한 도덕적 성찰과 관련 있었다. 첫 번째 갈래에 대해 말하자면, 채드윅은 중앙집중파였다. 그는 경제학자 윌리엄 나소 시니어와 함께, 교구의 구호 활동을 중앙에서 관리되는 구빈원들이 담당하게 한 1834년의 정부 보고서를 작성했다. 새로운 구빈원들은 가혹하고 관리 감독이 엉망이었으며 부패가 만연했다. 검증되지 않은 이론에 따라, 구빈원들은 기존의 일관성 없는 이웃 간 원조를, 지역 상황을 모르는 먼

곳의 공직자들에 의해 통제되는 융통성 없는 체제로 대체했다. 그래서 채드윅 비판자들은 불만을 토로했다. 진실은 더 복잡했다. 이전 체제도 새로운 체제도 모두 그리 좋지 못했다. 이전 체제 역시 가혹했고 악용의 소지가 있었다. 자꾸 달라지는 비용을 통제하기 어려웠는데, 프랑스와의 오랜 전쟁(1792~1815) 때처럼 식료품 가격이 급등했을 때 특히 그랬다. 산업혁명에 대한 20세기 역사가들의 오랜 논쟁거리처럼 채드윅의 시대에 빈곤이 실질적으로 심해졌건 그렇지 않건, 그 시대의 정치인과 공직자들은 생활 수준이 위험할 정도로 하락하고 있다고 여겼다. 채드윅 같은 개혁적인 자유주의자가 생각하기에, 빈곤은 황급히 지방에 떠넘기기에는 너무나 큰 문제였다.

채드윅의 중앙집중적 태도들은 19세기에 시장 지향적 자유주의자들이 일반적으로 국가를 어떻게 보았는지를 요약해 드러낸다. 이는 프랑스, 독일, 미국에도 해당된다. 그 태도들은 어떤 한 가지에 대한 것이 아니라 여러 가지에 대한 것이었다. "국가"는 정치사상과 정치적 구호의 활용에서는 깔끔한 용어다. 하지만 현실에서 시장 지향적 자유주의자들이 마주한 것은 하나의 일관되고 강압적인 권력이 아니라, 지역적이면서 중앙적이고, 관습적이면서 법률적이고, 자발적이면서 의무적인, 여러 권위가 중첩된 가변적인 네트워크들이었다.

채드윅의 시대에, **중앙집중적인** 영국은 사실상 작았고 상대적으로 잘 운영되었다. 영국은 학교, 병원, 고아원 같은 자발적인 단체들과 상호 보험을 위한 우호적인 단체들에 상당한 정도로 관리를 위임했다. 처음에는 민간 기관이었던 이런 기관들이 지역 당국과 융합되었고, 결국 그 기관들은 점점 더 법규와 중앙 행정에 의해 "조정"되었다. 중앙집중화 압력은 20세기 자유시장주의자들의 두 가지 골칫거리—자신의 통제권을 강화하려는 관료들과 잘못 이해된 집단주의 사고—에서 비롯되었다기보다는 법적·경제적 힘들에서 비롯되었다. 우선, 도시들이 성장해 국가의 관할권이 되려 하면서, 경쟁하는 당국들 사이에서 판결이 필요해졌다. 둘째, 기업과 은행들은 큰 국내 시장을 원했다. 그것들은 도로, 수로, 철도 같은 공공시설을 원했다. 무엇보다 그것들은 공통의 기준과 집행 가능한 전국적 법률을 동반하는 일관성과 예측 가능성을 원했다. 지역적 관행, 모순되는 조치, 뒤죽박죽인 법적 판결, 지역적 장벽들은 상업적 기회와 경제적 진보를 가로막았다. 요컨대 상업은 단일한 시장을 원했다. 하지만 단일 시장을 만드는 것은 중앙집중적인 국가를 필요로 했다.

맨체스터나 브리스톨에 있는 영업소 입장에서는, 단일 시장을 만드는 것이 장벽들을 제거하는 것으로 보일 수 있었다. 단일 시장을 만드는 것을, 소극적으로, 장애물을 일소하고 방해물에서 벗어나는 것으로 소개하는 일은 자연스러웠다. 지방 입장에서는, 단일 시장을 만드는 것은 대체로 자유의 상실이라는 생경한 부담으로 느껴졌다. 어디서나 모든 것이 요동치고 있었다. 인간적으로 이해할 수 있는 공동체들이 빠르게 사라지고 있었고, 토머스 칼라일은 『과거와 현재』(1843)에서 이러한 소멸을 한탄했다. 슐체-델리치가 작센에서 여전히 희망하고 있던 그런 종류의 자율적인 지역이 조직화되고 스스로를 보호할 수 있을 만한 곳들이 사라지고 있었다. 채드윅의 시대에 "규제"라는 말을 사용하게 된 것은 공학에서 차용된 효과적인 은유였다. 그것은 기계처럼 부드럽게 돌아가고 잘 조정되는 것으로서의 국가와 시장을 암시했다.

빈곤에 대한 도덕적 성찰에 대해 말하자면, 채드윅은 구빈법 보고서에서 자격 있는 빈자와 자격 없는 빈자를 구분했고, 여기에는 자유주의자들이 결코 해결할 수 없었던 양가성이 반영되어 있었다. 오늘날엔 가족의 일원이 최저임금을 벌면 기초생활수급자의 혜택과 동등한 정도다. 이걸 보수주의자들은 수급 기준이(내용이) 너무 높다고 보는 것이고, 진보쪽에서는 최저임금이 너무 낮다고 보는 것이다. 자격 있는 빈자와 자격 없는 빈자의 구별은 1880년 이후 레너드 홉하우스 같은 사회복지에 관심 있는 "새로운 자유주의자들" 사이에서도 유지되었지만, 1940년대에 윌리엄 베버리지의 복지 개혁들과 함께 사라졌다. 이 복지 개혁으로 국가의 원조가 필요와 책망이 아니라 자격이나 권리에 따른 혜택으로 여겨지게 된 것이다. 1970년대에 와서 자유주의자들의 태도는 또 달라졌다. '자유 시장 자유주의자'들이 "복지 의존"을, 죄악까지는 아니어도, 국가의 간섭·교정·치료를 요하는 약점이나 병폐로 여기게 된 것이다.

코브던의 아버지는 서식스의 농부였는데, 농장이 파산하자 햄프셔로 가서 가게를 운영했고, 아들이 어렸을 때 사망했다. 그 아들은 열다섯 살에 학교를 그만두고 런던에 있는 삼촌의 도매상에서 일했고, 그 후 맨체스터로 건너가 직접 사라사 날염 사업에 뛰어들었다. 사업은 부침을 거듭했다. 저널리즘과 정치에 관심이 많았던 코브던은 사업을 동생에게 물려주었다. 1835년의 미국 방문이 그의 전환점이 되었다. 그보다 4년 앞서 미국을 방문한 토크빌은 대중 사회의 해로운 압력들에 대해 우려를 표했었다. 코브던은 경이로움에 휩싸여 돌아왔다. 그는 자연적 안보, 사회의 개방성, 드넓은 대지, 무한한 부를 창출하는 경제를 보았다. 그가 열정적으로 묘사한 그 젊은 공화국의 모습은 그가 보기엔 호전적이고 특권적이며 봉건적이고 무기력한 영국과는 정반대되는 것이었다. 코브던은 낡은 영국에 대항하는 삶에 뛰어들었다.

그의 대의들은 하나의 사각형을 형성했고, 네 개의 변 각각이 자유주의의 적들 중 하나와 대치하고 있었다. 첫째, 그는 번영을 가로막는 이중의 적인 전쟁과 군비 지출에 반대했다. 1836년에 코브던은 "정부 간 교류는 가능한 한 적게, 국가 간 연결은 가능한 한 많이"라고 썼다. 둘째, 그는 1837년에 "자치구 통합"이라는 선동적 요구와 함께, 지방 대지주들의 시정 장악을 끝낼 지방 자치에 찬성했다. 셋째, 그는 자유무역에 찬성했다. 그와 동료 존 브라이트는 1838년부터 1846년까지 외국 곡물 수입을 제한하는 보호 무역을 끝내는 데 몰두했고, 결국 이 시기에 로버트 필은 곡물법 폐지에 동의함으로써 토리당을 분열시켰다. 코브던은 대중적인 영웅이 되었다. 그의 얼굴이 새겨진 손수건이 판매될 정도였다. 1860년에 그는 국민의 환영 속에 영국-프랑스 무역 협정의 협상자로 나섰다. 넷째, 그는 토지 개혁을 주장했다. 코브던은 광범위한 토지 소유 없이는 경제 번영이 있을 수 없다고 믿었다. 그는 영국의 "토지 권력"을 약화시키고 '재산 소유 민주주의'를 이루기 위해 토지 분배 계획을 지지했다.

단 하나의 이해관계가 코브던의 적들을 관통하고 있었다. 토지 귀족들의 이해관계였다. 그들은 생업을 갖기보다는 게으르게 살았다. 그들은 노동을 하지 않고 도시의 임대료로 수익을 얻었다. 그들은 값싼 식량을 배척했고, 토지를 독점했다. 잊지 말아야 할 사실은, 코브던이 자유주의적 계급 투쟁을 치르고 있었고 토지 귀족들이 그의 적이었다는 것이다. 자유주의자들은 보편성 있는 계획과 원칙들을 수립하는 데 매우 진지하게 임했다. 그들은 또한 집권하려 애썼는데, 이는 권력을 쥐고 있는 자들에게서 권력을 빼앗아오는 것을 의미했다. 그들은 자신과 자신들의 권력이 통치하기를 바랐고, 자유주의 사상은 원칙에 입각한 헌신의 대상이자 경쟁 무기였다.

코브던의 계급 투쟁은 복합적인 성공을 거뒀다. 영국의 "봉건적" 기득권층—전투적 자유주의자들이 이런 식으로 생각한—은 투쟁 끝에 오랜 시간에 걸쳐 성공적으로 퇴각했다. 한편 자유무역은 공인받은 신념이 되었고, 값싼 식량을 제공함으로써 대중에게 널리 도움이 된다는 인식을 얻었다. 1870년대에 프랑스와 독일에서, 그리고 가장 강력하게 미국에서 보호주의로의 전환이 이루어졌을 때도 영국의 자유무역은 살아남았다. 굳건하던 영국의 자유무역은 19세기 후반에 자유주의적 제국주의의 폭발 속에서 제국 특혜에 대한 지지가 커지면서 약화되었다. 그리고 1930년대 대공황 때 완전히 무너졌다. 그러나 코브던의 대의에 대한 큰 관심은 그 대의 자체만큼이나 그가 공적 논쟁에 남긴 유산이었다.

코브던의 특별한 재주는 변증적인 데 있었다. 그는 하나의 입장을 취했지만, 당파적으로 주장하지 않았다. 그는 귀족을 포함해 모두를 위한 일인 양 주장했다. 구매자와 주부들에게는 관세가 식량 가격을 높게 유지해 소비에 제동을 거는 장치라고 주장했다. 사업가들에게는, 유럽의 곡물을 들이기 위해 영국의 항구를 여는 것이 영국 제조업에 대한 대륙의 수요 증가로 이어질 것이라고 주장했다. 경작을 하는 토지 소유자들에게는, 외국 공급자와의 경쟁이 영국 농민들을 더 효율적으로 만들어주어 토지에 대한 투자를 늘리고 지주의 토지 가치를 높여줄 것이라고 주장했다. 요컨대 코브던은 모두가 이득을 본다고 말한 것이다.

확신을 갖지 못하는 이들에 대해서는 코브던은 별도의 무기를 마련해두고 있었다. 비경제학자들에게 코브던은 자유무역에 저항하는 것은 자연의 필요에 저항하는 것이나 다름없다고 주장했다. "물이 수평을 이루는 것이나 물체가 구심력을 발휘하는 것에 대해 법을 만들어 통제하는 게 현명한 일이라면 무역 규제를 위한 법을 만드는 것도 현명한 일이다." 그는 1836년에 이렇게 말했다. 또한 경제학자들을 상대로 해서는 새로운 가치 이론을 가지고 파고들었다. 상품의 시장 가격을 정하는 것은 노동 가치가 아니라 수요와 공급이었다. 리카도의 노동가치설을 효용가치설로 대체함으로써, 코브던은 보호무역주의자들의 강력한 주장들 중 하나에 대응할 수 있었다. 즉, 더 값싼 식량은 고용주가 더 낮은 임금을 지급할 수 있게 해줄 텐데, 이는 노동자들에게 좋지 않은 일이고 사회 불안을 부추길 것이라는 주장 말이다. 하지만 이는 틀린 말이었다. 코브던의 설명에 따르면, 고용주가 노동자에게 지급하는 임금은 리카도가 생각한 것처럼 노동자를 먹여 살리는 비용에 따라 결정되는 것이 아니었다. 노동에 대한 수요와 공급이 그의 임금 수준을 결정짓는 것이었다. 식량의 가격은 임금 수준과 관련이 없었다. 세 번째로, 그는 자신의 청자 대부분에 해당되는 기독교인들에게 자유무역이 덕 있는 일이라고 덧붙였다. 1841년 첫 의회 연설에서, 그는 관세를 낮춤으로써 공장 지역들의 어려움을 덜어주는 것은 선한 기독교인의 의무라고 주장했다.

모두에게 이로운 일이자 자연의 필요이며 기독교적 의무라는 주장은 거부하기 어려운 것이었다. 영국에서 자유무역의 복음은 광범위하고 지속적인 호소력을 발휘했다. 어느 누구에게도 손해 될 게 없는 코브던의 주장은 손쉽게 보편화되어 다른 자유 시장 주장들로 흘러들었다. 그것은 자유주의의 변증적 무기고의 소중한 한 부분이 되었다. 기운차고 자신감 있고 전문 지식을 갖춘 인물 코브던은 계속 재충전해 쓸 수 있는 다용도 무기를 벼렸다. 그것은 모두가 승자이거나 적어도 여느 경쟁판에 비해 패자가 훨씬 적은 어떤 이상적인 사회의 모습을 제시했다. 중립적으로 보이는 전문적 용어들을 통해서, 그 이상은 다양한 모습으로 자유주의 사상 속으로 돌아왔다. 코브던 시대의 언어에서든, 후생경제학과 게임 이론의 언어에서든, "모두가 승자"라는 말은 승리하지 못한 자들을 침묵게 하는 곤봉이 되었다. 그것은 논쟁을 차단했고, 자유주의자의 양심을 계속 건드리는 "패자들에게는 무슨 말을 해야 할까?"라는 질문을 미연에 방지했다. 또한 "모두가 승자"라는 말은 경쟁의 미덕과 이득을 강조하는 자유주의자들의 주장에 그다지 걸맞지도 않았다. 만약 모두가 승자라면 승리의 가치도, 패배에 따르는 대가도 거의 없을 테고, 사실상 경쟁이 거의 없을 것이다.

마치 복음 전도사 같은 코브던은 자유 기업의 세례 요한이었다. 그는 정치경제의 분위기 상승을 반영했다. 스미스의 경우, 번영 확대의 가능성에 대해 희망적인 편이었다. 맬서스와 리카도의 경우는, 번영의 확대는 기대할 수 없고 빈곤이 지속되리라는 우울한 견해를 취했다. 코브던의 시대에 이르러서는 자신감이 회복되었다. 경제성장, 임금 상승, 부양 가족 감소, 투자 상승은 선순환 구조 속에서 서로 맞물려 있는 것처럼 보였다.

코브던은 선전자와 교조주의자를 위한 무기를 만들었지만, 정작 그 자신은 교조적이지 않았다. 그는 반정부적 광신자가 아니었고, "무역에서 정부의 불간섭이 필수인 만큼, 교육에서는 정부의 간섭이 필수"라며 공립 학교에 찬성했다. 또한 프로이센의 절대 왕정을 신민을 "정신적·도덕적으로" 양성하는 "유럽 최고의 정부"라며 칭송했다. 영국 자유주의자들 내의 한 소수자 그룹에 속한 코브던은 미국의 남북 전쟁에서 북부를 지지했다. 그 전쟁의 상업적 결과로 인해 랭커셔가 빈곤의 고통에 처하자 코브던은 기독교인들의 양심을 향해 공적 원조를 소리 높여 호소했다. 그는 영국의 수많은 전쟁에 쉼 없이 반대했고, 평화 회담을 지지했다. 이른바 인도주의적 개입이라는 차원에서의 무력 사용은 지지했지만 말이다. 눈에 띄게 자유주의적인 코브던의 삶은, 꼬리표들을 믿지 말라는, 그리고 코브던과 달리 중립적 관점에서 논하고 있다고 주장하는 경제학자들을 조심하라는 경고였다.

5. 스마일스, 채닝: 자립 혹은 도덕적 향상으로서의 개인의 진보

훗날의 자유주의자들이 다른 식으로 생각하기 힘들게 되었듯이, 19세기의 선배 자유주의자들은 인간의 진보를 생각할 때 인간의 성품을 개선한다는 생각을 갖고 있었다. 20세기 중반의 자유주의자들은 성품처럼 고정되고 정형화된 것에 불만을 느꼈다. 그들은 사람들이 더 이상 갖추려 애쓰지 않는 것을 개선하기 위해 사람들에게 간섭하기를 그만두었다. 현대의 자유주의자들도 동료 시민들의 문화적·도덕적 기질에 대해 선배들 못지않게 의구심을 품었지만, 그들은 내색하지 않고 우회적으로 그러한 회의와 마주했다. 19세기의 자유주의자들은 가르치고 교정하고 개선하려는 자유주의적 욕구를 숨길 필요를 거의 느끼지 못했다. 인간의 성품을 개혁하는 것은 여러 이유에서 굉장한 집념이 되었다.

어떤 이유들은 더 좋은 성품이 사회에 가져올 이로움들과 관련 있었다. 예를 들어 침착한 시민들은 권력에 맞서는 데 더 강할 것이다. 교육받은 시민들은 더 믿음직하게 투표를 할 수 있었다. 자립적인 시민들은 다른 시민들에게서 원조의 부담을 덜어주었다. 무엇보다 성품이 더 좋은 사람들은 문제를 덜 일으켰고, 자유주의자들이 더 발 뻗고 자게 해주었다. 밀은 『자서전』(1873)에서 "현재 노동력을 구성하고 있는 조야한 군중과 그들의 고용주 대다수"의 "성품의 변화"에 기초해 사회가 점진적으로 변화하기를 바라는 무한한 희망을 피력했다.

또 어떤 이유들은 더 좋은 성품이 사람들에게 좀더 직접적으로 가져다줄 수 있는 이로움들과 관련 있었다. 물질적인 이로움일 수도, 도덕적인 이로움일 수도 있었다. 물질적인 자기 개선의 메시지는, 고된 노동과 좋은 습관들을 통해서 돈을 벌고 재정적으로 자립할 수 있다는 것이었다. 도덕적인 자기 개선의 메시지는 취향과 양심의 수준을 높이는 것에 초점을 두어, 일반적이고 세속적인 의미에서 미와 덕이 삶의 참된 목표라고 가르쳤고, 사회 참여라는 복음을 전파했다. 새뮤얼 스마일스는 영국의 대표적인 물질적 자기 개선 옹호자다. 미국의 유니테리언파 목사 윌리엄 엘러리 채닝은 도덕적 자기 개선에 대해 잘 보여준다.

19세기 영국에서 가장 널리 읽힌 저자 중 한 명인 새뮤얼 스마일스(1812~1904)는 "진정한 자유는 성품에 달려 있다"고 썼다. 엄격한 장로교를 신봉하는 수수한 스코틀랜드 가정의 11명의 생존 자녀 중 장남이었던 스마일스는 자수성가한 뒤 남들에게 자기처럼 하라고 조언하는 책들을 팔아 부자가 되었다. 그중 가장 잘 알려진 책인 『자조론』(1859)에서 그는 "가장 위대한 노동자들은 낮은 신분에서 나왔다"라고 썼다. 이 책은 그의 생전에 25만 부나 팔렸다. 특권과 배제에 적대적이었던 스마일스는 『리즈 타임스』를 만들어 편집자로 일하면서 이 간행물을 급진적 주장들의 플랫폼으로 만들었다. 그는 남성의 보통선거권, 의회 의원에 대한 보수 지급, 의회의 정기적 회기를 요구한 차티스트들을 지지했다. 단, 폭력적인 차티스트 방식이라고 여긴 것에는 반대했다. 사회주의자가 아닌 그는 연대와 동료에 대한 믿음이 아니라 스스로에게 의지할 것을 설교했다. "개인주의"라는 프랑스 신조어를 찬사로서 영국에 유통시킨 사람이 스마일스였다. 스마일스는 "영국인에게 진정으로 자유를 안겨주고 이를 유지하게 해주는 것은 강력한 개인주의"라고 썼다.

스마일스는 고된 노동의 복음을 전파했다. 『자조론』은 무언가를 만들고 이루어내는 사람들, 특히 기술자와 과학자와 기업가를 찬양했다. 스마일스가 전하는 고된 노동의 복음은 쉽게 결함을 드러냈다. 거의 모든 사람이 평생 열심히 일했다. 높은 임금을 받는 사람은 소수였다. 인정받는 가치 있는 노동이 주는 성취감 없이 살아가는 사람이 다수였다. 스마일스가 말한 성공을 이해할 수 있는 사람은 많지 않았다. 성공은 운의 문제였고, 그가 말하는 보상이란 복권 당첨과도 같은 것이었다. 도박을 못마땅하게 여기는 사람인 스마일스는 난처한 입장이 되었다. 경탄스러울 정도로 솔직하게, 그는 강경 노선을 취했다. 대단히 큰 보상은 믿을 만한 것이 아니며, 그런 보상을 약속하는 것은 기만적이라고 그는 생각했다. 그것은 운 좋은 소수에게 주어지는 부당한 보너스였고, 사실 가능성이 매우 낮은 것이었다. 유일하게 믿을 만한 응분의 보상은 고된 노동 그 자체였다. 스마일스는 민주주의적인 시장의 냉혹한 경제 조치들을 은근하게 설득하거나 용납하기 어려운 고액의 경영진 급여를 당연하거나 가치 있는 것으로 옹호하는 훗날의 많은 자유주의자보다는 솔직했다.

고된 일 그 자체의 미덕을 옹호하면서, 스마일스는 심지어 시스티나 성당의 천장에 그림을 그리는 것과 그 성당의 바닥을 문질러 닦는 일에는 차이가 없다는 무리한 주장까지 폈다. 스마일스의 주장에 따르면, 셰익스피어는 좋은 희곡을 쓰는 것보다 극장을 운영하고 회계 장부를 기록하는 것을 더 좋아했다. 목적과 소질이 노력과 근면에 비해 대수롭잖은 결과를 낳는다는 듯이, 스마일스는 노력과 근면이 어린 시절의 로시니를 더 강하게 몰아붙이기만 했다면 쾌락적인 그가 위대한 음악을 쓸 수 있었으리라는 베토벤의 판단을 수긍조로 인용했다. 스마일스는 콜리지보다 사우디를 더 높이 평가했는데, 그의 계산에 따르면 사우디가 더 많은 시간을 투자했기 때문이다. 어떤 작품이 생산됐는가와 무관하게 어떤 종류의 작품이든 작품을 그 자체로 중요하게 다루는 스마일스의 왜곡된 시도들은 문화적 가치의 위계를 거부한 벤담과 맥을 같이하는 것이었다. 그것은 노동을 획일적 노력의 중립적 척도로—어떤 목적에서든 금전적 지불을 통해 플러스로 보상받게 되는 일률적 마이너스로—보는 근대 경제학의 시각을 예고하는 것이기도 했다.

그럼에도 불구하고 『자조론』은 주목할 만한 책이다. 특히 어려운 기술적 성취들에 대한 스마일스의 경탄과 흥분은 이 책의 속물적인 면을 누그러뜨려준다. 대담한 지붕 경간, 교량, 철도를 보고 느끼는 감정은 결과가 노동보다 덜 중요하다는 그의 주장을 배반했다. 스마일스는 엄청나게 많이 읽었고 단순하고 쉽게 썼다. 또한 편집자로서는 보조를 잘 맞추었다. 사업과 공학에 대해서 그는 철도 회사와 보험 회사를 경영했던 사람의 경험을 가지고 썼다. 빅토리아 시대의 진보 신봉자 스마일스는 지성과 고된 노동이 그것들을 쏟아부은 사람들에게 가져다줄 수 있는 것에 대해, 나아가 그 결과들에 내포된 조용한 인정에 대해 자부심을 느꼈다. 그는 자기 시대의 결함을 모르지 않았지만, 대다수 영국인의 삶이 과거에 비해 훨씬 개선되었다고 굳게 믿었다. 『검약론』(1875)에서 스마일스는 자기 시대의 영국 상황과 한 세기 이전의—이 책에서 자유주의 이야기의 출발점으로 삼은 훔볼트 출생 무렵의—영국 상황을 대비시켰다. 스마일스는 그 18세기 후반을 악취가 진동하는 결핍의 세계로 묘사했다. 그 세계에는 증기 기관도 제조업도 석탄도 없었고, 위험한 도로, 촌스러운 귀족, 부패한 중간 상인, 닭싸움이나 공개 교수형을 오락거리로 삼는 무기력한 하층민이 있을 뿐이었다. "좋았던 옛 시절'은 가버렸고, 우리는 그때로 돌아가기를 결코 바라지 않는다." 스마일스는 이렇게 썼다.

성품은 19세기 미국에서도 중요했는데, 자유주의자들에게서 특히 중요했다. 정당 정치의 측면에서 보자면, 미국 최초의 자유주의자들은 1829~1837년의 앤드루 잭슨 대통령의 "독재"에 대한 저항의 움직임으로 스스로를 설명한 휘그당원들이었다. 사회적으로 휘그당원은 초기 공화국의 자유주의 성향을 띤 엘리트들에게서 나왔다. 유럽의 초기 자유주의자들처럼, 이들은 자연스럽게 리더십을 갖게 된 남성들—처음에 여성은 거의 없었다—이었다. 그들은 회중을 통솔하고 대학을 이끌고 사업을 하고 법을 만들고자 했다. 그렇지만 1820년대에 와서는 미국에서 재산이라는 투표권 자격 조건이 사라지고 있었다. 더 확대된 투표권은 잭슨 장군 같은 지도자들을 급조하고 있었다. 자유주의적인 정적들이 보기에 그는 나쁜 부류에게 호소력을 발휘하는, 지나치게 많은 인기와 권력을 가진 깡패에 불과했다. 잭슨은 자신을 헐뜯는 휘그당원들을 낡은 특권을 옹호하는 오지랖 넓은 엘리트로 묘사했다. 휘그당원들은 잭슨이 새로운 특권을 옹호하는 1세대 엘리트주의자라고 쏘아붙였다. 양쪽 다 국민의 편에서 말한다고 주장했지만, 그것이 의미하는 바는 서로 달랐다. 휘그당원들은 자신들에게 도움이 되는 방향으로 사람들이 개선되기를 원했다. 반면 반대편의 잭슨 지지자들은 자신들의 목표와 신념이 있는 그대로 훌륭하다는 것을 사람들에게 확신시키고자 했다.

문화적으로 말하자면, 잭슨 지지자와 휘그당원들의 다툼은 변경 지역과 응접실, 선술집과 사교장 간의 경쟁이었다. 어떤 점에서 그것은 뿌리 없는 정착민 사회의 교화에 관한 것이었다. 휘그당원들은 교회뿐만 아니라 정치에서도 여성의 역할을 지지하게 되었다. 에머슨의 친구로 보스턴의 여성 운동 지도자였던 마거릿 풀러와 1848년 세니커폴스에서 열린 여권女權 회의의 주최자였던 엘리자베스 케이디 스탠턴은 자유주의적 개신교도 사회 활동이라는 같은 환경에서 배출되었다. 휘그당 개혁가들에게 미국의 나머지 지역은 야만적인 서부가 아니라 야만적인 곳 전부, 즉 결투와 음주와 매춘과 난동으로 얼룩진 곳 전부였다. 1830년대에는 미국인 15명 중 한 명만이 인구 8000명 이상의 마을에서 살았다. 파리나 런던에 비하면 미국의 가장 큰 도시들—뉴욕, 보스턴, 필라델피아—은 대도시의 면모를 갖추지 못한 지방 도시였다. 19세기 초반의 독일과 마찬가지로 미국에는 중심적 도시가 하나도 없었다. 또한 독일과 달리 미국에는 전통 깊은 웅장한 궁전들이 없었고, 소수의 대학 도시만 있었다. 그런 사회에서, 미국인의 성품을 개선하는 것은 무엇보다 예의와 도덕과 시민성을 고취하는 것을 의미했다. 미국 대중의 기억 속에서 성품의 개선은 건달들—서부의 카우보이와 남부의 반란자—을 신비적 영웅으로 둔갑시킨 황량함과 고립에 맞서 가정과 시장이 치르는 전투로 그려지곤 했다.

자기 시대의 가장 유명한 유니테리언 설교자였던 윌리엄 엘러리 채닝(1780~1842)은 미국 자유주의적 개신교의 걸출한 대변인이었다. 그는 일찍이 뉴잉글랜드에 전파된 엄격한 칼뱅주의의 음울함을 거부했다. 엄격한 칼뱅주의는 오직 인간에게만 스스로의 타락에 대처할 수 있게 해준, 멀리 있지만 보복적이고 자의적인 신을 가르치는 것이었다. 채닝은 인간과 사회의 진보에 대한 자신에 찬 계몽주의적 확신, 보편 교육에 대한 민주주의적 희망, 그리고 기독교 복음에 대한 믿음을 갖고 있었다. 채닝의 설교에는 원죄가 아니라 그에 앞선 인간이, 신의 계획이 아니라 인간의 역사가, 인간과 신의 약속이나 인간들 사이의 사회 계약이 아니라 모든 사람이 태어나고 살아가는 곳인 사회가 존재할 따름이었다.

채닝 자신은 보스턴의 상류층 집안에서 태어났다. 할아버지는 독립선언문에 이름을 올린 인물이었다. 에머슨은 채닝에 대해, 직접 대해보면 차가운 사람이지만 설교할 때는 열정적이라고 생각했다. 기독교도 휴머니스트인 채닝은 설교자이자 강연자이며 공공 교육자였다. 그는 독일에 아주 잘 어울리는 사람이었을 것이다. 훔볼트와 마찬가지로 그는 균형 잡힌 교육의 토대로서 라틴어와 그리스어를 지지했다. 계몽적 독일 개신교도들이 그랬듯이, 그는 그리스도를 보편적 메시지를 전하는 도덕적 본보기로 보았고, 초자연적 신학에는 전혀 관심을 보이지 않았다. 채닝은 스스로 가장 자부심을 느낀 "자기 수양"에 대한 강의(1838)에서 인간의 실존을 인생의 모든 방면에서 계속 교육을 추가해가는 것으로 묘사했다. 그러면서 사람들은 평생 자기 능력의 끊임없는 성장에 주의를 기울일 수 있었다. 그것은 고된 일일 것 같지만, 채닝의 매력적인 점은 자기 수양을 거의 정원 가꾸기 같은 것으로 만들었다는 데 있다.

채닝에게서는 자아를 성장시키는 것이 사회를 소홀히 하는 것을 의미하지 않았다. 채닝에게서는 시민적 활동이 자기 완성의 필수적인 부분이었다. 선동가라기보다는 개혁가로서의 그의 "자유주의적 신념"은 응징하는 도덕적 열의 없이 관용과 수용의 정신으로 사회의 대의들에 참여하는 것이었다. 초기 반전 단체인 매사추세츠평화협회가

1815년 채닝의 집에서 발족되었다. 도덕적 발전은 정치적 참여를 필요로 했다. 그는 청중에게 당대의 개혁 운동에 동참할 것을 촉구했다. 채닝은 교도소 개혁, 금주, 여권, 노동자 교육, 빈민 구제를 위한 활동가로서의 자신의 메시지를 실천에 옮겼다. 다른 휘그당원들과 마찬가지로, 그는 남부의 영향력이 서부로 확대되는 것에 반대했고, 텍사스 합병에 반대했다. 전면적 노예제 폐지를 채택하는 데 더디긴 했지만, 1835년부터 채닝은 도덕적 위반을 못마땅해한 보수적 교구민들의 불만 속에서 노예제 자체를 반대하는 공적인 목소리가 되었다. 하지만 그는 남부인들이 재빨리 주장했듯이 남부의 노예제와 북부의 상업이 얼마나 밀접하게 엮여 있는지를 알아챘다. 채닝은 1837년 12월 보스턴 패니얼 홀에서의 회의를 개최했고, 이를 계기로 급진적인 웬들 필립스가 반노예제 웅변가로서 명성을 얻게 되었다. 채닝보다 한 세대 젊은 필립스는 남북전쟁 이후에도 여성의 평등권과 경제 민주주의를 위해 계속 캠페인을 벌였다. 채닝의 경우에 그랬듯이, 그의 정치 참여는 근대의 종교적 신앙에 근거한 도덕적 신념들로부터 차분히 싹튼 것이었다. 다음으로 다룰 자유주의자는 새로운 신념을 구하고자 했고 과학에서 그것을 발견한, 19세기의 탈기독교적 자유주의자다.

6. 스펜서: 생물학으로 오해받은 자유주의

장수한 허버트 스펜서(1820~1903)는 그가 자유주의 사상에 갖다 붙인, 오해의 여지가 있지만 마음을 끄는 은유들 때문에 자유주의 이야기에서 주목할 만한 인물이다. 그는 정치를 자연사自然史로 여겼고 시장을 사회 정의의 조정자처럼 다루었다. 그는 젊은 반동주의자로 출발해, 1843년 『정부의 본분』이라는 팸플릿에 자유방임의 금언들을 넣었다. 그의 가장 잘 알려진 저서 『사회 정학』(1851)은 많은 급진적 사상을 담았다. 도덕과 정치와 생물학을 뒤섞어 하나의 매끈한 덩어리로 빚어낸 방대한 저작들이 뒤따랐다. 나이가 들면서 스펜서는 다시 반동으로 돌아왔다. 그의 취약한 사상이 존속했으니, 그 자신이 만든 말이지만 다윈의 말로 잘못 이해되곤 하는 "적자생존"의 원리가 부당함을 입증하는 사례라 할 만하다. 스펜서는 자유주의의 가장자리에 있었지만, 그래도 여전히 자유주의자였다. 그는 자신이 가장 높이 평가하는 인간의 소유물인 개성의 가치를 보여주려는 듯, 스스로를 괴짜로 만들었다. 그는 그런 개성을 가장 심각하게 위협하는 위험 요소가 강제적 권력이라 보고 그러한 권력의 변화무쌍한 성격을 강조했다.

스펜서는 사후에 출간된 『자서전』(1904)에서 "낡은 종류의 강압적 정부가 소멸하는 동안 새로운 종류의 강압적 정부가 진화하고 있다"고 썼다. 그의 시대는 "낡은 강압적 껍질이 벗겨지자 새로운 강압적 껍질이 자라기 시작하는 일종의 사회적 탈피"를 겪고 있었다. 탈피는 피부 또는 외피의 바깥층이 벗어지는 것이지만, 그것들은 이후 다시 자라난다. 일부 인간이 다른 사람들을 지배하는 힘은 떨어져나가고 새로 생겨나기를 영원히 반복하기 때문에, 그 힘에 대한 저항은 빈틈이 없어야 하며 결코 끝나지 않아야 한다고 스펜서는 주장했다.

스펜서는 독학자, 병약자였으며, 길이 조절이 가능한 낚싯대와 꺾이는 병원 침대와 골상학적 측정을 위한 "두부 측정기"에 대한 특허를 내고자 했던 아마추어 발명가였다. 나태한 생활과 엄청난 생산적 활동 사이를 오가면서, 스펜서는 토목공학에 잠깐 발을 담그기도 했고 1840년대 초반의 철도 붐을 타고 철도 회사에 근무하기도 했다. 하지만 "거래의 협잡들"에 노출되면서 그는 스미스만큼이나 통렬하게 사업가들에 대한 불신을 갖게 되었다. 스펜서의 말에 따르면, 철도 개착로의 지층들을 바라보는 흡족한 순간들이 자연의 변화와 진화에 대한 관심을 일깨웠다. 『이코노미스트』지 편집장을 알고 있던 부유한 삼촌 덕분에 그는 1848년 이 신문의 부편집장으로서 첫 직업을 갖게 되었다. 편집장 제임스 윌슨은 그에게, 그 직책이 매일 출근해야 하지만 "그리 힘들지 않다"고 말했다. 런던에서 스펜서는 진보적이고 과학적인 생각을 지닌 지성인들의 모임에 금세 빠져들었다. 삼촌이 작은 유산을 물려주자, 그는 저술에 몰두하기 위해 그 주간지 일을 그만두었다.

스펜서는 『자서전』에서 자신이 굴종에 대한 혐오와 모든 종류의 권위에 대한 반감을 더비셔의 선대 감리교도들에게서 물려받았다고 자랑스럽게 쓰고 있다. 그 유사성은 제멋대로 자란 돼지갈빗살 모양의 구레나룻, 생기 넘치는 눈, 언제든 재담을 늘어놓을 준비가 되어 있는 듯한 큰 입 주변의 깊은 웃음 주름 등 스펜서의 장난기 있는 얼굴에 집중되어 있었다. 그는 정장 입기를 거부했고, 기차 안에서는 원고들을 두꺼운 끈으로 자기 몸에 묶어두었다. 소설가 조지 엘리엇이 그에게 반했지만 그는 그렇지 않았다. 그들은 좋은 친구 사이로 남았다. 한번은 그녀가 그에게 그렇게 생각을 많이 하는데 어째서 이마에 주름이 없는지 물었다. 그는 그 무엇도 자신을 골치 아프게 하지 않기 때문이라고 말했다. 왜 독신으로 남았는지에 대해서는, 젊었을 때는 아내를 부양할 만큼 재정적으로 안정되어 있지 못했고, 재정적 안정을 이루었을 때는 이미 때가 늦어버린 탓이라고 한 친구에게 밝혔다. 1856년에 스펜서는 완전히 신경쇠약에 걸렸던 것 같다. 그 후 그는 채소, 담배, 아편, 소금물 습포를 사용해 자신의 허약한 몸을 다스렸다.

『사회 정학』에서 스펜서는 공리주의 방식으로 사회를 독립적이고 이기적인 인간 단위들의 응결체로 상상했다. 그리고 각 단위가 쾌락을 추구하며 고통을 피한다고 보았다. 따라서 인간들은 협력의 동기를 공유했다. 스펜서는 그것의 지배 규범을 '동등한 자유'의 원리라고 불렀다. "모든 사람은 다른 어떤 사람의 동등한 자유를 침해하지 않는 한 자신이 하고 싶은 대로 할 자유가 있다"는 원리다. 이어서 스펜서는 구체적인 자유들을 끌어냈다. 예를 들어 가정을 침해당하지 않을 자유, 거래나 발언이나 출판에서 간섭받지 않을 자유가 그것이다. 불간섭의 권리는 여성과 아동에게도 확장되었다. 아동의 경우 "강제교육"—부모에게 자녀를 학교에 보낼 의무를 부과하는 법들—으로부터 보호받아야 했다. 스펜서는 "자발적 법익 박탈"의 권리를 옹호했는데, 그것은 "국가의 보호를 포함해 국가와의 모든 관련"을 끊는 것이었다. 그는 남성뿐만 아니라 여성도 포함해 모든 사람에게 투표권이 주어져야 한다고 주장했고, 국가가 독점적으로 토지를 소유해 가장 생산적으로 토지를 사용할 수 있는 임차인들에게 임대해야 한다고 주장했다.

고대의 저술가들은 나쁜 정부를 덕 없음이나 사회 세력의 불균형으로 보는 경향이 있었다. 중세의 사상가들은 나쁜 정부를 인간의 사악함에 대한 신의 처벌로 다루었다. 계몽주의의 정치적 합리주의자와 영국의 공리주의자들은 잘못된 정치를 교정 가능한 무지와 피할 수 있는 오류의 결과로 여기게 했다. 스펜서는 나쁜 것들에 대해 늘 그랬듯이 나쁜 정부를 일종의 부적응으로 취급했다. "모든 악한 것은 사태에 대한 체질적 부적응에 기인한다."

생물학 언어를 사용해, 스펜서는 얼핏 보면 과학 같은 하나의 이야기 안에 공리주의적 행복, 인간의 진보, 정부의 무위를 다 집어넣었다. 그리고 그 이야기에 자신이 「발전 가설」(1852)에서 유포시킨 "진화"라는 도발적인 이름을 부여했다. 스펜서가 "올바른"을 "자연적인"과 동일시한 최초의 사상가는 결코 아니었다. 번뜩이는 상상력의 발동으로, 그는 매우 오래된 이야기를 새로운 방식으로 말할 줄 알게 된 것이었다. 그는 "자연을 따르라!"를 "진화를 따르라!"로 바꿈으로써, 오래된 금언적·윤리적 명령을 근대적으로 변화시켰다.

"사회진화론자"라는 꼬리표는 스펜서에게는 맞지 않는 것이었고 다윈에게는 부당한 것이었다. 스펜서의 즉흥적인 생물학 활용은 다윈과 달리 획득 형질의 유전을 믿은 장 바티스트 라마르크의 연구에 의존했다. 다윈은 분명한 도덕적 결과나 정치적 결과가 자연적 변화의 진화 이론에서 도출될 수 있다고 믿지 않았다. 게다가 스펜서는 18세기식으로 문명인과 비문명인을 구별하는 19세기의 유사-사실적 방법을 갖고 있었다. 스펜서의 감수하에 조력자들은 비논리적인 엄밀성을 가지고 인류를 고등 인종과 열등 인종으로 가르는 "기술사회학"에 대한 책들을 출판했다. 당시의 많은 자유주의자가 그런 미신을 공유했다. 따라서 "개인"에 대한 스펜서의 훈계를 접할 때는 그가 인류라는 종을 분화시켰다는 것을 명심해야 한다.

『윤리학 원리』(1879~1893)에서 스펜서는 사회와 사회의 도덕적 이상들을 포함해 모든 자연적 형태는 중단 없이 계속 진화한다고 썼다. 형태들은 단순함에서 복잡함으로 나아갔다. 사냥 사회는 농경 사회가 되었다. 전쟁은 상업에 길을 비켜주었다. 군사적 사회들이 단순하다면 산업 사회들은 복잡했다. 역사의 질서를 보면 단순성 뒤에 복잡성이 오고, 나중에 오는 것이 더 좋기 때문에, 스펜서에게서는 산업이 전쟁보다 낫다는 결론이 자연스럽게 도출되었다. 인간의 성품도 마찬가지다. 사람들은 유사한 약탈적 집단 속의 동질적 존재들로부터 다양한 사회 속의 더 개별적이고 뚜렷하게 구별되는 성품의 소유자들로 향상되어왔다. 성인들 중에서 "자신의 생활 조건에 가장 알맞은 개인들이 가장 번성할 것"이고 "가장 알맞지 않은 개인들이 가장 번성하지 못할 것"이라고 스펜서는 주장한다. 그것은 "일체의 외부 간섭이 없다고 가정했을 때 적자생존을 수반하는 법칙"이었다.

케임브리지의 도덕철학자이자 공리주의적 자유주의인 헨리 시지윅은 1876년에 철학 저널 『마인드』 창간호에 게재한 논문에서 스펜서의 진화적 윤리론에 집중 포화를 가했다. 이어서 4년 후에는 같은 잡지에서 스펜서의 『윤리학 자료들』을 집중 가격했다. 중립적인 독자들에게 시지윅은 스펜서가 세운 건축물을 지붕 없이 휘청거리는 상태로 넘겨주었다. 첫째, "진화"에서 윤리학의 지침을 구하는 것은 헛된 일이다. 진화가 우리에게 말해주는 바라고는 인간의 규범들이 자연적으로 진화해왔다는 것뿐이기 때문이다. 즉, 어떤 규범도 신성하거나 초월적인 권위를 띠지 않는다. 그러나 여전히 우리는 살아남은 다수의 규범 중 어떤 것이 따를 만한지를 알아야 한다. 어떤 의미에서 규범들은 모두 오래되었다. 우리는 어떤 것이 옳은지를 알아야 한다.

둘째, 먼 미래는 지침을 거의 혹은 전혀 주지 않는다. "자연의 최종 목표에 가장 알맞은 규범을 따르라"라고 말하는 것은 공허하다. 그 목표가 무엇인지 알지 못한다면 우리는 아무것도 겨냥할 수 없기 때문이다. 옛 도덕주의자들은 행동을 평가하는 데 척도가 되는 어떤 이상적 인간을 묘사하고 그 이상을 "자연적"이라고 일컬었다. 스펜서의 자연적 이상은 어떤 상상적 인간이 아니라, 인간이 거주하는 자연의 사회적 부분을 위한 것으로 추정되는 목표, 시지윅의 주장에 따르면 완전히 미지의 목표에 해당됐다.

스펜서의 진화론적 윤리설은 진보적 윤리학의 아변종이라 할 수 있는데, 시지윅이 보기에 또 다른 난제는 바로 이 진보적 윤리학에 있었다. 이것의 제안자들은 현재의 어떤 특징들이 과거의 개선인지에 대해 의견이 일치하지 않았다. 예를 들어 프랑스의 사회철학자 오귀스트 콩트는 더 많은 사회 통제를 찬성하고 기대했다. 이에 찬성하지 않은 스펜서는 더 적은 통제를 기대했다. 시지윅이 잘 지적했듯이, 윤리학에서 윤리적 진보를 자신들의 시금석으로 만든 사람들은 대체로 "진화의 연쇄에서의 다음 단계"에 대해 의견의 일치를 보지 못했다. 스펜서의 답변은 시지윅을 이해시키지 못했다. 스펜서는 더 뒤에 오는 복잡성이 더 앞에 오는 단순성보다 사람들에게 더 낫다고 주장했다. 즉, 복잡성이 사람들을 더 행복하게 만든다는 것이었다. 그러나 시지윅은 노동 분업 같은 뚜렷한 "복잡성"의 흔적이 기술과 제어를 따분하고 부차적이며 반복적인 작업으로 대체함으로써 불행을 가져올 수도 있다고 이의를 제기했다.

시지윅의 마지막 공격은, 스펜서가 "부적응"을 "악"으로 일컫고 "적응성 있음"이나 "적합함"을 옳고 그름을 가리는 만능 시금석으로 만들면서 우리에게 판단 없음이나 판단 틀림을 약속하고 있다는 것이었다. "부적합함"이 현재의 사태가 꼭 당위적 사태일 필요는 없다는 진부한 생각을 활성화한다면 판단이 없는 것이다. 또한 현재의 환경에 "적합"하거나 "적응"한 것이 현저히 사악하다면 판단이 틀린 것이다.

스펜서의 이론은 다윈의 이론처럼 들릴 뿐이었다. 다윈의 자연 선택 이론에서는 진화에 의한 변화에 목적이 없었다. 엄격히 말하면, 방향도 없었다. 다윈주의에서는 더 뒤에 오는 것이 더 수준 높거나 더 좋은 것을 의미하지 않았다. 그저 더 뒤에 온 것을 의미할 뿐이었다. 자연의 변화에는 의미가 없었다. 어느 시기에나, 인간을 포함해 존재하는 모든 종은 엄밀히 말해서 잔여였다. 그것들은 매우 오랜 기간에 걸쳐 작동하는 아주 작고 우연한 생식 이점 덕분에 멸종하지 않은 종들이었다. 세포의 활동이 아니라 미덕이나 의도가 작동하는 일인 것처럼 "생존"이니 "경쟁"이니 하는 말을 한―다윈이 그런 말을 사용한 것보다 먼저―사람이 바로 매력적인 언사의 재능을 가진 인물 스펜서였다. 후에 스펜서가 인간과 같은 종을 "생존자"가 아니라 "잔여"라 불렀다면 그가 생존과 성공을 결합시킨 것은 덜 매력적으로 보였을 것이다. 윤리학에서 시지윅이 그랬던 것만큼 가혹하게, 토머스 헉슬리는 「행정 허무주의」(1871)라는 강연에서 진화에 대한 스펜서의 잘못된 해석과 정치학을 생물학에서 끌어오려는 그의 시도를 비판했다. 그럼에도 불구하고 사회사상 내의 생물학주의는 재출현했고, 20세기 후반에는 어떤 방면에서 사제와 같은 권위를 획득해갔다.

스펜서가 보여준 윤리학과 생물학의 혼합은 매력적이었다. 그가 말한 당연한 응보로서의 정의가 단적인 예가 되어준다. 스펜서가 생각하는 정의는 정당한 가치를 주는 것이었다. 그의 사회 정의 규칙은 "우월한 자는 우월성에 맞는 좋은 것을 가져야 하고, 열등한 자는 열등성에 맞는 나쁜 것을 가져야 한다"는 것이었다. 그는 "우월성은 우월성에 대한 보상으로 이익을 얻는다"고 썼다. 정의는 자격에 걸맞게 보상을 하는 것이었다. 그 자격은 개인이 사회에 기여한 바에서 나왔다. 수요와 공급의 힘은 개인들의 사회 기여의 시장 가치를 결정했다. 그들의 기여는 그들의 능력에 의해 결정되었으며, 자연이 그 능력을 결정했다. 스펜서는 정의, 자연 선택, 경쟁 시장을 매끄럽게 연결함으로써 사회의 현 상황에서의 불의에 대한 불만들에 만능으로 응수할 수 있었다.

"그처럼 높은 급여는 과분하다"고 누군가 말할 수도 있다. 아니면, "그런 낮은 급여는 부당하다"고 말할 수도 있다. 스펜서의 생각을 공유하는 사람이라면 '그렇지 않다'고 답할 수 있다. 자연은 부적합함에 멍청함과 허약함으로 보상했다. 멍청하고 허약한 사람은 능력이 떨어지고 생산성이 좋지 않았다. 반면 자연은 적합함에는 현명함과 강함으로 보상했다. 현명하고 강한 사람은 능력이 뛰어나고 생산성이 좋았다. 시장은 생산성이 낮은 사람에게는 낮은 급여로, 생산성이 높은 사람에게는 높은 급여로 보상했다. 모든 사람이 각자에게 맞는 응분의 보상을 받을 때 정의가 이루어졌다. 과분한 승자와 부당한 패자—양쪽 다 차고 넘쳤다—는 고려되지 않았다.

고령과 좋지 않은 건강 탓에, 스펜서가 일찍이 품었던 희망에 찬 전망—"악은 지속적으로 사라지는 경향이 있다"—은 위축되었고, 침울하고 방어적인 보수주의로 기울었다. 사업가에 대한 그의 의심은 누그러졌다. 그는 자유·재산보호연맹(1882)에 속해 있던 동종요법 지지자 엘코 경과 뜻을 같이했다. 민주주의 정치에서 벌어지는 부자들의 로비활동의 초기 사례인 그 연맹은 지역 사회주의자들과 전제적인 지방 의회와 자유주의 개혁가들을 상대로 압력을 행사해 자신들의 이익을 추구하고자 연합한 토지 소유자, 철도 감독관, 납세자의 모임이었다. 스펜서는 『사회 정학』의 비교조적 입장에서 물러났다. 사실상 어느 누구도 국가의 보호를 거부할 수 없는 만큼, 사람들이 자유롭게 "자발적 법익 박탈자"가 될 수 없다는 것을 이제 그는 수긍했다. 토지의 공적 소유는 원칙적으로 옳지도 않고 실현 가능하지도 않았다. 또한 여성에게 당장 투표권을 부여하지도 말아야 했다. 왜냐하면 여성에게서는 진화적으로 "하등한" 부분인 동물적 본성이 "고등한" 부분인 합리적인 면을 압도하기 때문이었고, 또한 소심하고 쉽게 매수되는 특성상 여성은 권위적인 독재적 인물에게 투표하는 경향이 있을 것이기 때문이었다(여기서 스펜서는 진부한 자유주의적 고정관념에 빠져버렸다).

반동적이고 고루한 사람으로 돌아서려 애쓰긴 했지만, 스펜서에게서 더비셔 익살꾼의 면모가 완전히 죽은 것은 아니었다. 1882년에 스펜서는 미국 여행 중 환영 행사에 참석했다. 스펜서의 묘사에 따르면, 주최자 겸 후원자가 뉴욕의 델모니코스 레스토랑에서 그에게 "고역스러운" 저녁을 대접했다. 그는 잠을 잘 자지 못한 상태였고 제공된 얼음물도 마음에 들지 않았다. 연설을 부탁받자, 스펜서는 미국인들이 일을 너무 열심히 한다고 말했다. 삶은 공부나 일을 위한 것이 아니었다. 오히려 공부와 일이 삶을 위한 것이었다. 산업주의가 그에 앞선 군사주의와는 다른 이상이었던 것만큼, 산업주의와는 다른 새로운 이상이 요구되었다. 스펜서가 놀란 청중에게 이야기한 바에 따르면, 이제는 "휴식의 복음을 전하는 시대"였다. 그것은 스펜서를 찬양하는 부의 창출자들이 듣고 싶어한 말이 아니었다. 스펜서는 종교에 덜 적대적이게 되었고, 심지어 아기들에게 관대해지기 시작했다. 인간 생존의 더욱 기본적인 측면들 중 하나에 대한 뒤늦은 인정인 셈이었다.

그는 『자서전』의 마지막 장인 「성찰들」에서 비국교도 집안 출신임을 자랑스럽게 주장하면서 어떤 인상적인 문구를 덧붙였다. 인간의 권력과 권위에 저항하는 것은 "인간이 만든 그 어떤 규정들보다 우월한 주권적 규범"이 존재함을 상정한다고 쓴 것이다. 어쩌면 심지어 그의 반초자연주의도 약화되고 있었을 것이다. 시지윅이 강조했다시피 스펜서의 난제는, 생물학은 우리의 이상의 범위를 제한하지만 생물학적으로 가능한 그 광범위한 이상들 중에서 어떤 것을 추구해야 하는지 우리에게 말해주지는 않는다는 것이었다. 스펜서의 정치학은 자유주의가 권력에 저항하고 나쁜 통치자들에게 불복종하기보다는 그것들을 수반한다는 반박에 맞닥뜨리기 쉬웠다. 그것은 질서를 창조하는 것이지, 자연이 스스로 질서를 창조하기를 기다리는 것이 아니었다. 과학적인 것인 듯 보이는 스펜서의 체계는 어쩌면 신 없는 세상에서 공백을 메우고 아무 목적도 없는 곳에서 보편적인 목적을 찾기 위해 만들어진 모조 신조였는지도 모른다.

7. 밀: 자유주의 이념을 아우르다

존 스튜어트 밀(1806~1873)만큼 자유주의 사상의 상충하는 요소들을 하나로 아우른 사람은 없었다. 자유주의 신조 내의 상충하는 압력들에 대해 밀만큼 다면적으로 혹은 솔직하게 진술한 사람도 없었다. 밀은 여러 자유주의 계열과 연결되어 있었지만 그중 어디에도 붙잡혀 있지 않았다. 아마 다른 이들의 생각에 대한 그의 이해가 매우 폭넓고 포용적인 이유에서였겠지만, 그는 흔히 다른 사람의 생각에 동의하는 것으로 오해되곤 했다. 진보적인 콩트와 보수적인 스코틀랜드 역사가 토머스 칼라일처럼 견해를 달리하는 사람들이 부적절하게도 밀을 제자로 여겼다. 일방적인 전용은 여기서 그치지 않았다. 자유시장주의자와 큰 정부를 옹호하는 자유주의자, 보수적 자유주의자와 좌파 자유주의자, 온정주의 개혁가와 불간섭을 옹호하는 자유지상주의자 모두가 밀에 대한 소유권을 주장했다. 어떤 이들은 그가 자유주의자였다는 것을 부정한다. 또 어떤 이들은 전형적인 자유주의자 밀이 어려운 선택을 회피해 어떤 진영에 속할지를 결정하지 않았다고 생각한다. 해답보다 진영과 꼬리표를 더 중요하게 생각하는 이들에게 만족스러운 대답은 없다. 그 대신에 여기서는 밀의 삶과 사상을 개략적으로 서술하겠다.

『자서전』을 완성해가고 있던 1860년대 후반에 밀은 영국과 해외에서 이미 유명 인사였다. 의붓딸의 도움으로, 그는 전 세계에서 쇄도하는 지지자와 호의적인 사람과 트집쟁이들의 편지에 답장을 하고 있었다. 그의 허심탄회함은 매우 유명했고 사람들의 마음을 사로잡았다.

그는 자유주의적 무소속 의원으로서 잠시 하원의원을 지냈는데, 그에 앞선 1865년의 선거 유세에서 한 청중으로부터 질문을 받았다. 하층민들은 대개 자신의 거짓말을 수치스럽게 여기면서도 습관적으로 거짓말을 일삼는 존재라고 쓴 적이 있느냐는 것이었다. 밀은 질문자를 똑바로 쳐다보면서 그렇다고 답했고, 주로 노동 계급으로 이뤄진 청중에게서 박수갈채를 받았다. 그는 은퇴 후 아비뇽에서 살다가 그곳에서 죽었는데, 당시 영국에서는 신문의 각종 게시물에 그의 부고가 실렸다.

그는 공리주의 3인조—제러미 벤담, 급진적 재단사 프랜시스 플레이스, 아버지 제임스 밀—의 보살핌 아래, 말을 할 줄 알게 되면서부터 혹독한 학습에 임하며 성장했다. 아버지 밀은 제화공의 아들로, 스코틀랜드 동북부의 던디 인근 출신이었다. 그는 성공해서 런던으로 이주한 뒤 그곳에서 돈 있는 여자와 결혼했다. 그녀의 부모는 런던 끝자락의 혹스턴에서 정신병원을 운영하고 있었다. 제임스 밀의 첫째 아들이 존 스튜어트였는데, 이 이름은 마차로 제임스 밀을 남부 지역까지 태워다주었던 스코틀랜드 후원자의 이름을 따서 지은 것이었다. 아들 밀은 아버지의 돌봄을 받던 자신은 "결코 소년이 아니"었고, 어머니의 보살핌을 받지 못한 채 "사랑은 없고 공포만 있는" 환경에서 자랐다고 회상했다. 어머니는 존 스튜어트 밀의 초고들에서는 어둡고 순종적인 성향의 고지식한 여성으로 그려졌지만, 나중에 출간된 『자서전』에서는 아예 사라졌다.

열네 살 때 프랑스 남부에서 잠시 휴식 기간을 가진 것과 런던의 토론 클럽에서 거의 자기만큼 똑똑한 낭만적이고 보수적인 친구들을 만난 것은 그의 이전의 냉담함을 다소 누그러뜨려주었다. 그럼에도 불구하고 아버지는 벤담의 난삽한 원고들을 출판을 위해 정리하게 하거나, 당시 휘그당의 『에든버러 리뷰』, 토리당의 『쿼털리 리뷰』와 더불어 3대 정치문예 잡지에 속했던 급진 개혁적 『웨스트민스터 리뷰』에 글을 쓰게 하는 등, 그를 자신의 대의에 동참시켰다. 그로 인한 과로 때문이었건 우울 때문이었건 1826~1827년의 "우울한 겨울"에 일시적인 신경쇠약이 찾아왔고, 그것은 밀의 일생의 두 개의 분수령 중 첫 번째 분수령이 되었다.

밀은 자신의 "둔감한 신경 상태"를 의학적인 차원보다는 믿음의 위기와 지적인 전환점으로 기록했다. 벤담과 아버지는 모든 것에 앞서는 하나의 중요한 이상을 가지고 그를 키웠다. 그들은 사람들이 하는 일이나 그들이 지키는 법이 전체 인간의 행복에 얼마나 득이 되거나 실이 되는지가 옳고 그름의 유일한 지표라고 그에게 가르쳤다. 바로 이것이 공리주의의 핵심으로, 도덕과 사회의 최우선적 평가 기준이 최대 행복이라는 것이었다. 이 사상은 대단한 매력을 발휘했다. 그것이 옳고 그름에 대한 서로 다른 여러 사상에 던지는 문제는 분명했다. 인간의 안녕 말고 무엇이 우리의 삶, 우리의 도덕 규칙, 우리의 정의감을 좌우하겠는가? "공리성"―인류의 행복이나 안녕에 기여하는 바―말고 도덕 규칙이나 정치적 합의에 대한 쓸모 있는 평가 기준이 또 뭐가 있겠는가? 이유를 설명할 수 없는 의무도, 의심 없이 받아들여지는 관습도 그런 기준이 될 수 없다. 도덕주의적 보호자에 의해 판가름되거나 덕이나 탁월함의 까다로운 기준에 부합하는 것으로서의 안녕도 그런 기준이 될 수 없다. 높든 낮든 우리가 선택한 목표의 추구와 충족,

즉 "쾌락"으로 경험되는 것으로서의 안녕이 그 기준이 되어야 한다. 별 어려움 없이 젊은 밀은 그 평가 기준을 수용했다. 그것은 진보라는 자유주의적 이상의 내용과 기준을 제시했다. 그것은 자유주의적인 위계 혐오와 전통 불신에 강력한 파괴력을 갖춰주었다. 벤담이 쓴 글들을 편집하면서 밀은 사람들을 좌절시키고 불행하게 만드는 폐쇄적인 법과 무의미한 관습의 정당화를 최대 행복의 원리가 어떻게 무력화시키는지 이미 깨달은 터였다. 그것은 완전히 정당한 듯 보였다. 이제 그는 중대한 질문과 마주했다.

그의 공리주의 이상이 충족되었다고 가정해보자. 다시 말해, 최대 행복이 이루어졌다고 가정해보자. 그러면 그는 행복해질까? 밀의 답은 부정적이었다. 이는 대단히 충격적인 결과였다. 만약 최대 다수의 최대 행복이 그를 행복하게 만들지 못한다면, 어떻게 그러한 성취가 누군가를 행복하게 만든다는 기대를 할 수 있겠는가? 또한 벤담과 아버지가 가정했듯이 만약 어떤 한 사람을 보편적 행복이라는 공리주의 이상에 묶어놓을 수 있는 것이 오로지 그 이상이 달성되면 그 사람이 행복해질 것이라는 확신뿐이라면, 밀의 깨달음은 그 신조에서 그 신조의 유일한 매력을 제거해버린 게 아니겠는가? 사람들을 벤담의 이상에 묶어놓는 것으로 여겨진 끈이 사라졌다. 사람들을 각자의 행복―각자의 직접적인 이익과 안녕―을 넘어서는 어떤 목표에 사실상 묶어놓는 것으로 여겨진 끈이 사라졌다. 밀의 스승들이 덮어 감추거나 혹은 존재하지 않는다고 여기게끔 했던 간극이 개인적인 것과 정치적인 것 사이에, 사적 이해관계와 공적 이해관계 사이에 벌어져 있었다. 밀은 긴장을 완화할 방법도 없이 자신이 자유주의적 진보와 자유주의적 존중 사이에 끼어 있음을 깨달았다. 어떤 사람으로 하여금 사회의 선을 추구하게 하는 것은 잘못이 아닐까? 다른 한편, 왜 사회의 진보적 개선이 개인의 변덕에 굴복해야 할까?

밀의 정신 세계―자유주의 개혁가의 세계―는 무너졌다. 그는 그 세계를 재건하는 일에 착수했고, 그와 더불어 사회 개혁과 개인 존중에 적절한 비중을 두는 자유주의를 재건하는 일에 착수했다. 그는 사람들 각자의 목표와 믿음에 대해 주제넘게 나서지 않는 사회 개선을 주장하는 자유주의를 추구하기 시작했다. 그는 대중 사회의 압박과 권력으로부터 각자를 보호하면서도 모두를 위한 진보를 고민하는 자유주의를 찾아 나섰다. 그것은 처음에는 희미한 빛에 불과했다. 하지만 그를 이끈 사상은 바로 이것이었다. 어쩌면 인간의 행복에서 큰 부분을 차지하는 것은 자기 마음대로 해도 되는 것, 각자가 선택한 방식으로 발전하도록 허락받는 것일 것이다. 그는 자신의 정신 세계를 다시 구축하는 데 여생을 바쳤다.

첫 단계는 토대를 설정하는 것이었다. 마치 어제 나온 것인 양 지금도 여전히 읽히고 있는 명쾌하면서도 열정적인 두 논문 「벤담」(1838)과 「콜리지」(1840)에서, 밀은 이 스승들과 그들의 비판자 사이의 대논쟁을 상상했다. 한쪽은 "문명파"였다. 여기에는 벤담과 공리주의자들, 그리고 그들이 숭배하는 모든 것―사실, 합리성, 체계, 도덕적 고려, 이익과 손해에 대한 냉정한 평가, 개혁, 개입, 진보―이 있었다. 다른 쪽은 "독립파"였다. 여기에는 시인이자 사상가인 콜리지와 낭만적 보수주의자, 그리고 그들이 숭배하는 모든 것―상상력, 직관, 도덕 감정, 특정 잘못들에 대한 격분, 관습, 전통, 안정성―이 있었다. 어느 쪽도 완전히 옳거나 완전히 틀린 것은 아니라고 밀은 생각했다. 양측에 잘못이 있다면 그건 서로를 무시하는 것이었다. 벤담은 옳고 그름이 고려해야 할 전부가 아니라는 것을 콜리지로부터 배울 필요가 있었다. 상상력과 공감―미와 동류 의식―도 중요했다. 낭만주의자들의 잘못은 상상력과 공감을 옳고 그름보다 우위에 놓은 것이었다. 정서는 도덕률에서 아주 중요하지만, 그것은 첫 단어지 마지막 단어가 아니었다. 대개의 도덕주의자처럼, 벤담의 실수는 상상력과 동류의식을 무시한 것이었다. 밀의 목표는 도덕률을 약화시키는 것이 아니라 그것의 한계를 정하는 것이었다.

밀은 20년 지기인 해리엇 테일러가 1851년 남편과 사별한 후 그녀와 결혼했다. 밀에 대해 쓴 후대의 작가들이 그랬듯이 받아들이기 힘든 그들의 오랜 관계는, 친구들에게 욕을 듣게 하고 그녀의 상냥한 남편을 괴롭게 만드는 것이긴 했어도 아마 성적인 것은 아니었을 것이다. 해리엇은 편지로 속마음을 털어놓았다. 날카로운 시각과 독설로 유명한 칼라일은 그녀에게 "플라토니카"라는 별명을 붙여주었다. 감사와 인정에 인색하지 않았던 밀은 자신을 민주주의, 페미니즘, 노동조합주의로 나아가게끔 좌파적 시각으로 이끈 급진적 성향의 해리엇을 신뢰했다. 사랑하는 동반자에 대한 그의 찬사는 넘쳐났다. 밀에게는 애초에 그런 경향이 있었다.

1858년에 밀의 삶의 두 번째 분수령이 닥쳤다. 7월에 밀은 35년간 봉직한 행정직을 내려놓았다. 그의 지적 산물들을 생각하면, 그가 동인도회사―그의 아버지도 일했던 곳―에서 생업을 갖고 있었다는 것이 놀랍게 느껴진다. 공공-민간 기업의 초기 사례인 동인도회사는 식민지 인도에서 법원과 세금 인상을 감독했다. 18세기에 무굴제국이 쇠퇴하면서 동인도회사가 인도 국가들의 행정 공백을 메웠다. 동인도 회사는 또한 주주들의 주머니를 채워주었는데, 그중에는 장차 그 회사의 악명 높은 부패를 개혁하게 되는 에드먼드 버크도 있었다. 하지만 밀의 아버지의 눈에는 그 회사가 무역과 번영을 가로막는 부유한 지주들에 맞서고, 유아를 제물로 삼고 과부를 수장하며 채무자를 노예로 만드는 낡은 잔학 행위들에 맞서는, 진보의 대행자로 보였다.

밀의 아버지의 시대에 이미 동인도회사의 위상은 약화되고 있었다. 이 회사는 1813년에 무역 독점권을 상실했고, 1857년에 발생한 인도인들의 반란으로 끝장이 났다. 이듬해에 의회는 이 회사를 폐쇄시켰고, 영국령 인도의 간접 지배는 인도 사무소를 통한 웨스트민스터의 직접 지배로 전환되었다. 어떤 점에서 그 변화는 경제적 우연에 근거한 영국 제국주의의 종식과 자유주의 정책에 근거한 영국 제국주의의 시작을 의미했다. 밀은 수석 심사관까지 올라갔다가 명예퇴직했다. 회사를 옹호하고 회사의 폐쇄를 애석해하는 상급자들을 지지하는 어떤 글에서, 밀은 식민 통치 자체에 대한 변호를 시도했다. 식민 통치가 인도인들에게 스스로 통치하는 법을 가르치기 위한 한시적인 일이라는 것이었다. 여기에 사회 개혁과 개인 존중 사이의 자유주의적 긴장을 완화하려는 밀의 사상이 있었다. 다시 말해, 자제를 배우기 위해서는 당분간 지배자가 필요할 수도 있다는 것이었다. 곧 살펴보겠지만, 밀은 자국의 민주주의에 대해서도 그런 생각을 했다.

1858년 후반에 또 다른 시련이 닥쳤다. 10월에 프랑스 남부에서 해리엇이 열병에 걸렸고, 그로부터 며칠 지나지 않아 사망했다. 밀은

52세에 직장 없는 홀아비가 되었다. 이제 자유롭게 사고하고 글을 쓸 수 있었지만, 그는 해리엇의 죽음으로 자기 "인생의 봄"은 끝났다고 친구에게 말했다. 그렇지만 스물일곱 된 딸 헬렌 테일러가 밀의 편지 초안자, 가사 관리인, 일정 비서, 편집 조언자로서 해리엇의 역할을 신속하고 매끄럽게 떠안았다. 밀은 놀라운 끈기와 헬렌의 도움에 힘입어 자신의 사상 체계를 구축해낼 수 있었다. 그의 사상을 떠받치는 세 저작을 출간 순서에 상관없이 개괄해보겠다.

『공리주의』(1861)에서 밀은 아버지의 공리주의 신조를 옹호하고 수정했다. 공리주의에 대한 가장 분명한 반박은 고통 없는 쾌락으로서의 행복이라는 개념의 조잡함과 관련된 것이었다. 여기서 쾌락은, 유의미한 본질적 차이 없이 모두에게 똑같은 맛을 선사하는 설탕처럼, 계량 가능한 기본 식료품 같은 것으로 여겨졌다. 밀은 행복의 개념에 대해 설명했다. 첫째, 인간의 성격은 다양하다. 둘째, 쾌락은 어떤 것을 느끼는 데 있다기보다는 어떤 것을 하는 데 있다. 즉, 추구하고 행동하는 데 있다. 셋째, 어떤 종류의 쾌락은 다른 쾌락들보다 "우위에" 있다. "만족스러운 돼지보다 불만족스러운 인간"이 되는 것이 낫고, "만족스러운 바보보다 불만족스러운 소크라테스가 되는 것이 낫다".

밀이 새로이 건설한 자유주의 세계와 관련해 『공리주의』의 내용은 다음과 같았다. 행복은 다양하고 복잡한 것이다. 우리 각자는 저마다의 방식으로 스스로 행복을 추구해야 한다. 행복 추구 과정에서는 교육과 경험이 매우 중요한데, 그것들 없이는 행복 추구를 시작할 수조차 없기 때문이다. 마지막으로, 행복 추구는 행복 달성만큼이나 중요하다고 이 낭만주의자는 생각했다. 여기서 밀은 공리주의에 대한 통상적인 두 번째 반박에 동조하는 것처럼 보인다. 공리주의는 행복을 제시하고 그것을 삶의 지표로 만들었지만, 예로부터의 지혜와 경험이 가르쳐주듯이 행복이란 손에 넣을 수 없는 것이라는 반박 말이다. 밀이 행복과 만족과 욕구를 다루는 방식에 사실상 혼란의 여지가 있긴 했지만, 그는 공리주의적 진보와 개혁에 대한 믿음을 버린 것이 아니었다. 지성과 의지만 있으면 빈곤도 해결될 수 있었다. "세상의 가장 확실한 악들은 원래 대부분 제거될 수 있다." 그는 이런 강력한 구절을 남겼다. 그는 심각한 질병이 줄어들고 빈곤이 "소멸하는" 시대를 확신에 차서 고대했다. 밀의 생각에 따르면, 욕구가 충족되면 행복도 달성될 수 있으며, 사람들이 일단 충족된 자신의 욕망과 물질적 풍요에 대해 비판적인 한 행복은 더 많은 것을 향한 길의 중간 기착지로 인식되는 것이 아니라 풍요로 인식되었다.

벤담식 공리주의에 대한 세 번째이자 마지막 반박은 밀 자신의 것이었다. 그는 신경쇠약에 걸렸던 시기에 중대한 질문을 던졌다. 만약 쾌락을 추구하는 단위로서의 인간에 대한 벤담의 기계적인 묘사가 옳다면, 무엇이 우리를 보편적 행복이라는 이상에 묶어놓을까? 더 우려스러운 부분을 이야기하자면, 무엇이 우리를 정의든 도덕률이든 옳고 그름에 대한 어떤 권위 있는 기준들에 묶어놓을까? 이에 답하지 못한다면, 비판자들이 주장하듯이 공리주의는 좋게 말해서 순전히 편의주의적인 교리로 보였다. 길고 복잡한 장인 「정의와 공리성의 관계에 대하여」에서, 밀은 공감과 "동류 의식"의 점진적 확장을 통해 어떻게 사리 추구가 사회와의 결속으로 바뀌어갈 수 있는지를 설명하고자 애썼다.

그 논증은 복잡했고, 명확하지 않았다. 밀은 최대 행복이라는 판단 기준을 적용할 때 정의의 문제에 더 유의하라고 말하려 한 것일까? 즉, 밀은 정의를 최선의 결과를 산출하는 데 우선적으로 종속시킨 것일까? 아니면, 밀은 하늘이 무너져도 정의를 행하라고 말하려 한 것일까? 다시 말해, 정의가 위기에 처했을 때는 공리주의적 판단 기준을 완전히 포기하고서, 보편적 공리성이나 공동선이나 사실상의 어떤 광범위한 결과들과 무관하게 개인에게 정의를 베풀어야—무엇이 됐건 그 개인이 받아 마땅한 것을 주어야—한다고 말하려 한 것일까? 이 두 갈래의 접근은 매우 상이한 방향을 취하게 된다. 하나는 인정된 의무와 수용된 책무들을 돌아보며, 다른 하나는 예상되는 결과들을 내다본다. 불일치하는 이 두 갈래의 접근이 실제로는 통상 합쳐진다는 밀의 답변은 그 자체로도 믿음직하지 않았고, 특히 새롭고 낯선 상황—부단히 변화하는 근대 사회가 쉴 새 없이 만들어내고 있는 상황—에서 그 둘이 충돌할 때 양자를 화해시킬 지침으로서도 설득력이 없었다.

『자유론』(1859)에서는 밀은 토크빌이 몰두했던 갈등을 추적했다. 그 갈등은 훔볼트와 콩스탕이 칭찬해 마지않았던 개별성, 그리고 밀이 "유인원적 모방"과 "강요적 충성"의 압력을 이유로 우려한, 대중 사회의 우민화하는 권력, 이 둘 사이에 놓여 있었다. 밀은 속표지에서 "최대한의 다양성이라는 차원에서의 인간의 발전이 갖는 절대적·근본적 중요성"을 주장하는 훔볼트의 문장을 인용했다. 훔볼트는 그런 제한 없는 다양성이 누구에게 이로운 것인지에 대해서는 분명한 답을 주지 않았다. 그는 다방면의 재주꾼들이 존재하는 것이 우리 각자에게 좋다고 생각한 걸까? 아니면, 아주 많은 다채로운 인간 유형이 존재하는 것이 사회에 좋다고 생각한 걸까?

밀은 두 가지 다 바람직하다고 말하는 것처럼 보였다. 하나의 전체로서의 사회를 위해서든 사회 구성원 각자를 위해서든 개별성과 남다름은 소중히 다루어져야 하는 것으로, 순응의 힘에 억눌러서는 안 된다. "삶의 실험들"은 장려되어야 하는 것으로, 억제되어서는 안 된다. 사회나 국가나 법이 사람들이 선택한 행위나 믿음에 강압적으로 간섭할 수 있는 유일한 경우는 그들이 타인에게 해를 끼치는 경우다. 또 다른 의문점은, 개별성과 남다름이 어째서 좋은가 하는 것이었다. 그것들은 그 자체로 좋은 것인가? 공리주의자로서 밀은 행복만이 그 자체로 좋은 것이라고 주장하는 듯 보였다. 개별성과 남다름이 좋은 것은 편협한 관습과 억압적인 법으로 그것들을 부정하면 사람들이 불행해진다는 이유에서일 것이다. 개별성의 소중함을 옹호하는 밀의 주장의 세부 내용과 모호한 점 때문에 그 주장 자체가 모호한 것으로 받아들여져서는 안 될 것이다. 『자유론』에서 밀은 건드릴 수 없는 사적 영역에 대한 콩스탕의 생각에 동조하는 것 이상을 보여주었다. 그는 후대의 자유주의자들에게 권력에 대한 불신과 사람들—어떤 사람들이건—에 대한 시민적 존중을 강화해주는 윤리적 확신을 물려주었다.

단지 사람들이 취향과 목표에서 서로 다르다는 것이 아니었다. 그런 차이를 포용하고 촉진하는 것이 권장되어야 한다. 양들은 양다운 똑같은 방식으로 살아가지만 사람들은 양과 같은 존재가 아니다. "쾌락의 원천"과 심지어 "고통에 대한 감정"도 저마다 다르다. 사람들의 "고등한" 목표들은 상이하고, 밀의 관점에서의 자유로운 사회는 그런 다양성을 인정해야 한다. 밀이 개별성과 인간의 차이를 장려한 것이 그가 『논리학 체계』(1843)에서 기대했던 "인간 본성에 대한 학문"과 어떻게 부합하는지는 분명치 않았다. 여전히 그는 경험적 연구에 열려 있는 사람들 사이에 유사점이 있다는 생각을 갖고 있었다. 『자유론』에서 그는 오히려, 그런 유사점들이 결국 어떤 공통의 본성이 되어, 성숙으로 나아가는 정상적이거나 비정상적인―즉 옳거나 그른―방식들의 기준이 될 수 있다는 생각에 반대했다. 그렇게 생각하는 것은 사람들을 양육하고 교육하는 것을 양을 돌보거나 나무의 가지치기를 하는 것처럼 여기는 것이나 마찬가지라고 밀은 생각했다.

밀은 더 나아가, 개인이 스스로를 위해 수용하지 않은 윤리적 기준은 무엇이든 거부했다. 어떻게 살지에 대한 개인의 선택은, 탁월함이라는 외적 기준에 부합하지 않는다거나, 그 자체로 무가치하다거나, 사회적으로 못마땅하게 받아들여진다거나 하는 이유로 부정되어서는 안 된다고 밀은 주장했다. 전체적 행복은 밀에게 유일한 윤리 기준으로 남아 있었지만, 그것은 모든 사람이 스스로 구체화하고 찾아내야 하는 목표였다. 만약 밀이 옳고 그 두 가지 생각이 이치에 맞는다면 사회에 미치는 영향이 클 것이다. 밀은 한 개인의 행위가 다른 사람에게 피해를 줄 우려가 있는 경우를 빼고는 사회가 윤리적 권위를 내세우는 것을 철회해야 한다고 주장했다. 밀의 "해악"이라는 판단 기준은 사회의 권위가 어디서 멈춰야 할지를 보여주고자 했다. "개인은 자신의 행위가 자신 아닌 다른 사람의 이해관계와 관련되지 않는 한 자신의 행위에 대해 사회에 책임을 지지 않는다."

개별성에 대한 밀의 복잡한 사상은 즉각적인 영향을 거의 미치지 않았지만, 시간이 지나면서 그 사상이 자유주의 사회와 자유주의 사고에 미친 영향은 중대했다. 밀의 시대에, 윤리적 풍토는 동조적이지 않았다. 계급과 민족의 집단 갈등들이 부각되고 있었다. 자유주의적 진보주의자들 중에서도 무리에 발맞추는 이들이 남다른 이들보다 더 존중받았다. 관습을 어기는 사람들은 문화적 모더니스트인 경향이 있었는데, 이들은 프리드리히 니체처럼 정치와 무관하게 보수적이거나 반자유주의적이었다. 영국에서 밀에 대한 가장 소란스러운 반응은 부정적인 것이었다. 자유주의 기질의 동료 공리주의자이자 왕좌법원 판사인 제임스 피츠제임스 스티븐에게서 격한 반응이 나왔다. 밀을 공격하는 『자유, 평등, 박애』(1873)에서 스티븐은 밀의 "해악"이라는 판단 기준에서 엿보이는 순환 논증을 포착하고는 사냥개처럼 물고 늘어졌다. 스티븐은 "국가나 대중이 심각한 악이 나쁜 것이라고 판단할 능력이 없다면, 어떻게 국가나 대중이 문제를 해결할 능력이 있을 수 있겠는가?"라며 으르렁거렸다. 그 후 오래지 않아, 동성애로 수감된 시인 오스카 와일드는 『구렁텅이에서』(1897)에서 경제적 자립은 높이 평가하면서 편협한 관습은 옹호하는 이른바 자유주의 사회의 위선을 비꼬았다. 와일드는 자신의 파멸이 "삶에 개인주의가 너무 많은 탓이 아니라 아니라 너무 적은 탓이었다"고 썼다. 와일드는 자유주의 사회가 사적 행동에 대해 밀의 견해가 아니라 스티븐의 견해를 취하고 있음을 넌지시 내비친 것이었다.

『대의정부론』(1861)에서는 밀은 선거 민주주의와 화해했다. 새로운 권력인 대중은 발언권을 갖게 되었다. 비록 중간 계급이 어리석고 탐욕스러운 데다 하층 계급은 무지하고 신뢰할 수 없었지만 말이다.

여성을 포함해 모든 사람에게 투표권이 주어져야 한다. 여성을 배제하는 것은 붉은 머리의 남자를 배제하는 것이나 마찬가지라고 그는 썼다. 하지만 그는 현안에 대해 더 잘 알고 있고 사회에 대해 더 큰 이해관계를 갖고 있는 재산 있는 식자층이 교육받지 못한 대중보다 투표에서 더 큰 비중을 차지해야 한다고 덧붙였다. 비례대표제는 소수자의 목소리를 의회에 전달하는 데 필요하다. 입법은 이제 너무 복잡해서 의회의 구성원들에게 맡겨질 수 없고, 그 대신 위원회들이 입안해야한다. 공무원들은 직업적으로 능숙하고 독립적이어야 한다.

여기서 밀은 19세기 정부에 관한 어떤 점을 지적하고 있었는데, 훗날의 시장 자유주의자들은 이것이 놓치기 쉬운 점이라고 보았다. 밀의 시대에 중앙 정부는 평화시의 책무가 거의 없고 그런 책무들에 부합하는 수단도 거의 없는 작고 흔히 부패한 존재였다. 대부분의 자유주의자는 중앙 정부의 근대화와 개선이 필요하다고 생각했다. 법을 만들고 집행하는 것과 관련된 밀의 권고 중 마지막 권고들은, 머잖아주로 자유주의자들이 요구하게 될, 전쟁을 하고 성장하는 제국을 관리하며 사회복지를 통해 계급 투쟁을 억제하기 위해서 국가의 권력과 능력을 급속히 키워줄 새로운 강력한 도구들을 제시하는 것이었다. 또한 밀은 20세기의 자유주의자들이 민주주의를 좋지 않게 보게 한 이유인 경제적 약점들, 예컨대 무임승차, 이익집단의 통제, 엄격한 예산 제약의 부재 등에 대해 일찌감치 알아차린 선견지명이 있었다.

1865년에 밀은 삶에서 하나의 실험에 나섰다. 의회에 진출한 것이었다. 그는 공식적인 자유당원으로서 출마하지 않고, 선거운동에 일절 돈을 쓰지 않으며 뇌물을 받지 않고 당의 생각이 아니라 자신의 생각을 이야기한다는 조건으로 무소속 자유주의자로서 출마했다. 급진주의자들을 혼란스럽게 하면서, 밀은 의회에서 강한 국방과 국가 부채 감소 같은 보수주의적인 주장을 폈다. 밀은 두 명의 아일랜드 페니언단 단원에 대한 사형 선고가 잘못됐다고 여겨 그들의 교수형을 격렬하게 반대하긴 했지만, 사형제를 지지했다. 그렇지만 밀의 개입은 급진적인 쪽으로 기울어 있었다. 그는 아일랜드 자치 정부, 부재지주들의 아일랜드 토지 몰수, 정치적 망명자를 위한 보호소, 여성의 권리에 대해 지지하는 발언을 했다. 그는 폭동을 벌하고자 400명이 넘는 사람을 목 매달아 죽인 자메이카의 에어 총독이 살인죄로 기소되기를 바랐다. 코브던과 마찬가지로 밀은 미국 남북전쟁에서 북부를 편들었고, 어떻게 자유주의자가 노예제에 대해 우물쭈물할 수 있는지 이해할 수 없어 했다. 또한 그는 정치적 후각이 좋지 않았다. 자유당원이자 보수 성향의 동료 경제학자인 로버트 로는 비용과 가격에 대한 어떤 포착하기 어려운 점을 들어 농가보상법안에 반대하는 밀의 연설을 두고 "의회 연설치고 너무 똑똑하다"고 말했다. 토리당의 지도자 벤저민 디즈레일리는 밀의 훈계조 말투를 조롱하면서 그를 "최후의 가정교사"라고 불렀다. 그래도 그의 정신은 그 시대의 것이었다. 글래드스턴은 처음 두 차례의 공직 재임기(1868~1874년, 1880~1885년) 중에 각각 밀의 흔적이 뚜렷한 자유주의 개혁안들을 일괄 통과시켰다. 아일랜드에서의 영국국교회 폐지, 아일랜드 토지 개혁, 결혼한 여성의 재산권에 대한 법, 국민 교육에 대한 법, 대학에서의 종교 심사 폐지 등이었다.

1868년 재선에 실패한 후 밀은 프랑스 남부 아비뇽으로 은퇴했다. 그는 그곳을 깊이 사랑했고, 그곳의 자유로운 전통을 몹시 좋아했다. 아비뇽의 집에서 그는 『여성의 종속』(1869) 집필을 끝냈고, 사회주의에 대한 생각에 몰두했다. 그는 여성 해방에 강력히 동조했지만 신중했다. 1867년의 선거 개혁에 대해 논의가 이루어질 때 밀은, 비록 뜻을 이루지는 못했지만, "남성"이라는 말을 "사람"이라는 말로 바꾸어야 한다고 주장했다. 이는 결국 재산이 있는 교육받은 여성에게 투표권을 부여하려는 의도였다. 그는 『여성의 종속』에서 그 주제를 파고들었다. 그는 공적·사회적 삶과 관련해 남성과 여성 사이에는 그 어떤 자연적인 능력 차이도 존재하지 않는다고 주장했다. 사회 진보는 남녀 간의 더 큰 평등으로 나아감으로써 모든 사람에게 더 큰 행복을 가져오는 것을 시사했다. 밀은 자신의 결혼을 염두에 두고서—아마도 으쓱하며—동반자적 결혼이 남편 우월적 결혼보다 바람직하다고 말했다. 공적·직업적 삶에서 여성을 배제하는 것은 사회의 가용 인재를 반감시키는 것이었고, 남성들에게 약자 괴롭히기를 부추기는 인위적인 우월적 지위를 제공함으로써 그들을 타락시키는 것이었다.

밀은 노동조합의 권리를 지지하게 되었고, 노동자에 대한 자본의 권력을 국가 권력에 의해 완화해야 할 횡포로 보았다. 사회 갈등을 집중적으로 고찰하면서, 밀은 『정치경제학 원리』의 후속 판본들에 급진적인 세부 사항들을 추가했다. 그는 "고정적 임금기금설"을 버렸다. 이는, 한정된 보유 화폐가 임금 지급에 쓰이며, 따라서 노조의 노동자들이 자신들의 임금을 올리면 다른 노동자들은 임금을 덜 받을 수밖에 없다는 그릇된 이론이었다. 그는 강제적인 초과 근무에 반대했고, 노약자와 빈자를 도우려는 채드윅의 실패한 최초의 복지국가 구상뿐만 아니라 토지와 상속에 대한 세금 부과에도 찬성했다. 밀의 말년에 일부 자유주의자는 그를 사회주의자 취급했다.

밀은 일종의 좌파 자유주의자가 되어갔다. 뒤에 가서 살펴보겠지만, 좌파 자유주의자는 유럽과 미국에서 자유주의가 더 적극적이고 개입주의적인 방향을 취할 때 큰 역할을 한 존재다. 밀의 전기 작가인 마이클 세인트 존 팩이 잘 설명했듯이, 밀은 자본의 힘을 약화시키는 것과 관련된 사회주의자들의 좀더 협소한 목표들은 다수 공유했지만, 박애나 집단적 권력에의 복종 같은 그들의 꿈같은 이야기에는 동조하지 않았다. 동시에 그는 『정치경제학 원리』에서 간결하게 설명한, 번영의 최선의 동력이자 사회 진보의 제공자로서의 사적 소유의 필요나 자유 시장의 유익함에 대해 결코 믿음을 버리지 않았다.

그는 『정치경제학 원리』 제5권에서 왜 자유방임이나 불간섭이 국가와 정부의 일반적 관행이어야 하는지에 대한 강력한 논증들을 제시했다. 그는 나중의 판본들에서 그 논증들을 뺄 이유를 찾지 못했고, 그 논증들은 이후 경제적 자유주의라는 대의에 복무해왔다. 그 논증들 각각은 초래될 나쁜 결과들에 초점을 맞추었다. 열거해보자면 다음과 같다. 사람들의 생활에 간섭하고 그것을 제약하는 것은 그들의 능력을 가로막는다는 **위축 논증**. 권력의 확대는 권력 남용의 가능성을 키운다는 **남용의 위험 논증**. 책무를 늘리는 것은 이미 과중한 부담을 안고 있는 국가에 더 큰 부담을 안긴다는 **과부하 논증**. 자기 일에 대해서는 국가나 정부보다 사람들 각자가 더 잘 알고 있다는 **더 나은 이해 논증**. 지나치게 열성적인 정부는 상업적 적극성과 진취성을 약화시킨다는 **진취성 논증**. 밀은 자신이 제시한 간섭하지 말아야 할 이유들에 더해, 국가나 정부가 간섭을 해야 한다고 생각되는 예외적인 경우도 제시했다. 사적으로 마련할 수 없는 공적 재화의 공급, 아동과 소수자와 "하등 동물"에 대한 보호, 노동 시간 규제, 구빈법 지원, 불공정 거래로부터의 구매자 보호, 자유방임의 예외지만 종속국 국민의 교육과 양성에 유리하다는 이유로 정당화될 수 있는 식민지 통치가 그것이었다. 두 가지 목록에서 밀은 융통성 없이 엄격한 규칙들을 진술하는 것이 아니라 어떤 식으로든 중요시되는 이유나 고려 사항들을 제시하고 있었는데, 이는 자유 시장 광신자들이 흔히 등한시해온 점이다.

밀은 진보가 번영에 의존하고 있음을 인정했지만, 그 둘을 혼동하지는 않았다. 『정치경제학 원리』 제4권에서 그는 경제가 광범위한 부에 다다라 성장을 멈추게 될 때 이루어지는 "정상定常 상태"를 묘사했다. 굉장한 부자도 굉장한 빈자도 없는 균형 잡힌 사회에서는, 물질적 번영 자체는 성장을 멈출지라도, 인간적 번영은 전보다 더 완전하고 더 거리낌 없이 계속 진전할 수 있다고 그는 주장했다. 그러한 이상은 웬들 필립스와 슐체-델리치에게, 그리고 사실상 더 큰 부를 낳는 방식뿐만 아니라 부를 더 잘 분배하고 더 잘 활용하는 방식도 생각하기 시작한 많은 자유주의자에게 호소력을 발휘했다. 그 같은 이상은 자유주의 관행에서 밀이 중요하게 여긴 것 중 많은 부분, 즉 사회 진보, 사회 균형, 그리고 사람들의 눈을 높이면서 사람들 자신의 목표를 존중하기 등과 협력했다.

물질적 충족이 더 높은 추구를 허용하게 되는 어떤 "정상 상태"에 대한 밀의 생각은 애덤 스미스의 생각—전체적으로, 상업적 진보를 뒷받침하고 그것에 목적을 부여하는 어떤 윤리적 안정성을 기대한

—속에 드러났던 것이다. 상업적 진보가 둔화되거나 멈출 수도 있다는 생각은 인구 과잉과 식량난에 몰두한 훗날의 정치경제학자들을 불안하게 했다. 반면, 그 생각은 멈출 수 없는 자본주의의 질주로부터 사회를 구하려 애쓴 마르크스를 끌어당겼다. 번영이 위축되거나 사라질 수 있다는 생각은 1930년대의 세계 불황 이후 전후戰後 경제학자들의 뇌리를 떠나지 않았다. 밀의 "정상 상태"는 20세기 말에 하나의 주제로 돌아왔고, 그리하여 자유주의자들은 이 정도면 우리에게 "충분한가?" "과한가?"를 묻기 시작했다.

3장
실행에 옮겨진 자유주의:
네 명의 대표적 정치인

1. 링컨: 자유의 나라의 수많은 "자유" 사용법

이 1부에서 떠오르는 거물 정치인 중 한 명은 에이브러햄 링컨(1809~1865)이다. 또 한 명은 윌리엄 유어트 글래드스턴(1809~1898)이다. 이 두 사람은 각각 자국의 장수 집권당이었던 미국 공화당과 영국 자유당을 만들고 이끌었다. 그들이 없었다면 자유주의자들을 감동시켜온 호소력 있는 발언들은 이 책에서 자취를 감췄을 것이다. 정치 관행에는 사상적 관점뿐만 아니라 그 사상에 힘을 실어주는 수사도 필요하다. 링컨과 글래드스턴은 서론에서 언급한 자유주의적 감정들, 즉 지배에 대한 반감, 자기가 몸담은 사회에 대한 자부심과 수치심, 부당함에 대한 격분, 노력하고 행동하는 열정, 평온에의 갈망 등을 이끌어냈다. 능숙한 설교자로서 그들은 그런 감정의 더 어둡고 덜 희망적인 측면, 즉 시기와 원망, 소심한 자책, 선택적 분노, 그리고 위험에 대한 과도한 공포와 결부된 신중치 못한 간섭도 이용했다. 두 사람 다 1880~1945년의 자유주의를 앞서 가리켜 보였는데, 링컨은 전쟁국가의 탄생과 관련해, 그리고 장수한 글래드스턴은 대중 정치의 자유주의에 대한 도전과 관련해서 그랬다.

링컨과 더불어, 자유를 무시하는 척하면서 자유주의를 논하는 것은 더 이상 가능하지 않게 되었다. 왜냐하면 링컨과 더불어 우리는 '자유 달러'와 '자유의 종'의 나라(자유 달러Liberty dollar는 미국 최초의 은화이고, 자유의 종Liberty Bell은 미국 독립선언문 공표 시 울린 종을 말한다—옮긴이), 뉴욕항에서 횃불과 법전을 들고 서 있는 '자유의 여신상'과 워싱턴DC 의회의사당의 돔 위에서 반항하는 남부에 맞서 칼과 방패를 들고 서 있는 '자유의 여신상'의 나라에 살게 되었기 때문이다. 우리는 "자유"가 목숨을 걸 만큼 신성한 것들—덕성, 자연 점유, 대의명분—을 의미했던 나라에서 살고 있다. 그곳은 "자유 아니면 죽음을 달라!" "그가 인간을 거룩하게 하기 위해 죽으셨듯이, 우리는 인간을 자유롭게 하기 위해 죽자!"라고 외치는 나라다.

금주 설교자이자 노예제폐지론자 시어도어 파커는 「미국의 정치적 지향점」(1848)에서 "우리는 자유에 재능이 있다"라고 썼고, 대다수의 미국 정치인은 국민 정신을 너무나 완벽하게 포착한 것처럼 보이는 저 생각을 감히 무시하거나 비난할 수 없었다. 데이비드 해킷 피셔는 『리버티와 프리덤』(2005)에서, '리버티liberty(자유)'와 '프리덤freedom(자유)'이라는 이란성 쌍둥이가 미국의 수사적·정치적 상징에서 맡고 있는 역할을 탁월하게 파헤쳤다. 피셔에 따르면, "리버티!"라는 슬로건을 파악하고 지배하지 못한다면, 그 어떤 진지한 운동도 미국에서 오랫동안 존재감을 드러낼 수 없었다. 설령 존재감을 드러낸다 해도, 일단 경쟁 운동들이 그 운동에 리버티의 적이라는 오명을 씌워버리면 좀체 성공할 수 없었다.

"리버티!"라는 슬로건은 미국에서 시대마다 다른 것을 환기시켰다. 말의 힘과 유연성을 알았던 에이브러햄 링컨은 바로 그 점을 이해하고 있었다. 1863년에 게티즈버그 군인 묘지를 봉헌하는 자리에서 링컨은 미국을 "리버티로 잉태된 새로운 국가"라고 일컬었다. 이듬해에 볼티모어의 연설에서는 평소처럼 명쾌하게 다음과 같은 강력한 주장을 덧붙였다. "우리 모두는 리버티에 대한 지지를 표명하지만, 똑같은 의미로 그 말을 사용하는 것은 아니다."

제퍼슨은 미국의 서부로의 팽창을 "리버티의 제국"의 확장으로 상상했고, 19세기의 첫 20년 동안 제퍼슨의 언어에서 "리버티"는 자작농들의 드넓은 전원과 작은 정부를 환기시켰다. 남북전쟁부터 1890년대까지의 오랜 공화당 통치하에서, "리버티"는 노동자의 요구나 소비자들의 불만을 경청할 필요 없이 주로 해방, 국가적 진보, 영업의 프리덤을 의미했다. 1932~1980년 민주당 자유주의의 전성기에, "리버티"와 "프리덤"은 경제에서의 더 공정한 거래와 정치에서의 좀더 공평한 발언권처럼, 정부가 모든 시민을 위해 애써 보호하려는 것들을 가리켰다. 1980년 공화당으로의 정권 교체가 이루어진 후 "리버티"와 "프리덤"은 다시금, 특히 더 낮은 세금과 더 적은 관료적 형식주의라는 선별적 의미에서의 정부로부터의 프리덤을 환기시키게 되었다.

"리버티"는 대조적인 것들을 동시에 환기시켰다. 국가 탄생기에 미국 반란자들은 식민지 조세를 통해 전쟁 비용을 조달하려는 영국의회의 움직임에서 벗어나고자 했다. 그들은 독립 전쟁 비용을 대출해준 영국의 채권자들에게서 벗어나고자 했다. 독립 전쟁에서 승리한 후 미국인들은, 영국 지지자들의 재산을 몰수하는 것을 제한하고 서북부 변경에 위치한 인디언들의 땅을 미국 정착민들의 지배로부터 보호하려는 영국의 시도에서 벗어나고자 했다. 그런 개척자적 충동은 계속 "리버티"를 미국 우위의 것으로 만들었다. 1830년대에 잭슨 추종자들에게 "리버티"는 한 신생 국가가 노예들을 데리고 인디언들의 땅을 가로질러 멕시코까지 뻗어나갈 수 있는 프리덤을 의미했다. 그것은 자수성가한 사람들의 어떻게든 출세할 수 있는 프리덤을 의미했다. 휘그당으로 알려진 미국 최초의 자유주의자들인 잭슨 반대파에게서는 "리버티"가 다른 것들과 연결되었다. 휘그당에게 "리버티"는 자제, 이웃 나라와의 전쟁에서 벗어날 프리덤, 그리고 도달하기 어렵다는 것을 알긴 했지만 어쨌든 노예제라는 골칫거리에 대한 해답을 떠올려주는 것이었다.

1860년, 남북전쟁 직전에 네 명의 대통령 후보 모두가 "리버티"와 "프리덤"을 이야기했다. 훗날 조정자로 나서게 되는 휘그당원 존 벨에게 "리버티"는 공공 질서와 헌법 존중을 의미했다. 서부로의 노예제 확대가 그 새 영토에서 대중의 결정에 맡겨질 수 있기를 여전히 희망하고 있던 스티븐 더글러스에게 "리버티"는 민주주의적 선택을 의미했다. 남부의 후보 존 브레킨리지에게 "리버티"는 각 주가 알아서 하는 —마음대로 하는—자연적이거나 입헌적인 권리를 의미했다. 북부 도시들에서 링컨을 지지하는 횃불 행진을 이끈 급진 단체 '와이드 어웨이크스'에게 "리버티"는 남부 노예들의 해방과 의회의 진보적 입법에 대한 남부의 훼방에서 벗어날 프리덤을 의미했다. 1912년 선거에서 네 명의 후보—보수적인 공화당원 윌리엄 하워드 태프트, 사회민주주의자 유진 데브스, 공화당을 탈당해 진보당을 창당한 시어도어 루스벨트, "새로운 프리덤"을 내건 민주당원 우드로 윌슨—는 "리버티"의 기치 아래 조국에 대한 각자의 비전을 제시했다. 사례는 더 늘어나서, 이후 허버트 후버는 "질서 잡힌 리버티"를, 프랭클린 루스벨트는 "네 가지 프리덤"을, 마틴 루서 킹은 인종 차별의 폐해에서 "마침내 자유로운, 마침내 자유로운" 국가에 대한 희망을 이야기했다.

미국인들은 서로를 이해하지 못한 채 서로 다른 주장을 하고 있는 것이 아니었다. 그렇게 생각한다면 이는 실체에 대한 논쟁을 조잡하지만 끈질긴 언쟁으로 깎아내리고 신비화하는 것이다. 미국인의 혼동은 언어나 개념의 혼동이 아니었다. 그들은 "-으로부터 자유로운"과 "-을 하는 데 자유로운"이 갖는 어휘상의 문법을 이해할 수 있었다. 그들은 자유로움(막힘 없는 강이 자유롭게 흘러갈 때처럼)과 놓여남(개인이 권위에 의해 멈춰지거나 저지되지 않을 때처럼)의 차이를 알 수 있었다. 그들이 "리버티"와 "프리덤"으로 각각 다른 것을 의미하고자 한 만큼, "리버티"와 "프리덤"의 차이는 실용적인 것이었다. 미국인들은 용어의 의미나 개념의 내용을 두고 다투고 있는 것이 아니었다. 그들은 자기도 모르게 서로 다른 개념들을 사용하고 있는 것이 아니었다. 오히려 그들은 그 똑같은 개념의 정치적 초점, 그리고 공적 논쟁에서의 그 개념의 다양한 사용과 관련해 충돌한 것이었다. 미국인들은 어떤 프리덤이 가장 중요한지에 대해 의견을 달리했다. 그들은 다양한 정치적 프리덤의 긴급함, 직접성, 현저한 특징에 대해 생각이 달랐다. 특히 두

쌍의 대조적인 프리덤이 링컨의 시대에 두드러졌다. 한 쌍은 연방이 외세에서 벗어날 프리덤과 주들이 연방에서 벗어날 프리덤이었고, 다른 한 쌍은 노예들의 리버티와 노예제를 유지할 리버티였다.

그렇지만 링컨에 대해 알아보기에 앞서, 미국 정치 논쟁에서의 리버티에 관한 최종 생각을 살펴볼 만하다. 프리덤이라는 언어는 '없는 것들'의 축적으로 만들어진, 미국 정치에 대한 매혹적이지만 나태한 묘사를 부추겨왔다. 우리는 이 신생 공화국에 다음과 같은 것이 없다는 얘기를 얼마나 많이 들었던가? 밀도 높은 토지, 관습적 재산권, 봉건적 구속, 종교적 장애, 국교회, 국가의 유구한 역사에서 비롯된 양식·전통·유산, 사회의 위계질서, 복종하는 습성, 급진적 노동자 운동, 국가의 정치를 형성하는 계급 갈등 같은 것 말이다.

그런 백지 상태의 사고를 다룬 고전적 사례는 루이스 하츠의 『미국의 자유주의 전통』(1955)이다. 하츠의 주장에 따르면, 미국은 태어날 때부터 자유주의적이었고 이후 계속 자유주의로 남아 있었다. 봉건제를 겪은 적이 없는 미국은 계급 의식 강한 좌파도, 자신의 특권을 옹호하고 사회를 가부장적으로 개혁하는 신분 의식 강한 우파도 만들어내지 않았다. 미국인들은 낡은 통치 계급을 없애는 데 도움을 주는 것으로서의 정부나 국가를 기대하지 않았다. 미국인들에게는 왕실이나 귀족도, 전통을 자랑하는 군대도, 기성 교회도, 아낌없는 후원자도 없었다. 하츠가 보기에, 개량적이고 온정주의적인 휘그당과 잭슨을 지지하는 농경 중심의 급진파는 모두 로크의 자치정부론을 적용하려는 자유주의자들이었다. 그들이 미개척지에서 그것을 깨달았든 그렇지 않든 말이다. 하츠는 단지 자유주의와 민주주의의 차이를 흐릿하게 만든 것이 아니었다. 그의 작업은 미국 역사에 대한 계급적 설명이 었는데, 단지 계급이 빠져 있었을 뿐이다.

링컨이 주장한 것처럼 미국이 "리버티로 잉태"되었든 그렇지 않든, 미국 땅과 미국 사회는 선택에 의해 채워지기를 기다리는, 국경 없는, 텅 비고 아무것도 갖춰지지 않은, 백지 같고 "자유로운" 곳으로 편향되게 묘사되었다. 그렇지만 무에서는 아무것도 나오지 않는다. 잠깐 크게 양보해서, 앞서 언급한 '없는 것들'의 친숙한 목록이 역사적으로 타당하고 맞는다고 인정해보자. 그 신세계가 운 좋게 벗어날 수 있었던 구세계의 짐과 혼란을 나열하고도 더 할 이야기가 있을 테니, 그것은 미국 정치가 크게 변화시키고 링컨을 필두로 한 미국 자유주의자들이 크게 기여한, 법과 정부라는 강력한 존재에 관한 이야기일 것이다.

대단히 뛰어나지만 종잡을 수 없는 인물인 링컨은 미국판 글래드스턴과 미국판 비스마르크가 결합된, 위대한 자유주의자이자 전사-통일자다. 많은 미국인에게 링컨은 노예제를 종식시키고 연방을 보존한 국가 조정자로 인식된다. 또 다른 미국인들은 링컨을 공화국을 지키는 과정에서 공화국의 선명한 분열을 영속화한 엄청난 분열자로 여긴다. 그러나 링컨이 누구보다 적은 말로 미국 자유주의자의 목표와 이상을 요약했다는 데는 대부분의 사람이 동의할 수 있을 것이다. 그 말을 좋아하건 싫어하건 간에 말이다. 게티즈버그에서 그는 "모든 인간은 평등하게 태어났다"는 이념에 헌신하는 것으로 미국을 묘사했고, "국민의, 국민에 의한, 국민을 위한 정부"라는 새로운 정치 형태를 수호하는 것을 미국의 임무로 설정했다. 두 번째 취임 연설에서, 그는 크롬웰과 같은 강인한 위엄을 풍기며, 공정하고 신성한 대의는 설령 그것이 전쟁일지라도 끝까지 추구되어야 한다고 말했다.

그의 게티즈버그 연설은 사실상 미국인들이 시민적 존중이나 사회적 관심에서 어느 누구도 배제하지 말아야 한다는 데 무게를 둔 주장이었다. 왜냐하면 사람들은 그 누구건 그런 것을 받을 자격이 있기 때문이다. 전쟁의 압박 속에서, 링컨은 흑인 미국인과 백인 미국인이 같은 사회에서 함께 살아가는 것의 실현 가능성에 대한 자신의 의구심을 억누르고 원대한 결론을 도출했다. 어떤 사람인지를 막론하고, 모든 사람에게 온전한 시민권의 표명과 보호가 주어져야 한다는 것이었다. 그것은 가망성과 좌절이 가득한 지나치게 포괄적인 주장이었지만, 자유주의 원리라는 변하기 쉬운 영역에서 새로운 지평을 여는 데 일조했고, 유럽이 완전한 민주주의와의 타협으로 나아가는 데 길을 열어주었다. 만약 글을 모르는 흑인 농장 노동자가 미국 시민이 될 수 있다면, 충격받은 자유주의자들이 어떤 논거로 여성과 노동자의 요구를 저지할 수 있겠는가? 두 번째 취임식에서 링컨은 이러한 목표들을 신의 이름으로, 필요하다면 한 손엔 칼을 들고서라도, 추구할 의무가 있다고 호소했다. 게티즈버그에서 링컨은 가져야 할 신념과 목표를 가리켜 보였다. 1865년 3월의 두 번째 취임식에서 링컨은 의사당 계단에 서서, "신이 우리에게 보여주신 대로의 옳음 안에서 단호하게" 그러한 목표를 고수하고 추구해야 한다고 연설했다. 자유주의적 존중은 모두에게 주어져야 했지만, 동의하지 않는 이들에게는 자유주의적 진보가 교실뿐만 아니라 전장을 약속하는 것이기도 했다.

이렇게 볼 때 링컨의 자유주의는 민주주의적이었다. 링컨의 출발점이 어디였든, 시간이 흐르면서 링컨은 자유주의의 이상들에 대해 민주주의적으로, 즉 모든 사람에게 적용되는 것으로 생각하게 되었다. 그의 자유주의는 좀더 협소한 다수결의 관점에서 보면 민주주의적이지 않았다. 그는 포퓰리스트가 아니었다. 또한 사회 차원에서든 선거 차원에서든 다수가 최종 결정권을 갖는다고 생각하지도 않았다. 전쟁이 터지기 전에 상원 의석을 두고 경쟁한 상대인 공화당 스티븐 더글러스와의 1858년 논쟁에서, 더글러스는 새로운 서부 개척지들에서의 노예제 허용 여부를 그곳 유권자들의 결정에 맡겨야 한다고 주장했다. 이에 반해 링컨은 다수가 옳다거나 그르다고 판단하는 것보다 옳음과 그름에 대한 더 수준 높은 판단 기준이 있다고 주장했다. 그것은 정의와 도덕이라는 판단 기준이었다.

링컨은 겉보기에 평범하고 겸손했지만, 처음부터 야심가였다. 노예주州인 켄터키주에서 태어나 인디애나주와 일리노이주의 경계 지역에서 성장한 그는 반문맹의 아버지를 도와 일하면서 농장 생활에 환멸을 느꼈다. 평저선을 타고 미시시피강을 따라 뉴올리언스에 갔던 두 번의 여행은 그에게 노예를 재산 취급하며 사고파는 시장의 현실을 보여주었을 것이다. 젊은 링컨이 어떤 판단을 했는지는 확실치 않았지만 말이다. 스물두 살에 그는 가족 농장을 떠나 인근 읍으로 갔고, 1834년에 거기서 그는 스프링필드에 위치한 일리노이 주의회에 들어가겠다는 뜻을 농담처럼 떠벌렸다. 링컨의 재능을 알아챈 휘그당의 한 지도자가 그에게 법전들을 읽으라고 권했고, 결국 자격증을 딴 링컨은 1837년 변호사 개업을 했다. 그의 출세 가도가 열린 것이다.

휘그당은 시장 경제에서 성공한 이나 성공을 바라고 있는 사람들의 당이었다. 그 당은 도시의 시장에 연결해주는 운송 수단을 이용하기에 용이한 농민뿐만 아니라 신분 상승을 지향하는 백인 개신교도, 도시 사무원, 전문직 종사자들이 모인 곳이었다. 정점을 차지한 휘그 당원은 은행가와 인사이더들이었다. 북부에서는 반대 진영인 민주당이 공업 확산으로 기술이 쓸모없어지는 상황에 처한 장인, 휘그당이 자신들의 술집과 학교를 방해하는 것에 분개한 가톨릭교도, 그리고 깍쟁이 도시인과 은행가들을 싫어하는 벽지 농민들을 결집시켰다.

링컨은 휘그당의 엘리트들이 가진 진보적 가치를 재빨리 흡수했다. 1842년에 그는 노예를 소유했지만 노예제에 반대한 켄터키의 부유한 은행가의 딸인 메리 토드와 결혼했다. 링컨은 선동가는 아니었다. 1850년대에 그는 일리노이 센트럴철도회사를 위한 세금 면제 건에서 승소하고 사고 보상 청구에 맞서 그 회사를 방어하면서 일리노이 법조계에서 일약 스타가 되었다. 1854년에 그는, 노예제는 옳지 않지만 정치적으로 "불가피한 것"이라고 말했다. 그는 노예제가 서부로 확대되는 것에는 반대했지만, 남부에서 그것을 종식시킬 당장의 현실적인 방법은 알지 못했다. 게다가 링컨은 북부 백인들의 공통된 편견에 둔감했는데, 그 편견들은 흑인을 차별하는 지방법 곳곳에 적혀 있었다. 남북전쟁 발발에 이르기까지 링컨은 노예 소유주에 대한 보상을 전제로 한 노예 해방, 그리고 해방 노예의 국외 추방을 의미하는 집단적 국외 "이주"를 노예제를 종식시킬 수단으로서 줄곧 만지작거렸다.

1860년부터 그가 이끈 공화당이라는 신당은 상업과 공업의 대변자로서의 휘그당을 인계받은 것이었다. 당의 지도자로서 링컨은 "혁신", 즉 운송과 공공 사업에의 정부 지출을 지지했지만, 강력하고 적극적인 대통령직에는 반대했다. 전쟁 전의 연설들에서 링컨은 각 주의 문제에 대해 각 주가 결정할 헌법상의 권리를 계속 강조했다. 그럼에도 불구하고 백악관에서 링컨은 연방정부의 권한을 크게 확대시켰다. 분리독립파의 철수로 남부의 방해에서 벗어난 1861~1865년의 전시 의회는 미국의 근대 국가 요소들을 만들어냈다. 의회는 공유지를 서부 개척자들에게 거저 주다시피 하고 소득세를 인상했다. 또한 의회는 기업들이 최초의 대륙 횡단 철도를 건설할 수 있도록, 그리고 주들이 발명과 번영의 공공 온상인 무상 공과대학과 농과대학을 설립할 수 있도록 연방 토지를 제공했다.

링컨은 내전을 치르는 쪽으로 기울어 있지 않았다. 그는 멕시코와의 전쟁을 반대하는 휘그당원의 일원으로 1846년 의회에 들어갔다. 1850년대에는 노예제 찬반론자 간의 점증하는 폭력에 반대했고, 북부에서 약탈 행위를 일삼던 노예제폐지론자 존 브라운이 마땅히 교수형에 처해져야 한다고 생각했다. 충돌 직전인 1860년 대통령에 당선된 뒤 링컨은 노예제가 서부로 확대되는 것에는 반대했지만, 남부에서는 노예제가 유지되도록 하는 헌법적 보장을 제안했다. 그러나 전쟁이 일어나자, 링컨은 타협의 여지가 없는 목표를 가지고 국가의 무력을 사용했다. 그는 근대 무기들에 의해 산업 시설이 도륙당하는 것에 질겁해 전쟁을 꺼리는 장군들을 부추겼다. 그는 다루기 힘든 연방 주들에 계엄령을 선포했고, 1863년의 연방군 징병 실시에 대한 저항을 무력으로 진압했다. 전쟁이 막바지에 접어들자, 그는 셔먼 장군으로 하여금 완강하지만 패색이 짙은 남부의 곳곳에서 복수를 하게 했다.

만약 링컨이 1865년에 암살당함으로써 자유주의의 순교자가 되지 않았다면 그는 무엇을 했을까? 대답을 들을 순 없지만, 궁금한 질문이다. 노예제폐지론자 웬들 필립스처럼, 서부 농민과 산업 노동자들의 경제적 불만을 수용함으로써, 즉 경제 민주주의를 추구함으로써, 더 강력하고 더 엄격하게 모든 이에 대한 자유주의적 존중과 관심을 추구했을까? 아니면, 자유주의적 공화당원인 자신의 독일계 미국인 후원자 칼 슈어스와 자신이 대법관으로 임명한 까다로운 동료 새먼 체이스처럼, 모두를 위한 법에 입각해, 즉 법적 평등에 입각해 유사한 조치를 취했을까? 회유적 평화를 추구하려던 원래의 의도를 바꾸어 급진적인 공화당원들에게 굴복했을까? 그들은 농장주들이 지배하는 남부의 질서를 무너뜨리고 그 지역을 일종의 후발 북부로 개조하기를 원했다. 우리는 확신할 수 없다. 본능적으로나 실천적으로나 링컨은 경쟁하는 이해관계들의 균형자이자 결정자였다. 1865년 4월에는 많은 미래의 링컨이 존재했다.

말할 수 있는 것은, 남부를 계속 연방에 유지시킴으로써 링컨이 미국 자유주의의 선택지들을 바꿨다는 것이다. 이후 남부는 미국의 자유민주주의로의 수렴을 프랑스나 영국보다 더 어렵고 덜 완전하게 만들었다. 그곳은 독일제국에서 낙후된 동프로이센이 했던 것과 별반 다르지 않은 역할을 했다. 다음 세기 내내 의회 내의 남부 권력은 여성 투표권, 흑인 시민권, 미국 형벌의 인도적 개선에 저항했다. 1946년에는 미국의사협회와 연계한 남부 보수주의자들이 의무적 건강 보험이라는 국가 제도에 대한 트루먼의 희망을 꺾어버렸다. 대다수의 미국인이 그 제도를 지지했음에도 말이다. 남부 의원들은 민주당이 상원에서 다수를 차지했을 때 요지부동으로 위원장 자리에 앉아 있었고, 민주당이 상원에서 소수가 되었을 때는 징계와 책략을 능란하게 동원하며 상원법상의 저지력을 부당하게 이용했다. 주로 미국 내 반자유주의적 공화당원과 연합한 남부 민주당원들의 방해로 인해 미국은, 자유주의적인 유럽인들이 논란의 여지 없이 사회 진보의 기준점이자 모든 사람에 대한 시민적 존중의 공적 표현으로서 곧 기대하게 될, 국가가 보장하는 삶의 위험들에 대한 방지책을 더 늦게, 덜 완전하게 갖추게 되었다.

2. 라불레, 리히터:
절반의 자유주의 체제에서의 자유주의 시도들

인간의 진보와 사람들에 대한 시민적 존중은 흔히 동반자적 관계에 있지만, 꼭 그래야 하는 것은 아니다. 사회 개혁을 추구하는 비자유주의적인 방식들도 있다. 사람들의 욕구에 대한 배려─많은 자유주의자가 평등한 존중의 물질적 등가물이나 전제 조건으로 여기는 것─를 보여주는 비자유주의적인 방식들도 있다. 국가는 사람들을 아이처럼 다루어, 사람들의 발언권과 선택권과 투표권을 부정하며 부당하게 그들을 침해하면서도 그들에게 이익이 되게끔 할 수 있다. 요즘식으로 말하자면, 국가는 옳은 일을 하지 않으면서 좋은 일을 할 수도 있는 것이다. 요구가 많은 사람인 자유주의자들은 그렇게 믿는다. 19세기의 자유주의자들은 전제적인 개혁에 직면해 힘든 선택을 해야 했다.

프랑스에서, 전제적인 제2제정(1852~1870)은 개혁적인 전제 군주와 협력할 것인가 말 것인가의 딜레마에 처한 프랑스 자유주의자들과 마주하게 되었다. 제2제정은 프랑스 자유주의자들에겐 많은 점에서 재앙이었다. 놀랍게도 그 밖의 점들에서는 그들에게 유익했지만 말이다. 루이 나폴레옹이 훔친 압도적 승리는 자유주의자들이 보통선거권에 대해 우려한 모든 것, 또는 티에르가 "불쾌한 군중"이라 부른 것을 확인시켜주는 듯했다. 제2제정의 앞잡이들은 신문들을 폐간시켰다. 그들은 1820년대 이후 자유주의자들이 요구해왔던 다른 시민적 자유도 짓밟았다. 황제는 극심하게 손상되었지만 그렇다고 소멸한 것은 아닌 무자비한 권리를 만지작거렸다. 그는 자유주의적인 반교권주의에 등을 돌렸다. 이는 그가 신앙을 갖고 있어서라기보다는, 가톨릭 신학대학들과 상류 사교계에서 종교가 되살아나고 있음을 간파했기 때문이다. 학교들에도 가톨릭이 돌아왔다. 1816년에 폐지된 이혼 제도를 복구하려는 자유주의자들의 시도는 좌절되었다. 나폴레옹의 해외 진출(멕시코)과 전쟁들(이탈리아에서 오스트리아와, 크림반도에서 러시아와 벌인)은 널리 지지를 받았지만, 많은 군사 예산을 원치 않는 평화 지향적 자유주의자들을 분노케 했다.

반면, 제2제정을 가장 경멸한 자유주의자들도 인정했다시피, 제2제정은 프랑스의 은행업과 산업에 매우 유익한 효과를 낳았다. 제2제정은 자유 시장을 지지했고, 새로운 산업들에 자본을 조달해주는 크레디 모빌리에와 기타 투자 은행들을 육성했다. 1860년에 프랑스는 숙적 영국과 무역 협정을 체결했고, 2년 후에는 프로이센과도 무역 협정을 체결했다. 1863~1867년의 입법에서 주식합자회사 조항이 프랑스 법에 들어가게 되었고, 이에 힘입어 회사 설립이 쇄도했다. 프랑스 자유주의자들은 제2제정이 질서를 회복하고 도시의 "거리"를 진정시킨 것에 고마움을 느낄 수 있었다. 훗날 『이코노미스트』지 편집장이 되는 청년 월터 배젓은 1851~1852년 파리에 머무는 동안 12월의 격변을 목격했고, 루이 나폴레옹의 쿠데타를 상업과 평온의 승리로 규정하며 찬사를 보내는 글들을 발표했다.

반자유주의 시대의 대표적인 프랑스 자유주의자는 공법 교수이자 반노예제 활동가 에두아르 라불레(1811~1883)였다. 그는 미국 애호가였고, 공화국 프랑스가 뉴욕항의 '자유의 여신상'을 미국에 선물하는 데 앞장선 인물로 가장 흔히 기억된다. 귀족적인 우유부단함에 시달렸던 토크빌과 달리 라불레는 주저 없이 미국의 민주주의를 칭찬했다. 그는 자유주의 개혁가 채닝의 저작들을 프랑스어로 번역했고, 매사추세츠의 공립 학교들에 경의를 표했다. 또한 링컨을 존경했고, 연방을 지지했고, 프랑스의 보나파르트주의자들과 달리 남부의 주장을 혐오했다. 『자유주의 정당』(1861)에서 라불레는 자신의 사상을 민주주의적 자유주의로 피력했다. 두 나폴레옹이 보통선거권을 "독재적"으로 남용했음에도 불구하고 라불레는 보통선거권의 장점을 알아보았다. 대중 민주주의는 패배한 소수에게 내일의 다수가 될 희망을 안겨주고 바람직하지 않은 정부의 평화로운 제거라는 소극적인 제재를 제공하기 때문이었다. 라불레는 개인의 자유, 사회적 화해, 그리고 파리와 나폴레옹 3세가 임명한 지사들의 지배를 무너뜨릴 수 있는 권력의 탈집중화를 옹호했다.

라불레 같은 자유주의자들의 목소리는 1860년대 후반쯤엔 자신감과 힘을 얻었지만, 처음에는 잘 들리지 않았다. 1867년에 자유주의자 에밀 올리비에는 교육장관이 되었고, 2년 후에는 국무총리가 되었다. 올리비에의 탄원에도 불구하고 황제는 끝내 언론에 가한 족쇄를 풀지 않았다. 나폴레옹은 프랑스가 그런 자유를 누릴 만큼 "성숙"하지 못하다고 말했다. 게다가 올리비에는 라인강 너머에서 프로이센의 힘이 커지는 것을 경계의 눈초리로 바라보던 프랑스 주전론자들을 통제하지도 못했다. 프로이센에서도 자유주의자들은 자국의 체제가 개혁적이지만 절반만 자유주의적이라고 생각하고 있었다.

그런 곤경에 처한 대표적인 독일 자유주의자는 오이겐 리히터 (1838~1906)로, 그는 비스마르크를 성가시게 하는 진보적 가시 같은 존재였다. 리히터는 독일의 코브던이었다. 그는 주목나무 울타리 같은 턱수염을 하고서 얼굴을 찌푸리고 있는, 완고하고 사나워 보이는 사람이었다. 국가와 국가의 한계에 대한 그의 입장은 단호했다. 현학적이지만 원칙에 충실했던 그는 처음에는 진보당의 지도자로서, 그리고 그 당이 분열된 후에는 자유사상당의 지도자로서 비스마르크에 대한 의회의 저항을 이끌었다. 리히터는 권력에 대한 비스마르크 수상의 편의적이고 교묘한 접근을 "사회 독재"라고 비난했다. 비스마르크는 리히터를 "진보의 똥 무더기 위에 앉은 제일 시끄러운 수탉"이라고 조롱하며 계급적 혐오로 응수했다.

리히터를 이해하기 위해서는, 그의 근심거리였던 비스마르크에 대해서뿐만 아니라 빌헬름 시대의 자유주의자들에 대해서도 언급할 필요가 있다. 자유주의의 분열과 재결합의 과정은 복잡했지만, 주된 입장은 꽤 단순했다. 1861년에 자유주의자들은 진보당을 만들었고, 시민의 자유 확대와 특히 의회의 프로이센 예산 관리를 꾀했다. 6년 후

진보당은 우파와 좌파, 대기업과 소기업, 친비스마르크와 반비스마르크로 영원히 갈라졌다. 국가자유당(1867)은 비스마르크 편에 섰고, 전쟁을 통한 독일 통일, 제국의회 선거에서의 보통선거권, 그리고 오래지 않아 무역 보호를 지지했다. 진보당이라는 꼬리표를 유지한 자유주의 좌파에는 복지에 관심 있는 사회적 자유주의자들뿐만 아니라, 리히터를 중심으로 하는, 자유무역과 반군사주의에 충실한 순수주의자들도 포함되었다. 좌파 순수주의자와 좌파 복지 자유주의자들은 프로이센 의회에 대한 토지 소유자들의 영향력이 줄어야 하며 독일제국의 정부 부처들이 책임을 다해야 한다는 데 동의했다. 그러나 그들은 국가의 직무를 확대하는 것에 대해서는 생각을 달리했다. 비스마르크와의 대립은 한동안 그들을 결집시켰고, 1884년에는 환멸을 느낀 비스마르크 자유주의자들이 탈당한 진보당원들과 함께 자유사상당을 창당했다. 1890년 젊은 황제 빌헬름 2세에 의해 비스마르크가 수상직에서 물러난 후 독일의 좌파 자유주의자들은 원형으로 되돌아갔고, 가톨릭 정당과 사회주의 정당이 성장함에 따라 이합집산하면서 훨씬 작은 집단들로 나뉘었다.

오토 폰 비스마르크(1815~1898) 자신이 그렇게 이해했듯이, 그는 권력을 가졌다는 평판 때문에 권력을 축적했다. 사람들은 제도적 안개 속에서 그를 하나의 지형지물로 활용했다. 그는 섬세하게 잘 짜인 거미줄 속의 거미도, 순항하는 배의 항해사도 아니었다. 통일된 독일제국의 중앙 기관들과 재정은 왕조와 연방, 민주주의적 대의제와 행정부의 명령이 새롭게 임시변통으로 뒤범벅된 것이었다. 그러한 상태로도 작동이 되고 있었던 것은 무엇보다, 꽤 확실한 근대적 법치하에 일하는 정규 공무원들의 전문성 덕분이었다. 프로이센의 황제이자 왕인 세습 군주가 총리를 뽑았는데, 총리는 독일제국의 정부 부처와 프로이센의 정부 부처들을 관리했다. 두 의회, 즉 제국의회와 프로이센 의회는 혼란의 정점을 이루었다. 제국의회는 남성 보통선거권에 의해 독일 전체에서 선출된 의원들로 구성되는 곳이고, 프로이센 의회의 하원은 세 계급의 선거권에 의해 선출된 의원들로 구성되는 곳인 탓이었다.

자유주의가 우세한 제국의회는 개혁에 찬성하고 비스마르크에게 반대했다. 보수주의가 우세한 프로이센 주의회는 비스마르크를 지지하고 개혁에 반대했다. 그러한 체제에서 정치적 책임을 부여하는 것은 위험한 일이었다. 그럼에도 불구하고 비스마르크의 정적들은 그에 대한 신화를 공유했고, 좋은 일이건 나쁜 일이건 1860년대부터 1880년대까지 독일에서 일어난 모든 일을 그의 탓으로 돌렸다. 그 신화는 그가 죽은 후에도 살아남았다. 비스마르크가 독일 자유주의의 무덤을 파는 자, 인민을 가르치려들지 않는 카리스마 넘치는 지도자, 후임자들에게 계급 분열적 정치에 의해 왜곡된 대단히 생산적인 경제를 물려준 편협한 보수주의자, 유럽의 균형 파괴자, 히틀러의 선조라는 신화였다.

그 신화들은 1918년, 그리고 1945년에 다시 새 생명을 얻었지만, 사실 비스마르크의 삶에서 시작되었다. 그의 오랜 조력자이자 편집자인 로타어 부허는 비스마르크의 베스트셀러인 『회고록』(1898)의 원고를 읽은 뒤 "자기만 잘났군" 하며 한숨을 쉬었다. 그 책에서 다른 사람들은 보통 바보, 악당, 하찮은 자로 등장했다. 차세대 좌파 자유주의자 프리드리히 나우만은 비스마르크 신화에 빠진 리히터를 질책했다. 나우만이 판단컨대 리히터에게서는 권력에 대한 원칙적인 적대감이 강박관념으로 변질되었고, 결국 리히터는 나우만의 표현을 따르자면 "결과가 특별히 반자유주의적이지 않을 때조차 비스마르크가 하는 일은 무엇이든 덮어놓고 반대하는 전형적인 반대자"가 되었다.

뒤셀도르프에서 병원 잡역부의 아들로 태어난 리히터는 법을 공부했고, 언론계에 잠시 몸담았으며, 술집에 대한 국가의 규제 완화를 주장하는 캠페인으로 명성을 얻었다. 독일 최초의 전업 정치인들로 구성된 의회, 1867년에 출범한 의회에서 그는 전쟁에 반대하고 해외 무역, 규제 없는 시장, 긴축 예산, 시민적 자유에 찬성하는 발언을 했다. 국가 권력과 국가의 세력 강화에 대한 적대감에서 발원한 그 신념은 단지 비스마르크와의 충돌을 불가피하게 만든 것만이 아니었다. 의회에서 리히터의 동료 자유주의자 대부분은, 다른 원칙들이 독일의 국력과 번영을 더 빨리 더 확실하게 불러올 수만 있다면 자유 시장 원칙들을 폐기할 준비가 되어 있었다. 비교 우위, 국제적 개방, 작은 정부 같은 요원한 약속에 반대하면서, 그들은 당장 국력과 관세와 막강한 해군을 강조하는 비스마르크를 추종했다. 리히터는 고집스럽게도 신념을 고수했다.

빌헬름 시대의 자유주의자들은 연합하기 쉽지 않았고, 비스마르크의 해로운 자극으로 분열적 이슈들이 이내 그들을 갈라놓았다. 이슈마다 리히터가 이편이라면 비스마르크는 저편이었다. 첫 번째 이슈는 독일 통일을 위한 비스마르크의 전쟁 노선이었다. 독일의 모든 자유주의자는 독일 통일을 원했다. 그러나 독일 통일을 위해서라면 어떤 대가를 치러도 좋다고 그들 모두가 생각한 것은 아니었다. 1848년의 패배 이전에, 바덴 자유주의자들의 지도자 카를 폰 로테크는 이렇게 외쳤다. "나는 자유 없는 통일보다는 통일 없는 자유를 원한다. 나는 프로이센이라는 독수리의 날개 아래 이루어지는 통일을 원치 않는다." 리히터도 프로이센의 군사 행동에 대해 비슷한 생각을 했다. 그것은 납세자들에게 무거운 부담을 지우고, 국민의 수고를 공업과 상업으로부터 빼돌리고, 프로이센 사회의 가장 진보적이지 못한 요소인 군 장교와 토지 귀족들의 힘을 되레 강화하는 일이었다. 다른 독일 자유주의자들은 프로이센의 힘을 다른 식으로 보았다. 통일의 이득— 통상에서의 이득, 독일의 대외적 힘에서의 이득—은 싸워 얻을 가치가 있는 것이고, 프로이센이 전장에서 통일을 성취할 수 있다면 더욱더 좋은 일이라고 그들은 생각했다. 매파 자유주의자들의 지지에 자신감을 얻은 비스마르크는 프로이센이 덴마크(1864)와 오스트리아(1866)를 상대로 전쟁을 벌이도록 조종했고, 프로이센은 이들 전쟁에서 승리를 거두었다. 이듬해, 통일을 열망하는, 그리고 결론 없는 예산 다툼에 신물이 난 많은 자유주의자는 리히터와 진보당을 떠나 친비스마르크적인 국가자유당을 만들었다.

독일의 자유주의자들은 비스마르크의 반사회주의 법들과 관세 재도입에 대해서도 의견이 갈렸다. 1878년, 노동 계급의 요구를 봉쇄하려 애쓰던 비스마르크는 사회민주당의 불법화와 당원들의 구금을 제안했다. 이듬해에 그는 자유무역 금지를 제안했다. 1870년대의 불황 이후, 영국을 제외한 대다수 나라는 무역 장벽을 쌓기 시작했다. 독일도 같은 방식으로 응수했다. 리히터는 두 조치에 반대했지만 그 의사를 관철시키지는 못했다.

리히터는 사회주의자를 싫어했다. 그가 보기에 사회주의자들은 계급과 계급이 서로 싸우게 하는 사람들이었다. 그의 풍자적인 저서 『사회주의적 미래의 모습』(1891)을 보면, 사회주의와 민주주의 중 어느 것이 리히터에게 더 반감을 안겨주었는지 파악하기 어렵다. 사회주의자 베벨의 『사회주의하의 여성』(1879)에 대한 응답으로 쓰인 리히터의 소책자는 중산층이 가치 없는 정부 채권으로 여행 가방을 도배한 채 도망치게 되는 그런 사회를 상상했다. 국가는 추첨을 통해 주택을 분배하고 공공 주방에서 음식을 나누어준다. 범죄자들은 사회에 진 빚을 갚기 위해 노동 수용소로 가고, 사회주의자들만이 유일한 일간지인 『전진』에 글을 쓸 수 있다. 공공 서비스, 극장, 콘서트는 공유화된다. 배급은 부족을 초래한다. 국영 공장에서 요구되는 작업량이 증가한다. 전국에서 폭동이 일어난다. 베를린의 철강 노동자들이 파업에 돌입한다. 경찰력이 증강된다. 이 기회를 틈타 프랑스는 독일 국경 지대를 재점령하기 위해 군대를 파견한다. 사회주의 실험은 실패와 국가적 패배로 끝난다.

리히터의 책은 그 자신이 오른 만큼 사다리를 오르지 않은 이들에 대한 무시를 암시했다. 리히터는 자유주의자로서 사회민주당을 적대시했지만, 노동 계급의 급진주의를 금지와 투옥으로 억누르는 데에는 반대했다. 리히터가 보기에 그것은 원칙적으로 잘못된 일이었고, 그가 맞게 추측했듯이, 먹힐 법한 일도 아니었다. 비스마르크가 1890년 총리직에서 물러난 후 반사회주의 법들은 소멸되었다. 1912년 사회민주당은 전체 의석의 4분의 1이 넘는 110석을 차지하고서 제국의회의 제1당이 되어 있었다.

불경기에 처한 1870년대에도 리히터는 관세가 무역을 저해하고 모든 곳의 생활 수준을 떨어뜨린다는 이유로 계속 관세에 반대했다. 정치의 차원에서 말하자면, 리히터가 생각하기에 관세는 독일의 반동적 연합인 "철과 호밀"의 연합, 즉 독일의 좀더 오래된 산업과 독일의 지주 귀족들의 연합을 강화했다. 반가톨릭, 사회민주주의에 대한 탄압, 관세 재도입과 관련해 대부분의 국가자유당원은 비스마르크를 지지했다. 양심의 가책을 느끼고 비스마르크의 힘 숭배에 환멸을 느낀 소수파는 따로 떨어져 나와, 1880년에 리히터와 그의 진보당으로 되돌아갔다.

독일 자유주의자들의 네 번째 "분열" 이슈는 노동자들을 위한, 국가가 보장하는 의무적 사회 보험이었다. 그것은 영국과 프랑스에서 연구되고 높이 평가되었으며, 나중에는 변형되고 모방되었다. 하지만 리히터에게는 그 어떤 사회 보험도 "공산주의적"인 것이었고, 반비스마르크 자유주의자들은 그를 좇아 사회보장 법안에 반대표를 던졌다.

즉각적인 결과를 말하자면, 리히터의 자유주의는 실패였다. 그는 자신이 치른 큰 전투들에서 매번 졌다. 그럼에도 그는 자신의 소신을 견지했다. 그의 자유주의는 은행업과 큰 산업에 기반을 둔 융통성 있는 국가자유당원들뿐 아니라 진보당원들 내의 불관용적인 반가톨릭 세력과도 불화하게 만드는 원칙적인 자유주의였다. 하지만 장기적인 관점에서, 리히터는 자유주의의 미래의 가능성을 일구었다. 코브던과 같은 정신으로, 그는 군사주의와 배타적 애국주의와 식민주의를 배격했다. 관용과 존중이라는 자유주의 전통에서, 그는 반유대주의를 비판했다. 그에게 반유대주의는 광기와 같은 것이었고, 인간의 가치에 대한 모독이자, 자유주의에 대한 사회주의라는 유령보다 더 큰 위협이었다. 그는 불공정하고 불평등한 사회의 양대 기둥인 배제와 특권, 권력에 대한 비스마르크식의 전제적이고 도구적인 접근, 국력의 토템들에 대한 무분별한 숭배를 동반하는 극보수주의자들의 맹목적인 국력추구에 반대했다. 리히터는 영국과의 해군력 경쟁이 위험하다고 독일인들에게 경고했지만 허사였다. 하지만 극소수가 경청했다는 것이지, 아무도 경청하지 않았다는 뜻은 아니다. 견제받지 않고 과도하게 집중되는 권력에 대한 리히터의 불신은 바이마르공화국 헌법에서 다시 나타났고, 1949년의 독일연방공화국 헌법에서 재차 나타났다.

라불레와 리히터는 19세기의 자유주의에 대해 몇 가지를 알려준다. 19세기의 자유주의는 많은 이해관계를 대변하는 많은 분파를 둔일종의 폭넓은 교단이었다. 그것은 특별히 영국적이거나 미국적이지않았지만, 프랑스와 독일에서는 강한 전통을 갖고 있었다. 또한 이 두정치인은 전제적이거나 반자유주의적인 체제에서 타협과 기권이 자유주의자들의 유일한 방책이 아님을 우리에게 상기시킨다. 자유주의자들은 좀더 수용적인 시대를 기다리며 자유주의 이상들을 계속 살려둘 수 있었다.

3. 글래드스턴: 자유주의의 관대함과 균형의 정치

윌리엄 유어트 글래드스턴(1809~1898)은 1859년 6월 런던에서열린 영국 자유당 창당 대회에 참석한 인물은 아니었다. 그가 평생에 걸쳐 쓴 일기는 해당 날짜에 대한 특유의 사무적인 기록에서 그 행사를 언급하고 있지 않다. 그러나 1867년부터 자유당의 지도자였고 네 차례나 총리를 지낸 글래드스턴은 영국 자유주의에서, 아마도 자유주의 일반에서, 주목할 만하며 의미 있는 인물이다. 글래드스턴은 가족과 주변 사람들을 통해서 영국의 가장 중요한 자유주의 환경들, 즉 휘그당의 귀족 정치, 북부의 무역, 개혁 운동을 각각 접할 수 있었다. 그의 아버지는 리버풀의 부유한 상인이었고 어머니는 복음주의 기독교인이었다. 그는 이튼과 옥스퍼드에서 수학했고, 성공회 신도인 웨일스의 상류층 여성과 결혼했다. 그는 영국국교회 수호를 결의한 토리당원으로 출발했고, 1860년대에서 1880년대까지의 의회의 개혁 전성기 동안 자유당을 이끌었으며, 말년에는 새로운 선거 정치에 적응해 카리스마 넘치는 "국민의 윌리엄"으로 스스로를 재창조했다.

　재무장관을 네 번이나 맡은—두 번은 총리로 재임하며 겸직—글래드스턴은 자유무역과 긴축 예산이라는 자유 시장 신념을 지켰다. 동시에 그는 재무부에서 근대 정부의 가공할 도구를 만들어냈다. 17세기의 재무부는 왕의 지갑이었다. 18세기의 재무부는 정부 부처들의 재정 위원회가 되었다. 글래드스턴은 국부의 관리를 다시 재무부에 집중시켰고, 재정 관리의 믿음직스러운 거점이 된 재무부는 공공 지출을 억제하는 것만큼이나 늘리는 데도 능숙함을 입증했다. 글래드스턴식 재정의 표면적인 원칙들은 간단했다. 두 가지 과세가 모두 해를 끼치는 만큼 세수는 적어야 했다. 간접세와 관세는 가격을 올리기 때문에 가난한 이들에게 해로웠다. 직접세는 새로 사업을 일으키려는 의지를 저해했다. 재정 신용의 형태인 신용 거래가 동의에 의한 정부에 매우 중요했기 때문에, 정부의 차입은 클 수 없었다. 따라서 지출 역시 작아야 했다. 실제로는 이 원칙은 19세기 정부의 무능력을 합리화하는 것이었다. 사실 자본주의 산업은 정부가 만회해주기를 기대하고 있었다. 글래드스턴식 재정은 재정 건전성을 위한 항시적 조치라기보다는, 경제 성공에 필요한 행정 명령이 자리를 잡을 때의 일시적 방책에 가까웠다. 오래지 않아 자유주의 국가 영국은 성장을 거듭하게 되었다.

아일랜드에 자치를 부여하려는 글래드스턴의 시도가 실패하면서 자유주의자들은 분열되었고, 사회 개혁에서 멀어졌다. 그럼에도 불구하고 그 시도는, 사람들은 결국 스스로 통치해야 한다는, 겁나지만 자유주의 정신에 필연적인 신념—수적으로 적지만 강경한 목소리를 낸 반식민주의 자유주의자들에 의해 고취된 생각—을 드러낸 것이었다. 글래드스턴은 국제법, 분쟁 중재, 인민의 자결권을 대변했다. 이론적으로 그는 영국의 식민지 제국이 팽창하는 것에 반대했지만, 이집트 병합을 받아들였다. 1867년의 개혁 법안이 20세 이상 남성의 대략 3분의 1에게 투표권을 부여해 유권자 수를 두 배로 늘린 후, 글래드스턴은 확대된 투표권에 신속히 적응해 대의명분의 투사가 되었다. 1879~1880년의 미들로디언 선거운동에서 그는 무려 48회 연설을 하면서 발칸반도에서의 오스만제국의 압제에 대한 분노를 불러일으켰다.

글래드스턴의 캠페인 열의와 대중적 매력은 새로운 투표층의 관심을 얻었다. 이는 당에 활력을 불어넣었고, 평화, 긴축 재정, 신중한 개혁이라는 세 가지 자유주의 원칙을 가져왔다. 글래드스턴식 개혁은 장애물을 제거하고 부패를 척결하는, 정화에 가까운 것이었다. 또한 납세자의 희생을 최소화하는 것이기도 했다. 자유무역, 종이세 폐지, 감세—1880년대에 총리로서 그는 소득세의 완전 폐지도 꿈꿨다—, 아일랜드에서의 영국국교회 폐지, 비밀 투표, 비국교도의 대학 입학 허용, 공무원 선발 시험 등 개혁 조치들은, 하나만 빼고, 가장 길고 가장 성공적이었던 그의 첫 번째 총리 재임기(1868~1874)에 공적 희생을 거의 치르지 않고 도입되었다. 그 예외는 1870년의 교육법이었다.

영국 자유주의자들은 뒤늦게, 그리고 자국과 대조되는 나라로서 자신들이 비교 대상으로 삼기 시작한 독일보다 한참 늦게, 급진적인 코브던주의자들이 자신들에게 줄기차게 해온 이야기를 경청하기 시작했다. 정부가 프랑스와 프로이센을 좇아 학교들에 재정 지원을 해야 한다는 이야기였다. 1870년의 교육법은 사실상 지역 관청들이 재산세 수입으로 지원되는 초등학교를 운영하게 해주었다. 7세부터 12세까지의 학교 교육이 의무화되었고, 원칙상 비종파적이게 되었고—프랑스에서처럼, 종교 교육에 대한 국가 지원이라는 골치 아픈 문제는 해결되기보다는 포기되었다—, 1891년부터는 무상화되었다. 그 무렵에는 국립 학교들에 들어가는 비용이 거의 영국 해군에 들어가는 비용만큼 커져 있었다. 자유주의자들은 더 새롭고 더 값비싼 자유주의로 가는 가교를 놓은 셈이었다.

글래드스턴의 적들은 그가 원칙적이라기보다 원칙적인 척한다고 평가했다. 글래드스턴을 의심하는 이들에게는 열성적이고 논쟁적인 글래드스턴이 어떤 것에서나 그럴싸한 이유를 찾아 심각한 어조로 떠벌릴 수 있는 부류의 정치인으로 인식되었다. 궤변에 능한 것에 더해,

그는 무대에 서는 것을 즐기고 관심받지 못하는 것을 참을 수 없어하는 사람이었다. 여든의 나이에 그는 막 개장한 에펠탑에서 프랑스 혁명 100주년을 기념하는 연설을 했다. 무엇보다 그는 규율과 활력, 그리고 자제라는 빅토리아 시대적 이상의 가공할 화신으로 기억되었다. 그의 두뇌—옥스퍼드의 고전학과 수학 최우수자—와 그의 식욕, 특히 성적인 식욕은 엄청났다. 그의 작업량은 기계와 같았다. 예컨대 그는 한입 베어 물면 32번이나 씹었고, 『일리아스』를 그리스어로 30번 넘게 읽었으며, 2만 1000여 권의 책을 탐독했고, 80년 동안 사흘에 두 번꼴로 그 책들에 주석을 달았다.

글래드스턴은 종교와 정치를 분리하기 어려운 것으로 보았다. 관용적인 나라는 신앙이나 도덕을 부과할 수 없었다. 그렇지만 글래드스턴이 보기에, 도덕적 비전이 없는 정치는 종교 없는 도덕이 그렇듯이 무의미했다. 그의 비전은 산상수훈의 평등주의적 금언과 때에 따라 무자비할 수도 있는 불굴의 고귀함에 대한 호메로스적 헌신이 결합된 것이었다. 자신의 신념이 모든 인류의 신념은 아닐 수도 있다는 생각은 그에게는 낯선 것이었고, 그는 계몽주의와 기독교적 보편주의의 자유주의적 혼합이라 할 신념에서 한 치의 흔들림도 없었다. 1888년에 그는 자신에게 두 가지 과제가 남아 있다고 작가이자 여성참정권론자인 험프리 워드 부인에게 말했다. 하나는 아일랜드의 자치를 실현하는 것이었고, 다른 하나는 유대 신화와 올림포스 신화의 계시들에 밀접한 연관이 있음을 입증하는 것이었다. 글래드스턴의 이상인 유덕한 자유주의 국가는 법에 의해 부과되는 것이 아니라 마음으로 품게 되는 국가로서, 현대판 헥토르들이 사는 기독교 국가였다.

기조에게서 그랬듯이 글래드스턴에게서도 균형은 자유주의 정치의 관건이었다. 글래드스턴은 하나의 당 안에서 휘그파 귀족과 침례교도 급진주의자들, 개방적인 실용주의자와 자유 시장 신자들, 관대파와 엄격파, 방탕자와 금주 활동가들을 결속시키는 중재자였다. 그는 엘리트와 민주 정치를 연결했다. 그에게 투표란 권리가 아니라 신뢰였다. 러스킨으로부터 "평등주의자"라는 조롱을 받자 글래드스턴은 자신이 "철저한 불평등론자"라고 응수했다. 1853년의 예산 연설에서 밝혔듯이, 그는 빈자들을 돕는 데 재분배적인 조세보다 더 좋은 방법은 부자들이 자기 돈을 보유하며 저축과 투자를 하게끔 하는 것이라는 믿음을 결코 굽히지 않았다. 글래드스턴의 가부장제적 세계는 대조적인 성격의 사람들로 가득했다. 한편에는 능동적이고 자립적이고 합리적인 사람들이 있었고, 다른 편에는 수동적이고 의존적이고 충동적인 사람들이 있었다. 그럼에도 불구하고 그는 진보적인 "불평등론자"였다. 비록 불평등은 남아 있겠지만, 그는 교육을 통해 사람들이 향상될 수 있다고 보았다. 압력을 받아, 그는 1867년과 1884년의 투표권 확대를 지지했다.

글래드스턴은 대중을 "상류 계급"과 호의적으로 대비시켰다. 대중은 나무로 치면 몸통이었고, 활력과 힘을 제공했다. 상층부의 엘리트들은 더 허약했고 쉽게 탈진했다. 그런 식으로 상상할 때 사회는 공동 생활의 살아 있는 틀이었다. 지위에 대한 존중과 공유된 가치에 대한 헌신은 모든 신분의 사람들을 하나로 만들었다. 공유된 가치는 가족과 교회 내에서 시작되었고, 이어 외부로 확산되어, 지역들을 거쳐 전국으로 퍼져나갔고, 그리하여 결국 "공통의 인간성"이 되었다. 글래드스턴은 중심적인 조류를 거스르면서, 그리고 어느 정도는 스스로의 관행도 거스르면서 나아가고 있었지만, 지역 민주주의와 지역 권력을 지지하는 목소리를 냈다. 1892년에 한 탄광 지역에서 분쟁이 발생하자, 그는 그 지역사회가 광부들의 노동 시간을 줄이고자 한다면 광산 업자가 양보를 해야 한다고 말했다. 정부는 인간의 병폐를 고칠 수 없다. 정부는 사람들이 스스로를 돕도록 도울 수 있다. 사람들 각자가 도덕의 정점이지만, 가족, 교회, 마을, 국가 내에 존재할 때에 한해서였다.

이런 대조적인 생각들이 글래드스턴의 자유주의 사상을 이루는 것이었다. 그의 주장에는 독창적인 부분도 있었지만 동조적인 부분도 있었다. 그는 사회를 가정이라는 작은 세포에서 성장하는 생명력 있는 전체이자, 이기적인 분파적 이익 추구의 각축장으로 보았다. 진보는 더 큰 부를 가져다주지만, 부는 이기심을 자극한다. 정치인의 역할은 갈등을 관리하고 완화하는 것이다. 글래드스턴이 극복될 수 있다고 생각하지 않은 분열은 아마 없었을 것이다. 그의 대비되는 생각들을 따라가면 그가 정치와 사회를 어떻게 상상했는지 알 수 있다. "좋은 통치는 힘의 균형에 달려 있다." 단일 권력의 지배를 꺼리는 그는 매디슨과 기조의 입장을 반향하고 있었다.

글래드스턴은 독실한 기독교인이자 능숙한 정치인이었다. 그가 보기에 그가 사는 세상은 그가 그린 세상과는 거리가 멀었다. 그가 그 이유를 얼마나 심오하게 통찰했는지는 불분명하다. 산업 자본주의가 그의 세상을 바꾸어놓았다. 산업 자본주의는 마르크스주의적 비판자들의 예상처럼 산산이 부서져내리기는커녕 빅토리아 시대의 영국에 이득을 안겨주었고, 부자뿐 아니라 중간 계급과 점차 노동 계급도 수혜자가 되었다. 동시에 산업 자본주의는 빈곤의 구렁텅이들을 만들어 내고 있었다. 산업 자본주의는 오래된 보호 조치들을 망가뜨리고, 예상을 뒤엎어버리고, 글래드스턴이 생각했던 것보다 빠르게 사회적 유대를 약화시키고 있었다. 프랑스와 독일과 미국에서도 마찬가지였다. 글래드스턴의 긴 생애의 마지막 20년 동안에 자유주의자들은 자신들의 목표와 이상이 자신들에게 요구하는 과제가 무엇인지에 대해 다시 생각해야만 했다.

4장

19세기의 유산:

조롱에서 벗어난 자유주의

1. 존중, "개인", 그리고 관용의 학습

자유주의자들에게서는 개인을 소중히 하고 보호한다는 차원에서 국가나 시장이나 사회의 권력이 남성과 여성을 당연히 존중해야 한다고 이야기하는 것이 자연스럽게 여겨졌다. 살짝 비약하자면, 따라서 자유주의가 특성상 개인주의적이라고 이야기하는 것도 자연스럽게 여겨진다. 좀더 비약하자면, 영국의 헌법학자 A. V. 다이시가 『19세기 영국의 법률과 여론에 대한 논고』(1898)에서 회고하면서 그랬듯이, 자유주의 자체가 정치적 개인주의의 일종이라고 이야기하기 쉽다. 이책에서 다이시는 두 용어가 관용적으로 사실상 서로 바꿔 쓸 수 있는 말이 되었다고 주장했다. 분명하게 정의하기 어려운 두 개의 "-주의"가 같은 것을 가리키는 말이라고 사람들이 우리에게 이야기한다면, 일단 중단시키고 대체 무슨 말을 하는 거냐고 묻는 것이 최선이다.

1부에서는 19세기 자유주의자들을 소개했다. 여기에는 인간 능력의 무한함을 소중히 여긴 자유주의자(훔볼트)도, 사람들의 프라이버시의 절대성을 강조한 자유주의자(콩스탕)도 있었다. 또한 사람들에게 주도권을 발휘해 자기 삶을 책임지라고 촉구한 자유주의자들도 있었다. 창의력과 근면을 통해 물질적으로든(스마일스), 시민적 참여와 대의에의 헌신을 통해 도덕적으로든(채닝) 말이다. 가치 있는 삶의 방식과 개별성의 증진에 대한 개방적 실험을 주장한 자유주의자(밀)도, 불편한 의견과 비정통적인 믿음을 가진 비판자들에 의해 견제되지 않을 경우 무제한의 권력이 어떻게 점점 군림하게 되는지에 대해 몰두한 자유주의자(기조)도 있었다. 그리고 쓸모 없거나 몹시 낡은 규칙들이 어떻게 사람들의 혁신과 상업적 목표를 방해하는지(코브던), 다수의 압력으로 탁월함의 추구가 어떻게 위기에 처하는지(토크빌), 큰 기업과 중앙집권적 정부의 동반 성장이 어떻게 소규모 기업과 지역의 통치권을 붕괴시키는지(슐체-델리치)에 몰두한 자유주의자도 있었다. 그 자유주의자들은 모두 어떤 식으로든, 인간의 기획과 인간 능력의 가치를, 그리고 옥죄고 통제하는 권력으로부터 그것들을 보호할 필요를 외치고 있었다. 반면에, 그 자유주의자들 모두가 개인주의자인지 아닌지, 또 어떤 점에서 개인주의자인지는 차치하고, 그들 모두가 그 많은 과제 중 어떤 것을 통해서, 그리고 어떤 방식으로 개인들을 지지한 것인지 따져보는 것은 자연스러운 일이다. 자유주의가 권력에 요구한 '사람들에 대한 존중'에 관해 논하는 좀더 명확하면서 개념적으로 덜 우려스러운 방식들이 있지 않은지 살펴보는 것은 자연스러운 일이다.

사람들에 대한 존중을 정치의 핵심으로 삼을 때 자유주의자들은 종교적 관용에 대한 역사적 경험, 문해력의 확산에 따른 다양한 의견의 인지, 언론과 결사의 자유의 폭넓은 수용에 크게 힘입었다. 그 계몽적 근대성의 유산은 공통의 전통에 있어서 오랜 계보를 가지고 있는—논쟁의 여지가 없진 않지만—세 가지 심오한 도덕적 신념에 기초한 것이었다. 모든 사람은 사회적 지위가 어떻든 도덕적 가치가 있다. 모든 사람을 신성한 것, 혹은 (유사한 생각을 세속적 차원으로 옮겨 말하자면) 삶에서 궁극적으로 중요한 것과 연결해주는 연결 고리는 절대적으로 그들 자신이다. 셋째로, 모든 사람은 스스로에 대해 도덕적 책임을 질 능력이 있다. 이 세 가지 신념은 자유주의에 의해 만들어진 것도 아니고 자유주의만의 것도 아니다. 그러나 자유주의자들은 그 신념들을 새롭게 정치에 끌어들임으로써 중대한 결과를 가져왔다.

정치에 대한 글에서 개인이라는 존재가 등장하기까지는 시간이 걸렸다. 특히 20세기의 번역문들은 "개인들individuals"이라는 말의 시대에 맞지 않는 사용으로 점철돼 있는데, 엄밀히 말해서 개인들은 거기 존재하지 않았다. 로마의 사법은 utilitatem singulorum에 관련된 것이었다. 이에 대한 1803년의 프랑스어 번역은 "각자의 이익les intérêts de chacun"이었다. 1932년의 영어 번역은 "개인의 이익the interests of individuals"이었다. 홉스가 영어로 "개개의 사람individual persons"이라 쓰고 로크가 "개인들individuals"이라고 쓸 때 그것은 익명의 "사람들persons"로 이해되었다. 18세기 무렵에는 "개인individual"이 단독으로 사용되었다. 그것은 점차 흔한 말이 되었지만 순수함을 잃었다. 더이상 그 말은 사람들을 한 명씩 분리하는 데 사용되지 않게 되었다. 오히려 그 말은 각 사람을 상정된 더 큰 어떤 전체—계급, 단체, 대중,

사회—로부터 분리하는 데 사용되었다. 그 말은 각 사람에게 일종의 도덕적 혹은 구조적 우선성을 안겨주는 데 사용되었다. 1753년에 법 이론가 윌리엄 블랙스톤은 다음과 같이 적었다. "사회의 유일하게 참 되고 자연적인 토대는 개인들의 욕구와 공포다."

"개인"이라는 말이 익명의 "사람"—암암리에 유능하고 재산 있는 남성들로 범위가 한정된—에서 차용된 도덕적·철학적 묘사의 층위 를 떠맡고 있었다. 하나의 배분적 용어가 슬그머니 총칭적 용법을 획 득한 셈이었다. 어느 정도 특수하고 어느 정도 보편적인 어떤 특이한 존재인 "개인"이 등장한 것이다. 오늘날 사람들이 고래를 구하자거나 지구를 보호하자고 말하는 것과 마찬가지로, 자유주의자들은 마치 개인이 다수인 동시에 하나인 듯이 개인을 보호하자고 말하기 시작했 다. "개인"의 매력은 자유주의자들이 누구 또는 무엇에 대해 말하고 있는지를 그 단어가 쉽게 가려버린다는 것이었다. 마침내 자유민주주 의 사회가 마지막 한 명의 성인 남녀에 이르기까지 모든 사람에게 시 민권을 인정한 1945년 이후에야 자유주의자들은 비웃음을 사지 않 고도 "개인"을 옹호한다고 주장할 수 있었다.

정치에서 "개인주의자"라는 말은 애초부터 논쟁적이었다. 그 말은 19세기 초반에 공적 논쟁 안으로 들어왔다. 초기 자유주의자들과 대 립하던 초기 보수주의자들이 그 단어를 악습의 도구로 배치한 것이 다. 그것은 이기심, 불충, 불만을 암시했다. 그것은 사회를 '가입식 클 럽' 같은 것으로 그리는 동화 같은 사회 묘사를 자유주의자들에게 귀 속시켰고, 반사회적인 이기주의와 젠체하는 자축이라는 새로운 악덕 을 그들에게 덮어씌웠다. 마인츠 주교이자 훗날의 기독교민주당의 지적 대부였던 빌헬름 폰 케텔러는 『노동 문제와 기독교』(1864)에서, 자유주의자들이 사람들을 "분쇄되어" "땅 위에서 흩날리는" "티끌 같은 것"으로 간주하며 사회를 심각하게 잘못 묘사했다고 비난했다.

사회주의자들은 사회 진보의 성격에 대한 오랜 논쟁에서 "개인주의자"라는 말을 사용했는데, 그들은 "개인주의자"식 사회 진보에 반대했다. 그 논쟁은 노동과 자본, 노동조합 급진주의자와 친기업적 보수주의자, 정부 개입 옹호자와 반대자를 대립시켰다. 그 논쟁은 흔히 집단주의자와 개인주의자 간의 논쟁으로 이야기되었다. 두 진영 중 어느 쪽도 자신들이 사회의 근본 구조나 사람들의 형이상학적 지위에 대해 논쟁하고 있다고 생각하지 않았다. 그런 논쟁은 나중에 벌어졌다. 양 진영은 임금과 세금에 대해, 사장이 노동자를 어떻게 대우하면 안 되는지에 대해, 그리고 누가 작업 현장을 통제해야 하는지에 대해 논쟁하고 있었다. 철학자 시지윅은 『정치의 요소들』(1891)에서 "개인주의"를 정의하면서, 그것을 사유의 방법이 아니라 "정부 개입의 성격과 한계"를 정하는 원리로 받아들였다. 19세기의 자유 계약 개념에 기초해 그는 개인주의를, "한 건전한 성인이 타인들에게 제공하도록 합법적으로 강제될 수 있는 것은, 그가 자발적으로 적극적 봉사를 떠맡는 경우가 아닌 한, 오직 비개입이라는 소극적 봉사여야 한다"는 주장으로 정의했다. 이에 반해 "사회주의 원리"는 "계약이나 보상 요구와는 별도로, 한 건전한 성인은 타인들을 지원하는 데 돈이나 봉사에 의해 적극적으로 기여해야 한다"는 것이다. 거칠게 말하자면, 그런 이해에 기초할 때 개인주의자 아닌 사회주의자는 사회적 목적을 위한 세금을 좋게 여겼다. 밀과 마찬가지로 시지윅은 현명하게도 스스로를 사회주의자도 아니지만 정치적으로 말해서 교조적인 개인주의자도 아닌, 중도파에 위치시켰다.

경제적 개인주의에서 정치적 입장들을 읽어내는 것은 수월한 일이 아니었다. 한계효용학파의 레옹 발라와 앨프리드 마셜은 경제를 가격에 신경 쓰는 분리된 익명의 행위자들 사이의 단순한 교환에서 생겨난 것으로 묘사함으로써 경제학을 "개인주의적으로" 개조했다. 두 사람 다 자유주의적 자본주의의 "개인주의적" 경제학의 후견인이 되었다. 그러나 발라는 사회 지향적이었고 마셜은 시장 지향적이었다. 발라는 토지 공유를 생각했지만 마셜은 아니었다. 발라는 큰 사업에 대해 회의적이었지만 마셜은 합병과 규모의 이점을 보았다. 발라는 노조를 지지했지만 마셜은 노조를 불신했다.

프랑스의 법 이론가 알베르 샤츠가 획기적인 논문 『경제적·사회적 개인주의』(1907)를 썼을 때 개인주의라는 개념은 여전히 모호했다. 샤츠는 토머스 홉스와 버나드 맨더빌 이래의 사회적·정치적·경제적·종교적·도덕적 사고에 드러난 다양한 개인주의에서 자신이 민주주의적 자유주의라고 부르는 것의 지적 뿌리를 추적했다. 1920년대에 이르러서는 사회학이라는 새로운 학과가 이론의 신용장을 얻으려 하고 있었고, 예컨대 막스 베버의 옹호를 받은 그런 개인주의가 머잖아 사회 연구의 적절한 방법으로서 자유주의 사상가들 사이에서 널리—보편적이지는 않았지만—채택되었다. 사회 현상들은 사람들 한 명한 명의 행동에 의해 설명되어야 하며, 사람들의 행동은 그들의 의도라는 측면에서 이해되어야 한다고 베버는 생각했다. 하나의 방법론으로서의 개인주의는 비개인적인 힘을 역사 변화의 행위자로 만드는 관점들—특히 마르크시즘—에 저항하는 대중적인 자유주의적 무기가 되었다. 정치적 자유주의와 이론적 개인주의가 결합했을 때 굉장한 협력이 그 연결을 강화했다. 개인주의가 옳다고 생각한 자유주의자들은 이론적 개인주의를 내세워 마르크스주의자, 사회주의자, 그 밖의 집단주의자들에게 맞서고자 했다. 개인주의 원리가 잘못됐다고 생각한 보수주의자들은 사람들과 사회에 대한 잘못된 그림에 자유주의를 끌어들임으로써 자유주의에 흠집을 내고자 했다. 공리주의 대신에 권리의 자유주의가 자유주의의 선호되는 철학으로 자리 잡은 1945년 이후 개인주의와의 연계는 더 탄탄해졌다.

그런 어지러운 상황을 배경으로, 스티븐 룩스는 『개인주의』(1973)에서 어떤 유형의 개인주의가 자유주의에 중요하거나 중요하지 않은지를 밝히고자 했다. 이 책을 집필하는 과정에서 룩스는 옥스퍼드 동료인 아이제이아 벌린에게 자신이 11개의 개인주의 유형을 발견했다고 자랑했다. 벌린은 "그렇게 적어요?"라고 반문했다. 출판에 들어가며 룩스는 그것을 6개로 다듬었다. 그중 3개는 자유주의와 분명한 관련이 있었다. 각 개인주의는 그것이 사람들에게서 조장하거나 보호하는 것이 무엇인지에 의해 가장 잘 이해되었다. 종교적 개인주의는 개인 양심의 신성함을 옹호했다. 경제적 개인주의는 자유 시장과 사유재산을 장려했다. 정치적 개인주의는 "개인의" 동의에 의한 정부를 주장했는데, 이는 계급이나 조합이나 신분이 아니라 한 사람 한 사람이 대표될 것을 요구하는 동시에, 사람들이 바랐으면 하고 정부가 바라는 바가 아니라 사람들이 스스로를 위해 바라는 바에 정부가 관심을 기울일 것을 요구하는, 이중의 개념이었다.

윤리적 개인주의는 정치적 자유주의에 중요한 것과 중요하지 않은 것을 가르는 분계선에 놓여 있었다. 그것은 비슷하게 들리지만 별개인 주장들의 집합체였다. 즉, 개별적인 한 명 한 명의 사람은 궁극적 가치의 소지자라거나, 가치의 원천이라거나, 가치의 결정권자라거나 하는 주장들 말이다. 정치적 자유주의자들은 첫 번째 주장에는 흔쾌히 동의할 수 있지만, 공히 잘못된 이해를 담은 다른 두 주장에 대해서는 반대할 수 있었다. 즉, 자유주의자들은 공통의 집합적 장점들의 비도구적 가치를 부인하지 않으면서, 또한 우리 각자가 우리 자신의 가치를 선택하거나 창조한다고 생각하는 주관주의적 오류에 빠지지 않으면서 인간의 비할 바 없는 존엄성을 주장함으로써 도덕적 전통을 따를 수 있었다.

룩스의 마지막 두 가지 개인주의―인식론적 개인주의와 방법론적 개인주의―는 이론적인 것이었다. 이들 각각은 상당히 추상적인 것으로, 사회와 공동 생활에 관해 어떻게 생각하는지와 관련 있었다. 양쪽 다 정치적 자유주의에는 요구되지 않았다. 서로 다른 영역에―한편은 지식과 언어, 다른 한편은 사회와 역사―속해 있는 그 각각의 개인주의는 개별 인간 혹은 "추상적 개인"에게 일종의 구성적 우위 또는 설명적 권위를 부여했다. 정치적 자유주의의 주장들―사람들의 종교적 신앙에 간섭하지 마라, 정치에 대한 견해들을 하나하나 모두 헤아려라, 자유 재산을 존중하라―과 이론적 개인주의의 주장들―세계에 대한 앎은 세계에 대한 개개의 경험에 달려 있다, 사회는 사람들 한 명 한 명에 의해 구성된다―사이에는 유사점이 있었다. 이론적 개인주의의 주장들은 각자의 관점과 사적 공간을 가진 개별 인간이라는 그림에 크게 의지했다. 한데 자유주의자들은 정치적 주장을 하는 가운데 그런 그림을 채택할 수는 있었지만, 반드시 그래야 하는 것은 아니었다. 권력이 사람들에게 하지 말아야 하는 일에 대한 주장을 펴는 데 있어서 자유주의자들은 모든 사람의 이른바 분리성과 관점의 특이성으로 시작할 필요가 없었다. 보수주의자와 사회주의자라는 적대자들은 자유주의자들이 그렇게 한다고 주장했지만 말이다. 사실, 그 이론적 개인주의 유형들에서, 혹은 윤리적 개인주의의 주관주의적 유형들에서 자유주의 관점의 토대를 찾으려는 이후의 시도들은 설득력을 발휘하지 못했다. 그럼에도 시민적 존중은 그것이 사람들에게 권력으로부터의 어떤 보호들을 약속했는지를 좀더 자세히 살펴보는 정도로, 좀더 낮은 수준에서 덜 야심차게 조명될 수 있다.

요구된 존중은 여러 가지로 시민적이었다. 그것은 국가, 시장, 사회의 공적인 권력과 시민들 간의 비개인적인 관계였다. 존중은 누군가를 좋아하거나 누군가를 존경하거나 심지어 누군가에게 개인적 관심을 가질 것을, 사람들이 서로에게 취하는 그런 선택적 태도들을 권력에 요구하는 것이 아니었다. 개인적 존중과 달리 시민적 존중은 무조건적이었다. 동료, 친구, 배우자 사이에서 존중이 사라지거나 철회될 수 있다면, 예컨대 유죄 판결을 받은 범법자에게서는 시민적 존중이 제한되거나 철회될 수 있었다. 하지만, 사람들 사이의 개인적 존중이 꼭 처음부터 발생할 필요는 없는 데 반해, 국가와 시장과 사회는 누구를 존중할지를 고르고 선택할 수가 없었다. 개인적 존중과 달리 시민적 존중은 묻지도 따지지도 말고 사람들에게 마땅히 주어져야 하는 것이었다. 시민적 존중은 자유주의자들이 "동등한" 존중을 이야기할 때 지적하는 바로 그 비개인성에 부합하는 것이었다. 어떤 사람인지를 막론하고 사람들에 대한 존중이 요구되었다. 자유주의적 존중은 결국 시민적인 것으로서, 주로 "능동적" 시민들—사회에 대한 의무의 한 부분을 지고 있다고 간주되는, 그리고 처음에는 재산 있는 백인 남성에게 한정되었던—에게 마땅히 주어져야 하는 것이었다.

시민적 존중의 세 가지 약속 중 비침해는 사람들의 안전을 위태롭게 하지 않는 것과 관련 있었다. 그것은 주로 법적인 것으로서, 국가와 시장과 사회에 일군의 제약을 가해 그것들이 사람들의 프라이버시에 개입하지 못하게 했다. 시민적 존중의 두 번째 요소인 비방해는 상대적으로 새로운 것으로서, 급격하게 변화하는 세상과 관련 있었다. 주로 사회적·경제적 성격을 띠는 비방해는 사람들의 능력의 제약 없음과 사람들의 자본의 생산성에 호소했다. 따라서 계획의 자유, 장벽의 제거, 그리고 자유주의자에게는 사회의 진보와 개인의 번영을 가로막는 것으로 비치는 규제의 철폐를 주장했다. 세 번째인 비배제는 본질적으로 도덕적인 것이었다. 그것은, 가장 근원적으로는, 사람들의 사회적 배경에 상관없이 사람들의 본질적 가치를 인정할 것을 요구했다. 달리 말하면, 그 누구도 인간의 도덕적 공동체에서 배제되지 말아야 했다. 종교 영역에서 비롯되어 관용의 점진적 수용에 의해 강화된 비배제라는 도덕적 사상은 19세기의 정치 안으로 들어왔고, 그 안에서 자유주의자들은 처음에는 비배제의 범위를 제한했지만 점차 그 범위를 열심히 확대했다.

비침해는 수탈적인 통치자, 군림하는 주인, 탐욕스러운 이웃들로부터 사람들과 그들의 재산을 안전하게 지키는 것과 관련 있었다. 그것은 오래된 방어적 관념이었고, 확장된 범위에서는 주로 법적인 관념이었다. 그것의 초기 형태는 시행 가능한 지역적 권리와 자유였다. 그 관념은 한 사람과 그 사람의 가정, 물건, 견해—문해력과 인쇄물에 의해 확산된 공적 주장—를 둘러싸고 있는 하나의 불가침의 원을 끌어들였다. 콩스탕, 밀, 토크빌은 원치 않는 외부의 힘에 눌리기도 하고 보호 지대의 경계가 되어주기도 하는 원이나 구의 이미지를 언급했다. 밀은 『정치경제학 원리』에서 "우리가 어떤 정치 제도 아래서 살고 있든 한 사람 한 사람을 하나의 원이 둘러싸고 있으며, 어떤 정부—한 사람의 정부든 소수의 정부든 다수의 정부든—도 그 원을 넘을 수 없어야 한다"고 썼다. 비침해는 자의적인 수색, 압수, 체포에 맞서 사람과 재산을 보호하는 오래된 방책들을 뜻했다. 사람들이 스스로의 사적인 자아를 공적 영역으로 끌고 가는 경우 비침해에는 연설, 검열 없는 출판, 집회, 결사의 자유가 포함되었다.

자유주의적 존중의 두 번째 약속인 비방해는 역동적이고 확장적이었다. 비방해는 활력과 활동의 중심으로서의, 관습·법·사회가 억압하거나 방해할 염려가 있는 목적과 계획을 가진 움직이는 점들로서의 사람들의 이미지에 의지했다. 자유주의자들은 지켜지고 보호되는 사적 가정이라는 즐거운 이미지에다가, 개척되고 열려 있어야 하는, 미지의 곳으로 통하는 길이라는 신나는 이미지를 더했다. 누구나 오를 수 있는, 사회의 정점에 닿아 있는 사다리의 이미지를 추가한 것이다. 또한 그들은 자고 있으면서도 더 많은 돈을 창출하는 돈의 이미지, 그리고 적절히 양분이 공급된다면 성장하고 번성할 수 있는 잠재력의 씨앗의 이미지를 덧붙였다. 이러한 그림은 진취성과 개방성과 창의성을 촉진했다.

실험자, 기술자, 사업가들은 이전에 아무도 하지 않았던 규모로 일을 하고 있었다. 그들은 새로운 것을 발견하고 있었고, 발명품을 활용하고 있었고, 노동자를 고용하고 있었고, 부를 창출하고 있었고, 전에는 상상도 못 했던 방법으로 물건들을 만들고 있었다. 구엘리트들은 와해되고 있거나 새로운 구성원들에게 문호를 개방하고 있었다. 문해력과 교육은 소수의 사람으로 이루어진 집단들을 넘어 확산되고 있었다. 사람들이 자신이 태어난 사회적 범주를 넘어서고 부모와 다르게 되며 스스로 새로운 무언가를 만들 기회가 많아지고 확산되고 있었다. 그러한 들끓음에 질서와 명분을 가져올 만한 가장 중요한 자유주의적 사고는 그런 행복한 발전을 방해하는 것은 뭐든 없어져야 한다는 것이었다. 혁신, 계층 이동, 인간의 발전과 관련된 사회적 덕목은 찬양되었다. 과감함, 진취성, 사업가 정신, 극기 같은 것 말이다. 이에 비해 정신적 나태, 야망 없음, 시기심, 수동성은 사회적 악덕으로 비난받았다. 새뮤얼 스마일스는 1859년에 "경솔하고 분별없고 게으른 사람들인데도 그들이 스스로를 향상시킬 수 있다고 내가 어떤 계층에게 약속한다면 나는 사기꾼일 것이다"라고 썼다.

사회적으로 비방해는 기회의 평등, 즉 사회적 진보를 가로막는 장벽들의 제거라는 국경 없는 이상을 뜻했다. 경제적으로 비방해는 오래된 상업적 장벽들을 허무는 19세기 중반의 대량 입법으로 표현되었다. 1850년대부터 1860년대까지, 새로운 법들은 사업체 같은 집단을 위한, 그리고 조만간 노동조합을 위한 일상적 작동 안에 방해받지 않을 자유를 끼워넣었다. 그런 집단들이 개인인지 여부에 대해 법률가들은 철학자나 사회방법론자보다는 덜 신경 썼다. 영국의 사회사상가 어니스트 바커는 1915년에 과거를 회고하면서 다음과 같이 썼다. "지금 우리가 개인주의자라면, 우리는 집합적 개인주의자다. 우리의 개인들은 집단들이 되고 있다."

시민적 존중의 세 번째 요소인 비배제의 경우, 자유주의자들은 의심의 여지가 없는 인간의 가치에 대한 공통의 도덕 전통의 주장에 기댈 수 있었다. 사람들은 정당한 이유로 많은 것에서 배제될 수 있다. 나를 제외한 모든 사람은 나의 재산에서 정당하게 배제될 수 있다. 승자를 제외한 모든 사람은 포상에서 배제될 수 있다. 궁핍한 사람을 제외한 모든 사람은 빈곤에 대한 도움에서 배제될 수 있다. 하지만 인간의 가치를 마땅히 인정받는 것에서 누군가를 배제할 정당한 이유란 없다. 이런 생각이 정치에 유입된 데 따른 영향은 컸다. 정치적으로 비배제는 예컨대 투표를 하고 직책을 맡는 "능동적" 시민의 평등권을 뒷받침했고, 또한 신앙이나 지위나 부가 법정에서 어떤 사람을 다른 사람과 다르게 다룰 정당한 근거가 될 수 있다는 생각을 거부하는 것인 '법 앞의 평등'을 뒷받침했다. 조만간 비배제는 개인적 신분이나 사회적 지위를 이유로 누군가에게 동등한 존중을 거부하는 것에 맞서는 무기가 되었다.

19세기의 자유주의 경쟁자인 사회주의와 보수주의는 이 요소 각각에서 시민적 존중을 논박했다. 사회주의자들이 보기에 프라이버시를 침해하거나 개인성을 저해하지 않겠다고 약속하는 것은 계급 연대를 위한 노동자들의 충성과 의무에의 요구를 경시하고 거의 부정하는 것이었다. 보수주의자들은 프라이버시와 개인성이 지역적 애착과 존중 혹은 위계를 약화시킨다고 여겼다. 사회주의자와 보수주의자 모두에게 자유주의적 비침해는 보호하는 것 같지만 실은 침식하는 것으로 받아들여졌다.

비방해에 대해 말하자면, 사회주의자들은 그러한 변화가 불평등을 촉진하고 박애를 위험에 빠뜨린다고 보았다. 사회주의자들의 공통된 불만은 당시의 가장 두드러진 혁신인 산업 자본주의가 사회와 도덕성을 엉망으로 만들고 있다는 것이었다. 자유주의가 혁신을 지지하는 것이고 사람들을 방해하지 않는 것인 만큼, 자유주의는 비난받을 만했다. 보수주의자들은 혁신, 진취성, 사람들 간 장벽의 제거가 관습과 전통을 위협한다고 보았다. 이는 잦아들지 않는 자유주의적 근대성에 맞선 낭만주의적 외침이었다.

비배제와 관련해서는, 사회주의자와 자유주의자가 진보를 지지함에 있어서 협력자이자 경쟁자였다. 양쪽 다 위계, 계급, 신분, 분파의 배타적 구분이 없는 사회를 바랐다. 자유주의자들은 그런 분할되지 않은 사회를 무계급적인 사회로 상상했고, 사회주의자들은 단일한 "보편" 계급으로 이루어진 사회로 상상했다. 프랑스 혁명의 용어를 사용하자면, 자유주의자들이 생각하는 분할되지 않은 사회는 시민적 평등의 사회였고, 사회주의자들이 생각하는 분할되지 않은 사회는 노동 계급 동료들로 이루어진 사회였다. 자유주의자들이 비배제의 목적을 다양성에 둔 반면, 사회주의자들은 연대에 두었다. 사람들이 소신껏 행동할 수 있도록 내버려둠으로써 그들을 존중한다는 고상한 담론에 대해, 사회주의자들은 자유주의자들이 사람들을 비열하게 대우한다고 보았다. 사람들이 시민적 존중의 보호와 허용을 활용할 수단, 특히 물질적 수단을 갖고 있지 않다면 모든 사람을 포함한다는 것은 공허하기 때문이었다.

보수주의자, 사회주의자, 자유주의자 모두 인간성의 가치를 믿었기 때문에, 그들의 논쟁은 도덕적 논쟁이 아니라, 공통된 도덕적 확신의 정치적 함의에 대한 논쟁이었다. 보수주의자들은 자유주의자들이 잘난 체하고 위선적이라고 생각했다. 자유주의자들이 인간의 가치를 발명한 것이 아니었다. 이런 맥락에서 보수주의자들은 살인적인 공장과 파괴적인 개혁들을 지지하는 냉혹하고 무역에 집착하는 자유주의자들보다 자신들이 더 포괄적이고 더 서민을 지지하며 서민을 제대로 대우하는 데 더 능하다고 주장할 수 있었다. 보수주의자들이 생각하기에 모든 사람의 도덕적 존엄을 인정하는 것은 아무 문제가 없었다. 하지만 그 생각을 정치에 이식해 정치에서 한껏 발휘되도록 하는 것은 그들에게는 터무니없어 보였다. 그들이 보기에는 아주 소수의 사람만이 통치는 고사하고 공적인 삶에서 어떤 적극적인 역할을 맡을 수 있었다. 즉, 사람들은 누구나 도덕적 존중을 받아 마땅하지만, 시민적 존중은 아니었다.

반대에도 불구하고, 사람들이 권력으로부터 무조건적 존중을 받을 자격이 있다는 자유주의자들의 주장은 점점 더 많은 사람이 그런 존중을 요구하고 자기 의견을 표명할 수단을 갖게 된 사회들에서 받아들여졌다. 이런 주장을 펴면서, 자유주의자들은 실패한 종교적 박해와 정통성의 와해라는 최근의 역사적 경험뿐만 아니라 모든 사람이 동등하게 인간의 가치를 공유한다는 공통의 도덕적 전통도 환기시켰다.

하지만 동등한 인간의 가치의 호소에도 불구하고, 그 가치가 곧장 정치로 연결되는 것은 아니었다. 한 측면은 내용과 관련 있었고, 다른 측면은 범위와 관련 있었다. 양자는 어느 정도 상호 관계에 있었다. 인간의 가치가 비배제적으로 작동하자면 인간의 가치는 모든 사람이 공유하는 종류의 것이어야 했다. 모든 사람이 명백히 다르다는 점을 고려할 때, 모든 사람이 공유하는 것이란 무엇이든 인간의 가치만큼이나 특이하고 분명히 정의하기 어려운 것이어야 했다. 범위가 넓을수록 내용은 덜 분명했다. 내용이 분명할수록 범위에 제한이 가해졌다. 이 긴장은 자유주의적 사고에서 결코 사라진 적이 없었다.

동등한 가치의 내용은 여러 방식으로 주장될 수 있다. 예컨대, 사람들은 그 자체로 중요하다. 사람들은 짐승이나 도구가 아니다. 칸트 이래의 철학자들은 세속적 논증을 통해 그러한 믿음을 지지하는 것을 목표로 삼았다. 그 믿음 자체는 유대교, 기독교, 이슬람교의 전통 안에 존재하는 오래된 것이었다. 현세에서 중요성을 갖는 것으로서의 인간의 가치 개념은 중세의 기독교 사고에서 사라졌다가 르네상스기에 폭발적으로 재발견되고, 종교 개혁을 통해 대중화되고, 그러다가 머잖아 민주주의 목소리를 낸 것으로 여겨졌다. 그것이 역사적으로 적절하든 그렇지 않든, 옳든 그르든, 인간들의 고유한 가치는 그것의 기원에 있는 신성에 대한 믿음이 사라지기 시작했을 때인 17세기와 18세기에도 정치사상의 체계를 세우는 데 표지가 되었다. 인간들의 고유한 가치는 사회도 통치자도 무시해서는 안 되는 것이라는 생각이 널리 퍼져, 애써 대비시키자면, 정치사상가들을 두 부류로 나누는, 즉 도덕을 정치에 받아들이는 이상주의자와 도덕을 그냥 제자리에 두고

자 하는 현실주의자로 나누는 한 가지 방법이 되었다. 이상주의 쪽에서, 칸트는 개인들의 비도구성을 자신의 윤리학과 정치학의 중심으로 삼았고, 이 생각에다가 이성을 주고받을 수 있는 능력이라는 또 다른 생각을 밀접하게 연결시켰다. 『도덕형이상학의 기초』(1785)에서 그는 "인간, 그리고 일반적으로 모든 이성적인 존재는 그 자체로 하나의 목적으로서 존재한다"고 썼다.

인간의 가치의 또 다른 측면은 그 가치의 분배다. 이 생각에 따르면, 모든 사람은 그게 무엇이든 삶에 가치를 부여하는 것을 가지고 있다. 이러한 생각을 소극적으로 표현하자면, 어느 누구도 인간의 가치의 공유를 부인당할 수 없다. 인간의 가치는 조리 있게 설명하기 쉽지 않다. 그 생각은 다양한 형태를 취했다. 자연권 사상가들은 본디 주인이거나 본디 노예인 사람은 아무도 없다고 말할 것이다. 기독교인들은 모두가 신 앞에서 평등하다고 말할 것이다. 루소의 영향을 받은 어떤 자유주의자들은 모두가 인간의 존엄성을 평등하게 공유한다고 말할 것이다. 절대적 존중을 명하는 종류의 존엄성은 사회적 지위나 개인적 능력이나 세속적 성취의 표지가 아니다. 개인의 가치와 올바르면서도 독립적인 판단을 할 능력을 관련시킨 칸트를 이해하는 또 다른 자유주의자들은 존엄성을 합리성과 동일시할 것이다. 이는 칸트에 대해 비판적인 자유주의자와 비자유주의자 모두가 의심스러워한 주장으로서, 자칫하면 배제와 불평등의 칼날이 될 수도 있었다. 헤겔은 인간의 존엄성 주장과 인정 투쟁을 인간 진보의 서로 다른 측면들로 다룸으로써 개념적인 이야기와 역사적인 이야기를 결합했다.

덜 철학적인 입장에 대해 말하자면, 영국 청교도들은 동등한 가치에 대한 생각을 장중하게 제시했다. 존 밀턴의 『실낙원』에서 대천사 미카엘은 아담에게 "신은 인간들 위에 군림하는 인간을 주인으로 만들지 않았다. 그 자격은 그분 자신을 위해 예비하신 것이다"라고 말한다. 청교도들 역시 명쾌하게 그러한 주장을 했다. 제임스 2세에 대한 몬머스 공작의 반란이 실패한 후 1685년 에든버러에서 처형대에 오른 수평파 럼볼드는 다음과 같이 말했다. "나는 다른 사람 위에 있도록 신의 표식을 가지고 태어난 인간은 없다고 확신한다. 왜냐하면 등에 안장을 얹고 태어나는 사람도, 거기에 올라타려 장화를 신고 박차를 단 채 태어나는 사람도 없기 때문이다." 이러한 언명이 꼭 같은 생각을 담은 것은 아니었지만, 목표는 같았다. 그 언명들이 가리키는 바는, 인간 각자의 삶에는 도덕적 해를 끼치지 않고는 착취되거나 침해될 수 없는, 그 자체로 귀중한 무언가가 존재한다는 생각이었다.

도덕적인 비배제를 정치에 끌어들임으로써 자유주의자들은 정말 야심찬 어떤 생각을, 즉 자신들이 처음에는 그저 어렴풋하게 알아챘던 민주주의적 결과들을 끌어들이게 되었다. 민주주의적으로 생각할 때 비배제라는 것은 시민적 존중에 전반적으로 적용될 수 있었다. 왜냐하면 시민적 존중 자체는 누구에게나 포괄적으로 취해질 수도 있고, 소수의 특권층에게만 배타적으로 취해질 수도 있는 것이기 때문이다. 회원제 클럽처럼, 제한적 유권자나 법적으로 보장받은 계급이 자기 구성원들은 평등하게 대우하지만 구성원에서 배제된 사람들은 불평등하게 대우할 수 있는 것이다. 민주주의적으로 취해지는 시민적 존중은 그런 배제를 고려하지 않는다. 오히려 시민적 존중에 요구되는 것은, 비침해의 관습적 보증, 새로운 비방해 허용, 그리고 비배제에 따른 차별 없음이 한 사람도 빼놓지 않고 모두에게—설령 보잘것없거나 어리석거나 사회에 쓸모없어 보이는 사람일지라도—무조건 마땅히 주어지는 것이었다. 곧 보게 되겠지만, 그 요구를 존중하는 것은 자유주의와 민주주의의 오랜 경쟁을 불러왔는데, 이 경쟁은 20세기 중반에 이르기까지 결판이 나지 않고 후퇴와 재협상에 열려 있었다.

시민적 존중을 뒷받침하는 두 번째 요소에 대한 검토로 돌아가 보자면, 관용의 역사는 근거와 선례로 자유주의자들을 격려했다. 과거에 대한 자유주의자들의 묘사는 분명 과거의 통일성을 과장했지만, 새로운 것의 전령으로서의 자유주의자들의 자기 이해를 제공할 만큼 충분히 설득력 있었다. 자유주의자들의 묘사는 대략 이런 것이었다. 근대성으로 나아가는 과정에서, 사회 질서에는 공통의 신념이 필요하지 않다는 것이 받아들여졌다. 그 전까지만 해도 세속적 권력과 종교적 권력은 공통의 동일한 지배력 아래 뒤섞여 있었다. 프랑스 군주정의 좌우명처럼, 사회 질서는 "하나의 왕, 하나의 법, 하나의 신앙"을 필요로 했다. 강제적인 법은 종교 규범을 뒷받침했고, 교회의 권위는 강제적인 법을 허가했다. 법과 종교가 사실상 하나였기 때문에, 종교적 이단은 정치적 반대파나 마찬가지였다. 근대성과 더불어 그런 억압적인 일치는 사라졌다. 국가의 권위와 국가의 법의 힘은 사람들의 상이한 목적들에 대해 불편부당하고 유용한가 하는 세속적 관점에서 정당화되었다. 교회들이 갖고 있던, 혹은 갖고 있다고 주장했던 그런 도덕적 권위는 법의 뒷받침을 받을 자격이 없었다. 협의로든 광의로든 삶의 목표는 모든 사람이 스스로 찾고 시험해봐야 하는 것이지 사회적 권위에 의해 부과되는 것이 아니었다.

전근대적인 통일성과 근대적인 다양성 사이에 관용이라는 가교가 있었다. 그것을 건너는 일은 뒷걸음치기를 반복하며 느리게 진행되었다. 관용이란 무엇보다 박해하지 않는 것이었다. 왕조 간 경쟁에 의해 부추겨진 종파적 갈등의 한복판에서 16세기의 통치자들은 하나의 지배적 신앙에 대한 편파적 지원을 그만둬야만 평화가 온다는 것을 알게 되었다. 빈번히 구태를 답습하기도 했지만, 가톨릭교 통치자들은 루터교도들을 괴롭히는 것을 멈췄고, 루터교 통치자들은 칼뱅교도들을 괴롭히는 것을, 칼뱅교 통치자들은 재세례파를 괴롭히는 것을 멈췄다. 사회 평화에 대한 갈망은 아우크스부르크 화의(1555)와 30년전쟁을 종식시킨 베스트팔렌 조약(1648)의 토대가 되었다.

학구적 관용 옹호자들은 관용에 대해 설파하고 글을 쓸 때 주로 무지와 사악함이라는 두 가지 주제에 의거했다. 그들의 주장에 따르면, 첫째, 박해자들은 타락한 자들을 정당하게 혹은 성공적으로 제거하는 법을 잘 알지 못했다. 타락한 세상에서 사는 세속의 치안판사와 교회의 권위자들은 신의 심원한 기획들에 대해 무지했다. 군주의 임무는 구원받은 사람과 저주받은 사람 모두를 보호하는 것이었고, 오직 신만이 그들을 판가름할 수 있었다. 영국의 선구적인 종교개혁가 윌리엄 위클리프가 14세기 말에 그렇게 주장했다. 무지에 의거한 이런 논증은 15세기에 니콜라우스 쿠자누스에 의해 "하나의 신앙, 다수의 의례"라는 표어로 압축되었다. 이것의 함의는 신은 수많은 방식으로 공경받을 수 있고, 어떤 군주나 사제도 어떤 방식이 다른 방식들보다 더 신을 기쁘게 하거나 기쁘지 않게 하는지 권위 있게 말할 수 없다는 것이었다. 둘째, 박해는 사악한 것이었다. 그것은 실질적으로든 도덕적으로든 자멸적이었다. 실질적으로 말하자면, 강압은 효과적이지 않았다. 고문은 사람들에게 고통을 줄 수는 있었지만 사람들의 마음을 바꾸게 하지는 못했으며, 강압은 흔히 반대가 더욱 굳건해지게 만들었다. 도덕적으로 말하자면, 박해는 기독교 원리들을 옹호하기 위한 것이라지만 잔혹함과 오만함으로 인해 사실상 그 원리들을 손상시킬 뿐이었다.

비정통에 대한 박해에 맞서는 이 두 가지 논거—무지와 사악함—는 잘 알려진 것이었고, 16세기 말에 이르러서는 널리 받아들여지고 있었다. 17세기에는 그 뒤를 이어 자유 사상과 양심의 자유의 위대한 옹호자들—밀턴, 스피노자, 벨, 로크—이 그 두 가지 논거에 대체로 의존했다. 권력이 사람들의 생각을 감시할 수 있게끔 허용하는 것에 반대하는 이유로서, 이 후대의 사상가들은 금지할 것이 무엇인지 알지 못하는 권위자들의 무적의 무지나 사람들의 마음을 감시하려는 도덕적·실질적 사악함에 대해 더 자세히 서술했지만, 그것들에 크게 덧붙인 것은 없었다.

관용은 그것이 사람들에게 모면하게 해주는 것을 따라 신장되는 경향이 있었다. 관용은 이단자를 불태우거나 잡아 가두지 않는 것으로부터, 비정통 신앙을 따르는 것에 대한 벌금을 폐지하는 것, 비정통 신앙에 정통 신앙과 동등한 지위를 법적으로 인정해주는 것, 궁극적으로 비정통 신앙에 정통 신앙이 누리는 것과 똑같은 시민권을 주는 것으로 확대되었다. 그러나 비박해에서 비범죄화와 합법화를 거쳐 시민적 평등으로 나아가는 과정은 중단 없는 대행진이 아니었다. 단계들이 존재했다는 바로 그 사실이 타협과 지연이 있었음을 방증했다. 프랑스에서 낭트 칙령(1598)은 위그노에게만 제한적인 종교의 자유를 주었고, 그에 따른 시민권 부여조차 칙령 자체의 폐지 이전인 1620년대에 사실상 철회되었다. 베스트팔렌 조약(1648)에 따른 루터교, 칼뱅교, 가톨릭교에 대한 상호 관용이 프랑스는 빼고 스웨덴과 신성로마제국 간에 확약되었다. 영국의 관용법(1689)은 특정한 종교적 심사들을 폐지했고, 성공회교도와 비국교도 모두 공적인 삶의 일부 영역에 들어올 수 있게 했지만, 가톨릭교도와 유니테리언파는 배제했고, 퀘이커교도는 조건부로 받아들였으며, 성공회교도를 제외한 모든 종파를 다수의 직책에서 배제했다. 영국의 가톨릭교도와 비국교도는 1829년까지, 그리고 유대교도는 1858년까지 시민으로서의 동등한 권리를 얻지 못했다. 한참이 지나서야 통제로부터 비침해로의 그 과정이 신속하거나 순조롭거나 거스를 수 없는 것으로 보일 수 있었다.

그런데 일단 채택된 관용은 되돌릴 수 없게 되고, 그러다 이내 저절로 소멸하리라는 희망을 부추기는 어떤 메커니즘이 파악되었다. 그 메커니즘은 무관심이었다. 그것은 특히 영국에서 중시되었다. 거의 두 세기에 걸친 폭력적인 종교 갈등이 끝나고 1700년에 이르러서는 종교적 열정이 쇠퇴하고 있었다. 1694년에는 예수의 재림이 임박했음을 설교하던 한 그리스도 재림론자가 차꼬를 차거나 교수대에 보내지는 대신 의학적 치료를 받길 권고되었다. 로크의 후원자였던 섀프츠베리 백작은 『인간, 태도, 의견, 시대의 특징』(1711) 중 「열정에 대한 편지」에서 종교적 분파주의자들에 대한 적절한 대응으로 조롱을 추천했다. 몽테스키외는 1729년부터 시작된 런던 체류 중에 자신이 시대정신으로 여긴 것을 발견했다. 의회 회기를 여는 정기 기도회에 참석하는 사람이 거의 없고, 무리 속에서 종교 이야기가 나오기라도 하면 모든 사람이 웃음을 터뜨린다고 그는 전했다. 성공회교 판사들에게 박해받은 비국교도이자 『로빈슨 크루소』(1719)로 가장 잘 알려진 작가인 대니얼 디포(1660~1731)도 유사한 언급을 남겼다. 풍자 소설과 에세이에서 디포는 종교를 두고 벌이는 옥신각신은 신앙에 대한 관심이 약화됨에 따라 무역 경쟁에 자리를 내주고 있고, 돈벌이가 급선무가 되었으며, 이러한 변화는 모든 사람에게 이롭다는 믿음을 피력했다. 디포의 「순종 영국인」(1701)에 나오는 시구는 종교적 분파주의에 대한 그 세속적 불신을 잘 포착했다. "신이 어디에 교회당을 세우시든/ 악마는 항상 거기에 예배실을 만든다."

커지는 무관심이라는 메커니즘에 대한 확신은 하나의 관념으로서의 관용의 양상 자체에 기댄 것이었다. 금지와 수용 사이의 좁고 밀거래로 북적이는 교량인 관용은 머물러 있을 만한 곳이 아니었다. 관용은 법적으로 금지된 것과 도덕적으로 받아들여질 수 있는 것 사이의 간극에 걸쳐 있었다. 찬성받지 못하는 것은 모두 금지되거나, 마찬가지로, 허용되는 것은 모두 받아들여질 수 있다면, 관용이란 불필요할 것이다. 엄밀히 말해서, 관용이 가능하지 않을 것이다. 관용이 메워주고 있던 간극은 사라질 것이다. 관용은 어떤 도덕적 위반이 법적으로는 허용될 때에만 가능했다. 도덕적 위반이 강력하거나 크게 실감된다면 법적 금지에 대한 지지가 커질 것이다. 반대로 도덕적 위반이 미미하거나 별로 실감되지 않는다면 공공연한 수용에 대한 지지가 커질 것이다. 그 사이에서 관용은 불안정했으며, 한쪽에서는 엄격함과 제한에의 압박을 받고 다른 쪽에서는 느슨함과 관대함에의 압박을 받았다. 국가는 더 많이 금지함으로써 허용되는 것을 축소할 수도 있었다. 아니면, 더 적게 반대함으로써 수용 불가로 여겨지는 것을 축소할 수도 있었다. 그러한 압박들 간의 균형이 삶의 상이한 영역들에서 역사적으로 변할 때 그 영역들에서의 관용의 여지 또한 커지거나 축소되었다.

종교의 영역에서, 그러한 관용의 역학은 수용 확대의 방향으로 작동했다. 종교적 무관심이 확산되면서 신앙은 사적인 것이 되고, 사회는 "세속화"되고, 수용 불가능성의 여지는 축소되었다. 사람들이 점점 더 서로의 종교에 대해 관심을 덜 가지면서, 관용할 것이 점점 줄어들었다. 자유주의의 시각에서 볼 때 그런 세속적 무관심은, 비종교적 영역들에 존재하는 여타 사회적 차이들—선택된 것이든 아니든—에 대한 원칙적 무관심의 본보기가 되어줄 수 있는, 계몽적 근대성의 환영할 만한 승리였다.

1880년대에 이르러서는 자유주의적인 시민적 존중의 내용 대부분이—전체는 아닐지라도—법이나 사회 관행에 새겨져 있었다. 20세기에는 사람들의 사회적 배경이 법의 시각이나 경제 효율의 관점에서 점점 덜 중요해졌고, 결국 공권력은 사람들이 더 많은 방식으로 각자의 삶을 살도록 내버려두었다. 바로 이것이 자유주의자들이 자부심을 가질 만한 부분이었다. 반면에, 다음 시기의 자유주의가 잘 보여주게 되는 것처럼, 배제적인 격분과 분파적인 적의 자체는 계몽적 근대성과 자유주의적 자본주의의 도래로 종말을 고하진 않았다. 어떤 사람들 사이에서는 종교에 대한 무관심이 커지고 어떤 사람들 사이에서는 새로이 종교적 열의가 되살아나는 상반되는 상황이 공존했다. 훔볼트와 밀이 바란 대로 교육이 확산되었지만, 확실하게 독자적인 시민들은 여전히 찾기 힘들었다. 헤겔, 콩스탕, 토크빌이 예견한 대로 사회는 중간 계층을 성장시켰지만 부자와 빈자의 물질적 갈등은 남아 있었다. 사회 전체적으로는 점점 더 번영했지만, 동류 의식의 자연적 공급 부족—흄이 언급하고 밀이 해결하려 씨름한—은 그에 보조를 맞춰 회복되지 못했다. 사람들 사이에 상호 수용의 메커니즘은 없다는 것을 자유주의자들은 알게 되었다. 자유주의적 존중이 사람들에게 약속한 국가, 부, 사회의 힘로부터의 보호는 결코 확실하지 않았다. 사람들에 대한 시민적 보호를 강화하고 잘 보존하는 일은 절대 끝나지 않았다.

2. 자유주의자들에게 자신감을 심어준 성과들

1부는 19세기의 자유주의를 일종의 '자유' 운동으로 보는 것은 과도하게 일반적인 꼬리표를 붙임으로써 그 자유주의를 모호하게 만드는 것이며, 19세기의 자유주의를 일종의 '작은 정부' 운동으로 보는 것은 시대착오적 희화화를 통해 그 자유주의를 조롱하는 것임을 보여주었다. 19세기의 자유주의자들이 자유를 외칠 때, 그들이 똑같은 것을 지지하고 있었던 것은 아니다. 1880년대에 이르러 정부는 처음의 자유주의자들이 거의 상상할 수 없었던 방식으로 성장하고 있었고, 자유주의자들은 정부의 새로운 힘을 일으키는 데 많은 기여를 하고 있었다. "개인"을 옹호하면서는 자유주의자들은 상이한 여러 운동을 벌이고 있었다. 19세기의 자유주의는 신흥 부르주아지의 경제 신조 이상의 것이었다.

윤리적으로, 빌헬름 폰 훔볼트와 뱅자맹 콩스탕은 사람들에 대한 시민적 존중의 대비되는 면들, 즉 사람들의 역량을 키우는 것과 사람들의 프라이버시를 존중하는 것에 대해 열린 자세를 취했다. 정치적으로, 지배자 없는 질서라는 자유주의의 꿈은 역사가이자 사상가이자 총리였던 기조라는 인물에게서 구체화되었다. 권력을 통제하고 권력의 독점화를 막아야 한다는 그의 사상은 자유주의 이전의 매디슨과 비자유주의자 캘훈에게서 선명히 표현된 미국 입헌주의에 필적하는 것이었다. 사회적으로, 토크빌은 대중 민주주의의 숨 막히는 문화적 권력에 대한 사라지지 않는 자유주의적 근심을 분명히 드러냈다. 독일의 자유주의자 슐체-델리치는 정부와 대중 시장의 중앙집중적 권력에 대해 자유주의적 우려를 표명했다. 윌리엄 엘러리 채닝과 새뮤얼 스마일스는 도덕적 개선과 물질적 자립이라는, 개인적 진보의 두 가지 대조적인 경로를 두드러지게 묘사했다. 경제적으로, 공리주의 개혁가 에드윈 채드윅과 자유무역의 수호자 리처드 코브던의 삶은 사회 진보의 가장 믿을 만한 수단에 대한 자유주의자들 사이의 오랜 "국가 대 시장" 논쟁을 구체화했다. 허버트 스펜서는 자유주의 정치 질서를 진화적 발전이라는 자연적이면서도 환영할 만한 결과로 묘사했다. 지적으로, 존 스튜어트 밀은 사회 진보의 증진과 인간 개성의 촉진 사이에, 공동선의 추구와 사람들 각자 및 그들의 재산·목표 사이에 존재하는 자유주의 사상의 긴장들을 가장 잘 인지했다. 에이브러햄 링컨과 윌리엄 유어트 글래드스턴은 자유주의적 포용력의 화신이었고, 자유주의적 언사의 힘을 보여주었다. 이들 각자는 자유주의의 많은 조류를 결합한 큰 정당을 장악하고 있었다. 에두아르 라불레는 권위주의적인 나폴레옹 3세 치하의 프랑스에서, 오이겐 리히터는 비스마르크 치하의 독일에서, 질서 추구와 인간 개선의 추구가 반자유주의적인 방식으로 행해질 때 자유주의가 맞닥뜨리는 난관을 보여주었다.

1880~1945년의 자유주의자들은 부당한 권력에 의지하지 않는 동등한 시민들 사이에서의 윤리적으로 수용 가능한 인간 진보의 질서라는 매력적인 이상을 물려받았다. 물질적 진보, 교육의 확산, 절제와 타협이라는 중간 계급 가치들의 수용은 자유주의자들에게 지배자 없는 질서라는 자신들의 꿈이 결국 실현될 수 있으리라는 확신을 심어주었다.

아직 자유주의자들은 자신들의 꿈이 민주주의적으로 실현되어야 한다는 것을 받아들이는 데 이르지 못하고 있었다. 다음 시기의 자유주의자들은 자유주의가 재산 있고 학식 있는 남성들에게 약속한 것이 모든 사람에게 마땅히 주어져야 한다는 것을 받아들이게 되었다. 정치적으로는 보통선거권을 받아들이게 되었다. 경제적으로는 좀더 공정한 분배를 받아들이게 되었다. 윤리적으로는 후견인적 권위의 요구를 단념했다.

후대의 자유주의자들이 19세기 선배들에게서 주목한 공통 요소는 자신감이었다. 기조의 논조는 세상살이에 지친 듯해도 통찰력 있었고, 토크빌의 논조는 힘이 없는 듯해도 승리에 차 있었고, 리히터의 논조는 완강했고, 밀의 논조는 단호했다. 링컨의 논조는 성경 말씀 같았고, 글래드스턴의 논조는 호메로스처럼 웅장했다. 논조는 달랐지만 그들 모두는 후대의 자유주의자들이 부러워할 만한 자신감에 차 있었다.

다음 시기의 자유주의자들은 널리 확산된 교육과 문화적 진보가 인간의 사리 분별을 보장하지는 않는다는 것을 알게 되었다. 근대 경제가 언제나 스스로 안정을 유지하지는 않는다는 것을 알게 되었다. 국제 무역과 금융 거래가 평화를 보장하지는 않는다는 것을 알게 되었다. 20세기에 들어와 자유주의자들은, 자신들의 새롭게 부상하는 질서가 자유주의적 자본주의의 성공 자체에 크게 힘입어 도달할 수 있었던 단계에서 전쟁과 야만으로 퇴보할 수 있다는 것을 알게 되었다.

2부

성숙기의 자유주의, 민주주의와 씨름하다
(1880~1945)

LIBERALISM

5장

1880년대의 역사적 상황:

자유주의자들이 만들어가는 세상

1880년 5월 20일, 열아홉 살의 자기 학생과 사랑에 빠진 영국 케임브리지대학의 한 젊은 교수가 그녀에게 청혼했다. 기쁘게도 그녀는 수락했다. 그는 경제학과 철학을 가르치는 네빌 케인스였다. 그녀는 자유주의 성향의 회중파 목사의 딸이자 고학력 여성에 대한 편견이 시들 무렵의 이른 수혜자였던 플로렌스 브라운이었다. 그들은 곧 결혼했고, 1883년 6월에 맏아들 존 메이너드가 태어났다. 네빌은 논리학에 대한 책과 경제 방법에 대한 책을 계속 쓰고 있었다. 소년 법원의 개혁과 공적 삶에서의 여성의 기회를 지지한 플로렌스는 케임브리지의 첫 여성 시의원이 되었고, 이후 그곳의 시장이 되었다. 약 70년 후인 1945년 겨울, 이제는 영국 상원의원이자 세계에서 가장 유명한 경제학자인 아들은 허우적대는 조국을 위해 마지못해 미국의 차관 조건에 서명했다. 영국은 조건 없이 50억 달러를 원했지만 결국 조건부로 37억 5000만 달러를 받게 되었고, 3개월의 교섭 기간에 케인스는 그것이 협상이라기보다는 구걸에 가깝다고 느꼈다. 그는 좌절감 속에 워싱턴을 떠났고, 탈진하여 병이 났다. 그리고 4개월이 채 지나지 않아 사망했다.

이 책의 서두에서 이야기된 빌헬름 폰 훔볼트와 마찬가지로 메이너드 케인스는 혼란스러운 세상을 살았다. 이 두 사람은 비할 데 없는 경제 발전, 전례 없는 경제 혼란, 유례없이 엄청나게 파괴적인 전쟁, 계급과 사회 중추 세력과 국가에 있어서의 성쇠, 법과 정치에서의 일대 변화를 목도했다. 훔볼트는 자유주의 이전의 세상에서 태어났고, 자유주의가 뿌리내리던 시기에 사망했다. 케인스는, 완전히 자유주의적이지만 처음에는 본질적인 면에서 민주주의가 아직 정착되지 않았던 세상에서 살았다. 그는 자유주의가 오랜 시간에 걸쳐 경제적·정치적·윤리적으로 민주주의와의 내키지 않는 타협에 이르게 된 것을 지켜보았고, 그의 사상 중 일부는 그러한 타협을 확고히 하는 데 일조했다. 그는 그 역사적 타협에서 나온 결과물의 좀더 안정적인 형태인 자유민주주의가 자유주의에 두 번째 기회를 주게 되었을 무렵에 생을 마감했다.

훔볼트 시대의 자유주의자들은, 사회의 잘못은 다른 사람들에게 속한 것이고 그 잘못을 바로잡는 일은 자신들에게 속한 것이라고 철석같이 믿고 있던 세도가들의 반대파였다. 케인스 시대의 자유주의자들은 더 이상 반대파가 아니었다. 그들은 정부를 이끌었고, 자신들의 시대를 건설하는 주역이었다. 자유주의의 이상들은 이제 정설이 되었다. 자유주의자들은 실제로 정치적 권력을 쥐고 있지는 않지만, 정치에도 자유주의적 성격이 점점 더 유입되었다. 자유주의자들은

1880년대에서 1940년대까지의 성공과 실패를 인정했다. 성공도 실패도 많았던 만큼, 1945년 이후에 출현한 민주주의적 자유주의는 단련되고 세련되어 있었다.

훔볼트가 죽은 해인 1835년이 그런 것처럼, 케인스가 태어난 해인 1883년은 흥미로운 시간대였다. 이해는 케인스 외에도 많은 경제학자와 관련 있었다. 조지프 슘페터가 2월에 태어났고, 그다음 달에 카를 마르크스가 사망했다. 6월에 독일제국 의회는 의무적 건강보험 법안을 통과시켰는데, 이는 유럽 제일의 경제 싱크탱크를 만든 구스타프 슈몰러 같은 새로운 사회 전문가 유형의 지식에 기초한 것이었다. 미국에서는 어빙 피셔가 예일대학에 진학하기 위해 공부하고 있었는데, 나중에 그는 통화 전문가이자 사업 도산에 대한 연구자로서 그 대학에 남는다. 스위스 로잔에서는 프랑스 태생의 경제학자 레옹 발라가 시장 균형에 대한 자신의 수학적 기술을, 즉 연립방정식으로 제시된 자기 안정화 질서에 대한 자유주의의 꿈을 가다듬고 옹호했다. 영국에서는 케인스의 미래 스승인 앨프리드 마셜이『경제학 원리』(1890) 원고를 쓰고 있었다.

정치적으로, 자유주의자와 사회주의자들은 자신들이 진보의 왕좌를 놓고 경쟁하면서도 진보라는 대의에 있어서는 연합하고 있다는 것을 어렴풋이 알아차리기 시작했다. 1883년 8월, 미국의 노동 운동 지도자 새뮤얼 곰퍼스는 워싱턴의 한 의회 위원회에 출석해 노조가 "사회의 더 급진적인 요소들"을 방지한다고 말했다. 비스마르크의 반사회주의법 때문에 스위스로 망명한 에두아르트 베른슈타인은 박애로의 혁명적 도약에 대한 희망을 버리고 점진적 개혁을 통해 자본주의를 변화시킬 것을 독일사회민주당에 촉구했다.

1883년에 이르러 자유주의자들은 자신들의 높은 시민적 이상이 배제 없이 모두에게 적용될 수 있음을 수용하라는 도전에 직면해 있었다. 베를린의 작가 헤트비히 돔은 여성의 투표권 획득을 위한 캠페인을 시작했다. 성별에 대한 사회의 차별은 자연적 다름에 의거한 것이 아니라 변덕스럽고 편파적인 인습에 의거한 것이라고 그녀는 주장했다. 오마하족의 족장인 '서 있는 곰'은 미국 동부 지역을 돌면서 아메리카 원주민의 법적 보호를 요구했지만, 그들은 결국 시민이 되지 못하고 배제되었다. 법치는 아메리카 흑인들을 배제하는 데 가혹했다. 10월에 미국 대법원은 "공공 편의 시설"—먹고 마시는 곳, 합승 마차, 선박, 기차, 극장—에의 유색인 출입 금지를 불법으로 규정한 1875년의 시민권법을 폐지했다.

지적으로, 이성적 자립이라는 자유주의의 윤리적 이상은 재검토되었다. 1883년에 프리드리히 니체는 『차라투스트라는 이렇게 말했다』 1부와 2부를 출간했는데, 이는 어떤 이들이 해석한 대로 자유주의적 진보에 대한 도덕주의적 신념을 뒤집자는, 혹은 다른 어떤 이들이 해석한 대로 신 없는 무의미한 세상에서 인간적으로 받아들일 수 있는 윤리를 찾자는 그의 다의적 호소로 한 걸음 더 나아간 것이었다. 오스트리아 빈의 한 정신병원에서 젊은 의사 프로이트는 마음의 내용이 우리에게 빤히 들여다보이고 의지만 있다면 통제될 수 있다는 안이한 생각을 근저에서 뒤흔들게 되는, 인간 정신에 대한 분열된 그림을 생각하기 시작했다. 소시에테société, 소사이어티society, 게젤샤프트Gesellschaft라는 말은 사람들이 환대받을 수도 있고 그렇지 않을 수도 있는 응접실을 더 이상 뜻하지 않게 되었고, 프랑스에서 처음 명명된 사회학sociologie이라는 새로운 학문의 대상으로서 정치에서 부각되기 시작했다.

경제적으로, 1880년대는 1873년과 1893년의 두 차례 충격적인 공황 사이에 낀 회복의 시기였다. 그 짧은 주기가 걱정스럽긴 했지만, 그 두 번의 공황은 19세기 말의 오랜 상승세 중에 발생했다. 1869년부터 1913년까지의 기간에 프랑스의 연 평균 소득은 달러로 환산하면 2000달러에서 3500달러로 증가했고, 독일은 1900달러에서 3600달러로, 영국은 3000달러에서 4900달러로 증가했다. 미국에서는 1870년에서 1890년까지의 기간에 1인당 실질 소득이 거의 두 배로 뛰었다. 심지어 가난한 계층에서도 삶이 개선되었다. 1880년대부터 계속 실질 소득이 상승했는데, 이는 물가가 안정되거나 떨어지고, 가족의 규모가 작아지고, 의료와 도시 위생이 개선되었기 때문이다. 그러나 모두가 똑같이 이득을 본 것은 아니었다. 채무자, 농민, 장인, 영세 사업체들은 다른 이들에 비해 집단적으로 고통을 겪었다. 부는 불균등하게 확산되었다. 독일의 불평등 양상이 대표적이었다. 1913년에 독일 가구의 10분의 1이 총소득의 40퍼센트를 차지했고, 5분의 2가 36퍼센트를 차지했으며, 절반 정도가 25퍼센트를 차지했다. 노동자들은 팽창하는 경제의 좀더 공정한 분배를 요구하며 자기 방어에 나섰다. 1890년부터 1913년까지의 기간에 노조에 가입한 비농업 노동 인구의 비율은 영국에서는 10퍼센트에서 25퍼센트로, 독일에서는 5퍼센트에서 25퍼센트로, 미국에서는 2퍼센트에서 10퍼센트로 증가했다.

이에 따라 1880년대부터 1940년대까지 두 가지 서술이 경합했다. 미국의 경제사학자 토머스 K. 매크로의 구절을 빌리자면, 사회주의 서사는 '부자의 집'과 '빈자의 집'을 대비시켜 이야기했다. 그것은 노동자와 빈자들을 짓뭉개는 착취적인 자본주의적 체제를 이야기했으며, 그 체제가 조만간 더 안정되고 더 평등한 사회 질서로 대체되리라고 보았다. 이에 맞서는 자유주의 서사는 경제가 성장하고 번영이 확산되면서 스스로 야기했던 물질적 갈등을 점차 누그러뜨리는 자유주의적 자본주의를 주장했다. 역사를 되돌아본다면 어떤 서술이 승리했는지는 분명해 보인다. 1880년대에서 1940년대까지의 자유주의자들은, 특히 경제계가 1890년대에 흔들리고 1930년대에 붕괴했을 때, 세상이 공공연한 갈등과 점진적 화해 중 어떤 경제 이야기를 따르고 있는 것인지 좀처럼 확신하지 못했다.

당시에는 아무도 몰랐지만, 1883년에 이르러서는 증기-석탄-운송 혁명이 끝나가고 있었고 화학-공학-전기 혁명이 시작되고 있었다. 그해 1월에 멕시코만과 태평양을 잇는 남태평양철도가 개통되었다. 9월에 완공된 북태평양 철도는 오대호와 미국 서북부를 연결했다. 미국의 큰 회사들은 이제 범국가적인 단일 시장을 갖게 되었다. 독일의 베를린에서는 에밀 라테나우가 지난 10년에 걸친 전기-기계 발견들을 실용화하기 위해 아에게라는 회사를 설립했다. 미국의 오하이오에서는 존 D. 록펠러가 40개의 작은 회사를 합병해, 가정용 전기와 난방을 위한 석유를 정제하는 거대 기업 스탠더드오일을 창립했다. 독일의 만하임에서 카를 벤츠는 최초의 비非증기 기관 자동차를 주물럭거리고 있었다. 머잖아 스탠더드오일회사는 자동차 연료를 위한 석유를 정제하게 되었다. 2부의 끝에서 살펴보게 될 기술적 변화의 예측 불가능성은 "역사의 진전" 이론들, 특히 역사가 자유주의를 뒤안길로 사라지게 만든다고 주장하는 이론들에 대한 칼 포퍼의 공격의 핵심이었다.

1883년에 회사와 소비자는 함께 팔짱을 끼고 상업 지구로 몰려들고 있었다. 1850년대부터 1870년대까지의 기간에 영국, 프랑스, 독일, 미국의 혁신적인 법들은 영리 회사를 제약에서 해방시킴으로써 창의성과 변화라는 새로운 발전적인 힘을 창출했다. 까다로운 국가 승인 없이 회사 설립이 가능해졌다. 회사가 도산했을 때 투자자들의 책임은 그들 자신의 사적인 투자금에 한정되었다. 회사는 설립 때부터 정실, 국가의 간섭, 뇌물에서 자유로웠다. 회사는 위험성에 대한 두려움 때문에 단념하지 않아도 되었다.

부의 확산이 시작되면서, 돈이 온통 필수품을 마련하는 데만 쓰이지 않게 되었다. 처음으로 사람들은 어느 정도 물질적 선택을 했다. 사람들은 경제적 재량을 갖게 되었다. 경제학자들은 사람들을 소비자라 부르고 그들의 선택에 주의를 기울이기 시작했다. 마침내 수요가 공급과 쌍을 이루는 것으로서 경제에 대한 사고 안으로 들어왔다. 소비자는 회사에 꼭 필요한 존재가 되었고, 회사는 소비자의 비위를 맞추고 소비자를 구슬리려 했다. 대량 소비, 대량 광고, 대중 신문은 경제 민주주의와 민주주의 문화를 조성하는 데 일조했다.

부의 확산이 계속되면서, 돈이 남김없이 다 지출되지 않았다. 더 많은 사람이 저축을 하게 되었고, 그것도 새로운 방식으로 저축을 했다. 주식이 점점 대중화되었다. 1883년 11월 월가의 소식을 전하는 기자 찰스 다우는 『커스터머스 애프터눈 레터』라는 주식 예상표를 발행하기 시작했는데, 이것이 다우존스 주가 지수의 전신이다. 금권주의적 습성은 빠르게 확산되었다. 1900년에는 주식을 직접 소유한 미국인이 50만 명이었는데, 이는 인구 150명당 한 명꼴이었다. 1950년경에는 대략 12명 중 한 명이 참여할 정도로 주식 시장이 성장해 있었다. 회사의 연금기금까지 포함하면, 그 무렵에 훨씬 더 많은 미국인이 월가의 증권 시세를 주시하면서 스스로를 일선에서 후퇴한 자본가로 간주할 이유가 있었다.

1883년에는 또한 근대 국가라는 육중한 신형 자동차가 상업 지구로 달려가고 있었다. 여기서 주목하고 있는 나라들의 경우, 1880년대의 정부 지출은 국가 생산량의 10 내지 15퍼센트를 차지했다. 1945년경에는 평화 시에 그 수치가 40 내지 50퍼센트 선을 유지했다. 회사와 소비자들은 쉴 새 없이 불평을 늘어놓았지만, 자기네 편의에 따라 국가를 이용했고, 어려움에 처하면 국가에 의존했고, 국가가 도움이 돼주지 못하면 자신들이 버림받았다고 느꼈다. 애덤 스미스가 간파했듯이, 기업은 멋대로 하도록 정부가 기업을 내버려두기를 바랐지만, 그렇다고 정부가 기업을 등한시하기를 바라지는 않았다. 국가들이 언제나 그랬듯이 근대 국가도 전쟁을 통해 가장 눈에 띄게 성장했지만, 평화 시의 요인들도 작용했다. 1880년대에서 1940년대까지의 기간에 정부는 덜 부패했고, 배타적이거나 수탈적인 사회 중추 세력의 도구로 덜 기능했으며, 더 예측 가능했고, 더 유능했다. 유권자와 기업들이 정부에 더 많은 것을 요구할수록 정부는 더욱더 유능해졌고, 정부의 역량이 커질수록 더 많은 것이 요구되었다.

결국 이 모든 일은 국가의 권위가 확립된 영역에서 일어나고 있었다. 다소간 통합된 근대 국가가 다소간 통일된 국민을 통솔했다. 분열은 존속했다. 사회적으로 말해서, 독일제국은 낙후된 시골인 동부와 발전하고 산업화된 서부로 분열되었다. 미국 역시 남북의 축을 따라 유사한 분열을 보였고, 여기에 인종 문제가 추가되었다. 1861~1870년의 통일 전쟁 이후, 이들 두 나라는 폭력 없이 내적 차이를 해결하려 애쓰는 지역들을 통솔하는 단일한 국가 권위를 갖게 되었다. 영국의 경우, 국가의 권위가 비교적 중앙집중적이긴 했지만, 어떤 면에서는 최소한도로 통합되어 있었다. 이론의 여지가 없는 권위는 가난하고 주로 가톨릭교도로 이루어진 아일랜드까지는 미치지 못했다. 그곳의 인구가 영국 인구의 5분의 1을 차지했는데도 말이다. 이에 반해 프랑스는 1870년 독일에 패해 부유한 산업 지역인 알자스로렌을 빼앗기긴 했어도 통일성이 있었고, 마침내 안정적인 자유주의 질서를 갖춘 제3공화국(1870~1940)에 진입했다. 앞서 사용한 "다소간"이라는 말을 강조할 필요가 있다. 국가적 통일성은 1880~1945년 내내 자유주의 질서에의 기대를 위협할 정도로 계속 지리멸렬했다. 게다가 자유주의적 제국은 다양한 신분의 뒤얽힘과 상충하는 권위들 때문에, 그리고 자유주의 원리에 대한 많은 도전 때문에 비통일성이 한층 더 심각했다.

1880년에 이르러 자유주의자들은 정치, 윤리, 경제의 차원에서 민주주의와 굳건한 협정을 맺어야 한다는 압박감을 느끼고 있었다. 아무것도 정해져 있지 않았고 일탈은 언제나 가능했지만, 19세기 말에 이르러서는 네 국가 모두 우리가 현재 자유민주주의라 부르는 그 공통의 정치 관행으로 수렴되고 있었다. 그 역사적 타협이 바로 1880년대부터 1940년대까지를 다루는 이 2부의 주제다.

정치적으로, 그 타협은 자유주의의 목표와 이상이 가치 있고 재산 있는 사회 중추 세력에게만 적용되는 것이 아니라, 아무리 사회에 하찮고 쓸모없어 보이는 사람이라도, 아무리 가난한 사람이라도 가리지 않고 모든 사람에게 적용되는 것을 자유주의가 수용한 것이었다. 특히 그 타협은 선거 민주주의를 수용하는 것을 의미했다. 결국 노동 계급과 대중 세력은 인민의 의지가 지닌 권위에 대한 자유주의적 제한을 인정하고, 무자비한 자본주의적 변화로부터 인민을 해방시키는 혁명에의 희망을 포기하고, 자유주의적 입헌 절차와 법치와 소유권 존중을 수용해야만 했다. 자유주의의 자신감이 약화됨에 따라, 자유민주주의는 진보적 엘리트의 통치 신념보다는 갈등을 조정하고 이익 집단의 협상을 관리하기 위한 일련의 중립적 절차로 여겨졌다.

윤리적으로, 자유주의자들은 민주주의 사회와 타협해야 한다는 압박감을 느꼈다. 이는 계급에 대한 경멸과 복종에의 거부가 최초의 자유주의자들이 대립했고 전반적으로 대체한 이전의 엘리트들에게만 불리한 것이 아니라 자유주의자들 스스로에게도 불리할 수 있다는 것을 받아들였음을 뜻했다. 그것은 전통에 대한 무관심과 금기에 대한 무시가 자유주의자들 스스로가 소중히 한 이상과 토템들을 탈신비화할 수도 있다는 것을 인식했음을 뜻했다. 또한 그것은 후견인적 권위를 포기하고 자유주의의 윤리적 목표를 책임감 있고 자립적인 품성의 증진에서 선택의 행사로 바꾸는 것을 뜻했다. 19세기에 개인의 해방에 대한 대립적인 자유주의적 시각들 간에 벌어진 오랜 경쟁에서, 콩스탕의 변덕스럽지만 철저하게 충실한 자아가 자립적이고 인도적인 교양이라는 훔볼트의 고전적 이상을 압도하기 시작했다.

경제적으로, 민주주의와의 타협은 자유주의가 자본주의를 구하기 위해 맞닥뜨린 대가였다. 1880년대에 이르러서는 그러한 협상의 윤곽이 분명해지고 있었다. 만약 소수가 다수와 몫을 나누어야 한다면, 다수는 소수의 존재를 인정할 것이다. 만약 자본주의가 우리 생활의 일부라는 것을 노동자가 받아들인다면, 노동자는 자본, 더 높은 임금, 더 안정된 고용과 함께 더 평등한 목소리를 얻을 것이다. 만약 더 부유하고 더 만족해하고 더 거침없이 제 주장을 펴는 노동 계급이 사업에 유리하다는 것을 자본가가 받아들인다면, 자본가는 자본주의가 살아남을 수 있을까 하는 염려를 멈출 수 있을 것이다. 이런 식으로 협상의 윤곽을 그리는 것은 어렵지 않았다. 안정적으로 그 협상이 달성된 것은 1945년이 지나서였다. 자유주의자들이 생각하기에 지배적인 문제는 원칙이라기보다 비용이었다. 자유주의는 민주주의를 감당할 금전적 여유가 있는가? 밀이 나직이 중얼거리고 슘페터와 하이에크가 분명히 제기한 그 곤혹스러운 의문이 민주주의에 관한 자유주의의 경제적 근심에 자리하게 되었다.

밀은 미국에 대한 토크빌의 책 제2권을 검토하면서, 그가 보통선거권과 문화의 평준화와 근대적 상거래를 하나의 사상으로 뭉뚱그려 민주주의로 명명한 것에 불만을 표했다. "이게 대체 무슨 말?" 하는 식의 밀의 반응은 타당했지만, 토크빌 역시 중요한 점을 건드리고 있는 것이었다. 소비력의 확산과 다양한 윤리적 목소리의 점진적 수용은 선거권 확대만큼이나 민주주의적 권리를 보장하는 것이었다. 19세기 말에 이르러 자유주의자들은 세 가지 민주주의적 요구에 직면했다. 그들은 타협했고 자유주의는 살아남았지만, 자유주의자들은 민주주의가 정치적 양식良識과 경제적 활력과 사회의 윤리적 건전성에 끼치는 피해에 대한 걱정을 결코 잠재우지 않았다.

1880년대부터 1940년대까지의 기간에 자유주의자들은 19세기의 선배 자유주의자들이 누렸던 청년다운 자신감을 상실했다. 그들은 자신들의 사상을 시험에 들게 하고 자신들의 사기를 뒤흔드는 당혹스러운 실망감을 맛보았다. 교육과 시민적 자유와 물질적 진보는 편견, 불관용, 분파적 증오를 끝장내지 못했다. 국제 무역과 금융은 전쟁을 몰아내지 못했다. 균형을 잃은 시장 경제는 스스로를 바로잡지 못했다. 1945년 이후 자유민주주의는 두 번째 기회를 얻었다. 그것은 성공했는데, 무엇보다 1880년대부터 1940년대까지의 기간이 준 교훈들 덕분이었다.

6장

자유민주주의를
이끌어낸 타협

1. 정치적 민주주의: 투표권 확대에 대한 자유주의자들의 저항

1790년에 콩도르세는, 교육받지 못했음을 이유로 노동자와 여성들을 정치에서 배제한다면, 머잖아 허가받은 사람이라고는 공법 학위 소지자들밖에 남지 않을 것이라고 썼다. 이런 빈정거림의 핵심은 시민권이 시민의 "능력", 즉 교육이나 재산을 따져서는 안 된다는 것이었다. 함축적 의미는, 모든 사람이 투표할 수 있어야 하고 공직에 나갈 수 있어야 한다는 것이었다. 보통선거권의 선구자적 지지자인 콩도르세는 향후 150년 동안 자유주의자들을 크게 괴롭힐 난제를 정확히 지적하고 있었다. 콩도르세의 협력자인 시에예스는 『제3신분이란 무엇인가?』(1789)에서 부르주아 남성들을 가로막는 정치적 장벽인 귀족 계급과 성직자 신분의 제거를 주장했다. 1793년의 제헌 논쟁에서, 시에예스와 콩도르세는 한 사람도 빠짐없이 모두가 동등한 시민적 지위를 가질 것을 요구함으로써 크게 한 걸음 더 나아갔다. 그들은 여성의 투표권에 대해서는 물러섰지만, 그들의 제안은 당시로서는 급진적으로 민주주의적인 것이었다. 이에 비해 초기 자유주의자들은 민주주의와 관련해 완전히 느림보였다. 19세기까지도 자유주의자들은 어째서 자신들의 열등한 동료들이 완전한 시민권을 가질 "능력"이 부족한지 그 이유들을 교묘하게 늘어놓았다. 자유주의는 마지못해 시민권을 하나의 자격으로 취급하게 된 것뿐이었다.

통치자를 뽑는 투표와 관련해서는 미국이 민주주의적으로 앞서 있었지만, 사실 투표는 "자유" 시민들, 즉 아메리카 원주민이나 노예가 아닌 남성들을 위한 것이었다. 인디언 부족의 구성원은 시민권에서 배제되었다. 하원의 의석을 배분함에 있어서 1787년의 연방헌법은 노예를 0.6명으로 계산했다. 이와 달리 새 헌법은 누가 투표할 수 있는지에 대해서는 언급하지 않은 채 선거 규칙을 각 주에 맡겼다. 독립 후 오래된 규칙과 새로운 원칙들이 어우러져 입안된 주 헌법들은 계층화된 식민지 사회를 반영했다. 많은 주에서 정치적 권리는 종교, 피부색, 재산에 따라 제한되었다. 사우스캐롤라이나주와 노스캐롤라이나주―로크가 이 지역들을 위한 초기 식민지 헌장을 작성한 바 있다―는 비개신교도에게는 공직에 나갈 권리를 주지 않았고, 무신앙자에게는 투표할 권리를 주지 않았다. 매사추세츠주는 남성 시민들이 교회에 가입할 것을 의무화했는데, 교회란 1830년대까지는 사실상 회중파 교회를 뜻했다. 1815년의 2차 영미전쟁 종전 후, 공화국이 안정화되고 서부로 뻗어나가면서 그런 제한은 완화되고 사라지기 시작했다. 온전한 선거 민주주의의 압력은 유럽에서처럼 아래로부터 왔지만, 팽창하는 변경 지역에서 계층화된 선거권을 유지하는 것이 불가능하다는 현실도 한몫했다. 잭슨의 포퓰리즘은 아래로부터의 압력과 외부로부터의 압력을 대변했다. 도시의 자유주의 엘리트들은 무식한 대중의 힘을 두려워했지만, 결국 변화에 굴복했다. 1830년대에 이르러 미국의 백인 남성들은 그들이 어떤 사람이건, 어디에 살건, 얼마나 가난하건, 어떤 종교를 가졌건 간에 거의 예외 없이 투표할 수 있고 공직에 나갈 수 있었다.

19세기의 프랑스 자유주의자들은 1791년의 "좋은" 혁명 헌법을 정당한 것으로 받아들였다. 납세 요건이 참정권자를 걸러내, 선거인단을 선출하는 데서 프랑스 남성의 약 40퍼센트를, 선거인이 되는 데서 약 70퍼센트를, 공직을 차지하는 데서 약 80퍼센트를 배제했다. 하지만 그들은 1793년의 "나쁜" 혁명 헌법은 그릇된 것으로 받아들였다. 그것은 21세 이상의 모든 남성과 1년 동안 프랑스에서 거주하고 일한 모든 외국인에게 시민의 권리를 부여했다. 프랑스는 그때까지 전쟁 중이었고 민주주의적인 1793년 헌법은 결국 적용되지 않았는데, 자유주의자들에게는 그것이 오히려 다행스러운 일이었다. 1830년에, 입헌 통치를 약속한 오를레앙가 출신의 이른바 "프랑스 국민의 왕" 치하에서, 자유주의자들은 권력을 인민에게 맡기지 않았다. 납세 요건을 따르면 대략 프랑스 남성 170명 중 한 명만이 투표를 할 수 있었다. 1848년의 공화국에서 마침내 투표가 모든 남성에게 확대되었을 때, 전제적인 루이 나폴레옹은 그 제도를 유지했지만 그것의 정신을 더럽혔다. 1851년 국민투표에서의 압승은 그의 독재적 쿠데타에 대중적 정당성을 부여했고, 매수 가능한 범속한 유권자에 대한 자유주의자들의 우려를 확인시켜주었다.

프로이센에서는 비스마르크 수상이 투표권에 주목했다. 1867년에 그는 프로이센의 왕과 의회를 설득해 북독일연방 의회를 구성하는 선거에서 보통선거권을 채택하게 만들었다. 독일 통일 4년 후에는 범독일 의회인 제국의회의 선거에서도 유사한 규칙이 적용되었다. 진보 정당들 사이에서, 대중 민주주의는 가톨릭중앙당과 사회민주당에는 알맞았지만, 자유주의 정당들에는 지속적인 분란을 일으켰다.

영국에서는 1832년에 휘그파 개혁법이 투표권을 20세 이상의 사람들 중 약 7퍼센트까지 확대시켰는데, 이는 당시에는 프랑스보다 범위가 넓은 것이었다. 그러나 1848년에 프랑스가 남성 보통선거권을 회복하면서 영국은 민주주의의 느림보가 되었다. 1866년에 자유당 소속 평의원들이 러셀 정부의 2차 선거법안을 좌초시켰다. 반란을 주도한 인물은 1856년에 주식회사법을 만들어 기업가의 정치인이자 노동조합의 적이 된 로버트 로(1811~1892)였다. 그는 사람들, 특히 노동 계급 거의가 아주 간단한 경제조차 이해하지 못한다고 믿었다. 앞서 언급했듯이, 밀에게 동료 하원의원들의 지성을 과대평가하지 말라고 경고한 사람이 로였다. 로는 투표권을 확대하면 기업에 해를 끼치고 자유 계약을 위태롭게 하며 재산권에 위기를 불러올 것이라고 생각했다. 그의 반란은, 잠시 권력을 잡은 보수주의 야당에게 호기가 되긴 했지만, 법을 잠시 유예한 것에 지나지 않았다. 1867년에 성공적인 토리파 법안은 유권자를 220만 명까지 확대했는데, 대략 세 명당 한 명꼴이었다. 로는 화해할 수 없었다. 그는 이제 "미래의 지배자들을 설득해 글자를 배우게 해야" 할 것이라고 의회에 경고했다. "우리는 우리의 지배자들을 교육시켜야 한다"라는 말로 반복된 로의 생각은 지배자 없는 질서의 꿈에서 대중 민주주의가 차지하는 위치에 대한 19세기 자유주의자들의 의심을 전형적으로 보여주었다.

자유주자들의 의심은 최근의 경험에 의해 새로이 활력을 찾은 오래된 원천에서 나온 것이었다. 가장 명백한 것은 대중에 대한 공포였다. 고전적 전통에 따르면 일반 대중은 신뢰할 수 없는 존재였다. 민중의 폭력으로 얼룩진 반세기는 그 교훈을 입증하는 것처럼 보였다. 끔찍한 기억 중에는 1780년 런던에서 벌어진 "로마가톨릭 거부" 폭동, 1787년에 매사추세츠에서 셰이가 일으킨 부채 농민들의 반란, 켄트에서 일어난 캡틴 스윙의 농기계 파괴, 1830년대에 리옹 견직 노동자들이 벌인 공장 점거가 있었고, 1848년 9월의 프랑크푸르트 폭동 중에 발생한 입헌주의자이자 자유주의자인 두 의원의 살해도 결코 잊을 수 없는 사건이었다. 자유주의자들의 다른 모든 공포를 확고히 한 것은 1792~1794년 프랑스를 공포에 떨게 했다고 비난받는 자코뱅파의 민주주의였다. 또한 고전적 전통에 따르면, 겁에 질린 시민들이 독재자에게 질서를 회복해줄 것을 간청하면서 대중의 통치가 대개 대혼란 속에서 막을 내리는 것이 필연적 결과였다. 삼촌과 조카 사이인 두 나폴레옹은 이 두 번째 교훈을 입증해주는 것처럼 보였다.

민주주의적 선거권에 대한 자유주의의 반대는 기껏해야 일시적 지연 작용을 할 뿐이었다. 인구가 늘어나고 부가 확산되고 문해력이 확대되면서, 수적 압력은 선거 민주주의를 저항하기 어려운 것으로 만들었다. 시비를 따져보자면, 동의와 동등한 기회에 의한 통치의 옹호자인 자유주의자들인 만큼 자신들이 스스로를 위해 요구하는 시민의 혜택과 자격을 다른 사람들에게 거부하는 것은 적절치 않았다. 우리는 시민적 존중과 더불어 일반적으로 자유주의적인 "무엇?"이 민주주의적인 "누구?"를 어떻게 자극했는지를 살펴보았다. 선거권 투쟁은 그 "누구?"의 문제의 특별한 사례로 여겨질 수 있다. 20세기 미국의 위대한 진보주의자 존 듀이는 뉴욕 5번가에서 진행된 여성 참정권 행진에 참여한 적이 있고, 그때 "남성들은 투표할 수 있는데 왜 나는 못 하지?"라고 쓰인 플래카드를 읽어보지도 않은 채 즐겁게 붙잡고 있었는데, 말하자면 자유주의자들은 그 문구에 내포된 비난에 대해 좋은 해결책을 갖고 있지 않았다.

민주주의에 대한 자유주의의 양보는 컸다. 자유주의자에게는 일반 시민의 범주를 넘어서는 지식뿐만 아니라 행정 능력과 외교적 수완이 필요했다. 그것들은 대다수 사람의 능력을 넘어서는 결정력과 통솔력을 요하는 것이었다. 이윽고 자유주의자들은 대중 민주주의에 대한 그런 의구심을, 버리지 않고, 묻어두었다. 그들은 전략적으로 한참 후퇴해 보통선거권을 인정했고, 다수에 의한 통치를 마지못해 받아들였다. 다수의 지배가 갖는 한계들에 대한 탐구를 결코 중단하지는 않았지만 말이다. 그 전략적 후퇴의 첫 번째 요소는 인민 주권에 대한 자유주의의 암묵적 합의를 확정하는 것이었다. 자유주의자들이 이해하고 있었던 것처럼, 국민에 의한 정부는 특히 대의代議 representation, 정확히 표현하기articulation, 관료화bureaucratization, 절연insulation이라는 제약을 받아야 했다.

대부분의 자유주의자는, 직접 민주주의라는 고전적 이상에 대해 어떤 감정을 가졌든, 매디슨이나 콩스탕과 마찬가지로, 어떤 규모의 근대 국가에서도 직접적 참여는 현실적이지도 않고 바람직하지도 않다는 것을 받아들였다. 매디슨은 『연방주의자 10』에서 대의민주주의에 찬성하는 소극적인 논거들을 제시했다. 그는 대의에서 대중의 의지의 분산을 보았고, 또한 단일 이해관계나 권력에 의한 모든 지배로부터의 보호를 보았다. 콩스탕은 『고대와 근대의 자유』에서 "가난한 사람들은 제 일을 스스로 하지만 부자들은 집사들을 고용한다"라며 좀 더 적극적인 생각을 추가했다. 콩스탕은 다른 사람들에게 정치를 위임하는 것이 진보와 번영의 다행스러운 부산물이라고 주장하고 있었다. 그러나 근대 행정에 대한 그의 견해는 근대 행정의 복잡성을 무시한 것이었고, 근대 시민들이 자신들의 "집사들"에 비해 얼마나 적은 발언권을 갖고 있는지를 간과한 것이었다. 그의 설명에 의거하면 위임은 오히려 방기에 가까워 보였다. 콩스탕은 그 난점을 인식했지만 크게 난처해하지는 않았다. 그의 요지는 근대 시민들이 정치보다 시간을 보낼 더 좋고 더 즐거운 방법들을 가지고 있다는 것이었다. 이제 명성과 탁월함은 통치나 공직 재임 없이도 가질 수 있는 것이 되었다. 근대 이들은 다른 사람들을 보내 자신의 지시를 이행하게 할 만큼 재산과 교육에 근거한 자신감을 얻어가고 있었다. 그들의 지시가 이행되지 않으면 집사들은 선거에 의해 해임될 수 있었다. 콩스탕은 유일하게 신뢰할 수 있는 민주주의 형태가 대의제라고 결론지었다.

어떤 종류의 대의는 대중의 의지를 정확히 표현하기에는 역부족이었다. 그런 대의는 대중의 의지와 다수의 의지의 잘못된 동일시에 기반을 두고 있었다. 자유주의의 시각에서 부정적 모델로 악명 높은 것이 "나쁜" 프랑스 혁명의 자코뱅파 민주주의였다. 1792년의 공화국에서, 대중의 선출에 의해 구성된 국민공회는 이론적으로는 인민의 의지를 표출하는 곳이었다. 하지만 실질적으로는, 급진적인 파리 분파들에게 휘둘리는 작은 공안위원회가 로베스피에르의 주도하에 결정을 내렸고, 국민공회가 그것을 승인했다. 자코뱅파 민주주의는 포퓰리즘 전통에서 유래했다. 자유주의자들이 보기에 자코뱅파 민주주의 혹은 포퓰리즘적 민주주의는 가짜 평등한 사람들 간의 무질서 상태이거나 다수자를 대리한다고 주장하는 행정 독재였다. 소수자, 지방, 재산, 반대 의견, 공공 질서는 어떤 경우에도 정확히 표현하지 못하거나 매수된 다수자의 일방적 권력으로부터 보호받지 못했다.

인민 주권에 대비되는 자유주의의 이상은 다수자의 의지를 정확히 표현하면서도 억제하는 "공화주의적" 대의 형태였다. 공화주의적 대의는 입헌적 복잡함을 요구했다. 그것은 독립된 법원들에 의해 감독되고 견고한 시민 보호에 제한되는 법의 우위를 요구했다. 자유주의자들은 다수결 투표를 집단적 결정을 하는 실용적인 방법으로 받아들였다. 반면에 어떤 실제의 다수자도 스스로를 최고 권위로 만드는 것은 고사하고 그 자리에 완강히 버티고 있을 수 없어야 한다. 오늘날의 소수자는 내일의 다수자가 되리라는 타당한 희망을 가져야 한다.

인민 주권에 대한 그 "공화주의적" 이해는 자유주의 비판자들에게는 속임수를 쓰는 것처럼 보였다. 그것은 인민의 목소리를 가장 중요한 것으로 만들었지만, 그 목소리를 실제적이든 이론적이든 너무 많은 필터로 걸러서, 추출된 것을 식별하기 어려운 것으로 만들었다. 그 비난이 유효하게도, 자유주의자들은 동의가 희석되거나 암묵적이거나 가상적인 경우에 한해서 동의에 의한 정부를 지지했다. 그들의 이상은 사람들의 목소리가 들리지 않는 경우에 한해서 사람들에게 목소리를 부여하는 것이었다.

이러한 지적에 대응해 자유주의자들은 인민의 의지라는 개념이 올바르게 이해되어야 한다고 주장했다. 인민 주권에 대한 공화주의적 생각은 본질적으로 소극적이었다. 인민이 최고라고 말하는 것은 사실상 어느 누구도 최고가 아니라고 말하는 것이었다. 그런 그림 위에서 최고 권력은, 그리고 그에 따르는 최고 책임은 지평선 너머에나 있을 것이다. 만약 최고 권력이 정착될 수 있다면, 그것은 장악될 수 있고, 일단 장악되면 필연적으로 남용될 것이다. 매디슨과 기조를 그 어떤 단일 권력의 지배에도 저항할 수 있는 방법을 탐구하도록 이끈 것이 바로 이런 생각들이었다. 콩스탕은 『정치의 원리』(1815)에서 그 소극적인 생각을 다음과 같이 밝혔다. "인민 주권에 기초한 사회에서 주권은 한 사람이나 한 계급에 속하지 않는다……어느 개인, 어느 당, 어느 집단도 스스로가 주권자임을 주장할 수 없다는 점에서 인민 전체가 주권자다." 지배자 없는 질서라는 자유주의의 꿈은 분산되고 정착 불가능한 권력과 비개인적 책임이라는 긴밀한 두 가지 생각으로 정치적 형태를 갖추었다.

어떤 방식이 "공화주의적" 요건들을 가장 잘 구현했는지는 논란의 여지를 남겼다. 독일의 많은 초기 자유주의자는, 비록 온전히 이해한 것은 아니었지만, 영국의 헌법을 높이 평가했다. 바덴의 자유주의자이자 여러 권으로 이루어진 『정치학 백과사전』(1845~1849)의 공동 편집자인 카를 벨커는 영국의 헌법을 가리켜 "신과 자연의 가장 영광스러운 창조물이자 인류의 가장 훌륭한 예술작품"이라고 말했다. 유럽 대륙의 다른 자유주의자들은 칸트를 좇았다. 칸트는, 토지 소유자와 부유한 상인들로 이루어진 군림하려드는 영국 의회와 함께 영국 헌법을 과두제적이며 독재적이라고 비판했다. 하나의 국민으로서 영국인들은 세상에서 가장 훌륭한 국민이라고 칸트가 말했다고 전해진다. 그러나 하나의 국가로서 영국은 칸트가 보기에 "가장 파괴적이고 이기적이고 전제적이고 호전적인" 나라였다. 그런 자유주의자들은 그 위대한 프로이센 사상가를 좇아 더 젊고 더 희망적인 미국에 대한 찬양에 동참했다. 프랑스에서 라불레가 민주주의적 자유주의를 요구하기 얼마 전인 1861년에 밀은 보통선거권을 조심스럽게 환영했다. 식자층 유권자들이 선거에서 더 큰 비중을 차지하고 소수당들이 의석을 얻을 수 있는 한, 보통선거권은 효율적인 정부와 시민의 교화를 결합시킬 수 있다고 그는 생각했다.

세계의 주요 민주주의 국가 미국에서 북부와 남부 간의 내전이 벌어진 해는 보통선거권에 대한 자유주의의 의심을 가라앉힐 만한 최적의 시점이 아니었다. 그럼에도 대중 민주주의는 특히 북부 연합이 승리한 이후 불가피한 것이 되어갔다. 1881년에 영국의 자유주의 역사가 액턴은 총리의 딸인 메리 글래드스턴에게 보낸 편지에서, 1867년의 선거권을 넘어 영국에서 선거권을 더 확대해야 한다는 건의에 대해 썼다. 액턴은 "우리는 노동 계급과 정부를 공유하라는 평등의 압박을 받고 있다"라고 그녀에게 말했다. 액턴은 자신이 그러한 불가피한 일에 미소 짓는 몇 가지 이유를 다음과 같이 밝혔다. 좀더 확대된 선거권은 공정하다. 그것은 국부의 원천인 노동에 권한을 줌으로써 경제적 평화와 국가적 번영을 증진한다. 그것은 자칫하면 들리지 않았을 원초적인 의견들에 목소리를 부여한다. 그리고 그것은 어떤 한 분파, 계급, 이익집단에 의한 지배의 가능성을 줄여준다. 액턴은 콩스탕에게 동조해, 노동 계급이 통치하기에 부적합한 것이 아니라고 결론지었다. "모든 계급이 통치하기에 부적합하다"고 본 것이다.

라불레, 밀, 액턴 모두 자유주의자들이 투표에서 대중 민주주의와 화해할 때 채택할 만한 일련의 근거를 전해주었다. 바로 다수자의 비영구성, 다수자에 의해 지배되지 않음, 소수자의 비배제, 평화로운 교체, 시민의 참여, 노동자의 안정, 비정통파의 발언권, 그리고 공정함 ―일반적으로―같은 것이다. 그런 논거들은 이후 이러저러한 조합으로 계속 유지되었다.

수용은 포용을 의미하지 않았다. 자유주의의 의구심은 여전했다. 영국의 법 사학자 헨리 섬너 메인은 『대중의 통치』(1885)에서 민주주의가 입법의 교착 상태를 초래한다고 불만을 표했다. 민주주의는 "전도된 군주제"로서 쿠데타를 조장했다. 아일랜드의 역사가 W. E. H. 레키는 『민주주의와 자유』(1896)에서, 민주주의가 계급 갈등의 관계를 너무 균일하게 다루는 것을 우려했다. 그리고 노동조합 대표단이 거래의 자유를 해치고 산업에의 간섭을 조장한다고 우려했다. 레키의 글에 따르면, 권력은 "가장 무지한 자들"의 수중에 떨어지고 있었고, 겁먹은 중간 계층이 "독재 질서"를 절실히 요구하게끔 몰아가고 있었다. 레키는 대중 민주주의를 멈출 수는 없게 되었지만, 비민주주의적인 상원에 의해 완화할 수는 있다고 생각했다. 또 하나의 우려는 선거권 확대의 재정적 결과였다. 1913년에 이르러서야 영국 정부의 통계 전문가 버나드 맬릿이 그 문제를 적절하게 지적했다. 그는 선거 민주주의에서는 수입이 소수의 좀더 부유한 사람들로부터 조달되는 반면 지출은 주로 "좀더 가난한 사람들"에 의해 관리될 것이라고 예측했다. 여기에 함축된 바는, 모든 사람이 투표권을 갖는다면, 세금을 내는 소수의 중간 계급은 비과세 대상인 다수의 노동 계급도 자기네 몫의 세금을 내야 한다고 요구하리라는 것이었다.

　프랑스와 독일에서 자유주의 성향의 민주주의 연구자들은 대중의 대의代議보다는 엘리트들이 이끄는 관료화에 더 관심을 가졌다. 프랑스와 독일의 사회학자와 정치학자들은 기조의 정신에 입각해 민주주의가 실제로 어떤 식으로 작동하는지를 살펴보았다. 기조는 1851년 한 친구에게, "당신은 군인을 통해 폭동을 진압할 수 있고 농민들을 통해 당선을 얻어낼 수" 있지만 통치를 위해서는 "자연스러운 지배 계급인 상층 계급의 지지가 필요"하다고 쓴 바 있다. 기조가 염두에 둔 것은 태생적인 배타적 지배 계급이 아니라 재산이나 학식을 소유한 개방적인 중간 계급 엘리트였다. 그 세기가 끝날 무렵 정치학자들은 선거 민주주의에 대한 기조의 가혹한 그림을 좀더 사실에 근거해 평가하고 있었다. 그들은 대중 민주주의를 어떤 이상적인 그림과 대조하기보다는, 대중 민주주의의 현실적 메커니즘, 대중 민주주의의 권력의 원천, 대중 민주주의의 통제 수단을 묘사하는 데 착수했다. 그런 관찰자들은 아테네의 아고라나 스위스의 마을 광장 대신에 유기적 조직, 과두제, 관료제를 보았다. 모이세이 오스트로고르스키는 조지프 체임벌린의 버밍엄 코커스와 기관장들이 이끄는 미국의 시 기관들을 통해, 유감스럽게도 정치에서 사적 책임이 축소되고 통제 불가능한 큰 세력들로 대체되는 것을 보았다. 독일의 정치학자 로베르트 미헬스는

『정당론』(1911)에서 "과두제의 철칙" 하나를 제시했다. 좋든 나쁘든, 관료화와 엘리트에 의한 의사 결정은 민주주의적 의지를 약화시킨다는 철칙이었다. 미헬스는 집단으로서의 사람들은 어려운 선택을 하지 않는다고 보았다. 그는 "민주주의는 중요한 문제들에서 권위주의적 해결을 선호하는 특징이 있다"고 썼다. 프랑스의 자유주의 문필가 알랭은 민주주의에 대한 엘리트적 관점을 공유하진 않았지만, 민주주의를 다음과 같은 특유의 경구로 요약했다. "인민 주권이 진지하게 취해진 곳에서는 응접실이란 거의 존재하지 않는다."

"실제 존재하는" 자유민주주의의 그리 고상하지 않은 그림을 수용한 자유주의자들은 하나의 선택에 직면했다. 미헬스의 스승인 막스 베버(1864~1920)는 조심스러운 희망을 택했다. 그가 보기에는 자유주의적인 요소도 민주주의적인 요소도 허위가 아니었다. 그것들이 본래 의미하는 바가 무엇인지를 알아야 했다. 산상수훈의 장황한 이야기보다는 정치라는 일이 "단단한 판자에 느리지만 확실하게 구멍 뚫기"를 해낼 수 있다고 베버는 1919년에 썼다. 사실 권력은 집중화되고 있었다. 행정부는 의회를 지배했다. 정당들은 기계 장치가 되어갔다. 어디서나 방법과 "절차"가 지배하고 있었다. 베버는 그러한 불가피한 점들을 역설했다. 하지만 평생 자유주의자였던 베버는 덜 절망적인 생각으로 그런 그림에 균형을 잡아주었다. 의회의 비판은 여전히 권력에 대한 중요한 교정책이었다. 신임을 잃은 장관을 퇴출시키는 소극적 제재는 투표를 '관대한 척하기' 이상의 것으로 만들었다. 정치인들의 진정한 첫 번째 의무는 "책임 윤리"를 따르는 것인데, 그는 이것이 결과들을 꼼꼼하게 살피는 것을 의미한다고 생각했다. 또한 정치인들은 그럴 필요가 있을 때는 원칙적인 입장을 취해, "다르게는 할 수 없다"고 말할 수 있어야 한다고 베버는 덧붙였다.

베버의 조심스러운 수용 아닌 다른 선택지는 격렬한 거부로, 에콜 폴리테크니크 출신의 프랑스 엔지니어이자 자유주의에 환멸을 느끼게 된 전前 자유주의자 조르주 소렐(1847~1922)이 취한 태도였다. 『진보의 환상』(1908)과 『폭력에 대한 성찰』(1908)에서 소렐은 자유민주주의가 억압적인 가식이라며 혹평했다. 그것은 권력과 활력이라는 진정한 원천을 가리는 가식이었다. 그것은 절차로 불합리함을 가렸고, 논증으로 통념을 가렸고, 대화로 강압을 가렸다. 그것은 그 가식을 깨부술 힘이 있는 유일한 것인 대중의 에너지와 폭력을 억눌러 질식시켰다. 소렐의 주장들은 정연하지 않았다. 그의 설명에서는 자유주의의 가식이 어떻게 그토록 효과적일 수 있는지가 분명치 않았다. 소렐은 나머지 사람들을 얼간이로 만드는, '내가 당신들보다 더 잘 볼 수 있다' 식의 논리의 난점에 봉착했다. 그것은 대중의 이성과 정치적 도덕성을 사람들의 근본적 비합리성을 "부인"하거나 "억압"하는 것으로 간주하는 이른바 진보적 논리의 난점에 봉착했다. 그러나 백치들을 속이고 대중을 마비시키는 가면으로서의 자유민주주의에 대한 소렐의 이야기는 결코 매력을 잃지 않았다. 그것은 열띤 반응을 낳으며 20세기의 반자유주의로 이어졌지만, 결국 재앙적인 결과를 낳았다. 소렐과 마찬가지로 역사적 타협을 경멸한 전前 자유주의자 미헬스는 이탈리아에서 파시즘 지지자로 끝을 맺었다.

자유민주주의에 대한 경제 관련 비판도 제기되었다. 그 비판은 더 차분하고 덜 격정적이었다. 또한 그것은, 1918년 이후 자유주의와 민주주의의 가치들에 대한 비합리적 거부에 크게 영향받은 도덕적 재앙과 마찬가지로 살아남아, 더 긴 생명력을 입증했다. 민주주의에 대한 경제 관련 비판에서 가장 대표적인 인물은 경제사가 조지프 슘페터였다. 슘페터는 체코 출신의 오스트리아인이었다가 훗날 미국 시민권을 취득했고, 1914~1918년 전쟁 전에 시작되어 『자본주의, 사회주의, 민주주의』(1942)에서 정점에 달한 연구 활동을 통해 그 비판의 기초를 닦았다. 슘페터의 핵심 주장은 자유주의적 자본주의에의 요구와 인민 주권에의 요구는 잘 맞물리지 않는다는 것이었다.

"자본주의는 살아남을 수 있을까? 나는 그렇게 생각하지 않는다"라는 슘페터의 말은 잘 알려져 있다. 하지만 그가 곧이어 붙인 단서는 그리 회자되지 않는다. 슘페터는 민주주의적 자본주의가 특정 조건들 하에서 생존할 수 있었다고 덧붙였다. 그 조건이란, 법을 제정하고 집행하는 데 있어 전문 지식을 중시하고, 노동 계급 정당을 통치에 끌어들임으로써 그들의 자제를 촉진하고, 무엇보다 경제와 관련된 의사 결정 영역을 대중의 감시로부터 격리하는 것이었다. 자유민주주의에 대한 경제 관련 비판자들은 특히 세금과 국가 지출이 점점 커지는 것을 우려했다. 그 비판자들이 본 근대 상황에서는, 경쟁하는 이해 관계자들은 그들의 요구 전체에 상한선을 두는 데 유의하지 않는 국가로부터 후원을 받았다. 모든 측에 고르게 후원이 이루어지면서 국가 지출은 늘어났고, 통화 팽창은 통제되지 않을 정도로 위협적이었다. 곧 살펴보겠지만, 슘페터의 바통은 하이에크에게 넘어갔고, 그다음에는 제임스 뷰캐넌 같은 공공선택이론가와 밀턴 프리드먼 같은 화폐경제학자들에게 넘어갔다. 이들이 1970년대의 신자유주의적 격변을 만들어낸 사상가 트리오다.

아무리 자유주의자들이 투표를 제한하거나 투표 비용을 올리거나 투표의 가치를 떨어뜨리려고 애써도, 투표권이 없는 사람들은 계속해서 투표권을 요구했다. 도시 기반의 자유주의자들은 남성 인구 수의 차이 때문에 도시의 유권자보다 시골의 유권자에게 더 많은 발언권이 주어지는 편향성에 반대했지만, 투표권을 여성과 비백인과 노동자 빈민에게까지 확대하는 것에는 저항했다. 전에는 배제되었던 노동 계급 남성과 30세 이상의 여성이 유권자의 75퍼센트를 점하게 된 1918년이 되어서야 영국 성인 인구의 다수가 유권자가 되었다. 특정 대학 졸업자에게 주어진 두 배의 투표권은 무식한 대중에 대한 자유주의자들의 불신을 상징하는 것으로, 1948년까지 폐지되지 않았다. 독일 여성들은 1918년에, 영국의 21세 이상 여성들은 1928년에 투표권을 얻었지만, 프랑스 여성들은 1944년에야 투표권을 얻었다. 미국 남부의 흑인 미국인들은 남북전쟁 이후 연방법에 의해 투표권을 인정받았지만, 1960년대까지 주 법원들의 지지를 받은 계략과 협박에 의해 투표권을 부정당했다. 유럽과 미국 모두에서, 공공연한 투표권 매수 행위가 쇠퇴하면서 선거의 노골적인 부패상은 덜해졌다. 정치에서 발휘되는 로비 자금의 위력은 점점 더 커졌지만 말이다. 게리맨더링과 투표 시스템 선정을 둘러싼 타협들은 선거에 의한 대의제를 완벽히 하려는 시도를 좌절시켰다. 그럼에도 불구하고 적어도 이론상으로는 영국, 프랑스, 독일, 미국이 세기 중반경에 모두 "1인 1표"라는 이상에 다가갔고, 부연 설명 없이 자국을 선거 민주주의 국가로 부를 권리를 획득했다.

보통선거권에 대한 19세기 자유주의자들의 우려가 타당했음을 입증하는 한 가지 측면은 대중 정치가 확산되면서 자유주의 정당들이 쇠퇴한 것이었다. 독일에서는, 1871년의 첫 제국의회 선거에서 두 개의 주요 자유주의 정당이 700만 명 이상의 유권자 중 거의 40퍼센트의 표를 얻었다. 1912년에는 유권자 수가 거의 두 배로 늘어났음에도 그 두 정당이 얻은 표는 25퍼센트로 하락했다. 바이마르공화국에서는, 대규모 독일민주당과 좌파 자유주의 성향의 독일인민당이라는 두 자유주의 정당이 1920년의 첫 제국의회 선거에서 함께 거의 4분의 1의 표를 얻을 정도로 처음에는 가장 강력한 승자였다. 좌파 자유주의자들조차 '우려스러운 법과 질서 수호 정당'으로 몰락한 1932년 11월에, 독일의 두 자유주의 잔존 세력은 각각 1퍼센트와 2퍼센트의 표를 얻는 데 그쳤다.

20세기의 완패는 영국 자유주의자들에게는 급작스럽고 가혹했다. 1831년부터 1885년까지의 기간에 자유무역 연합 세력인 토리당, 휘그당, 급진파, 개혁가들—1859년에 자유당이라는 이름을 얻었다—은 겨우 12년간만 정권에서 밀려났었고, 총 열네 번의 선거 중 1841년과 1874년 단 두 번의 선거에서만 표를 잃었다. 1860년대에 자유당은 60퍼센트의 표를 얻을 수 있었고, 1900년대에도 여전히 50퍼센트의 득표율을 기록했다. 그러나 1930년대에 이르러서는 노동당에 의해 좌파에게 추월당한 영국의 분열된 자유당원들이 10퍼센트에도 못 미치는 표를 얻고 있었다. 1945년의 노동당의 압승—자유당은 6석밖에 얻지 못했다—이후, 노동당 출신의 복지장관 어나이린 베번은 이제 자유당이 하원으로 가기 위해 택시를 탈 수 있게 되었다고 농담했다.

그런 붕괴의 원인은 여러 가지였다. 진보적 정신이라는 점에서 자유주의자들은 우파 정당보다는 좌파 정당들에 더 가까웠다. 반면 경제의 측면에서, 친기업적인 자유주의자들은 노조 주도의 좌파와 불화를 겪었다. 사회적으로, 자유주의 정당들은 대중문화와 어울리지 못했다. 프랑스의 급진적 인사, 독일의 자유주의적 인사, 영국의 휘그파 인사들은 조직화와 홍보에 밝은 더 새롭고 더 전문적인 정치인들에게 밀려나고 있었다. 새로운 정치인들에게 정치란 통치 행위라기보다는 마케팅이었다. 독일의 자유주의자들조차 산업과 상업의 규모가 날로 커지면서 자신들의 핵심 지지층이었던 소상공인들이 쇠퇴하자 19세기의 도시라는 기반을 잃어가기 시작했다. 새롭게 부상하는 "화이트 칼라 프롤레타리아"—상점과 사무실에서 일하는 도시인들—는 진지한 사회적 대의와 자유주의적 토론으로 보내는 저녁 시간보다 더 자극적인 것들을 갖고 있었다. 정치 이론가 존 던은 『민중을 자유롭게 하기: 민주주의 이야기』(2005)에서, 자유주의 의식을 조롱한 H. G. 웰스의 말을 인용했다. 웰스는 1910년에 페이비언협회 개혁가들이 런던에서 개최한 작은 집회를 비웃으며 다음과 같이 말했다. "당신의 눈으로 이 작은 홀을 훑어보라. 영향력 없는 소책자들이 널려 있는 좌판을 보라. 여기 한 명 저기 한 명 흩어져 있는 조직원들을 생각해보라. 그런 다음 스트랜드가로 나가보라. 건물과 상업 지구들의 규모를 보라. 휘황찬란한 광고, 붐비는 차량, 엄청난 사람들을 보라. 그것이 바로 당신이 토대를 바꾸려 애쓰고 있는 그 세상이다. 그러니 이까짓 작은 활동들이 어떻게 보이겠는가?"

일부 자유주의자는 다른 이들에 비해 도시 대중의 북적거림과 광고의 휘황찬란함에 더 잘 적응했다. 그것은 기질의 문제였다. 자유당원으로서 처음 공직에 올랐고 마음으로는 언제나 자유당원이었다고 주장한 윈스턴 처칠은 『위대한 동시대인들』(1937)에 로즈버리 경에 대한 인상적인 에세이를 수록했다. 1890년대에 상원 소속으로 잠시 자유당을 이끈 로즈버리는 선거전을 치를 필요가 없었다. 여기서 처칠은 근대 자유주의자들을 위한 한 가지 교훈을 얻었다. 처칠은 이렇게 썼다. "민주주의 정부에 대해 어떻게 생각하든, 그것의 거칠고 천박한 토대를 실제로 경험해보는 것이 좋다. 정치인 수업의 어떤 부분도 선거전을 치르는 것보다 더 필수적이지 않다." 연단 위에서 고용된 군중을 대상으로 열변을 토하는 것은 어렵지 않았다. 민주주의적 정치인이라면 "무질서한 집회들, 조직적인 반대, 적대적인 소모임들, 비아냥거리는 군중, 쉴 새 없이 쏟아지는 무례하고 종종 어리석기까지 한 질문이 수반되는 떠들썩한 의회 의원 입후보 경험"이 필요했다. 처칠의 교훈은 지금은 뻔한 얘기로 들린다. 자유주의자들은 그것을 배우든가 아니면 그것을 배운 이들에게 횃불을 넘겨주어야 했다. 그렇지 않으면 고상함, 진지함, 높은 감수성을 지닌 자유주의는 언제나 소수자 취향에 머물러 있을 것이었다.

　　자유주의 정당들을 위해서는 아니라 할지라도, 19세기 말에 이르러 대중 민주주의는 자유주의 자체에 대한 일정한 보상을 약속했다. 반대당들이 집권하게 되면서 대중 정치에 더 능숙한 그 정당들은 자유주의 사상을 흡수하고 수용했다. 자유주의가 민주주의에 양보했듯이 민주주의도 자유주의에 양보한 것이었다. 이러한 타협의 자유주의는 잃는 것보다 얻는 것이 훨씬 더 많았다. 왜냐하면 그 역사적 타협의 핵심은 타협의 다짐 그 자체이기 때문이었다. 자유주의의 승리와 더불어, 절대적 지배권을 차지하기 위한 경쟁이라는 정치 개념은 주변으로 밀려났다. 그 개념은 박애를 통한 질서라는 (경쟁 관계에 있는) 사회주의적 그림에서는 갈망 때문에, 사회 통합을 통한 질서라는 보수주의적 그림에서는 원한 때문에 쉽게 사라지지 않고 미적거렸다. 근대의 우파는 적응하는 데 더 느렸다. 그들이 대변하는 이해 당사자들은 좌파 지지자인 박탈당한 사람들보다 잃을 게 더 많았다. 우파는 승산 없는 싸움에 맹렬히 뛰어들었다. 1945년 이후 우파도 정신을 차렸다. 결국 근대 좌파와 근대 우파 모두, 군림하려드는 권력이 시대에 뒤떨어진 공상으로서 거부되어야 한다는 자유주의적 신념을 받아들였다.

자유주의적 타협의 정신이 우세하리라고 생각할 만한 이유들이 있었다. 좀더 넓은 의미의 중간 계급 내에서 사회적 습관과 태도들이 자라나고 있었다. 부르주아의 탁월성 목록에는 이제 근면, 냉철함, 교육이라는 사적인 덕목들에 더해 화이트칼라 직종의 조직 내 덕목들이 추가되었다. 절차, 협상, 원칙주의, 서면 지시, 적대감 없는 의견 불일치 같은 것이었다. 헤겔은 『법철학』(1821)에서 무언가를 키우거나 만들지는 않지만 사회의 "보편적" 이익에 봉사하는 새로운 종류의 시민을 관리자, 조력자, 중재자로 보았다. 비슷한 맥락에서, 기조는 잠재적 조정자라는 "계급 아닌" 계급에 포함되는 중간적 위치의 부르주아 남성을 근대성에 맞는 자연스러운 통치자로 본 바 있다. 토크빌은 자신이 생각한 미국, 덜 귀족적이고 덜 상의하달적이고 덜 위계적인 곳으로서의 미국에서 유럽의 계급 없는 미래를 보았다. 섬광처럼 번쩍 떠올랐던 개념이 이제 역사적으로, 실제적으로 실현되고 있는 것처럼 보였다. 점점 더 빠르게, 노동 분업이 대면 집단의 충성심을 무화시키고 모든 사람을 낯선 이들에게 더 의존하게 만들고 있었다. 사회는 전체적으로는 상호 의존성에 의해 점점 더 응집력을 높여갔지만, 사회 구성원 개개인에게는 더 개방적이고 덜 고정적이며 덜 계층적인 방향으로 나아갔다. 그에 따라 지력, 조직화, 인내, 협상—탁월한 중재자와 조정자의 부르주아적 덕목들—이 대단히 중요해졌다. 베버의 예리한 판단에 따르면, 마르크스는 본질적으로 근대성에 대해 올바른 이야기를 한 셈이었고, 단지 "보편적" 계급을 잘못 골랐을 뿐이었다.

근대의 국가 권력 행사도 보조를 맞추어 변하고 있었다. 통치자는 더 이상 피라미드 꼭대기에 자리한 한 명 혹은 소수가 아니게 되었다. 권위의 영역은 군대의 지휘 계통보다는 교차로들에 교통경찰을 두고 있는 도시 도로망에 점점 더 가까워져갔다. 국가의 폭력 행사 능력은 규모 면에서 놀라울 정도로 커졌지만, 자국 시민들—적어도 새로운 게임 규칙에 도전하지 않는 사람들—에 대한 폭력은 익숙하기보다는 거의 절멸 수준이었고, 협상에 더욱 열려 있었다. 콩스탕은 바쁘고 자기주장이 강한 사람들은 권위적인 방식들을 더욱더 견디기 어려워할 것이라고 추측했는데, 옳게 본 것이었다. 위협과 명령은 권유와 설득에 밀려나고 있었다.

당분간은 그런 말이 귀에 들어오지 않았을 테지만, 다원적 사회에서의 압력단체에 의한 정치라는 자유주의의 그림은 반쯤만 자유주의적이었던 독일제국에서조차 조합, 연맹, 협회들과 함께 정착되고 있었다. 자유주의적 논의와 자유주의적 절차는 마르크스주의 좌파의 매혹적인 극장이나 상처 입은 우파의 신성시되는 예배당에 비해 관심을 끌지 못했다. 경쟁하는 이해관계와 상충하는 믿음들이 부단히 균형을 꾀하거나 협상에 나서는 개방적이면서도 안정적인 질서를 보여주는 자유주의의 그림은 19세기 말에 이르러 가시화되고 있었다. 그런 질서를 확고히 하고 뒷받침하는 것은 또 다른 문제였다. 최초의 자유주의자들이 멀리서 살폈던 것 중 어느 것도 개념적으로 필수적이거나 역사적으로 필연적이지 않았다. 자유주의적 진보에서 자동적인 것이나 돌이킬 수 없는 것은 거의 혹은 전혀 없었다.

2. 경제적 민주주의: "새로운 자유주의"와 국가의 새로운 임무

첫 번째 도전 과제는, 많은 자유주의자가 우려한 바가 경제적 내전으로 전환되는 것을 방지하기 위해서, 가진 자의 집과 못 가진 자의 집을 한꺼번에 덮어주는 공통의 지붕을 만들어내는 것이었다. 그 과제는 1880년대와 바로 뒤이은 몇십 년 동안의 정부들에 의해, 사회 입법, 도시 개혁, 새로운 규모의 조세를 통해서, 그리고 그런 급진적 계획들에 대한 헌법상의 장벽의 제거를 통해서 충족되었다. 지적인 측면에서 자유주의자들의 반응은 나뉘었다. 자유 시장 자유주의자들은 그런 간섭들이 그 자체로 잘못되었다고, 혹은 작동하지 않을 것이라고 주장했다. 그들의 말에 따르면, 자본주의는 스스로를 돌볼 수 있었다. 유럽의 이른바 새로운 자유주의자들과 그들의 사촌 격인 미국의 진보당원들은 급진적 변화가 그 자체로도 옳고 변화의 목표를 달성하는

데도 효과적이며, 나아가 자유주의적 자본주의의 생존과 번영에도 필수적이라고 주장했다. 현저한 재정적·입법적 변화와 그 변화들의 맥락을 훑어보는 것이 그런 주장들을 시대와 결부시키는 데 도움이 될 것이다.

프랑스는 자유주의 사고와 마찬가지로 자유주의적-민주주의적 관행에도 가장 먼저 도달했다. 제3공화국(1870~1940)에서 프랑스는 전형적인 근대에 이르렀다. 1870년대 말경 반동의 위험에서 안전해지자 프랑스는 본질에 있어서 오늘날까지 이어지고 있는, 자유주의적-민주주의적인 공적 삶의 형태를 잘 잡아놓았다. 요건은 자본주의 기업, 효율적이고 전문적인 국가, 계급 차별 없는 투표에 기초한 다당제 민주주의, 개인과 재산을 보호하는 법질서였다. 그 틀을 일컫는 프랑스어는 공화 민주주의démocratie républicaine였다. 이에 대한 적절한 영어 번역어는 훗날 쓰이게 된 "자유민주주의liberal democracy"라는 말이다. 프랑스 자유주의자들은 인지하지 못한 채 자유주의를 실천했고, 자신들이 실천한 자유주의를 지금도 실천하고 있다. 프랑스의 정치 담화에서는 자유주의가 자유방임이라는 신뢰받지 못하는 경제 학설 및 흩어진 개인들의 선택으로 구성된 사회라는 공상적인 그림과 불가분의 관계에 있었다. 프랑스 자유주의자들은 오히려 공화주의와 급진주의를 논했다. 상징과 용어는 차치하고, 프랑스의 집권당들은 지향하는 바에 있어서나 실제에 있어서나 자유주의적이었다. 그 정당들은, 단속적이고 불완전하긴 하지만 도덕적·물질적 갈등이 점점 덜 격해지고 있다는 사실과 프랑스 사회가 중간 계급을 점점 더 성장시키고 있다는 사실을 반영하고 있었다. 1880년 이후, 군주제를 지지하는 우파는 제도의 위협 요소라기보다는 귀찮은 존재였다. 원래의 공산주의 좌파는 소수자의 삶을 보호하는 형태를 보여주었지만, 결코 권력에 다가가지 못했다. 60년 동안 두 개의 자유주의 집단—우파 공화주의자와 좌파 급진주의자—이 번갈아서 혹은 연합해서 정부를 맡았다. 프랑스의 사회당원들은 혁명가를 불렀지만, 자유주의의 옷을 훔쳐 입고서 "부르주아" 내각에서 공직을 수행했다. 사회주의 지도자 장 조레스가 급진당원 조르주 클레망소에게 '늘 유연한 급진주의자들'이 지지하는 바가 무엇인지 이야기해보라고 하자 클레망소는 이렇게 응수했다. "당신은 아주 잘 알고 있다. 그것은 당신의 주머니 속에 들어 있다. 당신이 내게서 그것을 훔쳐갔다."

70년간 지속된 제3공화국의 108개 정부가 비효율성과 경솔함이라는 부당한 평판을 얻긴 했지만, 제3공화국의 성취는 참되고 영속적인 것이었다. 공립 중등 학교들이 모두에게 개방되었고, 집회의 권리가 법에 명기되었다(1881). 노조가 합법화되었고 이혼이 다시 허용되었다(1884). 교회와 국가는, 적어도 이론상으로는 국가를 종교 밖에 유지시키고 종교를 국립학교 밖에 유지시키는, 어색하지만 어쨌든 실행 가능한 불가침 조약을 맺었다(1905). 진보적인 소득세가 법제화되었다(1914). 1900~1940년에, 복지국가의 필수 요소들—노동자 보상, 아동 보조금, 노동이 불가능한 사람에 대한 급여, 노령 연금—이 상호적이고 자선적인 사회 부조 관행들에 이식되었다. 레옹 블룸의 인민전선 정부(1936~1938)는 의무적인 2주간의 유급 휴가와 주 40시간 노동을 추가했다. 비록 긴축의 압력으로 정부의 수당이 곧 다시 삭감되긴 했지만 말이다. 공화주의자 피에르 발데크 루소와 앙드레 타르디

외, 급진주의자 조제프 카요, 사회주의자 알렉상드르 밀랑 등 자유주의 영역 전반에서 개혁이 추진되었다. 테크노크라시는 지역 계획과 농업 신용의 아버지인 에티엔 클레망텔, 엘리트 코스 출신의 저가 주택 주창자인 루이 루쇠르, 단편적으로 이루어진 초기 복지 개혁들을 합리화한 것인 1945년 이후의 사회보장제의 아버지인 피에르 라로크 같은 사람들에게서 지대한 역할을 했다. 그것이 프랑스 자유주의자들에게서 "반국가통제주의"를 일깨우기 어려웠던 한 가지 이유는 프랑스라는 국가가 비교적 깨끗하고 권위 있고 잘 운영된다는 데 있었다.

자유당이 집권한 영국이 프랑스를 바짝 뒤쫓고 있었다. 1906년의 압승으로 굳건한 집권 세력이 된 자유당은 아일랜드 문제를 둘러싼 분열과 거의 20년에 걸친 야당 생활로 인해 지연시키게 된 급진적 입법에 착수했다. 1880년대까지만 해도 자유당 내각들에서 가장 큰 단일 그룹을 형성하고 있었던 것은 휘그당 고위층을 대거 배제한 새로운 자유당이었다. 1884년의 투표권 확대로 그 당은 더욱 새로운 도시 중심적 목소리들을 받아들였다. 1910년 이후 성장하는 노동당에서 배출된 40명의 하원의원은 프랑스처럼 근대적 정치 토대를 이룩한 자유당의 개혁들을 지지했다.

자유당의 입법 내용으로는 학교 급식, 학교 의료 검사, 청소년 처벌 개혁(1906~1908), 70세 이상 노인에 대한 국가 연금(1908), 조선업과 중공업 분야의 고용 보험(1908), 고용 보험의 산업 전반으로의 확대(1911), 국영 병가 급여 보험(1911), 직업소개법(1909), 도시계획법(1909), 상점 노동자의 반일 휴일제(1911), 하원의원들에 대한 급여 지급(1911), 광산 노동자들에 대한 최저임금제(1912)가 있었다. 1909년에 데이비드 로이드 조지가 제출한 "국민 예산"안은 그것들을 전부 감당하고 급증하는 적자를 메우기 위해서 부자의 세금 부담을 높이는 것이었는데, 반개혁적인 상원이 이를 부결했다. 헌법적 권위에 대한 1년에 걸친 다툼 끝에 예산안이 통과되었고, 상원의 권력은 억제되었다. 대체로 1888~1913년의 기간에 사회복지 지출이 6배 증가했으며, 소득세의 최고 세율이 3배 인상되었고, 상속세는 2배 이상 인상되어 20퍼센트가 되었다. 로이드 조지의 개혁들은 영국인 5명 중 2명을 국가의 직접적인 수혜자로 만들었는데, 그 비율은 머잖아 모두를 포함하는 것으로 늘어났다. 부유층에게 그것은 되돌릴 수 없는 사회 혁명이었다. 중앙 차원에서든 지방 차원에서든 영국 국가에 의한 사회 개입 정책은 불평을 낳았지만, 뒤이은 보수당 내각들에 의해 폐기되지 않았고, 1945년의 노동당 정부에 와서는 엄청나게 확대되었으며, 많은 부분에서 바꾸기에는 너무 일상적이고 대중적인 것이 된 나머지 1980년대까지는 심각하게 도전받지 않았다.

이 같은 개혁 활동과 입법의 물결은 미국에서 이어졌다. 1880년에 북부는 저항하는 남부 백인들에게 "재편입"을 강요하려는 시도를 포기한 상태였고, 그에 이은 분파들 간의 휴전은 자본 축적과 산업 진보의 놀라운 폭발을 촉진했다. 독일에서처럼 경제성장의 늦은 시작은 전격적이었고, 결과는 좋든 나쁘든 광범위했다. 거의 모든 사람이 점점 더 부유해졌다. 소수의 사람은 엄청난 부자가 되었고, 비판자들의 눈에 우쭐해하는 부호로 보였다. 19세기의 마지막 몇십 년은 '도금 시대'라고 알려지게 되었는데, 이는 마크 트웨인이 친구와 함께 쓴 탐욕과 부패에 대한 1873년의 유명한 풍자 소설에서 따온 말이었다. 자유주의 개혁가들은 좋은 것을 선전하기보다는 나쁜 것을 바로잡는 데 초점을 맞추었다. 불결하고 무질서하게 성장하는 도시, 안전하지 않은 공장, 검증되지 않은 의약품, 위험한 음식, 도시 차원에서나 국가 차원에서나 돈에 의해 부패한 정치 같은 것들이었다. 유럽에서처럼, 목표는 자본주의를 대체하는 것이 아니라 자본주의를 구하고 완화하는 것이었다.

정치적으로 개혁이라는 대의는 진보당의 위로부터의 개혁과 인민당의 아래로부터의 개혁으로 갈라졌다. 진보당원들은 자유주의적이고 중간 계급에 속했지만, 자기 부류에게만 관심을 갖지 않았다. 그들 중에는 여권 운동가 앨리스 폴, 전미유색인지위향상협회의 초기 유력자였던 아이다 B. 웰스, 안전한 식품과 의약품을 위해 활동한 정부 소속 화학자 H. W. 와일리, 1911년 캘리포니아주 헌법에 국민발의와 국민투표를 넣은 직접 민주주의 지지자 존 헤인스가 있었다. 이들 중 누구도 사회주의자가 아니었다. 이들 모두는 자본주의 신봉자였다. "사회 복음"을 설교한 월터 라우션부시처럼, 이들 중 다수는 도덕적 신념을 따르는 기독교도였다. 진보당의 강령은 당파를 초월한 것이었다. 공화당의 시어도어 루스벨트 대통령과 민주당의 우드로 윌슨 대통령은 모두 진보당의 정책들을 추진했다.

인민당원들은 민주주의적이고 노동 계급에 속했다. 1892년 오마하에서 열린 정강 발표에서 그들은 저금리, 화폐 가치를 떨어뜨려 농산물 가격을 올리기 위해 다시 은을 통화로 지정할 것, 철도의 공적 관리, 공유지의 사회적 사용을 요구했다. 그들의 대변자는 독설과 정치력의 소유자이자 일리노이주의 금주법 지지 변호사인 윌리엄 제닝스 브라이언이었다. 인민당 정책은 민주당을 떠받쳤고, 민주당은 1896년부터 1908년까지 세 번이나 브라이언을 대통령 후보로 선택했지만 그는 매번 고배를 마셨다. 진보당 정책도 인민당 정책도 하나의 목표, 하나의 우선 사항, 하나의 목소리를 갖고 있지 않았다. 그렇지만 진보당 정책과 인민당 정책은 그것들을 미국 정치에서 인식 가능한 어떤 흐름으로 만들기에 충분한 통일성을 갖추고 있었다.

1910년 선거에서, 하원을 장악하고 있던 반개혁 세력은 폐쇄적인 상원조차 막을 수 없었던 입법적 변화의 물결에 길을 내주며 자멸했다. 2년 후 시어도어 루스벨트가 독자적으로 진보당을 만들어 탈당하면서 공화당은 분열되었고, 결국 윌슨이 백악관에 입성했다. 한때 정치학 교수이자 프린스턴대학 총장이었던 윌슨은 뉴저지의 주지사로 일하면서 정치에 뜻을 두게 되었다. 그는 『의회 정부』(1885)에서 의회가 너무 강하고 대통령직은 너무 약하다고 주장했다. 대통령으로서 윌슨은 행정 수반이 "자유롭게 최대한 큰 힘을 발휘할 수 있어야" 한다는 자신의 발언을 실천하기 시작했다. 윌슨은 관세를 낮추고, 연방소득세를 도입하고, 연방준비제도를 만들고, 산업 노동자들이 법적 소송에 대한 걱정 없이 조직화할 수 있도록 노조에 어느 정도 책임을 덜어주는 반독점법을 마련하는 등의 대대적인 개혁 조치들에 서명했고, 이로써 의회의 오랜 적체를 해소했다. 상업과 노동을 담당하는 국bureau들은 대기업과 거대 노조를 위한 로비 장소가 된 부department 들로 재조직되었다. 무역과 산업의 규제가 늘어났다. 윌슨의 두 차례에 걸친 대통령 재임기(1913~1921) 동안에 권력이 행정부로 이동하는 역사적 전환이 이루어졌다.

불완전하게 자유주의적이던 독일제국에는 배우려는 해외의 자유주의 개혁가들이 몰려왔다. 1880년대에 제국의회는 비스마르크의 건강보험 제도(1883), 산재보험 제도(1884), 국영노령보험 제도(1889)를 승인했다. 이 모두가 의무적이었는데, 이러한 특징을 영국의 로이드 조지는 그대로 받아들였고, 미국의 자유주의자들은 1930년대까지, 프랑스의 자유주의자들은 1945년까지 거부했다. 독일에서는 그에 드는 비용을 기업이 3분의 2, 노동자가 3분의 1씩 분담했지만, 국가는 3분의 1을 보조금으로 지불했다. 다른 곳들에서와 마찬가지로 동기는 가지각색이었다. 사회주의자들을 매수하고, 얽히고설킨 기존 제도들을 합리화하고, 노동력을 향상시키고, 국력을 신장시키고, 공정함을 지키는 것이 모두 한몫했다. 또한 비스마르크는 자유주의자들을 분열시킬 기회를 노렸다. 앞서 보았듯이, 리히터와 그의 소기업 중심의 자유주의자들은 원칙적으로 반대했다. 대기업 중심의 국가자유당원들은 원칙적으로는 수용했지만, 비용에 대해 불만을 가졌고, 제국의회에서 비스마르크의 제안을 마지못해 지지했다. 기안을 맡은 사람은 비스마르크의 경제 자문인 테오도어 로만이었다. 또한 구스타프 슈몰러와 루요 브렌타노 같은 사회정책연합의 경제학 교수들이 강력한 지적 영향을 미쳤다. 구스타프 슈몰러는 자유주의적인 제정주의자였고 루요 브렌타노는 자유주의적인 영국 예찬론자였는데, 이 두 개혁가는 조롱조로 "종신 사회주의자들"이라고 불렸다.

프로이센에 대한 외국 자유주의자들의 감탄은 엇갈렸다. 독일의 공공 행정은 일반적으로 하나의 모델로 간주되었다. 앞서 언급한 것처럼, 코브던은 독일의 학교와 우수한 공무원들에 대해 열광했다. 프랑스-프로이센 전쟁에서 많은 영국 자유주의자가 독일 편을 들었다. 밀은 1870년 헨리 포셋에게, 영국인들은 독일인들이 누구를 상대로 싸우고 있는지를 기억하는 게 좋을 것이라고 썼다. 그 상대는 바로, 프랑스인이 아니라 독재자 나폴레옹 3세였다. 영국의 "새로운 자유주의자" 레너드 홉하우스는 자기 마을의 선술집에서 사람들이 프로이센의 스당 전투 승전 소식에 환호하던 것을 기억했다. 그러나 1880년대에 외국 자유주의자들 사이에서 의심이 커지면서 독일에 대한 감탄은 식었다. 독일의 중앙 권력은 너무 강했고, 독일의 제국적 목표들은 너무 광범위했으며, 비스마르크의 기질은 너무 억압적이었고, 자유주의의 저항은 너무 약했다. 경제의 측면에서, 독일의 자유주의자들은 리히터처럼 원칙적이지만 무시당했거나 신중상주의자 슈몰러처럼 거의 자유주의적이지 않았다. 외국의 비판은 쉽게 납득되는 것으로, 나중에는 논쟁의 여지 없이 견고한 것이 되었다. 20세기 독일의 역사가 19세기 독일의 "자유주의 결손"을 충분히 확인해주지 않았던가? 사실, 문제는 더 복잡했다.

빌헬름 시대의 독일은 반쯤 자유주의적이거나 불완전하게 자유주의적이거나 뒤죽박죽 자유주의적이었지만, 그렇다고 자유주의적이지 않거나 반자유주의적인 것은 아니었다. 1860년대부터 1890년대까지의 자유주의 압력 덕분에 독일은 공개 시장, 법치, 공립 학교, 유대인의 시민적 해방, 의회와 언론에 의한 정부 감시, 결사의 자유를 포함한 여러 시민적 자유를 획득할 수 있었다. 1890년의 비스마르크 실각 이후 자유주의자들은 프로이센에 소득세를 도입할 수 있었지만, 아직 독일 전역에 소득세를 도입하지는 못했다. 그들은 비민주주의적인 프로이센 의회의 방해 공작을 깨는 데 실패했다. 그 두 가지 변화는 자유민주주의가 그랬듯이 1918년까지 기다려야 했다. 그때에 이르러서야 토대가 마련되었고, 자유주의자들이 그에 대한 공적을 주장할 수 있었다.

빌헬름 시대 독일의 "자유주의 결손"에 대한 지나친 강조는 자유주의의 순도를 따지는 인위적 기준들에 기초한 것이었다. 약간의 수치만 보더라도, 당시에 독일이 이웃 국가들보다 더 자유주의적이었음을 알 수 있다. 1890년부터 1900년까지 독일은 숙적 프랑스보다, 그리고 급속히 산업화하고 있던 동쪽의 경쟁자 러시아보다 훨씬 적은 돈을 국방비로 썼다. 독일이 대대적으로 해군력 경쟁에 뛰어든 것은 1898년이었는데, 슈몰러가 언급했듯이, 그 이유는 자유무역 국가 영국이 바다를 독점했고 그 독점을 잃지 않으려 했기 때문이다. 영국의 자유주의자들은 연금뿐만 아니라 전함들에 돈을 대기 위해 소득세를 인상했다. 제1차 세계대전 직전에 자유주의적인 영국은 앵글로페르시안석유회사를 사실상 국유화했는데, 그것은 증가하는 전함들에 이제는 석탄 아닌 석유를 원료로 공급해야 했기 때문이다. 1900~1910년에 독일의 제조업 세율은 13퍼센트를 유지해, 프랑스의 20퍼센트나 터무니없이 높은 미국의 44퍼센트에 비해 대체로 훨씬 낮았다. 자유주의의 순도를 따지는 또 다른 공통 지표인 산업 집중에 대해 말하자면, 전쟁 이전의 독일 회사들 중 16개만이 200만 파운드—오늘날로 치면 약 15억 파운드—이상의 자본을 보유하고 있었다. 반면에 영국에는 그런 회사가 41개 있었고, 따라서 영국에서는 자유 시장 자유주의의 영웅인 독립적인 기업가는 사라지고 있었다.

논란의 여지가 있는 전범국으로서의 1918년의 독일, 논란의 여지가 없는 도덕적 파멸을 드러낸 1945년의 독일에 비하면 1914년 이전의 독일은 정치적으로 유별날 것이 없었다. 제국의 중앙에서 이루어지는 의사 결정에는 강력하고 검증된 의회의 견제가 부족했다. 황제와 총리의 특권적인 힘이 상당했다. 육군과 해군 참모들의 영향력은 적절한 시민적 감시를 벗어나 있었다. 1871년 이후 영국과 프랑스의 자유주의자들은 호전적인 이들이 팽창적 권력을 장악한 것으로 독일을 묘사하는 경향이 있었는데, 이러한 그림도 공상은 아니었다. 독일의 정치인과 지식인들은 방어적으로 "힘"이라는 말을 되풀이하고 현실주의라는 미명 아래 원칙을 무시했는데, 이는 이웃 국가들을 불안하게 했고, 심지어 그 허풍선이들 스스로를 납득시키기 시작했다. 그 모든 것이 사실이었다. 그러나 독일의 국가 조직은 너무나 얽히고설켜 있어서, 결정을 이행하는 데는 명령보다 협상이 필요했다. 영국과 프랑스의 군사 계획 수립자들도 민간 정치인이 통제하기 힘들었다. 오히려 독일의 수많은 연맹, 연합, 압력단체는 공무에서 영국과 프랑스의 그것들보다 더 큰 역할을 했다.

다른 측면에서도 독일의 자유주의는 그다지 뒤처져 있지 않았다. 현대 미국 정치학의 아버지 존 버지스가 『비교 헌법』(1890)에서 판단한 바에 따르면, 독일의 사적 자유 보장은, 사실상 국가가 거의 견제되지 않는 곳이었던 프랑스와 어떤 정부가 들어서건 의회가 늘 강력한 곳이었던 영국의 유효한 사적 자유 보장보다 강력했다. 세계의 부러움의 대상이던 독일의 시 정부는 1914년과 그 이후까지 주로 자유주의자들의 수중에 있었다.

많은 독일인은 독일이 프랑스나 영국보다 더 문명화되고 더 선진적이고 덜 호전적이라고 느꼈다. 또한 그들은 심지어 자신들이 더 자유주의적이라고 여겼다. 1914년 전쟁이 일어나자, 그래픽 아티스트 루이 오펜하임이 만든 독일의 한 선전 포스터는 "우리가 야만인인가?"라고 묻고 있었다. 그 포스터에는 여러 수치를 보여주는 표가 제시되어 있었는데, 그것을 보면 독일은 영국에 비해 사회 부조에 20배, 학교에 3배 더 많은 지출을 했고, 4배 더 많은 책을 출판했으며, 6배 더 많은 산업 특허를 냈고, 4배 더 많은 노벨상 수상자를 배출했음을 알 수 있었다. "누가 군국주의자인가?"라고 묻고 있는 또 다른 포스터는 영국이 1700년 이래 프로이센보다 3배 더 많은 전쟁을 치렀고, 이제는 독일보다 50퍼센트 더 많은 군비를 지출하고 있음을 보여주었다.

대중 정당들이 독일 자유주의자들에게 도전한 것은 특별한 일이 아니었다. 앞서 살펴보았듯이, 영국의 자유주의자들도 1920년대 이후 점차 감소하며 소멸해갔다. 독일의 동프로이센 융커들만이 자유주의 세계의 "봉건적" 잔재인 것도 아니었다. 보수적인 방해 세력이 지방 중심의 프랑스 상원에 남아 있었는데, 제3공화국의 자유주의자들은 그러한 상원을 결코 타파하지 못했다. 1913년까지 미국의 상원의원들은 선거에 의해 직접 선출되지 않고, 대표성이 없는 주의회들에 의해 선발되었다. 그때도 상원은 완강한 남부 민주당원들의 교묘한 방해 속에서 자유주의 개혁을 계속 지연시켰다. 끝으로, 태도, 구조, 절차의 차이들이 결과의 큰 유사점들을 흐리게 해서는 안 된다. 빌헬름 시대의 독일에서 자유주의의 경쟁자들은 더욱 제정주의적이었고, 동등하게 무력 사용에 신속했으며, 마찬가지로 자신들의 광적 지지자와 국가주의자들을 너무 방임하고 있었다. 복잡다단한 독일은 복잡다단한 자유주의 세계의 외부가 아니라 내부에 속해 있었다.

3. 윤리적 민주주의: 윤리적 방임과 불관용의 지속

프랑스의 사회사상가 셀레스탱 부글레가 인식한 것처럼, 그 시대의 자유주의자들은 경제적·재정적 갈등보다 자신들을 더 걱정해야 했다. 그는 근대 민주주의 사회가 자유주의자들의 윤리적 이상들을 발전시키기도 하고 위협하기도 했다고 보았다. 배타적 증오가 퍼져나가는 만큼 타자들에 대한 따뜻한 수용도 확대되고 있었다. 근대성은 사람들을 고정관념의 권위에서 해방시킨 만큼이나, 편견에 새로운 힘을 부여하는 것처럼 보였다. 부글레(1870~1940)는 사회학자 에밀 뒤르켐의 협력자이자, 레몽 아롱을 비롯한 좀더 젊은 세대 프랑스 자유주의자들의 스승이었다. 30세 이전에 학계의 주역으로 떠오른 인물, 인도 카스트 제도에 대한 전문가, 훗날의 고등사범학교 교장인 그는 『형이상학과 도덕』지의 창간자 중 한 명이었고, 뒤르켐이 만든 『사회학 연보』의 편집자였다. 좌파 자유주의자인 부글레는 급진적 대의에 적극적이었고, 반드레퓌스 운동에 대응해 만들어진 프랑스인권연맹(1898)의 초기 지지자였다. 소렐 같은 전前 자유주의자들에게는 편파성과 불관용에 빠지는 것이 아주 신나는 일이었고, 진정한 열정을 승인하고 자유주의적 위선을 떨쳐버리는 일이었다. 부글레 자신은 개방과 수용의 편에 전적으로 동조했다. 그러나 그는 편견과 배제의 힘을

알고 있었고, 자유주의자들이 편견과 배제에서 벗어나 있지 않다고
보았다.

부글레는 탁월한 논문 「평등 사상」(1899)에서, 자신의 역할을 마
음대로 혼합할 준비가 되어 있는 것이 오늘날의 사람들에게서 나타나
는 현저한 특징이라고 정확히 지적했다. 부글레는 카스트, 계급, 종교
를 정형화하는 것이 사람들에 대한 근대적 이해와는 상반된다고 지적
했다. 어떤 사람인지, 어떤 사람이 되기로 선택했는지를 막론하고 모
든 사람에게 기꺼이 시민적 존중을 보여주는 것이 바람직한 자유주
의 요건의 하나임을 시사한 것이었다. 이 이상화된 묘사에 따르면, 국
가와 사회는 참신하고 대개는 불온한 길에 들어서는 사람들을 내버려
두기를 요구받고 있었다. 국가와 사회가 그런 것처럼, 자유주의자들도
자신들이 충분히 대비하지 못한 도전에 직면하게 되었다. 만약 근대
인 대다수가 편견에 사로잡힌 광신자나 인종차별주의자가 되기로 선
택한다면 어떻게 되겠는가?

부글레는 「자유주의의 위기」(1902)에서 바로 그 문제를 다루었다.
불관용의 지속은 놀라운 일이었다. 다년간 자유주의자들은 "상황의
결탁"을 마치 잠을 자기 위해 베는 "베개"처럼 사용해왔다고 그는 썼
다. 과도한 자기만족 없이, 최초의 자유주의자들은 불관용을 개념적·
역사적으로 어느 정도 해결된 것으로 다룰 수 있었다. 작동을 매끄럽
게 하는 일이 남아 있을 뿐이었다. 그러나 그 전략적 승리는 이루어진
것이었다. 19세기 초반에 많은 진지한 자유주의자는 근간이 되는 신
조도, 통합을 가져오는 동족적 충성도 근대의 사회 질서에는 필요치
않다고 여겼다. 교조적이거나 분파적인 퇴보는 최악의 경우에도 단지

자유주의적 근대성의 행복한 경로에서의 일시적 이탈로 비칠 뿐이었다. 그런데 최근 동향은 자유주의자들을 깜짝 놀라게 하는 것이었다. 그들은 어쩔 줄 몰랐다. 열린 마음으로 불관용을 용인해야 하는가, 아니면 인종적·종파적 편견에 대해 국가 권력을 동원해야 하는가? 자유주의자들은 윤리적 부조화 속에서 시민적 조화를 꿈꿨었다. 하지만 근대 사회는 그런 식으로 되어가고 있지 않았다.

경력 초반에 부글레는, 그 자신의 분야에서 큰 포부를 가진 사람이라면 유럽인이든 미국인이든 누구나 응당 해야 하는 일을 했다. 독일로 가서 사회 개혁을 공부한 것이다. 그는 거기서 실업보험에 대해 많은 것을 배웠고, 심오한 교훈도 얻을 수 있었다. 물질적 불평등만이 갈등의 원천인 것은 아니었다. 윤리적·문화적 차이들은 시간이 가면 타개하기 더 어려워질 수 있었다. 부의 증대는 그 차이들을 몰아내는 것처럼 보이지 않았다. 오히려 부글레가 주목한 곳 어디서나 그와 반대되는 상황이 진실인 듯했다. 독일인들은 문화 투쟁이라는, 가톨릭교회에 대항하는 분열적 운동을 겪고 있었다. 프랑스에서는 반유대주의가 폭발했다. 부글레가 집중 조명하진 않았지만, 반아일랜드적 편견을 갖고 있는 영국 개신교도나 고질적인 인종 차별 의식을 갖고 있는 미국의 백인들도 빼놓을 수 없었다. 어디서나 자유주의자들은 자기 나라가 세계의 나머지 지역을 가르칠 수 있을 만큼 관대함에 대해 일가견이 있다는 거만한 확신을 공유하는 경향이 있었다. 자기가 사는 사회가 뒤처진 사회보다 편견과 배제에서 훨씬 벗어나 있다는 자신감이 워낙 널리 퍼져 있어서—특히 자유주의자들에게—오히려 눈에 띄지 않을 정도였다.

자유주의자들이 단지 어리석거나 위선적인 것은 아니었다. 윤리적 부조화 속의 시민적 조화라는 그들의 꿈은 진실하고 매력적이었다. 도덕적으로 그 꿈은, 사람들의 평등과 권리를 보호하는 것에 관한 격언들로 표현된 개인 존중의 정서들에 정치적 형상을 부여했다. 역사적으로 그 꿈은, 앞서 언급한, 종교적 관용에서 자라나는 시민적 존중이라는 매력적인 2단계 이야기에 토대를 두고 있었다. 사회의 근대성에 대한 부글레의 서술이 적절하다면, 자유주의자들은 이제 그 연속에 따라 3단계에 직면해 있었다. 그 현 단계는 여전히 자유화를 더 진행시키는 것이었지만, 또한 좀더 저항적인 것이기도 했다. 사람들은 더이상 출생의 우연에 의해 주어지는, 혹은 자기 팀에 받아들일 사람을 가리기 위해서 우리 편인지 저쪽 편인지를 따지는 질문에 의해 주어지는 정형화 범주들에 갇혀 있지 않았다. 사람들은 어떤 사람이 될 것인지를 선택할 수 있었다. 이제 사람들에 대한 자유주의적 존중은 국가와 사회가 더 포용력 있게 사람들을 내버려두기를 요구하는 것처럼 보였다. 또한 그 존중은 환영받았다. 그 꿈 자체는 잘못이 거의 없었다. 잘못은, 그 꿈을 실현하는 것이 끊임없이 새로운 균형점을 찾는 일이 아니라 미늘톱니바퀴 같은 일이나 기계적인 일일 것이라고 생각했다는 데 있었다.

19세기 말과 20세기 초에 수많은 자유주의자가 균형을 잘 잡지 못하고 있었다. 독일에서 자유주의자들은 비스마르크를 도와 1871~1874년의 반가톨릭법을 낳았다. 그 법은 정치적 설교를 금지했고, 예수회를 폐쇄했고, 교회를 국가의 감독하에 두었고, 종교 의식 없이 치르는 민간 결혼을 시행했고, 가톨릭교도들에게 소극적 저항을 채택하도록 촉구하는 성직자들을 국외 추방으로 위협했다. 저명한 병리학자이자 자유주의 정치인인 루돌프 피르호가 캠페인을 위해 만든 신조어인 '문화 투쟁'은 여러 가지를 의미했다. 그것은 세속적 근대성과 교회의 윤리적 영향력 상실에 직면한 로마가톨릭교회의 반동에 대한 반동이었다. 그것은 (오판이었지만) 국민국가 건설의 일환으로 대항 권력들을 제한하거나 절멸하려는 경향을 계속 부추기는 것이었다. 자유주의자들에게 더할 수 없이 해롭게도, 한 독일 자유주의자의 언급을 따르자면 문화 투쟁은 "포도나무뿌리진딧물, 콜로라도 잎벌레, 기타 제국의 적들"과 마찬가지로 근절되어야 하는 "촌뜨기 같은" 미신에 대한 진보적 경멸을 표출했다.

무시할 수 없는 인물인 오이겐 리히터를 비롯해 몇몇 독일 자유주의자는 원칙적으로 문화 투쟁에 반대했지만, 대부분의 독일 자유주의자는 문화 투쟁을 지지했고 결국은 후회하게 되었다. 그 일은 역사적 실책으로 판명되었다. 독일 자유주의자들은 가톨릭 유권자들로 하여금 성직자들이 가톨릭 신자를 미혹하고 이용한다고 믿게 하는 데 실패했다. 오히려 가톨릭 신자들은 자유주의자들을 자유를 운운하면서 가난한 이들을 냉혹하게 괴롭히는 자들, 사람들을 현혹하고 이용하는 자들로 간주하는 경향이 있었다. 자유주의 성향의 가톨릭교도들은 교회의 반동적 위계질서에 반대하긴 했지만, 그렇게 공격당하는 것에는 격분했다. 머잖아 가톨릭교도 중 5분의 4가 가톨릭 중앙당에 투표했다. 그 첫 번째 실수를 깨닫지 못하기라도 한 듯, 1880년대에는 많은 자유주의자가 비스마르크의 반사회주의자법을 지지했고, 이번에도 자유주의 원칙의 고결한 옹호자 리히터는 국가 권력의 남용에 반대했다. 이 일은 독일 정치의 진보적 흐름이 1890년대에 이르러 분열하는 데 일조했다. 중간의 자유주의자들은 세상에서 가장 크고 가장 잘 조직된 노동 운동과 세상에서 가장 크고 가장 잘 조직된 가톨릭당 사이에 끼어 역사적으로 중요하지만 쪼그라든 핵심층을 형성했다. 종교가 정치에서 사라지고 가정의 프라이버시와 양심에만 잔존하기를 바라는 자유주의의 희망은 가망이 없는 것까지는 아니지만 적어도 어리석어 보였다.

프랑스 자유주의자들에게 종교 문제는 좀더 간단했다. 프랑스에는 둘이 아니라 하나의 주도적 교회가 있었다. 프랑스에서는 독일보다 깔끔하게, 진보 세력인 좌파와 반교권주의가 반동 세력인 우파와 가톨릭교에 맞서고 있었다. 한편, 프랑스의 가톨릭교회는 독일의 경우와 마찬가지로 잃어버린 권위를 회복하려 하고 있었다. 프랑스의 반교권주의는 반동에 대한 반동이자, 변화에 대한 성직자의 공포와 적의에 대한 반격이었다. 오늘날의 도덕적 보수주의자들과 유사한 목소리로, 가톨릭 반동 세력은 절제, 규율, 복종을 지지하고 계몽주의, 혁명, "데카당스"를 비난했다. 경건에의 압력이 위로부터 가해졌다. 예컨대 루이 뵈요의 과격하게 반동적인 가톨릭 신문 『위니베르』의 격려를 받으며 투사 같은 반근대적 성모승천수도회가 경건을 강요했다. 경건에의 압력은 경건한 순례, 발현 기적의 목도 같은 대중적 신앙의 순수한 표현들을 통해 아래로부터도 가해졌다.

프랑스 반교권주의의 좌파 성향은 한결같지는 않았다. 초기 공산주의적인 게드주의자들이 보기에, 종교에 초점을 맞추는 것은 증상을 질병으로 오인해 계급 착취라는 질병을 알아보지 못한 것이었다. 반교권 스펙트럼의 다른 쪽 끝에는 학교와 정치에서 종교가 완전히 배제되기를 바라는 클레망소 같은 투사들이 있었다. 그 양극단 사이에는 반교권적인 목소리와 타협적 의제들이 정도를 달리하며 놓여 있었다. 프랑스의 반교권주의는 양보를 함으로써 세력을 얻었다. 가톨릭은 더 이상 프랑스를 대변하거나 이끌지 않게 되었지만 가톨릭의 문화적 권위는 많이 남아 있었고, 가장 전투적인 반교권주의자들이 보기에는 너무 많이 남아 있었다. 프랑스의 반교권주의자들은 투쟁 중에 종종 반자유주의적으로 행동했다. 부글레가 언급했다시피, 일부 비판자는 자유주의적 개입이 프랑스라는 국가를 교회 같은 하나의 권위로 만들고 있다고 우려했다.

부글레는 자신이 어느 편을 지지하는지 확실히 알고 있었지만, 그렇다고 그가 반종교적 과격파인 것은 아니었다. 부글레가 보기에, 애국심과 마찬가지로 신앙심은 정신적 빈약의 징후가 아니었다. 부글레는 믿음과 믿음으로 인한 정치적 해악을 구별했다. 그가 보기에 전투적인 반교권주의자들은 전투적인 교권주의가 그러듯이 사람들의 사적 영역을 침범할 위험이 있었다. 부글레는 자유주의자들이 미신을 욕하기보다는 극우 국가주의자들의 해로운 공격에 맞서 "1789년의 원칙들"을 수호해야 한다고 생각했다. 그들은 이른바 신자들의 미신이라는 것에 에너지를 쏟을 게 아니라 전투적 교권주의자, 광신적 애국주의자, 반유대주의자에게 에너지를 쏟아야 했다. 그들은 공화주의적인 애국주의로 사람들을 불러 모아야 했다.

「애국심 가르치기」(1904)에서 부글레는 그런 충성심을 부지불식간의 애착과 선택에 의한 헌신 사이의 어디쯤엔가 위치하는 것으로 묘사했다. 부글레가 바란 건강한 애국심은 기억과 정서와 이상에 기초한 것이었다. 그것은 자유주의 원칙에 대한 기조의 충성과 과거의 프랑스에 대한 공상적 숭배의 계통에 속하는 것이었다. 부글레의 민족 감정은 프랑스 영토와 프랑스 국민에 대한 "구체적이고 현실적인" 애착과 공화국의 이상들에 대한 "이상주의적" 헌신 사이에 놓여 있었다. 어디에 선을 그을 것인가에 대한 선택이 1945년 이후 유럽 자유주의자들에게 중요한 문제가 되었고, 부글레의 세대에 비해 운이 좋은 그들은 지역적 자부심과 국가적 시민권과 유럽 통합을 조화시키는 놀랍고 독창적인 답을 생각해냈다.

부글레의 선견지명이 엿보이는 또 다른 글은 「폴리텔리즘」(1914)이었다. 거기서 그는 사람들의 목적, 신념, 희망이 급증하고 있고 다양해지고 있다고 주장했다. 그는 그것을 "폴리텔리즘polytelism"이라 불렀다. 콩스탕이 아주 잘 지적하고 밀이 그보다는 치밀하지 않게 옹호한 근대 사회의 다원적 상태는, 프랑스 사회학의 방식으로 말하자면, 부글레에 의해 사회적 소여로서 제시되었다. 그는 작동 가능한 사회 질서에 도달하자면, 삶의 궁극적 목적에 대한 합의를 기대하는 것은 이제 무리라고 주장했다. 희망할 수 있는 최선은 자유롭게 자신의 목표를 추구하도록 사람들을 내버려두는 공정하고 공통된 사회 원칙들에 합의하는 것이었다. 다시 말해, 정치는 다양한 용도를 가진 건물과 같은 것이어야 한다. 삶의 목표에 관해 완전히 의견을 달리하는 사람들이 그럼에도 어떻게 상호 인정과 관용에 근거한 기본법들 내에서 공존할 수 있는지에 대한 부글레의 생각은 뒤를 돌아보는 것이기도 했고 앞을 내다보는 것이기도 했다. 분명 그의 생각은 1945년 이후에 특히 미국과 독일의 자유주의자들이 추구하고 확장시킨 일련의 원칙을 예고하는 것이었다.

7장

근대 국가와
근대 시장의 경제 권력

1. 발라, 마셜, 비즈니스 출판물: 시장을 대표해 국가에 저항하다

1880년대에, 자유 시장 자유주의라 부를 만한, 혹은 더 적절하게 말해서 기업 자유주의라 부를 만한 일련의 사상이 삼각형을 형성했다. 세 꼭짓점 중 하나는 19세기 말의 한계주의 이론가들에 의해 강화된 시장 경제였다. 또 하나는 계약의 자유라는 원칙으로 압축되는 법적 개인주의였다. 나머지 하나는 비즈니스 출판물로, 이것은 시장 경제를 대중화하고 공론의 무기로 벼려냈다.

두 명의 걸출한 한계주의 주창자는 레옹 발라(1834~1910)와 앨프리드 마셜(1842~1924)이었다. 프랑스인 발라는 로잔대학 교수였다. 영국인 마셜은 케임브리지대학 경제학과 교수였고, 『경제학 저널』을 창간했다. 발라는 경제학의 수학화를 개척했고, 마셜은 사고과는 일상적 행위에 참여하는 사람들에 대한 연구로 경제학을 재정립하는 데 앞장섰다. 두 사람 다 경제학을 덜 역사적인 것으로 만듦으로써 경제학을 더 과학적인 것으로 만들고자 했다. 그들은 어디서나 볼 수 있는 불변성과 패턴을 찾아내 경제학을 시대와 지역에 따른 차이들에서 빼내려 애썼다. 발라는 공학의 개념인 유동과 안정도를 차용해, 일련의 방정식으로 시장 청산의 균형을 표현했다. 마셜은 수학은 부록에 넣고, 생생한 사례들을 통해 건강한 시장 청산을 설명했다. 그들 누구도 경제학을 역사 단계의 큰 진전이나 사회 계급 간의 종국적 충돌로 보지 않았다. 그들의 주제는 더 색다르면서도 더 친근했다. 그것은 하나하나의 물질적 선택을 하는 개개 구매자와 "대표적" 기업들—마셜의 표현을 따르자면—에서 자라난 것이었다. 발라와 마셜 모두, 사람들이 경제학에 대해 나름대로 생각해보려면 가격에 신경 쓰는 개개 행위자 사이의 단순한 교환에서 시작해야 한다고 주장했다. 두 명의 사람을 대상으로 그 일을 할 수 있다면, 여러 명을 대상으로 해서도 할수 있을 것이다. 가격에 신경 쓰는 특정한 교환 당사자들의 상이한 목표와 관심사를 상정하지 않고 그 일을 할 수 있다면, 그들의 행동에서 명확히 경제적인 것을 분리해낼 수 있을 것이다.

발라와 마셜의 핵심 사상 대부분은 1870년대 이전의 다른 경제학자들의 목소리를 되살렸는데, 예컨대 요한 튀넨, 앙투안 쿠르노, 헤르만 고센, 존 스튜어트 밀의 저작들에 산재해 있거나 아직 뚜렷한 형태를 갖추지 못한 채 담겨 있던 목소리였다. 1873년 밀의 사망은 유익한 전환점이 되었는데, 한계 이론들이 그제야 명확해지고 서로 협력하게 되었기 때문이다. 발라와 마셜만이 아니었다. 영국인 스탠리 제번스와 오스트리아인 카를 멩거가 1870년대 초에 동시에 활동하고 있었다. 누가 더 우선적인지에 대해서는 논란이 있을 수 있지만, 발라와 마셜은 흩어져 있는 통찰들을 정합적 사상 체계로 만드는 데 가장 큰 기여를 했다. 1880년대에 이르러 경제학은 연구 프로그램, 직업, 그리고 대중의 논쟁을 부추기는 사상 체계가 되어가고 있었다.

한계주의 해명은 경제적 선택의 성격을 분명히 했고, 그 선택이 일어나는 곳을 분리했고, 좋은 경제적 선택과 나쁜 경제적 선택을 분별하는 법을 제시했다. 한계주의는 경제적 선택이 대체에 의해 작동한다고 가르쳤다. 그것은 하나의 물건을 다른 것, 예컨대 재화, 화폐, 노동, 시간, 만족으로 교환하는 것과 관련 있었다. 모든 경제적 선택은 거래, 심지어 자기 자신과의 거래와 관련 있었다. 경제적 선택은 잃으면서 얻고 얻으면서 잃는 것인 등가 교환으로 여겨지는데, 이렇게 볼 때 경제적 선택은 욕망의 충족에 관한 것이라기보다는 욕망의 재조정에 관한 것으로 이해되는 것이 적절했다. 게다가 선택은, 마셜의 표현을 따르자면, 그런 거래가 가치 있는지 여부에 대한 "의심의 한계"에서 발생했다. 그 불확실성의 한계는 어떤 좋은 것을 약간 덜 취할 경우 사람을 충족시키지 못하고 약간 더 취할 경우 지나치게 충족시키는 어떤 개선 불가능한 지점에 놓여 있었다.

그래서 한계주의자들은 아쉬움이 최소화된 개선 불가능한 한계점을 찾는다는 생각을 신중한 경제적 의사 결정의 한 가지 만능 규칙으로 일반화했다. 즉, 제조든 마케팅이든 구매든 판매든 그 일을 계속할 때의 극히 작은 추가 편익이 그 일을 계속할 때의 극히 작은 추가 비용과 같아질 때까지 계속하다가 멈추는 것 말이다. 한계주의자들이 보여주려 했듯이, 사람들이 모든 거래에서 신중하게 그렇게 한다면, 물질적으로나 금전적으로 매우 만족한다고 말하게 될 것이다. 경제 언어로 말하자면, 무역이나 거래의 대상이 무엇이든, 한계 편익이 한계 비용과 일치하는 그 지점에서 사람들은 "효용을 극대화"하게 될 것이다. 구매자와 기업 모두가 오직 관계자들의 선택에 좌우되는 "자유" 시장에서 제약 없이 그렇게 한다면, 모든 사람의 물질적 바람과 아쉬움은 그 순간 정확히 균형을 이룰 것이다.

『순수경제학 요론』(1874, 1877)에서 발라는 시장 사회에서의 소비자와 기업 간의 일시적으로 만족스러운 균형이라는 개념을 간결한 수학 용어로 분명히 설명했다. 그의 방정식은 소비재, 지대, 임금, 자본 설비, 투자 자본의 가격을 결정하는 것이 무엇인지를 정확히 보여주었다. 발라는 소비자가 효용이나 총체적 만족을 극대화하는 것을 목표로 한다고 보았다. 기업은 이윤을 극대화하는 것을 목표로 했다. 기업은 생산 요소인 노동과 자본을 요구했다. 상품 시장은 소비자의 상품 수요와 기업의 상품 공급이 일치할 때 청산되었다. 요소 시장은 기업의 요소 수요와 소비자의 요소 공급이 일치할 때, 즉 노동의 수요와 공급이 일치할 때 청산되었다. 상품 시장과 요소 시장이 모두 청산됐을 때 경제는 균형을 유지했다. 발라는 다른 상품으로 환산된 한 상품의 상대 가격에 대한 시장 청산을 기술한 뒤 화폐로 환산된 모든 상품에 대한 시장 청산을 기술했다. 경쟁은 결국 생산자의 비용을 최소화하고 소비자의 만족을 최대화할 것이다. 대체적으로 보면, 어느 누구도 형편이 더 나을 수 없다. 그런 균형 상태에서는 모든 사람이 "자신의 욕구를 최대한 충족시킬 수 있다"고 발라는 썼다. 발라의 결함 있는 증명들은 후에 수정되고 개선되었다. 많은 사람이 경제에 대한 그의 수학적 접근을 "지나치게 추상적"이라며 거부했지만, 시간이 가면서 그것은 경제학이라는 학문의 전문적 언어가 되었다. 20세기의 경제 전문가들은 변화율과 관련된 일군의 방정식으로 자신들의 작업을 기술함으로써, 발라를 따라 엔지니어가 유체나 기계 시스템을 다루듯이 경제를 다루었다. 부단히 변화하는 자유주의 세계에, 발라는 이해 가능하고 측정 가능한 질서라는 황홀한 약속을 제시했다.

이전의 밀이나 이후의 케인스와 마찬가지로 발라는 경제학자의 아들이었다. 하지만 그들과 달리 다루기 힘든 학생이었고, 성장이 더뎠다. 그는 프랑스 최고의 공학 학교인 국립광업학교에 입학했으나 마지막 시험을 치르기 전에 그만두었고, 그래서 프랑스 고위 공직이라는 경력을 위해 애쓸 필요가 없었다. 그는 철도회사에서 사무원으로 일했고, 잡지에 글을 썼고, 은행에서 잠시 일했고, 소설을 끄적였다. 발라의 회상에 따르면, 1858년 여름 어느 날의 산책 중에 아버지는 그에게, 당대에 두 가지 큰 지적 임무가 남아 있다고 말했다. 하나는 역사를 과학적으로 만드는 것이었다. 다른 하나는 방황하는 아들에게 권한 것으로서, 경제학을 위해서도 같은 일을 하는 것이었다. 발라는 그 순간이 "결정적"이었다고 밝혔다. 그는 그 일에 착수했고, 전문적 수련은 느렸지만, 사회주의자라는 의혹에도 불구하고 1870년 로잔대학의 경제학 교수직을 얻었다. 거기서 발라는 1892년까지 학생들을 가르쳤고, 그러면서 『순수경제학 요론』이라는 저작만을 출간했다. 최적화된 경제를 단번에 파악하는 방법에 대한 분석적 설명인 그 유일 저서는 여러 분야를 아우르는 것이었다. 슘페터는 발라가 경제학을 정밀한 것으로 만들려는 자기 부친의 콩트적 시도에 부응했다고 보았고, 그런 맥락에서 발라를 최고의 경제학 혁신가로 판단했다.

1906년에 인상적이고도 결정적인 일이 있었다. 발라는 친구들로 하여금 자신을 노벨 평화상 후보로 추천하게 했다. 그들은 그의 표어들—자유무역과 자유 경쟁—이 평화를 고무하는 반면 관세, 정부 개입, 중상주의는 전쟁을 고무한다고 주장했다. 노벨 위원회는 감명을 받지 않았다. 위원회는 콩스탕과 코브던으로부터 이어진 희망에 찬 자유주의자들에게 그토록 소중한, 자유 시장과 평화 사이의 입증 가능한 연관을 거의 보지 못했다. 어쨌든 이전 수상자들은 적십자 설립자나 독일의 평화 활동가 같은 사람이었던 것이다. 결국 그해의 노벨 평화상은 러일 전쟁을 중재한 시어도어 루스벨트에게 돌아갔다.

한계주의 해명의 또 다른 측면은 폐기된 원칙이 한가득이었다는 것이다. 한계주의는 공급, 생산 비용, 인구 과잉, 생계에 대한 정치경제학의 편파적 선입견을 버렸다. 그것들과 함께, 노동만이 상품에 진정한 경제적 가치를 부여한다는, 마르크스주의 전통에서 고수되었던 리카도적 편견도 제거되었다. 한계주의자들은 지대를 게으른 이들의 부당한 보수로 여기지도 않았고, 기업 이윤을 타율적 노동자들로부터 "잉여 가치"를 수탈하는 것으로 여기지도 않았다. 한계주의의 관점에서 요소—노동, 토지, 자본—의 수익은 수요(각각이 매출에 추가할 수 있는 것)와 공급(각각이 그것의 제공자에게 제공에 대해 치르게 하는 것)의 균형과 동일시되었다. 특히 수요와 공급은 노동 가격(임금)을 결정했다. 수요와 공급은 자본 가격(금리)을 결정했다.

발라에게서는 암시적으로, 마셜에게서는 명시적으로 드러난 그 인식의 전환은 커가는 풍요를 배경으로 하여 일어났다. 애덤 스미스의 학문은 "음울한 학문"이 아니었다. 스미스는 실질 임금이 언젠가 최저 생활 수준 이상으로 오를 수도 있다고 생각했다. 급여 기록과 소득 신고서에 주목한 마셜은 실질 임금이 오르고 있음을 확인할 수 있었다. 노동자는 소비자가 되어가고 있었다. 경제 사상에서는 수요가 가격 결정에서 동등한 역할을 부여받아야 했고, 한계주의가 이에 응했다. 가격을 정하는 게 공급인지 수요인지를 따지는 것은 가위의 어떤 날이 종이를 자르는지를 따지는 것이나 마찬가지라고 마셜은 썼다. 그러한 생각과 이미지는 밀의 것이었지만, 마셜은 거기에 새롭게 방점을 찍었다. 마셜의 말에 따르면, 경제학에서 순전한 수요 측면의 이야기나 순전한 공급 측면의 이야기는 불완전할 수밖에 없었다.

그는 사우스런던의 부두 근처에 위치한 버몬지에서 푸줏간 집 딸인 어머니와 잉글랜드은행 출납원인 아버지 사이에서 태어났다. 경제학에 대한 그의 지성과 감각은 일찍이 엿보였다. 그는 학교의 그리스어 수업에서, 악센트가 악센트에 들이는 시간만큼의 가치가 있지 않다고 불평하면서 악센트 사용을 거부했다. 열일곱 살 때는, 15분 내지 30분 정도의 짧은 시간만 공부할 것이고 "새로운 것이 아니면" 절대 신경 쓰지 않겠다는 조숙한 맹세를 했다. 케임브리지대학에 들어간 그에게 아버지는 신학을 공부하길 기대했지만, 그의 수학 실력은 압도적이었다. 결국 그는 경제학자가 되었고, 1884년 헨리 포셋이 사망하면서 케임브리지의 정치경제학 교수직을 얻어 24년간 봉직했다. 마셜은 강건하다기보다는 끈질긴 사람이었는데, 경력을 이어가는 동안 여러 차례의 병치레로 고통받았다. 그는 비판에 민감했고, 논쟁을 꺼렸으며, 완벽주의자다운 느린 집필 끝에 전체를 다 파악하기 어려운 걸작을 탄생시켰다. 사망 직전인 1920년에 나온 제8판에서 마셜은 12개의 부록을 첨부했다. 그의 케임브리지 제자인 케인스는 그를 흥미롭지만 난해한 교수로 기억했다.

마셜은 당연히 근대 경제학의 시조 중 한 명으로 기억된다. 그의 『경제학 원리』는 수요와 공급을 모든 경제적 거래를 지배하는 절대적 힘으로 정당화하는 데 그치는 것이 아니었다. 그 책은 새로운 개념 도구들 혹은 어떻게 규정하고 사용하는지를 마셜이 처음으로 명확히 보여준 개념 도구들로 가득했다. 수요의 가격 민감성(탄력성), 개별 기업이 그것이 속한 산업의 성장이나 발전으로 얻는 비용 절감(외부 경제), 최고 가격보다 낮은 가격으로 구매함으로써 얻는 이익(소비자 잉여), 다른 상품들로 몰려들게 하는 가격 상승(대체 효과), 다른 것들에 덜 지출하게 하는 가격 상승(소득 효과) 같은 것 말이다. 가격 조정이 ―시장, 단기, 장기, 영속―일어난 시기들의 특징을 살펴봄으로써 마셜은 발라를 곤혹스럽게 만든 문제를 극복할 길을 제시했다. 가격 조정은 실제로는 원활하거나 즉각적이지 않고, 조건에 변화가 생기는 더 길거나 더 짧은 기간에 걸쳐 일어난다는 문제 말이다. 균형은 언제나 요원했다.

한계주의의 세 번째 측면은 정치적 중립을 열망했다는 것이다. 좌파와 우파 모두 한계주의를 도구보다는 무기로 여겼다. 발라나 마셜이 문제를 보는 방식은 그런 것이 아니었는데도 말이다. 비판자들이 주장하듯이 한계주의에 정치적 색채가 강했다면, 왜 두 사람의 생각이 경제에서는 만나고 다른 많은 것에서는 갈라지는지 설명하기 어렵다.

발라는 좀더 사회 지향적이었고 마셜은 좀더 시장 지향적이었다. 발라는 토지 공유를 신뢰했지만 마셜은 그렇지 않았다. 발라는 대기업에 대해 미심쩍어했지만, 마셜은 합병과 규모의 이점을 보았다. 발라는 마셜에 비해 노조에 공감했다. 그러한 의견 차이에도 불구하고, 두 사상가는 한계주의의 핵심 원리인 공급과 수요라는 쌍둥이 주권과 경쟁의 유익함에 동의할 수 있었다. 그들이 그럴 수 있었던 것은 대체로, 한계의 경제학이 정치 생활을 포함해 삶의 얼마나 많은 부분에 대해 판단을 할 수 없는지를 두 사람 다 알고 있었기 때문이다.

발라는 경쟁이 경제적 만족을 극대화한다는 자신의 보편적 증명이 보여주지 않는 것이 무엇인지를 알고 있었다. 이론적 성과를 위해, 그의 증명은 윤리의 정지점으로 오해될 경우 매우 논란거리가 될 수 있는 인위적인 가정들을 했다. 그 증명은 어떤 자의적인 소득 분배를 가정했다. 말하자면 분배의 공정성이나 불공정성이 분명하게 한쪽에 치우쳐 있는 그런 소득 분배를 가정한 것이다. 불공정과 불평등은 발라에게 중요한 문제였지만, 그는 경제 이론이라는 게 그런 것들을 다룬다고 생각하지는 않았다. 그것은 생산 비용과 상품 가격을 최대한 균등하게 하는 법을 다루는 것이지, 공정하게 노동자에게 보수를 지급하거나 부를 분배하는 법을 다루는 것은 아니었다. 발라는 밀에게서 어렴풋이 드러났던 어떤 구별을 하고 있었는데, 지금은 그것이 효율과 균등의 구별이라 일컬어진다.

발라는 「소유론」(1896)에서 사회생활의 권리와 의무를 관장하는 원리들이 정의, 연합, 박애라고 적었다. 이들 하나하나가 다 사회의 건전성을 위해 필요한 것이었고, 이들 중 어떤 것도 나머지 것들로 환원

될 수 없었다. 경제에 대한 추론—교환과 상호 의무에 관련된—은 앞의 두 가지와 관련 있지만 세 번째 것과는 관련이 없었다. 마땅히 주어져야 하는 것을 주는 것인 정의는 의무적이고 상호적이었다. 연합—계약 체결, 협회 구성, 상호 보험 인수—은 상호적이되 자발적인 것이었다. 연합은 사회를 풍요롭게 만들었지만, 사회 자체는 자발적 연합 이상의 것에 기초해 있었다. 사회는 인간성의 좀더 깊은 유대에 의존했다. 그런 유대는 정의만으로도 상호 이익만으로도 요구할 수 없는 빈자에 대한 배려와 관심을 요구했다.

마셜은 자본주의에 대해 낙관적이긴 했지만, 자본주의의 혼란을 목도했고 빈곤을 우려했다. 그에게는 사회주의자 친구들도 있었고, 1889년 런던 부두 노동자 대파업의 지도자들을 포함해 노조 활동가 친구들도 있었다. 그는 경제에 대한 그들의 인식을 제외한 거의 모든 면에서 그들을 존경했다. 마셜의 태도는 겉으로 드러나 보이는 것보다는 덜 모순적이었다. 빈곤 완화가 급선무였기 때문에, 그는 시장 경제를 이해하고 증진하는 것이 필수라고 여겼다. 마셜은 자신이 "수호성인"이라 부른 한 극빈자의 유화를 벽난로 선반 위에 둘 정도였지만, 자신이 보기에 열악한 노동 조건과 빈곤에 대한 해법이 되지 못하는 것, 즉 생산자 협동조합, 정부 규제, 국유화 같은 것에 대해서는 조용히 마음을 접어가고 있었다.

마셜의 사상에서 윤리학과 경제학의 경계는 발라의 경우만큼이나 분명치 않았다. 그들 모두에게서, 경쟁이 우리 모두의 만족을 극대화하는지 아니면 우리 각자의 만족을 극대화하는지가 불분명했다. 또한 그들의 경제 주체들이 어떻게 인간적 동료애를 비용과 이익이라는 기계적 계산과 통합하는지도 그들 모두에게서 불분명했다. 마셜에게 서는 그 대비가 두드러졌다. 케인스는 『이코노믹 저널』(1924)에 쓴 마 셜에 대한 추모의 글에서 온정과 조롱을 섞은 특유의 어조로 마셜 의 내면에는 "복음주의 설교가"의 목소리를 가진 "악동"이 존재한다고 밝혔다. 마셜이 경쟁적인 시장을 지지한 것은 그것이 경제적으로 가 장 효율적이기 때문이기도 했지만, 그것이 노력, 성실, 검약 같은 사회 의 미덕들을 고취하리라는 희망 때문이기도 했다. 밀과 마찬가지로 그 는, 결국 우리는 우리의 만족에 대한 최종 판단자가 아니라고 생각했 다. 마셜은 "높은 생활 수준은 인간이 여가를 잘 활용할 줄 알게 되기 전에는 달성될 수 없다"고 썼다. 『경제학 원리』의 시작 부분에서 그는 경제 사상만으로는 결코 해결할 수 없는 한 가지 난제를 이야기했다. 경제학은 삶의 한 부분인 "사업이라는 부분"에서의 인간에 관한 것이 라고 마셜은 썼다. 그러나 "어떤 가치든 가치가 있는" 사람은 "좀더 고 차원적인 성격"을 사업에 끌어들이며, "의무에 대한 자신의 생각과 높 은 이상들에 대한 자신의 경의"에 영향을 받으며 사업을 해나갈 것이 라고 그는 덧붙였다. 그것은 틀림없이 낙관적인 생각이었다. 발라와 마 셜은 경제적 의사 결정이라는 영역에 한계가 있음을 나름의 방식으로 강조했다. 그들은 경제적 선택을 위한 보편적 지침을 제공했다. 그들 은 경제 사상을 모든 선택에 보편적으로 적용할 수 있는 것으로 만들 지 않았다.

자유 시장 삼각형을 형성하는 이념 집합체에서 두 번째 꼭짓점은 계약의 자유라는 법적 원칙이었다. 이 원칙은 영국과 미국의 관습법 전통에 속한 19세기 중반의 법률가와 법정들에서 지지를 얻었다. 용어는 차치하고, "개인주의적" 계약의 자유는 19세기 유럽 대륙의 사법私法 전통 혹은 로마의 사법 전통에서도 널리 퍼졌다. 자유로운 계약은 주로 이전의 두 가지 장애물에서 자유로운 것이었다. 하나는 내용이 전통이나 관습에서 자유로운 것이었다. 다른 하나는 계약 당사자들이 사회적 범주에서 자유로운 것이었다.

첫 번째 자유에 대해 말하자면, 협상하고 계약을 체결하는 것은 그 관습에서 "자유롭지 않은" 일이었고, 사람들이 어디서 일하고 어떤 식으로 일하는 것에 동의해도 되는지를, 사람들이 팔기로 동의해도 되는 것은 무엇인지—특히 땅—를 법이 제한했다. 법원은 불평등하거나 불공정하다고 판단되는, 혹은 통상적인 경우와 너무 다르다고 판단되는 합의들을 인정하길 거부할 수 있었다. 이에 반해 계약의 자유 아래서는 계약 당사자들이 법의 테두리 내에서 무엇이든 원하는 대로 자유롭게 합의할 수 있었다. 신의 의지, 다수의 의지, 전통, 공평, 공익 같은 것은 더 이상 끼어들지 않았다. 합의 내용과 관련해 당사자들은 어떤 의미에서 주권자였다. 내용이 합법적이기만 하면, 내용이 관례적인지 공평한지 정당한지 도덕적인지는 문제가 되지 않았다. 두 번째 자유에 대해 말하자면, 계약 당사자들의 사회적 배경은 더 이상 개입되지 않았다. 계약은 비인격적인 것이 되었다. 부자인지 빈자인지, 영리한 사람인지 어리석은 사람인지는 더 이상 문제가 되지 않았다. 법원은 유효한 계약의 당사자를 사정을 알고 시장에 들어온 책임감 있는 성인으로 취급하기 시작했다. 다시 말해 계약 당사자들은 법 앞에서 평등한 존재가 되었다. 이 계약의 자유가 정치적 싸움에서 법의 볼모가 되리라는 것은 필연적이었다. 노동과 자본이 평등하지 않은 것처럼, 계약 당사자들은 평등하지 않았다. 그래서 사회 지향적인 "새로운" 자유주의자들은 더 약한 당사자들을 위해서 계약을 제한하는 사회적 입법을 지지하는 주장을 폈다. 영국의 사회적 자유주의자 R. H. 토니의 말을 빌리자면, "강꼬치고기의 자유"는 "피라미에 대한 폭정"이었다.

삼각형의 세 번째 꼭짓점은 비즈니스 출판물이었다. 한계주의보다 한참 전인 1830년대와 1840년대에 시장 대중화의 생생한 전통이 생겨났고, 19세기 후반의 비즈니스 관련 출판물들은 그런 전통에 의지할 수 있었다. 프랑스의 프레데리크 바스티아(1801~1850)와 영국의 해리엇 마티노(1802~1876)는 재미있는 우화와 친숙한 예화들을 통해 자유 시장 사상을 고취하는 매우 대중적인 책들을 썼다. 태양을 가려 불공정한 경쟁자를 제거해달라는 양초 제조인들의 청원을 다룬 바스티아의 이야기와 인클로저로 부유해진 브룩 마을을 소개한 마티노의 이야기는 시장 관념을 친숙한 말로 전하는 방법의 본보기였다. 상층, 하층, 중간층이 혼합된 마티노의 인물들은 단순하고 일상적인 대화 ─한 세기 후 생활의 단면을 보여주는 라디오와 텔레비전 통속 드라마에 채택되었을 때도 여전히 신선해 보였던 대화 스타일─로 표현된 영국 사회의 핵심 표본을 제공했다.

마티노는 자신의 교육적인 이야기들을 명쾌한 "원칙 요약"으로 끝냈는데, 밀은 이를 비웃었다. 어쩌면 밀은 같은 저자로서 기분이 상했던 것인지도 모른다. 그의 『정치경제학 원리』는 초판이 나온 뒤 4년 동안 단 3000부가 팔렸다. 1832~1834년에 출판된 마티노의 월간 소책자들은 총 1만 부가 팔렸다. 마르크스와 엥겔스는 밀보다 더 성적이 안 좋았다. 밀의 걸작은 비록 서서히 퇴장하고 있긴 했지만 계속 팔리고 있었다. 반면 『공산당 선언』은 혁명의 해인 1848년에 세 가지 독일어판으로 빠르게 퍼져나갔지만 이후 사실상 시야에서 사라졌고, 독일사회민주당에 대한 재판이 열린 법정에서 그것의 발췌문이 낭독된 1870년대에야 다시 모습을 드러냈다. 그 책의 재발견은 새로운 번역들을 낳고지만, 그 책이 한정된 독자층 이상의 독자들을 얻은 것은 1917년 소비에트 정부가 그것을 20개 이상의 언어로 번역해 대대적으로 유통시킨 후였다. 자유주의적 자본주의에 대한 통찰을 얻고자 하는 이들에게, 입맛에 맞는 자유 시장 우화들, 밀이라는 산을 힘겹게 오르는 것, 전쟁에 내몰린 볼셰비키들에 의해 선전된 마르크스주의 윤리 이야기는 제각각 매력이 있었고 얻을 것이 있었다. 투자를 해야 하고 주문을 해야 하고 예금 계좌를 갈아타야 하는 독자들은 뉴스와 실용적 정보를 늘어나는 비즈니스 관련 출판물에서 얻었다.

독일에서, 반비스마르크적 자유주의자인 레오 조네만은 1867년 경제 신문인 『프랑크푸르터 차이퉁』을 창간했다. 슐체-델리치의 동료였던 조네만은 자유 시장, 노동자의 권리, 적극적인 국가를 믿었지만 사회주의자는 아니었다. 조네만은 "비스마르크든 마르크스든, 독재자는 가라"라는 슬로건을 내걸었다가 1884년에 제국의회의 의석을 잃었다. 이 1884년 선거에서 비스마르크는 조네만의 사회주의자 적수에게 투표할 것을 강요했고, 결국 그 적수가 당선된 것이었다. 당시의 많은 자유주의자처럼 조네만은 프랑크푸르트의 정치에 적극적이었고, 미술사가 루트비히 유스티와 함께 그 도시에 슈테델 미술관을 세웠다. 미국에서는 찰스 다우와 동료들이 자신들이 내던 작은 정보지 『커스터머스 애프터눈 레터』를 1889년 종합 신문인 『월스트리트 저널』로 변신시켰고, 전보를 통해 투자자들에게 시장 소식을 전하기 시작했다.

영국은 1843년에 창간된 『이코노미스트』와 함께 주간 경제지라는 것의 발생을 이끌었다. 1862년 프랑스에서 『레코노미스트 프랑세』가 그 뒤를 따랐다. 이 두 매체의 가장 잘 알려진 편집장인 월터 배젓 (1826~1877)과 폴 르루아-볼리외(1843~1916)는 같은 시기에 공부를 했다. 둘 다 밀, 발라, 마셜의 방식으로 경제학에 기여하지 않았다. 배젓은 체계적인 사상가라기보다는 탁월한 평론가였다. 르루아-볼리외는 콜레주드프랑스의 경제학 교수였지만, 1893년에 쓴 그의 정치경제학 논문은 출간 당시 이미 골동품이었다. 두 사람 다 자유주의 정치에 많은 기여를 했다. 그들은 자유주의적 자본주의의 작동 방식을 보고했고, 경제 문제를 정치의 중심에 옮겨놓았으며, 중립적인 개념 도구들을 변증법적 무기들로 벼려냈다. 배젓과 르루아-볼리외, 그리고 독일과 미국의 그들을 닮은 사람들은 발라와 마셜, 그리고 그들의 대학 동료들이 그랬던 것처럼 자유 시장 자유주의의 발생에 필수적인 존재였다.

월터 배젓은 많은 책을 소장한 웨스트컨트리 은행가의 집안에서 태어났다. 성공회에 거부감을 가진 아버지는 영국국교회의 교리 시험을 피하게 할 요량으로 재능 많은 아들을 옥스퍼드대학이나 케임브리지대학이 아닌 런던대학에 보냈다. 대학에서 스타였던 젊은 배젓은 자신에게 열려 있는 직업들을 발견했다. 그는 신체적으로는 뛰어날 게 없었지만 능변과 열정으로 사람들을 매료시켰다. 배젓은 법학을 공부했지만 이내 지겨워했고, 곧장 정치학과 저널리즘으로 전공을 바꿨다.

프랑스에 체류 중이던 1851년 12월 그는 루이 나폴레옹의 쿠데타를 목격했다. 그것은 평생 그를 스물다섯 살에 고정시킨 사건이자, 그로 하여금 자유주의자치고 기존 질서에 대해 과도한 존경을 갖게 한 사건이었다. 배젓은 쿠데타를 다룬 기고문에서, 한 사회의 첫 번째 의무는 폭동과 무질서로부터 사회를 방어하는 것이라고 적었다. 혁명을 방지하기 위해서는 자유와 대의제가 희생되어야 한다고 그는 생각했다. 아직 그 어느 것도 충분히 성숙하지 못한 프랑스 같은 나라에서는 특히 그랬다. 젊은 배젓은 모든 광적인 시장 신봉자들이 반드시 알아차린 것은 아닌 어떤 사실을 알고 있었다. 기업과 은행이 안정성과 예측 가능성을 갈망한다는 것이었다. 배젓은 자유지상주의적 사상을 위해 삶을 급진화하고 사회를 뒤집어엎으려는 충동을 느끼지 않았다. 그는 기업이 원리의 순수성이나 도덕의 증진과 관련 있는 것이 아니라 돈을 벌고 유지하는 것과 관련 있다는 것을 알아보았다. 그는 시장 자유주의자들 내에 존재하는 그 크고 중요한 하위 범주의 비할 데 없는 한 예였다. 즉, 그는 윤리적으로 포용적이지만 관습의 힘과 기성 질서를 옹호하는 보수성을 바탕에 깔고 있는 기업 자유주의자였다.

파리 체류 이후 배젓은 가업인 스터키 은행으로 복귀했다. 어머니의 삼촌이 설립하고 아버지가 운영하는 은행이었다. 거기서 그는 은행 업무가 "주의를 집중해야 하지만 힘들지는 않은 일"이라서 자신이 잘하는 분야인 저널리즘에 시간을 할애하게 해준다는 것을 알게 되었다. 그가 글을 쓴 매체 중에는 『이코노미스트』도 있었는데, 편집장 제임스 윌슨이 그를 발탁했다. 1858년에 배젓은 윌슨의 장녀 엘리자와 결혼했고, 관리자가 되었으며, 1861년에 윌슨이 죽자 편집장이 되었다. 배젓은 경구에 소질이 있었고, 깔끔한 대비對比에 능했으며, 쉽게 쓰는 재주가 있었다. 그는 권력이 "전통에 의해" 행사되는 전근대적 "관습의 시대"와 권력이 "토론에 의해" 조정되는 근대적 "변화의 시대"에 대해 썼다. 그는 은행업과 무역업에 관해, 그 분야에 종사하는 사람들이 이해할 수 있는 용어들을 가지고 직접적 경험에 근거해 능란하게 서술했다. 그는 추상적 개념들을 불신했고 애덤 스미스를 특히 존경했는데, 그의 말에 따르면 스미스가 "자신의 명석함으로 현실적인 사람들을 설득하고 자신의 확신으로 그들을 납득시키는 동시에 자신의 학식으로 그들에게" 깊은 인상을 남겼기 때문이다. 배젓은 경제학이 현실적인 에피소드와 해결을 연구하는 것이라고 생각했다. 발라와 마셜은 어떻게 살아야 하는지에 대해 경제학이 우리에게 말해줄 수 없는 것을 보여주려 했다. 배젓은 그 같은 교훈을 유념하려 애썼지만, 경제학이 말해주는 것에서 교훈을 끌어내지 않을 수 없다는 것을 알게 되었다.

천성적으로 민주주의자가 아니었던 배젓은 군중과 교육받지 못한 노동 계급을 두려워했다. 군주주의자로서 그는 영국 왕실의 인위적인 전통의 분위기를 환영했는데, 그러한 분위기를 실제 권력이 놓여 있는 곳으로부터, 즉 "효력 있는" 정부 기관들—그 자신이 『영국 헌정론』(1867)에서 언급한 바에 따르면—로부터 대중의 관심을 돌리게 하는 위엄 있는 장치로 여겨서였다. 그는 금융 엘리트와 행정 엘리트들의 합리성 및 효율성에 질서에 대한 희망을 걸었다. 정치의 연극적인 요소들과 진짜 권력의 위장에 대한 그의 강조는 냉정하거나 심지어 냉소적이었다. 분노한 기색이나 격한 기색 없이 좀더 부드러운 말로 표현하긴 했지만, 평범한 사람들의 건강한 판단 능력에 대한 배젓의 저평가는 마르크스와 베버의 엘리트 "현실주의"나 소렐의 비합리주의와 별반 다를 게 없었다. 그럼에도 배젓은 선거 민주주의가 불가피하다고 여겼고, 그것의 유해한 결과들은 노동 계급이 반드시 더 많은 교육, 더 좋은 도덕, 더 많은 안락을 얻음으로써 약화될 수 있기를 바랐다. 1870년대에 그는 노동 계급과 여성의 투표권을 수용했다. 그는 정치사상가들이 통상 이들의 업적과 능력을 저평가해왔다고 여겼다.

"나는 힘, 영향력을 갈망한다." 그는 약혼녀에게 이렇게 말했지만, 세 번의 선거에서 낙선했고 끝내 의회에 진출하지 못했다. 오히려 배젓은 자신이 아는 것과 자신이 쓴 것을 통해 여론에 영향을 미쳤다. 은행에 대한 그의 이해는 타의 추종을 불허했다. 글래드스턴은 그를 "보조 재무장관"이라고 평가했다. 『롬바드 스트리트』(1873)에서 배젓은 잉글랜드은행이 스스로 중앙은행임을 인식하고 중앙은행의 의무에 따라 행동해, 호경기에는 돈줄을 죄고 불경기에는 시장에 유동성이 넘치게 할 것을 촉구했다.

배젓이 보여준 자유주의와 전통의 조화는 그가 썼듯이 점점 사라지고 있는 관습적인 사회 안정 장치를 전제한 것이었다. 그는 미국식 대통령제를 불신했고 의회 정치를 높이 평가했다. 근대 국가들의 점증하는 행정 권력으로 인해 의회가 감독 역할을 수행하기 어려워졌음에도 말이다. 근대 국가는 배젓에 대응되는 프랑스 측 인물인 폴 르루아-볼리외의 관심사였다. 르루아-볼리외는 영국 자유주의자들이 얼핏 보기만 했던 어려움들을 직접 맞닥뜨리게 될 만큼 오래 살았다.

르루아-볼리외의 아버지는 7월 왕정의 자유주의적인 중요 인사였고, 학식 있고 부유한 부르주아지의 이해관계에 헌신한 인물인 기조의 친구였다. 아버지는 노르망디에 땅을 소유하고 있었고, 로 지역을 다스리는 지사를 지냈으며, 1848년 이후에는 나폴레옹 3세의 보수적인 지지자로서 별 어려움 없이 국가에 계속 봉사할 수 있었다. 아들 폴은 독일에서 교육받은 변호사이자 언론인, 경제학자였다. 배젓처럼 그도 기업가 집안의 여성과 결혼했다. 그의 아내는 콜레주드프랑스 최초의 경제학 교수이자 1860년에 리처드 코브던과 함께 영국-프랑스 통상 조약을 성사시킨 자유무역주의자인 미셸 슈발리에의 딸이었다. 1878년에 르루아-볼리외는 장인의 교수 자리를 이어받았다.

르루아-볼리외는 정치와 경제에 대한 글에서 새로운 논조와 접근법을 보여주었다. 그의 글은 냉철하고 단호하고 사실에 기초해 있었다. 그는 자유주의적 자본주의가 미지의 지평을 열고 있다는 것 말고는 어떤 역사적 거대 서사도 내세우지 않았다. 그는 시장에서 돈을 벌었고, 로크포르 치즈처럼 지역 특산물들을 표준화하는 새 브랜드들에 투자했다. 또한 주식에 대해 정보를 제공함으로써, 투자자들이 주택과 토지에 대한 프랑스인들의 오래된 선호를 버리도록 고무했다. 그의 말을 들은 사람들은 정부와 철도 채권으로 엄청난 돈을 벌었다. 적기에 처분하지 못한 이들이라면 1914년 이후의 인플레이션 때 혹독한 대가를 치렀겠지만 말이다. 르루아-볼리외는 보통선거권을 지지하고 배젓처럼 여성의 투표권이 옳다고 믿었지만, 그럼에도 대통령제 민주주의에 대립되는 것으로서의 의회 민주주의에 대해 변덕스러울 정도로 마음이 열려 있었다. 외부의 혹평가였던 르루아-볼리외는 제3공화국 의회가 치유 불가능할 정도로 타락했다고 보았지만, 수차례의 시도 끝에 당선되어 의회에 들어가고 1899년 그 자신이 뇌물 수수에 연루되는 등의 일로 인해 태도를 누그러뜨렸다.

『근대 국가』에서 르루아-볼리외는 민주주의와 근대 국가가 우리 생활의 일부가 되었다고 인정했다. 자유주의자들에 대한 도전은 그들의 권력과 충돌하는 것이었다. 그는 국가 지출의 증가가 우려스럽고 유감스럽다고 판단했지만, 어설픈 어림짐작으로 국내총생산의 10~20퍼센트 선에서 국가 지출이 자연적 한계에 도달하고 있다고 생각했다. 배젓과 마찬가지로, 그는 경제가 스스로 체계를 갖추고 안정을 되찾는다고 여긴 "경제 무정부주의자들"을 싫어했고, 최소 국가를 꿈꾸는 "정부 허무주의자들"을 조롱했다. 여기서 이론적인 사상은 거의 도움이 되지 않는다고 그는 믿었다. 국가는 어떤 점에서는 선이었고 어떤 점에서는 악이었다.

그는 근대 국가의 권력이 두 가지 점에서 새롭고 혼란스럽다고 여겼다. 더 이상 정부는 정부의 통치를 받는 사람들보다 더 합리적이거나 능숙하지 않았다. 정부는 툭하면 열광과 변덕을 보였다. 정부는 공공선보다는 특수한 이해관계에 더 집착했으며, 공직자들은 정부의 성공이나 실패와는 개인적으로 이해관계가 없었다. 그들은 점점 더 냉소적이고 태만해졌으며, 자신의 목적을 위해 정책을 변경하기도 했다. 둘째, 근대 국가는 경쟁자가 없다는 점에서 새로웠다. 향상을 부추기는 존재인 경쟁자가 없다보니, 국가가 잘못하는 일이 너무나 많았다. 여기서 공공선택이론이 싹텄다. 즉, 국가의 행위는 항상 편파적이거나 이기적이거나 부적절한 경향이 있다는 것이다.

"부를 창출하라!"라는 격언이 응답하지 않는 상황에서 르루아-

볼리외는 크게 난감해했다. 프랑스의 출산율을 높이는 것은? 더 강력한 사회 결속은? 국가의 쇠퇴는? 르루아-볼리외는 이 모든 것에 골머리를 앓았다. 열렬한 제국주의자인 그는 국력이 식민지들에 달려 있다고 믿었다. "식민지를 가장 많이 거느린 국가가 일등 국가다. 오늘은 그렇지 않을지 몰라도 내일은 그럴 것이다." 그는 『근대 국가들의 식민지 건설』(1874)에서 이렇게 썼다. 하지만 비용이 걱정된 그는 어떻게 식민지를 방어하고 비용을 댈 것인지 자문했다. 르루아-볼리외는 자신의 기업 자유주의의 한계를 암묵적으로 인정하면서 『근대 국가』를 끝맺었지만 그 한계가 어디인지는 분명히 하지 않았다. 그는 '더 좋은 성품'이라는 익숙한 자유주의적 만병통치약으로 후퇴했다. 그는 문명이 단지 지식과 기술의 확산에 그치는 것이 아니라고 썼다. 진정한 문명은 진취성, 자발적 활동, 검약, 책임감 같은 훌륭한 습관들을 요구했다. 수십 년이 지났음에도 여기서 훔볼트와 새뮤얼 스마일스의 음성이 울려 퍼지고 있었다. 이제 살펴볼 "새로운 자유주의자들"에게는 그 옛 자유주의의 메시지가 더 이상 설득력이 없었다. 교육은 시간이 너무 많이 걸리는 일이었다. 성품은 너무 종잡을 수 없었고 믿을 만한 게 못 되었다. 사회의 도전 과제들은 너무 시급했다. 새로운 무엇이 필요했고, 새로운 자유주의자들은 그것을 국가에서 찾았다.

2. 홉하우스, 나우만, 크롤리, 부르주아:
사회를 위해 시장에 저항하다

그들은 영국에서는 "적극적 자유"를, 독일에서는 "사회적 자유주의"를, 미국에서는 "새로운 민주주의"를, 프랑스에서는 "연대"를 이야기했다. 그들이 내건 기치는 다양했지만 대의는 똑같았다. "새로운 자유주의자들"로 통틀어 일컬어질 수 있는 그들은 국가 권력의 시장 권력 억제를 촉구하는 것에 대한 1880~1914년의 자유주의 논쟁에서 승자가 되었다. 순수 자유무역주의자들이 새로운 자유주의자들을 비자유주의자라고 비난했기 때문에, "새로운 자유주의자들"은 전통과의 연속성을 강조하는 데 공을 들였다. 자유라는 것의 난해함과 개인주의라는 것의 개념적 유혹에서 자유주의 사고를 해방시킨 그들은 근대의 급변하는 삶의 환경에서 사람들과 사람들의 자유를 옹호하는 데 필요한 것이 무엇인지를 보이고자 했다. 경제적으로, 새로운 자유주의자들은 사회들이 증가하는 "사회적 잉여"를 공적 사용으로 전환시킬 수 있을 만큼 이제 충분히 풍요롭다고 믿었다. 정치적으로, 그들은 "정치에서는 절대적 친구도 절대적 적도 없다"고 말하곤 했던 독일의 새로운 자유주의자 프리드리히 나우만의 정신을 이어 가교 형성, 대협력, 중도를 촉구했다.

영국에서 자극제가 된 이는 옥스퍼드대학의 철학자 T. H. 그린(1836~1882)으로, 그는 사회의 책임이라는 그의 윤리를 흡수한 학생 세대의 스승이었다. 그린의 제자 중에는 수많은 미래의 고위 공직자와 자유주의 지식인뿐만 아니라 미래의 자유주의 정치인—허버트 애스퀴스(총리), 에드워드 그레이(외무장관), 앨프리드 밀너(남아프리카공화국 식민지 총독)—도 있었다. 그린의 목표는 기독교를 비신비화하고, 기독교의 좀더 평화적이며 자선적인 도덕 메시지들을 간직하고, 훈계적인 설교 못지않게 사회적 사실들에 내재된 명령도 동원하는 방식으로 정치에 그 메시지들을 적용하는 것이었다.

그린의 강연인 「자유주의 입법과 계약의 자유」(1881)는 자유의 요건들에 관한 어떤 생각을 선명히 드러냈는데, 이는 '작은 국가' 자유주의를 논박하는 사회 지향적인 새로운 자유주의자들에게 일종의 마스터키가 되어주었다. 그 생각은 바로, 만약 사람들이 가치 있는 목적의 추구를 위해서 자유를 사용할 능력을 갖고 있지 않다면, 오히려 자유가 그 자체로 어떤 가치가 있는지를 이야기하기 어렵다는 것이었다.

역사적으로 말해서, 그린의 설명에 기초한 자유주의는 소극적 임무와 적극적 임무에 직면했다. 소극적 임무는—절대 권력과 특권에 대한 저항, 생산과 노동과 무역에 대한 규제의 철폐—이제 대략 성취되었다. 사람들에게 자율권을 준다는 적극적 임무는 미완성으로 남았다. 자유주의자들이 해야 하는 질문은 더 이상 "국가와 사회가 나를 내버려두는가?"가 아니고, "국가와 사회가 나의 잠재력을 실현하는 데 유익한가 해로운가?"라는 것이라고 그린은 생각했다. 국가는 "자유의 환경", 즉 사람들이 자유롭게 능력을 발휘할 수 있는 환경을 조성해야 했다. 사회적으로 자유를 제약하는 것은 많았다. 예를 들면 알코올 의존증, 열악한 주거 환경, 일자리 부족, 방치된 토지 같은 것이었다. 만약 국가가 방관하고 그런 장애물을 제거하지 않는다면, 그것은 자유의 승리가 아니라 태만의 승리일 것이다. 자유를 이야기할 때 우리는

"제약이나 강제로부터의 자유만을 의미하는 것이 아니"라고 그린은 썼다. 오히려 자유는 "할 만한 가치가 있는 일을 하거나 누리는 적극적인 힘이나 능력"을 포함하는 것이었다. 반국가적 자유주의의 법적 요소인 계약의 자유는 그린이 보기에 "목적을 위한 수단으로서만 유익"했다. 요컨대, 자유는 그 자유를 사용할 능력 없이 그 자체만으로는 거의 가치가 없다는 말이었다.

그린은 어떤 사람인지를 가리지 않고 모든 사람의 능력을 촉진하는 공동의 의무가 있음을 인정받는 것을 목표로 삼았다. 자유방임적 자유주의자들은 그런 의무가 자유를 방해한다며 오랫동안 반대해왔고, 따라서 그린은 그들의 불만에 답해야 했다. 그의 대답은 그 공동의 의무는 제대로 이해된 자유를 방해하지 않는다는 것이었다. 자유주의자들은 여러 방식으로 "자유" 개념을 들먹였고, 그러한 개념은 어떤 것도 지배적인 것이 되지 못한 채 애매함을 불러왔다. 자유주의자들이 자유라는 개념을 애매하게 사용한다는 그린의 생각은 널리 공유된 것이었다. 에밀 뒤르켐은 「개인주의와 지식인들」(1898)에서, 자유에 대한 압축적이고 "소극적인" 이해에 불만을 드러냈다. 독일의 나우만은 좀더 친숙한 말로 유사한 생각을 밝혔다. "한 달간 어떻게 자유를 얻을지 알 때에만 자유로울 수 있다." 국가와 사회가 단지 시민들을 방해하지 않는 것이 아니라 시민들을 도울 책임을 띠는 것이 어느 선까지인지에 대해서는 자유주의자들 사이에 상이한 견해가 있었다. 그 논쟁을 자유의 진정한 성격에 관한 논쟁으로 제기하는 것은 문제를 분명히 하는 것이라기보다는 슬로건을 내놓는 것이었다.

"새로운 자유주의"의 성격을 가장 널리 알린 영국의 자유당원은 레너드 홉하우스(1864~1929)였다. 자유주의는 그의 집안 내력이었다. 조부는 글래드스턴파의 법관 의원이었다. 홉하우스는 옥스퍼드에서 철학을 공부하고 또 잠시 가르쳤지만, 그것이 자기 취향에 맞지 않게 정치와 너무 동떨어져 있다고 보았다. 이후 그는 자유주의 성향의 『맨체스터 가디언』지를 위해 원고를 작성하고 편집하고 검토하는 일을 했는데, 그의 주장에 따르면 일 년에 322편에 달하는 긴 원고들을 다루었다. 하지만 그는 저널리즘에 대해서도 좋게 보지 않았다. "먹고 살 만한 사람이나 신념 없는 사람이 종사할 만한" 직업이라고 불평한 것이다. 마침내 그는 1907년 당시 영국에서는 새로운 학문이었던 사회학의 교수로서 런던정경대학에 자리를 잡았고, 경력을 마칠 때가지 계속 그 자리에 있었다. 큰 키와 육중한 체격의 홉하우스는 최소한의 미소의 흔적마저 가려버릴 만큼 텁수룩하게 콧수염을 기르고 있었다. 그는 곧잘 우울감에 빠졌고, 자주 아팠고, 예민한 상태에서 많은 책을 썼다. 그는 귀족적 무절제의 상징인 사냥을 경멸했고, 자동차를 혐오했으며, 그 대신에 자전거를 타는 검소한 자유를 소중히 여겼다.

그러한 태도는 두 시대 사이에 낀 사람에게 전형적인 것이었다. 지적인 측면에서, 홉하우스의 방대한 저작은 과감한 19세기 종합과 신중한 20세기 분석 사이에서 불안하게 표류했다. 『자유주의』(1911)에서는 홉하우스의 저널리스트 경험이 큰 도움이 되었다. 그 책은 새로운 자유주의 사상에 대해 그것의 장점과 약점을 포함하는 짧지만 권위 있는 진술을 제공했다. 홉하우스는 "개인주의자 대 집단주의자"의 대결을 넘어서 있었다. 그 대결이 윤리에 대한 의견 불일치를 나타낸다는 점에서는 자유주의자들은 분명 양쪽 다에 해당된다고 그는 보왔다. 건강한 사회가 중요한 것은 오로지 그것이 그 안에 사는 사람들에게 중요하기 때문이라고 그는 썼다. 그 점에서 자유주의자는 개인주의자였다. 다른 한편, 사람들에게 중요하다는 것은 그만큼 사회적이라는 것이었다. 모든 사람은 사회에 관심이 있었다. 그 점에서 자유주의자는 집단주의자였다. 다시 말해서, 그들은 사적 가치와 공적 가치를 모두 인정했다. 그러나 모든 집단주의자가 그런 것은 아니었다. 홉하우스가 보기에, 사회주의는 공적 가치와 집단적 가치에 과도한 우선권을 부여하는 데 지나쳤다.

자유에 대해 말하자면, 홉하우스는 자유가 역사상 여러 의미로 해석되었다고 보았다. 그의 표현을 빌리자면, 자유주의는 "권위주의 질서"—종교적이든 정치적이든 경제적이든 도덕적이든—에 대한 저항 속에서 성장했다. 자유의 기치는 아홉 가지 투쟁에서의 저항 때마다 휘날렸다. 아홉 가지 투쟁이란 법 앞의 평등, 자의적 과세로부터의 보호, 개인의 이동·사상·종교의 자유, 기회의 평등, 경제적인 영업·고용·거래의 자유, 아동과 가족의 보호, 다른 권력의 통제로부터의 국가의 독립, 안정되고 평화로운 세계 질서, 모두를 대변하는 합의에 의한 정부를 위한 투쟁이었다. 그러한 다양성에 굴하지 않고, 홉하우스는 각각의 대결에서 자유가 "개인의 번영"을 가로막는 장애물을 제거해왔다고 썼다. 자유와 부자유가 중요한 이유는 그것들이 삶에서 가치 있는 목표들의 추구를 가능하게 하거나 좌절시키기 때문이라는 게 홉하우스의 생각이었다.

과거를 샅샅이 훑으면서, 홉하우스는 맨체스터학파 자유주의의 자유방임 사상이 비즈니스 출판물에서는 영향력이 있었지만 진지한 자유주의 사상에는 대수롭지 않은 영향을 미쳤다고 판단했다. 존 스튜어트 밀의 섬세한 공리주의는 홉하우스에게 공동선에 어울리는 이상을 제공했다. 홉하우스는 그 또한 거부했는데, 공동선의 추구가 시민 개개인에게 자유주의자라면 수용할 수 없을 너무 적은 시민적 보호를 제공할 뿐이기 때문이었다. 홉하우스 자신의 이상인 "개인의 번영"은 상반되는 난제를 제기했다. 왜 나의 개인적 번영이 당신에게 중요한 문제여야 하는가? 당시에 일반적으로 그랬듯이, 홉하우스는 전체가 부분들의 번영에 의존하는 사회에 대한 다소 애매한 유기체적 은유들을 끌어들였다. 그는 사회 진화에 대해 많은 글을 썼지만, 스펜서와 달리 생물학으로 정치를 가려버리지 않았다. 홉하우스는 밀이 그랬듯이 동료 의식의 점진적 출현에 기대를 걸었다. 홉하우스는 사회의 바탕이 되는 상호 이익에서 더 깊은 윤리적 조화의 성장 잠재력을 보았다.

홉하우스는 국가의 규제와 사회의 개입이 바람직하다고 생각했지만, 공유제는 거의 없거나 전혀 없어야 했다. 정부가 경제를 직접 지휘하려 해서도 안 되었다. 그는 페이비언협회와 웹 부부의 "공식적" 사회주의가 자유를 제한하고, 반민주주의적이며, 간섭적이고, 가부장적이고, 테크노크라시적인 것이라고 여겼다. 풍요로운 경제의 "사회적 잉여"에 대해 어떻게 과세할 것인가와 관련해, 홉하우스는 힘들게 번 돈과 대충 번 돈에 대한 리카도와 밀의 도덕적 구분을 이어받았다. 세무 당국이 고수익, 상속 재산, 토지 가격 상승을 파악하는 것은 그것들이 불평등을 악화시켜서가 아니라 그것들이 노동을 대변하지 않아서였다. 홉하우스는 빈자의 게으름에 대해서도 너그럽지 않았다. 채드윅의 가혹한 구분을 채택해, 홉하우스는 국가가 "자격 있는" 빈자만을 도와야 하며, "자격 없는 빈자"의 자기 연민적 나태는 좌절되어야 한다고 생각했다. 정치적으로 홉하우스는 자유당이 새로운 노동당—이미 의회에서 활동을 시작한—과 협력하는 것을 환영했다. 그는 노동당이 과연 언제쯤 지배적인 위치에 오를지 감을 잡을 수 없다는 듯이, 마치 선생이 학생을 묘사하듯 노동당을 묘사했다. 반면에 노동당은 자기 당이 얼마나 전면적으로 홉하우스의 사상을 채택하게 될지 눈치채지 못하고 있었다.

미국에서 진보주의에 대한 지식인의 목소리는 작지만 영향력 있는 잡지 『뉴 리퍼블릭』이 담당했다. 핵심 편집인은 허버트 크롤리, 월터 와일, 그리고 장수한 월터 리프먼(1889~1974)이었다. 편집장인 허버트 크롤리(1869~1930)는 자유사상 언론인 부부의 아들이었다. 어머니는 여성 문제에 대한 유명한 칼럼을 썼다. 콩트 찬미자인 부모는 어린 허버트가 "인간성이라는 종교"의 "세례를 받게" 했고, 채 말문이 트이기도 전에 그에게 논쟁을 가르치는 등 자유에 역점을 두어 그를 키웠다. 크롤리는 30대 후반이 되어서야 자신의 재능을 발견했지만,『미국적 삶의 약속』(1909)이라는 책을 씀으로써 멋지게 출발할 수 있었다. 그는 자신의 시대를 논한 이 책을 통해 명성을 얻었다. 그는 자유주의자인 한 부부의 후원을 받았는데, 남편은 자수성가한 투자은행가 윌러드 스트레이트였고, 아내는 미국 최고의 부자 가운데 한 명인 개혁적 민주당원 윌리엄 휘트니의 딸 도러시였다. 시어도어 루스벨트는 그의 친구이자 지지자였고, 그의 사상을 널리 퍼뜨리는 전파자였다. 크롤리는 스트레이트 집안의 돈으로 1913년『뉴 리퍼블릭』을 창간했다.

그 잡지는 어떤 때는 좀더 정치적이었고 또 어떤 때는 좀더 문학적이었다. 그것은 왼쪽으로 기울기도 했고 오른쪽으로 기울기도 했다. 정확한 경향이 무엇이든 간에 『뉴 리퍼블릭』은 계몽적 자유주의 견해의 리트머스였다.

『미국적 삶의 약속』은 홉하우스가 그랬듯이 억제되지 않는 "개인주의"를 목표로 삼았다. 그렇지만 크롤리가 의미한 개인주의는 윤리적 태도가 아니라 경제적 태도였다. 헨리 시지윅이 『정치의 요소들』(1891)에서 그랬던 것처럼, 크롤리는 개인주의를 과도하게 적극적인 정부에 대한 지속적인 우려로 여겼다. 그런 반감은 제퍼슨의 시대에는 적절했다고 크롤리는 썼다. 초기의 화합 속에서는 민주주의, 자유, 번영이라는 미국의 이상들이 개척자 정신, 제한 정부, 새로운 삶의 약속에 대한 신뢰 속에서 구체화되었다. 현재의 이상도 똑같지만, 대도시, 대기업, 중공업의 세상에서는 그 이상들을 실현하는 방법이 다를 수밖에 없다고 크롤리는 썼다. 개인의 적극적인 활동과 소극적인 정부만으로는 더 이상 충분치 않았다. 국가가 과학, 효율성, 개인의 성취, 사회 정의를 증진하려 한다면 워싱턴의 강력한 지휘가 필요했다. 정부는 민주주의적인 동시에 효율적이어야 했다. 즉, 정부는 여론의 감시를 받되, 성인聖人과 테크노크라트가 결합된 비범한 사람들에 의해 운영되어야 했다. 만약 유권자들이 그가 말한 그런 사회 지향적 귀족 정치에 의해 자신들의 삶을 개선하기를 거부한다면 어떻게 될 것인지 크롤리는 이야기하지 않았다. 게다가 루스벨트나 스트레이트 부부와 마찬가지로 열렬한 제국주의자였던 그는 세계의 나머지 국가들이 미국의 자유주의적 너그러움의 세례를 받길 원하는지 여부에 대해 별다른 고민을 하지 않았다.

크롤리의 약점은 "크롤리처럼 구는"이라는 말로 유명해진 음울한 책망의 경향이었다. 크롤리가 초기에 고용한 일벌레 월터 와일 (1873~1919)은 정치 개혁에 아주 세심한 인물이었다. 와일의 분석적 사고에는 독일식 방법과 문화가 스며 있었다. 그는 철도회사, 이민, 노동을 연구하면서 경제의 측면에서 정치를 생각했다. 라인란트의 유대인이었던 아버지는 16세이던 1851년 미국으로 이주했다. 젊은 와일은 경영학 학위를 받고서 독일을 방문했는데, 코브던이 그랬듯이 그곳의 학교와 대학에서 깊은 인상을 받았다. 그는 실질 임금이 얼마나 올랐는지를 주목했고, 마르크스주의자들이 점진적 빈곤화를 예측한 것은 틀렸다고 「프랑스의 노동 조건」(1896)에서 결론 내렸다.

와일은 자신의 사상을 『새로운 민주주의』(1912)에 집약했다. 이제 부유한 사회에는 더 공정하고 더 균형 잡힌 사회를 만드는 데 쓰일 수 있는 "사회적 잉여"가 존재했다. 홉하우스나 크롤리와 달리, 와일은 그러한 사회적 잉여가 발생하는 것은 예기치 않은 어떤 대단한 윤리적 변화 때문이 아니라 새로운 사회 형태 때문일 것이라고 생각했다. 변화를 압박하는 것은 미국의 5000만 중산층이었다. 그들 위에는 변화에 관심을 갖기에는 너무 부유한 2000만의 인구가, 그들 아래에는 변화를 위해 행동하기에는 너무 가난한 2000만의 인구가 있었다. 미국 중산층이 1930년대부터 1980년대까지 어디에 무게중심을 두게 될지에 대한 추측에서 와일은 선견지명이 있었다. 경제적으로 볼 때, 그의 "산업의 사회화" 요구는 기업에 대한 정부의 간접적이지만 대대적이고 체계적인 지원이 감히 그것을 입에 올릴 수 없는 나라에서 예상대로 무시되었다. 이에 반해, 와일의 다른 대의들—규제, 조세 개혁, "비즈니스의 교화", 정치에서의 화폐 권력 제한—은 논란의 여지 없이 진보당 주류에 속하는 것이었다. 『유한계급론』(1899)에서 경제가 "헤픈 소비"에 의존하는 것을 비판한 좀더 유명한 미국인 소스타인 베블런 만큼이나, 와일은 부유한 사회가 범하기 쉬운 부적절한 쇼핑을 우려했다. 그런 소비 증대는 여유 자금이 도시 공원과 학교 같은 공공재에 더 많이 지출된다는 점에서 기분 전환을 가져오기도 했고, 여유 자금이 흡연, 폭음, 충동 구매 같은 유해한 습관을 자극한다는 점에서 해롭기도 했다. 와일의 생각에 따르면, 자유주의자들은 사람들이 완전히 스스로 선택한 것이 아닌 방식으로 스스로에게 해를 끼치고 사회를 속이는 것을 막는 비강압적인 방식들을 찾아야 했다. 와일의 『새로운 민주주의』는 여전히 매우 시사적이다.

독일의 프리드리히 나우만(1860~1919)은 목사였다가 자유주의 정치로 방향을 튼 인물로, 그가 중재에 나서지 않은 의견 충돌을 찾아볼 수 없을 정도로 불굴의 중재자였다. 그는 독일 기업과 노동 계급을 통합하는 진보 대연합을 추진했다. 이는 에른스트 바서만 휘하의 대기업 중심 국가자유당을 보수주의 연합으로부터 떼어내 아우구스트 베벨 휘하의 사회민주당과 결합시키게 될 것이었다. 특별한 줄로 엮여 있지 않은 개방적 자유주의자들이 작은 핵이 되어 "바서만에서 베벨까지"의 연합의 중심에서 조정자 역할을 하게 될 것이었다. 그것은 허황된 희망으로 밝혀졌지만, 나우만의 사회 지향적 자유주의에의 희망은 결코 완전히 사라지지 않았고, 결국 1945년 이후 독일에서 재등장했다. 그는 빈자에 대한 동정을 설파했지만, 사회진화론적 "생존 투쟁"을 믿는 것처럼 보였다. 온갖 것을 아우르는 그의 언질 중에는 민주주의와 군주제, 자유주의와 제국주의도 포함되어 있었다. 1880년대에 나우만은 기독교적인 사회 원조를 옹호했다. 1900년대에는 자유주의적이고 민주주의적인 제국을 요구했다. 1915년에는 독일 주도하의 전후 중부 유럽 연맹을 기대했다.

나우만의 초창기 사진들은 날카로운 눈과 어수선한 눈썹을 한 창백하고 진지한 청년을 보여준다. 1909년경 베를린의 화가 막스 리베르만은 나우만의 초상화를 위한 한 유화 습작에서 불안과 결단이 비등하게 혼합된 그의 모습을 표현했다. 그는 1860년에 라이프치히 서남부의 호숫가에 위치한 작은 마을 슈퇴름탈의 독실한 루터교 집안에서 태어났다. 그는 도피하듯 대학에 진학해 신학을 공부하고 목사가 되었다. 그와 같은 많은 사람이 그랬듯이 도시 빈곤으로 곤경을 겪던 나우만은 런던의 토인비 홀이나 시카고의 사회복지관에 맞먹는 북독일의 기관인 함부르크 러프 하우스에서 자선 활동을 했다. 목사로서 그는 루터교도다운 말과 글로 유명해졌다. 엄격한 중간 계급 자유주의자들이 가부장적인 보수주의자와 전통적인 교회들보다 빈자에게 도움이 덜 된다는 사실이 그를 괴롭혔다. 그는 당시 기독교 사회주의를 개척하고 있던 반유대주의적 궁정 설교가 아돌프 슈퇴커에게 합류했다가 결별했다. 나우만은 반유대주의를 뺀 비슷한 사상들을 고무하는 잡지 『디 힐페』를 창간했다. 나우만은 당시에 막스 베버를 만나 우정을 나눴는데, 베버는 정치에서 국력과 경제 규모가 윤리만큼이나 중요하다는 것을 그에게 납득시켰다.

베버는 자신처럼 나우만이 경제적 이해관계의 관점에서 현실적으로 계급과 국민을 생각하도록 가르쳤다. 베버에게서는 계급 간의 사회적 평화가 국민의 번영에 달려 있었고, 국민의 번영은 결국 독일의 안정과 국제적 힘에 달려 있었다. 독일은 세계에서 계속 뒤처지고 있으며, 그것은 "후진적인" 지주 계급이 정치를 지배하기 때문이라고 베버는 생각했다. 이제 독일의 자연스러운 지도자는 기업과 노동 계급이었다. 비록 베버는 그들이 협력해 민족의 역사적 책무를 감연히 받아들일 가능성에 대해서는 다소 비관적이었지만 말이다. 나우만은 좀더 희망적이었다. 그는 『민주주의와 제국』(1900)에서, 왕조나 계급 제도의 화신이 아니라 시민적 평등과 민주주의적 국가 의식의 화신인 자애로운 황제의 감독을 받는, 기업과 노동의 대연합을 제안했다. 이것은 제한적인 종류의 자유주의였다. 나우만은 빌헬름 황제 시대의 독일에 갈등이 현존하고 있음을 인정했다. 과거처럼 독일 사회 내에서 갈등이 억제되기를 바라는 것은 희망 사항일 뿐이었다. 그 같은 점이 독일이라는 국가와 세계에서 독일의 위치에 관한 나우만의 사상에 영향을 미쳤다.

세 번째로 그가 파고든 것은, 프랑스의 부글레와 마찬가지로, 보복적인 애국주의에서 벗어나는 것이었다. 1848년의 독일 자유주의자들에게 국가란 긍정적인 개념으로, 원칙 있고 포용적이며 진보적인 것이었다. 1871년 이후, 독일 우파는 국가라는 개념을 장악해 국가를 본래적이고 배타적이며 반근대적인 것으로 만들었다. 나우만 시대의 자유주의자로서는, 전쟁을 선동하는 맹목적 애국자가 아니라면, 상업적 제국주의자로 바뀌지 않는 한 애국자가 되는 것이 힘들어지고 있었다. 나우만은 크고 작은 방법으로 그 문제를 예증했다. 지적인 잡식가인 나우만은 예술과 디자인에 커다란 관심을 보였다. 1907년에 그는 사업가와 디자이너의 연합 조직인 독일공예가연맹의 창설을 도왔다. 독일인에게 더 좋은 디자인을 갖춰주려는 취지에서였다. 반국가주의적 비판자들은 쉽사리 공예가연맹의 목적을 전도시켜, 더 좋은 디자인을 독일적인 것으로 만들려는 국수주의적인 캠페인이라고 조롱했다. 이런 식의 전도는 전후의 독일 애국주의를 내다본 책인 나우만의 『중부 유럽』(1915)과 관련해서는 더 큰 규모로 이루어졌다. 나우만은 그런 긍정적인 국가주의가 국수주의적이거나 위압적인 것이 아니라 자유주의적이고 포용적인 것이기를 바랐다. 그 책은 민주주의적인 독일의 주도하에 조약을 통해 연합을 이룬, 자유무역 중심의 중부 유럽을 그려보는 것이었다. 오스트리아-헝가리제국의 붕괴가 어떤 결과를 가져올지에 대한 하나의 추측으로서 나우만의 책은 독일의 동쪽 이웃들의 민족적 야망을 잘못 읽었고, 영국 자유주의자들이 영국 식민지 신민들의 분노에 귀 기울이려 하지 않은 것처럼 독일의 우월성 가정에 대한 슬라브족의 분노를 알아채지 못했다. 체코슬로바키아 정치인 토마시 마사리크의 『새로운 유럽』(1917~1918)은 독일에 대한 방어벽으로서 슬라브 국가들의 자결권을 요구한 책으로, 전후 중부 유럽의 상충하는 주장과 분열적 격동에 대한 좀더 믿을 만한 지침서라 할 만했다. 1930년대에 이르러 나우만의 비전은, 이해할 만한 일이기는 하지만 부당하게도, "히틀러주의의 등불"이라며 배척되었다. 나우만의 목적은 지배와 정복이 아니었는데도 말이다. 그러한 잘못들을 빼고 동부가 아니라 서부로 방향을 바꾸면, 『중부 유럽』은 독일이 그린 유럽연합의 초기 스케치로 여겨질 만했다.

프랑스 개혁가들이 지지하고 있던 것을 한 단어로 표현해본다면, 그것은 바로 "연대"였다. 로마법에서 가져와 확장시킨 폭넓은 용어인 연대는 요긴한 하나의 근대적 이상에 자코뱅적 평등, 기독교적 자애, 사회주의적 박애를 끌어모은 것이었다. 마르크스는 자신이 보기에 선명하지 않고 감상적인 "박애"라는 말 대신 "연대"를 사용하도록 국제 노동자협회를 설득함으로써 1850년대에 그 용어의 진보적 통용을 재개시켰다. 프랑스의 좌파 자유주의자들은 "연대"를 노동 계급의 공격성과 보수적 반동 사이의 어떤 중도적 입장을 보여주는 표지로 받아들였다. 그러한 동향을 보여주는 것이 바로 급진적인 총리 레옹 부르주아(1851~1925)가 쓴 『연대』였다. 그것의 주요 사상, 아니 그것의 유일한 사상은 간단 명료했다. 부르주아는 "인간은 인간 사회에 빚을 지고 태어난다"고 썼다. 모든 아이에게는 가능성과 효능을 확보해주는 풍부한 도구 세트가 주어져 있다. 언어, 문화, 문명, 안전, 안정 같은 것이다. 큰 성취건 작은 성취건, 어느 한 개인의 남다른 성취는 인적 자본이라는 공통의 자산에서 이익을 이끌어낸 것이다. 당연히 성취자는 빚을 진 셈이다. 성취자는 빚을 갚아야 한다. 부르주아는 자유주의 개혁가들이 사회복지, 노동 평화, 시민 보호를 증진하기 위해 하고 있는 일을 정당화하는 데 그 대변과 차변의 은유를 사용했다.

부르주아는 자신의 이름보다 더 많은 면에서 중간층에 속한 사람이었다. 시계공의 아들인 그는 파리의 센강 좌안과 우안 사이에 위치한 생루이섬에서 태어났다. 공화주의적인 능력주의의 빛나는 산물인 부르주아는 36세에 프랑스 서남부에 위치한 타른의 도지사가 되었다. 그곳은 교회와 국가, 사장과 노동자 간 다툼에 휩싸여 있었다. 그는 저항하는 성직자들을 지지하는 가톨릭교도 시장을 파면했다. 또한 카르모(훗날의 조레스의 선거구)의 광산업주들이 경찰에게 광부들의 파업을 끝내줄 것을 요청하자, 부르주아는 이를 거부하고 중재에 나섰다. 1895년에 총리가 된 부르주아는 영국에서 로이드 조지가 그랬고 미국에서 진보당이 그랬던 것처럼 보수적인 상원과 충돌했다. 상원은 부르주아가 제안한 진보적인 소득세를 거부했고, 그것이 프랑스에 도입되기까지는 다시 20년이 지나야 했다. 사회적 자유주의에 이끌린 다른 프랑스 사상가들 중에는 뒤르켐, 샤를 지드가 있었다. 뒤르켐은 근대의 노동 분업으로 인해 우리 각자에게 생겨난 상호 의존 관계들에 기초를 둔, 부르주아의 생각보다 더 정교하고 더 다듬어진, "유기적" 사회라는 생각을 갖고 있었다. 경제사가이자 상호주의 옹호자였던 샤를 지드는, 법학자 레옹 뒤기와 마찬가지로, 최고 권력이자 최종 권력으로서의 국가가 아니라 공복으로서의 국가라는 개념을 고취시켰다.

국가를 옹호하는 자유주의자와 국가에 반대하는 자유주의자들 간의 다툼이 한껏 격화되었을 때 한 위대한 균형자가 그들의 논쟁을 휩쓸어버렸다. 그것은 사회 지향적인 새로운 자유주의자들의 미묘하게 다른 호소들을 휩쓸어버렸다. 그 균형자는 바로 돈이었다. 19세기 말에 이르러 빈곤한 측과 부유한 측은 공동의 보호 장치가 필요하다는 데 동의해가고 있었다. 좀더 어려운 문제는 그에 대한 비용을 어떻게 부담할 것인가 하는 점이었다. 사회 개혁은 조세 개혁을 의미했고, 조세 개혁은 누군가는 세금을 더 많이 내야 한다는 것을 의미했다. 조세와 지출에 대한 자유주의자들 간의—구파든 신파든—그 근본적인 갈등은 영국, 프랑스, 독일, 미국에서도 유사하게 전개되었다. 전체적인 틀에서 그 갈등은 오늘날까지도 거의 바뀌지 않았다.

그 갈등은 세 가지 방식의 충돌에 따른 것이었다. 자유주의자들은 자유무역, 낮은 직접세, 작은 정부를 주장할 수도 있었다. 그것은 글래드스턴의 방식이었다. 자유주의자들은 높은 관세, 낮은 직접세, 큰 정부를 주장할 수도 있었다. 그것은 비스마르크와 미국의 대기업 자유주의자들의 방식이었다. 아니면 자유주의자들은 자유무역, 높은 직접세, 큰 정부를 주장할 수도 있었다. 그것은 유럽의 "새로운 자유주의"와 미국 진보당의 방식이었다. 하지만 어느 누구도 지탱할 수 없는 부채를 쌓이게 하지 않으면서 언제까지나 낮은 관세, 낮은 직접세, 큰 정부를 주장할 수는 없었다.

글래드스턴 방식은 더 이상 절실한 선택이 아니었다. 국가 재정에 대한 자유주의의 오래된 가르침—애덤 스미스가 앞서 보여주고 밀이 되풀이하고 글래드스턴이 어느 정도 따른—은 직접적이지 않은 세금과 균형 예산이었다. 19세기 말에 이르러서는 이러한 가르침으로는 더 이상 지불 능력을 갖출 수 없었다. 지출이 점점 더 늘어났기 때문이다. 영국과 마찬가지로 독일에서도 그랬다. 기업은 계속 이윤을 내고 노동 계급으로부터 자본주의 체제를 보호하는 데 국가가 도움이 되어주기를 바랐다. 반면, 노동 계급은 생활 수준을 유지하고 자본가들로부터 노동 계급을 보호하는 데 국가가 도움이 되어주기를 바랐다. 평화주의자를 제외한 모든 사람이 총기와 전함을 원했다. 작은 정부 자유주의가 본질적으로 19세기의 것이었다는 바로 그 생각은 대체로 20세기의 논쟁적 발명품이다. 19세기에 거의 모든 큰 이해관계는 더 강력하고 더 효율적인 정부를 원했다. 정부가 이해관계들이 원하는 바를 제공할 수 있게 된 것은 19세기 말에 이르러서였다. 누가 비용을 대는 가가 문젯거리였다. 19세기 후반에 예산 관련 선택지는 관세와 소득세로 좁혀졌다. 부자들은 직접세를 싫어했고, 농장주들과 함께 관세를 선호했다. 반면, 도시의 빈자들은 관세가 비싼 식료품을 의미한다는 점에서 관세를 싫어했고, 소득세를 부자들의 돈을 우려내는 것으로 간주했다.

그러한 선택지들 앞에서, 자유주의적인 영국은 약하고 반쯤만 자유주의적인 독일에 비해 강하고 적극적인 국가였다. 중앙집중적인 재무부와 조세에 대한 대중의 신뢰 덕분에, 영국은 독일보다 재정적 갈등을 더 잘 처리할 수 있었다. 1890년대에 영국의 재정은 더욱 균형을 이루고 있었다. 분명 지출이 늘긴 했지만, 독일제국의 국방비가 예산의 90퍼센트 이상을 차지한 것과 대조적으로, 영국에서는 중앙 예산의 40퍼센트만이 국방비로 쓰였다. 영국에서는 직접세가 세금의 약 30퍼센트를 차지했지만, 독일제국에는 사실상 직접세가 없었다. 더 안 좋은 점은, 독일제국이 제국의 관세 수입을 제국 내의 주들과 공유해야 한다는 것이었다. 전쟁이 발발하자, 영국은 월가에 현금을 요구할 뿐만 아니라 자국민으로부터 세금도 걷어서 비용을 충당했다. 이에 반해 독일은 거의 전적으로 대부를 통해 전쟁을 치러야 했다. 이는 결국 공적 채무라는 짐을 야기했고, 이러한 채무는 1918년 이후 출범한 새 공화국의 족쇄가 되었다. 신파든 구파든 자유주의자들이 요점을 파악하는 데는 시간이 걸렸다. 국가와 시장에 관한 격렬하고 흥미로운 논쟁들은 과도하게 일반화된 양자택일적 조건에서 수행되면 아무런 진전을 볼 수 없다. "국가 대 시장"의 문제들을 원칙의 문제로 전환하려는 거의 모든 시도는 "누가 비용을 대는가?"의 질문에 어느 한 쪽을 답으로 제시하는 것에서 출발한다. 실제로, 국가 대 시장의 문제들은 세금—실제 세금이든 귀속 세금이든—의 구조와 부담에 달려 있는데, 일단 자리를 잡은 자유민주주의 국가들은 그것을 변경하기가 매우 어렵다는 것을 알게 된다.

골치 아프고 다면적인 재정적 선택에 관한 그 가르침은 일반화될 수 있다. 새로운 자유주의의 좀더 심오한 요점은 자유주의적-민주주의적 목표들을 실현할 방법을 생각하는 데 양극적인 사고—예컨대 "개인주의 대 집단주의" "시장 대 국가" "자유 대 간섭"—는 생산적이지 않다는 것이었다. 새로운 자유주의자들은 어느 누구 못지않게 양극적인 대립들—소극적 자유 대 적극적 자유, 포용적 애국주의 대 배타적 애국주의, 위로부터의 개혁 대 아래로부터의 개혁—을 내세울 수도 있었다. 그 극들이 말해주는 것은 기껏해야 다른 어떤 곳이 아니라 그 극들 사이에서 움직이라는 것이니, 도움이 되지 않았다. 양극적 사고를 포기하는 것은 새로운 자유주의의 좀더 심오한 성취였다. 이제 살펴보겠지만, 새로운 자유주의에 대한 반격은 1930년대 말에 시작되었다. 그것은 1970년대에 힘을 얻었고, 1980년대에 승기를 잡기 시작했다. 그 새로운 공격은 협공 작전을 폈고, 그 덕분에 성공했다. 한쪽의 공격은 정치적 논쟁의 중심에 다시 양극적 대립—국가 대 시장, 개인 대 사회—을 배치하는 것이었다. 다른 한쪽의 공격은 그에 저항하는 것이 지성적·도덕적 허약함처럼 보이게 만드는 것이었다.

8장

손상된 이상, 무너진 꿈

1. 체임벌린, 바서만: 자유주의적 제국주의

1880년대부터 1940년대까지의 자유주의 세계는 제국주의 세계였다. "자유주의적 제국주의자"라는 말 자체가 자기모순처럼 들리게 되었기 때문에, 오늘날의 자유주의자들은 19세기의 자유주의적 제국들을 마지못해 넘겨받은 유산으로 간주하는 게 좋을 것이다. 슘페터가 1919년 제국주의를 달갑잖은 "절대 군주 국가의 가보"로 부르면서 그랬던 것처럼 말이다. 어쨌거나, 제국주의가 한 민족을 다른 민족이 지배하는 것과 관련 있는 반면, 자유주의자들은 권력에 저항하고 지배에 분노한다. 오늘날의 자유주의자로서는 제국이 처음부터 신중함을 해치고 자유주의적 양심을 억눌렀다고 가정하는 게 훨씬 더 손쉬울 것이다. 20세기의 전쟁과 경제 공황이 없었다면 자유주의적인 서구가 제국을 더 빨리 포기했으리라고 추측하는 것이 훨씬 더 손쉬울 것이다. 훨씬 더 손쉽지만 틀렸을 것이다. 사실 자유주의자들은 19세기 후반의 식민 제국을 낳고 확대했다. 그들은 필요할 때면 가차 없이 식민 제국을 옹호했다. 그들은 1945년 이후에 대체로 과도한 확장과 피로 탓에 식민 제국을 포기했다. 결연한—그리고 마찬가지로 가차 없는—독립운동들에 맞선 후방에서의 유혈 전쟁이 없지는 않았지만 말이다.

그렇지만 자유주의적 제국에 관한 두 번째 진실이 존재한다. 식민화가 오직 약탈, 지배, 불평등한 교환인 것만은 아니었다. 조지 오웰의 말처럼 식민화가 "도둑질을 최종 목적으로 하는 전제주의"인 것만은 아니었다. 자유주의적 제국은 학교, 의료, 과학, 무역, 번영 증진의 형태로 진보와 근대성을 가져다주기도 했다. 자유주의적 제국은 근대법의 통치와 재산권을 가져다주었다. 자유주의적 제국은 개인 존중의 복음을 전파하는 기독교 선교사들의 인도적 목표들을 가져다주었다. 다시 말해, 제국은 자유주의자들이 믿는 것들을 가져다준 것이다. 그러한 것들은 제국적이지 않은 방식으로 주어질 수도 있었겠지만, 그렇다고 해서 제국적인 방식으로 주어졌으니 주어진 것이 아니라는 뜻은 아니다. 그런 혜택이 수혜자들이 원하지도 않고 이해하지도 못하는 가운데 주어진 것도 아니었다. 자유주의적인 근대성의 혜택은 종종 식민지 국민에 의해 추구되고 환영받기도 했는데, 이것이 세 번째 진실을 만들어내는 중요한 지점이다. 능동적이고 흔들림 없이 목표를 추구하는 제국주의자와 수동적이고 어쩔 줄 모르는 피지배 민족이라는 이미지는 가부장적이고 시대착오적인 것이다. 제국주의는 쌍방의 주고받기를 수반했다. 식민지 사회는 움직임이 없는 획일된 덩어리가 아니었다. 그곳의 사람들은 원초적인 평등 속에서 살지 않았다. 식민지가 되기 이전의 그곳의 지배자들은 공통적으로 제국주의자들보다 더 잔혹하고 더 수탈적이고 더 위압적이었다. 알다시피 노예 무역상들은 아프리카인들이었다. 1945년 이후 탈식민지 사회의 엘리트들은 민족의 독립이 은혜라고 생각했다. 그러나 비엘리트들은 민족의 독립이 압제라고 여기기도 했다. 자유주의와 제국주의의 연결 고리를 파악하기 위해서는 "모순"보다 더 미묘하고 덜 확연한 용어가 필요하다.

제일 먼저 해야 할 일은 자유주의자의 마음속에 있는 경쟁적인 두 가지 갈망을 인정하는 것이다. 그 갈망들은 두 가지 조국에 대한 것이라 할 수 있는데, 하나는 자유주의자들이 직접 정치를 할 수 있는 조국이고, 다른 하나는 자유주의자들이 자신들이 꿈꾸는 질서를 추구할 수 있는 조국이다. 전자는 국가적인 것이고, 후자는 세계적인 또는 보편적인 것이다. 한편으로 자유주의자들은 돈을 벌 수 있고 해외로 보낸 자본을 환수할 수 있는 등 자신들의 권리가 보호되는 안전하고 평온한 국가적 조국을, 사람들의 자랑거리가 되기도 하고 때로는 사람들이 부끄러워해야 마땅한 것이 되기도 하는 그런 조국을 원한다. 그들은 모두가 똑같이 소속감을 느낄 수 있는, 위계 없는 통일된 전체를 갈망한다. 그들은 가족적인 "우리"를 싸우는 "사람들"로 갈라놓는 전쟁보다는 논쟁과 협상에 의해서 의견 차이를 해결할 수 있을 만큼 "우리"가 일체감을 느끼는 공간을 원한다. 그런 조국의 하나가 바로 자유주의 국가로, 자유주의 이상들을 실현하는 데 유용하고 불가결하지만 그 자체로는 고유한 가치가 없는 환경이다. 국가에 대한 그러한 생각은 1780년대의 미국 연방주의자와 1789년의 프랑스 공화주의자들에게 영향을 미쳤다. 또한 평화적으로, 그리고 민주주의적으로 —독일 자유주의자들 일부의 바람이었다 해도 어쨌든—독일 통일이 이루어지기를 바란 1848년의 독일 자유주의자들에게 영향을 미쳤다.

다른 한편, 자유주의자들은 방랑자이기도 하다. 그들은 조국의 유대에서 벗어나고 싶어하고, 어디든 방해받지 않는 곳으로 가고 싶어하고, 자유롭게 거래하고 싶어하고, 자기 마음대로 머물거나 떠나고 싶어하고, 원하는 곳 어디로든 여권 없이 돈을 보내고 싶어한다. 그들은 모든 사람과 평화롭게 지내기를 바라고, 모든 사람이 자신들과 평화롭게 지내기를 바란다. 무엇보다, 사람들이 어디를 가든 자신의 신과 믿음과 이상을 뒤에 버려둔 채 가지 않고 계속 간직할 수 있기를 바란다. 동시에, 사람들이 자신의 뿌리를 자르고, 자유롭게 선택한 새로운 나라에서 동화된 이민자로서 외국의 신과 믿음을 받아들일 수 있기를 바란다. 즉, 자유주의자들은 모든 사람이 일종의 유민의 세계에서 어디서든 조국처럼 머물 수 있기를 바란다. 보편적 조국이라는 자유주의적 방랑자들의 꿈은 매우 오래된 꿈이다. 그것은 로마인의 꿈이었고 기독교인의 꿈이었다. 하지만 그리스인의 꿈은 아니었는데, 그들에게 조국이란 데모스, 즉 도시였기 때문이다. 만약 국가적 조국에 대한 유대인의 꿈을 적대와 편견으로부터의 피난처에 대한 은유로 받아들인다면, 자유주의적 방랑자들의 꿈은 유대인의 꿈이라 할 수도 있었다.

자유주의적 제국은 의심의 여지 없이 선교사, 교사, 돈벌이에 대담한 모험가, 자본가의 우연적 창조물이었다. 그러나 자유주의적 제국의 예측 불가능하고 즉흥적인 형성 위에서 보편적 조국과 국가적 조국이라는 그 대조적인 꿈들이 떠다녔다. 일단 그 꿈들이 구별되면 19세기 후반의 자유주의적 제국주의의 어색함은 더 분명해진다. 자유주의적 보편주의자에게서는 '자유주의적'과 '제국적'이 화목하게 공존한다. 자유주의자들을 갈라놓는 강조점은 '제국적'과 '국가적' 사이에, 보편적 조국과 국가적 조국 사이에 있다. 프랑스제국, 영국제국, 독일제국보다 자유주의적 제국에서 어색함이 덜 느껴진다.

"제국주의"라는 말은 좌절감을 불러일으킬 정도로 느슨하지만, 우리는 로마제국이나 합스부르크제국처럼 영토를 가진 제국을 보고 제국을 인식한다. 우리는 유사성을 참작해 유사 제국—뭐라 부르든—을 인식한다. 막강한 국가 권력과 규범 결정 영향력을 등에 업은, 국경을 초월하는 전 세계적인 상업적·문화적 세력 범위—20세기 말의 미국이나 현재의 중국을 생각해보라—는 엄밀하게 제국을 의미하진 않지만 제국적 양상을 띤다. 1900년경에 자유주의자 저자와 마르크스주의자 저자들은 경제적 제국주의라는 개념을 유포했다. 그들은 식민 제국의 행정적·영토적 측면을 부차적이거나 불필요한 것으로 다뤘다. 그들이 생각하기에 경제적 제국주의의 본질은 부당한 상업적 이득을 거두어들이는 부자 나라들의 능력이었다.

약간 압축해서 말하자면, 영국과 프랑스는 일찍이 광범위한 식민지를 가지고 있었지만, 거기서 팽창적·행정적 의미의 자유주의적 제국주의가 본격적으로 시작된 것은 19세기 중반에 이르러서였다. 영국의 식민지 통치에는 싱가포르(1824), 홍콩(1841), 하ㅏ버마(1852)에 대한 통치권 또는 주권을 갖는 것도 포함되었다. 인도에 대한 직접적인 행정 책임은 동인도회사를 폐업시키고 존 스튜어트 밀의 감독관 지위를 잃게 만든 1857년의 세포이 항쟁 이후 영국 의회로 넘겨졌다. 이전 세기의 초기 영국 산업에서 자본 공급처이자 수요 자극제가 되어주었던 서인도제도의 설탕 식민지들은 유럽의 사탕무 생산, 설탕 가격 하락, 노예제 대농장의 잔인한 노동 조건뿐만 아니라 인도·오스트레일리아의 새로운 수수 지대 출현에도 위협받아, 경제적으로 한계 상황에 다다랐다. 영국은 북아메리카에서는 1783년 미국 식민지들을 잃었는데, 이는 영국이 대륙 간 무역보다는 산업에 집중할 수 있게 한 예기치 않은 돌발적 행운이었다. 조지 길버트 스콧이 건축한 이탈리아풍의 내무·외무부 건물이 1868년에 완공되었는데, 세인트제임스 공원 옆의 의사당 근처에 위치한 그 건물의 구조가 너무나 으리으리해서 그걸 본 사람들은 그 안에 있는 이들이 으리으리한 제국을 운영한다고 추측하지 않을 수 없었다. 사실, 캐나다는 규모가 워낙 큰데다 프랑스와 영국이 팽팽하게 대립하는 곳이어서 런던에서 통치하기 어려웠고, 그 때문에 한 해 전에 이미 자치 정부를 얻어낼 수 있었다. 오스트레일리아의 여섯 개 식민지는 수개월이 걸리는 서신 교환 형식으로 멀찍이서 런던의 감독을 받으며 자체적으로 일을 처리했다. 1869년에 수에즈 운하가 개통되어 인도행 선박에 길을 열어주면서 상업성을 위협받게 되었던 영국의 케이프 식민지는 바로 직전의 급속한 다이아몬드 광산 개발과 1880년대에 이웃한 보어인들의 공화국인 트란스발에서의 금 광산 발견으로 구제될 수 있었다.

프랑스 측에서는, 프랑스 군대가 1830년 알제리를 점령한 지 수십 년이 지난 후에 식민지 총독들이 그곳에 질서를 확립하려 애썼다.

군사 통치는 조만간 폐지되었지만, 1839년의 알제리 반란 이후 부활했다. 2년 후 그곳을 방문한 토크빌은 유혈 사태에 대해 불만을 표했는데(그는 아랍인들에 대해서 "우리가 아니라 그들이 문명인이다"라고 말했다), 무엇보다 군사적 탄압이 그가 전적으로 지지한 확고한 프랑스 통치권을 구축하는 데 효과적이지 않다는 이유에서였다. 토크빌은 프랑스의 식민지 확대 방식에 대해서는 움찔했지만 식민지 확대에 대해서는 지지했는데, 프랑스 국가주의자로서 그는 영국에 뒤지지 않기 위해서는 그것이 꼭 필요하다고 생각했다. 프랑스가 알제리를 평정하는 데는 30여 년이 걸렸다. 프랑스의 영향력 아래 있던 보수적인 멕시코제국에 대한 나폴레옹 3세의 헛된 지지는 1867년에 굴욕적으로 끝났다. 그의 외교 정책에서 좀더 성공적인 요소들은 식민지 확대보다는 유럽의 권력 정치에 집중되어 있었다. 크림반도에서 러시아에 맞서고, 이탈리아에서 오스트리아에 맞서고, 영국·프로이센과 무역 협정을 체결한 것 등이 그런 일이었다. 인도차이나에 대한 프랑스의 영향력은 그때까지만 해도 작았다. 1871년에 통일을 이룬 독일은 당시 이렇다 할 식민지가 없었다. 게다가 식민지를 뜻하는 고유한 독일어 단어도 없었다. 종교 개혁 이후 라틴어풍을 받아들이지 않고 항상 게르만어파의 대체어를 풍부하게 갖고 있던 언어는 자체적으로 고유의 단어를 발명할 시간이 없었고, '콜로니Colonie'라는 단어를 수입해서 사용했다. 내전에서 회복되어 간신히 하나의 국가로 자리 잡은 미국은 엄밀히 말해서 식민지를 전혀 갖고 있지 않았다.

당시 제국적 변화는 갑작스럽고 빨랐다. 1870년에 알제리는 세 개의 행정 단위로 나뉘어 프랑스에 통합되었다. 프랑스령 알제리 사람들을 대표하는 의회 의원들이 파리의 의회에 들어갔다. 하지만 알제리의 이슬람교도들은 프랑스 시민권을 거부당했다. 프랑스는 서아프리카와 중앙아프리카뿐만 아니라 인도차이나로도 식민지를 빠르게 넓혀갔다. 레옹 부르주아는 마다가스카르 점령에 따른 비용을 일부 충당하기 위해 1896년에 소득세를 요구했다. 거기서 프랑스 군대는 불필요하게 특유의 잔학성을 발휘해, 노예를 소유한 한 지역 왕가를 제거했다. 1882년에 영국은 이집트 통치권을 확보했는데, 이는 영국령 인도를 위해 전략적으로 중요했다. 독일의 적극적인 식민지 지지자들에게 시달리던 비스마르크는 1884년에 독일이 "아프리카 쟁탈전"에 뛰어들어야 한다는 것을 받아들였다. 식민지 지지자들은 강대국은 식민지를 필요로 한다고 외쳤다. 비스마르크는 미심쩍어하면서도 결국 응했는데, 아프리카 식민지가 유럽 내 권력 정치라는 본게임에 곁들여지는 저렴한 여흥처럼 여겨졌기 때문이다. 1890년의 비스마르크 해임 후 의심은 사라졌고, 정치인들은 독일의 "유리한 위치"를 요구했으며, 그 세기 말에 이르러서는 영국, 프랑스, 러시아, 미국과 동등하게 세계 정책 혹은 제국적 팽창이 독일의 정책이 되어 있었다. 1898년 미국은 하와이를 병합했고, 같은 해에 스페인과의 짧은 전쟁에서 승리한 후 쿠바, 푸에르토리코, 그리고 난폭하게 필리핀까지 자국의 보호령을 확대했다. 1900년대에 이르러 식민지나 보호령을 통해 서구의 통치권은 아프리카, 인도차이나, 중앙아메리카, 태평양까지 뻗어나갔다. 중국에서는 네 강대국이 1860년대부터 강제적으로 시행된 무역권을 확대하고 방어했다. 자유주의적 제국이 그 이름을 날리고 있었다.

새로운 제국주의에 대한 시비가 자유주의자들 사이로 비집고 들어와, 일부는 맹목적 애국주의의 대중적 호소력에 이끌리며 우파로 기울었고, 일부는 피지배 민족에 대한 인도주의적 걱정과 식민주의가 국내의 사회적 관심사로부터 주의를 돌리게 한다는 염려가 뒤섞인 가운데 좌파로 기울었다. 식민주의에 찬성하든 반대하든, 모든 자유주의자는 늘어나는 재정적 비용에 주목했다. 자유주의적 반식민주의자로는 『이코노미스트』의 배젓을 비롯한 영국의 코브던 추종자들, 그리고 한 국가의 세계 정책을 한 개인의 냉담한 과대망상증에 비유한 독일 자유주의자 리히터가 있었다. 두 명의 젊은 급진주의자 조르주 클레망소와 데이비드 로이드 조지 역시, 공직에 나아가서는 제국을 수용했지만 초기의 비판자에 속했다. 제국주의에 대한 도덕적 저항은 진정어린 것이었지만 확산되지는 못했다. 그것은 탄압적인 전쟁과 식민지 주민 학살 같은 인간적인 해악에 초점을 두었다. 외세의 지배라는 것의 부당성은 나중 문제였다. 1920년대 이래 영국 자유당원들의 에세이를 모은 한 선집에서는 인도의 반란에 대한 해밀턴 그랜트 경의 자기만족적인 글을 읽을 수 있다. 너무 멀리 내다볼 필요가 없으며, 마하트마 간디의 선동은 "고루한 것"이 되었고, 맡은 바 임무가 있는 영국은 "정의와 냉정한 효율성"으로 인도를 "무력 아닌 공정에 의해" 계속 지배할 수 있다고 그는 썼다. 대부분의 자유주의자는 식민지인들이 요구하기 전에는 그들의 자결권을 이야기하지 않았다. 진보적 민주당원 우드로 윌슨은 전후의 평화를 구상하면서 합스부르크제국민의 자결권을 옹호했지만, 세계의 "후진적" 민족들이나 자신의 고향인 미국 남부의 흑인 시민들의 자결권은 옹호하지 않았다.

프랑스의 자유주의적 공화주의자 쥘 페리는 1884년에 "우수한 인종은 열등한 인종을 문명화할 의무가 있다"고 말했는데, 이는 많은 자유주의자에게 너무 뻔한 말이었다. 그들은 "문명화된" 사람들은 "후진적인" 사람들을 교화할 수만 있다면 교화해야 하며, 교육적인 임무가 일시적인 후견을 정당화한다는 것을 당연시했다. 그래서 밀은 영국의 인도 지배를 정치 훈련이 이루어지다보면 저절로 종식될 일로 여기며 옹호한 것이었다. 육군 장교 우라비 파샤의 주도하에 초기 민족주의적 반란이 이집트에서 발생했을 때, 글래드스턴은 영국의 점령이 좋은 정부와 좋은 질서에 대한 존중을 가르치는 일시적인 학습이 되리라는 생각에서 1882년 마지못해 영국의 이집트 장악에 힘을 실어줬다.

정치 훈련이 행동을 통해 이루어지는 학습이라고 간주된다면, 그 수업에는 시민권 교육이 포함되지 않기가 쉬웠다. 영국의 "비백인" 식민지들에서 대부분의 사람은 신민이나 "피보호민"이었고, 그 누구도 영국민의 정치적 권리를 갖지 못했다. 프랑스는 식민지 사람들에게 프랑스 시민권을 서류상으로는 제공했지만, 프랑스어 말하기를 포함해 "동화되었음"을 증명하는 문화적 테스트를 통과해야 한다는 조건이 있었다. 규정들은 가변적이었고, 상황에 따라 매우 다양하게 적용되었다. 그럼에도 "문명화 임무"라는 모호하지만 유용한 프랑스의 표어는 권위를 얻었다. 독일의 열렬한 식민지 지지자 프리드리히 파브리는 『독일은 식민지가 필요한가?』(1879)에서, 르루아-볼리외의 맹목적인 프랑스 애국주의에 찬동하고 영국의 "문화적 힘"에 대해 찬양조로 기술했다. 그들의 국민 정신을 세상에 알리면서, 파브리는 독일이 뒤처져서는 안 된다고 주장했다. 러디어드 키플링은 1899년 『매클루어 매거진』에

실린 「백인의 짐: 미국과 필리핀 제도」라는 시에서 미국인들이 유럽의 임무에 동참해야 한다고 주장했다. "백인의 짐을 짊어지라,/ 그리고 백인의 오래된 보답을 받으라/ 당신들이 더 낫게 만들어준 사람들의 비난을,/ 당신들이 지켜준 사람들의 증오를." 그들 모두는 자유주의자 매콜리 경이 영국의 인도 통치를 개선하기를 요청하면서 1833년에 활기차게 이야기한 바를, 즉 "좋은 정부를 통해서 우리는 우리 신민들에게 더 나은 정부를 만들 능력을 가르칠 수 있다"는 말을 자신들의 방식으로 다시 제시하고 있었다. 매콜리는 선거권 개혁을 이야기하고 있었던 것일 수도 있다. "후진적" 민족들에 대한 자유주의적-제국주의적 태도는 그 민족들이 자국의 배우지 못하고 재산이 없는 유권자들—좀더 넓은 시야를 갖고 있긴 했지만—에 대해 가지고 있던 태도와 별반 다르지 않았다. 양쪽 모두의 "능력"은 개선될 필요가 있었고, 그 개혁을 수행하는 것이 자유주의자들의 몫이 되었다.

비판자들은 자유주의의 근간이 되는 것인 자유주의 교육과 진보에 대한 믿음에서 자유주의의 원죄를 보게 되었다. 식민지 사람들에게 인간의 진보를 가르치는 교사는 폭군적이지 않을 수 없다고 그들은 주장했다. 자유주의와 제국주의는 모순 관계에 있지 않았다. 오히려 모순과는 거리가 멀었다. 자유주의는 제국주의를, 그것도 제국주의의 가장 잔혹한 측면을 수반했다. 왜냐하면, 학생들이 반란을 일으키게 될 것이고, 교사들은 반란에 대해 그들을 벌해야 하기 때문이다. 자유주의자들은, 꼭 그런 것은 아니라고, 필요 이상으로 나쁘게 행동하는 일부 식민주의자가 있었을 뿐이라고, 잃는 것보다 얻는 것이 많다고, 자유주의자들이 식민지 전쟁에서 그토록 가혹하게 다룬 식민지 원주민들 또한 자신들의 이웃 민족에게 그보다 더하지는 않더라도 적어도 그 정도의 나쁜 짓은 저지르곤 한다고 답할 수 있었다. 아마 그럴 것이다. 하지만 어떻게 이 모든 것을 마치 회계 장부를 가지고 합계를 내듯이 따질 수 있었겠는가?

자유주의 문명의 정부들이 후진적 민족들을 성장시키고 그들에게 근대성의 혜택들을 쏟아부으면서 동시에 그 사람들을 수없이 죽였다는 것은 사실이다. 1871년부터 1900년까지의 기간에 평화적인 자유주의적 영국인들이 22차례의 대규모 식민지 전쟁에 참여한 것으로 추정된다. 1879년에 남아프리카공화국에서 영국 군대에 저항하던 줄루족 전사들은 근대적 화기로 엄청난 인명 피해를 당했다. 1898년 수단에서는 반反영국 지도자였던 고故 무함마드 아마드의 추종자 수천 명—당시의 추정에 따르면—이 어느 날 아침 죽임을 당했다. 그 학살의 목격자 중 한 명이 바로 진취적인 젊은 언론인이자 정치가였던 윈스턴 처칠이다. 그는 그것을 "야만인들에 대한 과학 무기"의 "현저한 승리"라고 일컬었다. 진압은 걸핏하면 살육이 되었다. 1904년 독일령 서남아프리카에서는 로타어 폰 트로타 장군이 척박한 특별보호구역에 정착하라는 명령을 거부한 반항적인 헤레로족의 "근절" 혹은 "절멸"을 명령했다. 대략 3만 명이 사망했는데, 아마도 이것이 20세기의 첫 번째 대량 학살이었을 것이다. 1905~1907년 독일령 동아프리카에서는, 목화 재배 요구에 대한 저항이 진압 전쟁으로 이어졌는데, 제국의회의 보고에 따르면 그 전쟁으로 7만 5000여 명의 아프리카인이 사망했다. 필리핀에서는 미국이 1899~1902년에 수행한 반게릴라 전투로 인해 약 2만 명의 독립 투사가 목숨을 잃었다. 4000여 명의 미국 군인도 죽었지만 대부분 병 때문에 죽었고, 미국 측 강제수용소에서는 수천 명에 달하는 여성과 아이들이 죽었다. 당시 자유주의자들의 분노는 격렬했지만 드물었다. 독일 사회민주당과 가톨릭당은 독일의 서남아프리카 정책에 반대했지만, 그들의 저항은 보수 언론을 당할 수 없었다. 보수 언론은 1907년의 "호텐토트" 선거에서 우파 유권자들을 겁줘, 아프리카인들의 정의와 인간다움을 실현하는 것보다 자국에서 "빨갱이"를 몰아내는 것을 선택하게끔 만든 존재였다. 프랑스의 식민지 전쟁, 남아프리카공화국에서 보어인을 상대로 벌인 영국의 식민지 전쟁, 스페인 식민지였던 지역을 차지하기 위한 미국의 전쟁도 대표적인 전쟁이었다. 그러한 전쟁들은 "그들"에게 가해진 피해보다는 "우리"가 치른 대가 때문에 환영받지 못하게 되었다.

식민지에서의 잔학 행위에 항의하는 자유주의자들도 있었다. 레너드 홉하우스의 누이인 급진적 인물 에밀리 홉하우스는 영국이 남아프리카공화국에 설치한 강제수용소들의 높은 사망률에 대해 주도적으로 항의했다. 프랑스계 영국인으로서 언론인이자 해운회사 직원이었던 에드먼드 모렐은 벨기에령 콩고에서 벌어진 대량 학살을 폭로했다. 그들은 식민지에서 만행이 벌어지고 있다는 사실을 초기에 인식한 이들이자 그로써 양심을 일깨운 이들이었고, 그 양심의 각성은 1945년 이후에야 자유주의의 가르침 속에서 온전히 표현되었다. 그 인식과 각성은 1945년 이후 철학적 감수성이 공리주의에 대한 만족에서 거북함으로, 그리고 인권에 대한 더 우호적인 태도로 바뀌는 데 전주곡이 되었다. 20세기의 폭력이 쌓여가면서, 다수의 큰 이익이 소수에게 가해지는 비통한 혹은 절망적인 피해보다 "중요하다"는 도덕적 주장의 자명성에 대해 의구심이 커졌다.

오직 인도적 차원에서 식민주의에 반대한 자유주의자는 거의 없었다. 대부분의 자유주의자는 새로운 식민지 건설이 식민지 개척자들에게 그럴 만한 가치가 있는 일인지에 대해 의문을 표했다. 그들은 식민지에 원조를 제공하고 대양의 해군으로 식민지를 보호하는 데 드는 비용을 어떻게 충당할지에 대해 의견이 일치하지 않았다. 소득세로 충당해야 하는가, 아니면 관세로 충당해야 하는가? 그들은 자유무역이 구시대적인 것은 아닌지 논쟁을 벌였다. 자유주의적 제국주의자들은, 자유방임주의가 국가 주도의 사회복지 증진으로 대체되고 있는 것만큼이나 자유무역이 국가 주도의 국부 증진으로 대체되기를 바랐다. 그 진영은 틀이 잘 잡혀 있지 않았다. 그러나 거칠게 말해서, 자유주의적 자유무역주의자들은 자유주의적 신중상주의에 맞서 승산 없는 싸움을 벌였다. 자유주의적 자유무역주의자들이 다시 한번 승리한 것은 1945년이 지나서였다.

독일 자유주의 경제학자들 사이에서 구스타프 슈몰러는 자유무역의 보편적 이득에 대한 수정주의 노선을 취했다. 1872년에 사회정책연합을 설립한 슈몰러(1838~1917)는 역사경제학의 주창자였다. 『중상주의와 그것의 역사적 의의』(1883)에서 슈몰러는 영국이 자유무역이 아니라 "관세와 해전" 덕분에 "1750~1800년 상업 패권의 정점"에 도달했다고 주장했다. 그리고, 이제 와서 영국이 "오직 개인의 이기주의"만이 정당화되고 국가도 민족도 중요치 않다고 세계에 선포하며 편협한 자유방임을 설파하는 것은 아이러니라고 덧붙였다. 슈몰러는 신중상주의 규범을 제시했다. 중상주의는 수출을 증진하고 수입을 제한해 국내 생산자들을 견고히 하는 것을 목표로 하는 국가주의 정책에 대한 애덤 스미스의 용어였다. 중상주의에 구멍을 내고 영원히 침몰시키는 데 스미스와 리카도가 동원되었다. 스미스는 여전히 영국의 해군력을 굳게 믿었다. 그는 영국의 무역에는 영국 선박들을 사용해야 한다는 17세기의 항해법에 찬성했는데, 이 항해법은 1840년대까지 유지되었다. 침몰한 학설들은 곧잘 다시 부상한다. 1850년대에서 1870년대까지 유럽에서는 잠깐 동안 자유무역의 시간이 펼쳐졌지만, 이후 신중상주의가 세력을 얻어갔는데, 독일에서만 그런 것은 아니었다.

세기 중반의 프랑스의 자유무역 실험은 재검토되었다. 미국에서는 높은 관세 장벽 뒤에 경제 발전기가 건설되고 있었다. 자유무역이 일반적 대의이기도 했고 자유주의의 표어이자 경제 신념이기도 했던 영국에서조차 자유무역이 의문시되었다. 하나의 흥미로운 연구 대상은 레너드 홉하우스의 친구이자 사회적 자유주의 단체 '레인보 서클'의 동료 회원이던 J. A. 홉슨이었다. 다른 "새로운 자유주의자들"처럼, 그는 국민 복지의 향상을 위해 국가에 의지했다. 그는 자유무역을 의문시한 신중상주의자였다. 무역 의존 경제는 비자유무역 경쟁자들에게 공격받기 쉽다고 그는 생각했다. 또한 무역 의존 경제는 해외 시장을 두고 벌이는 경쟁이 국내 무역을 침체시키며 임금을 낮추는 경향이 있다는 점에서—오늘날 반세계주의자들이 하는 주장—구조적으로 취약했다. 그는 제국주의를 거부하면서 신중상주의와 결별했다. 그의 주장에 따르면, 국내 문제를 식민화와 부등가 교환을 통해 세계에 수출하는 것은 나쁜 해법이었다.

『제국주의』(1902)에서 홉슨은 "제국주의의 경제적 뿌리"가 자본가의 해외 판로 욕구라고 보았다. 그것은 "공권력"의 보호 아래 공비로 "잉여 상품과 잉여 자본"을 위한 사적 시장을 개발하려는 "강력하고 유기적인 산업적·금융적 이익에의 욕망"이라고 그는 썼다. 홉슨의 말에 따르면, 제국주의는 내적 위기의 외면적 증상이었다. 사람들은 너무 적게 소비하고 있었다. 기업 자본가는 영국 내에서는 수익성이 거의 없는 판로밖에 갖고 있지 않았다. 허약한 소비 탓에 기업 자본가가 해외로 내몰리고 있었다. 자본가의 해외 판로 욕구라는 제국주의 개념을 교묘하게 훔쳐다 쓴 사람이 있는데, 블라디미르 레닌은 『제국주의: 자본주의의 최고 단계』(1917)에서 그러한 제국주의를 임박한 자본주의 붕괴의 추가 증거로 재사용했다. 메이너드 케인스는 홉슨이 저축과 투자를 혼동했다고 흠잡으면서도, 홉슨이 이전에는 한 번도 의심받지 않았던 해악인 과소 소비를 인식했다고 칭찬했다. 과소 소비가 일단 자리 잡으면, 경제는 저절로 치유될 수 없고 국가의 도움을 필요로 한다. 홉슨의 경제는 그의 정치에도 그늘을 드리웠다. 그는 제국주의의 "주된 정치적 원인들"에 대해서도 서술했는데, 국가적 권력욕, 민주주의의 결여, 자국의 경제적 불평등이 바로 그 원인이었다.

그는 제국주의를 평화에 대한 위협, 국가 재정의 군비 유출, "대중 자치 제도"에 대한 전제적 위협으로 보았다. 비록 1914~1918년 이후 홉슨의 희망은 흐릿해졌지만, 홉슨은 원래 낙천적인 사람이었다. 심지어 『제국주의』 개정판(1905)에서 그는 자유무역과 해외 투자에 대한 의구심을 누그러뜨렸다. 공정하게 추진되고 계약 조건에 대한 합의가 이루어지고 민주주의에 의해 뒷받침된다면, 그것들은 자본의 채권자와 채무자 모두에게 널리 번영을 가져다주리라고 본 것이다. 1905년의 홉슨의 이러한 시각은 나우만의 『중부 유럽』의 세계판이라 할 만했다. 그런 전망들은 1914~1945년 자유주의의 파멸로 인해 박살이 났지만, 이후에 소생했다. 그런 주장들은 여전히 유의미하다. 만약 아무 의심 없이 자유무역에 뛰어드는 것이 경제적 자유주의의 리트머스 시험지가 된다면, 스스로를 자유주의자로 여긴 1880~1945년의 많은 정치가와 사상가—즉, 보수적이지도 사회주의적이지도 않은, 진보적인 자본주의 옹호자들처럼—는 착각하고 있었던 것이라고 평가되어야 한다. 더 단순하고 덜 교조적인 방향이 자유주의 진영으로부터 배제되는 사람들을 더 적게 만들어내며, 역사적·전기적 사실들에 더 부합한다. 자유무역은 더 많은 사람을 위한 더 큰 부라는 자유주의적 목적에 유리한 한 가지 수단이었다. 다시 말해, 여타 경제 도구들과 마찬가지로, 어느 시기에나 그 목적에 실제로 얼마나 잘 부합하는지로 평가되는 한 가지 수단이었다.

열성적인 제국주의자인 동시에 자유무역 반대자인 두 자유주의자가 있었으니, 영국의 조지프 체임벌린(1836~1914)과 독일의 에른스트 바서만(1854~1917)이었다. 여러모로 그들은 아주 비슷했다. 그들 모두 사업가 출신의 정치인이었다. 체임벌린은 자유당 급진파의 지도자였다가, 영국의 아일랜드 통치 지지자이자 제국자유무역당 옹호자로서 보수당에 확실히 자리를 잡았다. 바서만은 1898년부터 국가자유당의 원내대표였다. 그의 정당은, 1867년에 비스마르크를 지지했고 이제는 독일의 보수주의자들과 함께 제국의회에서 블록을 형성한, 대기업 기반의 정당이었다. 두 사람 다 경제와 국력에 관해 현실적으로 생각했다. 그들은 홉슨처럼 제국주의를 국내의 사회적 긴장을 완화해주는 것으로 보았지만, 좀더 호의적이었다. 홉슨은 제국주의를 사회적 갈등과의 씨름에서 주의를 돌리게 하는 것으로 보았고, 체임벌린과 바서만은 제국주의를 일종의 면제책으로 여겼다. 체임벌린은 버밍엄 시장으로서, 즉 "지방자치 사회주의"의 자유주의적 옹호자로서 출발했다. 바서만이 이끄는 정당은 독일의 많은 대도시에서 후보를 냄으로써 전국 정당으로서의 허약한 위상이 틀렸음을 보여주었다. 두 사람은 긴장이 높아지는데도 국가 간 경쟁을 포기하려들지 않는 상황의 위험성을 인식했고, 자신들의 나라가 서로 협력하기를 헛되이 바랐다.

체임벌린은 자유주의적 좌파로 출발했다. 1885년에 그는 글래드스턴식 전통주의자들을 놀라게 한 자유당 내 한 급진파의 작품인 '급진적 강령Radical Programme'에 이름을 올렸다. 급진적 강령은 자유당의 오랜 요구(토지 개혁, 무료 학교, 종교의 평등, 지방 정부 개혁)와 도시에 초점을 맞춘 새로운 정책들(주택 재건축, 도시 정비, 과세 대상 토지의 재평가)을 결합한 것이었다. 특별히 인기 있는 아이디어는 지방 정부가 토지를 취득해 시민 농장으로 임대하는 것이었다. 선배 자유주의자들을 가장 놀라게 한 것은 그 강령이 빈자, 환자, 실업자를 위한 사회 부조를 위해 누진적 소득세를 요구한 점이었다. 버밍엄의 상당히 부유한 제조업자였던 체임벌린은 자기처럼 다른 사람들도 세금을 잘 감당할 수 있다고 생각했고, 자신이 사는 도시의 발전에 정부를 끌어들이는 데 거리낌이 없었다.

자유주의적인 시장 체임벌린은 상수도 회사를 인수하고, 빈민가를 정비하고, 도로를 개선했다. 체임벌린의 "지방자치 사회주의"는 별다른 게 아니었다. 19세기 영국에서 "작은정부 자유주의" 운운하는 것은 얼버무리는 언사에 불과했다. 지방자치법(1835) 이후 급증한 지방 정부들에서, 영국 자유주의는 대부분의 영국인이 이전에 결코 경험해보지 못한 더 많은 행정을 만들어냈다. 도시의 토지를 소유한 토리당 소속 대지주들로부터 도시 운영을 가져오는 것이 한 가지 목표였다. 또 다른 목표는 도시의 욕구가 늘어나는 만큼 시 정부가 더 많은 일을 하는 것이었다. 영국 경제의 한 부분인 중앙 정부의 지출은 1840~1890년에 거의 증가하지 않았다. 그렇지만 지방 정부의 지출은 절대적으로나 상대적으로나 모두 급증했다. 그 세기 말엽에는 지방 정부가 영국 공적 지출의 거의 절반을 차지했다. 체임벌린은 교조적이지 않았다. 해야 할 일이 있고 오직 정부만이 그 일을 할 수 있거나 하려 한다면, 이론이 방해해서는 안 되었다.

체임벌린은 사업가답게 거창한 사상을 불신했고, 구체적인 것에 대해 예민한 후각을 갖고 있었다. 1851년 런던의 만국 박람회에서 그는 미국산 나사 제조기가 유럽에서 볼 수 있는 그 어떤 것보다 낫다고 생각해 즉석에서 그것을 구입했다. 그의 공장의 생산성이 향상되었고, 그는 주당 노동 시간을 단축시켰다. 체임벌린은 부품, 시간, 할인 등 모든 것을 따져 원가를 계산했다. 1876년 의회에 들어간 그는 정책들에 대해서도 그 같은 접근법을 취했다. 정책이 효과를 냈는가? 정책이 원가를 치렀는가? 필수 과정과도 같았던 비스마르크 시대의 독일 방문 때 체임벌린은 그곳에서 한창 번영이 이루어지고 있는 것을 목격했고, 교조적인 자유당원들이 주장하듯이 번영이 제한 정부와 자유 시장에 달려 있는 것은 아니라는 결론을 내렸다.

체임벌린은 급진적 노선을 이야기했다. 그는 빈곤과 무력한 학교들이 영국의 발전을 가로막는 원인이라고 말했다. 가부장적 근심에 사로잡히고 "국가 효율성"이라는 복음에 끌린 보수당원들이 그랬듯이, 그는 어느 정도 진심이었다. 우파 정치인, 기업인, 특히 규모가 큰 기업인 사이에서는, 노동자들이 무시되거나 낭비되거나 악용될 수 없는 국가 자원이라는 생각이 당연시되기 시작했다. 체임벌린의 급진주의에는 복음주의 못지않게 계산도 내포되어 있었다. 자유방임주의가 작동하지 않으며 작동한 적도 없다는 것을 그가 포착하는 데 프랑스 사회 연대주의자들의 과격한 수사나 영국의 새로운 자유주의자들의 이상주의적 설교는 필요치 않았다. 그것은 기업인이 돈을 벌고 그들의 고용인이 일자리를 유지하게끔 해주는 것이 무엇인지와는 거의 무관한, 주로 정치 평론가들이 퍼뜨린 하나의 교설이었다. 독일 비스마르크 치하의 자유주의자와 미국의 진보당원들처럼, 그는 더 많은 급료와 더 나은 복지가 사업에 이익이 된다고 믿었다. 그는, 비스마르크 같은 어조로, 사회 개혁을 부자들이 재산을 유지하기 위해 지불해야 하는 "몸값"이라고 불러 그들을 질겁하게 만들었다. 그럼에도 불구하고, 개혁 비용을 위해서 부자의 소득에 과세할 것인가 아니면 관세를 부활시켜 모든 사람에게 과세할 것인가 하는 문제에서 체임벌린은 생각을 바꿨다. 그는 소득세 방안을 만지작거리던 것을 중단하고 부자들 편에 섰다. 자유무역을 포기하고, 그 대신 대영제국 내 상업 지역들의 개방과 외부의 모든 사람에 대한 관세 장벽을 옹호한 것이다.

무소속인 그는 글래드스턴의 직책을 원했고, 자유당원들이 둘로 갈라지는 것에 흡족해했다. 글래드스턴은 찬성하고 체임벌린은 반대한 영국의 아일랜드 통치는 그들이 결별한 직접적인 원인이었다. 분열은 더 심각해졌다. 그들은 자유주의에 대한 견해를 달리했다. 글래드스턴은 휘그파와 급진파, 계몽주의 귀족과 자수성가한 사람에게 두루 연결되어 있었다. 체임벌린은 휘그파와 전혀 관련이 없었다. 그는 라틴어도 그리스어도 몰랐고, 시골에 땅도 없었고, 대도시의 안락함도 누리지 못했지만, 스스로의 사회적 품위를 만들어냈다. 그는 사치스럽게 돈을 썼고, 단안경을 끼고 버밍엄에 있는 자신의 대형 온실 중 한 곳에서 자란 난초를 꽂는—그의 특이한 기호 중 하나—등 과시적으로 옷을 입었다.

체임벌린은 다른 방식으로 새로운 부류의 영국 자유당원이었다. 그는 대중 정치의 필요성을 이해했다. 가두연설이 아니라 풀뿌리 대중을 조직화하는 것이 그의 핵심 전략이었다. 글래드스턴과 마찬가지로 그는 정치에서 감정을 잘 활용할 줄 알았지만, 더 차갑고 더 공개적으로 조정하는 방식으로 활용했다. 글래드스턴의 자신감은 심지어 사람들이 그의 말을 완전히 이해하지 못한 경우에도 사람들의 마음을 움직였다. 체임벌린은 유권자들의 더 나은 본성에 호소하기보다는, 유권자들의 내면에 깃들어 있는 맹목적 애국자에게 기꺼이 호소했다. 글래드스턴이 대영제국에 대해 상반되는 이중적 감정을 느끼고 양심의 가책을 느낀 반면, 체임벌린은 복잡한 고민 없이 대영제국을 지지했다.

독특한 시각을 보여준 체임벌린은 계급 갈등, 허약한 경제, 국가의 쇠퇴 같은 몇몇 문제를 한 방에 해결하기 위해 제국을 이용했다. 영국은 일부가 식민지고 일부는 자치령인 여러 나라를 거느린 강화되고 확장된 제국의 핵심이 될 것이며, 그 나라들은 자기네끼리는 자유롭게 무역을 하지만 그 외 나라들의 상품은 높은 관세를 매겨 배척할 것이다. 세입은 개혁과 전함을 위해 쓰일 것이다. 부자들은 소득세를 피할 수 있을 것이다. 평범한 사람들은 제국의 값싼 식량을 얻을 것이다. 체임벌린은 제국이 없다면 영국이 "5류 강국"의 지위로 하락해 "더 강한 이웃 나라들이 봐주는 덕분에 살아남는" 신세가 되리라고 내다보았다. 체임벌린의 전망은 전략적이었지만, 너무 기업 중심적이고 너무 편의주의적인 쪽으로 과하게 기울어 있었다. 그는 자유당을 포기했지만, 자유무역의 인기가 지속되고 있음을 인식한 그의 새로운 토리파 동료들은 제국자유무역당을 거부했다. 그러자 체임벌린은 다시 토리파에서 떨어져나오며 그들의 지지를 분열시켰다. 1906년 토리파는 참패했다. 소수당 정부였던 자유당 정부는 압도적인 득표로 고삐가 풀려 어마어마한 다수당 정부가 되었고, 몇 년 안에 영국 정치를 새롭게 바꾸고 근대화했다. 체임벌린 없는, 그러나 로이드 조지와 윈스턴 처칠이 함께한 자유당은 버밍엄 출신의 그 변덕스러운 사업가가 처음에 지지했다가 나중에 폐기한 급진적 방안들을 입법화했다.

에른스트 바서만(1854~1917)은 운동가가 아니라 절충가였다. 그가 속한 정당은 비스마르크가 자기편으로 끌어들여 이용하고 조종하고 압도했던 자유주의 정당이었다. 그러나 1890년 비스마르크가 사임하자, 국가자유당은 가톨릭당처럼 왼쪽으로 기울었다가 오른쪽으로 기울었다가 하면서 결정적인 힘을 갖게 되었다. 바서만은 자유주의에 대해 실용적인 생각을 갖고 있어서, 자유주의가 갈등과 불확실성의 세계에서 필요한 일을 하는 것으로 여겼다. 그와 그의 정당은 자유주의와 비스마르크주의 사이, 산업 중심의 독일 서부와 지주 중심의 독일 동부 사이의 불안정한 가교가 되었다. 세상사에 지친 듯한 그의 얼굴은 정치를 통해 이룰 수 있는 일에 대한 그의 낮은 기대치를 보여주었다. 바서만에게 자유주의는 진보나 개혁이라기보다는 갈등을 억제하고 이해관계를 중재하는 것이었다. 체임벌린과 다르지 않게, 바서만은 사회주의를 품는 삼중 전략을 갖고 있었다. 국내적인 것인 국가가 보장하는 복지, 도시들에 "지방 자치 정부" 수립, 국외적인 것인 제국주의, 이렇게 세 가지였다.

바서만은 교양 있는 자유주의 성향의 집안에서 태어났다. 그의 집안은 계몽적이고 음악을 애호하는 왕가가 다스리던 라인강 중류 연안의 도시 만하임과 인근 지역에서 18세기 후반 포도원과 과수원으로 부를 축적했다. 1848년 프랑크푸르트의 대의원이었던 그의 아버지는 얼마 후 스스로 목숨을 끊었는데, 독일 자유주의자들의 패배에 절망해서였다고 혹자는 주장했다. 바이마르공화국의 자유주의의 희망이었던 구스타프 슈트레제만은 바서만의 피후견인이었다. 바서만이 속한 세대는, 1848년의 입헌 자유주의로부터 벗어나, 새로이 부상해 많은 논쟁을 낳은 자유민주주의로 나아간 세대였다.

제국의회에 들어간 1893년부터 전업 정치인이 된 바서만은 몇몇 회사의 이사로 있으면서 산업화된 독일 서부의 기업 이익을 대변했다. 세계주의적인 라인란트인으로서 그는 전형적인 프로이센 지주들의 고되고 외진 시골 세계가 문화적으로 이질적이라는 것을 깨달았다. 그럼에도 바서만은 가톨릭중앙당이나 사회민주당보다 지주들을 협력자로 택했다. 바서만은 나우만이 기대하던 "바서만에서 베벨까지"의 연합이 나우만의 똑똑하고 신념으로 무장한 소수의 자유주의자에게는 큰 기여를 하겠지만, 실무가, 은행가, 회사 중역 같은 그 자신의 자유주의 자들에게는 별로 기여하는 바가 없으리라고 결론 내렸다. 독일 국가주의자 바서만은 독일의 식민지 확대와 동유럽 및 동남 유럽으로의 독일 영토 확장을 위해 대양 함대 구축에 찬성했다. 어느 나라에서나 국가 지향적 자유주의자들이 그랬듯이, 그는 더 넓은 세계를 도시화와 민주주의의 압력이 위험하게 고조되는 국내 상황에서 해방시켜주는 영역으로 보았다. 급격한 도시화는 독일제국에서 가장 눈에 띄는 사회적 변화였다. 그리고 시 정부를 운영하고 도시화가 야기하는 문제들을 해결하는 데 돈을 쓰는 일은 자유주의자, 특히 국가자유당원들에게 맡겨졌다.

더 나아져간 변화들을 잊고 바서만을 군소리 없이 보수주의자로 부를 만한 근거가 있다. 국가자유당은 선거 문제와 정책 동기에서 우파로 기울었다. 제국의회 선거는 두 차례에 걸쳐 실시되었다. 시 선거구들에서 사회주의자들은 국가자유당이 압승을 거두지 못하도록 선방할 수 있었다. 국가자유당은 2차 선거에서 승리하기 위해 보수적 유권자들의 표를 필요로 했다. 제국의회에서 당의 우두머리였던 바서만은 어이없게도 자신의 승리가 확실한 지역구를 찾는 데 어려움을 겪었는데, 그는 선거에서 자유주의자가 겪는 어려움을 개인적인 경험을 통해 잘 알고 있었다. 실무가로서 그는 사회민주당에 대한 당의 불신을 완전히 공유했다. 독일의 대기업은 나름대로 사회의 평화를 위해 비용을 댈 준비가 되어 있었다. 하지만 노동자에게 공장 운영에 대한 발언권을 주거나 사회민주당이 세금을 인상하도록 내버려둘 생각은 없었다. 그럼에도 바서만은 시민의 자유와 관용을 약속했다는 점에서 철저히 자유주의자였다. 1890년대에 보수주의자들은 또다시 금지와 투옥으로 사회민주주의를 탄압하려 했다. 제국의회에서의 바서만의 교묘한 저항이 그 시도를 좌초시켰다. 편견, 특히 유대인에 대한 편견을 그는 혐오했다. 바서만은 분명 보수적이었지만, 보수주의적 자유주의자였다.

바서만의 가장 큰 어려움은 자신의 견해에 담긴 "국가적"인 것과 "자유주의적"인 것을 함께 유지해야 하는 부담이 점점 더 커진다는 것이었다. 그는 국가적 조국과 보편적 조국을 모두 원하는 자유주의의 문제에 직면했다. 그의 아버지 세대인 1848년의 자유주의 세대가 국가라는 것에 대해 느낀 부담감은 점점 더 심해지고 있었다. 독일에서 "국가적"이라는 것의 무게가 달라졌기 때문이다. 이전에는 국가적이라 하면 무조건 좋은 것이었다. 국가적이라는 것은 공유 영토 내에서 통합, 진보, 법적 평등을 지향함을 뜻했다. 그러나 그 세기 말에 이르러 대내적으로는 "국가적"이라는 것이 완전히 다른, 더 방어적이고 배타적이고 잠재적으로 징벌적인 어떤 것을 의미하게 되었다. 한때 국가에 적대적이었던 보수주의자들은 이제 더 많은 평등, 더 큰 발언권, 다른 사람들에게 덜 지배받는 것을 요구하는 세력에 대항하는 깃발을 흔들고 있었다. 대외적으로는 "국가적"이라는 것이 독일의 힘, 무역, 명성을 해외로 확장하는 것을 의미하게 되었다. 훨씬 앞서 사회민주당에 대한 첫 번째 공격이 있었던 1870년대 말에 보수 우파의 주요 신문 『크로이츠차이퉁』은 악의에 차서 그처럼 덜 고상하고 더 공격적인 국가주의의 요소들을 다 합했고, 덤으로 종교와 반유대주의도 덧붙였다. 사회주의는 자유주의의 자연적인 파생물이라고 그 신문의 논설위원은 썼다. 자유주의적 반교권주의는 국민을 결속시키는 종교적 믿음을 약화시켰다. 종교가 쇠퇴하면서 물질주의가 심화되었다. 물질적 가치를 가장 많이 이용해먹은 자는 누구인가? 금융과 상업 분야에 종사하는 유대인들이다. 그리고 유대인들의 분열된 충성심—신앙을 택할 것인가 국가를 택할 것인가—을 고려할 때 그들은 확실하게 독일인이라고 보기 어려웠다. 원한다면 자유주의자가 되라! 그러나 자유주의자 독일인이 되려면 우선 국제주의적인 사회민주당원, 독일인 아닌 유대인 같은 친구들과 절교부터 해야 한다.『크로이츠차이퉁』의 그 필자는 배타적인 우파가 생각하는 독일이라는 국가 안에는 자유주의자가 들어설 곳이 없음을 보여주려는 냉혹한 그림을 그리고 있었다. 그 그림은 시간이 갈수록 더욱더 냉혹해졌다.

바서만은 독일을 우선시한 사람이었지만, 그의 맹목적 애국심은 반유대주의와는 관련이 없었다. 그의 유대인 아내는 만하임의 한 유명한 은행가의 딸이었다. 그의 사촌들은 유럽의 상류층 유대인과 결혼했다. 독일의 힘을 확장할 필요가 있다는 바서만의 믿음은 인종적인 것이 아니라 지정학적인 것이었다. 재계와 정계의 많은 독일인과 마찬가지로, 바서만은 국가의 고립을 두려워했다. 돌파구를 찾아야 한다는 생각이 강박관념이 되었다. 바서만은 1911년 외무부 수장에게 보낸 편지에서, 다른 국가들이 독일에 시장을 개방하지 않으니 독일은 "인구 과잉으로 질식사하고 싶지 않다면 전쟁밖에 답이 없을 때까지 팽창해야" 한다고 썼다. 그는 이것이 "이 나라의 지성적 집단의 생각" 이라고 덧붙였다. 그 상황이 닥쳤을 때, 프랑스의 조르주 클레망소나 영국의 로이드 조지와 마찬가지로 바서만은 끝까지 계속 전쟁을 요구했다. 많은 독일인이 1914~1918년 전쟁에 뒤이은 원치 않은 자유주의적 평화를 잊지 않기 위해서 그 전쟁을 자유주의 전쟁으로 여겼다는 것은 전후 독일의 자유주의에 이롭지 않은 상황이었다. 게다가 전쟁은 독일에서만 자유주의의 희망과 자유주의의 덕목에 해를 끼친 게 아니었다.

2. 로이드 조지, 클레망소, 윌슨: 1914~1918년의 자유주의 매파

프랑스의 베르됭과 솜강에서 벌어진 것과 같은 격전은 자유주의 메뉴에는 없는 것이었다. 자유주의 질서는 분명 창안과 생산, 구매와 살림, 검소한 정부, 작은 군대, 국제적 동지애, 평화를 요구했다. 상업과 개방은 국가들 사이의 친선을 야기하고 있었다. 자국에 대한 배타적이고 파괴적인 형태의 열정은 크고 번창하는 무역 국가들이 계속 성장하다보면 자연스럽게 벗어나게 되는 과도기적 양상임이 입증된 터였다. 민주주의와 짝을 이룬 자유주의는 계급 전쟁이나 권위적 질서에 대한 좀더 매력적인 대안임을 스스로 입증하고 있었다. 자유주의 국가들은 유사한 정신으로 자신들의 의견 차이를 극복하는 것을 배우고 있었다. 따라서 1914년 8월에 유럽인과 미국인이 믿음을 갖는 것이 완전히 맹목적이거나 자기만족적인 것은 아니었다. 1918년 11월에 이르러서는 그 모든 판단이 옳았는지를 묻지 않을 수 없었다.

전쟁은 자유주의자들의 가장 어두운 악몽이었다. 전쟁은 일탈적이고 예외적인 것으로서, 그들이 만들어내고자 하는 환한 낮의 질서에는 끼어들 수 없는 비이성적인 퇴보였다. 영국의 초기 자유주의자이자 코브던식 자유무역상이며 유니테리언파 신도였던 존 보링이 1840년대에 평화가 "인간 사회의 정상적이고 자연적인 상태"라고 말하면서 그것을 바로잡지 않았던가? 사실, 1914년에 자유주의자들이 그렇게 믿으려면 70년에 걸친 제국의 폭력을 못 본 체해야 했다. 그러나 식민지들은 멀리 떨어져 있었고, 낙후되어 있었고, 간과되기 쉬웠다. 그것은 또한 62만 명이 사망한 미국의 남북전쟁을 무시하는 것이었다. 그러나 그러한 충돌은 자유주의적인 것으로도 계산되지 않았는데, 그것은 1864~1871년 독일의 전쟁들과 마찬가지로 국가 통일 전쟁이었고, 자유주의의 반세기 동안의 평화를 퇴색시키는 것이었다. 자유주의자들은 일단 수립되어 안정화된 진보적인 근대 국가들은 자기네끼리 싸우지 않는다고 말했는데, 이로써 자신들이 창조하고 있는 경쟁적이지만 평화로운 세계에 대한 그림에서 여전히 무장 폭력을 표백할 수 있었다. 그런 나라들은 스스로의 호전적인 정신을 흘려보낼 평화의 수로들을 갖고 있다고 그들은 주장했다. 자유주의적 가치와 계속되는 갈등이 화해할 수 있는 합리적인 안식처가 여기 있었다. 따라서 1914년에는 믿음을 갖는 것이 합리적으로 보였고, 이 때문에 그 뒤에 벌어진 일이 더 큰 충격으로 다가왔다. 영국 역사학자 고드프리 엘턴은 자유주의 신념을 모욕하는 분쟁에 대한 조롱조의 짧은 시 「전몰자의 묘」에서, 스파르타의 사자에게 바쳐졌던 고대 그리스의 비문을 되살렸다. "지나가는 이여, 선생들에게 전해주오/ 그들은 정치경제를 가르쳤고/ 그리고 여기, 그것의 법칙을 따르는 우리가 누워 있다고."

그런 전쟁이 일어날 수 있다는 것에 자유주의자들은 경악했다. 근대적이고 진보적인 나라들 사이에서 전쟁이 일어나고 양 진영 모두가 번영과 문명을 위해 싸운다고 자처하는 상황은 충분히 놀라웠다. 자유주의에 대한 자기 믿음에 한층 더 충격적인 일은, 어떤 의미에서는 서구의 참전국들 중에서 틀린 쪽이 이겼다는 것이었다. 자유주의적인 영국, 프랑스, 미국은 전시 선전에서 스스로를 공격적인 독일제국보다 덜 전제적이고 덜 군국주의적이고 더 평화적인 쪽에 위치시켰다. 결국 자신들의 선전이 얼마나 적에 대한 잘못된 설명과 스스로의 호전성에 대한 자기기만에 기초했는지를 잊고서, 그들은 전쟁을 독일 탓으로 돌리는 데 공모했다.

더 주의 깊은 자유주의자들은 더 많은 설명이 필요하다는 것을 인식했다. 1914~1918년 전쟁은 자유주의 국가들이 근대적 전투에 능하다는, 아마도 가장 능하다는 증거를 풍부하게 보여주었다. 자유주의 국가들은 자국 국민을 동원했다. 행정력을 집중시켰고, 재정적 힘을 철저하게 활용했다. 또한 순종적인 언론 매체를 이용해 도덕성과 정당성의 주장을 소리 높여 웅변적으로 전달했다. 그리고 무엇보다 필요한 흉포함과 무자비함으로 전쟁을 수행할 수 있는 뛰어난 지도자들을 찾아냈다. 데이비드 로이드 조지, 조르주 클레망소, 우드로 윌슨이 그들이었다. 그들 각자는 경력을 시작할 때는 정말로 전쟁을 혐오하고 있었지만, 필요할 때면 스스로의 내면에서 무자비한 자유주의적 전사를 발견했다. 어쩌면 기사의 덕목과 상업의 덕목이 그리 다르지 않았을지도 모른다. 어쩌면 전쟁의 신 마르스 자신이 자유주의자였을지도 모른다.

데이비드 로이드 조지(1863~1945)는 웨일스의 반엘리트적이고 평화주의적인 급진주의자로서 정계에 입문했다. 소박한 중산층 가정 출신의 사무 변호사였던 그는 국교회와 토지 엘리트와 자신이 "왕족의 공작孔雀주의"라고 부른 것에 맞서 "평범한 사람"을 대표하는 아웃사이더로 스스로를 규정했다. 노동당의 청중에게 그는 자신을 노동 계급으로 소개했다. 자유당원들에게는 자신과 자신의 경쟁자인 허버트 애스퀴스가 "유사한 가문과 비슷한 환경" 출신이라고 주장했다. 애스퀴스가 공장주의 아들이고 옥스퍼드에서 공부했고 런던의 법정 변호사로 경력을 쌓은 반면에 로이드 조지는 학교 졸업 후 곧장 지방의 변호사 사무실에 취직했음에도 말이다. 1890년에 젊은 나이로 하원의원이 된 로이드 조지는 금주를 위해 토리파 양조업자와 증류업자들에 맞서고, 웨일스 감리교를 거부하는 성공회 학교와 가톨릭 학교에 대한 국가 지원에 반대하는 등, 웨일스의 대의를 위해 애썼다. 또한 그는 전쟁에 찬성하며 난동을 부리는 이들의 폭력적인 위협을 무릅쓰고, 보어 전쟁에 대한 반대 입장을 밝혔다.

1906년 자유당의 압승은 로이드 조지를 내각으로 이끌었다. 내각에서 로이드 조지는 처음에는 평화 시의 개혁가가 되었다. 전시에 들어서서는 1914년에 재무장관이 되었고, 계속해서 군수장관, 전쟁장관을 역임했으며, 마침내 총리가 되었다. 재무장관으로 있을 때 그는 전쟁 비용을 충당하기 위해 세금을 인상했다. 또한 그는 전쟁 물자를 확보하기 위해 "추진력 넘치는" 사람들을 데려다가 경제를 장악하고 노동조합을 종속시켰다. 전쟁장관으로서 그는 희생이 크고 살인적인 전술을 재고하도록 장군들을 괴롭혔다. 1916년에 이르러 전쟁 열기가 식고 자원 입대가 줄어들자, 자유당원들은 징병제를 두고 의견이 갈렸다. 애스퀴스가 총리직에서 물러났고 로이드 조지가 그의 후임자가 되었다. 그는 협상을 통한 평화를 "엎지른 코코아"라고 비웃으면서 "끝까지 싸울 것"을 촉구했다. 전쟁이 끝났을 때, 로이드 조지는 파리 평화 회담에서 완고한 클레망소와 이상적인 윌슨 사이의 중재자를 자임했다.

로이드 조지는 매력적인 사람이었고, 세세한 것에 얽매이지 않았다. 그는 전문가들을 곁에 두고 그들의 두뇌를 남김없이 흡수하면서도 그들의 충고를 무시하곤 했다. 그의 머릿속에서는 세계의 많은 부분이 뒤죽박죽되어 있었다. 평화 회담 때 그가 앙카라와 메카를 혼동한 것을 외교장관이 수정해주자, "커즌 경은 사소한 것을 일깨워줄 정도로 친절하군요"라고 말했다. 그는 언제나 더 큰 그림을 머릿속에 그리고 있었다. 케인스와 처칠 같은 목격자들은 그의 깊은 통찰력에 압도되었다. 로이드 조지는 여론의 힘을 알아보았고, 신문에 기사를 쓰는 사람들이 아니라 신문을 소유한 사람들과 함께 일하면서 능숙하게 언론을 다루었다. 동시에 구식으로, 경청자 아닌 지도자로서 자신의 직무에 임했다. 그는 이전의 자유당원들에 비해 덜 사교 클럽 회원 같고, 더 전문가적이고, 더 전업적인 정치인이었다. 당을 쪼개고 당의 쇠락을 가져온 애스퀴스와의 균열은 어느 정도 사회적인 것이었다. 로이드 조지의 개인 스타일에서 드러나는 것은 복종의 전반적 쇠퇴, 계급 평준화, 억압의 완화였다. 애스퀴스는 자유당의 고위층으로, 그리고 러셀 가문이나 리틀턴 가문 같은 정치적·지적인 귀족 가문의 유명 인사로 통할 만한 인물이었다. 로이드 조지의 친구들은 작가, 일류 법률가,

학자가 아니라 골프나 치러 다니는 사업가들이었다. 웨스트민스터에서 로이드 조지는 정부이자 조언자인 프랜시스 스티븐슨과 당당하게 함께 살았고, 그의 아내는 웨일스에서 홀로 삶을 꾸려갔다.

로이드 조지는 자신의 전시내각장관인 모리스 행키, 그리고 자신의 추밀 자문단 "가든 서버브"와 함께 다우닝가 10번지에 새 행정 기구를 만들었다. 말 안 듣는 의회나 간섭하는 대법원의 귀찮은 견제는 없었지만, 그것은 영국 총리의 집무실을 대통령제와 좀더 유사하게 만들어주었다. 비판자들은 분권이라는 자유주의의 이상에서 일탈한 것이라고 탓했을지 모르지만, 로이드 조지는 확고한 대권과 중앙집중적 지휘라는 오랜 영국의 전통대로 직을 수행한 것이었다. 이후의 어느 총리도 일단 집권하면 이러한 전통을 고치려는 시도를 진지하게 하지 않았는데, 이는 영국의 제도가 자유주의의 본보기라는 일반적인 허구에 영국의 실상이 미치지 못함을 보여주는 대표적인 예다.

많은 이에게 로이드 조지는 원칙 없는 음모가로 비쳤다. 마고 애스퀴스는 그가 언제나 반칙을 일삼는다고 불평했다. 친구이자 신문 발행인인 맥스 비버브룩은, 그는 자신이 차를 몰기만 한다면 어디로 갈지 신경 쓰지 않는다고 빈정거렸다. 로이드 조지에 대한 더 일반화된 시각은 그를 새로운 자유주의적-민주주의적 정치—더 모호하고, 덜 권고적이고, 더 경제적이고, 덜 당파적인—의 대표로 보는 것이다. 그것은 타협을 꾀하되 여러 측면으로부터의 압력을 의식하는 폭넓은 중도 정치였다. 로이드 조지는 1906년에 다음과 같이 말했다. "당신은 이 나라의 농민과 상인과 전문가들을 서둘러 사회당원으로 만들지는 않을 것이다. 그러나 그들에게 겁을 주어 반응을 끌어낼 수는 있을 것이다." 그의 정치는 이데올로기적이지 않았지만, 이념이 없는 것은 아니었다. 전쟁이 끝나자, 그는 경제 운용, 복지, 주거, 도시, 농촌 계획에 관한 새로운 생각을 촉진하면서 "자유당에 다시 이념을 끌어들였다". 70대의 노쇠한 그는 1936년 베를린을 방문했을 때 히틀러를 "독일의 조지 워싱턴"이라 부르는 바보 같은 짓을 했다. 그러나 당시 외국의 자유주의자들 중에서 로이드 조지만 독재자를 찬양한 것이 아니었다. 독재자는 방법에 문제가 있었지만 어쨌든 거리의 싸움을 종식시켰고, 공산주의자들을 투옥했고, 독일의 노조들을 길들였고, 과격파를 진정시켰다는—그들이 순진하게 그렇게 믿은 것처럼—이유에서였다.

클레망소는 살아서 히틀러가 부상하는 것을 봤다면 그런 실수를 하지 않았을 것이다. 독일에 대한 의혹의 시선이 그의 세계관을 구축했는데, 그 세계관은 영국해협과 대서양 너머까지 가닿았지만, 라인강 너머에 있는 프랑스 경쟁국에 주로 초점을 둔 것이었다. 출신 배경과 기질상 권위에 대해 저항적이었던 클레망소는 일단 공직에 오르자 부단히 국가 권력을 이용했다. 조르주 클레망소(1841~1929)는 로이드 조지보다 한 세대 위의 사람이었지만 많은 점에서 로이드 조지의 프랑스 측 닮은꼴이었다. 그는 벽지인 방데 지역의 유서 깊은 집안 출신이었다. 방데는 독립에 자부심을 느끼고 조건부로 왕권에 충성하며 교회의 권위에 노골적으로 적대적인 곳이었다. 종조부는 루이 16세의 사형에 찬성표를 던진 사람이었고, 클레망소 본인은 벽난로 선반에다 로베스피에르의 흉상을 올려놓았다. 그는 프랑스 혁명이 자기 아버지와 할아버지 같은 재력 있는 전문가들을 얼마나 많이 죽였는지 잘 알고 있었고, 자신이 보기에 "나쁜" 혁명에는 무서워 벌벌 떨면서 "좋은"

혁명은 감격해 환영하는 자유주의의 위선을 경멸했다. 그는 사회 개혁을 갈망했지만, 혁명에 대한 사회주의적 꿈들은 비웃었다. 자본주의의 굳건한 신봉자인 그는 대기업을 만족시키는 것은 좋아했지만, 프랑스 우파의 반근대적이고 돈에 덜 민감한 세력, 즉 교권주의, 군주주의, 외국인 혐오 세력에 대해서는 적대적이었다. 프랑스 서부의 대지에 대한 낭만적인 애착에도 불구하고, 클레망소는 농촌과 시골이 아니라 도시와 산업에서 프랑스의 미래를 보았다. 클레망소는 많은 지적이고 예술적인 친구를 둔 다독가이자 왕성한 저술가였고, 교육을 사회적 질병의 만병통치약으로 보는 자유주의적 설교에 대해 너무나 회의적이었으며, 노동 계급을 대변하는 사회주의적 주장들을 곧이곧대로 믿기에는 너무나 영리했다.

작은 키에 강하고 다부지게 생긴 그는 매일 아침 운동을 했고 불로뉴의 숲에서 말을 탔다. 선거운동 중인 40대의 그를 그린 유화 작품이 있는데, 거기서 머리가 벗어지고 콧수염이 나 있는 모습의 그는 마치 링 위에 오른 라이트급 선수처럼 강인하고 민첩해 보인다. 그는 예민하고 까다로웠으며, 저속하고 빈정대는 언사로 사교 클럽 분위기의 사람들을 당황하게 만들기를 즐겼다. 그는 의회에서 길고 지루하게 연설한 한 사회주의자에 대해 이야기하면서 "그 사람이 말하는 것처럼 오줌을 눌 수 있다면!" 하고 투덜거렸다. 그는 "모든 정권은 쓰레기로 끝난다"라는 말도 했다. 그는 수많은 정부情婦를 두었고 음식과 그림을 사랑했다. 1920년대의 어느 날, 그는 친구 모네와 함께 루브르 박물관에서 "여기서 하나를 가질 수 있다면 어떤 걸 가질 것인가?" 하는 이야기를 나눴다. 모네는 화려한 빛 때문에 바토의 「키테라섬으로의 항해」를 골랐다. 클레망소는 언덕 위 교회 묘지에 모인 가난하고 부유한 다양한 계층의 시골 주민을 담은 귀스타브 쿠르베의 어두컴컴한 그림 「오르낭의 장례식」을 선택했다.

클레망소는 아버지와 마찬가지로 의학을 공부했지만 병원을 여는 대신에 미국으로 건너가 3년간 머물렀고, 미국의 진보와 민주주의에 경이로움을 느꼈다. 그는 영어를 공부했고, 콩트식 실증주의에 대한 존 스튜어트 밀의 비판서를 번역했으며, 미국인 메리 플러머와 결혼했다. 그는 습관적으로 외도를 했고, 1884년에 이혼이 다시 합법화되자 이혼해버렸다. 그 전에 먼저 아내의 간통을 당국에 고발하고 말이다. 클레망소의 "앵글로색슨" 세계에 대한 경탄은 한이 없었는데, 그 세계에 대한 경탄은 프랑스 자유주의자들의 특징이자 그들의 적에게 비난받은 특징이었다. 그는 영국 옷을 입었고, 런던의 유명한 상점인 메이플스에서 가구를 샀다. 계속되는 프랑스와 독일의 싸움에서 영국이 프랑스 편을 들 것이라는 그의 희망은 계속 좌절되었다.

미국에서 프랑스로 돌아온 클레망소는 급진주의자로서 정계에 입문했는데, 그 자신의 정의에 따르면 급진주의자는 "자유주의자의 최상급"이었다. 그의 데뷔는 1871년의 코뮌이었다. 몽마르트르의 시의원으로서, 그는 분노한 파리 군중과 아돌프 티에르 치하 공식 정부의 어리석고 복수심에 불타는 권력을 중재하려 애썼다. 5월에 티에르가 부자들 다수가 달아나고 없는 굶주린 도시에 정부군을 풀자, 클레망소는 미국인으로 위장해 서부 검문소를 통과함으로써 가까스로 목숨을 건졌다. 1880년대에 그는 급진적인 사회 개혁을 밀어붙였고, 프랑스의 식민지 확장이 독일에 대한 프랑스의 주요 관심사에서 주의를 돌리게 한다고 보아 식민지 확장에 반대했다. 1893년의 어떤 업무 비리가 그가 전투적인 삶에서 겪은 몇몇 분쟁 중 하나로 이어졌는데, 이로써 그는 의원직을 잃었고, 그의 정치 경력은 거의 끝장날 위기에 처했다.

클레망소의 복귀는 드레퓌스 사건으로 시작되었다. 1894년 그 사건에 대한 그의 첫 번째 반응은, 군사 법정이 어째서 얼빠진 하사는 장교를 모욕했다는 이유로 단두대에 보내면서 반역적인 대령에게는 호의를 베풀었는지 따져 묻는 것이었다. 드레퓌스의 가족이 지지를 얻기 시작했을 때, 클레망소는 그들의 백기사가 되었다. 그는 자신의 신문인 『로로르』를 드레퓌스의 무죄 입증을 위한 그들의 캠페인 공간으로 내주었다. 클레망소는 다시 전국적인 유명 인사가 되었고, 내무장관과 총리(1906~1909)를 지냈다. 사회주의적 좌파와 반동적 우파는 똑같이 그를 싫어했다. 그는 더 많은 임금과 더 안전한 조건을 요구하는 카르모 광산 광부들을 지지했으며, 소득세를 요구했다. 동시에, 그는 자신이 새로 도입한 자랑스러운 것 중 하나인 폭동 진압 경찰을 파업 진압에 투입함으로써 프랑스의 "최고 경찰관"이라는 이름을 얻었다. 그는 파업하는 우편집배원들을 해고했고, 국가 공무원의 파업은 반역에 해당된다며 교사들의 노동 쟁의 행위를 금지했다. 클레망소가 보기에 조레스 같은 사회주의자들은 경제나 근대 정부를 거의 이해하지 못했고, 인민의 힘을 숭배하며 자신들이 인민의 힘을 직관적으로 알고 통제한다고 믿는다는 점에서 "붉은 예수회"와 다를 바 없었다. 무엇보다 그는 사회주의자들이 평화주의 성향을 강하게 띠며 노동 계급 국제주의에 대한 믿음에 너무 사로잡혀 있어서 독일에게 약하다고 보았다. 1914년 이전의 몇 해 동안 클레망소는 군 복무 기간을 3년으로 늘리는 캠페인을 벌였지만(1902년에 2년으로 축소됨), 조레스와 사회주의자들은 군비 축소와 스위스식 방위군을 요구했다.

1914년 7월 클레망소는 상원에서 우파와 함께 3년 복무 법안에 찬성하는 투표를 했다. "우리 군인들이 적을 향해 행진할 때, 공화주의자들은 반동 세력과 함께 행진한다." 그는 이렇게 말했다. 1871년의 중재자 클레망소는 자유주의 매파로 다시 태어났다. 70대가 된 그는 갈등에 의해 활력을 되찾았다. 그는 자신의 또 다른 신문인 『롬 리브르』에서 병사들을 대신해 군 장성들을 공격했다. 1917년 뒤늦게 기회가 찾아왔을 때, 병사들 편에 섬으로써 얻은 명성이 그에게 유리하게 작용했다. 프랑스군의 사기는 약해져 있었다. 군대는 진격을 거부하고 있었다. 프랑스의 춘계 공세가 15만 명의 사상자를 내며 실패한 터였다. 아리스티드 브리앙, 조제프 카요, 르네 비비아니 같은 자유주의 비둘기파는 협상을 통한 강화를 요구하며 사회주의자들과 손잡았다. 자유주의 매파는 전쟁으로 인해 국토가 훼손되는 것을 우려했고, 왼쪽보다는 오른쪽으로 이동해, 알자스-로렌을 되찾지 못하게 될 독일과의 강화를 받아들이지 않으려 했다. 대통령은 클레망소가 끝까지 전쟁을 밀어붙일 사람이라고 믿으며 그를 총리로 지명했다.

그는 대공세를 펼쳤다. 물론 결정적으로 종전을 가져온 것은 1918년 늦여름 독일의 실패들과 미군의 참전이었지만 말이다. 이제 클레망소의 가장 열성적인 지지자는 국가주의 우파였고, 가장 가혹한 비판자는 자유주의 비둘기파와 사회주의자였다. 그는 "강화파"를 무자비하게 대했고, 파렴치하게도, 이전의 급진파 동지이자 프랑스 소득세의 아버지인 강화파 지도자 카요에 대한 반역죄 기소를 지지했다. 전후 유럽을 장악한 볼셰비즘에 대한 자유주의자들의 공포는 클레망소의 오른쪽으로의 이동을 완결시켰다. 영국이 반혁명이라는 대의를 허망한 것으로 보고 폐기한 이후에도 그는 프랑스가 러시아 내전에서 반볼셰비키 백인들을 돕는 것에 찬성했다. 반교권적 급진파로서 교회를 조롱했던 클레망소는 파리의 중산층 지역인 파시에서, 한 예수회 학교 운동장이 내려다보이는 아파트에서 살았다. 인근 묘지에 있는 그의 무덤은 전통적인 평범한 석판으로 되어 있지만, 그가 독일을 마주하고 선 자세로 묻어달라고 부탁했다는 전설이 빠르게 퍼지기도 했다.

독일에 대한 클레망소의 비타협적인 적대감은 1919년 5월 독일에 제시된 평화 조약을 비난한 데서도 계속되었다. 그 조약은 이행 규정이 너무 미약해서 조약으로 그리 강력하지 못하다고 비판자들은 불평했다. 영국인들은 우드로 윌슨을 몽상가로, 클레망소를 고집 센 말썽꾼으로 묘사했고, 늘 그랬듯이 자신들은 공평무사하고 실용적인 중재자로 여겼다. 진실을 말하자면, 로이드 조지와 영국인들은 클레망소가 그랬던 것처럼 맹렬하게 자국의 이익을 추구했다. 동맹 세력 각자는 자신의 목표를 향해 달려갔다. 클레망소의 목표는 기만당해 복수심에 불타는 독일을 억제하는 것이었고, 로이드 조지의 목표는 약화된 영국의 제국적 위치를 방어하는 것이었고, 윌슨의 목표는 새롭게 부상한 강력한 채권국인 자국이 치안을 맡고 중재하는 그런 "민주주의에 걸맞은 세계"에서의 "국가들 간 새로운 계약"이라는 자신의 막연한 구상을 받아들이게 하려는 것이었다.

베르사유 조약에 대한 비판자들은 독일을 가혹하게 처리한 것과 윌슨의 유토피아주의에 초점을 두었다. 그 강화는 독일의 영토와 식민지들을 빼앗았고, 독일의 무력을 가차 없이 제한했고, 독일에 처벌적인 배상금을 부과했다. 당시 회담에 참여한 영국 재무부의 젊은 경제 조언자 메이너드 케인스는 자신을 유명하게 만든 혹평의 글을 썼다. 윌슨을 폄하하는 사람들은 윌슨을 교활하고 이기적인 유럽인들에게 순진하게 설교하는 미국인으로 보았다. 그들은 인내심을 가지고 그의 설교를 들은 다음, 현실 정치 추구라는, 자신들이 하려는 것을 했다. 게다가 윌슨은 자국 내에서 지지를 받지 못했다. 사실, 문제는 윌슨 자신처럼 더 복잡했다.

우드로 윌슨(1854~1924)은 키가 크고 깡말랐고, 교사 같은 안경을 쓰고 있었다. 어색한 의치 때문에 가만히 있을 때는 찡그린 것처럼 보였고, 미소를 지을 때는 놀라는 것처럼 보였다. 휴 브로건의 『미국사』(1985)에 따르면, 그는 고집이 세고 확신에 차 있고 싸움을 거는 데 서툴러서, 좋아하기보다는 미워하기 딱 알맞은 유형이었다. 그는 자신의 출신 배경에 대해 편견을 가진 남부인이었고, 장로교 목사인 아버지가 여학교를 운영하던 조지아에서 성장했다. 엘리트 대학인 프린스턴에 다닐 때는, 부유한 남부인 자녀들 사이에서 자신이 아웃사이더임을 깨달았다. 그는 장학금을 받을 정도의 재능은 없었지만, 탈출구로서 독서에 심취했다. 공부를 계속한 그는 차례차례 학위를 받았고, 논문을 발표하기 시작했다. 그리고 1902년에 프린스턴대학 최초의 비성직자 출신 총장이 되었다. 그는 '이팅 클럽eating club'들을 민주화했지만, 새 대학원 부지를 둘러싼 무의미한 싸움에서 패했다. 윌슨은 외교 전통 중 하나에 자신의 이름을 부여하게 된 인물이지만, 사실 외교는 월슨의 기질에 안 맞는 것이었다. 심지어 1910년 대학 생활을 떠난 후에도 그는 협상 테이블보다는 독서대 앞에서 더 행복해했다. 친구이자 오랫동안 함께한 보좌관인 에드워드 하우스의 권유로 월슨은 뉴저지 주지사 선거에 출마했다. 지역에 대한 충성심에서 그는 민주당원이 되었다. 그러나 인민주의자 브라이언 아래서 민주당은 변화를 겪었다. 이제 민주당은 더 개방적이고, 더 전국적이고, 덜 남부 집중적이었다. 민주당은 들판의 농부와 북부의 공장 노동자들을 다 포함하고 있었다. 그러한 변화는 진보적인 남부인들에게 중앙 정치의 문을 열어주었다. 월슨은 뉴저지 선거에서 승리했고, 개혁적 주지사라는 명성을 얻었다.

월슨은 선거운동 연설들을 추려 낸 책 『새로운 자유』(1913)에서 자신의 자유주의 견해를 제시했다. 그는 그 어떤 권력도 지배해서는 안 되며, 정부는 하나의 계급에 맡겨지거나 하나의 이해관계만을 반영해서는 안 된다고 믿었다. "미국은 모든 종류의 독점을 깨뜨리기 위해 만들어졌다"고 그는 썼다. 사회와 정부가 "크고 비인격적인 것"이 되어버렸다는 그의 염려에서, 그리고 "친밀함의 상실"에서 노동 갈등이 생겨났다는 그의 확신에서 계속 메아리치는 것은 자유주의의 강조점인 개개인에 대한 존중이었다. 그는 T. H. 그린의 구분을 되풀이하면서, "소극적" 유형의 자유뿐만 아니라 "적극적" 유형의 자유도 지지했다. 개인 기업의 신봉자였던 월슨은 그럼에도 불구하고 대중 민주주의에서의 자본주의 경쟁에 수반되는 "협동"과 "합심"의 결여를 애석해했다. 그가 보기에 질서는 경쟁만큼이나 중요했다. 미국의 다른 자유주의자들처럼, 윌슨은 "선구적" 국가에 권위 있는 엘리트들이 부재하는 것을 우려했다. 현명한 정책을 만드는 데나 정직한 정부를 만드는 데나 개방성과 지성적이고 전문적인 공적 논의가 필수였다.

윌슨은 미국의 건국자들이 "세계 모든 나라에 자극을 주는 봉화"를 올렸다고 썼다. 그들의 목표는 자신들을 위한 것이 아니라 "인류에 봉사하기 위한" 것이었다. 거창하게 들리는 자신의 원리에 대한 윌슨의 해석은 모호하기 그지없다. 그는 남부에서 여성과 흑인의 투표권을 반대했고, 차별에 반대하는 말을 한마디도 하지 않았다. 그는 멕시코와 중앙아메리카에 미군을 파병하면서 다음과 같이 침입을 정당화했다. "나는 남아메리카 대륙의 공화국들에 훌륭한 인물을 뽑는 법을 가르칠 것이다." 권력에 맞서겠다는 공언에도 불구하고, 윌슨은 사회 혼란 세력을 감시하고 반대파를 억압하기 위해 방첩법, 적성국교역법, 치안유지법을 발동함으로써 전시에 자국민을 상대로 국가의 모든 권한을 사용했다.

1917년 4월 미국이 참전했을 때, 윌슨은 그 전쟁이 "민주주의에 걸맞은 세계를 만들기 위한", 그리고 더 과장하자면 "결국 자유로운 세계를 만들기 위한" 고귀한 일이라고 의회에 밝혔다. 그는 미국이 공격받고 있지도 않고 정복에 나선 것도 아니라고 주장했다. 그때도 지금처럼 자유민주주의에 의한 선택적 전쟁은 이상의 수호를 위한 도덕적 군사 행동으로 정당화될 필요가 있었다. 그런 생각은 다가올 강화에까지 미쳤다. 미국이 참전할 무렵, 그의 친구 하우스는 전후의 목표들을 수립하기 위해 '인콰이어리Inquiry'로 알려진 큰 팀을 꾸렸다. 거기에는 하버드를 나온 젊은 월터 리프먼도 있었는데, 그는 이후 윌슨의

14개 조항으로 알려진 것의 초안을 작성하는 데 관여했다. 8개 조항은 국가들의 영토 조정 및 자결과 관련된 것이었다. 그리고 6개 조항은 새로운 세계 질서의 원칙들—공개적 외교, 항해의 자유, 자유무역, 군비 축소, 식민지 "조정", 국제연맹—을 설정한 것이었다. 유럽인들로서는 윌슨의 의도를 읽어내기가 어려웠다. 더 좋은 세계를 만들겠다는 것인가? 아니면 미국의 힘을 확장하겠다는 것인가? 윌슨에게는 둘 다 맞았다. 미국은 세계에 도움이 되기 위해서 더 강해질 필요가 있었다. 더 좋은 세계는 강한 미국을 필요로 했다. 그의 심중에서는 그 두 가지 목표를 분리하기가 어려웠다.

　미국 상원에서 국제연맹의 주요 반대자는 엄격하고 학식 있는 공화당원 헨리 캐벗 로지였다. 그런 적수가 있어 윌슨은 불운했다. 로지는 미국이 세계에서 물러나 있는 것에 찬성하지 않았다. 그 자신은 일찍이 평화강행연맹을 제안한 바 있었다. 오래된 보스턴 선주 가문 출신인 그는 고립주의자가 아니었다. 그는 윌슨이 그랬듯이 자유주의적 국제주의에 헌신적이었지만, 그 국제주의는 다자주의적인 것이 아니라 일방주의적인 것이었다. 로지는 미국의 관점에서 필요하다면 외국과의 교전에도 찬성했다. 로지는 윌슨보다 더 학자 같은 사람이었는데, 윌슨이 지적으로 이류라고 생각했고 윌슨의 잘난 체를 몹시 싫어했다. 로지는 비방하기 좋아하는 사람이었고, 윌슨이 그의 가장 큰 비방 대상이었다. 그럼에도 불구하고, 로지가 제안한 타협안에 동의했다면 윌슨은 회원국에 대한 원조를 결정할 때 미국에 재량권을 부여하는 쪽으로 수정된 조약을 가질 수 있었을 것이다. 그러나 윌슨은 그 조약을 원안 그대로 받아들일 것을 상원에 요구하면서, "그것을 거부해 전 세계를 실망에 빠뜨릴" 테면 해보라고 몰아붙였다. 월슨의 호언 장담과 판단 착오가 뒤섞인 이런 태도는 유럽인들로 하여금 고마워하며 환호하고 눈물 글썽이게 했던 그 역량 있는 정치인에게서 여전히 이해하기 힘든 부분이다. 1919년 가을에 그 조약에 대한 대중의 지지를 얻기 위한 헛된 국토 횡단 캠페인 중에 월슨은 심각한 뇌졸중으로 쓰러졌고, 남은 임기 16개월 동안 수석 참모와 아내가 대신 말을 전하는 가운데 그림자 대통령으로 지내야 했다.

상원이 미국의 국제연맹 가입을 거부한 것은 역사가들에게 20세기 초반의 큰 가정들 중 하나를 안겨주었다. 능동적으로 참전한 미국이 국제연맹에 가입했다면 1920년대에 자유주의적 국제 질서가 회복될 수 있었을까? 미국이 가입했든 그렇지 않든 자유주의 세계는 1919년에 있을 수 있는 미래 여럿을 마주했다. 좀더 다루기 쉬운 질문은 자유주의자들이 자신들이 마주한 미래를 어떤 것으로 보았는가 하는 것이다. 그들의 답변은 그들이 전쟁을 어떻게 해명하는가에 달려 있었다. 전쟁은 의도적인 것이었나? 우발적 사건이었나? 국제 질서의 부실함이었나? 각각의 답변이 모두 설득력 있게 주장되었다.

매우 부정직하게도 승전국들은 첫 번째 설명을 취했다. 즉, 전쟁이 의도되었다고 본 것이다. 독일에 전쟁 피해 보상의 의무를 부과한 평화 조약 231항은 충돌의 책임을 암암리에 독일의 침략에 떠넘기는 것이었다. 사실 독일의 애국적 연합들, 독일 제일주의를 표방하며 전쟁의 불가피성을 주장하는 글들, 변화무쌍한 독일의 황제는 전쟁 이전의 여러 해 동안 종종 놀라울 정도로 호전적인 인상을 풍겼다. 영국의 제국주의적 주전론자와 프랑스의 보복주의자들도 마찬가지였다. 1912년 이래 독일의 참모들은 전쟁을 계획했다. 그러나 전쟁 계획은 군 참모들이 으레 하는 일이며, 의도에 계획이 포함될 수는 있지만 계획이 곧 의도인 것은 아니다. 서구 세 나라 사이의 긴장은 1913년에 완화되고 있었다. 아마도 당시 그 나라들이 오판을 했을 것이고, 전쟁은 우발적이었을 것이다. 정말이지, 최후의 순간까지 외교관들은 자신들이 애쓰면 전쟁을 피할 수 있으리라고 믿었다. 전쟁이 짧게 끝날 수도 있다고 장군들이 정치인들에게 말했을 때, 정치인들은 전쟁이 짧게 끝날 것이라는 말로 들었다. 군인들은 최악의 상황에 대비했지만, 막상 그 상황이 닥치자 놀라지 않을 수 없었다. 하지만 두세 강대국의 뜻하지 않은 대실수를 설명하면 오판은 그럴듯하게 들린다. 한데 그것이 모두 실수였다면, 어째서 전쟁이 그토록 멀리 확대되고 그토록 오래 계속되었을까? 최초의 교전국들인 오스트리아-헝가리제국, 러시아, 세르비아, 터키까지 시야를 넓혀보면 그 이유는 더 깊은 데서, 국제 질서 자체의 부실함에서 찾아야 했다.

그런 질문은 1918년 이후 새롭게 출현한 학문인 국제관계학의 소재였다. 1919년에 강화 중재자들이 파리를 떠나기도 전에 이미, 그 조약이 기껏해야 조잡한 밑그림에 불과하다는—어리석은 부분을 쳐낸 상태임에도—것이 주의 깊은 자유주의자들에게는 분명해 보였다. 국제 질서를 확보하는 것과 관련해 새로운 사고방식이 요구되었다. 1910년에 창설된 워싱턴DC의 카네기국제평화재단은 파리에서 윌슨에게 네 명의 조언자를 제공한 바 있었고, 이제는 국제적인 법과 중재를 촉구했다. 1918년에 부유한 영국 자유당원이자 국제연맹 지지자인 데이비드 데이비스는 에버리스트위스에 있는 웨일스대학에 처음으로 국제관계학 강좌를 마련하는 데 기금을 댔다. 유사한 목적에서 런던의 왕립국제문제연구소(1920), 파리의 국제연구대학원(1921), 뉴욕의 미국외교협회(1921)가 설립되었다.

지금처럼 그때도 국제 질서에 관한 자유주의적 생각은 분열되어 있었다. 일부 자유주의적 외교 정책 사상가는 보링처럼 일종의 "자연적인 평화 상태"를 옹호했다. 그들의 견해에 따르면, 자유무역을 하는 자유주의 국가들은 서로 싸우지 않았다. 전쟁은 후진적인 독재 국가들이 국내 갈등을 해결할 수 없어서 발생하는 것이다. 슘페터는 자유주의적 자본주의가 본질적으로 평화적이라고 주장한 글「제국주의의 사회학」(1919)에서 유사한 생각을 밝혔다. 다른 사상가들은 편치 않게도 전쟁이 정상 상태라고 받아들였다. 아마 인간은 원래 어리석고 공격적일 것이다. 아마, 초기의 자유주의적 희망에도 불구하고, 교육과 물질적 진보를 통해 그들을 변화시킬 여지는 크지 않을 것이다. 설령 자유주의 국가들이 평화적이라 해도, 아마 충분히 많은 독재 국가와 기타 정치적 "후진국"이 존속하면서 전쟁을 야기할 것이다. 아마 자유주의 국가든 독재 국가든 모든 국가는 힘의 균형이 지나치게 한쪽으로 기울었을 때 싸울 수밖에 없을 것이다. 전쟁의 심층적 원인이 무엇이건, 자유주의 사상가들은 평화를 증진하는 방법에 초점을 맞췄다. 윌슨 같은 이른바 이상주의자들은 국제법, 지역적 기구와 전 세계적 기구들, 심지어 최종적으로는 세계정부에 기대를 걸었다. 경쟁자인 현실주의자들은 상호적 두려움에서 연합을 변경해가며 서로를 견제하는 주권 국가들 간의 힘의 균형 회복에 기대를 걸었다. 세 번째 집단은 세계주의자들이었다. 콩스탕과 코브던이 그랬듯이, 자유주의적 세계주의자들은 사람들 사이의 유대가 증가하는 것, 특히 국가 간의 관계들 아래서, 그 관계들 주변에서 작동하는 것인 상업적·문화적 유대가 증가하는 것에 평화에 대한 희망을 걸었다.

자유주의적 이상주의자, 현실주의자, 세계주의자들은 모두 평화와 전쟁에 지속적인 관련이 있는 어떤 새로운 사실에 직면해야 했다. 국가의 요구들은 더 많은 책임과 더 많은 예산에 의해서만이 아니라 국가 권력이 긴급하게 행사되고 정당화된다는 점에 의해서도 힘을 얻었다. 1914~1918년 유럽인과 미국인들은 자유주의 전쟁국가를 처음으로 온전히 보게 되었다. 자유주의 국가의 그러한 면모는 1920년대와 1930년대에 쇠퇴했지만, 제2차 세계대전으로 영원히 되살아났다. 1945년 이후, 자유주의의 시민들은 언제라도 자유민주주의 수호 전쟁에 나설 준비가 되어 있는 무장 국가들에 의해 지배되는, 반영구적인 경계 상태에서 살았다. 자유주의의 법정, 입법부, 언론, 대중은 이제 안보 국가의 요구들에 대해 그다지 의문을 제기하지 않기로 합의했다. 심지어 제1차 세계대전 이전에 이미 국가 권력의 큰 변화에 대한 묵인이 생겨나기 시작했다. 그 분위기는 1911년 영국에서 자유당 정부의 공직자비밀준수법 제안에 대한 논쟁이 벌어지는 중에 잘 드러났다. 시민권 위협을 우려한 한 의원이 그 법안은 "마그나 카르타를 뒤엎는" 것이라고 반대하자 회의장에서는 웃음이 터졌다. 미국에서는 진보적인 상원의원 하이럼 존슨이 방첩법(1917)과 치안유지법(1918) 뒤에 숨어 있는 정신을 다음과 같이 요약했다. "당신은 더 이상 정부의 어떤 것도, 어느 누구도 비판할 수 없으며, 안 그러면 감옥에 가야 한다." 하지만 존슨의 조롱은 그 법안들의 통과를 저지하지 못했다.

헌신적인 자유주의자들에게 그것은 아주 당혹스러운 일이었다. 크게 보면 평화적인 자유주의 스스로가 불러왔다 할 수 있는 참혹한 전쟁은 자유주의의 골칫거리인 도전받지 않는 국가 권력의 엄청난 팽창에 기여했다. 자유주의 매파는 전쟁을 자유주의 혹은 민주주의의 가치를 지키는 십자군 전쟁으로 정당화했다. 링컨이 처음에는 국가의 가치를 지키는, 그다음에는 노예 해방의 가치를 지키는 십자군 전쟁으로 전쟁을 정당화했던 것처럼 말이다. 기이한 변증법으로 인해, 그것은 또한 자유주의적 반대파를 낳았고, 나아가 법정에서 이 반대파를 옹호하는 자유주의적 변호인들을 낳았다.

3. 알랭, 볼드윈, 브랜다이스: 자유주의적 반대와 전쟁국가

1914년 9월, 프랑스의 평화주의자 에밀 샤르티에는 자신이 부도덕하다고 생각한 전쟁에 나가 싸우기 위해 일반 병사로 자원했다. 다른 평화주의자들은 입대를 거부하거나 아니면 의무대에 비전투원으로서 입대했다. 샤르티에는 3년간 전선에서 복무했는데, 처음에는 포병이었으나 포차의 바퀴에 발목이 끼어 평생의 불구가 된 후에는 베르됭에서 기상병으로 복무했다. 프랑스의 신문 독자와 파리 앙리4세 고등학교의 명석한 제자들에게 에밀 샤르티에(1868~1951)는 이름난 교사이면서 신디케이트를 통해 프랑스 전국의 언론 매체들에 글을 싣는 필자이기도 한 "알랭"으로 더 잘 알려져 있었다. 요즘으로 치면 아마도 '국민 지식인'쯤 되었을 것이다. 당시 알랭은 프랑스에서 가장 유명한 사람이었다. 그의 『어록』 혹은 단상들은 독자들에게 권위에 도전하고, "중요성"을 불신하고, 세부적인 것에 집중하고, 교조적인 "-주의"들을 피하고, 결국 스스로의 "-주의"를 얻을 것을 촉구했다. 이른바 "알랭주의"는 권력에 대한 일상적인 자유주의적 불신, 완강하게 버티기에 대한 요구였다. 알랭은 "생각하는 것은 거부하는 것이다"라고 즐겨 말했다. 전쟁이 일어났을 때, 그는 자신을 상반된 방향으로 이끄는 두 가지 상충하는 거부 사이에서 어려운 선택을 해야 했다. 자신의 평화주의적 신념을 거스를 것인가, 아니면 동료들을 실망시킬 것인가. 그는 전자를 선택했다. 다른 사람들이 싸우러 나가고 있었고, 알랭은 시민적 의무보다 사적 양심을 우선시하는 것은 자신이 알 바 아니라고 생각했다.

1918년 10월, 미국의 시민의 자유를 위한 활동가 로저 내시 볼드윈은 징병 거부 혐의로 뉴욕 연방법원의 법정에 섰다. 한 해 전의 윌슨 대통령의 요청에 따라 의회가 징병제 법안을 통과시킨 터였다. 그것은 남북전쟁 이후 처음으로 미군의 징집을 요구한 법이었다. 윌슨은 징병이 "원치 않는 이들의 차출이 결코 아니"며, 오히려 "자원한 국민으로부터의 일제 선발"이라고 주장했다. 사회사업가이자 보호감찰관이며 하버드 출신 변호사인 볼드윈은 이런 얼버무림을 일축했다. 법정에서 그는 "생명의 징집은 개인의 자유, 민주주의적 자유, 기독교의 가르침이라는 우리의 소중한 이상 모두와 정면으로 배치된다"고 주장했다. 판사는 볼드윈의 항변에 마음이 움직이긴 했지만, 그럼에도 1년 형을 선고했다.

알랭과 볼드윈은 자유주의적 반대자의 분명한 양상들을 대변했다. 둘 다 권력이 하는 일에 반대했는데, 대응 방식은 달랐다. 알랭에게 권력, 특히 무력은 무자비한 것이었다. 권력은 낯선 것이었다. 알랭은 지역적이고 끈끈하고 위협적이지 않다고 파악되는 사회에 대해 충성심을 느꼈지만, 권력은 거의 또는 전혀 원하지 않았다. 볼드윈은 권력, 특히 무력을 불신했지만, 입법부와 사법부를 통해 그것이 견제되고 억제될 수 있다고 여겼다. 그러한 맥락에서, 모범적인 불복종은 권력 작동의 토대가 되는 법들을 시험하고 개선할 수 있었다. 교사이자 국민적 모럴리스트였던 알랭은 설교를 했다. 변호사였던 볼드윈은 법정에 나가 주장을 폈다. 제대 후에 알랭은 가르치고 글 쓰는 일에 복귀했고, 이를 통해 그의 반군사주의와 "비판과 저항"이라는 그의 정치적 태도가 프랑스의 중요 기관과 대학들에 진출한 후학들에게 각인되었다. 볼드윈은 감옥에서 풀려난 후 미국시민자유연맹을 출범시켰다.

노르망디의 성실한 "소농" 집안 출신인 알랭은 서열, 특권, 명성을 우러러보지 않았다. 그는 찬미자들에게는 영적 스승 같은 존재였지만, 권위에 대해 거의 전적으로 부정적이었다. 그는 독자들에게 "중요한 인물"에게 속지 말 것을 촉구했는데, 중요한 인물이란 상이한 형태로 계속 다시 등장하는, 인간의 탈을 쓴 권력을 지칭하는 그의 표현이었다. 그는 전문가, 행정가, 기술자에게 현혹되지 말 것, 직접 지역 일에 관여할 것, 지역 모임에 참여할 것, 중앙 정부에 맞설 것을 독자들에게 촉구했다. 그는 국가의 침해, 엘리트들의 오만함, 기성 교회들의 억압적 강요에 맞서 싸웠다. 알랭이 보기에 기업과 국가는 반대 세력이라기보다는, 오직 사람의 참여와 직접적 참여에 의해서만 답을 얻을 수 있는 비인간적 사회 장치들의 쌍둥이 표현이었다. 테크노크라시와 거대 정부를 멀리하라는 알랭의 소극적 메시지는 프랑스의 급진적 유권자들의 마음을 움직였는데, 급진적 유권자란 대기업가나 공장 노동자가 아니라 그 사이의 "평범한" 사람들, 즉 가톨릭교회를 의심하고 사회적으로 진보적이며 사기업을 지지하는 사람들이었다.

목적을 공유할 수 있는 작고 밀착된 공동체에서의 연계적 삶으로서의 정치에 대한 그의 적극적 메시지는, 콩스탕이 거부하고 독일의 슐체-델리치가 실현하려 한 루소의 이상과 공명했다. 그 메시지는 세부 내용보다는 어조에서 더 호소력이 있었다. 매일매일 대중의 법정에 이런저런 "군주"를 소환해야 한다고 그는 썼다. 바스티유 감옥에서 매일매일 돌을 하나씩 빼온다면 그것을 허무는 수고를 하지 않아도 되기 때문이었다. 이러한 생각은 알랭의 입대 결정을 어느 정도 이해하게 해준다. 1914년에는 그가 보기에 모든 선택지가 다 나빴다. 그는 덜 나쁜 것을 선택했다. 그것은 바로, 시민들이 형편없는 선택지들만을 마주하지 않을 수 있도록 조금씩 행동하는 것이었다. 조용한 저항의 습관은 상호 학살 아니면 순교라는 도저히 받아들일 수 없는 양자택일을 피할 수 있었다.

알랭은 그러한 저항의 습관이 어떠해야 하는지에 대해서는 분명치 않았다. 알랭의 가장 유명한 두 제자가 그의 가르침에서 서로 대립되는 교훈을 끌어냈다. 시몬 베유(1909~1943)는 알랭의 급진적 인격주의를 마음에 새겼다. 그녀는 고등사범학교를 졸업한 후 중등학교에서 학생들을 가르쳤는데, 프랑스의 대학 졸업생들은 사회로부터 받은 훌륭한 교육이라는 선물에 보답할 필요가 있기 때문이었다. 당시 베유는 노동자들의 권리를 위한 직접 행동을 통해서 사회의 불의에 맞서는 데 헌신했다. 그녀는 르노 공장의 생산 라인에서 일했고, 실업자들을 위한 단식 투쟁에 동참하기도 했다. 그녀는 타인을 위해 희생하고 특정 잘못들을 바로잡는 데 헌신한다는 자신의 개인적 강령을 따르며 살았고, 그러다가 허약한 건강을 해쳤다.

1945년 이후 프랑스 자유주의의 무시할 수 없는 목소리가 된 레몽 아롱(1905~1983)은 조용한 반란이라는 알랭의 가르침으로부터 좀더 강경한 노선을 취했다. 아롱은 스승인 알랭이 권위에 대한 부당한 경멸을 부추겼으며 프랑스의 의식 있는 엘리트들이 공적 삶에서 이탈하도록 악영향을 미쳤다고 비난했다. 아롱의 견해에 따르면, 알랭의 거창한 윤리적 기준들은 겉으로만 그럴싸하고 자기만족적인 것이었다. 그것들은 참여를 선동하는 것이 아니라 뒤로 물러나기를 선동했다. 자유민주주의의 시민이 전제 정부의 독재자에 대해 취할 법한 태도를 합법적인 권력에 대해 취할 수는 없다고 아롱은 생각했다. 스승에 대한 아롱의 비판은 1934년 나치즘과 파시즘의 위협이 커짐에 따라 알랭이 프랑스평화주의연맹을 조직했을 때 더 신랄해졌다.

1919년 7월에 일단 석방된 로저 볼드윈은 새로이 조직된 미국시민자유연맹의 이사가 되었는데, 그 조직은 1914~1918년 전쟁의 양심적 병역 거부자들을 변론한 변호사들의 느슨한 연합이 발전한 것이었다. 볼드윈은 유서 깊은 청교도 집안의 후손임을 주장하는 한 보스턴 제조업자의 아들이었다. 그는 시민 불복종을 주장한 소로의 열렬한 독자였으며, 아나키스트 에마 골드먼의 자유지상주의적 대의의 찬미자였다. 그녀가 폭력적 방법을 지지한 것은 빼고 말이다. 에마 골드먼은 오늘날의 자유민주주의자라면 우리 사회에 어떻게든 당연히 내재해야 하는 것이라고 서슴없이 생각하지만 당시에는 평판이 좋지 않았던 대의들—여성 투표권, 간편한 피임, 동성애 인정—을 위해 활동한 많은 진보주의자 중 한 명이었고, 결국 그러한 활동 때문에 추방당했다. 볼드윈은 문제가 그리 간단치 않다는 것을 알아보았다. 한 개인이 이론적으로 정당하게 주장할 수 있는 것과 사회와 그 사회의 법이 수용할 수 있는 것은 다른 것이었다. 자유민주주의에서 권리를 얻고 더 확고한 지지를 받는 길은 법정에 있다고 볼드윈은 결론 내렸다. 법정은 현재의 법이 무엇인지뿐만 아니라 법이 무엇이어야 하는지에 대해서도 따질 수 있는 곳이었다.

볼드윈과 미국시민자유연맹은 맞서 싸울 것이 많았다. 전후 되살아난 백인 우월적이고 외국인 배척적인 편견의 풍토에서 정부 당국은 급진주의자를 검거하고 외국인을 추방했다. 연방법원은 국가 안보에 대한 국가의 무조건적 권한을 지지했다. 주 형사 법원은 하려고만 들면 헌법으로 보장된 피고인의 권리를 무시할 수도 있었다. 노동조합, 성적 프라이버시, 언론의 자유에 대한 법적 보호는 취약하거나 아예 없었다. 그런 배경에서 볼드윈과 미국시민자유연맹은 논란이 되는 수많은 자유주의적 대의를 위해 조언과 도움을 제공했다. 그 단체는 윌슨 행정부 때인 1919~1920년의 "빨갱이 공포" 시기에 기소된 급진주의자들을 변호했다. 이 중에는 제임스 조이스의 『율리시스』 발행인, 진화론 교육을 금지한 테네시 주법을 어겨 1925년에 기소된 교사 존 스코프스, 1920년 매사추세츠에서 두 명의 경리 직원을 살해한 혐의로 사형 선고를 받고 7년간의 무죄 입증 노력에도 불구하고 결국 처형된 두 이탈리아 이민자 니콜라 사코와 바톨로메오 반제티도 있었다.

윤리적 관용에 대한 사회적 저항은 미국인들의 법에 대한 생각과 헌법이 무엇을 보호해야 하는가에 대한 생각이 변하면서 볼드윈이 맞닥뜨리지 않을 수 없게 된 현상 중 하나였다. 또 하나의 현상은, "무정부주의"로 알려진, 딱히 정의하기 힘든 어떤 골칫거리에 대한 정치적 공포였다. 염려스러운 이 두 현상을 염두에 둔 볼드윈은 미국시민자유연맹의 목표가 헌법에 정해져 있는 시민 보호에 법의 생기를 불어넣는 것이라고 설명했다. 그렇게 함으로써, 권리장전이 "칭찬받는 사람들뿐만 아니라" "두려움의 대상이 되는" 사람들도 보호한다는 사실을 기억해야 한다고 그는 주장했다.

사코와 반제티는 급진적 무정부주의자라고 의심받았고 에마 골드먼은 급진적 무정부주의자라는 이유로 추방당했는데, 사실 급진적 무정부주의는 몇몇 자유주의자가 경도되었던 이론적 무정부주의가 아니었다. 급진적 무정부주의는 무작위 폭력이라는 무력 동원에 대한 소렐의 생각과, 기존 사회가 제공해야 했던 억압적 국가 장치보다 더 우애롭고 덜 강압적인 질서의 원천들에 대한 표트르 크로포트킨의 바람에 의존했다. 반면 자유주의자들을 유혹한 무정부주의는 좀더 이론적인 것으로서, 정치적 정당화의 지적 실행에서 가설적인 출발점이었다.

무정부주의와 자유주의를 가르는 올바른 선은 '문자 그대로'와 '은유' 사이에 놓여 있었다. 무정부주의자들은 근대 국가 없는 과거나 미래의 사회 현실을 추구했다. 자유주의자들은 국가와 사회가 사실상 분리될 수 없다고 믿었다. 둘 중 하나 없이는 다른 하나도 가질 수가 없는 것이었다. 그럼에도 불구하고 자유주의 사상의 어떤 강력한 변종이 국가 없는 사회라는 오래된 철학적 은유를 강압적 권위에 대한 제한, 사람들의 도덕적 자립, 반대 의견의 정당성을 비추어 보여주는 것으로서 계속 이용했다.

미국의 자유지상주의자 라이샌더 스푸너(1808~1887)는 앞서 사용한 용어를 따르자면 '문자 그대로' 쪽이었다. 1882년에 그는 한 친구에게 미국 헌법 전체는 일말의 권위도 없는 "완전한 사기"라고 썼는데, 왜냐하면 "개인들의 자발적인 동의를 위해서든 거부를 위해서든 그들에게 제출된 적이 없기" 때문이었다. 누구도 자신이 동의하지 않은 의무에 구속되지 않는다고 스푸너는 믿었다. 그는 『반역이 아니다』(1867)에서 "만약 어떤 사람이 정부를 지지하기로 동의하거나 합의하지 않았다면, 그가 정부에 대한 지지를 거부하더라도 신념을 위반하는 것이 아니다"라고 썼다. 스푸너는 "계약 없이 의무 없다"라는 예리한 칼날을 가지고 친숙한 사회정치적 지도 전체를 난도질했다. 큰 정부는 약탈을 목표로 함께 모인 날강도들의 연합이었다. 직접적인 동의 없는 모든 조세는 "명백한 강탈"이었다. "나를 침해하지 마라!"라는 스푸너의 신조와 전문가들에 대한 그의 의심은 "반지성주의"—역사가 리처드 호프스태터가 미국 정치의 우파와 좌파에 대해 진단한 점—에 깊이 뿌리를 두고서 공명한 것이었다. 스푸너는 반국가적 무정부주의는 그 자체로 중립적이며 자유지상주의는 좌파나 우파의 여러 형태로 나타날 수 있음을 상기시켰다. 스푸너는 제1인터내셔널에서 마르크스를 만났다. 그는 노예제를 혐오해 폐지에 찬성했고, 노동조합을 지지했으며, 1880년에는 "아일랜드, 잉글랜드, 그리고 그 밖의 대영제국 지역들의 압제 계급에 대한 유일한 타개책"으로 혁명을 주장했다. 스푸너는 그의 논의 자체로도 흥미로웠을 뿐 아니라 화합했다는 점, 그리고 긴요한 반대의 질문들("나는 언제 법을 어겨야 하는가?")과 막연한 동의의 질문들("나는 왜 법을 따라야 하는가?")에 한꺼번에 답하려 했다는 점에서도 흥미로웠다.

무정부 상태와 반대는 모두 권력에 도전하지만 상이하게 작동한다. 무정부주의자는 자신이 동의하지 않은 권위의 존재를 받아들이기를 거부한다. 반대자는 권위의 존재를 받아들이지만, 권위가 하는 일에 도덕적으로 반대한다. 전자는 개인의 의지에 호소하고, 후자는 공적 양심에 호소한다. 무정부주의자는 권력이 하는 일의 옳고 그름이 아니라 그 권력이 갖는 권위의 정당성에 주로 관심을 기울인다. 반대자는 권력의 정당성이 아니라 권력이 하는 일의 옳고 그름에 주로 관심을 기울인다. 무정부주의자는 국가와 사회에 대해, "나는 이것의 일부가 아니며, 그것들은 나를 지배하지 않는다"고 말한다. 반대자는 "나는 이것의 일부이며, 비켜서 있을 수 없다"고 말한다.

무정부주의와 같은 반사적인 반대의 태도는 일종의 순수주의적 태도이며, 자유주의자들은 자유주의적으로 행동할 때 순수주의를 피한다. 알랭의 반권위주의에 대한 아롱의 불만은 독일에서 리히터의 "반대주의"에 대한 나우만의 비판과 맥을 같이했다. 아롱과 나우만은 반대가 극단으로 치닫고 있거나 습관화되고 있다며 이의를 제기했다. 아롱이 보기에 알랭은 반대라는 강령을 만들었다. 나우만이 보기에 리히터가 비스마르크가 하는 일을 지켜본 뒤 그와 반대로 했듯이 말이다. 그들이 보기에, 반대를 정책화하는 것은 이미 이루어져 있는 동의에 대한 무정부주의의 억지와 구별하기 어려웠다. 반대를 습관화하는 것은 물어뜯기를 위한 공허한 반대로 치달을 경향이 있었고, 또한 반대 자체를 일종의 방관으로 만듦으로써 사실상 과도한 권력을 강화하는 데 일조할 위험이 있었다. 습관적 반대는 권력에 맞서기보다 권력에 맹목적으로 반응하게 되고, 권력이 의제를 통제하게 해주기 때문이었다. 반면 아롱과 나우만에 대한 반박으로, 반대가 반대다우려면 실행되어야 하고, 반대자들은 계속 실천해야 하며, 반대의 행사 없이는 개인의 독립과 자립이라는 자유주의의 이상들 자체가 얄팍하고 추상적일 뿐이라는 점이 역설될 수 있었다.

오늘날의 자유민주주의 체제의 시민들은 "나는 불복종할 도덕적 용기가 있는가?"보다는 "나는 왜 복종해야 하는가?"가 국가에의 의무에 대한 좀더 핵심적인 질문으로 여겨지는 사회에 살고 있어서 다행이다. 그런 사회들에서 정치적 의무에 대한 질문이 일반적으로 제기될 때는, 문제의 국가가 꽤 공정하며 그 국가의 정당성이 심각하게 의문시될 일이 없다는 추정하에 제기되는 것이다. "왜 국가에 복종하는가?"라는 질문의 이론적 핵심은 복종해야 하는지 여부를 따지는 것이 아니라 복종해야 하는 이유를 찾는 것이다. "왜 국가에 복종하는가?"라는 질문은, 교실에서 제기될 때 그렇듯이, 충성심과 경각심을 시험하기 위해 시골뜨기에게 "당신은 왜 입대해야 하는가?"라고 묻는 징병관의 심정으로 제기되는 것이지, "그러게요, 내가 왜 그래야 하죠?"라고 답하며 내키지 않아 하는 시골뜨기의 실용적 심정에서 제기되는 것이 아니다.

소로같이 뚜렷한 19세기적 양심을 가진 사람들에게는 법이 부도덕한 행동을 하도록 명할 때 불복하는 것이 의무였다. 이는 동의가 부재할 때 반대가 허용될 수 있다는 말이 아니었다. 오히려, 국가가 틀렸을 때 반대가 의무라는 말이었다. 법을 만드는 권한은 충분히 정당할 수 있다. 어떤 이론적인 의미에서, 심지어 동의된 것일 수도 있다. 그러나 정당한 권한이 사악한 법을 부과할 수도 있다. "자유의 피난처가 되기로 자임한 어떤 국가의 인구 중 6분의 1이 노예라면, 어떤 국가 전체가 외국 군대에 의해 부당하게 침략당해 정복되고 군법을 따라야 한다면, 정직한 사람들이 반란을 일으키고 혁명에 나서는 것이 시기상조는 아니라고 나는 생각한다." 소로는 『시민 불복종』(1849)에서 미국-멕시코 전쟁에 대해 이렇게 썼다. 정당한 권위가 사악한 법을 부과할 때는 상위의 원칙이 시민들에게 불복종을 요구한다고 소로는 믿었다.

자유주의자들은 모두 과도한 권력에 기대지 않는 안정된 질서를 희망하며, 따라서 그들은 언제 반대가 요구되는지에 관해 논하지 않을 수 없다. 한 가지 생각해봐야 할 점은, 자신이 시민으로서 사고하고 있는가 아니면 정부의 관점을 취하고 있는가 하는 것이다. 더 많은 반대에 우호적인 급진적 자유주의자들은 시민으로서 사고하는 경향이 있는 반면, 더 적은 반대를 원하는 보수적 자유주의자들은 정부처럼 생각한다. "국민에 의한 정부"라는 마법적인 말에도 불구하고, 자유민주주의에서 통치자와 시민들은 우선순위가 다른 상이한 역할을 맡는다. 정부는 시민을 통치한다. 시민은 정부를 통제한다. 정기적인 선거는 가장 가시적인 통제 형태다. 반대—공개적 시위, 양심적 병역 거부, 시민 불복종—또한 필수적이다. 자유주의자들이 어느 정도의 반대를 원하든 간에, 오늘날 거의 모든 자유주의자는 반대가 법의 보호를 받을 가치가 있다는 데 동의한다. 그러나 항상 그랬던 것은 아니다. 지금 자유주의의 핵심으로 느껴지는 것에 대해 합의가 이루어지기까지는 오랜 시간이 걸렸고, 힘든 싸움이 요구되었다.

미국의 두드러진 반대 옹호자는 자유주의자 루이스 브랜다이스(1856~1941)였다. 그는 성공한 변호사로 많은 돈을 벌었지만, 동시에 공익 사업도 하고 노동자들의 법적 보호 같은 진보적 대의도 지원했다. 1916~1939년 대법관을 지내면서 브랜다이스는 국가와 사회의 침해에 맞서 반전 시위, 표현의 자유, 프라이버시를 옹호했다.

그는 켄터키의 유대계 자유주의자 부모에게서 태어났다. 그의 부모는 오스트리아의 1848년 혁명을 지지했고 혁명 실패에 이은 압제와 반유대주의적 반동을 피해 미국으로 이주한 이들이었다. 그는 다년간 드레스덴에서 수학했고, 귀국 후에는 하버드 로스쿨을 수석으로 졸업했다. 그는 굉장한 일벌레였고, "키가 크고 야위었고 투박하고 약간 구부정한" 모습으로 묘사되었다. "국민 변호사"로서 그는 공익적 대의를 위해 무보수로 싸웠지만, 일 년에 약 7만 5000달러를 벌었다. 오늘날로 치면 대략 1000만 달러에 맞먹는 소득이었다. 브랜다이스에게서는 사적인 돈벌이와 공적인 의무 간의 충돌이 없었다. 그에게 돈은 자립의 원천이지 쾌락이나 허식의 원천이 아니기 때문이었다. 그는 소박한 습성과 근엄한 태도를 지닌 사람이었다. 브랜다이스를 직접 접한 많은 사람은 그가 쌀쌀맞고 엄격하다고 여겼다.

브랜다이스의 자유주의 신념은 본보기적이었다. 그는 권력에 대해 부정적이었고, 인간의 잠재력에 대해 긍정적이었다. 자의적이고 통제되지 않는 권력을 위임받은 사람은 누구나 그것을 남용하기 마련이라고 그는 생각했다. 그는 "우리의 지성도 우리의 인격도 무제약적인 권력의 부담을 오래 견딜 수 없다"고 썼다. 법의 주된 임무 중 하나는 기업이나 정부의 대리인처럼 더 많은 권력을 가진 사람들에게 맞서 더 적은 권력을 가진 사람들을 보호하는 것이라고 그는 생각했다. 그는 모든 공적 행위의 적극적인 목표가 "사람들을 민주주의 체제의 자유롭고 자존감 높은 구성원으로 만드는 것"이라고 믿었다. 인간의 잠재력 실현과 개인의 한없는 향상은, 무엇보다 "폭넓고 지속적인" 교육을 통해 추진하는 최우선적인 목표들이었다. 그의 이런 말들은 훔볼트나 밀에게서 나왔을 법한 것이었다.

또한 브랜다이스는 자유주의 사상에서 어떤 반대되는 맥락을 보여주었다. 사람들은 단지 양성되기만 해야 하는 것이 아니었다. 브랜다이스는 사람들을 내버려둬야 한다고 굳게 믿었다. 초기 논문인 「프라이버시에 대한 권리」(1890)에서 브랜다이스와 한 동료는 사람들의 삶에 대한 이러저러한 형태의 개입을 금지하는 다수의 법을 검토했다. 그들은 그러한 법을 한데 뭉뚱그린 것이 바로 동료 시민들과 법률과 정부에 의해 간섭받지 않을, 기본적인 "내버려두어질 권리"라고 주장했다. 이 생각 역시 그의 사법 경력에 스며들었다. 옴스테드 대 미국 사건(1927)에서, 브랜다이스는 정부의 도청이 "시민들에게 가장 가치 있는 권리", 즉 내버려두어질 권리에 대한 부당한 침해라고 썼다. 미국 법에서, 브랜다이스 및 그와 생각이 비슷한 판사들의 판결은 콩스탕이 시사한 도덕적 프라이버시의 필요와 1960년대·1970년대 및 그 이후의 "자유방임"을 이어주는 연결 고리였다. 그제야 자유주의는 이전에는 사회의 감시를 받았던 도덕적 문제들, 특히 성적인 문제들이 사회 문제가 아니라 남녀 개인들 자신의 문제임을 법으로 인정했다.

1916년에 우드로 윌슨이 브랜다이스를 대법관으로 임명하자, 전직 대통령이자 미래의 대법원장인 윌리엄 하워드 태프트는 그가 "파렴치"하고 "무한히 교활"하다고 반유대주의적 비방을 퍼부으면서 그를 추문 폭로자이자 사회주의자로 몰아갔다. 브랜다이스는 민간 보험업자들의 비효율성과 반경쟁적 관행들을 폭로하면서 노동자 보험에 대한 정부의 규제를 옹호했다. 또한 노동자 측이 자력으로 협상에 나설 정도로 충분히 강하지 않다면, 노동 시간과 임금에 대한 국가의 규제가 필요하다고 생각했다. 그는 계약의 자유를 믿었지만, 그 자유가 절대적인 것이라거나 무적의 것이라고 여기지는 않았다. 멀러 대 오리건 사건(1908) 때, 브랜다이스는 대법원에서 고용주들로부터 고용주의 계약의 자유를 침해한다는 항의를 받으면서 여성의 노동 시간을 제한하는 주법을 옹호했다. 브랜다이스는 장시간 노동이 여성의 건강을 해친다는 것을 보여주는 수백 쪽 이상의 증거를 제출했다. 사실상 그의 주장은, 아무리 강력한 법적 원칙—계약의 자유—도 무엇보다 그것을 주어진 사례에 적용할 때 예상되는 사회적 결과들을 고려해 판단되어야 한다는 것이었다. 대법원은 그의 주장에 동의했다. "브랜다이스 준비 서면"으로 알려진 이런 종류의 논변은 미국 법을 사회에 좀더 관심을 갖는 새로운 방향으로 이끌었고, 미국 법에 진보적이며 보호적인 성격을 부여했다.

그는 1916년 연방대법관이 되고서는 "브랜다이스 반대 의견"으로 명성을 얻었다. 그로부터 일 년도 채 안 되어 미국은 참전했다. 의회는 윌슨의 방첩법과 치안유지법 법안에서 최악의 침해 행위들을 빼긴 했지만 결국 두 법안 모두 통과시켰고, 언론에 개입하고 언론의 자유를 제한하는 정부 권력은 과도하게 확장되었다. 윌슨은 보도위원회라는 선전 기구를 만들었다. 시민적-자유지상주의적인 러니드 핸드를 포함해 몇몇 하급심 판사가 더욱 터무니없는 유죄 판결들을 거부했지만, 전쟁에 반대하는 뜻을 밝힌 많은 사람이 감옥에 갔다. 사건들이 대법원에 이르면, 브랜다이스가 위대한 반대자 올리버 웬들 홈스 주니어 (1841~1935) 편에 서서 상고인들을 옹호했다. 특히 전쟁 중에는 책임 있는 성인 시민들이 전쟁의 목적, 전쟁 수행, 전쟁의 옳고 그름에 대해 공개적으로 논쟁해야 한다고 브랜다이스는 믿었다. 그는 평화주의 옹호를 금지하는 미네소타의 법에 반대했다. 그는 자신의 임명자인 윌슨 대통령이 줄곧 언론을 길들이고 옥죄려 하는 것에 반대했다. 언제나 권력을 의심한 브랜다이스는 전시에 애국적인 미국인들이 대통령에게 아무것도 따지지 않고 집결해야 하는 이유를 알지 못했다. 법을 바꾸기 위해서든 기존 법에 영향력을 행사하기 위해서든, 브랜다이스는 반대 의견을 합법적이고 필수적인 것으로 받아들였다. 알랭과 볼드윈이 나름대로 그랬던 것처럼, 브랜다이스는 반대가 자유주의의 활력소임을 알아보았다.

4. 슈트레제만: 위기에 처한 자유민주주의

이후에 전개된 상황이 워낙 심각했던지라, 당대를 산 사람들의 눈을 통해 본 1918~1933년의 독일을 떠올리는 것은 지금도 꽤나 힘든 일이다. 많은 독일인이 걱정하거나 분개했다. 운명이라고 느낀 사람은 거의 없었다. 유럽이 또다시 전복될 수도 있다고 생각한 사람 거의 모두가 그렇게 될까봐 우려했다. 소수의 영토회복주의자를 빼고, 대부분의 독일인은 1920년대 중반에 맺은 국제 조약을 안도와 기쁨으로 맞이했다. 그들의 희망이나 걱정이 무엇이었든, 어느 누구도 자신들이 두 차례의 전쟁 사이에서 살고 있다는 것을, 혹은 도덕적 구렁텅이로 떨어지기 직전에 와 있다는 것을 알지 못했다. 수십 년이 지난 후 독일의 역사가 골로 만은 바이마르 시대의 자신의 청년기를 회상하며 다음과 같이 썼다. "과거를 돌아볼 때 우리는 대체로 우리가 '역사'를 예견했다고 생각하는 경향이 있다. 하지만 사실 나는 아무것도 예견하지 못했다." 그의 설명에 따르면 "우리는 의회 공화국에서 성장했고, 의회 공화국의 존재를 당연하게 여겼다". 그는 더 날카로운 안목이 있었다면 자신이 놓친 위험들을 발견할 수도 있었을 것이라고 인정했지만, 만족스러워하는 자신의 태도가 더 전형적이었다고 말했다. 무성영화 「일요일의 사람들」은 베를린 젊은이들인 네 명의 허구적인 목격자를 통해서 1929년 여름의 그 도시 이곳저곳을 촬영했다.

두 남자와 두 여자가 휴가를 즐기고 있다. 그들이 미래에 대해 생각하는 것이 있다면, 결국 누가 누구와 함께하게 될 것인가에 대한 것뿐이다. 비전문 배우들이 연기한 그 네 사람은 베를린 서쪽 끝에 위치한, 모래밭이 있는 아름다운 호수 니콜라스제로 일요일에 소풍을 간다. 그들은 놀고, 시시덕거리고, 도시락을 먹고, 말다툼을 하고—누군가 질투심에서 다른 이가 아끼는 축음기 음반을 부순다—, 체조 클럽을 지켜보고, 배를 탄다. 총 75분의 영화는 순수하고 평범한 만족

감들을 보여준다. 그 어떤 불길한 조짐이나 예감도 없다. 로버트 시오
드맥과 에드거 울머가 그 영화를 찍었을 때 공화국은 안정적이었다.
주식 시장이 붕괴하지 않았고, 은행이 도산하지 않았으며, 관세 장벽
이 무역을 가로막지 않았다. 자유주의 정치가 구스타프 슈트레제만
(1878~1929)은 타협의 달인으로서 절정의 명성을 누리고 있었고 건강
을 누리고 있었다. 독일은 아직은 제대로 돌아가고 있었을지도 모른
다. 「일요일의 사람들」의 메시지가 희망의 메시지라는 말이 아니다. 그
것은 메시지를 담은 영화가 결코 아니었다. 그것은 일상적인 일, 일상
적인 실망과 흥분에 매우 공감하는 영화였다. 영화는 "그리고 월요일
에는 일터로 돌아간다"라는 자막과 함께 끝난다. 화면이 어두워지지
도 않고, 서서히 흐려지지도 않는다. 체호프의 한 단편소설 마지막 구
절처럼, 삶은 계속된다.

　자유민주주의를 다시 놓아버리긴 했지만, 대부분의 독일인은 바
이마르공화국을 받아들임으로써 자유민주주의를 받아들였다. 어떤
이들은 열광적으로 받아들였고, 어떤 이들은 마지못해 받아들였으며,
또 어떤 이들은 가까스로 받아들였다. 1919년 헌법은, 비록 그 뒤에
일어난 일 때문에 나중에 웃음거리가 되고 비난받긴 했지만, 자유민
주주의의 토대가 되는 타협을 상징하는 것이었다. 독일의 자유주의자
들이 민주주의를 인정하고 독일의 사회주의자들이 자유주의를 받아
들인 타협 말이다. 그 헌법은 빌헬름 시대 대의제의 계급 체계를 완전
히 몰아냈고, 20세 이상의 모든 남성과 여성에게 보통선거권을 부여
했다. 또한 국가 권력을 분할했고, 완전히 법으로 확립한 것은 아니지
만 개인적·시민적 자유를 선포했다. 사회주의자들은 그런 자유주의

원리들을 수용함으로써, 독일 노동 계급을 위한 주장들—조세, 복지, 규제적 자본주의, 공유—이 법규에 따라 변론되고 가결되고 추구되어야 한다는 데 사실상 동의하고 있었다. 자유주의자들은 전에는 배제되었던 다수를 위한 정부 내의 모든 목소리를 수용함으로써 근대 민주주의를 수용했다.

이러한 맥락에서, "토대를 세운 타협"을 이야기하는 것은 철학적 은유 그 이상이다. 옛 제국이 혼란에 빠진 1918년 말에 독일의 대도시들에서는 지방 의회가 자유주의-좌파 경향을 띠고 있었다. 12월에 지방 의회 대표들이 베를린에 모여 새로운 공화국을 만들기로 결정했다. 그것은 소비에트 공화국이 될 것인가 아니면 의회 공화국이 될 것인가? 투표에 임한 대표들—초기 공산주의자, 사회민주당원, 좌파 자유주의자의 혼합—은 1대 3 이상의 결과로 의회 공화국 수립과 제헌의회를 위한 조기 총선거를 지지했다. 그 전에는 독일 대중이 자신이 어떤 정치 형태를 원하는지에 대해 결정할 기회가 전혀 없었다. 1848년에도 그랬고, 1871년에도 그랬다. 1918년에 선택의 기회가 주어지자, 베를린에 모인 대표들은 압도적 다수로 볼셰비즘보다는 자유민주주의에 표를 던졌다.

자세히 말하자면, 독일 사회주의자와 독일 자유주의자들이 자유민주주의에서 얻어내고자 한 것은 같지 않았다. 이해관계의 뿌리 깊은 갈등이 남아 있었다. 어느 편도 상대를 신뢰하지 않았다. 과거에 많은 자유주의자가 비스마르크의 반사회주의법을 지지한 바 있었다. 사회주의자들은 사회복지의 확대를 기대했다. 자유주의자들은 기업 쪽에 있는 후원자들을 대변했고, 사회민주당은 노동조합을 편들었다. 그들의 양 측면에 있는 극단주의자들—왼쪽의 공산주의자들과 오른쪽의 보수적 국가주의자들—은 타협하지 않고 기어코 우위를 점하고자 했다. 제3의 "친바이마르" 정당인 가톨릭중앙당은 중간 지대를 확장했지만 독일의 종파적 분열이라는 문젯거리를 더했다. 가톨릭당원들은 사회복지 문제에 대해서는 사회주의자들에게 동조했지만, 자유주의의 반교권주의적 문화 투쟁에 대한 초기 사회주의자들의 지지를 잊을 수 없었다. 주로 개신교도나 유대인으로 이루어진 교육받은 중산층에 핵심 지지 기반을 둔 많은 자유주의자는 당시 농민과 소생산자에게 의존하던 가톨릭당이 사회적으로나 지적으로나 짜증스럽다고 생각했다.

그런 다방면의 갈등에도 불구하고, 모든 친바이마르 정당은 정치적 경쟁을 위한 자유주의적-민주주의적 규칙들에 동의했다. 1920년대 거의 내내 대다수의 독일인은 그런 식으로 가기를 원했다. 공화국이 안정되었던 시기인 1923년 이후의 6년 동안 사회민주당과 가톨릭중앙당이 선거에서 승리하며 정부를 장악했다. 극좌와 극우에서 한때 위협적이었던 반바이마르 세력은 위험하기보다는 피곤한 존재가 되었다. 자유민주주의는 뿌리를 내린 것처럼 보였고, 든든하게 가교를 놓아주는 이미지의 슈트레제만보다 더 자유민주주의의 커지는 힘을 상징하는 독일 정치인은 없었다. 1920년대 말에 경제적 재앙이 닥치면서, 갑자기 수백만의 사람이 "월요일에는 일터로 돌아간다"라는 말을 더 이상 하지 않게 되었다. 세력들의 상관관계는 급격히 나쁜 방향으로 바뀌었고, 독일의 자유민주주의는 다시금 의심받았다. 그 무렵 슈트레제만은 발작으로 쓰러져 51세의 나이로 사망했고, 그리하여 역사가라면 눈살을 찌푸리면서도 어떻게든 묻지 않을 수 없을 성가신 질문, 만약 슈트레제만이 살아 있었다면 상황이 달라졌을까 하는 질문을 남겼다.

독일의 일기 작가이자 세상 물정에 밝은 인물인 하리 케슬러는 파리 체류 중에 슈트레제만이 1929년 10월 3일 사망했다는 소식을 접했고, 그 부고에 대한 파리 대중의 반응을 기록했다. 그의 말에 따르면, 마치 아주 위대한 프랑스 정치인이 사망한 것 같았다. 프랑스의 좌파 자유주의 총리이자 프랑스와 독일의 관계 개선에서 슈트레제만의 협력자였던 아리스티드 브리앙은 "두 사람이 들어갈 관을 주문하라"라고 중얼거렸다. 독일에서보다 충격과 낙담이 컸다. 약 20만 명의 사람이 베를린의 장례 행렬을 보기 위해 몰려들었다. 많은 독일인에게 슈트레제만은 진보적·시민적 가치들이 상실될 위기에 처한 듯한 정치 세계에서 그 가치들의 존속을 의미하는 존재가 되어 있었다. 최근의 전기 작가 조너선 라이트에 따르면, 베를린의 거리를 경호원 없이 거니는 것이 목격되었을 때 슈트레제만은 위협적이지 않은 권위, 심지어 연약한 권위의 얼굴을 보여주었고, 사람들로 하여금 좀더 안전한 느낌을 갖게 했다.

슈트레제만은 죽어서 설득과 조정의 자유주의적 대변인으로서 칭송받았지만, 살아서는 분명 그리 솔직한 인물이 아니었다. 그의 모호함은, 자유주의 일반에서의 민주주의와 국가주의를 둘러싼 갈등들만큼이나 독일 자유주의 내에서의 그런 갈등들을 시사하는 것이었다. 슈트레제만은 독일제국이라는 과거를 얼마나 충분히 버렸고 바이마르의 자유민주주의를 얼마나 충분히 수용했는가? 그가 이웃 국가들과의 평화를 추구한 것은 얼마나 진실했는가?

슈트레제만에 대한 비판은 논거가 확실했다. 만화가들은 그를 협곡에서 줄타기를 하거나 시소에서 균형을 잡으려 애쓰는 모습으로 보여주곤 했다. 그 이미지들은 적절했지만, 슈트레제만은 우파로부터 한참 멀리 이동해 그 위태로운 중간 지점에 도달한 것이었다. 1914년에 그는 독일의 참전을 지지했고, 게르만 국가들의 합병을 주장했고, 잠수함 전쟁에 총력을 기울일 것을 요구했고, 1917년에는 평화 협상에 반대하는 수뇌부 편에 섰다. 슈트레제만은 자신의 후원자인 바서만과 마찬가지로 독일의 식민 제국을 강력히 추구했다. 1917년 바서만의 죽음 이후 우파인 국가자유당의 지도자가 된 슈트레제만은 당이 휴전, 베르사유 조약, 공화국 헌법에 반대표를 던지는 것을 막는 데 별로 도움이 되지 못했다. 1918년의 황제 퇴위 이후 슈트레제만은 몇 년간 군주제 복원이라는 환상에 빠지기도 했고, 아내가 유대계임에도 불구하고 필요해 보이면 반유대주의적 비방도 할 수 있었다.

자유주의 정당들은 계속 경쟁했고, 그 정당들의 통합 실패가 친바이마르 세력을 약화시켰다는 점에서 슈트레제만 역시 그 실패에 따른 비난을 면할 수 없었다. 좌파든 우파든 자유주의자들의 역사적 약점인 빈약한 규율과 지도자 과잉 탓에 통합을 위한 협상은 결렬되었다. 좌파 자유주의자들은 독일민주당으로 재편성되었다. 그 당은 유명 지식인들을 영입했다. 그중에는 막스 베버도 있었고, 바이마르 헌법의 주요 초안자인 후고 프로이스, 산업장관 겸 외무장관으로서 머잖아 우파 깡패들에게 살해되는 발터 라테나우, 독일 중요 역사 저널의 편집자인 프리드리히 마이네케, 그리고 좌파 자유주의 신문 『포시셰 차이퉁』을 이끈 게오르크 베른하르트도 있었다. 독일민주당의 한쪽 끝에는 달변의 대변자 테오도어 볼프가 있었다. 『베를리너 타게블라트』의 편집자인 그는 친프랑스적이고 국제주의적이었으며, 슈트레제만을 의심스러워했고, 사회주의자들을 당연한 동맹으로 간주했다. 독일민주당의 다른 쪽 끝에는 여전히 대연합을 통해 사회주의자, 자유주의자, 극단적이지 않은 보수 우파를 통합하기를 꿈꾸는 신망 있는 인물 프리드리히 나우만이 있었다. 자유주의적 기업 엘리트들은 슈트레제만에게 기울었고, 그의 국가자유당은 이제 독일인민당이라는 이름을 취했다. 그 당에도 좌파와 우파가 있었다. 젊은 자유당원들은 사회복지를 원했고, 독일민주당 및 사회주의자들과의 동맹을 원했다. 제국의회의 독일인민당 코커스 수장이 이끈 우파는 보수주의자들 간의 연대를 꾀했다.

슈트레제만에게 의혹을 눈길을 보낸 좌파 자유주의자들은 전쟁과 바이마르가 슈트레제만을 거의 변화시키지 않았고 슈트레제만이 민주주의를 받아들이지 않았다고 주장했으며, 바로 이것이 그들이 슈트레제만의 자유주의에 반대하는 이유를 압축적으로 보여주었다. 바서만과 마찬가지로 슈트레제만은 사회 개혁과 제국 확장을 노동 계급을 제국으로 끌어들이는 방법으로 여겼던 사람이다. 그들은 보수적인 중간 계급을 설득하고 종교적 논란을 완화하며 급진적 격변의 공포를 잠재우는 데 국가에 대한 자부심을 이용했던 것이다.

슈트레제만이 자유민주주의자가 아니라는 견해의 허점은 그 견해가 그의 과거에 대한 비난은 될 수 있지만 1923년엔 중단되었다는 데 있다. 여러 사건이 슈트레제만의 관점을 변화시켰다는 것이 진실이다. 1921년에 국가주의자들이 정전 협정에 조인한 가톨릭중앙당 소속 정치인 마티아스 에르츠베르거를 암살했다. 총체적 위기의 해인 1923년 이후에는 심지어 볼프와 슈트레제만이 어느 정도 화해를 했다. 코민테른에 자극받은 극좌파는 몇몇 도시에서 폭동을 일으켰다. 그 같은 폭력은 자유주의 좌파와 우파를 함께 몰아냈다. 그런 사건들의 영향력은 결국 슈트레제만을, 그리고 그와 같은 자유주의자들을 궁지에 몰린 민주 공화국의 실용적인 수호자로 개조했다. 슈트레제만의 총리직 재임기인 8월에서 11월까지 공화국은 쇠퇴기를 그럭저럭 버텨냈다. 그 시기에 프랑스는 독일의 전쟁 배상금 미지불을 이유로 루르를 점령했고, 독일 정부가 소극적 저항을 촉구하고 그러한 저항에 대해 보조금을 지급한 탓에 하이퍼인플레이션이 야기되었으며, 작센과 튀링겐에서 공산주의자들이 봉기했고, 뮌헨에서는 파시스트들이 반란을 시도했다. 국내적으로, 양극단 세력에 포위된 자유주의적-민주주의적 중도 세력은 그들 모두를 진압하려 애쓰는 것 말고는 별 대안이 없었다. 국제적으로는, 또 다른 전쟁을 벌일 게 아니라면, 프랑스 및 프랑스 동맹국들과의 대화에 나서는 것 말고는 별다른 방도가 없어 보였다.

슈트레제만은 베를린의 중하위 계층에서 태어났다. 아버지는 술집과 맥주를 납품하는 작은 사업체를 운영했다. 그는 일곱 자녀 중 막내였다. 학창 시절에 그는 수학보다 글쓰기를 잘했고, 저널리스트가 되려고 생각했다. 베를린대학에 진학한 그는 1898년 한 학생 신문이 실시한 정치 성향 조사에서, 사회 지향적 자유주의자가 고를 만한 선택지를 발견하지 못했다. 그는 유대인에 대한 보수주의자와 반유대주의자의, 가톨릭에 대한 개신교도의, 비노동자와 비독일인에 대한 사회주의자의 불관용에 반대했다. 과거를 동경하는 자유주의자들과 달리 슈트레제만은 큰 규모를 별로 문제시하지 않았다. 베를린의 병맥주 산업에 대한 대학 논문에서, 자기 아버지 같은 소규모 납품업자들에 대한 거대 양조업자들의 위협을 해결하는 방법으로 그가 제시한 것은 그 납품업자들이 하나로 뭉쳐 자기들만의 양조장을 만드는 것이었다. 빠르게 돌아가는 근대적 삶에 대해 반대하지 않은 슈트레제만은, 천천히 타는 파이프 담배가 공장에서 만들어져 나오는 시가와 궐련 담배에 굴복한 것과 마찬가지로, 풍미를 음미하며 마시는 베를린의 바이스비어가 꿀꺽꿀꺽 마시는 바이에른 맥주에 자리를 내주게 된 것을 수용적으로 주목했다. 또한 슈트레제만은 백화점이 쇼핑을 변화시키고 있는 것에 유감스러워하지도 않았다. 끊임없는 변화 속에는 장점과 단점의 균형이 존재했다. 그가 보기에 규제는 대기업의 침해에 대한 대응이 아니었다. 오히려 영세 기업들이 조직화해 경쟁해야 했다. 슈트레제만은 다음과 같은 일을 밀고 나갔다. 우선 그는 작센의 초콜릿 제조업자들을 하나의 연합으로 조직했다. 그런 다음, 똑같은 일을 전국적으로 수행했다. 이 일로 그는 정치적 명성을 얻었다. 슈트레제만의 현실적인 '규모의 경제학' 수용은 슐체-델리치의 지역주의와 협력주의의 희망찬 공상적 이상과는 차이가 있었다. 정치에 입문한 슈트레제만은 특수 이익의 대변자인 로비스트 같은 새로운 종류의 인물을 대표했다. 그것은 그가 전국적인 정치인으로 나아가는 것을 더 어렵게 만들었다.

슈트레제만의 제국의회 연설과 당내 보고는 그의 정치적 성장의 표지가 되어준다. 1923년 11월에 있었던 그의 제국의회 연설은 비상 사태를 선포하고, 작센 정부를 몰아내고, 채무자와 채권자의 고통을 수반하며 통화를 안정시킨, 총리로서의 자신의 업적을 옹호했다. 그가 표방한 것은 "왕정복고도 반혁명도 아닌, 진화와 협력"이었다. 그는 독일만큼 분열로 고통받는 나라는 없다고 주장했다. 분열을 메워야만 회복과 안정이 달성될 수 있었다. 파시즘이든 볼셰비즘이든, 공화국을 대체할 만한 것은 아무것도 없었다. 하지만 중도 세력을 끌어들이는 데 실패함으로써 당은 위기를 맞았다. 권위주의적 국가주의와 사회 혁명에 반대하는 슈트레제만의 인상적인 연설도 그를 구할 수 없었다. 다음 날 국가주의적 우파, 공산당원, 사회민주당원은 불신임 운동을 벌였고, 슈트레제만은 투표에서 패했다. 에베르트 대통령은 자신의 사회주의자 동료들에게 다음과 같이 말했다고 전해진다. "당신들로 하여금 총리를 쫓아내게 한 일은 6주 후면 잊힐 것이다. 하지만 당신들은 10년 동안 스스로의 어리석음의 결과를 느낄 것이다."

1926년 말 당에 전한 메시지에서 슈트레제만은 신중한 낙관론을 폈다. 이제 외무장관이 되어 있던 슈트레제만은 베르사유 조약의 평화적 개정과 프랑스와의 화해라는 자신의 외교적 성취를 회고할 수 있었다. 비록 둘 다 잠정적인 것이었지만 말이다. 독일은 국제연맹에 가입했고, 국가들 사이에서 군사 주권을 되찾았다. 우파의 괴롭힘에도 불구하고, 그의 당은 책임을 떠맡고 결정을 내렸다. 모든 게 다 잘 돌아간 것은 아니었다. 일자리는 여전히 너무 부족했다. 그렇지만 경제는 안정화되었고, 공화국의 "심리적 위기"는 지나갔다.

1929년에 슈트레제만은 더 엄격한 대차대조표를 작성했다. 프랑스가 오른쪽으로 방향을 튼 것으로 미루어 프랑스-독일 연맹은 더 멀어진 것처럼 보였다. 사회주의자들과 그의 당은 실업 보험 증가를 어떻게 감당할지에 대해 의견을 달리했다. 독일의 배상금 재조정을 위한 '영 플랜'에 의해 절약된 돈으로도 늘어나는 적자를 메울 수 없었다. 오른쪽에서는 언론계의 거물인 알프레트 후겐베르크의 격려와 후원으로 국가주의적 극단주의가 다시금 목소리를 내려 하고 있었다. 당의 제국의회 코커스에 전한 슈트레제만의 결론적인 메시지는 분명했다. "우리는 좌파와 협력해야 한다. 왜냐하면 우파 쪽은 제정신이 아니기 때문이다."

1929년에 이르러 슈트레제만의 정치는 국가주의적 우파의 해악과 이제는 스탈린주의가 된 공산주의의 암울한 목표에 대한 일련의 선명한 대안을 제공했다. 대중의 지지를 받는 의회 권위에 의해 민주주의적으로 뒷받침된 평화적인 베르사유 조약 개정은, 그 조약이 공화국 기관들에 탄압받고 나아가 독일의 강권에 의해 폐기되는 데 대안이 되는 것이었다. 유럽 내에서의 국제적 평등은 독일의 우세함에 대안이 되는 것이었다. 무역과 협력은 국가의 자급 경제에 대안이 되는 것이었다. 인종 차별 반대와 관용은 반유대주의적 불관용에 대안이 되는 것이었다. 설득과 유인책은 악마화, 위협, 강압에 대안이 되는 것이었다. 균형 잡힌 타협과 상호 존중은 맥시멀리즘과 배척에 대안이 되는 것이었다.

1929년 슈트레제만이 사망했을 때, 극우는 사실상 약화되고 있었다. 영 플랜의 수용을 거부한 후겐베르크와 그의 극단주의 동료들이 요청한 반유럽적 국민투표는 10월에 참패했다. 반면 예산과 복지

를 둘러싸고 기업 자유주의자와 사회주의자들 사이에서는 합의에 이
르려는 노력이 커지고 있었다. 분개한 국민 감정은 자유주의자들 사이
에서도 강했다. 지방 선거와 의회 의원 선거에서, 겁먹은 자유주의 유
권자들이 오른쪽으로 번져갔다. 책략과 설득의 재능에도 불구하고 슈
트레제만은, 1931년의 경제 공황이 닥치기도 전에 이미, 그러한 분열
을 메우는 게 어렵다는 점을 알아챘을 것이다. 아마 슈트레제만은 상
황을 바꾸지 못했을 것이다. 슈트레제만이 살아 있었다면 상황은 달
라졌을까 하는 의문이 제기되었다는 것 자체가 독일의 자유민주주의
가 위기에 처해 있었음을 보여준다. 자유민주주의가 생존을 위해 강
력한 하나의 목소리에—아무리 자유주의적인 목소리라 해도—의지
해야 한다면 그 자유민주주의는 건강하지 않은 것이기 때문이다.

친바이마르 세력들이 공화국을 구하지는 못했지만, 그들의 실패
는 피할 수 없는 일이 아니었다. 그들의 불화를 야기한 한 가지 요인은
특히 자유주의 정당들에 영향을 미친 어떤 사회적 변화였다. 자유주
의 정당들은 그동안 자영업자를 가장 직접적으로 대변해왔지만, 독일
은 이제 공장과 사무실 고용자들의 사회가 되어 있었다. 바이마르의
세 주요 방어 세력 중 하나는 자연 발생적 지지자가 감소하는 현실에
직면했다. 다른 두 세력, 즉 가톨릭중앙당과 사회민주당에는 추가적인
부담이 따랐다. 그들은 서로를 불신했다. 그리고 둘 다 양옆의 세력,
즉 오른쪽의 국가주의자들과 왼쪽의 공산당원들에게 공격당했다.

또 다른 요인은 경제적인 것으로, 다른 곳에서도 으레 자유주의
적-민주주의적 정당들에 영향을 미쳤듯이 모든 친바이마르 정당들에
영향을 미쳤다. 이제 국가는 사람들의 삶에 전에 없이 실질적으로 관

런되어 있었다. 경찰관, 징병관, 첩보원으로서의 국가는 멀어졌지만 세금 징수관, 인구 조사원, 사회복지사로서의 국가는 더 가까워졌다. 사람들은 국가를 덜 무서워했고, 국가에 더 의지했다. 국가의 권위를 해치는 더 큰 위험은 불만이나 반항보다는 과장된 기대와 실망이었다. 이제 국가는 어디에나 존재하는 데 그치지 않았다. 이제 국가는 사람들을 실망시킬 수도 있었고, 그러면 정치적 결과가 심각해질 우려가 있었다. 1930년대의 위기 속에서 프랑스, 영국, 미국의 정부는 국민을 실망시켰다. 당시 그 나라들에서는 정치인과 지식인 역시 사회가 화합하지 못하고 자신들의 정치 방식이 살아남지 못할까봐 걱정했다. 그 나라들에서 자유민주주의는 뿌리를 내릴 수 있는 더 많은 시간과 덜 힘든 환경을 보유하고 있었다. 신생국 바이마르에서 경제위기는 공화국 자체의 위기가 되었다.

5. 케인스, 피셔, 하이에크(1): 불황기의 자유주의 경제학자들

1930년대에 이르러 경제와 관련해 자유주의가 안겨준 실망은 컸다. 자유 시장과 제한 정부에 대한 확신은 심각하게 흔들렸다. 1936년에는, 자본주의가 "극심한 동요"에 처하긴 했어도 "격하게 불안정한" 것은 아니라는 메이너드 케인스의 견해에 동의하자면 아주 대담해야 했다. 케인스는 그것이 옳음을 입증했지만, 그 체계의 신봉자들에게는 격동과 자멸 사이의 간극이 놀라우리만큼 좁혀진 것처럼 보였다. 1930년대의 위기는 규모가 달랐다. 돌아가는 일들을 보면 자유주의의 상투적인 말들은 산산이 부서지고 있었다. 경제는 불안할 때 스스로를 바로잡지 못했다. 자유 시장은 사회의 평화를 가져오지 못했다.

자유방임주의적 경제학에 대한 자유주의자들의 믿음은 이전 세기 말에 이미 약화되어 분명하거나 전폭적이지 않았다. 1900년대의 "새로운 자유주의자들"은 시장에 미치는 해로운 사회적 영향을 완화시키기 위한 정도의 제한적인—확대될 수는 있지만—보험과 복지를 통해 자유 시장과 작은 정부를 중심으로 하는 경제학을 완화했다. 진보적인 소득세를 도입하기 위한 전투에서 승리함으로써, 그들은 정부가 부를 재분배하는 것에 대한 금기를 깨뜨렸다. 영국의 경우를 제외하면, 자유무역은 이제 자유주의 원리의 종교에 가까운 표지로 간주되지 않았고, 결과에 의해 평가받는, 여타 정책 도구들 중 하나로 간주되었다. 전시에 서로 협력하지 않을 수 없었던 기업과 정부는 전에는 결코 생각지 못했던, 규모와 조직에 있어서의 생산적 관련성을 발견했고, 결국 평시에도 그 둘이 협력할 수 있다는 생각을 심어주었다.

그러한 점은 자유주의의 경제 관점에서 엄청난 변화였다. 그러나 그 변화들이 일관성을 갖춘 새로운 비전이 되지는 못했다. 1920년대에 옛 "불간섭주의" 신념이 많이 되살아났다. 사실 한동안 돌아가는 상황은 그 옛 신념에 대해 거의 심각한 도전이 되지 않았다. 영국과 미국에서 1920~1921년의 전후 불황은 짧았다. 독일의 재정 상태는 1923년의 하이퍼인플레이션 이후 놀라운 속도로 안정화되었다. 1920년대의 프랑스는 상당한 번영을 구가했다. 국제적으로는, 부활한 금본위제가 전후 질서를 회복시키는 듯 보였다.

1930년대의 위기는 이러한 마법을 깨뜨렸다. 자유주의는 유례없는 상황과 마주했다. 경제 불황의 폭과 심각성이 전례 없는 수준인 것뿐만이 아니었다. 이제 자유주의는 어려움 속에서 심각한 정치적 경쟁자들에 직면했다. 1929년부터 1932년까지의 기간에, 미국의 생산액은 40퍼센트 감소했다. 1932년에 실업은 영국에서 15퍼센트, 독일에서 17퍼센트, 미국에서 22퍼센트에 달했다. 자유주의 의회가 해결책 없이 분투하는 동안, 볼셰비즘과 파시즘이 매력적인 대안으로 불쑥 나타났다. 심지어 불황 이전에도, 갓 태어난 미숙한 민주주의는 러시아(1917), 이탈리아(1922), 폴란드(1926), 리투아니아(1926)에서처럼 일당 통치 혹은 독재자의 통치로 추락해버리거나 그리스에서처럼 민주주의와 독재 사이를 오락가락했다.

지배적 질서에 대한 설득력 있는 옹호는 경제적인 부분과 정치적인 부분을 필요로 했다. 경제적인 부분에서는, 자본주의가 여전히 기대에 부응하리라는 것을 보여주어야 했다. 즉, 공통의 번영 증진으로의 복귀가 자유민주주의를 계속 지탱해주리라는 것을 보여주어야 했다. 정치적인 부분에서는, 자유주의자들이 갈망하는 사회 질서와 안정이 자유주의적으로 여전히 가능하다는 것을 보여주어야 했다. 번영과 사회 평화라는 혜택이 오만한 권력과 근래의 폭정에 양보함 없이도 얻어질 수 있다는 것을 보여주어야 했다. 자유민주주의의 정치적 토대와 옹호는 1945년 이후를 다루는 이 책 3부의 많은 부분을 차지하며, 2부의 마지막 절들에서는 반전체주의의 서막이 펼쳐진다. 이번 절의 주제인 자유민주주의의 경제적 옹호는 새로운 직종을 선점했는데, 거기서는 어빙 피셔, 메이너드 케인스, 프리드리히 하이에크의 목소리가 두드러졌다.

그들 각자는 경제위기에 대한 처방과 치유책을 내놓았다. 케인스는 불황을 과소 소비의 위기로 간주했다. 그가 생각하기에 생산의 붕괴와 실업의 증가는 곧 "유효 수요" 혹은 구매력, 특히 투자 지출의 감퇴였다. 유일한 직접적 해결책은 정부가 개입해 펌프에 다시 마중물을 붓고 지출의 부족분을 대체하는 것이었다. 피셔는 침체의 원인과 해법이 주로 통화에 있다고 믿었다. 중앙은행의 잘못된 결정이 기업의 부진을 불황으로 바꾸어놓은 것이었다. 1929년 이전의 호황기 동안 투기를 목적으로 싸게 돈을 빌렸던 사람들은 이제 가격 하락으로 실질 부채가 커지면서 파산과 채무 불이행에 처했다. 피셔가 생각한 해결책은, 가격을 다시 끌어올리고 재앙적일 수 있는 하향 곡선을 반전시킬 통화 재팽창이었다. 하이에크는 침체의 원인이 통화 문제에 있다는 피셔의 입장에 동의했지만, 정부의 조치가 도움이 되리라고는 생각지 않았다. 반대로, 인위적인 저리 자금이 우선적으로 "과잉 투자"로 이어진 만큼, 하이에크가 보기에는 통화 재팽창은 문제를 더 악화시킬 뿐이었다. 이는 공공사업에 대한 정부 지출에도 해당되는 말이었다. 하이에크가 보기에는, 케인스의 방책이든 피셔의 방책이든 인플레이션 문제를 미리 키우는 것이었다. 최선의 해결책은 주로 명목 임금을 하락시킴으로써 시장이 스스로 바로잡기를 기다리는 것이었다.

일단 정부가 조종간을 잡았다는 데 주목할 필요가 있다. 정부는 전에 하던 일을 하는 것 말고는 명확한 아이디어나 준비된 해결책 없이 새로운 환경에서 그때그때 다르게 대처했다. 평시의 경제를 "관리한다"거나 "구제한다"는 생각은 1930년대에는 새로운 것이었다. 정치인, 재무 관료, 중앙은행 임원은 그 자신들도 유권자들도 기대하지 않았던 책임감을 스스로 느꼈다. 그들은 조언을 해주는 경제학자로 변모했지만, 주어진 조언은 상충하거나 혹은 이해하기 어려울 정도로 너무 낯설었다. 피셔는『호황과 불황』(1932)에서 경기 순환 이론을 열다섯 가지로 정리했다. 이 책은 그런 상충하는 전문 지식에 직면해, 왜 어떤 정책 결정자들은 선례에 의지하고 프랭클린 루스벨트 같은 또 다른 정책 결정자들은 그때그때의 변통에 의지했는지를 좀더 알기 쉽게 해주었다.

1930년대에 케인스, 피셔, 하이에크의 영향은 간접적이었다. 케인스는 강의를 하고 책을 내고 방송에 나가고 각종 위원회에서 증언을 하기도 했지만, 엄밀하게 말해서 정책을 만들어내진 못했다. 자유주의와 민주주의 간의 경제적 타협의 선구자이자 20세기 복지국가의 개척자인 스웨덴에서는 예외였지만 말이다. 오직 피셔만이 가격 하락의 위험을 강조함으로써, 상충하는 다양한 옵션 가운데 선택을 하는 데 필요한 전반적인 근거를 정책 결정자들에게 제공했다. 하지만 그의 좀더 세부적인 구제책들은, 주로 미국에서는, 대체로 무시되었다. 세 경제학자의 영향은 나중에 정책 결정의 한 요인이 되었고, 그래서 1930년대의 그들의 영향이 과장되게 조명될 정도였다. 정부에 의한 경제 안정이라는 케인스의 생각은 1945년 이후 수십 년간 득세했고, 하이에크의 반간섭주의는 1980년대에 지배적이었다. 금융 호황에 내포된 침체 위험을 간파한 피셔의 시각은 2000년의 닷컴 버블 붕괴와 2008년의 금융위기 이후 디플레이션에 대항하는 연방준비제도의 화폐-발행 조치들을 만들어냈다.

케인스, 피셔, 하이에크는 종종 경쟁자로 다루어지곤 한다. 나중의 논쟁에서 그들의 옹호자들은 그들 각각을 나머지 두 사람 중 하나와 서로 대립되는 짝으로 설명했다. 그 논의들을 종합하면 혼란스러운 어떤 복잡한 순환이 만들어졌다. 즉, 방임의 하이에크 대 간섭주의적 케인스, 재정 간섭자 케인스 대 통화 간섭자 피셔, 통화 간섭자 피셔 대 통화 방임자 하이에크, 이런 식이었다. 그들의 설명의 초점은 정말 달랐고, 정책에 대한 의견도 아주 달랐다. 그러나 좀더 심층적으로 들여다보면, 그들은 모두 같은 일을 하고 있었다. 유념할 가치가 있는 널리 공유된 목표인 자유주의 원칙들을 해치지 않으면서 자본주의의 파괴적인 불안정을 제한할 방법들을 찾고 있었던 것이다.

그들은 19세기 후반의 대체로 다음과 같은 경제 사상의 풍토에서 성장했다. 국내적으로, 번영은 중앙 정부가 효과적이되 적게 개입할 때, 시장이 개방적이고 경쟁적일 때, 사주와 노동자가 임금과 계약 조건에서 법적 간섭으로부터 자유로울 때 최대한 보장된다고 여겨졌다. 국제적으로, 자유주의 경제학자들은 무역과 투자가 국경을 넘어 자유롭게 이동해야 한다고 여겼고, 어디서나 사람들은 안정적이고 불변적인 화폐를 제공하는 금본위제를 기대했다. 경제 교류의 기초 조건을 이해하기 위해서, 발라와 마셜은 수요와 공급이 균형을 이루는 평형 상태에서의 경쟁적 시장 "청산"을 설명하는 데 이상적인 예리한 수학적 언어를 제공했다. 그렇지만 경제학자들의 경제 전반에 대한 이해는 명확하지 않았다. 국민 경제 통계는 초보적인 수준이었다. "거시 경제"란 들어본 적 없는 말이었고 수요 관리라는 것도 알려져 있지 않았다. 전문가와 부처들이 평시의 경제를 진단하고 감독한다는 생각은 조세, 상업, 은행업이라는 현실 세계에 대해—서투르고 취약한 데다가 미국의 경우 부패하기도 한 정부 상태는 차치하고—아는 사람이라면 누구에게나 경제가 아니라 이상적인 이론화에 어울릴 법한 생각이라는 인상을 주었다.

케인스, 피셔, 하이에크의 성장 배경이 된 정신 세계는 1914~1918년에 동요했고, 1930년대에는 완전히 달라졌다. 좋든 싫든, 정부들은 평시에 정부가 경제를 돌볼 책임이 있다는 것을 알게 되었다. 정부로서는 생각지 못했던 일이고, 또한 정부가 그에 적절히 대비하고 있지도 못했다. 통제하는 것은 어려운 일이었지만, 이제 정부는 그에 대해 비난을 받았다. 정부는 경제학자들에게 조언을 구했지만, 그들이 조언할 준비가 거의 되어 있지 않거나 조언하기에 적절치 않다고 느꼈다. 어떤 의미에서 경제학자들은 자기 주제를 재발명해야 했다. 특히 그들은 자신들의 방정식에 코끼리가 들어앉아 있다는 것을 인정해야만 했다. 종전과 함께 자유방임 전통으로 돌아가지 않은 한 가지가 정부의 규모와 비중이었기 때문이다. 특히 유럽에서는 이제 정부 지출이 프랑스 자유시장주의자 르루아-볼리외가 세기 전환기에 "자연스러운" 한계로 판단했던 생산량의 10퍼센트를 훌쩍 뛰어넘었다. 프랑스, 영국, 독일 경제에서 평균 정부 지출은 1913년에 15퍼센트이던 것이 1920년에는 26퍼센트로 상승했다. 미국은 12퍼센트였지만, 이는 전쟁 전보다 거의 두 배 늘어난 것이었다. 다소 절박하게, 경제학자들은 정부가 이런 경제적 비중을 가지고 무엇을 할지, 그리고 기업과 국민의 "뭐든 하라"라는 요청에 어떻게 부응할지에 대해 이야기해줄 것을 요구받았다.

케인스와 피셔는 경제학 재발명의 상이한 노선을 대표했다. 케인스는 정부의 조세와 지출이라는 재정적 임무들을 강조했다. 피셔는 불황기에 가격을 올리고 그런 후 가격을 안정적으로 유지하는 정부의 통화 관련 임무들을 강조했다. 이상적인 19세기 신념의 수호자를 자처한 하이에크는 더 오래된, 제한 정부라는 방책이 옳다고 주장했다. 어떤 재발명도 가능하지 않다는 점에서 어떤 재발명도 필요치 않다고 그는 생각했다. 정부가 경제 전반에 대해 이해하거나 진단한다는 생각은 하이에크가 보기에 주제넘고 위험천만한 망상이었다.

1930년대의 그 논쟁들은 신선했는데, 왜냐하면 거기에는 자유주의가 민주주의와 경제적으로 타협하는 것에 대한 상이한 이해들이 관련되어 있었기 때문이다. 자유 시장과 방임을 주장하는 학파의 사람들은 과잉 투자 문제를 조정할 책임을 노동 계급이 떠안을 것을 요구하고 있었다. 그들이 보기에 그 문제에 대해서는 정부의 서투른 통화 정책에 주된 책임이 있을 뿐 자본가 계층은 대체로 잘못이 없기 때문이었다. 케인스는 마지못해 저임금을 받는 노동 계층과 주기적으로 신경 쇠약을 겪는 자본가 계층 모두에 의해 야기된 과소 소비 문제를 조정할 책임을 정부—이는 곧 납세자들을 의미했다—가 떠안을 것을 요구했다. 조정할 책임이라는 관점에서, 피셔는 하이에크의 "노동 계층이 부담하기"보다는 케인스의 "모두가 부담하기"에 더 가까웠다. 피셔는 통화 당국이 채무자들을 구제하기 위해 가격 하락을 역전시키고 인플레이션을 유도해야 한다고 믿었다. 채권자들은 자기 자산의 실질 가치가 침식됨에 따라 손해를 보겠지만, 채무자들이 상환하지 못하면 더 많은 손해를 볼 것이라고 피셔는 판단했다. 케인스, 하이에크, 피셔 모두 자본주의를 구하려고 노력한 것이었다. 그들은 모든 사람이 똑같이 구제 비용을 치르도록 요구받기를 권고한 것이 아니었다.

사후에 메이너드 케인스는 우상, 희생양, 피리 부는 사나이, 사기꾼, 구세주, 현자로 취급받았다. 생전에 그는 그것들 중 어느 것도 아니었다. 그의 가족은 빅토리아 시대의 고매함, 근면함, 신분 상승의 전형이었다. 그 가족의 배경에는 "예배당과 무역"으로 대표되는 세속 신앙에 대한 비순응, 교육을 통한 자기 개발, 사회적이든 지성적이든 확립된 것들에 대한 불신이 있었다. 할아버지는 솔즈베리의 상품용 채소 재배자였고, 할머니는 학교에서 아이들을 가르쳤다. 케인스 가족이 케임브리지로 이사한 것은 새로운 엘리트의 출현, 즉 영국의 교육받은 중산층의 출현을 상징하는 일이었다. 그 계층은 달랐고, 아직은 아주 작았지만, 자신감과 권위 의식을 키워가고 있었다. 그들의 아들 메이너드 역시 자신감과 권위 의식으로 충만해 있었다.

그의 자신감과 자기주장을 뒷받침하는 것은 지력, 매력, 집중력, 활력, 그리고 압도하는 기질이었다. 이튼스쿨의 장학생이었던 그는 남학생으로서 책과 운동을 좋아했는데, 이는 삶의 중간 지대들을 배제하는 법칙—실천적 **아니면** 이론적, 영리적 **아니면** 미학적, 동성애자 아니면 이성애자, 좌파 **아니면** 우파—을 반박하는 그의 사적인 캠페인이라 할 만한 것의 첫 번째 징후였다. 케인스는 케임브리지대학에서 두각을 나타냈고, 졸업 후에는 화이트홀의 공무원, 케임브리지 교수, 금융 투자가, 정부 고문, 국제 통화 협상가로 일했다. 또한 그러는 동안 내내 『이코노믹 저널』 편집자로 일하는 동시에, 지적이고 교양 있는 친구들과 널리 교제하면서, 특히 평화주의적이고 반제국주의적인 블룸즈버리 서클 사람들과 어울리며 문학적·예술적 관심을 추구했다.

케인스의 경제 이론은 좀더 넓은 관점에서 성장했다. 그는 보편적인 합리적 원칙들에 대해 냉철하고 상식적이며 회의적이었지만, 통상적인 의미에서 무원칙적이지는 않았다. 그의 윤리는 고상한 쾌락, 친밀한 대인관계, 재정적 자립, 공무에 집중되었다. 그는 인간사의 불확실성과, 어떤 상황에서는 경제에 대한 추론 자체가 곤란함을 강조했다. 1937년에 그는 자기 작업의 주요 메시지가 미래의 금리와 수익성에 대한 우리의 불가피한 무지를 강조하는 것이라고 나름대로 요약해 밝혔다. 개인성을 훼손하고 기업을 파괴하려는 경솔한 급진적 의도라는 적대적인 오도에도 불구하고, 케인스는 자본주의를 구하고 인도적 기준들을 보존하는 데 열심히 관심을 가졌다. 동시에 그는 그것들이 별개의 과제들이라고 주장했다. 공평하게 확산된 번영은 인간 개선의 전제 조건이지만, 개선 자체와 혼동되지 않아야 했다. 밀처럼, 그리고 자유주의 전통에 속하는 대다수의 진지한 사상가처럼, 케인스는 좋은 삶을 이루는 데에는 물질적 풍요 말고도 많은 것이 있다고 생각했다. 그는 자신과 자기 세대가 경제를 중요한 문제로 만드는 데 일조하고 있는 것에 비해 공적 사안에서 경제가 덜 중시되는 시대가 오기를 고대했다.

정치적으로, 케인스는 신중함과 편의주의를 강조했다. 그는 진보적 개혁과 인간 존중의 결합이라는 넓은 의미에서나 영국 정당 정치의 의미에서나 스스로를 자유주의자로 간주했다. 1920년대에 그는 로이드 조지가 자유당으로 데려온 주도적인 아이디어맨 중 한 명이었다. 그 시기에 당은 선거에서 번번이 졌지만, 중도 노선을 둘러싼 지적 전투에서는 승자의 위치에 있었다. 케인스는 밀의 말을 빌려, 보수당을 세습적이고 방어적이며 편협한 "멍청한" 정당으로 취급했다. 보수당은 "먹을 것도 마실 것도" 주지 않아, 그는 20년에 걸친 보수당 정부가 끔찍하다고 생각했다. 『설득의 에세이』(1931)에 수록된 1925년의 강연 「나는 자유주의자인가?」에서 케인스는 런던 금융가와 보수당은 "자본주의를 수호하기 위한 새로운 조치들과 그들이 볼셰비즘이라 부르는 것을 구분하는 데 무능력"했다고 말했다. 이에 반해 노동당은 "유치한" 정당이었다. 그는 노동당의 사회 정의에 대한 열정, 공익에 대한 의식, 영리 단체의 궁극적 형태가 되는 것에 대한 저항에 진심으로 공감했다. 반면에 그는 그 당의 반엘리트적 분노를 싫어했는데, 그것이 적대적인 반동을 고무함으로써 진보를 가로막는다고 보아서였다. 케인스는 하향 평준화가 아니라 상향 평준화를 지지했다. 노동당은 자유당원들이 함께할 만한 분별 있는 진영이긴 했다. 하지만 노동당의 측면에는, 자본주의 체제가 극도로 불안정하며 완전히 다른 어떤 체제 —뭐라 설명은 못 하지만—에 의해 대체될 수 있다고 믿는, "자코뱅파, 볼셰비키, 공산주의자" 같은 "급진적 변혁을 주장하는 무리"가 포진해 있었다. 그는 과연 노동당의 분별력 있는 "지적인 요소"가 항상 적절한 통제력을 발휘할 수 있을지 의심했고, 노동당의 노선이 "자기가 무슨 말을 하고 있는지도 전혀 모르는" 사람들에 의해 계속 결정될까봐 우려했다.

그는 보수당과 노동당 사이에 "계급들 사이에서 그렇듯이 사심 없는" 자유당이 들어설 자리가 있다고 보았다. 자유당의 국제 정책은 중재와 군축에 대한 신중한 공약과 함께 "최대한 평화주의적"이어야 한다. 자유당은 "사회 정의와 사회 안정을 위해 경제적 힘들을 통제하고 감독하는" 것을 목표로 삼아야 하지만, 또한 이혼, 피임, 성적 "비정상 행위들"에 대한 "중세적" 법들을 종식시키고 정부를 탈중앙화하는 것도 목표로 삼아야 한다. 케인스에게 꼬리표를 붙이는 과정에서, 어떤 이들은 그를 사회 정의와 경제 민주화에 헌신하는 "새로운 자유주의자"로 보았고, 또 어떤 이들은 그를 정부 청사의 테크노크라트적 엘리트주의자로 보았다. 사실 그는 계몽적인 현대판 휘그당원이었고, 사회적 균형에 신경 쓰고 법과 정부가 국민의 사적인 삶에서 물러나기를 갈망하는 근대적 정신을 가진 자유주의자였다. 또 다른 논문 「자유방임의 종말」(1926)에서 케인스는 경제에서의 정부의 고유한 역할에 대한 자기 생각을 요약했다. 정부의 "불필요한 의제"—정부가 간섭하거나 더 잘하려 하지 말아야 하는 것—는 사람들이 이미 스스로 하고 있는 것이었다. 정부의 "의제"—정부가 해야 하는 것—는 정부가 하지 않으면 아무도 하지 않을 것이었다. 이것들은 교조적이거나 경솔한 사람의 생각이 아니라 세상 경험이 있는 사람의 실용적인 격언이었다.

1915년부터 재무부의 젊은 경제 관료로서 케인스는 전쟁 비용에 대해 영국 정부에 조언을 했다. 그의 블룸즈버리 평화주의의 실천적 범위는 징집에 반대하는 정부 내 자유주의자들을 편드는 것이었다. 사상자가 급증하고 자원병이 줄어들면서 1916년에 그들의 반대에도 불구하고 징집이 시행되었던 것이다. 그렇지만 케인스는 파리 평화회담에서 자신의 한계를 깨달았는데, 거기서 프랑스와 영국이 독일에 요구한 게 그를 오싹하게 만들었던 것이다. 그가 생각하기에, 그들이 요구한 배상금은 도저히 지불할 수 없는 금액이었고, 다른 처벌적 조항들과 더불어 독일의 복수심을 자극하는 것이었다. 케인스는 사임으로 항의를 표했고, 자신의 비판을 『평화의 경제적 결과들』(1920)에 담았다.

그 책은 베스트셀러가 되었고 케인스를 유명하게 만들었다. 전후 평화의 피할 수 있는 오류에 관한 그 책의 핵심 주장들은 많은 이에게 통념이 되었다. 그것은 선출된 정치인들의 어리석음과 결함을 폭로하는 것처럼 보였고, 케인스가 전혀 의도하지 않은 방향으로 흘러, 자유주의 정부에 대한 믿음을 무너뜨리는 데 일조했다. 그 책은 국제 금융에 대한 이해, 거물 정치인들을 가까이서 관찰할 수 있었던 기회, 그리고 평화 조정자들이 또 다른 전쟁을 위한 기반을 마련하고 있다는 확신이 결합되어 쓰인 것이었다. 1933년 독일에서 히틀러가 집권한 이후를 돌이켜보면 케인스의 주장들은 참으로 예언적으로 보였다. 현실에서 동떨어진 역사가들은 1919~1933년 유럽에서 일어난 많은 우발적 사건을 강조했는데, 이는 베르사유 조약과 히틀러 사이의 직접적인 연결을 생각하기 어렵게 했다. 그들은 특히, 독일이 조약에 의해 애초에 요구된 배상금—독일이 재협상을 통해 실제로 지불한 배상금보다 훨씬 더 큰 금액—을 감당할 능력이 없었다는 케인스의 주된 재정 관련 주장을 훼손했다.

1930년대의 불황이 없었다면 케인스의 명성은 그 정도에서 그쳤을 것이다. 경제위기는 케인스를 부추겨 화폐, 일자리, 정치에 대한 자신의 20여 년간의 생각을 급진적인 책 한 권에 담아내게 만들었다. 애덤 스미스의 『국부론』과 마찬가지로 케인스의 『고용, 이자, 화폐의 일반 이론』(1936)은 전통에 저항하고 사고방식을 바꾸며 새로운 정책을 계획하기 위해 쓴 책이었다. 케인스는 자신의 경제 사상의 도덕적인 면과 정치적인 면을 숨기지 않았다. 이 도덕적인 면과 정치적인 면은 1920~1921년의 작은 불황 이래 케인스가 몰두해왔던 두 가지 생각을 보여주었다. 하나는 실업이 결정적인 도덕적 해악이며, 실업의 위험을 피하기 위해서는 강력하고 직접적인 결정들이 요구된다는 것이었다. "가난한 사회에서는 실업을 야기하는 것이 연금 수령자를 실망시키는 것보다 더 나쁘다"라고 그는 『화폐 개혁에 대한 소고』(1923)에 썼다. 그가 몰두한 두 번째 생각도 같은 책에서 언급되었는데, 바로 정책 결정자들을 안내하는 데는 전통적인 학설이 하등 도움이 되지 않는다는 것이었다. "폭풍우가 몰아치는 계절에" 고전 경제학이 우리에게 말해줄 수 있는 것은 단지 "폭풍이 지나가면 바다가 다시 잔잔해진다"는 것뿐이라고 그는 썼다.

케인스가 이해했듯이, 방임과 자유 시장을 주장하는 학파는 노동 계층이 일자리 상실을 통해서든 더 낮은 임금을 통해서든 자신들의 구매력 하락을 수용함으로써 조정의 부담을 질 것을 노골적으로 요구하고 있었다. 그러한 관점에서는 실업이 자발적인 것이었다. 누구나 실질 임금을 삭감당할 준비가 되어 있다면 일자리를 찾을 수 있을 것이기 때문이다. 여타 시장과 마찬가지로 노동 시장도 정확한 가격—가격 조정된 임금의 수준, 즉 노동의 공급과 수요가 일치하는 지점—에서 청산될 것이다. 케인스는 그러한 "고전적" 해결책은 수용될 수 없다고 보았다. 그렇지만 방임적 해결책은 경제가 작동하는 방식에 대한 정합적이고 널리 알려진 설명에서 나온 것이었다. 따라서 케인스는 빽빽한 현실의 숲 안과 밖에서 자신의 길을 찾아야 했다.

『고용, 이자, 화폐의 일반 이론』에 제시된 케인스의 주장은 배제를 통해 작동했다. 고전주의자들은 해결책을 저임금에 두었다는 점에서 틀렸다. 화폐 임금은 "고착적인" 것이기 때문이다. 노동 계층이 임금 삭감에 저항하리라는 것은 말할 것도 없다. 설령 화폐 임금이 하락하더라도 불황은 끝나지 않을 것이다. 하락하는 화폐 임금은 더 적은 지출과 더 적은 기업 이윤을 의미하기 때문이다. 여기서 케인스는 자신의 드라마에 출연할 두 번째 배우를 소개한다. 바로 기업 투자다. 불황은 기업가적 자신감의 붕괴와 그에 따른 고정 자산 지출의 감소에서 비롯되었다. 대체로 기업은 예상되는 수익이 차입 비용보다 많을 때 투자한다. 불황기에 기업은 초저금리를 싸게 빚을 얻는 유인이 아니라 가격 하락과 이윤 붕괴의 징조로 여겼다. 호경기에는, 소비하지 않고 남겨둔 돈—다른 말로 저축—이 자본 투자로 흘러갔다. 비관적인 불황 상황에서는 그렇기는커녕 "유동성 함정"으로 저축이 늘어났다. 임금이 고착되고 기업이 투자를 꺼리고 저축이 현금으로서의 효능을 상실하면서, 정부 지출이 남은 하나의 능동적 변수가 되었다.

단계들 각각은 케인스가 전통적 가르침이라고 밝힌 것과 충돌했다. 사실 연쇄 작용은 "고전적" 생각과는 반대로 일어났다. 케인스의 연쇄 작용은 투자를 추동하는 "야성적 충동"의 소멸과 그에 따른 자본 지출의 폭락으로 시작되었으며, 이는 생산량 감소 및 일자리 상실로 이어졌다. 그가 기술한 바와 같이, 그와 대립되는 "고전적" 진영의 연쇄 작용은 과잉 투자와 과잉 고용에서 시작되어, 생산량 감소를 동반하는 급격한 조정과 그로 인한 지출 및 가격의 하락으로 진행되었다. 이 오래된 설명에서는, 판매를 위해 제시되는 생산품 가치가 곧 사람들이 구매하려는 상품의 가치였고, 고용의 양은 상관없었다. 지출이나 "수요"의 변화는 결과였지 원인이 아니었다. 적은 소비는 적은 일자리 때문에 나타났고, 일자리 감소는 임금이 기업 경비에 맞지 않게 오를 때 발생했다. 그런 상황에서, 기업의 수익성은 하락하고 투자를 위한 기업의 차입은 감소했다. 그렇지만 기업의 경비를 줄이는 것이 허용된다면, 다시 말해 노동 시장과 화폐 시장이 자유롭고 원활하게 작동한다면, 그런 식의 작동은 스스로 교정될 것이다. 더 적은 사람이 고용되면 임금은 하락할 것이고, 차입의 수요가 적어지면 금리는 그에 맞춰 낮아질 것이다. 일단 기업의 주요 경비가 줄어들면 고용이 다시 시작될 수 있을 것이다. 생산량이 증가할 것이다. 물론 이러한 자기 교정에는 시간이 걸렸다. 그렇지만 자원, 특히 노동이 사용되지 않는 "유휴 상태"에 정착하는 식으로 작동이 이루어져서는 안 되었다. 이른바 비자발적 실업은 "과소 소비"만큼이나 안 될 일이었다.

케인스는 완전히 공급 중심의 이런 설명을 거부했다. 그는 "수요는 반드시 공급에 부응한다"는 학설을 통렬하게 비꼬면서, "스페인의 종교 재판이 스페인을 완전히 정복한 것처럼" 그 학설이 "영국을 완전히 정복했다"고 썼다. "공급이 수요를 창출한다"는 낡은 경제 "법칙"에 대응해 케인스는 자신의 새로운 법칙을 제시했다. "지출은 수입을 창출한다." 케인스의 경제적 표적 바로 뒤에는 그의 모든 공격의 궁극적 대상인 어떤 윤리적 학설이 있었다. 케인스는 당시에 널리 통하던, 경제적 자유주의의 기본 덕목으로서의 경화硬貨와 절약에 대해 의문을 품었다. 그는 그런 덕목들이 잘못된 상황에서 추구되면 악덕이 된다고 믿었다. 돈을 모아두는 것이 아니라 돈을 위험에 내맡기는 것이 자본주의를 추동한다고 그는 믿었다. 그는 『화폐론』(1930)에서 "기업이 잠자고 있으면 아무리 절약해도 부는 쇠락한다"고 썼다. 왜냐하면 "기업을 추동하는 엔진은 절약이 아니라 이윤"이기 때문이다. 케인스를 비판하는 사람들은 그의 고전적인 방임적 적수가 어느 정도는 변증법적 목적에서 나온 그의 발명품이라며 불평했는데, 근거가 전혀 없지는 않았다. 예컨대 경제학자 아서 피구는 케인스에 비해 "고전적"이었지만, 정부의 조치가 필요하다는 것에 동의했다. 좀더 중요한 비판은 케인스가 임금을 다루는 방식에 대한 것이었다.

『고용, 이자, 화폐의 일반 이론』에 담긴 그의 주장은 화폐 임금의 "고착성"에, 달리 말해 심지어 불황기에도 화폐 임금이 하락하지 않는다는 가정에 기초한 것이었다. 그 가정은 여러 가지로 다르게 들릴 수 있었다. 케인스가 하려는 말은 화폐 임금이 하락하지 않는다는 것이었을까, 아니면 하락하도록 허용되지 말아야 한다는 것이었을까? 어느 쪽이든, 일련의 비판이 시작되었고, 케인스와 그의 추종자들은 그에 대해 취약했다. 첫째는 정치적인 비판으로, 케인스가 노동조합의 독점적 권력에 지나치게 관대하다는 것이었다. 그는 단지 노조가 불황기에 화폐 임금의 삭감에 저항할 것이며, 노조에 저항하는 것은 정치적으로 실용적이지도 않고 인간적으로 용납될 수도 없다는 고려하에 그런 입장을 취한 것이었다. 그런 비판의 하위 비판은, 케인스가 사람들, 특히 노동자들에게 일종의 "화폐 착각"이 있다고 본다는 점에서 가부장적이라는 것이었다. 그는, 만약 가격이 10퍼센트 하락하고 임금이 5퍼센트 하락하면 생활 수준이 오른다는 것을 그들이 이해할 수 없다고 보고 있는 것인가? 둘째는 경제적인 비판으로, 케인스가 인플레이션의 위험을 소극적으로 다룬다는 것이었다. 당시에 케인스는 두 비판에 효과적으로 응수할 수 있었다. 첫째, 가격이 하락하는 불황기에는, 화폐 임금이 어떻든 간에 기업의 자신감이 사라진다. 실업은 증가하고, 사이클을 악화시킨다. 둘째, 1930년대에는 인플레이션이나 노조의 힘이 아니라 대량 실업이 위급한 현안이었다. 이러한 케인스의 응수는 상황이 바뀌면서 효력이 떨어졌다. 1970년대에 이르러서는 논쟁의 조건이 바뀌어 있었다. 노조의 힘이 정치적 이슈였고, 실업이 아니라 인플레이션이 더 큰 경제적 위험으로 여겨졌다.

『고용, 이자, 화폐의 일반 이론』이 출간된 직후인 1937년에 존 힉스는 케인스의 주장을 더 분명한 모델로 압축해, "고전적" 사례와 케인스의 사례 각각을 일반적인 것이 아니라 특수한 것으로 만들었다. 즉, 그 두 사례 각각은 늘 그대로일 수는 없는 금리와 투자에 관한 특수한 가정을 하고 있었다. 고전주의자들은 금리 인상에 의해 정부 투자가 민간 투자를 몰아내고 생산량을 증가시키지 않는 상태를 강조했다. 케인스는 정부 투자가 금리 인상 없이 생산량을 증대시키는 상태를 강조했다. 1930년대의 낮은 고용 상태에서, 힉스는 케인스의 가정이 정책으로 더 적절하다고 판단했다.

미래의 금리와 수익성 수준의 불확실성을 강조함에 있어서 케인스의 요점은 철학적이기도 했고 역사적이기도 했다. 그가 입증과 예측 사이의 논리적 연결 고리로 여긴 믿음직한 확률은 이론적으로는 합리적이고 계산 가능하지만 실제로는 알기 어려웠다. 위험 요소를 미리 측정하는 것은 아무리 바람직하다 해도 가능하지 않을 때가 많아서, 불확실성 속에서 모색하는 수밖에 없었다. 역사적 요점은, 향수 어린 것은 아니라 할지라도 회고적인 것이었다. 케인스가 느끼기에 19세기에는 투자자들이 미래에 대해 더 견고한 확신을 보였었다. 그런데 좋든 싫든 그 부러워할 만한 확신은 사라지고 자본주의의 신경은 이제 현저히 약해졌다고 그는 말했다. 그는 그 신경이 회복될 수 없다고 말하지는 않았고, 실제로 주기적으로 되풀이된 자본주의 발전의 한 시기인 1945년 이후에 회복되기도 했다.

케인스주의에 대한 엄밀하게 경제적인 논쟁들이 끊임없이 이어져 왔지만, 그럼에도 케인스주의에는 아주 다양한 방식으로 근대 자유주의 정치가 각인되어 있다. 케인스주의는 소비자 지출을 경제의 추동자로서 강조하는데, 이 점은 자유주의와 민주주의의 타협의 경제적 측면으로 간주될 수 있다. 자유주의는 모든 사람이 정치 권력에 대해 발언권을 가져야 한다는 데 동의했다. 케인스주의는 그에 상응하는 경제 권력의 확대에 대한 분명한 인정을 요청했다. 거칠게 말해서, 고임금은 보통선거권에 대한 케인스식 등가물이었다. 케인스의 메시지는 미래 상황을 예측하는 기업가들이 이미 어렴풋이 감지한 것에 가까웠다. 즉, 고임금은 더 많은 소비자를 의미하고 더 많은 소비자는 더 큰 이윤을 의미하기 때문에 고임금은 기업에 유리한 것이었다. 자유주의는 유권자 민주주의를 받아들이게 되었다. 케인스는 소비자 민주주의를 받아들일 것을 자유주의에 촉구하고 있었는데, 노동자가 곧 소비자라는 점에서 소비자 민주주의는 노동자 민주주의를 의미했다. 이것은 독특한 것이었다. 슘페터 같은 자유주의자들은 기업가적 모험을 자본주의 정신으로 만들었다. 케인스는 노동자-소비자의 물질적 열망을 더했는데, 그것이 없으면 기업가는 갈망하는 이윤을 얻을 수 없었다. 헨리 포드 같은 미국 기업가들은 핵심을 간파했다. 그들은 노조로부터 작업 현장에 대한 통제권을 가져와 분명하게 경영진에게 넘겨주는 대신에 고임금과 안정된 일자리를 제공했다.

둘째로, 케인스의 삶과 연구는 정부의 역할에 대한 자유주의적 이해의 더 큰 변화를 예시하는 것이었다. 그것은 조정자, 비축자, 안전판으로서의 정부라는 "새로운 자유주의의" 관점을 훨씬 넘어섰다. 훌륭한 케인스 전기 작가 로버트 스키델스키는『존 메이너드 케인스: 배반당한 희망』(1983)에서 1919년의 파리 평화 회담을 전환점으로 다루면서 그 점을 잘 서술했다. 유권자보다는 정치인에게 경제 상황에 대한 책임이 있다는 게 처음으로 공언되었다. 스키델스키는 "풍요의 창출이 통치자들의 주요 임무라는 생각은 제2차 세계대전 이후에야 충분히 성숙했지만, 1919년에 생겨난 것이다"라고 썼다. 경제 "성과"는 자유주의자들이 사회 진보를 가늠할 수 있는 최소한의 기준이 되었다. 정부는 그 기준의 수호자가 되었고, 성과가 나쁘면 책임을 졌다. 성과가 나쁜 이유는 어떤 자유주의자들이 보기에는 정부가 너무 적게 간섭해서였고, 또 다른 자유주의자들이 보기에는 너무 많이 간섭해서였다. 그 기준 자체의 권위에 대해서는 양쪽 자유주의자들이 모두 동의했다.

영국에서 공식적 케인스주의의 첫 번째 징후는 "고용 백서"(1944)에서 나타났다. "고용 백서"가 "높고 안정적인" 고용을 유지하는 일을 정부에 위임한 것이다. 미국에서는 1946년 의회가 4퍼센트 미만의 성인 실업률로 정의되는 완전 고용을 추구할 것을 법으로 행정부에 위임했다. 1960년대의 프랑스 계획들과 1967년의 독일 안정법은 그 같은 케인스적 목표를 위해 입안되었다. 고임금에 대한 동시적인 약속은 암묵적이었다. 케인스의 초기 비판자들이 예측했다시피, 두 목표—완전 고용과 고임금—의 추구는 조만간 지탱할 수 없는 인플레이션으로 이어졌다. 정책과 기법을 둘러싼 갈등들 때문에 1930년대의 더 크고 확고해진 케인스의 유산이 가려져서는 안 된다. 좌파든 우파든, 통화론자든 재정론자든, 지출증대론자든 예산삭감론자든, 규제론자든 탈규제론자든, 자유민주주의 체제의 정부들은 이제 국가의 경제 성과에 대해 책임을 지게 된 것이다. 유권자들은, 심지어 1970년대에 시작된 세계화가 국가 경제의 방향을 결정하는 정부의 능력을 약화시키기 시작한 후에도, 경제 성과에 대해 중앙 정부가 책임을 져야 한다는 생각을 계속 견지했다. 20세기 말에 이르러서는 경제적 능력과 정치적 책임 간의 부조화가 한때 행복해 보였던 자유주의-민주주의의 타협에 점점 더 부담이 되고 있었다.

미국의 대공황기에 정책에 가장 영향을 미친 사람은 케인스가 아니라 피셔였다. 본능적인 즉흥주의자 프랭클린 루스벨트는 긴축 재정에 대한 약속으로—케인스적 재정적자론자로 기억되곤 하는 이유에서가 아니라—1932년 대통령에 당선되었다. 루스벨트 행정부의 좌파 "입안자들"은 어떻게든 자유주의적 자본주의를 다시 작동시키려는 실용적 온건파와의 논쟁에서 패했다. 온건파에게 지도적 이념이 있었다면, 그것은 가격 하락을 막는 데 우선순위를 둔 피셔의 사상이었다. 그 전략적 목표는 뉴딜 정책의 주된 행동 노선, 즉 농산물 가격 지원, (고임금을 뒷받침하는) 노조 보호, (카르텔화된 가격 책정을 허용하는) 기업 연합 해체의 완화, 금본위제 폐기(더 싼 달러가 상품을 더 비싸게 만든다)의 근간이 되었다. 이제 보겠지만, 이 모든 것은 루스벨트의 조롱받은 선행자 허버트 후버가 시도한 실험적 구제책들의 확장이었다. 뉴딜 정책의 공공사업과 사회보장은 더 좋게 기억되는 듯하다. 경제 침체의 치료제로서 그것들은 이야기의 더 작은 부분이었다.

피셔가 간파한 것은, "과잉 투자"와 투기성 자산의 구매는 그 자체로는 나쁜 것이 아니지만, 빌린 돈으로 자금을 마련한다면 재앙 수준의 위기가 오리라는 것이었다. 불황에 대한 그의 설명은 호황을 부채질하는 슘페터적 혁신으로 시작되었다. 호황기가 끝났을 때, 이어지는 경기 후퇴는 사람들이 계속되는 이득에의 기대로 금융 자산을 구매하려 돈을 빌릴 때 불황으로 전환될 수 있었다. 피셔의 주장에 따르면, "부채 디플레이션"하에서 사람들은 빚을 줄이고 "유동화"하려고, 즉 저축한 돈을 현금으로 보유하려고 서둘렀다. 소득과 담보가 줄어들었고, 가격이 하락함에 따라 실질적인 부채 부담이 커졌으며, 이로 인해 사람들은 더욱더 지출을 줄였고 가격과 생산량은 계속해서 낮아졌다.

피셔는 1929년 이후의 공황에 대한 책임을 때맞지 않은 화폐 공급 축소에 돌렸다. 1928년 말에 피셔가 잘 알고 존경하던 뉴욕 연방 준비은행 총재 벤저민 스트롱이 예기치 않게 55세의 일기로 사망했다. 그의 지침은 크게 빗나간 것이었는데, 왜냐하면 이후 그 중앙은행은 경기가 침체되고 가격이 하락했을 때 금리를 너무 높게 유지해 실질 부채가 급등하게 하는 실수를 범했기 때문이다. 피셔는 1933년에 「대공황기의 부채 디플레이션 이론」에서 "출혈 투매, 하락하는 자산 가치, 증가하는 실질 금리, 더 심한 출혈 투매, 하락하는 통화 유통 속도, 줄어드는 순자산, 증가하는 파산, 예금 인출 사태, 신용 축소, 은행의 자산 투매, 증가하는 불신과 축장"으로 침체 주기를 묘사했다.

화폐경제학자로서의 피셔의 초기 명성은 화폐 "수량설"을 명확히 제시한 데 따른 것이었다. 그 이론에 따르면, 경제에서 화폐의 양은 전반적인 가격 수준에 영향을 미치지만 자본과 노동의 상대 가격에는 영향을 미치지 않았고, 따라서 생산량의 수준에도 영향을 미치지 않았다. 사실상 화폐는 중립적이었다. 즉, 화폐는 실제 수량이 아니라 명목상의 수량에 영향을 미쳤다. 경험을 통해 피셔는 어떻게 화폐가, 무엇보다 차용금이 실질 경제에 영향을 미치는지를 알게 되었다. 그것은, 화폐와 관련된 것이긴 해도, 그를 일종의 간섭주의자로 만들었다.

공황을 벗어나는 이른바 자연스러운 방식은 "쓸데없는 잔혹한 파산, 실업, 궁핍"이라고 피셔는 썼다. 공황을 막거나 예방하는 그의 대안은 통화 재팽창이라는 "과학적 투약법"을 쓰는 것이었다. 즉, 기존 부채가 줄어드는 평균적 가격대에 도달할 정도까지 화폐 주입을 통해 가격을 올리고, 이어서 그 수준을 안정적으로 유지하는 것이었다. 피셔는 실행 방식으로서 다양한 제안을 했지만, 그중 어느 것도 엄밀하게 실행되지 않았다. 루스벨트 행정부가 조금이나마 실행할 때, 피셔는 1933년에는 최악의 상황이 끝나리라는 희망—결국 잘못된 희망이었지만—을 뒷받침하는 도표를 제시하면서 적극적 정책의 "가망성"이 보인다고 칭찬했다. 미국 경제는 회복되었지만, 1940년 전쟁 준비로 고용과 성장의 엔진이 재가동될 때까지 2차 붕괴가 지속되었다. 2차 붕괴에 대해 루스벨트 지지자들은 기업의 과소 투자에 책임을 돌렸고, 루스벨트 비판자들은 정부 개입에 책임을 돌렸다.

피셔는 민주당원이었고, 일찍이 1920년대에 루스벨트의 사람이었으며, 초기 뉴딜 정책의 열렬한 지지자였지만 고율의 과세에는 반대했다. 정부의 금융 시장 개입에 대한 지지는 그의 배경으로 미루어 그가 바랄 만한 일은 아니었다. 회중파 목사의 아들인 피셔는 예일대학에 입학한 후 엘리트 클럽인 해골단에 선출되었고, 학부를 우등으로 졸업했다. 예일대학은 그에게 일자리를 주었고, 그는 거기서 평생 경제학을 가르쳤다. 1893년에 피셔는 부유한 집안의 여성과 결혼했고, 장인은 뉴헤이븐에 이 신혼부부를 위한 으리으리한 집을 지어주었다. 5년이 채 지나지 않아 그는 교수가 되었다.

그는 부유한 자유주의적 진보주의자의 사고방식을 갖고 있어서 보수적인 교우나 동료들과는 달랐지만, 스스로를 책임과 권위를 띤 존재로 여기는 그들의 확신은 공유하고 있었다. 하향식 개혁의 신봉자인 피셔는 "세계가 두 계층—식자와 무식자—으로 구성되어 있고 전자가 후자를 지배하도록 허용되는 것이 진보를 위해 필수적"이라고 여겼다. 그는 "지금 시작되는 계급 투쟁의 논리적 중재자"로서 경제학자들이 정책에 대한 공개 논쟁에 참여할 의무가 있다고 믿었다. 1930년에 피셔는 세계 무역의 위기를 심화하는 스무트-홀리 관세인 상법안을 거부하도록 후버 대통령에게 헛되이 청원한 1028명의 경제학자 중 한 명이었다.

32세의 나이에 피셔는 아버지를 죽게 했던 질병인 결핵으로 거의 죽을 뻔했다. 남은 생애 동안 그는 건강에 예민한 사람이 되었다. 그는 콘플레이크의 최초 생산자인 J. H. 켈로그와 친구가 되었고, 신선한 공기를 위한 캠페인을 펼쳤으며, 폭음의 해로움을 외쳤다. 건강에 대한 조언을 담은 피셔의 책 『사는 법』은 베스트셀러가 되었다. 사회 개선에 대한 그의 관심은 우생학과 "인종" 개선으로까지 확대되었다. 우생학에 대한 일시적인 관심은 인간의 진보에 대한 자유주의적 관심의 좀더 어둡지만 보편적인 측면으로, 지금은 자유주의 서사시에서 일반적으로 경시되는 레닌의 "더 적지만 더 나은"의 한 형태였다. 1925년에 피셔가 밝힌 네 가지 대의는 전쟁, 질병, "타락", 화폐 불안정의 종식이었다. 그가 기억되는 것은 마지막 대의와 관련해서인데, 그러한 대의에는 부를 창출하기도 하고 부를 파괴하기도 하는 이중의 능력을 가진 화폐에 대해 이해하기 위한 평생에 걸친 연구가 수반되었다.

교육자이자 경제 이론가로서 피셔는 세 가지 위험을 피하려 애썼다. 첫째는, 스승 윌리엄 그레이엄 섬너의 사회진화론으로, 이것은 경제학을 기업 이익을 위한 유사 과학으로 만들 우려가 있었다. 둘째는, 균형 상태에 대한 수학적으로 엄밀한 이해에 지나치게 편협하게 집중하는 것이었다. 마지막으로는, 경제적 무지와 균형 상태 달성의 어려움에 대한 오스트리아학파의 비관스러운 주장이었다. 피셔는 대체로 낙관적으로, 경제학을 현명한 사고, 유연한 수단, 우월한 힘을 가진 사람에 의해 파악될 수 있는 보루로 간주했다. 그는 잘 정의된 가치를 측정하는 것과 핵심 관계들을 정확히 양적으로 나타내는 것을 지지했다. 경제통계학의 선구자인 피셔는 훗날 조지프 슘페터와 함께 자신들의 연구에 전념할 학회를 창설했고, 1933년에는 『에코노메트리카』라는 잡지를 창간했다. 피셔는 법, 제도, 역사에도 관심을 기울였는데, 이는 1885년에 미국경제협회를 설립한, 주로 독일에서 공부한 미국 경제학자들의 영향 때문이었다.

피셔는 설명하는 데 재능이 있었고, 효과적인 이미지에 대한 감각이 있었다. 알프스에 갔을 때 그는 폭포가 산 위의 호수를 채우는 것을 보고 감탄했다. 그러다가 문득, 자본은 호수처럼 시간의 차원을 갖지 않는 양인 저량貯量 stock이며, 반면에 소득은 시간으로 나뉘는 양인 유량流量 flow이라는 생각을 하게 되었다. 게다가 호수가 폭포에 의존하듯이 자본은 소득에 의존했다. 폭포가 없다면 호수는 곧 말라버릴 것이다. 소득이라는 유량이 없다면 자본이라는 저량은 순식간에 줄어들 것이다. 피셔가 논했듯이, 자본은 차입 비용—금리—이 공제된 미래 소득에 대한 기대치였다. 회사 주식의 가격은 공장과 생산 도구의 매각 가치에 대한 추측이 아니라 회사의 미래 소득에 대한 가능성을 반영하는 것이었다. 바로 이것이 『자본과 소득의 본성』(1906)에 상세히 설명된 통찰이었다. 이 책은 자본이 어떻게 경제적으로 생산적인지(지대처럼 아무것도 하지 않는 것과 반대로) 혹은 윤리적으로 수용 가능한지(강자에 의한 오만한 약자 수탈과 반대로)에 대한 19세기의 물음들을 넘어 자본을 연구한 것이었다. 알프스에서의 통찰을 가지고 복귀한 피셔는 뉴헤이븐 집의 지하실에, 상이한 비율로 물이 흐르는 다양한 형태와 크기의 파이프와 유리병으로 이루어진 수력학적 경제 모형을 만들었다.

19세기에 미국에서 화폐는 재무 관리와 은행가들의 전문적인 문제일 뿐만 아니라 계층과 계층, 지역과 지역이 대립하게 만드는 주제이기도 했다. 남북전쟁이 끝나자마자, 미국은 금본위제로 복귀하고 은의 통용을 폐지함으로써 인플레이션을 억제했다. 1870년대에 시작된 농산품 가격의 오랜 디플레이션은 은을 다시 통용시키자는—본원 통화를 확대함으로써 통화를 재팽창시키자는—브라이언 주도의 캠페인을 촉발했다. 가격 하락은 서부의 농민들에게 소득 급감과 사실상의 부채 증가라는 이중고를 떠안겼다. 피셔는 브라이언의 대의에 공감했다. 하지만 그의 입장에서 해답은 은을 재통용시킴으로써 화폐 공급을 늘리는 것이 아니라, 화폐 공급을 덜 불안정하게 만드는 것이었다. 피셔에게는 가격 안정이 핵심이었다.

케인스와 마찬가지로 피셔는 화폐 교육자일 뿐만 아니라 화폐를 벌어들이는 사업가이기도 했다. 그는 카드 색인 시스템을 발명했고, 그것을 후에 레밍턴랜드가 되는 회사에 유리하게 팔았으며, 1929년에 1000만 달러로 추산되는 재산을 모았다. 대공황 직전인 1929년 가을에 피셔는 주식이 "영구적 고원"에 도달했다고 주장했다. 그것은 높은 기업 수익과 합당한 주가 수익률이라는 확고한 사실에 기초한 주장이자, 사실상 모든 투자자가 동의한 주장이었으나, 그럼에도 불구하고 피셔는 그 주장 때문에 교수의 무지와 시장의 어리석음의 본보기로 조롱받는 신세가 되었다. 폭락이 피셔를 완전히 파괴했다. 그는 신용 거래로 구매했고, 1100만 달러를 빚졌다. 부負의 순자산을 가진 피셔는 그 자신의 부채 디플레이션 사례였다. 그는 예일대학을 설득해, 자신의 집을 매입한 뒤 평생 동안 자신에게 세를 놓게끔 했다. 얼마 안 가 피셔는 집세를 체납했고, 그 대신 약속어음을 보냈다. 이 스타 교수를 자랑스럽게 여긴 너그러운 대학이 1939년에 탕감을 승인해주었다.

피셔의 명성은 1945년 이후 케인스주의자들에 의해, 그리고 1970년대에는 가격 인플레이션을 억제하는 데 전념한 밀턴 프리드먼 같은 훗날의 통화주의자들에 의해 빛을 잃었다. 경제학자들은

1990년대의 자산 호황기 중에 피셔에게 다시 관심을 갖기 시작했다. 경제학자 제임스 토빈은 피셔에 대해, 그의 많은 요소를 한데 뭉치면 그는 미국의 케인스가 되었을 것이라고 썼다. 연방준비제도이사회 의장 벤 버냉키는 피셔를 면밀하게 연구했다. 2008년의 금융위기 이후 3년 만에 연방준비제도의 대차대조표는 세 배나 증가했다. 쉽게 말해서, 피셔 덕분에 버냉키의 연방준비제도는 대침체가 2차 대공황으로 바뀌지 않으리라는 희망을 갖고서 미국 경제를 유동성으로 넘쳐나게 만들었다.

프리드리히 하이에크(1899~1992)는 장수하면서 경제학자, 논객, 사회사상가로서 많은 일을 했는데, 이것이 그가 이 책에서 세 개의 장에 등장하는 이유다. 그는 1920년대와 1930년대에는 전문 경제학자로서 독특한 경기순환론과 침체기의 정부 방임 정책을 발전시켰는데, 이는 그를 케인스는 아니더라도 케인스주의자들과는 갈라놓았다. 1944년에 그는 경제적 "집단주의"를 공격한 책 『노예의 길』로 유명해졌다. 1950년대부터 1970년대까지, 그는 진지함과 야심에서 존 롤스의 대작 『정의론』(1971)에 필적하는 『자유헌정론』(1960)과 『법, 입법, 자유』(1973~1979)로 우파 자유주의의 포괄적인 그림을 만들어냈다. 그 경제학자 하이에크가 이번 주제다.

하이에크는 19세기의 끝에 이르러 빈에서 태어났다. 그 자신이 언젠가 말한 바에 따르면, 그는 그 세기에 속하는 것이 더 자연스러운 사람이었다. 그는 상상 속의 "지나간 세계"를 자신이 몸담은 현실 세계와 늘 대조시켰고, 그 지나간 세계와의 깊고 향수 어린 연결을 결코 잃지 않았다. 그는 자유주의의 대위기들—양차 세계대전, 경제 공황,

냉전—을 겪었다. 그는 1914년의 자유주의적 국제 체제의 붕괴를 목도했고, 또한 파시즘과 공산주의의 부침, 유럽 제국의 종말, 미국의 지배 세력으로의 부상, 유럽연합의 발생, 소비에트연방의 해체, 자본주의 중국의 출현을 목도했다. 시종일관 그는 자생적이고 비계획적이며 자립적인 질서라는 자신의 자유주의적 꿈에 매달렸고, 보기 드문 불굴의 의지로 그 질서를 추구했다. 그에게 우호적이지 않은 사람이라면 하이에크가 살았던 세기의 공포와 무질서를 언급하면서 그가 아무것도 못 봤고 아무것도 이해하지도 못했다고 성급하게 결론 내릴 수도 있을 것이다. 하지만 이와 반대로 하이에크는 그 모든 것을 보았고 자신의 자유주의적 꿈을 포기하지 않았으며, 따라서 진지하게 다루어져야 한다.

그의 부모는 자유주의 성향의 부유한 보수주의자였다. 양가 선조는 가톨릭 지역인 체코 출신이었지만, 어느 누구도 교회에 가거나 교리를 인정하지 않았고, 아들은 그들의 세련된 회의주의를 받아들였다. 하이에크는 학교에서 그렇게 빼어난 학생이 아니었지만, 예리한 교사들은 다루기 힘든 남다른 면모를 알아보았다. 18세 때인 전쟁 마지막 해에 그는 징집되어, 통신 장교로서 이탈리아 전선에서 싸웠다. 말라리아에 걸린 그는 참전 용사들이 전쟁 경험이 없는 민간인들에게 들려줄 만한 재미있는 이야깃거리를 가지고 고향으로 돌아왔다. 파편이 그의 두개골 조각 하나를 앗아갔을 때, 그는 며칠 후에야 머리에 구멍이 난 것을 알아챘다. 그는 헤드폰 연결을 끊는 것을 잊는 바람에 포화 소리로 귀가 절반쯤 멀었다. 훗날 하이에크는 다른 사람들이 하는 말을 듣지 않은 것에 대해 조롱조로 사과할 때 이 에피소드를 들먹였다. 대학에서 그는 법과 경제학을 공부했는데, 특히 화폐와 경기 순환을 전공했다. 하이에크는 슈몰러의 적수이자 오스트리아학파 경제학의 시조인 카를 멩거에게서 자생적 질서라는 개념, 즉 누군가 추구하지 않아도 바람직한 경제적 성과가 나올 수 있다는 생각을 취했다.

학생 시절에 하이에크는, 그 자신의 말을 빌리자면, 제외를 거쳐 "온화한 사회주의자"가 되었다. 그가 최대한 이해한 바에 따르면, 박탈당하고 궁핍해진 오스트리아를 세 가지 불합리의 원흉이 위협했는데, 그는 그 모두를 혐오했다. 첫째는 파멸적 갈등을 야기하고 합스부르크 제국을 파괴한 국가주의자들이었고, 둘째는 자신들이 내세우는 학설과 구호 이면에서는 기회주의적인 깡패보다 나을 게 없는 볼셰비키들이었으며, 셋째는 권위주의적이고 반자유주의적이며 반유대주의적인 무자비한 가톨릭 우파였다. 사회민주주의가 유일하게 합리적인 길이었다. 선택을 한 하이에크는 오스트리아 상공회의소 수장이었던 루트비히 미제스를 만났다. 미제스는 순수 자유시장주의자였고 하이에크보다 열아홉 살 연상이었다. 그는 이 젊은이를 바로잡아주었고, 그에게 대안을 보여주었다.

미제스는 자유주의와 자유지상주의 사이의 경계에 정치적으로 정착해 있었다. 그가 보기에 사회 지향적 자유주의자는 절대로 자유주의자가 아니었다. 미제스는 새로운 종류의 지식인, 즉 특정 이해 관계자들에게서 보수를 받고 일하는 싱크탱크 종사자의 선발 주자 중한 명이었다. 그가 뉴욕대학에 재직할 때는 부유한 후원자들, 특히 볼커 재단이 그의 보수를 지급했다. 런던 시절 전과 후의 하이에크도 마찬가지였다. 그는 사상의 싸움을 하는 과정에서 자신의 멘토로부터

몇 가지 세속적 가르침을 받아들인 터였다. 사회주의자들, 특히 온건한 사회주의자들은 적이라는 것, 미온적인 의견은 틀린 것이라는 것, 그리고 여느 신조와 마찬가지로 자유주의적 개인주의도 필요한 후원자들 없이 혼자서 그 진리를 납득시킬 수는 없다는 것이었다. 1924년에 미제스의 기업 친구들은 하이에크가 그 자신의 싱크탱크인 오스트리아 경기순환연구소를 열 수 있도록 자금을 댔다. 소장인 하이에크는 두 명의 비서를 두었다. 미제스 덕분에 그의 활동은 순조로웠다.

하이에크의 경기 순환에 대한 연구와 정부가 경기 순환을 악화시킬 수는 있어도 꺾을 수는 없다는 그의 확신은 런던정경대학 경제학 교수인 라이어널 로빈스의 눈에 띄었고, 로빈스는 1931년 하이에크에게 일자리를 제공했다. 하이에크는 경기 침체가 어리석게도 혹은 위험하게도 중앙은행에 의해 확대된 용이한 신용 대부에 기인한 과잉 투자 때문에 발생한다고 믿었다. 일단 침체기가 오면, 더 많은 실업 위험을 감수하고서라도 화폐 가치를 떨어뜨리기를 멈추는 것 말고는 정부가 할 수 있는 일이 거의 없었다. 순환은 스스로 작동해야 했다.

하이에크의 경제관이 케인스의 경제관과 대조되는 것임은 분명했다. 피셔의 견해와의 대조는 미묘했다. 하이에크나 피셔나 모두 저리 자금을 악역으로 만들었지만 그 방식은 상이했다. 피셔의 생각은 다원적이었다. 경기 침체는 결코 똑같지 않았다. 경기 침체는 다양한 원인에 의해 발생했다. 피셔가 저리 자금을 문제시한 것은 그것이 침체를 불황으로 변화시키기 때문이었다. 침체의 최초 원인이 요점이 아니었다. 경제는 외부 충격에 의해 방해받지 않는 한 자연적으로 잘 굴러갔다. 외부 충격의 일부는 불가피한 것이었고 일부는 피할 수 있는 것이었다. 피할 수 있는 충격의 원인은 정부였다. 불황을 야기하는 피할 수 있는 방해는 정부의 저리 자금이었다.

불황에 대한 하이에크의 상세한 설명은 이와 달랐다. 저리 자금은 기업들이 단기적인 소비재 투자로부터, 더 많은 대출을 요하는 장기적이고 자본 집약적인 투자로 전환하도록 장려했다. 소비에서 투자로 돈이 흘러가면 사람들은 저축을 할 수밖에 없었다. 매번 인위적인 저금리는 경제의 자연적 리듬을 일그러뜨렸다. 기업들은 거대 자본 프로젝트로 이동했는데, 이는 대출 이자가 일시적으로 낮아져였지 기업들이 큰 투자를 통한 큰 미래 수익을 기대해서가 아니었다. 소비자의 수요는 억제되었는데, 저금리가 돈을 투자에 쏠리게 함으로써 소비자들이 원하는 저축과 소비의 균형을 방해하기 때문이었다. 억눌린 소비자 수요가 기업들을 단기적 생산으로 내몰고 장기적 자본재에 대한 과잉 투자를 포기하게 되는 고통스러운 쟁탈전으로 내몰 때 균열이 발생했다. 하이에크의 설명은 충실한 오스트리아학파 경제학자들에게는 표준이 되었다. 그러나 다른 이들은 그 설명을 거의 채택하지 않았다. 정책의 함의―금리를 만지작거리는 것을 멈추고 아무것도 하지 마라―는 대부분의 사람에게 1930년대의 위기와 무관한 것으로 여겨졌다. 기업 투자의 리듬에 대한 하이에크의 통찰에도 불구하고, 하나의 이론을 구축하는 것으로서의 그 설명 방법은 대부분의 경제학자가 보기에 너무 약하고 모호해서, 정부가 간섭하지 않는 한 경제의 본성이 작동한다는 그의 좀더 개괄적인 서사에 확실성을 더해주지 못하는 듯했다.

논증 의욕과 논증 방법의 유사한 부조화는 「경제학과 지식」

(1937)에 찔끔 기술된, 경제적 무지에 관한 하이에크의 생각에서도 어른거렸다. 그것은 주류 경제학이 취하고 있던 경로에 반하는 그의 선언이었다. 주류의 경로는 경제 전체를 구성하는 주요 총액들—소득, 소비, 투자—이 균형을 이루는 데 작용하는 조건들을 수학적으로 모형화하는 것이었다. 하이에크가 보기에 그 같은 균형은 경제학자적 허구였다. "균형"이 의미하는 바는 언제나, 모든 사람의 소비와 저축의 "계획들"이 이론적으로 정합적이라는 것이었다. 경제는 결코 그런 상태에 있지 않았고, 어쨌든 어느 누구도 경제가 그렇다는 것을 확신할 만큼 지식을 갖고 있지 않았으며, 균형 상태의 경제라는 것이 기술적으로 아무리 훌륭하더라도 그것을 기술하는 데 들인 수고는 모두 헛될 뿐이었다. 어떤 이들이 깊은 지혜로 여긴 것이 다른 이들에게는 지적 빈곤을 숨겨주는 군색한 인식론으로 들렸다. 하이에크의 경고에도 불구하고 그 경제학자들은 거시경제학의 길을 선택했다.

언젠가 미국의 보수주의자 윌리엄 버클리는 절망스러운 척하며 물었다. "왜 저쪽에는 케인스처럼 글 쓰는 경제학자들이 있고 우리 쪽에는 하이에크처럼 글 쓰는 경제학자들이 있는가?" 두 인물 모두 자유주의적 자본주의의 강점과 미덕에 명확히 동의했음을 고려할 때, 그들의 추종자가 누구나 인정할 만한 그런 적대적인 양 진영으로 갈린 이유의 하나로 문체를 꼽지 않을 수 없다. 하이에크의 글은 단조롭고 현학적이며, 주목을 끌고 독자를 선잠에서 깨울 만한 생생한 묘사나 구절로 자극하지 않는다. 케인스의 글은 신랄하고 예리하고 재치 넘치며, 심지어 전문적인 저작조차 생생한 이미지로 빛난다. 하이에크는 차분하고 면밀한 데이비드 흄을 존경했지만, 흄의 세속적인 정신을 흡수하지는 못했다. 하이에크의 정신적 습성에서는 19세기 독일 관념론의 영향이 더 많이 드러났다. 헤겔의 화해의 정신보다는 적을 탐지하는 마르크스의 후각이 더 강하기는 했지만 말이다. 그러한 영향은 깔끔하게 대립되는 추상적 개념들—자연과 기교, 자생적 질서와 부과된 질서, 참된 개인주의와 가짜 개인주의—에 대한 하이에크의 애호에서 드러났다. 그는 이 중에서 자신이 지지하는 쪽을 선택하고 다른 쪽은 제외했다. 케인스는 케임브리지의 철학자 G. E. 무어에게서 많이 분석하고 안전해 보이는 가정들에 질문을 던지는 것을 배웠다. 하이에크는 케인스의 동성애를 충격적으로 보지 않았다. 하이에크는 고상한 체하는 사람이 아니었다. 게다가 그는 이혼을 원치 않는 아내에게 이혼을 강요하는 남편이었기에, 다른 이들에게 사적인 행동에 관해 설교하기에 적절한 위치에 있지 않았다. 케인스의 윤리적 견해 중에 하이에크를 경악하게 만든 것은 관습과 규칙에 대한 그의 무시, 그리고 그에 대응되는, 자기 자신의 판단과 친구들의 판단에 대한 그의 신뢰였다.

하이에크는 스스로를 빅토리아 시대 사람으로, 케인스를 16세기 사람으로 여겼다. 언젠가 하이에크가 말한 바에 따르면, 케인스는 19세기를 싫어했는데 그 시대가 추하다고 여겨서였다. 하이에크에게 19세기는 아름다웠다. 그는 케인스가 상업을 필요하지만 추한 것으로 여기지 않나 의심했다. 사실 케인스는 화폐와 시장에 대해 훨씬 더 많은 경험을 갖고 있었고, 이는 아마도 하이에크가 화폐와 시장을 높이 평가할 법했던 것에 비해 그가 그것들을 덜 높이 평가한 이유였을 것이다. 이상한 일이지만, 어떤 면에서 하이에크는 케인스보다 더 케인스주의자였고, 어쨌든 진정한 경제적 민주주의자에 가까웠다. 케인스는 다방면으로 재능 있는, 에드워드 7세 시대의 유미주의자였다. 그는 경제 문화가 없는 경제 민주주의를 바랐다. 이에 비해 하이에크는 상업의 도덕적·미학적 차원들을 환영했다. 하이에크에게 쇼핑은 훌륭하고 심지어 아름다운 삶의 한 형태였다.

6. 후버, 루스벨트: 잊힌 자유주의자와 으뜸 자유주의자

미국 역사를 돌아볼 때 대공황은 두 가지 모습으로 다가온다. 하나는 유럽에서의 위기보다 훨씬 길게 1929년부터 1941년까지 끌었던 다면적 위기로서의 대공황으로, 그 위기의 원인과 치유에 대해서는 아직도 합의가 이루어지지 않았다. 그 불황은 과소 소비에서 비롯되었다. 그 불황은 통화의 교란에서 비롯되었다. 정부의 개입은 가까스로 곤경에서 벗어나게 해주었거나, 사태를 악화시켰거나, 아무 변화도 가져오지 못했다. 그런 견해 각각을 옹호하는 경제학자와 역사학자들의 대조적인 면밀한 논리들이 존재한다.

두 번째는 도덕적 드라마 같은 단순성을 띤 대공황, 즉 영웅과 악당들이 이끈 선과 악의 경쟁으로서의 대공황이다. 그 시기의 미국 대통령들, 즉 공화당의 허버트 후버와 민주당의 프랭클린 루스벨트는 지금 보면 분간하기 어려운 정책 노선들을 추구했다. 그럼에도 불구하고 이내 그들은 각각 선명한 색깔을 띤 대립되는 "철학들"의 옹호자로 사람들의 마음속에 남겨졌다. 후버는 행정 절제와 자발주의의 옹호자로, 루스벨트는 확장적 정부와 개입주의 국가의 옹호자로 남겨진 것이다. 짐작할 수 있는 바와 같이, 그 경쟁으로부터 미국 정치의 라이벌 진영들이 형성되었다. 그들은 남북전쟁 후의 남부와 북부처럼 서로 적대적이었고 서로를 증오했다. 현지의 언어가 비틀려 그들은 "보수주의자conservative"와 "자유주의자liberal"로 불리면서 오늘날까지 존재하고 있는데, 그 말들은 명백한 차이뿐만 아니라 숨겨진 유사성도 가려 버린다.

후버와 루스벨트는 모두 큰 틀에서는 자유주의자였다. 사회 진보, 그리고 개인의 권리와 사유재산 같은 법제화된 시민적 존중을 신봉하는 사람들이었던 것이다. 그들 각자는 기업과 노동에 대한 믿을 만한 조건 위에서 미국의 자본주의를 안정시키기를 바랐다. 그들 각자는 전례 없는 경제 국면에 대응해 실용적으로 조치를 강구했다. 그들 모두는 경제 구조를 효과적으로 바꾸는 데 기여했다. 변화는 연방정부의 규모 확대와 책임이라는 측면에서 가장 분명했다. 그 확대는 결국 좀더 심층적인 어떤 변화, 측정하긴 어렵지만 매우 실질적인 변화를 반영하는 것이었다. 후버와 루스벨트는 정부의 역할을 기대하며 대대적인 상향식 변화를 주도했다.

후버-루스벨트 전설은 그들의 유사성을 흐려놓았다. 루스벨트 지지자들은, 불황이 깊어져 냉혹한 공황이 닥쳤을 때 후버가 아무것도 하지 않았다고 비난했다. 그들은 뉴딜 정책을 가지고 나라를 절망에서 구해낸 구세주로서 루스벨트를 존경했다. 후버의 진영에서는 비난과 찬사의 대상이 그와 반대였다. 루스벨트는 겁먹은 유권자들이 기업을 적대하도록 부추겨 자신감을 무너뜨렸고, 노동과 절약을 멀리하도록 나라를 이끌었으며, 경솔하고 무지한 간섭으로 불황을 악화시켰다. 1932년에 후버의 개인적인 인기가 떨어지면서 루스벨트의 지도력이 더 커 보였다. 선거에서 패하고 공화당으로부터 버림받아 비통한 심정이었던 후버는 "경제 허리케인"으로 인한 자신의 불명예를 저주했다. 루스벨트에 대한 평판이 올라갈 때 후버에 대한 평판은 추락했다. 미국의 승전은 뉴딜 정책에 역행하는 감정을 제거함으로써 중요한 역할을 했다. 루스벨트가 1941년 초에 두 번째 임기를 마치고 물러났다면, 그에 대한 평판은 좀더 논란에 처했을 것이다. 지지자들은 그를 노동자들의 옹호자로 치켜세웠다. 반대자들은 그에게서 무책임한 계급투쟁자를 보았다. 중도에 속하는 많은 미국인의 눈에 루스벨트는 대단히 운이 좋아서 재난을 피할 수 있었던 수완 좋은 즉흥주의자로 비쳤다. 사실 루스벨트는 링컨이 그랬듯이 1945년 승리의 순간에 위대한 전시 지도자로 사망하면서 미국 영웅의 반열에 올랐다.

그의 정책 고문단의 일원이었던 렉스퍼드 터그웰은 오랜 시간이 지난 1974년 한 인터뷰에서 "사실상 뉴딜 정책 전체는 후버가 시작한 프로그램들에서 추론되었다"고 말했다. 터그웰의 과장을 감안해 그의 논지를 파악해본다면, 그 안에는 참고할 만한 것이 많았다. 후버는 농산품 가격을 올리려 애썼다. 루스벨트는 그것을 다시 시도했다. 임금 하락을 막기 위해 후버는 기업이 노조와 타협할 것을 촉구했다. 가격 하락을 막기 위해 그는 기업이 "협회"에 가입할 것을 촉구했다. 루스벨트는 법과 규제를 통해 사실상 같은 목표를 추구했다. 후버는 고갈된 은행에 돈이 밀려들게 하려 했다. 루스벨트도 마찬가지였다. 1929년에 지방들은 전체를 통틀어 연방정부 예산의 두 배를 지출하고 있었는데, 후버는 그런 지방들이 공공사업과 고통 분담을 떠맡을 것을 촉구했다. 세입이 급감하자, 후버는 부득이 반공화당적인 예산 적자를 기록했다. 대통령 선거운동에서 균형 예산을 외친 루스벨트는 1935년에 이르러 연방의 구제책을 어떤 규모로든 확대했다. 사실을 말하자면, 두 사람 다 무엇을 해야 할지 잘 몰랐다.

대공황 동안 "후스벨트Hoosevelt"라는 어떤 복합체가 백악관을 점령했다고 말하려는 것이 아니다. 두 사람 다 큰 틀에서 자유주의자였다는 것은 사실이다. 그러나 자유주의에 대한 그들의 구상은 같지 않았다. 그들의 색깔도 달랐다. 그들의 차이는 그들 각자가 무슨 일을 했는지보다는, 그들 각자가 무슨 말을 했는지, 어떻게 말했는지, 특히 누구에게 말하는 것처럼 보였는지에서 드러났다. 후버는 백악관이라는 굉장한 연단에서 정부가 얼마나 적은 일을 할 수 있는지를 국민에게 이야기했다. 루스벨트는 그 연단에서 정부가 얼마나 많은 일을 할 수 있는지를 국민에게 이야기했다. 확률을 계산하는 데 익숙한 공학자로서 후버는 정부의 성공에 따른 이익이 정부의 실패에 따른 비용과의 비교를 통해 구해져야 한다고 생각했다. 두려움과 자신감의 요소들을 파악하는 데 능했던 루스벨트는 사람들이 듣고 싶어하는 말에 대한 탁월한 감각이 있었다. 게다가 후버는 주로 사장과 은행가들에게 이야기하는 것처럼 보였다. 루스벨트는 모든 사람에게, 혹은 적어도 최고로 부유한 미국인들을 제외한 모든 사람에게 이야기하는 것 같았다.

그런 차이들은 타이밍 때문이기도 했고 기질 때문이기도 했고 사상 때문이기도 했다. 후버는 1929년 3월에 대통령이 되었다. 주식 시장은 10월에 붕괴했다. 그는 그 붕괴가 어떤 일을 가져올지 정확히 알지 못했다. 어느 누구도 알지 못했다. 극지 탐험이 12월 마지막 날들의 『뉴욕 타임스』 지면을 차지했고, 그 신문 경제면의 새해 예측은 금융 전망이 "밝고" 산업 환경이 "건전"하다고 진단했다. 실업과 배급 행렬이 늘어나면서 위기의 심각성은 더 분명해졌다. 일치된 진단도 준비된 처방도 없이 후버는 실험을 해야 했다. 그는 기업이나 노동자나 은행이나 농민에게 설명을 내놓지 않은 채 일관되지 않은 많은 것을 시도했다. 1930년 6월에 그는 재앙적인 스무트-홀리 관세인상법안에 서명했다. 2년에 걸친 의회 통과 과정에서 그 법안은 800개가 넘는 상품에 터무니없는 세율을 부과해놓은 상태였고, 이는 경제위기 국면에서 국제 무역에 대한 암울한 신호였다. 후버가 그 법안을 거부하지 않은 것은, 전 세계에 40개 지부를 둔 세계적 광산 기업을 운영했던, 해외 경험이 많은 남성으로서는 이례적인 명백한 대실수였다.

반대로, 루스벨트는 시기적으로 유리했다. 타이밍은 시급성과 위험을 감수할 의지를 만들어냈다. 그가 취임한 1933년 3월경, 미국인 네 명 중 한 명이 실직 상태였고 은행들이 파산하고 있었다. 루스벨트는 무엇을 해야 할지에 대해 후버만큼이나 잘 알지 못했다. 하지만 무슨 말을 해야 할지는 알았다. 그는 혼란스러운 나라에 뭔가 조치가 취해져야 한다는 것을 납득시켜야 했다. 그 점에서 루스벨트는 훌륭했다. 뒤에서는 불길이 맹렬히 타오르고 있었다. 앞에 놓인 다리는 안전하지 않았다. 부담감과 압박감을 잘 알고 있던 후버는 요컨대 "나는 이 다리의 안전을 보증할 수 없다"는 식으로 진실을 말했다. 루스벨트는 다리를 건너도록 사람들을 설득했고, 그 다리는 지탱되었다.

그들은 기질상 달랐다. 후버는 냉정하고 초연했으며, 루스벨트는 사교적이고 거의 가식적으로 보일 정도로 활달했다. 후버는 아이오와의 퀘이커교도 집안에서 자랐는데, 엄격하고 독실한 그의 어머니는 퀘이커파 교회의 성직자였다. 아버지를 잃고 오리건의 삼촌에게 보내진 후버는 성공하기로 결심했다. 그는 새로 생긴 스탠퍼드대학에 들어갔고, 공학으로 학위를 받았으며, 광산에서 일한 후 엔지니어링 회사를 설립했다. 그의 전문 분야 중 하나는 광산의 재해를 해결하는 것이었다. 후버의 재능을 알아본 윌슨 대통령은 1917년 그에게 전시 식량 공급을 감독해줄 것을 요청했다. 그는 배급에 의존하지 않고 그 임무를 수행했다. 전후의 유럽 구제 책임자로서 그의 능력은 무수한 사람을 기아에서 구해냈다. 1920년대에 상무장관이 된 그는 그 상무부를 경제 정보 처리 기관이자 기업이 정부에 바라는 것을 중개하는 기관으로 탈바꿈시켰다. 후버와 일했던 사람들은 대개 그의 들볶는 기질을 좋아하지 않았다. 하지만 그들 대부분은 그의 효율성을 칭찬했다. 해법을 찾고 지시에 따라 일하는 전형적인 비정치적 관리자였던 후버는 행동가였다.

그에 반해 루스벨트는 경청자였다. 그는 다양한 견해를 가진 조언자들을 곁에 두었는데, 그들 모두에게 격려의 미소를 지으며 "예스, 예스, 예스"라고 말했다. 그는 뉴욕 북부의 부유한 지주 집안에서 태어났다. 그의 부모의 세련된 무위의 삶에 비하면, 헨리 제임스의 소설에 나오는 인물들은 갈망을 이루려 열심인 노력가들처럼 보인다. 특별할 것 없이 즐겁게 하버드대학과 컬럼비아 로스쿨—학위 이수 과정을 끝마치지는 않았다—에서 공부한 후 루스벨트는 연줄 없이 민주당원으로 정치에 입문했다. 언론인 루이스 하우가 그에게 정치적 경쟁의 기술을 가르쳤고, 그의 더 짜증나는 면인 귀족스러운 면을 허물어 뜨렸다. 윌슨은 후버를 주목했던 것처럼 루스벨트를 주목했고, 그를 해군 차관보에 임명했다. 1921년에 중증 척수성 소아마비가 발병하면서 루스벨트의 매혹적인 삶은 끝이 났다. 어머니는 그가 은퇴하기를 바랐다. 하우와 그의 아내 엘리너—시어도어 루스벨트의 조카이자 프랭클린의 다섯째 사촌—는 그가 정치를 계속하도록 격려했다. 그는 다시는 걷지 못했지만, 대중이 눈치채지 못하게 하는 속임수들을 충분히 배웠다. 보좌진의 협력과 언론의 정중한 배려가 수반되는 속임수들이었다. 루스벨트의 병은 그를 강인하게 만들었다. 그의 병은 가장하는 데 능한 그의 타고난 재능을 북돋아주었고, 그가 고통을 더욱 의식하게 해주었고, "낙오자들에게 무슨 말을 해줄까?" 하는 문제를 늘 그에게 일깨워주었다.

이러한 기질적 차이는 후버와 루스벨트의 사상의 차이보다는 덜 중요했다. 후버는 정치와 정부에 관한 자신의 견해를 『미국의 개인주의』(1922)에서, 그리고 그 책에서 파생된 연설들에서, 특히 6년 후 뉴욕에서 한 「거친 개인주의」라는 연설에서 제시했다. 내용보다 더 잘 기억되는 그 제목들은 미혹게 하는 것이었다. 앞서 보았듯이 자유주의자들이 "개인주의"라는 말로써 의미하는 것이 너무나 가지각색이어서, 그 말을 사용하는 사람은 누구나 누군가를 오도할 수밖에 없었다. 후버는 뉴욕 연설에서 사회 정의, 더 넓은 기회, 더 적은 경제 불평등을 강력하게 옹호했다. 개인주의는 자유 방임이나 "될 대로 돼라"라는 것을 의미하는 게 아니라 "분권화된 지역적 책임"을 의미한다고 그는 청중에게 말했다. 정부 자체는 잘못이 없었다. 정부는 광범위한 책무를 띠고 있었다. 지역 차원에서 다루어질 수 있는 일들은 지역에서 다루는 것이 최선이었다. 예를 들면 공공사업과 수송 같은 것이었다. 그는 지방 자치체들이 공공시설 같은 사업에서 성공적으로 수완을 발휘할 수 있다고 주장했는데, 이는 그 자치체들이 "현장에 있고 시민들과 가까이 있기" 때문이었다. 방위, 의료 연구—국립보건원을 설립한 후버의 특별한 관심사—, 공공 토지는 당연히 중앙 정부를 필요로 했다. 거기서 후버는 하나의 한계선을 보았다. 정부는 기업에, 즉 "상품 생산"에 직접 개입해서는 안 된다. 후버는 그 모든 점에서 일종의 윌슨의 진보당원 같은 인상을 주었는데, 어떤 의미에서는 사실이었다. 해야 할 일과 하지 말아야 할 일을 다소 혼란스러운 하나의 카탈로그로 요약하면서, 후버는 단일 이해관계나 단일 권력에 의한 지배 금지라는 핵심적인 자유주의 사상에 의지했다. "동등한 기회의 본질과 미국 개인주의의 본질은 이 공화국에 그 어떤 집단이나 연합체에 의한 지배도 있어서는 안 된다는 것이다"라고 그는 결론지었다. 대체로 후버는 계몽적 미국 자본가들과 케인스가 믿은 대로 믿었다. 고임금과 잘 운영되는 노조가 기업에도 유익하다고 믿은 것이다.

대통령이 된 후버의 더 큰 문제는 사람들이 그러한 공명정대함을 믿기 어려워했다는 것인데, 여기에는 이유가 있었다. 그는 백악관을 방문한 기업인들에게 전형적인 단호한 태도로, "상무장관이었을 때 나는 여러분의 이익을 위해 헌신했고, 한 나라의 수장이 된 지금은 국민 모두의 입장에 서야 한다"고 말했다. 진심으로 후버는 자신을 모든 사람의 대통령으로 여겼다. 하지만 그를 그렇게 보는 사람은 거의 없었다. 그는 대기업 로비스트로서의 자신의 명성을 결코 어지럽히지 않았다.

또 다른 곤경은 후버가 비효율적이고 멀리 있고 간섭하는 큰 정부를 지역적이고 밀착적이고 개인적인 주도권과 대조시킨 것이었다. 그는 무일푼으로 시작해 출세했기에, 다른 사람들이라고 그러지 못할 이유를 알지 못했다. "나이 마흔이 될 때까지 100만 달러를 벌지 못한 사람은 별로 가치가 없다." 그런 대조—지역적 행동 대 중앙집권적 행동, 사적 주도권 대 정부 간섭—는 자유주의만큼이나 오래된 것이었다. 후버는 그것들을 지나칠 정도로 강요했다. 시대는 변했다. 그런 식의 팽팽한 대조는 조정될 필요가 있었다. 어떤 새로운 조건이 사태를 복잡하게 만들었기 때문이다. 지역적 노력과 개인적 주도권을 위축시키는 대규모의 전국적 기업들에 대한 특별한 고려가 요구되었다.

「기업 윤리」(1928)라는 연설에서 명확히 밝혔듯이, 후버는 그 어려움을 잘 알고 있었다. 그는 기업이 서투르게 운영되기도 하고 부정직하게 운영되기도 한다는 것을 인정했다. 더 나은 경영과 더 적극적인 감독이 요구되었다. 여기서 다시 한번 그는 어떤 한계선을 보았다. 규제는 자발적이어야지 강압적이어서는 안 된다. 거대 기업의 권력에 대한 해결책은 좀더 작은 기업들의 연합이라고 후버는 생각했다. 그와 같은 기업 자유주의자 슈트레제만이 독일에서 그런 연합을 만들었던 것처럼 말이다. 후버는 무대응을 지지한 것이 아니라, 국가적 행동 이전의 자발적 행동, 국가적 규제 이전의 자율적 규제를 지지했다. 자유주의자들은 언제나 이론적 문제로서 전자보다 후자를 선호했다. 그렇지만, 후버도 인정했듯이, 기업가와 은행가는 다른 사람들보다 더 정직하지도, 무임승차를 더 싫어하지도 않았다. 게다가 자발적으로 나서는 사람들이 적절한 지원을 거의 받지 못했다는 증거는 오랫동안 유효했다. 그런 증거는 후버 시대에 압도적이었다. 민주주의에 대한 기대가 높아지면서 행동에 대한 요구가 생겨났다. 미국이라는 국가의 행동—비효율적이고 능란하지 못하며 기대에 어긋나는 결과를 낳는—은 "자발주의"의 실패에 따른 균열로 이어졌다. 또다시 자유주의는 민주주의와의 타협 조건을 재조정하고 있었다.

루스벨트는 대체로 그런 식으로 생각하거나 이야기하지 않았지만, 그렇게 하는 사람들을 알고 있었다. 1932년 샌프란시스코 코먼웰스 클럽에서의 연설을 위해, 그는 애돌프 벌을 비롯한 정책 고문단에 사실상 후버의 "거친 개인주의"에 대한 조용한 해결책이 될 만한 연설문을 작성해달라고 부탁했다. 벌은 같은 해에 출간된 획기적인 연구서 『현대 기업과 사유재산』의 공저자였다. 그것은 자본주의 기업의 성격이 역사적 변화를 맞았음을 서술한 책이었다. 이제 더는 "개인" 소유자-경영자가 거대 기업을 운영할 수 없었다. 소유권은 주주들에게 분산되었다. 경영은 고용된 입장에 있으나 더 많은 권한을 가진 사람들에게 맡겨졌다. 후버가 광산업을 잘 알았다면, 벌은 자본주의를 잘 알았다. 그는 루스벨트에게 "자유주의적 개인주의"의 새로운 수용을 제시하는 연설문을 작성해주었다.

루스벨트는 청중에게, 근대 국가는 유럽의 귀족들을 길들이는 데서 비롯되었다고 말했다. 미국에는 길들일 귀족이 없었지만, 알렉산더 해밀턴은 상업과 은행업을 증진시키기 위해서도 역시 강한 국가가 필요하다고 보았다. 그의 적수 토머스 제퍼슨은 적은 재산과 "개인의 권한"—언론, 사상 등등의 자유—이 뿌리내리고 성장할 수 있도록 약한 정부를 지지했다. 1800년에 제퍼슨은 논쟁에서 승리했다. 미국의 개인주의가 태어난 것이다. 광활한 개척지에서 그 개인주의가 번성했다. 산업이 도래하면서 전반적인 풍요가 예상되었다. 정부는 꿈의 실현을 돕기 위해 대기했다. 그렇지만 그 꿈은 그림자를 드리웠다. 산업의 거물들은 "언제나 무자비했고, 종종 낭비적이었고, 흔히 부패했다". 그들의 성장과 권력은 오래된 균형을 파괴하고 "기회의 불평등"을 낳았다. 큰 기업은 이제 큰 정부를 요구했다. "정부가 기업에 간섭하는 것을 보고 싶지 않다고 우리에게 말하는 바로 그 사람이 (…) 가장 먼저 백악관에 찾아가 정부에 자신의 생산물에 대한 금지 관세를 요구하는 사람이다"라고 루스벨트는 말했다. 새로운 상황에서는 "가치의 재평가"가 필요했다. 규제와 정부 조치는 사실 마지막 수단이었다. 그것들은 "개인주의를 보호"하는 데도 똑같이 필요했다.

일단 백악관에 입성하자, 루스벨트는 긴 말을 줄이고 핵심에 더 집중하는 좀더 직접적인 방식을 취했다. 라디오를 통한 그의 '노변 담화'는 그의 말에 따르면 준비하는 데 4, 5일이 걸렸는데, 새로운 장르의 작은 걸작들이었다. 노변 담화와 그의 좀더 공식적인 연설들은 모두 높고 강한 어조를 띠었고, "그 잊힌 사람" "형편없는 집에서 형편없는 옷을 입고 형편없이 먹으며 사는 3분의 1의 국민" "새로운 왕조를 개척"한 "경제 왕당파" 같은 인상적인 말들을 담고 있었다. 나중의 연설들은 장래에 대한 열린 전망을 담고 있었다. 즉, "세계 어디에서나" 실현되는, 언론의 자유, 신앙의 자유, 결핍으로부터의 자유, 공포로부터의 자유라는 "네 가지 자유"를 이야기하거나(1941), 모든 미국인에게 "유익하고 보수가 많은 직업", 깨끗한 집, 적절한 의료, 그리고 연령·질병·사고·실업에 따른 빈곤으로부터의 보호를 약속한 "제2권리장전"을 이야기했다(1944).

　그중 어느 것도 터무니없어 보이지 않았다. 그것들은 해볼 만한 일로 보였다. 놀랍게도, 아마도 이례적으로, 그것들 상당수가 이루어졌다. 당시의 좀더 희망적인 자유주의적 세계를 돌아볼 때는, 경청자 루스벨트가 창의적인 일을 하고 있었다기보다는 기대에 부응하는 일을 하고 있었음을 상기하는 것이 좋다. 20세기 미국의 자유주의를 이해하기 위해서는, 기대의 상승과 그에 따른 실망을 살펴보는 것이 중요하다. 자신이 정부에 반대한다고 말하는 많은 미국인은 정부에 많은 기대를 하도록 그들을 가르쳤던 사람들의 실망한 자녀나 손자녀들이다.

9장

1930년대~1940년대의
자유주의에 대한 생각

1. 리프먼, 하이에크(2): 반전체주의자로서의 자유주의자

이탈리아 법원이 마르크스주의자 안토니오 그람시를 투옥한 해인 1926년에, 파시스트 폭력배들이 반파시스트 자유주의자 언론인인 조반니 아멘돌라를 습격해 폭행했다. 그것은 그가 당한 세 번째 폭행이었다. 아멘돌라의 잘못은 그 자신이 창간한 자유주의 신문 『일 몬도』에서 이탈리아 독재자를 공격한 것이었다. 사회를 지배하려는 무솔리니의 공세를 기술하기 위해 아멘돌라는 "전체주의자totalitarian"라는 새 용어를 유통시켰다. 아멘돌라가 시사한 바에 따르면, "전체주의자"는 전면적인 통제를 추구하며, 그 과정에서 국가 권력을 동원해 경쟁 정당들을 억압하고, 순종적인 신문들을 제외한 모든 신문을 폐간하고, 학교에서 국가의 원칙에 대한 충성심을 고취한다. 아멘돌라는 그 마지막 폭행으로 사망했지만 그의 신조어는 살아남았다. 머잖아 유럽 전역의 자유주의자들은 "전체주의totalitarianism"를 파시즘, 히틀러주의, 스탈린주의를 모두 아우르는 용어로 사용하게 되었다.

그것들이 똑같이 폭정이라는 것은 통념이 되었다. 국가주의에 관한 이론가인 한스 콘은 그 통념을 『공산주의와 파시스트 독재』(1935)에서 상세히 다뤘다. 레온 트로츠키는 『배반당한 혁명』(1937)에서 독재 체제들을 비교하면서 "대칭 현상"에 대해 기술했다. 다른 상황에서는 그럴듯한 그 동일시의 문제점은 자본주의가 파시즘, 히틀러주의와는 양립 가능하지만 스탈린주의와는 그렇지 못하다는 것이었다. 게다가 그 비유사성은 이론적인 것이 아니었다. 기업의 돈이 무솔리니에게 자금을 댔다. 독일의 큰 회사들은 나치의 통제와 강제 합병에 반감을 갖고 있었지만, 협력이 기업의 생존과 성장을 위한 최선을 길이라는 것을 재빨리 받아들였다. 히틀러의 경제는 일관성이 없었다. 하긴 1930년대에 그 누구의 경제가 일관성이 있었겠는가? 슈몰러의 제자인 경제장관 할마르 샤흐트는 민간 경제에 우호적이었다. 그 밖의 조언자들은 전시 경제를 원했다. 1938년에 이르러서는 전쟁파가 승리를 거뒀다. 독일은 더 이상 자유주의적 자본주의 국가가 아니었지만, 여전히 자본주의 국가였다.

1930년대와 1940년대의 자유주의 사상가들은 그 어색함을 제쳐놓았지만, 전체주의라는 그 음울한 타자는 '부정의 방법via negativa'으로 그 사상가들의 신조를 알려주는 좋은 설명이 되어주었다. 그 설명은 부정의 방법을 적용했는데, 그것은 양립할 수 없는 선택지들을 제시한 뒤 그중 하나를 긍정하는 논증을 제시하지 않은 채 다른 하나를 부정하는 논증이었다. 그러한 논증은 무수한 변형으로 나타났지만 전반적인 형태는 같았다. 부정의 방법은 1938년 8월 말에 용감한 몇몇 반나치 독일인을 포함해 관심 있는 유럽인들이 참석한 닷새간의 파리 회의에서 기조가 되었다. 미국의 참석자는 신문 칼럼니스트이자 저술가인 월터 리프먼이었다. 그는 머잖아 그 주제와 관련해 회자될 책인 『훌륭한 사회』(1937)의 프랑스어 번역본을 홍보하기 위해 파리에 체류 중이었다. 그의 명성에 기대어 회의는 '리프먼 컬로퀴엄colloquium'이라 불렸다. 그는 오래전에 『뉴 리퍼블릭』을 떠났고, 일간지 칼럼니스트로서 전국적으로 독자를 확보하고 있었다. 언론인들 사이에서 리프먼은 미국 자유주의의 주역이었고, 중도 좌파에서 진보적 철학자 존 듀이가 그랬듯이 중도 우파에서 지성계를 장악하고 있었다.

넓은 범위에서, 『훌륭한 사회』에는 자유주의를 외부로부터 위협하는 것과 내부로부터 괴롭히는 것에 대한 간결한 진단이 담겨 있었다. 자유주의의 외부 적은 집단주의인데, 집단주의에는 나쁜 변종과 덜 나쁜 변종이 있었다. 나쁜 변종은 파시스트나 공산주의자 같은 전체주의자들이었다. 덜 나쁜 변종은 나쁜 집단주의 쪽으로 기운 위험스러운 경사로 위에 올라선 점진주의자와 선의의 개혁가들이었다. 자유주의는 지적으로 막다른 골목에 이른 탓에 그 자체로 곤경에 처했다고 리프먼은 덧붙였다. 자유주의는 자유방임이라는 순수주의 교리를 고수하다가, 진보의 횃불이 집단주의자들의 손으로 넘어가게 하고 말았다. 자유주의자들의 도전은 그것을 되찾는 것이었다.

리프먼 컬로퀴엄의 참석자 대부분은 교조주의적 자유주의가 몰락했고 새로운 자유주의가 필요하다는 리프먼의 요지에 동의했다. 컬로퀴엄은 그 대안의 이름으로 독일의 알렉산더 뤼스토프가 제안한

"신자유주의neoliberalism"를 채택했다. 그 말이 지칭하는 것의 성격에 대해서는 합의가 이루어지지 않았다. 신자유주의가 의미하는 바는 발언자마다 달랐다. 그 회의에는 프랑스 재계 지도자인 에르네스트 메르시에와 루이 마를리오를 비롯해 테크노크라트적이고 자유주의적인 국가통제주의자들도 참석했다. 또한 자유 시장 순수주의자인 미제스와 하이에크도 참석했다. 그 양측의 중간에 리프먼과 독일의 전후 사회 시장 모델 선구자들이 있었다. 최종 선언문은 조금 더한 상태와 조금 덜한 상태 사이의 끝없는 자유주의 진영 싸움의 용인할 만한 휴전을 의미했다. 그것은 국가와 시장 사이의 경계선이 어디에 그어져야 하는지에 대한 원칙이나 실질적 지침으로 인도할 가시적 실마리를 담고 있지 않았다. 자유주의 지식인들은 진보의 횃불을 다시 거머쥐기 위해 컬로퀴엄 선언문 이상을 필요로 하게 되었다.

회의 참석자들은 반자유주의적 타자의 망령을 몰아냈고, 명민하게도 하이에크는 그것을 반집단주의적인 책『노예의 길』(1944)로 펴냈다. 하이에크의 친구이자 동료인 오스트리아 출신의 칼 포퍼는 교편을 잡고 있던 머나먼 뉴질랜드에서, 자유주의의 '부정의 방법'을 독자적인 새로운 영역으로 밀고 나갈 방법에 대해 고심하기 시작했다.

하이에크의 유일하게 널리 알려진 저서『노예의 길』은 '사회주의는 파시즘을 낳으며 경제적 간섭은 가차 없이 전체주의적 통제로 이어진다'는 논점을 취했고, '중앙 계획은 시장보다 더 좋게 작동하지 않을 것이며 정치적 자유는 경제적 자유를 필요로 한다'고 줄곧 강력하게 주장했다. 하이에크의 과장과 파국의 내리막길에 대한 경고의 남발은 심지어 동조자들도 아쉬워하는 부분이었다. 그러나 독자들의 상상력을 휘어잡고 그 책에 대한 예기치 않은 주목을 불러온 것은 바로 그런 점이었다. 특히 미국에서 그런 반응이 두드러졌다. 미국에서는 그 책이 베스트셀러가 되었고, 『리더스 다이제스트』에 요약되고 연재되었다.

불안감 홍건한 누아르 고전인 『노예의 길』은 당대를 대변하는 것이었다. 하이에크의 궁지에 몰리고 오해받는 자유주의자가 집단화된 세계의 비열한 거리를 걸어간다. 그는 필립 말로이기도 하고 윈스턴 스미스이기도 하고 베르나르 리외이기도 하다. 그 글은 많은 곳에서 웅변이 되었다. 하이에크는 1941년부터 3년에 걸쳐 영어로 그 책을 썼다. 그는 거드름 피우고 학자연하고 헐뜯기 좋아하는 빈Wien 사람처럼 보이지 않도록 처음으로 영어로 된 목소리를 찾아낸 것이었다. 그는 리듬을 가다듬기 위해서 처음의 장들을 소리 내어 읽고 또 읽었다고 말했다. 그렇다고 해서 『노예의 길』을 로욜라, 트로츠키, 처칠의 위대한 전통에 속하는 수사와 설득의 대작으로 인정할 만하다고 생각할 필요는 없다. 그 책의 주된 비법은 하이에크가 진심으로 솔직하게 이야기한다는 것이다. 있는 그대로의 감정으로 그는 공상적 사회 개량가이자 대중 사회에서 길을 잃은 자로서 자신을 드러내고, 자신이 사랑하는 자유주의적 19세기의 문명을 갈망한다.

운동을 불러일으키려는 팸플릿들이 그래야 하듯이, 『노예의 길』은 인간의 정신을 위한 투쟁을 선언했다. 집단주의라는 악한 천사와 개인주의라는 선한 천사 사이에서의 선택이란 있을 수 없다고 하이에크는 독자들에게 경고했다. "이제, 거듭 파멸을 불러와 우리를 위험에 빠뜨리는 것이 바로 독일이라는 그 불편한 진실을 이야기할 필요가 있다"고 그는 썼다. 단순히 민주주의자와 파시스트 간에 격렬한 싸움이 벌어진 것이라고 믿고 있던 전시의 독자들은 그 책을 읽으며 깜짝 놀랐을 것이다. 하이에크는 그렇지 않다고 설명했다. 때로는 온화하고 때로는 잔인한 다양한 모습을 하고 숨어 있는 어떤 악당이 파시즘보다 더 음흉하다는 것이었다. 그 악당의 이름은 사회주의 혹은 전체주의였고, 그것이 사람들의 마음을 얻는 관건은 경제 계획이었다. 파시즘과 공산주의가 그 악당의 가장 강력한 형태지만, 그것들 둘 다 영국과 영국의 동맹국들을 위협하고 있는 한 가지 사악한 정신의 발로였다.

하이에크는 19세기 자유주의의 원리들이 도그마로 견고해져서, 처음에는 사회주의라는, 그다음에는 볼셰비키 러시아와 나치 독일이라는 전체주의에 길을 열어주었다는 데 동의했다. 그러나 그 오래된 신념을 포기하는 것이 아니라 그 신념에 새로운 생명을 불어넣는 것에 구원이 있었다. 몇 장의 눈부신 페이지들에서 하이에크는 그 책의 나머지 부분들을 다루는 데 도움이 될 교활한 수사학적 함정을 파놓았다. 경제적 과잉 규제의 결함과 비효율은 우리를 직접적으로 그리고 계속해서 도덕의 파괴와 자유 상실로 몰아갈 우려가 있다는 것이었다. 영국 경제의 개혁주의적 개입이라는 무해한―논란은 있더라도―주제를 다루면서도 하이에크는 이제 독자들이 소련의 국가계획위원회, 슈페어의 노예 노동자, 나치의 강제수용소, 스탈린의 강제노동수용소를 떠올리게 할 수 있었다. 그 책의 강력한 영향이 충격적인 연상 이상의 것에 기대고 있었다고 말할 수밖에 없다. 하이에크는 논쟁이나 논쟁의 씨앗을 제공했다. 그 논쟁들은 그가 『자유헌정론』에서 발전시킨 분명하고 합당한 주제들을 예고했다. 경제적 무지의 불가피성, 법치의 필요성, 돈과 자유의 본질적 관련성, 결과의 평등이 아닌 법에 따른 평등의 필요성, 질서와 자유 사이의 긴장과 자유와 민주주의 사이의 긴장 같은 주제들이다.

말미에서 하이에크는 나쁜 사상들이 자유주의 사회를 파괴할 수도 있다고 독자들에게 경고했다. 그는 활발하고 개방적인 의견 경쟁에 대한 밀의 밝은 확신은 거의 보여주지 않았다. 유해한 믿음들에 맞서 "자유"를 지켜내는 민주 사회의 능력에 대한 하이에크의 의심은 시간이 갈수록 커진다. 이 책에서 그는 자유주의에 가장 해가 되는 신념들을 확인하는 것으로 만족했다. 하나는, 어느 정도의 결핍과 불안정은 항상 우리와 함께하리라는 것을 받아들이지 않는 유토피아적 믿음이었다. 또 하나는, 우리가 사회 변화를 이끌기에 충분한 앎을 갖출수 있다는 오만한 믿음이었다. 그 두 가지 잘못은 "사람들이 이해하지 못하는 논리적 근거는 그 어떤 규칙이나 필요성에도 맡기지" 않으려는 "합리주의적" 거절에 기인한다고 그는 주장했다. 여기에는 1945년 이후의 우파 자유주의가 의지한 이론적 의제가 대략 드러나 있었다.

비판자들은 하이에크의 편향적 역사, 특히 파시즘이 어떻게 확립되었는지에 대한 그의 설명에 불만을 드러냈다. 하이에크의 출생국인 오스트리아가 나치에 넘어간 것은 그 자신도 알다시피 어리석고 과도한 요구를 하는 노조 때문이라기보다는 권위주의자, 반유대주의자, 반민주주의자들 때문이었다. 비판자들은 파국의 내리막길을 이야기하는 것이 적절치 않다고 여겼고, 영국의 온건하고 법의 지배를 받는 집단주의를 파시즘과 공산주의의 혼란스럽고 임시변통적인 폭력과 등치시키는 것은 말도 안 된다고 여겼다. 케인스는 그답게 친절하고 예의바른 편지를 통해 그 주요 이의를 피력했다. 케인스가 시사한 바에 따르면, 자유 기업과 계획 사이에 선이 그어질 필요가 있다는 것에 대해서는 케인스와 하이에크의 생각이 일치했다. 그러나 "당신은 그 선을 어디에 그어야 할지에 대해서는 그 어떤 지침도 주지 않는다"라고 케인스는 하이에크에게 투덜거렸다.

2. 포퍼: 개방성과 실험으로서의 자유주의

포퍼의 『열린 사회와 그 적들』(1945) 역시 자유민주주의 사회의 적들을 공격함으로써 부정의 방법으로—새로운 식이긴 했지만—자유민주주의 사회를 방어했다. 포퍼의 책은 비판 방법과 정신 습관에 초점을 맞추어, '더 많은 국가냐 더 적은 국가냐'의 점점 시들해져가던 논쟁에 바람을 불어넣었다. 그 책은 그 관념의 역사가 정치적으로 유의미하다고 느끼게 함으로써, 매우 오래된 몇몇 텍스트가 활발히 읽히게끔 영향을 미쳤다. 테크노크라트 시대에 적합하게, 그 책은 실험적인 과학과 개방적인 자유주의 정치 사이의 그럴듯한 뛰어난 비유를 제공했다. 역사는 기술 변화에 민감하고 기술 변화는 본디 예측 불가능하다는 점에서 그 책은 역사의 "결정론적" 이론들을, 특히 자유주의적 자본주의의 궁극적 몰락을 예측하는 마르크스주의 같은 이론들을 공격했다.

전시의 협력에 헌정한 포퍼의 책은 방대하고 중대했다. 그 책은 질서와 자유의 긴장에 대해서보다는 닫힌 질서와 열린 질서라는 라이벌 질서들의 경쟁에 대해서 고전적 자유주의의 용어로 이야기했다. 프랑스 사상가 앙리 베르그송은 『도덕성과 종교의 두 가지 원천』(1932)에서 대조적인 윤리적 견해들을 기술하는 데 "닫힌"과 "열린"이라는 말을 사용했지만, 포퍼는 그 말을 더 과감하게 사용했다. 그가 말하는 라이벌 질서들은 사유 양상이기도 했고 사회 형태이기도 했다. 포퍼의 드라마는 자유주의자에 걸맞게 헤라클레이토스와 부단한 변화로 시작되었지만, 닫힌 질서 쪽에는 플라톤과 헤겔과 마르크스가 있었다. 인상적인 서문에서 포퍼는 변화, 불확실성, 삶과 지식의 잠정적이라는 특징을 수용하는 자유주의 지향의 열린 정신, 그리고 동일성, 고정성, 안정성을 갈망하는 반자유주의적인 닫힌 정신으로 세계를 사실상 양분했다. 좋은 사회는 전자에서 나오고 나쁜 사회는 후자에서 나왔다.

하이에크가 『에코노미카』에 발표한 두 논문 「역사주의의 빈곤」(1936)과 「점진적 사회공학」(1944)의 주장을 이어받아 포퍼는 자유주의의 적들을 공격하는 것으로 자신의 부정의 방법을 수행해나갔다. 그 적들의 "역사주의적" 진술은 방법 면에서 틀렸고, 따라서 자유주의가 역사적으로 끝장났다는 그 진술의 결론은 증명되지 않았다. 또한 자유주의의 적들은 사회 진보를 단계적 개혁을 통한 점진적 개선의 수용으로 보기보다 유토피아로의 도약으로 보는 잘못을 범했다. 마지막으로 그들은 사회가 사회 구성원들보다 아무래도 집합적으로 더 크고 더 능력 있고 더 가치 있다고 보는 "전체론적" 시각을 가졌다는 점에서 틀렸다.

포퍼가 보기에 역사주의의 잘못은 "예언의 꿈"이었다. 그가 규정한 바에 따르면, 역사주의자들은 역사에 이를테면 물리학에서 볼 수 있을 만한 보편적 법칙들이 존재한다는 것을 부인했으며, 그들이 역사적 조건들에 따라 바뀌는 도덕 규범을 받아들인 만큼, 그들의 역사 법칙 부정은 보편적 규범들을 부정하는 것이나 마찬가지였다. 역사주의자들은 역사에서 추세를, 심지어 방향과 목적을 간파해야 한다고 주장했다. 포퍼가 보기에 그것은 사태를 더 악화시키는 일이었다. 여기에는 도덕적 상대주의와 예측의 오만이라는 이중의 잘못이 있었다. 법칙과 달리 추세는 잠시 지속하다가 멈출 수도 있었다. 새로운 기술들은 분명 우리에게 놀라움을 안겨주는 방식으로 추세를 끝내거나 전환시켰고, 미래의 발견과 발명은 본성상 예측하기 어려운 것이었다.

포퍼는 자신이 "본질주의적" 정의라고 칭한 것을 경멸했다. 본질주의적 정의란 전문가에 의해 유행하는, 새롭게 도입된 조건의 언어적 상관물을 제공하는 정의였다. 그는 예를 들어가며 "점진적 사회공학"을 상세히 설명했다. 그 예들은 일상생활의 지극히 평범한 가르침들에서 비롯되었다. 예컨대 우리가 버스표를 사기 위해 줄을 서 있으면서 시간을 낭비하는 "실험"을 하고서, 공공 의료 보험과 "경기 순환에 대처하는 수단"에 이르기까지 모두 서둘러 빨리 획득하는 것이 돈이 적게 들겠다고 결론 내리는 것처럼 말이다. 포퍼의 목록은 그가 하이에크와 실제로 얼마나 거리가 먼지를 보여주었다. 포퍼의 친구는 공학이라는 바로 그 발상이 지식의 중앙집권화라는 결코 가능하지 않은 것을 전제한다며 포퍼를 나무랐다. 얼버무리는 한 각주에서 포퍼는, 검증 과정에서 공학자들도 무지를 감안한다고 답했다.

마찬가지로 정의를 내리는 것에 반대하는 정신으로, 포퍼는 무엇이 열린 사회고 무엇이 닫힌 사회인가는 말하지 않은 채 그 각각에 대한 일련의 표지를 제시했다. 닫힌 사회는 전체주의적이고 유기적이고 마술적이고 구체적이며, 출생이라는 사건에 따라 사회관계를 조직한다. 열린 사회는 추상적이고 탈인격적이고 합리적이며, 교환과 협력에 의해 통치되며, 또한 교환과 협력 내에 존재하는, 출생이나 타인들의 결정이 아니라 선택에서 비롯된 사회관계에 의해 통치된다. 포퍼는 그 용어들에 대해 부연하지는 않았다. 그는 열린 사회가 수지맞는 가치이긴 하지만 친밀성 상실이라는 대가를 치러야 한다는 것을 인정했다. 그가 보여준 그런 분리성의 이미지는 그 자체로, 예측 불가능한 기술 변화라는 그의 주제의 한 가지 좋은 예였다. 열린 사회에서 사람들은 "닫힌 차를 타고" 다니고 "타자기로 친 편지나 전보로" 소통한다고 포퍼는 썼다.

포퍼는 자유주의의 정신과 실행을 과학의 정신과 실행에 견주고 자유주의의 적들의 정신과 실행은 준과학 또는 유사 과학의 정신과 실행에 견줌으로써, 기술을 중시하는 시대에 자유주의를 매력적인 것으로 만들었다. 그는 방법의 수준 높은 유비를 통해 정교하게 그렇게 했다. 정치와 역사에 과학의 권위를 부여하는 꿈은 19세기에 많은 사상가를 사로잡았다. 콩트는 관찰할 수 없는 힘이 세계를 지배하는 단계인 "신학적" 단계와 "형이상학적" 단계로부터 자연을 기술하고 사회를 인도하는 사실 지향적 과학이라는 근대의 "실증적" 단계로의 인간 오성의 진보를 이야기했다. 밀은 콩트의 사실 존중을 칭찬했지만, 과학에 종교의 권위를 부여하려는 그의 시도는 매우 싫어했다. 언젠가는 사회의 원리들이 엄밀히는 인간의 심리에 대한 관찰 가능한 사실들에 좌우되는 것으로 보일 수도 있다고 밀은 생각했다. 스펜서는 단계적 진보, 인간의 정신적 발전에 대한 사변적 이론, 생물학적 진화와 역사적 변화의 광범위한 유비를 결합시켰다. 포퍼의 시대에 와서는 그런 장치들이 골동품으로 보였다.

과학은 결코 진리에 도달하지 못할지라도 진리를 목표로 삼는다고 포퍼는 말했다. 자유주의는 더 나쁜 것에서 더 나은 것으로 진보하지만, 이상적인 확고한 상태에는 이를 수 없었다. 과학은 비판적이고 실험적이었다. 자유주의는 탐구적이고 점진적인 방식으로 개방적이며 개혁주의적이었다. 유비는 거기서 멈추지 않았다. 실행으로서의 과학은 검증 가능한 이론들을 제시하면서 발전하며, 그 이론들은 부합하지 않는 증거로 인해 그릇된 것으로 판명나면 폐기된다. 실행으로서의 자유주의는 정책과 제도와 정부를 검증해 그중 작동하지 않는 것들을 개조하거나 제거함으로써 진전했다. 과학에는 실패할 염려가 없는 이론이란 없다고 포퍼는 역설했다. 정치에는 비판이나 개혁을 초월한 정책이나 직무란 없었다. 포퍼의 이른바 과학의 '반증反證주의'에 상응하는 것이 정치의 '부정의 방법'인데, 부정의 방법의 기본 원리는 선을 최대화하기보다 악을 최소화하는 것이었다. 대표적인 예가 바로 대의민주주의였다. 그것은 사람들이 원치 않는 통치자들을 평화로운 방식으로 제거할 수 있게 해주었다. 바로 그 부정의 이점은 민주주의의 가장 큰 매력이자 민주주의를 정당화하는 가장 강력한 이유였다. 스스로 과학적 방법의 통합이라 부른 자신의 웅대한 유비를 완성하기 위해, 포퍼는 과학의 점진주의를 자유주의 정치의 점진주의에 빗댔다. 겸손한 인물이 아니었던 포퍼는 당연히도 그 명쾌한 묘사를 자랑스러워했다.

창의적인 포퍼는 부정의 방법을 새로운 용도로 썼는데, 적수와의 대조를 통해서보다는 부정의 방법을 자유주의적인 방법으로 특징 짓는 것을 통해서 자유주의를 빛나게 한 것이다. 정치의 올바른 방법은 요원하고 불명확한 이상의 성취를 목표로 하는 것이 아니라 국부적 오류와 명백한 오류의 제거를 목표로 하는 것이었다. 플라톤은 오해의 소지가 있는 질문을 던짐으로써 정치적 사유의 방향을 잘못 설정했다. 정치에서 시급한 주제는 "누가 통치해야 하는가?"보다는 "어떻게 하면 나쁘거나 무능한 통치자들이 피해를 입히는 것을 방지할 정치 제도를 만들 수 있는가?" 하는 것이었다. 선의 최대화가 아니라 악의 최소화가 목표가 되어야 한다는 것이었다.

포퍼의 웅대한 유비가 적절한 것이라면, 과학에 대한 그의 묘사와 관련된 세 가지 불만이 정치에 대한 그의 묘사와 관련해서도 똑같이 제기될 수 있었다. 과학적 이론의 옳음을 입증하는 것과 틀림을 입증하는 것이 동일 과제의 상이한 측면으로 보인 것처럼, 악을 최소화하고 선을 최대화하는 것 역시 표지만 다를 뿐 동일 과제로 보였다. 과학적 지식이 실패한 이론들을 제거해가면서 발전하는 것이라면, 모든 사람이 그러듯이 아직 실패하지 않은 견고해 보이는 이론들에 의지하는 것이 어째서 합당한 일이겠는가? 마찬가지로, 만약 어떤 정책이 미래에 실패할 수 있다면, 현재 그 정책에 의지하는 것이 어째서 현명한 일이겠는가? 마지막으로, 과학에는 어떤 이론의 신빙성을 결정적으로 떨어뜨리는 결정적인 테스트가, 설령 존재한다 해도 극히 드물었다. 각 이론에는 보조적인 이론과 가정들이 얽혀 있었다. 오류는 실험자들에게 몇 가지 선택지를 남겼다. 즉, 실험자들은 그 이론을 버릴 수도 있었고, 일부 보조적 가정을 버릴 수도 있었으며, 잘못된 실험을 탓할 수도 있었다. 정치에서도 마찬가지였다. 어떤 정책이 효과가 없는 것 같다고 합의되었을 때에도 선택지들이 남아 있었다. 즉, 그 정책을 버릴 수도 있었고, 사실상 문제를 야기하는 것일 수 있는 어떤 유관 정책을 탓할 수도 있었고, 애초의 결정적 판단을 거부할 수도 있었다. 메커니즘이나 보장 같은 것은 없었다. 판단과 선택을 피할 수 없었다. 과학에서와 마찬가지로, 실행과 경험은 무엇을 고치거나 개혁할 것인지의 선택을 이끌었다.

1945년경에는 자유주의적 자본주의의 세 가지 거대 서사가 존재했다. 궁극적 쇠락, 조건적 회복, 지속적 성공이 그것이었다. 리프먼과 하이에크는 조건적 회복을 이야기했다. 좀더 자신감과 패기가 넘치는 포퍼는 과학적·기술적 정신의 문제 해결 창의성이 어떻게든 자유주의 정치로 번져나가 결실을 맺을 것이라고 여겼다. 포퍼가 보기에 자유주의적 개방성은 비판자들이 주장하는 것처럼 약점이기는커녕 힘과 지속의 원천이었다. 잠깐 사이에, 자유주의의 거듭된 기류 변화 중 또 한 번의 변화가 닥치면서 절대적이기도 하고 잠정적이기도 한 쇠퇴가 잊혔다. 1960년경에 가장 설득력 있게 들린 자유주의 서사는 역사적 성취를 이야기하는 것이었다. 1945년 이후 시간이 지나면서 자유주의자들은 자유주의 질서에의 꿈이 성취 불가능해 보이지 않는다고 생각하기 시작했다. 또한 그들의 꿈은 부정의 방법에서의 성공도 아니었고, 나쁜 것 중에서 가장 덜 나쁜 것도 아니었고, 냉전에서 자유 세계가 공산주의 세계라는 타자보다 우위에 있는 것도 아니었다. 오래된 자유주의의 꿈—과도한 권력에 의지하지 않는 동등한 시민들 사이에서의 인간의 진보라는, 윤리적으로 수용 가능한 질서—은 더 이상 너무 무리해 보이지 않았고, 너무 유토피아적으로 보이지 않았다. 덜 논박되고 더 널리 수용되면서 그 꿈은 성취 가능한 것으로 보이기 시작했다.

3부
두 번째 기회와 성공
(1945~1989)

IBERALISM

10장

1945년 이후의 역사적 상황:

자유민주주의의 새로운 시작

이것은 자유주의자들의 두 번째 기회였고 그들은 기회를 잡았다. 어쨌거나 서구에서는 이제 승자나 패자나 모두 피해야 할 게 무엇인지를 알고 있었다. 소비에트라는 타자의 영향 아래 윤곽이 잡히고 복지국가에 의해 승인된 자유민주주의는 서구의 규범이 되었다. 개인들은 새로 재단된 권리들을 착용하고서 중앙 무대에 올랐다. 대학에서 전문적으로 다뤄졌던 자유주의 사상은 연륜이 쌓여가면서 스스로를 들여다보기 시작했고, 자유주의의 고상한 "동기들"에 대해 철학적으로 숙고하기 시작했다. 가까운 과거와 대조되는 자유민주주의 사회는 대부분의 사람이 성장하기에 좋은 곳이었다. 다른 곳에 사는 많은 사람에게 자유민주주의 사회는 살고 싶은 곳이었다. 자유민주주의의 매력은 널리 퍼져나갔다.

분열적인 나폴레옹의 격변 이후인 1830년경과 마찬가지로, 전후 서구의 정치인과 기업인들은 다시 한번 유사한 방식으로 자신들의 문제를 생각하기 시작했다. 그들은 서로의 책을 읽고 번역했으며, 서로의 대학을 다녔다. 그들은 자신들이 서로의 해법에 매여 있음을 알게 되었고, 함께 해법을 찾기 시작했다. 그들은 정치에 관한 공통의 사고방식을 발전시켰고, 국가별로 따로따로 큰 결정들—통화, 군대, 법에 관한—을 내리는 것을 중단했다. 단절과 갈등으로 인한 비용이 이제 너무 커졌기 때문에 그럴 필요가 있었다. 그들의 사회가 비슷하게 성장하고 있었기 때문에 그런 일이 가능했다. 역사적으로 놀라울 정도로 짧고 압축적인 폭발적 변화가 일어났는데, 자유주의의 짧은 수명동안 가장 먼저 문맹의 시골 농촌 사회가 반쯤 문맹의 도시 산업 사회로 변모했다. 이제 두 번째 가속화 시기에 이르러, 유럽과 미국의 사회들은 완전히 문맹에서 벗어난 교외의 후기 산업 사회로 신속하게 수렴되고 있었다. 이러한 상황에서 경제적·정치적 협력이 다시 가능해졌다. 재앙적 수준의 자유주의적 오류들에 대한 생생한 경험이 그런 협력을 필연적인 것으로 만들었다.

유럽과 미국의 정부들은 관세 축소, 상호 방위, 화폐 공조 같은 까다롭고 불균등하지만 궁극적으로 지속 가능한 협정들로 결합되었다. 유럽은 150년에 걸친 유럽 국가들 간의 내전에서 벗어나 탈국가적 연합을 만드는 일에 착수했다. 유럽의 독재적인 열외국들—스페인, 포르투갈, 그리스, 그리고 한때 공산권에 속했던 유럽 국가들—이 그 계획에 참여하고자 했을 때 자유민주주의는 가입 조건의 하나였다. 서구의 자유주의가 전 세계적으로 베풀어진 자선은 아니었다. 유럽 식민지들에서 1940년대부터 1970년대까지는, 자유주의자들이 스스로에게 약속했고 마지못해 피지배 민족들에게까지 확장시켰던 것—

원치 않는 권력에 맞선 자치와 방어—을 확보하기 위한 잔혹한 독립 전쟁의 시기였다. 그럼에도 불구하고, 민주주의를 받아들인 자유주의 자들이 안정화하고 확장하고 영속시키고자 한 공통의 국제적 정치 관행이 성장하기 시작했다.

폭넓은 자유주의적 정치 중심지에서 전문성을 띤 사람들이 새로운 국제 질서를 만들어냈다. 그들은 자유주의의 실수에 대한 경험에 의지했다. 독일은 전쟁에 대한 책임으로 비난받았고, 이는 1918년에 비하면 훨씬 타당한 일이었지만, 배상금은 원조와 재건에 의해 제한되고 상쇄되었다. 미국과 유럽의 번영이 긴밀하게 엮여 있었던 만큼, 통화 협력과 개방 무역은 필수였다. 프랑스와 독일의 경쟁이 두 전쟁에 일조한 만큼 유럽의 화해는 중요한 문제였다. 미국은 마셜 플랜에 따른 원조를 통해서 패전국 독일을 포함해 유럽에 130억 달러를 지원했는데, 경제의 일부인 이 원조는 오늘날로 치면 5000억 달러에 해당됐다. 1873년의 공황에서 1930년대의 불황에 이르기까지의 경험을 통해 자유주의자들은 개방적이고 번성하는 무역을 위해서는 고정 환율이 유익하고 통화 전쟁은 나쁘다는 것, 하지만 고정 환율을 유지하려는 노력은 어느 나라에나 큰 부담이 될 수 있다는 것을 배웠다. 미국 재무부의 해리 덱스터 화이트와 영국의 메이너드 케인스는 개방 무역과 고정적이지만 조정 가능한 환율에 알맞은, 달러를 기축 통화로 하는 통화 체제를 고안했다. 프랑스의 로베르 쉬망과 독일의 발터 할슈타인은 150년에 걸친 전쟁 후 평화와 번영의 반세기를 연 유럽의 경제적·정치적 통합에 초석을 놓았다. 대서양 양안의 자유주의 경제학자들은 1930년대로부터 전문적인 교훈을 끌어냈다. 통화와 금리를 화폐 공급에 맞추고 화폐 공급을 생산과 고용에 맞추는 것이—그 반대가 아니라—최선이라는 것이었다. 이는 애덤 스미스의 자유주의 이전의 지론, 즉 국가의 부가 금이나 은이 아니라 생산, 노동, 기술에 달려 있다는 생각을 회복하는 것이었다.

전후의 자유주의적-민주주의적 세계는 점점 더 부가 늘어나는 세계였지만, 또한 부가 좀더 널리 공유되는 세계이기도 했다. 1인당 소득은 증가했고, 소득 불평등은 감소했다. 삶은 더 길어졌고 더 건강해졌다. 공립 학교, 곧이어 공립 중등 학교도 보편화되었다. 공직자 선거권과 피선거권이 모두에게 가능해졌다. 사람들이 행하거나 말할 수 있는 것에 대한 수많은 법적 제약이 사라졌다. 언론과 방송에 대한 통제가 완화되었다. 법은 사적인 삶에 덜 간섭하게 되었다. 이혼, 피임, 낙태에 대한 금지나 제약이 줄어들거나 사라졌다. 동성애자에 대한 합법적 박해가 끝났다. 다른 한편, 법은 예전처럼 주주만을 보호하기 위해서 개입하지 않고 노동자를 보호하기 위해서 더 많이 개입했다. 법은 여성과 비백인에 대한 차별을 제한하기 위해 나섰다. 피의자는 경찰과 법원에서 더 잘 항변할 수 있었다. 유럽에서—그리고 미국에서도 잠시—사형제가 사라졌다. 자유주의의 이상들을 고려해보면, 자유민주주의 사회는 여러모로 성공적이었다. 사람들은 권력에 저항할 방법을 전보다 더 많이 가지고 있었다. 사회와 사회 구성원들의 삶은 많은 점에서 향상되었다. 국민에 대한 존중과 관심이 깊어졌고, 이제는 관습과 법에 널리 내재해 있었다. 사람들 간의 갈등은 평화적 경쟁으로 전환되면서 억제되었고, 그 어떤 권력도 지배력을 휘두를 수 없었다. 서유럽과 미국의 국민에게는 전후 몇십 년 내에 자유주의의 꿈이 성취 불가능한 것으로 보이지 않게 되었다.

1880년대부터 1940년대까지의 기간에 민주주의적 자유주의가 어떤 역사적 타협을 통해 출현했다. 1950년대에서 1970년대까지의 기간에는 그 타협의 조건들이 재조정되고 정착되었다. 자유주의자들이 자유 시민들을 위해 주장했던 보호와 혜택이 모든 사람에게 적용되었다. 마침내 정치적 민주주의가 보편화되었다. 어린이와 청소년을 제외한 모든 사람이 투표권을 가졌다. 자유주의자들이 현명하고 교육받은 이들의 전유물로만 여겼던 프라이버시와 허용이 모든 사람에게 확대되면서 윤리적 민주주의가 확산되었다. 국민이 좋은 삶에 대한 각자의 방식을 선택하게 놔두는 것이 간섭적인 자유주의 교육가를 눌러 이겼다. 콩스탕이 훔볼트를 눌러 이긴 것이다. 경제적 민주주의도 퍼져나갔다. 더 많은 사람이 경제에 대해 목소리를 냈다. 사회는 피라미드 형태보다는 다이아몬드 형태에 점점 더 가까워졌다. 맨 꼭대기의 소수의 부자와 맨 아래의 소수의 빈자 사이에 두터운 중간 계층이 끼어들었다. 피셔, 케인스, 하이에크가 각자의 방식으로 구해내고자 했던 그런 종류의 경제 사회가 마침내 이루어졌다.

그런 환영할 만한 발전들은 사회 갈등에 관한 자유주의 사상에 영향을 끼쳤다. 정치에서 자유주의자들을 그들의 경쟁자와 구별시켜 주는 사고는 갈등을 결코 끝나지 않는 것, 불가피한 것으로 여기는 것이었다. 1945년 이후의 자유민주주의의 성공으로 이제 자유주의자들에게는 자신들의 그 지론을 무시해도 되지 않을까 하는 유혹이 싹텄다. 사회가 더 부유해지고 더 많은 중간 계층을 만들어냄에 따라, 갈등이 완화될 수도 있는 어떤 단계가 다가오고 있다는 생각이 꽤 그럴

듯해 보인 것이다. 지위와 재산이 지배했던 18세기의 세계는 헤겔, 기조, 마르크스에게 정치적 갈등을 계급 투쟁으로 묘사한 그림을 물려주었다. 그것은 거부할 수 없는 그림이었다. 이해하기도 쉬웠다. 그 그림은 다른 정치 갈등들에 대한 생각을 정리하는 깔끔한 방법을 제공했다. 또한 사건들의 흐름을 잘 꿰뚫고 있었다. 자유주의자들을 포함해 모든 사람이 그 그림에 의지했다.

20세기 중반에 이르러서는 그 그림이 더 이상 타당하지 않았다. 계급 갈등이 끝나가자 갈등 자체가 끝나간다고 생각하기 쉬웠다. 성공을 거둔 자유주의자들은 갈등이란 결코 끝나지 않는다는 것을 상기해야 했다. 경제와 관련된 분쟁은 사라지지 않았다. 그 분쟁은 정부 대 정부 고용인, 어린아이 대 연금생활자, 주주 대 경영인, 부유한 도시 대 가난한 지방, 신기술 대 퇴조하는 산업의 분쟁처럼 다면적이었다. 삶이 편안해질수록 자유주의 정치는 복잡해졌다. 오래된 정치 진영들은 해체되었고 당파들의 경계가 흐려졌다. 정치적 갈등은 사라지지 않았다. 정치는 "범분야적"이었다. 특히 경제가 나아지고 있을 때, 사람들은 도덕, 충성—머잖아 "정체성"으로 알려지는—, 신념을 두고 다투기 시작했다. 일부 자유주의자는 명확성의 상실과 명확한 서사의 부재를 정치가 사람들의 실질적·지적 통제를 벗어나고 있다는 신호로 이해했다. 자유주의 자체가 형태를 잃어버리고 각각 다른 "자유주의들"로 분열된 것이 아닌지 자유주의자들은 자문했다. 반면, 다른 자유주의자들에게는 서사의 단순화를 포기하고 복잡성을 인정하는 것이 자유주의의 분열이 아니라 자유주의의 성취를 특징짓는 것으로 비쳤다.

11장

새로운 토대:
권리, 민주주의적 법치, 복지

1. 1948년 인권선언의 입안자들:
자유민주주의가 세계로 뻗어나가다

찰스 말리크는 일기장에 "음모, 로비활동, 비밀 협정, 연합, 권력 정치, 협상은 나를 구역질 나게 한다"라고 썼다. 레바논의 철학자 말리크는 세금을 둘러싼 갈등, 무기 예산, 종파 간 전쟁에 대해 기술한 것이 아니라 전후의 세계인권선언과 관련된 자신의 일에 대해 기술한 것이었다. 1946년 말에 유엔총회는 초안을 위한 위원회를 구성했고, 그 위원회는 뉴욕시 근처의 레이크석세스에 있는 폐업한 자이로스코프 공장에서 정식으로 회합을 가졌다. 초안자 중 한 명이었던 말리크는 여러 대립과 세부 내용에 좌절감을 느꼈다. 그가 보기에 인권의 힘과 명확성은 뚜렷하게 빛을 발했다. 인간성에 대한 찬미를 신조로 삼고 있던 정교회 기독교도인 말리크는 불관용과 무도한 학대를 경험으로 알고 있었다. 그는 종파적으로 분열된 지역 출신이었는데, 그곳에서는 다수가 소수를 "조종"하거나 위협했다. 그는 독일에서 마르틴 하이데 거 밑에서 수학했지만, 나치 학생들이 그를 유대인으로 오해해 구타한 이후인 1933년에 미국으로 떠났다. 레이크석세스에서 말리크는 격분 이라는 인간 감정을 법적 용어로 성문화하는 것이 얼마나 힘든 일인 지를 배웠다. 권력의 남용으로부터 인간을 방어하는 임무를 법과 정 부와 다수 대중이라는 바로 그 권력들에 위임하는 것이 얼마나 황당 한 일인지도 알게 되었다. 1948년의 인권선언은 계속해서 혼란을, 심 지어 경멸을 자아냈다. 그럼에도 불구하고, 전후에 자유주의적-민주 주의적 이상들이 다시금 이야기된 것과 마찬가지로 그것은 좌절과 무 시 속에서도 놀라운 끈기로 살아남았다.

말리크의 동료 초안자들 중에는 좀더 세속적인 관점을 가진 또 한 명의 자유주의적 "보편주의자", 즉 프랑스의 공법 전문가이자 전시 에 런던에서 레지스탕스 활동에 참여했던 인물 르네 카생이 있었다. 또한 "부르주아"의 권리를 프롤레타리아 연대의 대용품으로 취급하는, 미미하게나마 당의 노선을 따르는 소련 법률가도 있었다. 비공산주의 자인 중국 학자 장펑춘은 서구의 규범에서 유교와 유사한 것들을 알 아보았고, 그것을 애써 번역해 설명했다. 인도의 사회개혁가이자 독립 운동가 한사 메타는 여성의 권리를 주장했다. 인권이 인간성이라는 가 치를 지탱해주고 사람들을 학대로부터 보호해주는 것이라는 데는 대 부분의 초안자가 동의했다. 하지만 그런 목표를 모두가 동일한 방식으 로 이해한 것은 아니었다. 의장은 전임 미국 대통령의 미망인이자 진 보적 대의를 옹호한 노련한 활동가인 엘리너 루스벨트였다. 그 다채로운 구성원들과 함께한 그녀는 81차례의 회의를 통해서, 도달 불가능해 보이곤 했던 만장일치에 가까운 결론으로 그들을 이끌었다.

첫 번째 과제는 널리 인정되는 권리들의 신뢰할 만한 목록을 작성하는 것이었다. 캐나다 법률가 존 험프리가 이끈 팀은 전 세계의 법전과 헌법을 철저히 조사했다. 험프리의 긴 목록은, 대표적이고 공통적이며 "보편적"이라고 간주될 수 있을 만큼 수많은 국가에서 이러저러한 형태로 확립되거나 선포된 자유와 보호들로 채워졌다. 그렇지만 그 목록은 잘 정리되어 있진 않았다. 법규를 정돈하는 데 익숙한 카생이 목록에 질서와 근거를 부여하는 일을 떠맡았다. 카생은 어떤 그림을 그렸다. 그는 인권을 고전적인 신전의 정면부로 상상했다. 네 기둥은 존엄성, 자유, 평등, 박애라는 최고 가치들을 나타냈다. 그 가치들은 페디먼트에 엄숙하게 새겨진 권리들을 떠받쳤다. 자세히 보면, 불분명하게 떠받치고 있을 뿐이었다. 그래도 카생의 그림은 목적에 충실했다. 그가 부여한 질서와 느슨한 분류는 이후의 논쟁들을 견뎌내고 살아남았다.

최종 선언문의 1조는 그 네 가치를 모두 선언했다. "모든 인간은 태어날 때부터 자유로우며 존엄성과 권리에서 평등하다. 그들은 이성과 양심을 부여받았으며 서로에게 박애의 정신으로 행동해야 한다." 2조는 모든 곳에서 모든 사람이 차별이나 배제 없이 권리를 누릴 수 있어야 한다고 밝혔다. 3~11조는 "사람의 생명, 자유, 안전"에 대한 권리들과 법 앞의 평등 등, 강력한 권위가 사람들에게 해야 하는 것과 하지 말아야 하는 것을 다루었다. 12~17조는 사람들이 사회 안에서 자기 의지대로 행동할 수 있게 하는 자유들을 배치했다. 그 조항들이 요구하는 것은 프라이버시 존중, 결혼의 자유, 재산 소유의 권리, 거주 이전의 권리 같은 것이었다. 18~20조는 공적 삶과 정치에서 발언하고 참여할 권리, 즉 뜻하는 바대로 말하고 믿을 권리, 회합할 권리, 발언할 권리, 공직에 나갈 권리를 이야기했다. 종합해보면, 처음 20개의 권리는 독점적이지 않게 민주주의적으로 취해진, 자유주의적 시민 존중, 비침해, 비방해라는 핵심 요소들을 반영하는 것으로 간주될 수 있다.

그다음 7개 조항은 권리에 대한 낡은 이해를 훌쩍 넘어서는 것이었다. 21조는 앞의 권리들을 행사할 수 있기 위해 요구되는 법적·정치적 장치들을 규정했다. "사람들의 의사가 정부 권위의 기초가 되어야 한다. 그 의사는 보통·평등 선거권에 의해, 그리고 비밀 투표나 비밀 투표에 상응하는 자유로운 투표 절차에 따라 실시되는 정기적이고 깨끗한 선거에 의해 표출되어야 한다." 1914년 이전의 "새로운 자유주의"의 정신에 따라, 22~27조는 사람들의 욕구에 대한 공통의 배려를 포함하기 위해서 우리가 줄곧 시민적 존중이라 부른 것을 다뤘다. 22조에는 다음과 같이 적혀 있다. "모든 사람은 사회의 일원으로서 사회보장에 관한 권리를 갖는다." 뒤이어 다른 "사회적 권리들"이 줄줄이 언급되었다. 그중에는 사회복지, 동등한 보수, 노동의 권리, 휴일의 권리, 아이와 어머니에 대한 특별한 보호의 권리도 있었다. 종합해보면, 21~27조는 "사회적" 경향이 강한 자유민주주의에 대한 보편적 권리를 선언한 것이었다.

초안자들은 18세기의 미국과 프랑스 입헌주의자들이 자신들의 큰 계획을 드높이기 위해 소환했던 "자연의 법칙"이니 "자연의 신"이니 "최고 존재"니 하는 것을 언급하지 않기로 했다. 권리란 형이상학적으로 어떤 종류의 것인지, 권리의 권위는 어디에서 오는지, 우리를 권리에 도덕적으로 매이게 하는 것은 무엇인지 등의 문제들에서 의견 차이가 해소되지 않는다고 해서 내용에 대한 동의가 흔들려서는 안 된다고 카생은 주장했다. 또한 사람이 먼저냐 사회가 먼저냐 하는 식의 경쟁 구도로 인해 선언이 흔들려서도 안 되었다. 초안에 전제된 것은, 권리는 부여된다기보다는 인정된다는 것, 권리는 지켜지든 그렇지 않든 어떤 의미에서 저쪽에 독립적으로 존재하면서 우리에게 구속력을 발휘한다는 것, 따라서 권리는 실질적인 보호에 대한 서술이라기보다는 "모든 국민과 모든 국가"의 "성취 기준"이라는 것이었다. 나아가 그 선언은 인권의 정확한 지위와 일반적 목적에 관한 미결의 고차원적 문제들을 남겨놓았다.

1948년 9월에 루스벨트 측 전문가들은 별 반대 없이 초안을 승인했다. 이제 각국의 정부가 유엔의 한 상급 위원회에서 직접 의견을 나누었고, 이 위원회는 다시 100회 이상의 회의를 열었다. 영국은 사회적 권리들을 배제하고 자국의 식민지에 대해서는 그 선언을 거부하는 등 미온적으로 행동했다. 유고슬라비아는 미국을 향해 왜 남아프리카공화국의 아파르트헤이트는 반대하면서 미국 남부의 인종 차별에는 반대하지 않는지 물었다. 사우디아라비아는 여성의 권리에 저항했다. 소련은 일체의 가식을 버리고, 그 선언이 국가의 주권을 침해한다며 공개적으로 반대했다. 그렇지만 결국 최종안이 총회에 상정되었고, 12월 10일에 48대 0의 투표 결과로 승인되었다. 사우디아라비아와 남아프리카공화국, 그리고 7개의 공산주의 국가는 기권했다. 아프리카와 아시아의 국가들은 대부분 불참했다. 머잖아 자결권과 탈식민화를 통해서 세계 무대에 나설 국가들의 4분의 3이 사실상 빠진 것이었다.

그럼에도 불구하고 그것은 대단한 성취였고, 당시에도 그렇게 인정되었다. 도덕적인 분위기가 뚜렷이 조성되었다. 1948년 영국 외무부를 대표해 유엔에 참석했고 후에 유럽인권위원회 의장이 된 인권 변호사 제임스 포셋—나의 아버지—이 『국제법』(1968)에서 썼듯이, 1930년대 이후 세계는 "도처에서 야만으로의 회귀"를 보여주고 있었고, "그로 인해 충격을 받은 인류는 이른바 모든 문명을 위해 인류가 할 수 있는 일이 무엇인지를 깨달았다". 그러한 맥락에서 인권선언은 일종의 속죄였다. 또한 그것은 새로운 정치를 위한 세계 헌장이기도 했다. 1948년 12월은 자유민주주의가 좁게 서구에 국한된 열망이 아니라 전 세계적인 열망으로 인정된 순간으로 간주될 수 있을 것이다.

그 인정은 널리 확산되긴 했지만, 그럼에도 보편적이진 않았다. 다른 정치적 열망들도 여전히 살아 있었다. 최종 투표에서 여실히 드러났듯이, 특히 선언문에서 거론된 사유재산과 자유 선거는 자유주의-민주주의 원칙과 공산주의적·배타적·독재적 원칙들을 갈라놓는 것이었다. 많은 식민지 국가는 미래의 자국 시민들을 위한 권리보다는 독립과 자결권에 관심이 더 많았다. 심지어 자유민주주의자들 사이에서도, 정치 도덕의 인정된 한 고정점이 의문과 환멸의 대상이 되었다고 여겨 동요하게 되기까지 오랜 시간이 걸리지 않았다. 인권에 대해 광범위하게 의심이 시작된 것처럼, 선언문에 대해 의심이 시작되었다. 법적·지적·정치적 차원의 의심이었다. 그런 각종 의심은 과장된 것이었다. 그러나 의심이 워낙 널리 퍼져 있었기 때문에—그리고 여전히 그렇기 때문에—짚고 넘어갈 만하다.

법적 의심들은 마음에 들지 않는 선택으로 보이는 것과 관련 있었다. 인권은 집행 가능한 법으로 만들어질 수 있었고, 그때 인권은 명백한 학대와 권력 남용으로부터 사람들을 보호하려는 핵심적인 관심사와는 동떨어진 거의 기술적인 문제들로서 지나치게 형식화되는 위험에 처했다. 혹은 인권은 그저 담화의 소재로 남아, 각국 정부가 서로를 때리는 몽둥이처럼 사용될 수도 있었다. 인권을 들먹이면서 제3세계 사람들이 식민주의를 공격하고, 공산주의자들이 서구의 사악함을 공격하고, 서구인들이 공산주의 국가와 제3세계의 독재자들을 공격하는 식으로 말이다.

의심하는 이와 거부하는 이들이 보기에, 두 선택지 모두에서 최악의 사태가 발생했다. 서유럽 사람들은 집행의 경로를 취했다. 1950년에 그들은 정부의 위반 사항을 판결할 힘을 가진 재판소의 설치를 포함하는 자신들만의 인권 협정을 맺었다. 그러자 시민들은 인권 침해에 대해 직접 진정할 수 있게 되었다. 당연히 기대가 컸다. 그렇지만 유럽의 인권법이 견인하는 것이 오히려 그 인권법의 초점과 바른 정신을 잃게 할 위험이 있다고 많은 사람은 우려했다. 비판자들이 우려한 대로, 잔혹하고 극악한 학대를 방지하기 위한 협약은 정부의 위반자들이 인지하지도 못했을 법한 형식적이고 절차적인 위반들에 매달리기 시작했다. 급기야 민간에서 이루어지는 시민들 간의 계약조차 인권의 제약을 받는 대상이 되었다. 오래지 않아 처리되지 못하고 밀려 있는 사건이 10만 건 이상으로 증가했다.

유엔에서는 인권 관련 문제가 남용된 것이 아니라 오용되었다. 열망과 달리, 유엔 인권선언은 시행이나 집행으로 이어지지 못했다. 그럼에도 유엔 인권 기구들 간의 불화는 커져만 갔고, 이로 인해 계속해서 탁상 공약들만 만들어졌다. 서구인들은 신생 독립국들이 자국의 시민을 보호하기보다 서구를 꾸짖기 위해서 유엔의 인권 기구를 더 많이 활용한다고 불평했다. 제3세계 국가들은 서구 역시 그 같은 과오를 범했다고 반격했다. 어찌 보면 양쪽 다 옳았는데, 좀더 깊은 문제는 어떤 종류의 정부이건 지속적인 압박을 받지 않는 한 인권을 존중하고 증진하기를 기대한다는 데 있기 때문이었다. 영국 학자 허버트 니컬러스는 유엔에 대한 1975년의 연구에서, "모든 시대 모든 나라에서 해당 정부가 늘 주요 위반자였던 만큼 정부 조직이 인권 보호에 헌신한다는 것은 태생적으로 부조리한 일"이라고 신랄하게 논평했다. 모든 정부에 인권을 설파할 것을 기대할 수 있고 그 기대가 이루어질 수도 있지만, 어떤 정부에도 인권을 옹호할 것을 기대해서는 안 되었다.

인권에 대한 지적 환멸은 조롱하는 사람, 비난하는 사람, 부정하는 사람에 맞서 인권을 옹호할 안정적이면서 공개적으로 사용 가능한 방어책들을 찾는 데 실패한 것처럼 보이면서 커졌다. 1948년에 프랑스 철학자 자크 마리탱, 영국 역사학자 E. H. 카, 인도 지도자 마하트마 간디가 속해 있던 유네스코의 한 위원회는 인권의 철학적 토대를 개관해달라는 요청을 받았다. 그들은 그 토대가 의견 일치를 보기 힘든 성가신 주제라는 결론에 도달했는데, 독자들은 이에 충격받지 않았다. 인권선언은 그것이 인정하거나 낳은 시민적·정치적 권리들의 본질에 대한 일종의 지적 공백 속에서 기초되었다. 정의와 권리에 대한 고대와 근대 초기의 사유는 유효했으나, 전문가들에 의해서만 하나의 원칙으로 해석될 수 있었다. 영어권 전통에는 권리들, 특히 보편적 인권에 대한 분명한 철학이 거의 존재하지 않았다. 가장 풍부한 법사상을 가진 곳은 독일이었지만, 1948년에는 그 누구도 독일에 인권에 대한 사상을 기대하고 있지 않았다.

앞서 보았듯이, 초기 자유주의자들은 사람들을 대표해 권력에 대한 반대를 외쳤다. 그들은 보호, 허용, 발언권을 요구했다. 대체로 그들은 오늘날 우리가 공민권이나 보편적 권리나 인권이라 칭하는 것의 차원에서 그런 요구를 한 것이 아니었다. 일반적으로 사적 권리는 한 국가의 법원에서 다루어지는 것인 계약이나 관례에서 비롯된다고 여겨졌다. 정치적 권리—예컨대 선거, 집회, 피선거의 권리—는 시민들의 권리였다. 어느 쪽이든 권리는 일국적인 것이었다. 사람들을 적절히 대우하는 것에 대한 옹호 가능한 주장들이 국경을 넘는 한, 그 주장들은 권리라기보다는 선언적 희망이었다. 법적으로 자리 잡은 권리가 정치적인 것인 한, 그 권리는 일국적인 것이지 보편적인 것이 아니었다.

미국에 시민적·정치적 권리들이 존재했지만, 1791년의 권리장전은 단지 연방정부 차원에서 시민들을 보호하는 것과 관련 있을 뿐, 주정부 차원의 보호와는 관련이 없었다. 많은 주 정부가 선택적으로 권리장전을 인정했다. 19세기의 미국 헌법은 비즈니스와 재정에 압력을 가하며, 주법과 연방법의 짜깁기를 통해 국법을 만드는 주요 과제에 직면했다. 앞서 보았듯이, 헌법 관련 사건이 시민과 직접 관련된 것일 때, 19세기 미국의 법원들은 권리장전을 시민의 자유를 위한 헌장보다는 자유롭게 체결된 계약의 보호 장치로 이해하는 경향이 있었다. 1930년대까지, 보통 대법원의 시민적 자유 옹호자인 홈스와 브랜다이스가 반대 의견을 표명하는 두 명의 소수파를 형성했다. 영국에서도 상황은 크게 다르지 않아, 의회의 의지에 맞서 법원이 강제할 수 있는 시민적 자유와 정치적 권리라는 법적 개념은 매우 낯설었다. 전체적으로 볼 때, 1790년대에 울려 퍼진 프랑스 선언문들은 프랑스 법률가들이 19세기 초의 시민적·행정적 규약들을 기초하면서 감당해야 했던 실질적 과제, 즉 기존의 로마적·봉건적·관습적 규약들의 조화롭지 못한 덩어리를 단일 체계의 국내법으로 만들어내는 과제에 거의 직접적인 영향을 미치지 않았다.

카생이 인권선언의 초안을 만드는 과정에서 그랬던 것처럼, 1945년 이전의 자유주의 사상가들은 세상의 지식 속에서 권리에 적합한 자리가 어디인지, 권리가 갖는 권위의 근원을 어디서 찾아야 하는지에 대한 철학적 질문들을 피하는 경향이 있었다. 19세기 초 자유주의가 탄생할 즈음, 자연권(어디서나 사람들이 단지 인간이라는 이유만으로, 혹은 적어도 유럽 남성이라는 이유만으로 갖는) 관념은 자연법(어디에나 있는, 법과 사람들을 위한 정의의 논박 불가능한 기준들)의 쇠퇴와 함께 사라졌다. 권리에 대한 19세기의 또 다른 보편주의적 학설들과 마찬가지로 그 쇠퇴에도 몇 가지 이유가 있었다. 만약 자연법이 신의 명령을 요약한 것으로 여겨진다면, 자연법은 세속주의의 확산에 취약할 것이다. 만약 자연법의 원천이 우리의 타고난 사회성이라고 간주된다면, 자연법의 지침은 더 이상 확실하지 않을 것이다. 왜냐하면, 자연법이 사회에 속하는 것은 자연적인 일이겠지만, 사람들이 "자연적으로" 속해 있는 현실 사회는 이제 모두 영원한 격변 속에 있기 때문이었다. 권리 주장에 구체적인 내용을 부여하는 종류의 사회적 태도와 물질적 기대는 결국 바뀌고 있었다. 게다가 "자연적"이라는 말은 점점 더 "보편적"이라는 말과 통하지 않게 되었고, 사람들의 마음속에서 "국가적"이라는 말과 잘 구분되지 않게 되었다. 근대 국민국가의 부상으로 국가적 특징들의 재발견 혹은 발명이 촉진되었고, 그 국가적 특징들로 인해 세계는 아마도 각기 다른 법적 전통의 근간이 되는 각기 다른 윤리적 관습을 가졌을, 뚜렷이 구분되는 각기 다른 사회들로 분할되었다. 칸트가 자유주의 사상에 인간 이성과 법에 대한 어떤 대립되는 보편주의적 비전을 물려준 것은 사실이다. 그 비전에 따르면, 정의의 기준들은 신이나 국가나 사회의 명령에 있는 것이 아니라, 이기적이지만 합리적인 피조물이라면 누구나 모든 사람에게 구속력이 있는 것으로 자연스럽게 받아들일 규칙에 있다. 이론적 힘에서나 지적 설득력에서나 칸트주의는, 사람들이 실제로 요구하고 필요로 하는 종류의, 법으로 뒷받침된 허가와 보호를 정당화하기에는 너무 추상적으로 보였다. 그 어떤 전통도 자유주의자들이 법철학에 바라는 바를 제공하지 못하는 것처럼 보였다. 즉, 부단히 변화하는 사회에서의 질서의 유연한 원천과 개혁의 칼을 즉각적으로 정당화해주지 못하는 것처럼 보였다. 그러한 목적에 비추어보면, 자연법은 너무 과묵하거나 너무 보편적이거나 너무 확고했고, 칸트주의는 너무 추상적이었다.

초기 자유주의자들이 법철학을 필요로 했거나 법철학의 필요성을 느꼈다면 그것은 대체로 평범한 공리주의 차원에서였고, 영국에서 특히 그랬다. 실제로 공리주의는 시대에 뒤지거나 논쟁의 여지가 있는 법을 비판하고 제거하는 데 큰 역할을 했다. 하지만 훗날 영국의 법 이론가 허버트 하트가 언급했듯이 영어권에서 법철학과 정치철학은 "낡은, 공리주의에 대한 신념"에서 "새로운, 권리에 대한 신념"으로 힘겹게 이행하기 시작했다. 1940년대와 1950년대에는 아무도 이를 알아차리지 못했지만 말이다. 뒤에서 존 롤스의 연구와 영향을 다룰 때 어떻게 법철학자들이 인권의 정당한 이유들을 새롭게 많이 발견했는지를 살펴볼 것이다. 그것은 인권에 대한 이론을 갖고 있지 않았던 자유주의 사상가들이 이제는 너무 많은 인권 이론을 갖고 있다는 불평을 부추겼다.

1948년의 인권선언에 대한 정치적 실망은 주로 예기치 않은 과제 변경·추가·확대의 상황에 기인했다. 권리 담론은 권리 주장을 더욱 널리 확산시켰다. 그렇다보니 머잖아 어떤 정치 이슈든 모두 사실상 권리의 문제로 제기될 수 있었다. 불만이 쏟아졌고, 뒷받침해주는 많은 논거가 있었다. 유엔에서 이른바 "권리 인플레이션"이 꼬리를 물고 이어졌다. 시민적·정치적 인권이라는 1세대는 사회적·경제적 권리라는 2세대를 낳았고, 2세대는 집단과 소수의 권리라는 3세대를 낳았다. 각 세대는 유엔총회에서 인종 차별(1965), 경제적·사회적·문화적 권리(1966), 여성 차별(1979), 아동의 권리(1989)에 대한 합의된 규약들을 계속 이끌어냄으로써 유엔의 출생증명서를 확보했다. 1948년에는 개략적으로 제시되는 데 그쳤지만 지금은 상세히 설명되는 사회적·경제적 권리는 가난한 나라들이 감당하기에는 비용이 너무 많이 들고 부담스러우며 권리 개념을 너무 넓힌 것이라는 비난을 받았다. 과도한 확대의 문제는 유럽에서의 인권의 "과도한 법제화" 문제에 상당하는 것이었다. 만약 모든 정치적 요구가 인권의 문제로 제기될 수 있게 된다면, 명백한 권력 남용으로부터 사람들을 보호하려는 운동이 한없는 요구와 만족할 줄 모르는 바람으로 보일 위험이 있었다. 그것이 염려되는 점이었다.

기이한 역사적 전환으로, 그런 실망들이 협력해 인권의 재림을 가져왔다. 인권의 재림은 시민운동의 모습으로, 즉 문제 해결에 사람들이 직접 나서는 것으로 나타났다. 아마도 그때 인권은 법과 얽혀 있었을 것이고, 정부에 의해 선취되고 남용되었을 것이고, 합의된 이론적 토대가 부족했을 것이고, 과도한 확대로 인해 약화되어 있었을 것이다. 비인도적 대우와 권력 남용을 반대하는 핵심 요구들은 도덕적·정치적 힘을 전혀 잃지 않고 있었다. 이러한 것이 1961년 런던에서 정치범들을 위한, 앰네스티라고 불린 캠페인을 시작한 영국 변호사 피터 베넨슨의 깊은 확신이었다.

베넨슨이 "잊힌 죄수들"을 변호한 목적은 지정학적이거나 교의적인 것이 아니라 인도적인 것이었다. 양심수들은 자신들의 견해를 홍보하거나 억압자들의 견해를 공격하기 위해서 변호가 필요한 것이 아니었다. 어떤 사람이 가진 견해를 이유로 그 사람을 감옥에 보내는 것이 옳지 않기 때문에 변호가 필요한 것이었다. 동시에 그는 모든 정치범을 변호하지는 않는다는 입장을 엄격하게 고수했다. 나중에 권력을 잡으면 반대자들을 감옥에 보내게 될 사람을 변호할 이유는 없다고 베넨슨은 생각했다. 또한 그는 스스로의 폭력을 옹호하는 사람을 국가 폭력으로부터 방어해줄 의도가 없었다.

피터 베넨슨(1921~2005)은 비정통파, 국교 반대파 집안에서 태어났다. 어머니 플로라 솔로몬은 마크스앤드스펜서 백화점에서 노동자들을 조직화한 사회주의자이자 시오니스트였다. 그의 가정교사 중에는 시인 W. H. 오든도 있었다. 십대 시절에 베넨슨은 스페인 내전의 피해자들을 위한 구제 활동을 폈다. 그리고 1939~1945년 전쟁 때는 블레츨리 파크에서 암호를 해독하는 일을 했고, 전쟁 후에는 변호사로 일했다. 1950년대에는 영국의 키프로스 박해와 서구의 지원하에 스페인과 포르투갈의 독재 체제가 벌인 무도한 폭력에 반대하는 캠페인을 벌였다. 시간이 가면서 앰네스티는 전 세계적인 캠페인으로 성장했다. 로저 볼드윈이 미국시민자유연맹에서 그랬듯이, 베넨슨은 체계적으로 일하기보다는 카리스마 있게 일했다. 앰네스티는 수천 명의 자원봉사자와 500명이 넘는 직원을 거느린 조직으로 성장했고, 그는 그러한 조직을 운영하기에 적합한 인물이 아니었다. 1966년에 베넨슨은 영국 정보기관들이 캠페인에 침투했다고 항의하며 사임했다. 진실이 무엇이건, 그 기관들은 충분히 그럴 수 있는 집단이었다.

같은 해에 시민운동의 새롭지만 좀더 힘든 양상이 시작되었는데, 여기서 중심이 된 것은 공산권의 양심수들, 특히 1966년에 투옥된 율리 다니엘과 안드레이 시냡스키였다. 앰네스티의 발자취에서, 소련 반체제 인사들을 위한 운동은 작은 시작들을 통해서 국제적으로 힘을 모으기 시작했고, 그러다가 동구와 서구의 정부들을 압박하게 되었으며, 1975년에 1차 냉전(1947~1970) 이후 동서의 긴장 완화를 공식화한 헬싱키 협정의 인권 조항으로 결실을 맺었다. 양 진영의 인권 운동가들은 공약을 지키도록 정부를 압박했다. 그들 옆에는 군비 축소 약속을 지킬 것을 정부에 촉구하는 반핵 운동가들이 있었다. 체코슬로바키아에서 캠페인의 중심은 극작가 바츨라프 하벨이 주도한 77헌장이었고, 이 때문에 그는 곧 수감되었다. 비공산주의 운동가들은 이것을 주목했다. 뉴욕에서는 미국시민자유연맹의 이사를 역임한 아리예 나이어가 하벨 같은 수감자들을 지지하기 위해 휴먼라이츠워치라는 기구를 창설했다.

소련 반체제 인사들을 위한 서구의 운동들은 소련 공산주의의 붕괴에 일조했다. 서구의 정부들이 계속 인권을 외쳤다면, 서구의 회의론자들은 인권에 대한 축소적인 이야기를 채택했다. 그들의 말에 따르면, 인권은 1945년 이전에는 보이지 않았고, 1948년에 잠깐 언급되었으며, 30년간 폐기되었고, 그러고 나서야 서구 정부들에 의해 2차 냉전(1978~1985)의 무기로 채택되었다. 그런 인권 회의론자들은 복잡한 역사를 단순화하는 데 그치지 않았다. 그들은 정치에서의 선언적 언사와 약속이 갖는 힘을 무시했다. 그들은 서유럽의 법 관행에서 인권이 확실히 자리 잡은 것을 경시했지만, 그러한 서유럽 법 관행 자체가 국제 형사 사법의 모델이었고, 국제 형사 사법은 세계 형사 법정에서의 새로운 확고한 규범으로 결코 자리매김되지 못하리라고 많은 사람이 주장했지만 1990년대에 이르러 그렇게 되었다. 회의론자들은 세계 정치에서의 비국가 "행동가들"의 영향력을 과소평가했다. 그 회의론적 오류의 바탕이 된 잘못은 회의론자들이 분노의 힘을 이해하지 못했다는 것이었다.

베넨슨은 "인도주의 운동은 법전이 아니라 마음에 따라 행동을 결정해야 한다"고 말한 바 있다. 비판자들은 자신들이 "현실주의"라고 부르는 것이 결여되었다는 이유로 그런 주장을 비난했다. 하지만 비판자들이 놓친 것은 분노가 사람들을 움직이게 한다는 사실이었다. 분노는 특히, 모범적이거나 희생적인 피해자라는 존재를 기리는 데 도덕적 상상력을 발휘할 줄 아는 이들을 움직였다. 200여 년 전에 이신론적 기독교주의자 볼테르는 사람들의 도덕적 직관에 관한 그 사실을 비판자들보다 더 잘 이해하고 있었다. 볼테르는 『관용론』(1763)으로 근대의 인권 옹호 운동의 지적 대부로 기억되고 있는데 이는 타당한 일이다. 『관용론』의 놀라운 특징은 그 책이 이미 고인이 된 어떤 사람을 변호하기 위해 세상에 나왔다는 것이었다. 그 사람은 무명의 개신교도인 장 칼라스로, 전해에 툴루즈에서 엄청난 오심으로 편협한 가톨릭 신앙에 끔찍하게 희생된 피해자였다. 볼테르의 그 캠페인성 책은 망자의 사후 변호, 같은 죄목으로 부당하게 고발된 그의 가족들에 대한 무죄 선고, 그리고 그들에 대한 프랑스 왕의 상당한 배상을 끌어낸 것이 사실이다. 『관용론』은 뒤를 돌아보기보다는 앞을 내다보는 책이었다. 그것은 본보기적 잘못들을 가려내는 일이 가치 있다는 교훈을 제공했고, 두 세기 후에 피터 베넨슨은 이 점을 충분히 이해했다.

볼테르는 여기 이것 좀 봐!라고 말해 이목을 집중시키지 않으면, 결코 있어서는 안 되는 권력에 의한 불법 행위를 사람들이 놓칠 수도 있다고 보았다. 사람들은 한 사람의 죽음쯤은 사태의 규모에 있어서 언제나 작다고 생각할 수도 있다고 볼테르는 주장했다. 사람들은 분노를 촉구하지 않고, 군인들은 수천 명씩 죽어나간다는 편의적인 생각에 안주할 수도 있었다. 볼테르의 염려를 근대적 용어로 표현하자면, 공리주의 정신에 따라 사람들은 하나의 죽음에 대해 도덕적 감정을 자극하는 것이 나쁜 결과의 무게를 잴 때 하나의 잘못을 더욱 무거운 것으로 만든다고 결론 내릴 수도 있었다. 좀더 근대적인 용어로 표현하자면, 사람들은 하나의 오심에 집중하는 것은 그것의 희귀성보다 그것의 공포에 집중하는 중요한 실수를 수반한다고 결론 내릴 수도 있었다. 볼테르는 그러한 의구심들을 좇지 않고 무시했다. 그는 순교의 중요성을 이해했다. 하나의 죽음이 다른 죽음들과 저울질되어야 한다면 순교는 무의미할 것이다. 하지만 순교에는 분명 의미가 있었다. 순교자의 메시지는 권력에 도전해 권력의 정체를 폭로하는 것이었다.

최초의 자유주의자들은 볼테르의 교훈을 받아들였다. 그들은 자유주의의 순교자 명부를 세심하게 작성했다. 거기에는 나폴레옹 황제의 승인을 받은 비공식 재판 후 이전의 나폴레옹 지지자들의 분노에 의해 1804년에 납치되어 총살당한 앙기앵 공이 포함되어 있었다. 1848년 혁명기에 오스트리아 군인들에게 총살당해 독일 영토 전역에서 죽음으로 영웅이 된, 작센 지역의 자유주의자 로베르트 블룸도 있었다. 또한 드레퓌스, 사코와 반제티, 스코츠버러 소년들(미국 대공황기에 두 명의 백인 소녀를 강간했다는 이유로 사형 선고를 받은 9명의 흑인 소년. 결국 터무니없는 누명으로 밝혀져 석방되었지만 최종 사면까지는 82년이 걸렸다—옮긴이), 캐릴 체스맨(1948년에 로스앤젤레스에서 강도, 납치, 강간 혐의로 구속된 후 강요에 의한 자백을 폭로하며 혐의를 부인했으나 결국 가스실에서 처형되었다. 당시 상해를 입힌 납치 행위도 사형이 가능하다는 캘리포니아주 법에 의해 사형당했지만, 그의 재판 중에 위헌 판결이 났음에도 소급 적용이 되지 않아 많은 논란을 낳았다—옮긴이) 등등이 이어졌다. 이 사례들은 표면적으로는 달랐다. 희생자 다수가 유죄 판결을 받았다. 순교자들이 통상 그렇듯이 말이다. 권력에 의한 희생 각각은 하나의 대의—차별과 불관용에 맞서는, 인종 차별에 맞서는, 사형제에 맞서는—가 되었고, 시간이 가면서 권력은 그 대의들에 대응하지 않을 수 없었다. 링컨과 글래드스턴은 자유주의적 분노를 이해했다. 공리주의자임에도 밀 역시 그랬다. 밀은 『자서전』에서 아내 해리엇 테일러의 많은 존경스러운 점 중에서도 특히 "잔혹하거나 폭압적인 모든 것에 대한 불타는 적개심"을 꼽았다. 분개와 분노에 굴복할 줄 모른다면 그 사람은 이상한 종류의 자유주의자일 것이다.

1948년 12월의 성취는 영구적이고 상당한 것이었다. 대체로 환멸은 법이 정의에 대해, 철학자들이 최종 논증에 대해, 정치 시장이 절제에 대해 과도한 기대를 품은 데서 비롯되었다. 기준들이 정확히 어떤 형태를 취했든, 1948년 이후 법치가 사람들에 대한 적절한 대우에 높은 기준을 도입하는 것이 전 세계적으로 받아들여졌다. 혹사나 차별이나 학대가 한 나라의 법에서 허용되거나 법원에서 정당화되었다는 것은 더 이상 혹사나 차별이나 학대에 대한 변명으로 받아들여지지 않았다. 국가와 국가의 고위 공직자들이 범죄에 대해 책임을 질 수도 있다는 것이 널리 받아들여졌고, 이는 17세기 이래 지배적이었던 국가들의 관계에 관한 생각을 버리는 것이었다. 자국민에게 악하게 행동하는 국가나 사회는 더 이상 그 악함이 이웃 국가나 사회를 방해하지 않는다는 이유만으로 외부의 판단이나 개입에서 벗어날 수 없었다. 권력이 망신당할 수 있다는 것, 예외는 있지만 심지어 상습적 학대자들도 눈에 띄지 않게 죄를 범하려 한다는 것이 널리 감지되었고, 이는 야만적인 행동에서 인간적인 행동으로 상승하는 경로에서 볼 수 있는 단계였다. 인권과 국제 정의를 위해 앰네스티가 개척한 유형인 국경을 넘는 시민운동은 국제 정치의 한 선수로 인정되었고, 전에는 오로지 국가와 국가 대리인들의 권력 게임만을 인정했던 국제 정치사상의

"현실주의자들"조차 그것을 받아들였다. 이러한 진척의 어느 것도 완벽하거나 되돌릴 수 없는 것이 아니었다. 그럼에도 그것은 자유주의자들이 오랫동안 지지해온 원칙들의 승리였고, 자유주의 관행의 승리였다. 그것이 자유주의 원칙의 승리인 이유는, 인권이 궁극적으로 무엇에 기반을 두고 있든, 인권은 권력에 대한 저항과 사람들—그들이 누구이건—에 대한 시민적 존중이라는 자유주의의 핵심 교리를 반영했기 때문이다. 그것이 자유주의 관행의 승리인 이유는, 법, 정부, 운동가, 분노 모두가 그 원칙들의 옹호와 적용에서 각자 역할을 한다는 것을 1945년 이후의 경험이 가르쳐주었기 때문이다.

1948년의 인권의 승리에 동참하지 않은 한 나라는 독일이었다. 패전 후 점령당하고 분단된 독일은 주권 국가로서의 지위를 잃었고, 인권선언을 입안하고 조인하는 과정에서 제외되었다. 그럼에도 서독에서는 헌법에 대한 논의가 진행되고 있었다. 당면 목표는 존속 가능하고 자치 가능한 준독립 국가를 만드는 것이었다. 논의는 전형적인 자유민주주의를 건설하는 것으로 이어졌다. 자유민주주의가 점점 형태를 갖추어가면서 그 새로운 자유주의 질서는 인권선언 정신의 많은 부분을 구현했다. 그 질서는 독일을 세계 속에서 도덕적 평판의 회복으로 나아가게 했다.

2. 전후 독일의 자유주의자들:
자유민주주의의 모범 헌장이라 할 1949년 기본법

사실이기만 하다면, 1945년 이후 승리한 서구 연합국들이 파괴된 독일에 자유민주주의를 공수했다고 말하는 것이 깔끔할 것이다. 일어난 일의 규모를 고려하면, 전후의 자유주의 원리들의 회복을 역사적 경이로, 즉 설명하기 더 어려운 일인 1950년대 독일의 경제 "기적"에 상응하는 정치적인 일로 다루는 것 또한 꽤 솔깃할 것이다. 그렇지만 우리는 독일연방공화국의 자유민주주의를 외국에서 수입한 것이나 역사적 경이로 다루는 것을 경계하기 위해 과거의 근대 독일에서 자유주의의 뿌리를 충분히 살펴본 바 있다. 자유민주주의의 삶을 재건하면서 전후 독일인들은 세 가지에 의지했다. 그들은 도덕적으로 파괴적인 극단적 반자유주의 실험을 자초했던 경험이 있었다. 그들은 4대 전승국 중 하나가 1800만에 달하는 이웃 동구 동포들에게 강요하고 있던 소련이라는 대항 모델을 가지고 있었다. 그리고, 당시에는 거의 모든 사람이 의심스러워했지만, 그들은 의지할 만한 자기들만의 강력한 자유주의 전통을 가지고 있었다.

모습을 드러낸 헌법은 서구 동맹국들의 바람을 충실히 이행한 것이라기보다는, 성공적으로 독일의 갈등을 중재한 독일의 창작품이었다. 동맹국들 각자가 우선권을 가진 것은 사실이었다. 독일의 안전이 프랑스의 주요 관심사였다. 영국은 점령으로 인한 경제 손실이 끝나기를 원했다. 미국은 서구와 소련의 첨예한 경쟁에 초점을 맞췄다. 악화되어가는 독일 상황은 모두의 관심을 끌었다. 1936년부터 1942년까지 독일이 축적한 거대 자본은 전쟁이 끝났을 때도 대부분 온전히 남아 있었지만, 러시아가 동독에서 산업 장비를 제거하기 시작했고, 시장은 붕괴되었으며, 곳곳에서 독일인들은 기아에 다가가고 있었다. 처음에는 상황이 개선되었지만 1947년 겨울에 다시 악화되었다. 전후의 그 몇몇 우려스러운 일은 1948년 6월에 서구 동맹국들이 자치 국가 서독을 요구하는 것으로 수렴되었다. 오스트리아를 떼어내고 구성된 서독이라는 새 국가는 자유주의적이고 민주주의적이고 탈집중적인 국가가 될 것이었다. 여기까지가 동맹국들이 주장한 바였다. 동맹국들은 그 이상의 문제들은 독일인에게 맡겼다. 7월에 동맹국들은 1945년 이후 각자의 주 정부를 재건해온 서부 주들의 총리에게 연방헌법 기초를 위한 의회 위원회에 대표자를 파견할 것을 지시했다. 그것은 동맹국들과 러시아가 신속하게 합의한 협정문을 존중하기 위해서, 또한 궁극적 통일의 전망을 열어두기 위해서 기본법으로 명명되었다.

1787년 필라델피아에서 혹은 1848년 프랑크푸르트에서 그랬던 것처럼, 독일의 헌법 초안 위원회는 사회적·경제적 분열을 드러냈다. 산업적이고 도시적인 북부에서는 좌파와 우파가 효율적인 중앙집중적 권한을 원했다. 남부인들은 지역 자치를 원했다. 가톨릭 우세 지역인 바이에른은 개신교 우세 지역인 북부를 못 미더워했고, 자유주의적인 지역주의 전통은 바덴과 뷔르템베르크의 수공업 및 소농장에 강하게 남아 있었다. 사회민주당은 우파의 최대 정당인 기독교민주당보다 더 중앙집중적인 과세 및 세입 교부를 원했다. 이러한 갈등들은 서로 간의 양보로 아주 빠르게 처리되었고, 그 양보는 필라델피아의 섣부른 타협보다 더 지속력 있는 것으로 판명되었다. 자유주의-민주주의 원리들이 처음부터 널리 수용되었기 때문에 예상보다 수월하게 일이 진행된 것이다.

독일의 1949년 기본법 초안 작성자들은 권력을 헌법적으로 길들이는 더 지속 가능한 방법을 간구하면서, 권위주의에 대한 자유주의적 저항의 역사를 돌아보았다. 1860년대에는 국방 예산을 둘러싼 갈등이 있었고, 1870년대와 1880년대에는 리히터가 이끄는 자유주의자들의 반비스마르크적 입장이 있었다. 더 직접적으로 말하자면, 1949년의 초안 작성자들은 모방하기도 하고 피하기도 해야 하는 모델로서 바이마르 헌법을 가지고 있었다. 목표는, 바이마르 헌법의 목표처럼 수용적이면서 효율적인 정부를 창출하되 바이마르 헌법의 결점들은 제거하는 것이었다.

1919년의 바이마르공화국에서 초안 작성자들은 다양한 헌법 장치로 인민 주권을 강고히 함으로써 무엇보다 권위주의 전통과 행정부의 강권을 누그러뜨리는 것을 목표로 삼았다. 그들의 결과물은 안정적이지 않았다. 그들은 대통령직을 통해서, 직접 선거에 의해 선출되는 국가 원수를 독일에 부여했다. 또한 그들은 국민투표를 비교적 요구하기 쉽게 만들었다. 의회를 구성하는 투표 제도는 소수자의 목소리와 작은 정당들을 장려하게끔 설계했다. 그런데 대통령에게는 의회를 무효로 할 수 있는 비상 권한을 부여했다. 1949년의 초안 작성자들은 이러한 몇몇 취약점이 히틀러가 권력을 얻는 데 기여했다고 보았다.

1949년의 기본법은 바이마르의 선례를 따르면서도 그것을 수정했다. 새 독일은 민주주의 국가이고 연방제 국가이고 공화국이었으며, 어느 정도 복지국가를 약속한다는 점에서 "사회" 국가였다. 정부를 이

ㄲ는 원리는 인민 주권, 법치, 권력 분립, 인권이었다. 그 토대들은 "영구 조항"으로서 헌법상 침해될 수 없게 만들어졌다. 연방정부의 주요 입법 동력은 총리와 장관들이 책임을 맡고 있는 연방의회였다. 일반적으로 연방의회 의원은 최다 득표자 선출 방식 투표와 정당 명부 비례대표제를 결합한 이중의 투표 방식으로 선출했다. 교묘한 타협으로 두 체제의 순수 형태에서 인식된 결점들을 피한 것이었다. 그 방식은 유권자들을 특정 대표자와 연결시켰는데, 이는 순수 비례대표제에서는 일어나지 않는 일이었다. 동시에 그 방식은 작은 정당들에 의회 발언권을 주었는데, 이는 불공평하게도 순수 선거구제가 배제하는 경향이 있었던 점이었다. 정당 명부 투표의 5퍼센트가 의석 확보의 한계선으로 설정되었는데, 주변적 정당들을 배제하고 분열적 연정을 억제하기 위해서였다. 연방정부가 조세에 대한 주요 권한을 갖고 있었지만, 중앙 권한과 지방 권한의 균형을 꾀하는 시도도 있었다. 연방정부가 관할하는 부문으로는 외교, 국방, 경제가 있었다. 각 주는 교육, 계획, 치안, 지역 업무에 대해 두루 권한을 갖고 있었다. 각 주는 상원인 연방참의원에 대표를 보냈다.

초안 작성자들은 독일의 새 의회는 바이마르 때보다 강하고 독일의 대통령은 바이마르 때보다 약하게 하는 것에 동의했다. 반대는 불가결했지만, 반대가 방해가 되어서는 안 되었다. 장관들이 거듭거듭 연임하는 것은 통제될 필요가 있었지만, 그렇다고 1918~1933년에 그랬듯이 장관들이 계속 실각하거나 저지될 수는 없었다. 이제 정부는 반대하는 다수가 하나의 대체 세력을 형성할 정도로 존재해야만 의회에서 전복될 수 있었다("건설적 불신임"). 대통령은 간접적으로 선출되는 명목상의 국가 수반이 될 것이었다. 국민투표로 유권자들에게 직접 호소할 여지는 제한될 것이었다. 좌파와 우파 모두, 자유민주주의가 이번에는 스스로를 방어할 수 있어야 한다는 데 동의했다. 자유민주주의를 수호하는 "영구" 조항—공화주의 정부, 즉 비군주제 정부에 대한 미국 헌법의 강조에 비견되는—이 있었을 뿐만 아니라, 바이마르공화국 대통령에게 비상 권한을 부여해 그 스스로 의회 통치를 중지시키고 사실상 일시적 독재자가 될 수 있게 해주었던 "자살적인" 48조가 더 이상 존재하지 않았다.

사회민주당원 카를로 슈미트가 말했듯이, 초안 작성자들은 "민주주의를 이용해 민주주의를 죽이려는 사람들을 불관용할 용기"를 보여주었다. 새 헌법은 독일 헌법재판소에 "반헌법적" 정당과 운동을 금지할 권한을 부여했다. 또한 시민의 합법적 저항권을 최초로 인정했다. 다른 방법이 없다면, 누구든 자유민주주의 질서를 전복하거나 타도하려는 시도에 무력으로 저항할 수 있었다(함의는 저항해야 한다는 것이었다). 독일 자유주의자들은 부당한 권력에 대한 정당한 저항과 노골적으로 반역적인 무질서를 구분하는 것을 머릿속으로 늘 어려워했었다. 이러한 혼동은 사라졌다. 합법적 권위에 대한 복종은 더 이상 무조건적일 수 없었다. 저항할 수 있는 능력은 시민적 덕목이 되어 있었다.

법과 사회가 집단이나 계급이나 사회 유형의 구성원으로서의 사람들이 아니라 개개인으로서의 사람들에 대한 시민적 존중을 보여줄 의무는 바이마르 헌법의 시민권과 인격권에 대한 고전적인 긴 목록에 나와 있었다. 그러나 1919년의 침해, 방해, 배제에 대한 금지 명령은 법의 힘을 통한 굳건한 보호보다는 희망적 선언에 가까웠다. 그런 권리들은 비상시에 억압될 수 있었고, 실제로 억압되었다. 그 권리들은 좌파의 폭도들에게는 가혹하게 이 법을 적용하고 우파의 살인자들에게는 비난받을 만한 관대함으로 저 법을 적용하는 보수적인 법원의 감독을 받았다. 1949년에는 행정 당국과 사법 당국이 시민권과 인격권을 준수해야 한다는 것이 독일 법이 되었다. 바이마르 헌법은 정치로 시작했고, 108조 이후에야 일종의 추가 사항으로 사람들에게 방향을 돌렸다. 1949년 헌법은 사람들에서 출발했고, 그다음에 정치로 이동했다.

초안 작성자들은 독일의 경험 외에 자유주의 전통에도 의지했다. 새 독일 헌법을 관통하는 것은 시민적 존중, 갈등의 불가피성, 저항권의 필요와 관련된 세 가지 주도적인 자유주의 사상이었다. 기본법의 첫 문장은 인격권을 존중할 국가의 의무에 대한 도덕적 근거를 지적했다. 그것은 인간의 존엄에 기초한 것이었다. "인간의 존엄성은 침해될 수 없다. 이를 존중하고 보호하는 것은 모든 국가 권력의 의무가 되어야 한다." 1조에는 이렇게 쓰여 있었다. 이상과 신념의 충돌은 국가의 명령에 의해 없어지거나 억제될 수 없는, 공적 삶의 정상적인 한 부분으로 받아들여졌다. 문화 투쟁은 더 이상 반복되지 않게 되었다. 문화, 종교, 교육 문제에서는 연방정부보다 각 주가 주도권을 쥐었다. 기독교민주당 측 초안 작성자 아돌프 쥐스터헨이 말했듯이, 전체를 떠받치고 있는 것은 자유주의자들이 처음부터 우려했던 바인 "어느 한곳에 힘이 집중되는 것"을 피하고자 하는 바람이었다.

나치에 가담했던 헌법 전문가 카를 슈미트(1888~1985)는 뒤셀도르프 인근 작은 마을의 고향집에서 치욕스럽게 지켜보고 있었다. 늘 그랬듯이 애매모호하게, 그는 자신이 "공법의 리어왕"이라고 한탄하며 새 기본법에 관한 불만을 학자로서 기술했다. 그의 불만은 특히 의회와 정부의 결정을 취소할 수 있는 헌법재판소의 권력에 집중되었다. 1949년 기본법은 슈미트에게는 승리이자 패배였다. 이론 지향적인 법률가로서 슈미트는 1920년대와 1930년대에 독일에서 특히 활발했던, 법의 범위와 본성에 관한 오랜 논쟁에서 한 편을 들었었다. 문제는 이것이었다. 주권을 가진 입법 기관이 명령하는 것이 법이라면, 그 명령들은 그 주권에 의해 거부되거나 뒤집히는 것 외에 어떻게 합법적으로 거부되거나 뒤집힐 수 있을까?

이 질문은 학문적인 것이 아니었다. 당연히 존중되는 행정, 규칙을 따르는 전통, 강력한 준법 정신을 갖춘 국가에서 법이 법에 도전하는 방식들을 찾는 것, 지배적인 규칙들에 도전하고 저항하는 질서 있고 합법적인 방식들을 사람들에게 실제로 제공하는 것은 긴급한 일이었다. 독일의 "법실증주의자들"에게는 입법 기관이 법이라고 말하는 것은 무엇이든 법이었다. 실증주의적 설명에서 법은 부당하고 불공평하고 사악할 수 있지만 그래도 법이었다. 법실증주의자들은 악법에 대해 불만을 제기할 수 있었고, 흔히 그렇게 했다. 그렇지만 그들은 법원에는 악법을 해석함에 있어 좀더 높은 권리 기준들을 적용할 여지를 너무 적게 남겨두었고, 시민들에게는 반대할 법적 수단을 너무 적게 남겨두었다. 법실증주의 비판자들에게는 그렇게 보였다. 좌파 비판자들 중에는 헤르만 헬러(1891~1933)가 있었다. 그는 사회민주당의 변호사로, 논란의 여지가 있는 종교적 교리나 복잡한 도덕적 해석에 기대지 않는, 법적인 권력 남용 억제 원리를 추구했다. 중도파 비판자들 중에는 루돌프 스멘트(1882~1975)가 있었다. 신학자의 아들인 그는 지배적인 법을 판단하는 법적 기준들을 사회 전통에서 구했다.

독일 우파의 걸출한 법실증주의 비판자는 슈미트였다. 슈미트에게는 정치가 권력과 관련된 것이었고 법이 권력의 목소리였지만, 권력이 교묘하게 고려되었다. 법은 국가의 안전을 위해서 비상시에는 사실상 "합법적으로" 우회되거나 지연될 수 있다고 그는 믿었다. 슈미트의 관점에서는 정규 법을 만드는 권력보다는 오히려 법을 제쳐두고 비상사태를 선포하며 예외적으로 통치하는 권력에 최고 권위가 놓이기 때문이었다. 요컨대 슈미트는 국가를 보호하기 위해서 일시적 독재를 정당화하려 하고 있었다.

1949년의 초안 작성자들은 국가가 적들에 맞서 스스로를 보호할 수 있어야 한다는 슈미트의 의견에 동의했지만, 적의 존재를 슈미트와는 다르게 보았다. 초안 작성자들이 생각하기에, 헌법은 자유주의적-민주주의적 원리들을 약화시키는 데 몰두하는 "반헌법적" 세력들로부터 보호될 필요가 있었다. 슈미트는, 민주주의적이든 자유주의적이든 그 밖의 무엇이든 국가의 적인 존재를 국가의 적으로 간주했다. 초안 작성자들은 법실증주의를 거부하는 데 있어 슈미트, 헬러, 스멘트와 입장을 같이했다. 그들에게 현행법은 법의 결정판이 아니었다. 슈미트와 달리 초안 작성자들은 권력과 국가 안전이 아니라 인격권을 정규 법을 판단하는 기준으로 만들었다. 그들은 법원의 위계를 만들었고, 그런 기준들이 얼마나 충족되었는지를 심판하는 헌법재판소를 최상위에 두었다. 미국과 유사하게, 그리고 프랑스와 영국보다 더 분명하게, 1949년의 독일 헌법은 법을 법의 비판자로 만들었다.

전후의 독일에 신중하고 주도면밀하다는 제도적 명성을 부여한 문서가 행정적으로 신속하게 처리되었다. 승인은 민주주의적이었지만, 직접적으로 혹은 국민에 의해 이루어지지 않았다. 헌법은 국민투표에 부쳐지지 않았는데, 공산주의자들이 투표를 악용하리라는 염려 때문이었다. 1949년 5월 8일에 위원회는 53대 12의 투표 결과로 기본법을 가결했다. 바이에른주는 101대 63으로 부결시켰지만, 다른 주들 중 3분의 2가 찬성할 경우 동참하기로 합의했고, 실제로 그렇게 되었다. 서구 동맹국들은 12일에 기본법을 수락했고, 23일에 기본법이 반포되었다. 8월에 치러진 최초의 전후 서독 선거에서 우파 정당들이 약 60퍼센트의 표를 얻었다.

18세기 후반에 프랑스와 미국의 헌법이 자유주의 시대를 예고하며 고조된 목소리와 원대한 목표를 웅변적으로 담아냈다면 독일의 1949년 기본법에서는 그런 점을 거의 찾아볼 수 없었다. 억제된 어조와 절제된 범위가 무게를 더했다. 실현 가능한 형태로 만들어진 20세기의 자유주의적-민주주의적 목표와 이상들의 국가적 모델을 원한다면, 독일의 1949년 기본법보다 더 명확한 진술을 찾기는 어려울 것이다.

과감한 경제 조치들은 헌법 헌장이 생존하고 작동할 수 있는 물질적 조건을 마련하는 데 도움이 되었다. 거의 기근에 가까운 1946~1947년의 상황에서 처칠, 헨리 모건도, 장 모네는 러시아가 동독에서 그랬듯이 서독을 분할하거나 약탈하려는 징벌적 생각을 접었다. 옛 제국마르크화를 새로운 독일 마르크화로 10대 1로 바꾼 1949년의 화폐 개혁은 살 것이 거의 없는 전시의 비자발적인 저축을 흡수했고, 1918~1923년 바이마르공화국에 부담을 줬던 것과 같은 초과 수요 인플레이션을 피했다. 1957년에 독일 중앙은행인 분데스방크는 통화 안정의 수호자로서 연방정부로부터의 법적 독립을 이루어냈다. 1961년에는 독일 마르크가 미국 달러에 비해 5퍼센트 절상되었는데, 이는 독일 금융의 힘을 보여주는 것이었다.

바이마르공화국 때부터 형성되었던 3당 체제가 교섭에 임하기 위해 등장했다. 정치적 우파는 자유민주주의에 헌신하는 유일한 큰 정당인 기독교민주당으로 모여들었다. 바이마르 동맹 세력과의 소란스럽지만 영구적인 결합으로 기독교민주당은 북부와 남부, 프로테스탄트와 가톨릭, 중간 계급과 노동 계급 사이의 오랜 분열을 해소했다. 완화된 자유 시장 경제를 수용함으로써 기독교민주당은 중앙당에 남아 있던 자유주의적 자본주의에 대한 가톨릭의 의혹을 극복해냈다. 사실상 사회민주당도 경제에서 똑같은 기본 원칙들을 받아들였다. 1950년대 말이 되어서야 인정했지만 말이다. 기독교민주당은 바이마르를 주류 정치에서 배척함으로써든 주류 정치에 끌어안음으로써든 바이마르를 괴롭혔던 국가주의적 우파를 주변화했고, 그것의 독을 뺐다. 슈트레제만과 달리, 전후 서독의 첫 번째 총리였던 콘라트 아데나워는 우파의 회의론이나 좌파의 급진적인 경제적 요구에 휘둘리지 않고 서유럽을 무대로 프랑스와의 화해를 추구할 수 있었다. 평화적이고 교섭이 수반되는 유럽의 자유무역 질서에 대한 나우만의 자유주의적 꿈은 서쪽으로 방향을 틀고 프랑스에 대한 반감을 몰아내면서 구체화되기 시작했다.

서독의 민주주의 정치가 자유주의 스펙트럼에 속하는 것이었던만큼, 엄밀히 말해 자유주의 정당은 필요하지 않았다. 자유주의적-민주주의적 합의 내에는 여전히 논쟁의 여지가 많았고, 존중해야 할 당의 토템들이 있었다. 바이마르 자유주의 정당들의 계승자들은 브렌타노 밑에서 경제학을 공부하고 프리드리히 나우만의 일대기를 쓴 바이마르의 노련한 언론인 테오도어 호이스(1884~1963)를 중심으로 1948년 11월에 자유민주당으로 재편성되었다. 프랑크푸르트에서 그리 멀지 않은 헤펜하임에서 창립 총회가 열렸고, 거기서 "절반" 혹은 1848년의 온건 자유주의자들이 성명을 발표했다. 자유민주당은 선거에서 6~15퍼센트의 표를 얻는, 서독의 부동浮動 정당이 되었다. 자유민주당은 1966년에 기독교민주당이 과도하게 자유방임을 강조하고 동독과의 긴장 완화에 지나치게 적대적이라고 비꼬았다. 또한 1982년에는 사회민주당이 경제 정책에서 지나치게 국가주의적이고 외교 정책에서 2차 냉전기(1978~1985)의 소련의 이해관계에 과하게 우호적이라고 비꼬았다. 어느 것도 충격적이거나 갑작스러운 변화가 아니었고, 변화하는 기류를 반영한 것이었다. 천천히 변화하는 하나의 중심으로 모든 당이 이끌리는 체제에서 정치적 의도가 담긴 긴 편지들이 오가고 수개월에 걸쳐 정당 간 논쟁이 벌어진 데서 알 수 있듯이, 조정은 점진적으로 이루어졌다.

서독의 꾸준한 실용성은 우파와 좌파의 지식인 비판자들을 당혹스럽게 하고 화나게 했다. 우파 자유주의자 측에서 일찍이 좌절감을 느낀 사람은 두 거물, 즉 "신자유주의"라는 말을 만든 알렉산더 뤼스토프(1885~1963)와 그의 동료 경제학자 빌헬름 뢰프케(1899~1966)였다. 두 사람은 1938년의 월터 리프먼 컬로퀴엄 참석자였고, 초자유주의적 순수주의에 찬성하진 않았지만 하이에크의 몽펠르랭 협회 회원이었다. 자유 시장적 프라이부르크학파의 일원이던 그들은 나치의 중앙집권주의와 충돌했다. 두 사람은 이스탄불에서 학생들을 가르치기 위해 1933년 독일을 떠났다. 뤼스토프는 1949년에 독일로 돌아와, 『오르도』라는 잡지를 창간했다. "질서"라는 뜻의 라틴어를 제호로 취한 이 잡지는 규칙 준수를 감시하고 경쟁을 촉진하며 한도 내에서 사회적 욕구를 지원하는 책임감 있고 효율적인 국가에 기초한 시장 경제를 선전했다. 경제장관이자 훗날의 총리—1950년대의 독일의 "경제 기적"을 감독한—인 루트비히 에르하르트의 영향 아래, 그런 생각은 그의 경제 고문 알프레트 뮐러-아르마크가 명명한 대로 사회적 시장 모델로 알려졌다.

뢰프케는 독일로 돌아오지 않았고, 스위스에 살면서 연구를 계속했다. 전후 제네바에서 그는 록펠러재단이 후원하는 국제관계대학원에서 자리를 얻어 미제스의 동료가 되었다. 1950년대 내내 고상하고 선명한 신문 기고문들을 통해 뢰프케는 복지국가 강요를 유감스러워하고, 인플레이션의 위험을 알리고—덜 경고적으로—, 금본위제로의 복귀를 주장하는 등 반케인스주의의 불꽃을 살려나갔다. 그는 1940년대 후반의 통화 안정과 자유 시장 경제가 사회주의화나 그보다 더 나쁜 것으로부터 서독을 구했다고 믿었다. 자신의 기업 후원자들이 원하는 것에 예민했던 미제스와 달리, 뢰프케는 경제학자일 뿐만 아니라 도덕주의자이기도 했다. 뢰프케는 방정식보다는 산문으로 자신의 생각을 표현했고, 마치 독일어 살균 시간이 필요하기라도 한 것처럼 한동안 라틴어 제목들을 사용했다. 『인본적 사회 질서』(1944)와 『수요와 공급을 넘어서』(1958)에서 그는 자유 시장보다 자유주의 질서에 더 많은 것이 있다고 주장했다. 리프먼과 하이에크가 그랬던 것처럼 뢰프케는 19세기 후반의 자본주의의 과잉을 집단주의와 사회 민주주의의 반작용 탓으로 돌렸다. 대량소비주의는 그를 충격에 빠뜨렸다. 그는 기업의 집중을 두려워했다. 문제는, 뢰프케의 치유책이 19세기에 반중앙집권적 자유주의자 토크빌과 슐체-델리치의 경우에 그랬던 것만큼이나 이해하기 어려운 것이라는 점이었다. 자유주의자들은 자본주의를 좋아했지만, 자본주의는 큰 규모를 필요로 했다.

뢰프케의 개인주의는 지역성과 작은 규모의 향수 어린 전통에 속해 있었다. 지역 민주주의와 책임감 있고 독립적인 성향의 시민들로 이루어진 상상의 스위스가 그의 사상의 지리학에서 차지하는 위치는 사회 지향적인 자유주의자들의 머릿속에서 덴마크나 스웨덴이 차지하는 위치와 같았다. 앞서 1부 말미에서 시사했듯이, 강력한 자본주의는 지역성에 대한 애착도, 시민들 사이의 비판적인 자기 주도성도 요구하지 않았다. 유동성, 규모, 거대 시장을 필요로 할 뿐이었다. 기업 자본주의와 윤리적 자본주의는 깔끔하게 일치하지 않았다. 상업적 효율과 도덕 공동체라 불릴 법한 것 사이의 갈등이 1970년대와 그 이후에 그치지 않게 되었다. 우파 정당들은 도덕적 의제들을 채택했다. 불안을 느낀 자유주의자들은 공동체주의를 만지작거렸다.

독일에서는 시장 제한에 대한 뢰프케의 글들이 어떤 상이한 움직임을 불러왔다. 1980년에 창당하고 3년 후 연방의회에서 28석을 얻은 녹색당은 『오르도』지의 자유주의자들과 마찬가지로 삶에는 경제 성장 이상의 것이 있다고 생각했다. 그들의 관심사는 기업심이나 공동체에 해가 되는 것이라기보다는 환경에 해가 되는 것이었다. 녹색당은 자본주의 세계에서 어쨌든 사람들이 충분히 부유해지고 있다고 간주했다. 스미스와 밀의 "정체 상태"는 아마도 마침내 목전에 와 있었다. 옛 마르크스주의적 급진주의는 자본주의가 역사의 임무에서 뒷걸음치고 있으므로 자본주의가 교체되어야 한다고 가르쳤었다. 녹색당 급진주의는 자본주의가 건재하지만 이제 임무를 다했으니 저물어갈 필요가 있다고 주장했다. 그렇지 않으면, 계속 부를 더해가면서, 누구나 그 부를 이용하고 향유할 수도 있는 공간인 인간의 삶의 공간을 훼손할 위험이 있었다.

1949년에 독일민주공화국 시민이 된 1800만 독일인은 정상화에 이르기까지는 한참을 기다려야 했다. 독일이 둘로 나뉨에 따라, 동독인들에게는 서독의 자유민주주의가 상존하지만 접근하기 어려운 매력이 되었다. 독일의 분단에 대한 서독 정당들의 입장은 깔끔한 노선을 따르지 않았다. 1940년대와 1950년대에 가톨릭계인 라인 지방 출신의 아데나워가 이끌던 기독교민주당은 독일 통일을 말로만 소망했고, 실제로는 서독의 정착과 프랑스-독일의 화해를 위해 노력했다. 사회민주당 대표 쿠르트 슈마허는 지금은 폴란드 영토인 한 프로이센 지역에서 태어났다. 그의 당은 동독, 특히 당시 소련 관할권이었던 산업화된 작센을 열렬히 지원했다. 슈마허는 냉전이 저지될 수도 있으리라는 희망에 매달렸고, 분단되지 않은 중립적 독일에 집착했다.

아데나워의 견해가 우세했다. 두 개의 독일이 생겨났고, 머잖아 두 독일이 어떻게 다시 하나로 합칠 수 있을지 누구도 상상하기 힘들어졌다. 분열이 너무 깊고 가시적이어서, 두 독일을 하나로 이어주는 것들, 예컨대 언어, 가족 간 유대, 국토, 과거는 쉽게 망각되었다. 그중에는 독일 국민연금 제도도 있었다. 그것은 바이마르공화국의 붕괴, 나치즘의 패배, 독일의 분단에도 불구하고 살아남았다. 국민연금 제도는 제1차 세계대전 전에 독일의 복지 정책을 직접 연구했던, 이름이 좀 알려진 한 영국 관리에게 친숙한 주제였다. 그는 자유주의와 민주주의의 경제적 타협에서 큰 진전을 이루어냄으로써 영국에서 명성을 날린 윌리엄 베버리지였다.

3. 베버리지: 자유주의와 복지

제2차 세계대전 동안 영국 의회에서 있었던 평의원들의 많지 않은 중대 반란 중 하나가 바로 정부로 하여금 전후 사회 보험에 대한 국가의 포괄적 운영 계획을 마지못해 지지하게 한 것이었다. 그 계획은 모든 국민을 대상으로 생애 전반에 걸쳐 물질적 안정을 제공하는 것이었다. 실업보험, 노령연금, 가족수당, 무상 국민건강보험도 거기 포함되어 있었다. 토리당-노동당 연립 정부는 냉담했다. 단번에 두 배의 사회적 지출을 요하게 될 초기 비용은 재무부를 오싹하게 만들었다. 하지만 영국의 대중은 다르게 보았다. 계획의 윤곽을 그린 『사회 보험과 관련 사업에 대한 부처 간 위원회의 보고서』는 1942년 10월에 발간되자마자 전량 판매되었다. 여론조사는 그 계획의 인기를 보여주었다. 의회가 주목했고, 121명의 의원이 계획 연기에 반대표를 던졌으며, 정부가 생각을 바꾸었다. 두 달 후, 영국 총리 윈스턴 처칠은 전후 "요람에서 무덤까지의 모든 목적을 위한 모든 계층의 국민 의무 보험"을 시행하기로 약속했다.

전시에 처칠의 부총리였다가 1945년에 그의 뒤를 이어 총리가 된 노동당 대표 클레멘트 애틀리가 사업을 떠맡았다. 1946~1948년의 입법은 계획의 4개 주요 조항의 핵심 내용을 실현하는 것이었다. 그 요소들의 총체로 알려진 것인 복지국가는 영국 불문 헌법의 신성한 부분이 되었다. 이러저러한 형태로—많은 형태가 있었기에—복지국가는 서유럽 전역에서 전후 자유주의적 자본주의의 대체 불가한 한 부분이 되었다. 1940년대 후반에 여론조사를 통해 미국인 대다수가 원하는 것으로 드러났지만 실현되지 못한 국민건강보험은 빼고, 미국에서도 일종의 복지국가가 모습을 드러냈다. 케인스주의가 자유주의와 민주주의의 경제적 타협을 대변했다면, 복지 정책은 자유주의와 민주주의의 사회적 타협에서의 새로운 큰 진전을 대변했다.

영국에서 그 계획을 설계한 사람은 평생 자유당원이었던 윌리엄 베버리지(1879~1963)였다. 그가 그 계획의 기초를 세우게 된 것은 우연에 가까운 일이었지만, 그는 그 계획을 일컬어 "혁명적"이라 말했고 어떤 면에서 이는 사실이었다. 베버리지의 아버지는 인도의 자치를 신뢰한 식민지 공무원이었다. 어머니는 힌두교 여성들을 학교에 보내기 위한 캠페인을 벌였다. 이러한 배경에서 성장한 영리한 소년이었던 만큼, 그는 당시 미래의 자유주의 개혁가들의 지적 온상이었던 옥스퍼드 베일리얼 칼리지에 입학하지 못할 수가 없었다. 고전학과 수학에서 최우등으로 학위를 받은 그는 교수나 법률가 같은 최고의 직업을 향해 진로를 택할 수도 있었다. 하지만 그 대신에 그는 『모닝 포스트』지의 논설위원이 되었고 런던의 이스트엔드에서 사회사업을 했다.

비스마르크의 사회 개혁을 살펴보기 위한 의무적인 독일 견학 이후, 베버리지는 상무부에 들어가 로이드 조지의 1911년 사회보장법안 중 실업 부문 조항들을 기초하는 데 힘을 보탰다. 단호하고 투지 넘치는 그는 사람에 대한 고려보다는 전체와 결과의 관점에서 사고한 사회공학자였다. 1914~1918년 전쟁 때 군수부에서 일하던 그는 군수 공장들에 거의 군대 같은 규율을 요구했고, 단체 교섭에 대한 엄격한 제한을 요구했다. 그렇지만 베버리지는 특정한 잘못들에도 대응했다. 1930년대에는 파시즘을 피해 넘어온 독일과 오스트리아의 대학교수들을 위해 노동 및 이민 규정을 완화하도록 정부를 설득했다. 당시 베버리지는 중앙 정부의 일을 그만두고 런던정경대학의 학장으로 있었다. 런던정경대학은 케인스주의가 지배적인 케임브리지와 대치하는, 정통 이론의 중심지였다. 그런 경쟁 구도에서 베버리지는 금본위제를 지지하고 케인스주의를 탐탁지 않게 여겼지만, 그의 관심과 전문 지식은 노동 시장과 사회 보험에 집중되어 있었다. 다시 전쟁이 일어나자 베버리지는 정부로 복귀해, 노동부의 어니스트 베빈 밑에서 일했다. 베버리지는 인력을 직접 지휘하게 해달라고 요구했다. 어쨌거나 그 일에 대해 그보다 더 잘 아는 사람은 없었다. 베빈은 두뇌와 지위에 주눅들지 않는 크고 흔들림 없는 사람이었다. 그는 과거에 영국 최대의 노조를 이끌었고, 제1차 세계대전 때 베버리지가 보여줬던 전제적인 방식을 기억하고 있었다. 베빈은 그의 요구를 묵살했고, 베버리지가 예상한 것처럼 그에게 별로 중요하지 않은 일을 맡겼다. 그는 눈물을 머금고 베빈의 결정을 받아들였다. 그가 맡은 별로 중요치 않은 일은 사회 보험의 미래에 대한 보고서를 작성하는 것이었다.

베버리지가 제안한 것 중 많은 부분이 이미 한창 진행되고 있었음에도, 그의 보고서는 완성되기까지 2년이 걸렸다. 여러 요소를 전체적으로 제시하고, 풍부한 사회 통계를 가지고 그 요소들의 시급함을 강조하며, 전반적으로 도덕적이고 정치적인 비전으로 그것들을 통합한 데 그의 비범함이 있었다. 그의 전기 작가인 호세 해리스는 베버리지가 "나태, 질병, 무지, 불결, 결핍이라는 다섯 거인"에 맞서 사회가 전투를 벌인다는 "어마어마한 비전"을 제시했다고 묘사했다. 그러한 전투가 가져다주는 것에는 계획의 요소들이 서로 맞물려 있었다. 가족수당은 임금과 보조금의 격차—베버리지가 생각하기에 복지가 노동의욕을 저하시키지 말아야 한다는 점에서 필수적인 것—를 없애지 않으면서 아동 빈곤을 경감시킬 것이다. 건강보험은 사회 보험이 병가에 대해 보조금을 지급하지 않아도 되게끔 짐을 덜어줄 것이다. 건강 상태가 좋으면 치료에 드는 비용의 증가가 억제될 것이다.

코브던이 자유무역을 홍보할 때 그랬듯이, 베버리지는 이 계획이 모두를 승자로 만든다고 주장했다. 보장은 보편적이었다. 비용은 분담되었다. 고위험 수혜자들은 직접적으로 혜택을 보았다. 저위험 수혜자와 비수혜자들은 좀더 건강하고 안전한 나라에 사는 것에서 간접적으로 혜택을 보았다. 그는 이론적 반대의 기반을 좁히기 위해 계획을 세세히 이용했다. 19세기에 채드윅이 남긴 "열등 처우"라는 유산과 에드워드 7세 시대 복지의 "자산 조사"는 좌파에 의해 모욕적인 것으로 여겨졌고, 결국 사라졌다. 건강 이외의 요소들을 분담금에 따라 지급받는 보험으로 다루는 것은 비용에 대한 보수주의적 두려움을 가라앉히기에 충분한 신뢰감을 주었다. 베버리지의 계획은 이제 막 생겨나고 있던 자유주의적-민주주의적 국가에 대한 두 가지 관점, 즉 (우파에 우호적인) 중립적인 경기장 관리자이자 법적 평등의 옹호자로 보는 관점과 (좌파에 우호적인) 관심과 연대의 활발한 중심지로 보는 관점 모두에 걸쳐 있었다. 국민 복지 정책은 덜 이론적인 방식으로 전반적으로 호소력을 발휘했고, 영국에서만 그런 것도 아니었다. 그것은 좌파 정당들을 매료시켰다. 그것은 기존의 고비용적 누더기 규정들을 깔끔하게 정리하고 통제했고, 혹은 그렇게 할 것으로 기대되었다. 그것은 대중의 도덕적·물질적 조건을 향상시킴으로써 "사회적 건강"을 향상시키려는 더 나은 종류의 자유주의의 항시적 관심에 화답했다. 사회복지의 동기와 정당성들이 혼재하는 것은 처음에는 장점이었다. 그러나 시간이 가면서 어떤 하나의 합의된 목표나 일반적으로 인정되는 근거가 없다는 것은 단점이 되었고, 비용이 상승하면서 특히 그랬다.

베버리지는 일자리를 창출하는 튼튼한 경제 없이는 복지국가가 순식간에 감당 불능 상태에 빠질 수 있다고 보았다. 재무부에서 싹튼 케인스와의 우정 덕에 베버리지는 이러한 생각을 확고히 할 수 있었다. 베버리지는 후속 보고서로 『자유 사회의 완전 고용』(1944)을 제출했다. 두 사람 다 1930년대에 대해 생각하고 있었다. 그들의 주된 걱정거리는 부진한 경제였다. 그들 누구도 보편 복지의 비용을 증가시키는 원인이 1948년에 만들어진 국민건강보험이 보증하는 더 나은 건강 그 자체일 것이라고 생각지 못했다. 더 좋은 건강에는 비용이 많이 들었는데, 왜냐하면 더 건강한 사람은 더 오래 살고 나이 든 사람은 젊은 사람보다 더 많은 치료를 필요로 하기 때문이었고, 의학이 점점 더 복잡해지고 의학이 다루는 범위가 확대됨에 따라 치료 비용이 증가하기 때문이었다. 이 문제는 일반적인 것이었지만, 계속 영국의 예를 들어 이야기하자면, 2010년경에는 장애 없이 살 수 있는 기대 수명이 전체 기대 수명의 5분의 4 정도 되었으며, 이는 사람들이 생애의 약 5분의 1에 해당되는 기간을 아프고 보살핌을 요하는 상태로 보내게 되리라는 것을 우회적으로 말해주었다. 65세가 되면 평균적인 영국인 은 이후 8~9년 동안 건강이 악화되리라 예측할 수 있었다.

신성시되고 인기 있었던 영국의 건강보험은 개혁을 개혁하는 부단한 순환 속에서 지속적인 연구, 비판, 재설계의 대상이 되었다. 1951년에 노동당 정부는 일반 의료, 치과 진료, 안경을 위한 부담금을 부과했다. 보건장관으로서 국민건강보험을 통과시켰던 베빈은 저항에 부딪혀 사임했다. 프랑스와 독일에서는 정부가 의사의 급료와 병원 운 영에 덜 직접적으로 관여했다. 프랑스와 독일도, 미국도, 국민의 건강 을 지키는 데 드는 비용이 계속 늘어나는 것을 피할 수 없었다. 또한 이 시기에 정부들이 노령연금 지급에도 착수하면서 청구액은 늘어만 갔다. 당시에는 알아챈 사람이 거의 없었지만, 자유주의와 민주주의 의 사회적 타협에는 점점 더 많은 비용이 들게 되었다. 경제 상황이 좋 지 않을 때면 특히, 자유민주주의 국가들의 국내 정치는 다른 쪽으로 는 거의 생각을 하지 않는 것처럼 보였다.

보편적인 건강 관리 조항은 애덤 스미스가 예견하고 밀이 강조한, 진보와 인간 개선이라는 꿈과 관련해 자유주의자들에게 하나의 난제 를 제기했다. 건강한 사회는 고정된 목표인가 움직이는 목표인가? 이 골치 아픈 문제는 삶에서 요긴한 또 다른 것들, 예컨대 주거, 음식, 학 교 교육과 관련해서도 제기되었다. 그것들이 아무리 인간의 복지를 위해 제공된다 해도, 자유민주주의 사회는 이 문제를 마주할 수밖에 없었다. 당연한 말이지만 인간의 행복이 그런 요긴한 것들과 관련 있다면, 행복은 더 좋은 집, 더 풍부하고 다양한 음식, 더 길고 더 많은 것을 요구하는 교육을 통해 계속해서 증진될 수 있는 것이 아닐까? 아니면 반대로, 물질적 행복은 충분하지만 도달 가능한 최저치로 목표가 정해져 있어서, 일단 공정하게 보편적으로 분배되면 "이것으로 충분하다"고 말할 수 있는 것일까?

12장

1945년 이후의 자유주의 사상

19세기에 자유주의에 관한 생각이나 말의 대부분은 관심 있는 일반 독자층이 이해할 만한 용어로 표현될 수 있었다. 자유주의 사상의 특징적인 형태는 논문이나 대중 강연이었다. 콩스탕은 고대와 근대의 민주주의에 대한 자신의 생각을 정치 클럽에서 이야기했다. 밀은 문예지들에 정치적인 글을 썼다. 자유주의 사상가는 보통 정치인이기도 했다. 콩스탕은 의회에 진출했고, 기조는 총리를 지냈고, 밀은 의회 의원이 되었다. 그들은 폭넓은 대중을 상대로 글을 썼다. 그들은 자신이 무엇에 대해 쓰고 있는지를 경험으로 알고 있었다. 그 폭과 정통함은 19세기 말에, 특히 기술경제학이 자유주의 정신에서 더 많은 공간을 차지하면서 축소되기 시작했다. 1945년 이후, 사상과 정치의 분리는 각 진영이 스스로 전문화됨에 따라 완결된 것처럼 보였다. 특히 미국과 영국에서, 자유주의 사상은 직업적 전문가들의 수중에 떨어졌다. 초기에 나타났던 정치 관행과의 밀접한 관련 없이 자유주의 사상이 조명되게 하려는 의도가 있었겠지만, 미국과 영국에서는 자유주의 사상이 대학 밖에서는 발견되지 않는 엄격한 분석과 논쟁으로 조율되고 단련되었다. 자유주의 정치는, 싱크탱크에서 일한 경력이 있을지는 몰라도 정치사상에 대해 글을 쓰기는커녕 생각할 시간도 거의 없는 직업 정치인들의 수중에 떨어졌다.

그럼에도 사상은 계속 사상가들로부터 정치가들에게로 흘러갔다. 칼 포퍼의 "열린 사회"나 아이제이아 벌린의 "소극적 자유" 같은 용어들이 공적 논쟁에 진입했다. 프리드리히 하이에크의 "자생적 질서"와 존 롤스의 "차등 원칙"은 학계 밖에서 만들어진 것이 아니지만, 그들 각자가 염두에 둔 사회에 대한 대략적인 그림은 대학을 벗어났다. 하이에크가 상상한 것처럼 빈곤이 자선과 운에 맡겨지는 사회와 롤스가 그린 것처럼 빈곤이 우선적인 공공의 문제이자 정부 정책의 문제로 다루어지는 사회를 누구나 구분할 수 있었다. 정치 풍토는 그 사상가들의 생각에 계속 영향을 미쳤다. 1945년 이후 정치사상에서 정의와 권리가 강조된 것은 공공의 이익에 대한 그릇된 호소로 인해 사람들에게 어떤 잘못들이 행해질 수 있는지를 알게 된 사람들에게 합당하게 받아들여졌다.

아이제이아 벌린과 마이클 오크숏이 주장한 정치에서의 겸손은 이전 20년의 전체주의적이고 애국주의적인 부르짖음 이후 평온을 요청하는 것이기도 했다. 롤스의 『정의론』은 하나의 복잡한 이론 공학이기도 했지만, 미국 사회의 경제적·인종적 불공정에 대한 저항이기도 했다. 1980년대에 자유주의 사상가들 사이에서 일었던 "공동체"에 대한 일시적인 관심은 다른 무엇보다 이전 10년의 스태그플레이션에 따른 사회적 피해에 대한 근심을 반영했다. 게다가 대학들이 완전히 자유주의 사상을 독점한 것도 아니었다. 자유주의 작가인 조지 오웰과 알베르 카뮈, 그리고 자신이 공언한 잘못된 정치적 견해에도 불구하고 기질적으로 자유주의자로 간주된 장폴 사르트르는 좀더 오래된 관행대로 정치적인 글을 썼다.

1. 오크숏, 벌린: 정치에 대한 무관심과 "소극적" 자유

오크숏과 벌린은 정치가 무엇을 이루어낼 수 있는지, 혹은 정치사상이 무엇을 설명해줄 수 있는지에 대해 겸손한 시각을 취했다. 그들 각자는 정치적 평온을 요청하면서, 수용 가능한 사회 질서에 대해 자유주의자들이 가하는 제약이라는 측면에 주목했다. 어조나 윤리적 태도에서 자유주의적이긴 했지만, 오크숏은 자유주의자들이 정치 질서의 한 원천인 전통을 무시한다며 보수주의적 불만을 제기했다. 벌린은 우리의 목표와 이상들 사이의 충돌은 불가피하며, 그것들을 조화시키려는 시도는 윤리적 좌절과 정치적 재앙을 초래한다고 강조했다.

마이클 오크숏(1901~1990)은 근대적 삶에 대한 거부자였다. 경험주의적이고 반관념주의적인 시대에 젊은 철학자였던 그는 철학적 관념론이라는 형식을 채택했다. 정치사상으로 방향을 바꾼 후에는 그는 베버리지의 복지국가 이면에 있는 온전한 "새로운 자유주의"의 정신을 거부했다. 그는 사회공학의 주창자인 해럴드 래스키의 후임으로 런던정경대학 정치학 교수가 되었는데, 그의 취임 강연 「정치적 교육」

(1951)은 그가 그 주제를 신뢰하지 않는다는 것을 분명히 해주었다. 정치는 인문학에 속하며, 인문학을 과학으로 만들려 하는 것은 잘못이라고 오크숏은 주장했다. 건강한 사회를 이해하는 것은, 순전히 경제적인 과제가 아님은 말할 것도 없고, 기술적인 과제가 아니었다. 물질적 결과도 중요하지만, 정직, 자제, 예의 같은 공적인 덕목들도 중요했다. 그의 전기 작가 폴 프랭코는 좋은 의미로 오크숏에게 "반시대적"이라는 니체적 찬사를 보냈다.

그의 사생활은 쾌활하고 사교적이고 다사다난했다. 그는 세 번 결혼했고, 수차례 외도를 했다. 오크숏은 런던 외곽의 중산층 가정에서 성장했다. 공무원이자 페이비언 사회주의자였던 아버지는 그를 진보적인 남녀공학 학교에 보냈다. 그는 케임브리지대학에 진학했고, 거기서 좋은 성적으로 장학금을 받았다. 튀빙겐과 마르부르크의 신학교에서 보낸 2년을 통해서 오크숏은 근대 독일 사상에 심취하게 되었고, 종교적 신념이 신학 없이도 유지될 수 있다고 믿게 되었으며, 토대 없이도 앎이 이루어질 수 있다는 것을 알게 되었다.

제2차 세계대전 때 그는 포병 부대의 표적 선정 장교로 복무했다. 그리고 이후의 생애는 오롯이 저술과 가르치는 일에 바쳤다. 은퇴 후 그는 도싯의 한 마을에 정착해, 선술집에도 가고 자기 집 지붕도 직접 고치면서 지냈다. 당시 그는 학계의 명사였고, 영국에서 지적 기여자에게 수여되는 두 번째로 큰 상인 "명예의 동반자"상 수상을 제안받았다. 하지만 고상한 보헤미안인 오크숏은 거절했다. 추종자들이 그의 이름을 딴 학회를 만들기도 했지만 그는 추종자를 싫어했다. 그가 좋아한 것은 파티와, 밤이 깊도록 젊은이들과 술 마시고 토론하며 어울리는 것이었다.

　오크숏은 두 권의 방대하고 어려운 책을 썼고, 그사이에 암시적이 지만 쉽게 읽을 수 있는 다수의 에세이를 썼다. 첫 번째 책『경험과 경험의 양식들』(1933)은, 경험의 흐름에 질서를 부여하기 위해서, 그리고 혼란스러운 세계에서 경험의 흐름을 인도하기 위해서 인간의 정신은 하나의 사고 틀을 만든다는 생각에서 벗어났다. 오크숏은 하나가 아니라 세 개의 틀이 있다고 봤다. 과학적 틀, 역사적 틀, 실천적 틀이 그 것이며, 그는 이 중 마지막 틀에 정치와 도덕을 포함시켰다. 이 세 개의 틀을 그는 "경험의 양식들"이라 불렀다. 각 양식마다 자기 영역이 있었고, 그 양식들 중 어느 것도 지배적 위치에 있지 않았다. 양식들 간에는 "논쟁도 합의도"—그리고 추정컨대 상호 관련도—있을 수 없었다. 정신이 세계와 관계하는 방식에 대한 하나의 퍼즐 대신에 오크숏은 이제 세 가지 퍼즐을 갖게 되었다. 훨씬 후에 「인류의 대화에서의 시의 음성」(1962)에서 그는 네 번째 요소를 추가했는데, 바로 시적 상상력이었다. 서로 관련이 없는 개별적인 "경험의 양식들"을 대체하기 위해, 오크숏은 이제 각자의 적합한 기준들을 가지고 "대화"를 수행하는 상이한 "음성들"에 대해 기술했다.

　그때쯤엔 오크숏의 철학 방식은 구식이 되어 있었는데, 확고한 신념을 가진 그는 정치사상을 위해 그것을 고수했다. 인간의 행동에 대한 한 가지 설명이나 인간의 행동을 설명하는 법칙들이란 없었고, 단지 자기가 참여 중인 "대화"에 알맞은 갖가지 근거를 부여하기도 하고 빼기도 할 뿐이었다. 오크숏은 토대에 대한 관심의 결여, 면밀한 분석에 대한 무관심, 폭넓은 종합에 대한 불신을 드러냈고, 이러한 점들 때문에 존 듀이나 리처드 로티 같은 미국의 자유주의적 실용주의자들과 동조를 이루었다. 좌파 자유주의자 로티는 『철학과 자연의 거울』(1980) 말미에서, "철학이 취해야 하는 어조"를 가장 잘 포착했다고 전통주의자 오크숏에게 머리를 숙였다.

오크숏이 생각하기에 근대 정치의 가장 큰 잘못은 지나치게 사고하는 것이었다. 「정치의 합리주의」(1947)에서 그는, 어떤 사회적 합의도 합리적 비판에 영향을 받지 않을 수 없다고 믿는 것, 개선 정책들은 일관되고 원칙이 있고 보편적으로 적용될 수 있어야 한다고 믿는 것, 그리고 적절한 정책들을 감안할 때 사회 전체가 개선될 수 있다고 믿는 것이 그 잘못을 만든다고 기술했다. 이러한 잘못 모두가 그가 기술적 관점이라고 부른 것의 근간이었다. 이에 반해 그가 지지한 "실천적" 관점은 주로 "기술적" 관점의 결점들을 도드라지게 하는 것이었다. 오크숏은 "합리주의" 정신이 정치에 끼친 악영향의 도발적인 목록을 제시했다. 프랑스 인권선언, 우수 공무원 제도, 여성 참정권, 오스트리아-헝가리제국의 붕괴, 케이터링 임금법, 아일랜드의 게일어 부활 등이었다. 이 고루한 익살꾼은 전통적이고 보수적인 생각을 가진 사람들을 놀려댔지만, 진지한 목적에서 그랬다. 오크숏의 주장은, 합리화하는 이들이 개혁을 통해 바로잡으려 하는 문제들을 바로 그 합리화하는 이들이 야기했다는 것이었다. 그러한 예는 쉽게 찾을 수 있었다. 하나의 일반적 진리로서는 오크숏의 주장은 허약했다. 개혁에 대한 그의 반합리주의적인 비판은 정태적인 사회에서라면 호소력을 발휘할 수도 있을 것이다. 자유주의적 자본주의의 역동적 사회에서는 싫든 좋든 상황이 늘 변화하고 있었다. 어떤 변화는 유익하고 어떤 변화는 그렇지 않았다. 해로운 변화는 수정될 필요가 있었다. 오크숏이 조롱한 '개혁에 대한 부단한 개혁'에 대해 다르게 보는 시각들도 있었다. 어쩌면 철학적 관념론자인 그는 정신의 힘을 과장했을 것이다. 그는 정치의 관리통제주의를 합리주의적 어리석음이 야기한 피할 수 있는 산물로 간주했을 것이다. 좀더 우호적인 견해는, 그것을 불가피한 근대적 곤경에 대한 성가시지만 때로는 효과적인 대응으로 여기는 것이다.

오크숏의 두 번째 대작 『인간행동론』(1975)은 기술과 실천의 대비를 상세히 설명했다. 그의 주장에 따르면, 근대 사회에서는 두 가지 지도 원리가 경쟁했다. 하나는 "법치 정치"이고 다른 하나는 "목적 정치"다. 전자는 전통에 주의를 기울일 것, 널리 받아들여진 절차적 규칙에 따라 보수하는 정도에 그칠 것을 요구했다. 후자는 계획, 원칙, 목표에 매달렸고, 사실상 현실이 더 나은 가능한 질서에 견주어 판단될 수도 있게 하고 부족하다고 여겨질 수도 있게 하는 거의 모든 일반적인 테스트에 매달렸다. 법치 정치와 목적 정치에는 두 종류의 인간적 결사結社가 상응했다. "시민 결사"는 시민적이고 도덕적이었다. 사람들은 그 결사의 규칙들의 도덕적 권위를 받아들임으로써 결사의 일원으로 인정되었다. "기획 결사"는 관리주의적이고 신중했다. 사람들은 어떤 공통의 목적 때문에 그 결사에 합류했다. 두 결사 모두 자발적인 것이었다. 그러나 시민 결사의 공정성과 선함은 오로지 지배적인 전통과 법에 견주어 평가될 수 있을 뿐, 어떤 완벽한 사회 모델이나 인간의 행운을 향상시키는 어떤 것에 견주어 평가될 수는 없었다. 오크숏은 자신의 지적 영웅인 홉스와 헤겔에게 의지했다. 홉스로부터 그는 시민 결사의 절대적인 도덕적 권위가 외적 제약의 부재로 이해되는 자유에 장애물이 아니라는 생각을 취했다. 헤겔로부터는, 도덕성이 사회의 전통을 기반으로 한다는 생각을 취했다. 도덕은 "종교적이거나 사회적인 전통 속에서 떠돌지" 않는 한 의미 없는 "침전물"에 불과했다. 전통이 지속되기 위해서는 전통이 부단히 변화하는 환경에 적응해야 한다.

오크숏의 학식과 고전적 용어는 복지 자본주의의 "관리주의적 국가"라는 그의 정치적 표적을 감출 수 없었다. 그는 근대 정치를 좋은 천사와 나쁜 천사가 주재하는 것으로 이해했는데, 이는 포퍼의 열린 사회와 닫힌 사회, 하이에크의 "인위적" 질서와 "자생적" 질서를 닮았다. 오크숏은 유사성을 인정하기를 끔찍이 싫어했지만 말이다. 그는 동료들에게 관대한 편이 아니었다. 벌린은 오크숏과 유사하게 인간의 관심의 다양성을 주장했는데, 오크숏은 마치 벌린이 뛰어나지만 깊이가 없는 거장이라는 듯이 그를 "관념의 파가니니"라고 부름으로써 음악 애호가인 그의 감정을 상하게 했다. 또한 오크숏은 그 자신과 마찬가지로 개혁주의적 관리통제주의를 불신한 하이에크를 "가장 통탄할 오해"라고 비판했고, 하이에크의 "모든 계획 수립에 저항하는 계획은 그것의 반대보다는 나을 수 있지만 동일한 정치 유형에 속한다"고 주장했다.

오크숏은 냉담하게 남아 있었다. 그는 주목할 만한 이미지들을 남겼다. 지식 탐구를 "대화"에 빗대고, 정치를 목항도 없이 끝없이 바다를 항해하는 배에 빗댄 것이다. 그렇지만 대화의 규칙은 어떤 것들이었을까? 항해 중에 최소한 해도와 나침반은 있었을까? 오크숏은 말하지 않았다. 그는 꼬리표를 붙이려는 사람들을 당혹스럽게 했다. 그는 자유주의자였을까 보수주의자였을까? 어느 쪽도 그를 일컫기에 충분하지 않았다. 그는 경계 사례였다. 콩스탕은 근대인의 삶이 정치 이외의 것들로 가득 차 있다고 보았는데, 오크숏은 콩스탕이 근대인 들에게서 알아본 이 점을 여실히 보여주고 있었다. 오크숏은 뉴스를 듣는 것을 신경성 질환으로 묘사했다. 정치에 대해 생각하는 사람이 얼마나 적은지를 정치사상가들에게 환기시키고 있는 것 같았다. 그들 에게 그러한 환기가 필요한지는 분명치 않았고, 오크숏의 주장은 절 반의 진실에 불과했다. 사람들은 대부분의 시간 동안 정치에 대해 별 로 생각하지 않지만, 갑자기 무게감 있게 정치에 대해 많이 생각하기 도 한다. 오크숏은 많은 정치적 문제가 대처 가능하고 해결 가능하다 는 생각을 거부하면서, 큰 문제들을 미결로 남겨두었다. 그 어느 것도 지배적일 수 없는 상이한 사유 양식들에 대한 그의 개방성은 느슨한 의미에서 자유주의적이었다. 다른 한편, 오크숏은 인간의 개선에 대한 자유주의적 관심을 지나치게 일반적인 "합리주의적" "관리주의적" 망 상으로 여겼다. "새로운 자유주의"의 재분배 정책과 복지 정책의 대중 성과 성공에도 불구하고 그는 그러한 정책들에 거부감을 가졌다. 말년 에 그는 국가주의에 경도되었고, 어리석게도 유럽연합을 폄하했다. "시 민성"—그가 높이 평가하는 공적인 덕목들에 따라 행동하고 그가 싫 어하는 권력에 저항하는—의 내용에 대해서 오크숏은 모호했는데, 암시적이고 매력적인 시적인 방식으로 모호했다. 그가 글을 쓸 당시에 는 "반시대적"이었지만, 테크노크라시에 대한 오크숏의 불신은 테크 노크라시가 자연환경에 가하는 피해에 대한 급증하는 우려를 예고하 는 것이었다. 하지만 그는 행동주의를 경시했다. 오크숏의 자유주의적 정적주의는 고요한 바다에 떠 있는 배에 걸맞은 것이었다.

아이제이아 벌린(1909~1997)은 범주화하기 어려운 인물이었다. 오크숏처럼 그도 사상에 심취했지만 기술적인 철학에는 거리를 두었다. 정치적으로, 좌파는 그를 불신했고 우파는 그의 사상을 전용하고 왜곡했다. 그는 독서광 지식인이었고, 사회적으로 최상층에 영향을 미쳤다. 1934년에 그는 한 친구에게 자조적으로 이렇게 썼다. "나는 내가 본 적 없는 사람에 대해서는 아무런 감정이 없다. 그 사람이 정말로 아주아주 굉장한 사람이 아닌 한은." 그러나 그는 원하는 사람에게는 자신의 생각과 시간을 아낌없이 내주었다. 그는 일체의 학문적 편협함 없이 옥스퍼드대학에서 경력을 쌓았다. 역사, 철학, 문학이 그에게는 하나의 학문이나 같았다. 벌린은 사상들을 의인화하고, 대립되는 짝을 만들어 그 사상들에 생기를 불어넣는 극작가적 재능을 갖고 있었다. 그가 동의하지 않은 사상가들이 특히 그를 매혹시켰다. 계몽주의의 자식이었던 벌린은 반계몽주의 사상에 매료되었다. 그는 갈등에 몰두했고, 갈등은 온/오프나 흑/백처럼 둘로 극화하기가 가장 쉬웠다. 글을 쓰는 사람이자 강의하는 사람인 벌린은 깔끔한 대조가 갖는 저항 불가능한 힘을 알고 있었다. 그는 정치사상가들을 하나의 사상을 가진 고슴도치와 여러 사상을 가진 여우로 분류했다. 그는 자유주의의 가장 큰 토템을 소극적 자유(좋은 것)와 적극적 자유(나쁜 것)로 나누었다.

벌린이 기사 작위를 받자 한 친구는 그가 대화에 이바지하게 된 것을 축하했다. 그는 수다쟁이이자 험담꾼이었고, 말할 때처럼 글을 쓸 때도 학식, 악의, 재치, 인간적 통찰이 넘쳤다. 전쟁이 끝난 후 그는 자신이 직업 철학자로서는 "증발"하게 될 것이라고 설명했다. 그것은 절반의 진실이었다. 여러 형태로, 그리고 마치 그와 함께 방 안에 있기라도 한 듯 그의 중단할 수 없는 산문 속에 항상 자리 잡고 있는 옛 사상가들의 목소리를 통해서, 벌린은 세 가지 핵심 사상을 되풀이해 이야기했다. 첫째는 외부의 제약으로부터의 자유(소극적 자유)가 성장하려는 자유 혹은 "자신을 실현하려는" 자유(적극적 자유)보다 더 시급하거나 근본적이라는 것이었다. 둘째는 선택에 의해서든 선천적으로든 자기가 속한 어떤 하나의 인간 집단에서 다른 사람들과 관련을 맺거나 가정을 이룰 보편적인 욕구의 정당성을 인정할 수 없다면 자유주의는 실패한다는 것이었다. 셋째는 기본적 책무들—우정과 진리, 공정과 자유, 가족과 성취, 국가와 원칙을 위한 책무들—은 일상적으로 충돌하며, 순조롭게 화해될 수 없다는 것이었다. 사상가와 정치인은 갈등을 인정해야 하며, 단순화하는 학설이나 어떤 이해관계를 다른 이해관계에 종속시키려는 독재적인 시도로 갈등을 덮어버려서는 안 된다고 벌린은 주장했다. 갈등은 폭력이나 공격을 의미할 필요가 없다. 그는 의견 불일치의 수용과 폭력의 방지가 불가분의 관계에 있다고 보았다. 모든 폭력은, 심지어 논쟁적인 성격의 것이라 해도, 그에게 두려움과 혐오감을 안겨주었다. 그는 어렸을 때 성난 군중이 한 러시아 경찰관을 폭행하는 장면을 목격했고, 그 일을 결코 잊지 않았다. 도덕철학자이자 논리학자인 옥스퍼드대학 동료 데이비드 위긴스는 누군가 토론 중에 말로써 살짝 공격성을 보이기만 해도 그는 그 자리를 떠날 것이라고 상기시켰다.

벌린의 "다원주의적" 권고는 갈등의 인정과 지배의 거부라는 점에서 명백히 자유주의적이었다. 그것은 잘못 이해되기 쉬웠는데, 그것은 무엇보다 윤리적인 것이었고, 정치적인 것은 그다음이었다. 벌린의 요점은 사람들이 삶의 목적에 대해서 서로 의견이 일치하지 않는다는 것이라기보다는, 삶의 목표들이 우리 안에서 경쟁한다는 것이었다. 벌린은 도덕적 신념의 다양성이라는 가정된 사실은 대단히 과장되었다고 생각했다. 언젠가 그는 스티븐 룩스에게 "더 자주 더 많은 나라에서 더 많은 사람이 흔히 생각되는 것보다 더 많은 공통의 가치를 받아들인다"고 말했다. 벌린의 다원주의는 정치 권력의 분립이나 견해의 다양성 수용에는 덜 적용되었다. 그것은 윤리적 다원성이 사회를 풍부하게 만든다거나 윤리적 "선택지들"의 폭넓은 "메뉴"가 사람들 개개인에게 유익하다는 것이 아니었다. 벌린의 다원주의는 윤리적 사실들에 대한 더 강력하고 더 까다로운 학설이었다. 그것은 우리가 선택하지 않은 많은 기본적인 윤리적 가치가 존재한다는 것을 암시했다. 그 가치들 각각이 우리에게 자기 요구를 했고, 그 어떤 가치도 화해의 희망 없이 다른 가치들과 충돌할 수 있었다.

제대로 이해되었다면, 그런 윤리적 다원주의는 자유주의에 중요한 것이었다. 그렇다면 그것은 관용과 열린 마음을 지지하는 논거가 되어줄 것이다. 만약 우리 모두가 화해 불가능한 목표를 지니고 있는 복잡한 존재라면, 사람들을 상충하는 사회적·종교적·문화적 진영들에 배치하며 마치 그 진영 하나하나가 일관되고 정합적인 전체인 양 생각하는 것은 터무니없었다. 그것은 갈등의 근원을 잘못 짚은 것이었다. 다른 사람들의 어떤 가치와 애착을 이유로 그 사람들을 공격하는 것은 자기 내면의 반쯤 인정된 어떤 것을 공격하는 것일 수도 있다. 이 강력하고 매력적인 주장은, 자유주의 이전의, 종교적 관용을 지지하는 '무지에 의한 논증'과 맥을 같이했다. 그것은 "차이"를 수용하고 반대자나 외부자를 배제하지 않는 뒤이은 자유주의 전통에 의지했다. 결국 그것은, 자유주의가 갈등을 인간에게 자연스럽고 유익한 것으로 받아들이는 것의 좀더 희망적인 측면을 대변했다.

벌린은 대부분의 사회 집단이 영향력을 갖기 위해서 그 자신이 주장한 바로 그 복잡성에 주목하기를 거부하거나 미루는 데 의지한다는 것을 알았다. 한 집단에 몸담고 자기 마음의 상충하는 요구들에 귀 기울이는 것이 인간의 다양한 욕구에 답하는 것이었다. 벌린은 자기 내면의 긴장을 인정했다. 소속감은 그에게 중요한 것이었고, 그는 모든 자유주의자에게 소속감이 었어야 한다고 믿었다. 그는 라트비아의 수도였다가 러시아제국의 일부가 된 곳인 리가에서 태어났다. 그는 영국으로 이주했고, 영국을 최고의 나라로 여겼으며, 팔레스타인에 유대인 국가를 세우자는 운동을 벌였다. 또한 그는 소련을 혐오하면서도, 열한 살 때인 1920년까지 성장기를 보낸 곳인 러시아에 대한 깊은 애착을 결코 잃지 않았다. 그는 확고한 시오니스트였다. 전시에 그는 영국 외무부로부터 자리를 옮겨 워싱턴 주재 영국 대사관으로 가게 되었고, 거기서 미국의 정치 상황에 대해 보고하는 일을 하게 되었다. 그 자리에서 그가 요구받은 임무가 있었는데, 전쟁이 끝날 때까지는 팔레스타인의 미래가 유보되어야 한다고 영국과 미국이 함께 밝히고 있는 어떤 제안서를 유출해 사실상 그것을 폐기하게 만든 자를 찾아내는 일이었다. 벌린은 모호성을 능란하게 활용하는 편지로 적절히 보고했다. 유출자는 바로 벌린이었다. 러시아와 러시아 사상가들, 특히 그의 자유주의 영웅인 알렉산드르 게르첸은 유보를 고수했다. 그가 1945년 잠시 외교관으로 근무하던 모스크바에서 부모에게 보낸 편지는 마치 귀향이라도 한 사람의 편지 같았다. "뽀드득거리는 눈"이나 행군 시에 "멀리서 들려오는 군인들의 노랫소리"를 굳이 묘사할 필요가 있겠느냐고 그는 부모에게 말했다. 개인성과 소속감 사이에서의 자유주의자들의 긴장에 대해 벌린에게 어떤 답을 기대하는 것은 그의 목표를 오해하는 것이었다. 그가 보기에는, 그 긴장의 존재를 지적하고 모든 사람이 자유주의자들이 하는 식으로 그 긴장을 넘어서야 한다고 주장하는 것이 누구나 할 수 있는 최선이었다.

벌린의 옥스퍼드대학 정치사상 교수 취임 강연인 「자유의 두 개념」(1957)은 자유주의의 기치가 되는 '자유'라는 말이 얼마나 파악하기 어려운 것인지, 또 명칭들이 얼마나 신뢰할 수 없는 것인지에 대한 가르침이었다. 강연은 많은 주제를 다뤘지만, "소극적" 자유와 "적극적" 자유라는 두 진영 구분을 공인한 것으로 기억되었다. 벌린은 오직 소극적 자유만이 자유주의자들이 신경 써야 하는 자유라고 주장했지만, 그렇다고 자유주의자들이 오직 자유에만 신경 써야 한다고는 생각하지 않았다. 벌린이 던진 메시지의 이 두 번째 부분은 자유가 중요한 이유에 대한 그의 믿음과 마찬가지로 곧잘 망각되곤 했다. 콩스탕의 생각에 동조하면서 거의 그가 한 말 그대로, 벌린은 사람들의 프라이버시를 긍정했다. "인간 존재의 일정 부분은 사회적 통제의 영역으로부터 독립되어 있어야 한다." 왜냐하면, "끝없는 논쟁"의 문제인 형이상학적 토대가 무엇이든 간에, 문화적·민족적 차이에 영향받지 않는 보편적인 인간적 가치의 핵심이 바로 거기 존재하기 때문이었다. "다원주의자" 벌린은 많은 것이 삶에서 중요하며, 그것들 모두를 함께 성취하거나 누릴 수 있다는 어떠한 보증도 없다고 믿었다. 하지만 중요한 것은 어디서나 거의 같았다. 따라서 벌린은 다원주의자였지, 상대주의자가 아니었다.

벌린이 제시한 극적인 대조에 따르면, 적극적 자유는 우리의 소질을 육성하거나 발현하기 위한, 혹은 벌린의 애매한 문구를 사용하자면 "우리의 참된 자아를 실현하기 위한", 인간적 발전의 자유였다. 소극적 자유는 좀더 단순해 보였다. 그것은 하고 싶은 대로 하는 것에 대한 외적 제약으로부터의 자유였다. 그가 보기에, 하나의 정치적 이상으로서 소극적 자유를 추구하는 것은 최근의 일이었고, 밀 같은 공리주의자들로서는 고려하기 어려운 일이었으며, 비민주주의적인 정부 형태와 양립 가능한 일이었다. 사실상 벌린은, 소극적 자유가 국가와 사회의 비침해와 비방해를 명하는 것이라고 말하고 있었다. 여기서 벌린은 자유주의자들이 추구해야 하는 것은 오직 소극적 자유뿐이라고 선을 그은 것이었다. 적극적 자유의 추구는 잘못과 해악으로 이어지는 것이었고, 벌린은 이런 잘못과 해학을 풍자화가처럼 신랄하게 묘사했다. 그중에는 T. H. 그린이 보여준 잘못도 있었는데, 그는 사람들의 평범하고 현실적인 욕망을 옳지 않은 저열한 욕망과 동일시했고, 분명 선배들의 거들먹거리는 도움을 받아, 더 높고 더 참된 욕망으로의 상승을 해방의 한 형태로 다뤘다. 그런가 하면 스피노자는 우리가 이유를 이해하는 강요는 우리의 자유를 제약하지 않는다고 착각하는 우를 범했다. 또한 "자라스트로의 사원"(자라스트로는 오페라 「마술 피리」에 나오는 의로운 철학자로, 밤의 여왕의 딸인 공주를 자신의 사원에 가두어 놓았다는 오해를 받는다. 공주를 구하기 위해 그의 사원에 들어간 왕자 타미

노는 시련을 겪으며 성숙한 인간으로 변모해간다—옮긴이) 신화도 있었는데, 그것은 사회 자체가 더 높고 합리적인 질서를 "자유롭게" 발견할 수 있다는 신화, 유일의 이상적 질서가 도덕과 정치에 존재한다고—그것이 발견될 수만 있다면—상상하면서 최악의 실수로 나아가는 신화였다. 벌린의 설명에 따르면, 적극적 자유는 해명해야 할 것이 많았다.

정치적 자유의 성격에 대한 복잡한 논쟁들이 뒤따랐다. 우리의 바람들에 대한 외적 제약은 벌린이 이해하는 것만큼 단순하지 않았다. 그는 신속하게 "적응적 선호adaptive preferences"라는 난점을 인정했는데, 그것은 하고자 하는 일이 방해받을 때 스스로를 자유롭게 하는 하나의 방식은 '신 포도' 우화처럼 그 일을 하고자 하는 것을 멈추는 것이라는 오랜 지혜의 새로운 이름이었다. 또한 우리가 자신이 원하지 않는 욕망을 가질 수도 있다는 점이 지적되었다. 우리는 잘못된 믿음이나 신비화에 의해 강요된 신념을 가질 수도 있었다. 자유를 사용할 방법과 능력이 없다면 자유가 아무리 많아도 그 자체만으로는 별 가치가 없다는 "새로운 자유주의"의 이의가 되살아났다. 또한 주어진 자유는 항상 사람과 제약과 목표의 삼원 구조로 이루어진다는 주장도 있었다. 자유인은 어떤 목표를 추구하거나 특정 방식으로 삶을 이끌어가는 것에 대한 어떤 종류의 방해로부터도 늘 자유롭다는 것이었다. 그런 세부 사항들이 수습될 때에야 정치적 부자유에 대한 불만과 정치적 자유에 대한 요구가 파악될 수 있었다. "소극적" 자유와 "적극적" 자유 사이의 개념적 차이가 얼마나 뚜렷한지에 대해 많은 사람은 의구심을 가졌다. 언어적 표현으로 보이는 것에 많은 관심이 쏠려 있었다. 이른바 소극적 자유도 적극적인 자유로 묘사될 수 있었고,

그 역도 마찬가지였다. 마음대로 공원을 걸을 수 있는 것은 결국 공원에서 걷지 못하게 되어 있지 않은 것이었다. 포퍼가 정치인과 공무원에게 최선을 목표로 하기보다는 최악을 피하라고 촉구했을 때처럼, 벌린은 철학적인 논점보다는 정치적인 논점을 만들고 있었다. 그는 자유 개념을 조명한다기보다는 정치적 태도와 우선 사항을 권고하고 있었다.

시간이 가면서, "공화주의적" 자유가 타협의 정신인 "제3의 길"을 통한 정제된 소극적 자유로서 자유주의 사상에 추가되었다. 공화주의적 자유는 다른 사람들의 지배로부터 보호해주는 신뢰할 만한 장치로 여겨졌다. 자유에 대한 공화주의적 관점에서는, 독단적 간섭에서 자유로운 것으로 충분하지 않았다. 독단적 간섭으로부터 안전해야 했다. "공화주의적" 자유의 지지자들에게 정치적 자유는 독단적 권력으로부터의 확고한 자유를 의미했다. 예를 들어 전제 정치에서는 간섭받지 않는 단순한 일이 운에 따른 것일 수 있다. 비밀경찰이 틀린 주소를 갖고 있었을 수도 있다. 괴롭힘을 당하기에는 내가 너무 멀리 있거나 외딴곳에 있었을 수도 있다. 그런 독재하에서의 비침해는 믿을 만한 게 못 되었다. 현명한 사람은 침해를 우려할 테고, 침해에 대한 우려 속에서 사는 것은 공화주의적 의미에서 자유롭게 사는 것이 아니었다. 또한 모든 사회적 제약이나 정치적 개입이 지배 행위인 것도 아니었다. 사회적 제약은 불가피한 것이었고, 국가적 개입은 대개 환영받는 동시에 정당화되었다. 공화주의적 자유에 붙은 "제3의 길"이라는 딱지는 당연한 것이었다. 그것은, 한쪽에는 소극적 자유와 자유방임을, 다른 한쪽에는 적극적 자유와 "집단주의"를 끼고 있는 정치적 중앙에 "자유"라는 자유주의의 깃발을 꽂았다.

벌린의 자유주의 교훈은 절망적인 것이 아니라 희망적인 것이었다. 그렇다면 벌린의 다원주의는 상대주의가 부정하는—제대로 된 상대주의라면—사람들 사이의 윤리적 관련에 대한 희망을 제시하는 것이었다. 벌린은 모든 사람을 내면에서 갈등하는 존재로, 그렇기에 아마도 화해의 정신에서 다른 사람들 내면의 유사한 갈등을 인정할 수 있는 존재로 묘사했다. 윤리적 상대주의자들은 사람들을, 다른 틀 안에 있는 사람들과는 말할 필요가 전혀 없고 아마도 소통을 위한 효과적이고 공통적인 방법들조차 갖고 있지 않은, 어떤 목표와 이상의 틀 안에 갇혀 있는 존재로 묘사했다. 하나의 정치 관행으로서의 자유주의는 도덕의 본성에 대한 그 어떤 특정 이론과도 관련이 없었다. 그럼에도 불구하고 왜 밀 같은 윤리적 "일원론자"와 벌린 같은 윤리적 "다원론자"가 종파적으로 분할된 세계를 가지고 있는 윤리의 상대주의자들보다 덜 대립되는 느낌을 주고 정신적으로 더 자유주의적인 느낌을 주는지가 설명되어야 한다. 아마도 그것은 밀과 벌린 모두가 공통된 일련의 도덕적 요구들에 지배되는—그 요구들이 복잡하든 단순하든—인류에게 이야기를 하는 것처럼 보이기 때문일 것이다.

오크숏은 정치사상이라는 바로 그 개념을 불신하는 보수적 기질의 자유주의적 정적주의자였다. 그는 자기 주변에서 성장하고 있는 사회를 싫어했지만, 어느 누구도 공격적인 행동을 취하지 말 것을 촉구했다. 벌린은 정치가 거창한 주장과 과도한 요구에서 멀어져 중도적 개혁과 화해를 지향하는 방식에 찬성했다. 그가 보기에 해악은 일체형의 답변을, 더없이 잘 정리된 이데올로기를 기대하는 데서 생겼다. 벌린의 말에 따르면, 참된 자유주의자는 삶이나 정치의 어떤 진지한 목표를 달성하는 데는 그 외의 다른 것을 성취하지 못하는 것에 대한 좌절과 후회가 수반된다는 것을 받아들였다. 그들의 겸손한 정치관은 하이에크의 그것과는 달랐는데, 이제 우리는 정치사상가로서의 하이에크의 세 번째 등장을 살펴볼 것이다. 하이에크의 반反정치는 급진적인 종류의 행동 프로그램이었다.

2. 하이에크(3): 정치적 반정치

앞서 우리는 프리드리히 하이에크가 1944년 미국에서 『노예의 길』로 유명해진 것까지 이야기했다. 이제 그의 삶은 변했다. 하이에크의 결별 선언으로 모욕감을 느낀 런던정경대학의 멘토 라이어널 로빈스는 학문적으로도 개인적으로도 그와 관계를 끊었다. 자신의 사상이 이해받지 못하거나 이상한 것으로 취급당하는 영국에서 직업적으로 방해를 받자 하이에크는 미국에 기대를 걸었다. 미제스의 기업가 친구들은 정통 경제학의 본산인 시카고에 그의 자리를 마련하기 위해 급하게 돈을 모았다. 하지만 그로서는 실망스럽게도 그의 직책은 정치학과에서 주어졌다. 그는 더 의기소침해졌다. 그의 노년 초기에 명성과 경력은 기울어갔다. 그러나 하이에크는 끈질겼고, 마지막에 웃었다. 런던과 워싱턴의 정책 싱크탱크들에서는 경제사상의 변화가 일어나는 중이었다. 하이에크는 그 변화의 지적인 후견인이 되었다. 1974년에 그는 스웨덴 중앙은행이 주는 노벨 경제학상을 받았다. 스웨덴의 경제학자이자 사회민주당의 복지와 시민권 옹호자인 군나르 뮈르달과의 공동 수상이었다.

하이에크는 『노예의 길』에서 미루어두었던 과제를 마침내 마무리했다. 이 책은 자유주의자들이 무엇에 반대하는지를 이야기했다. 하이에크는 자유주의자들이 무엇에 찬성하는지에 대해서도 이야기해야 했다. 그 역할을 『자유헌정론』과 『법, 입법, 자유』가 떠맡았다. 이 책들에서 하이에크는 세 가지 중심 주제로 돌아갔다. 즉, 법치하의 강력한 일반 규칙들이 자유재량적 권위보다 낫다는 것, 사회 정의 같은 것 없이는 소득이 욕구를 반영하기를 기대할 수 없다는 것, 자유민주주의는 자유가 아니라 방종에 불과한 일시적 일당 독재나 이해 집단 간의 적나라한 경쟁보다 좋은 것임에 틀림없다는 것이었다. 하이에크의 사상은 항상 질서와 자유 사이의 긴장 위에서 전개되었다. 그는 "실제로 존재하는" 자본주의를 알게 될수록 더욱더 민주주의 선택에 따른 질서, 법, 제한들을 강조했다.

대부분이 1950년대에 집필된 책인 『자유헌정론』에서 하이에크는 『노예의 길』에서 길잡이가 되었던 주제들을 확장했다. 경제에 대한 무지는 계획과 중앙의 규제를 무의미한 것으로 만든다는 것, 법이 이해관계들보다 우위에 있어야 한다는 것, 돈과 자유가 윤리적 쌍둥이인 이유는 "경제에 대한 지배"가 곧 "우리의 목표들 모두에 대한 지배"이기 때문이라는 것, 법 앞의 평등만이 중요할 뿐 결과의 평등은 중요하지 않는 것이었다. 그는 자유를 독창적으로 끌어들였다. 노조 없는 노동 시장은 누구나 자유롭게 자신의 새로운 사장을 선택할 수 있다는 점에서 자유로웠다. 독점은 국가만큼이나 강제적일 수 있었다. 벌린의 어떤 암시를 반향하며, 하이에크는 자유주의가 민주주의를 요구하지도 반대하지도 않는다고 강조했다. 자유주의의 적은 전체주의와 삶에 대한 중앙집중적 통제였다. 민주주의의 적은 독재 정치였고, 이는 자유와 양립할 수 있었다.

하이에크는 정부의 "의제"와 "비의제"를 가르는 선이 어디 놓이는지 말해달라는 케인스의 요구에 답하고자 했지만, 그가 제시한 것은 어떤 변별력 있는 원칙이라기보다는 예시적인 목록에 가까웠다. 하이에크가 쓴 바에 따르면, 정부는 가격을 통제해서도 안 되고, 노조를 보호하기 위해 자유로운 노동 거래에 간섭해서도 안 되고, 계약의 자유를 제한해서도 안 되고, 부자가 빈자에게 주도록 설계된 조세 정책으로 분배의 정의를 추구해서도 안 된다. 여전히 하이에크는 지배자 없는 질서라는 자유주의 비전을 고수해야 한다고 느꼈다. 그는 다음과 같이 썼다. "자유의 적들은 언제나, 인간사의 질서란 누군가는 질서를 부여하고 나머지는 복종할 것을 필요로 한다는 주장을 논거로 삼아왔다." 하이에크는 질서를 정하는 지배자나 명령자와는 다른 무언가를 필요로 했지만, 그게 무엇일까? 그는 결여된 것이 무엇인지에 대해 솔직했고 몇 가지 답을 갖고 있었다.

한 가지 답은 정교하고 야심적이었지만, 결정적으로 설득력이 부족했다. 하이에크는 질서가 진화한다고 믿었다. 『법, 입법, 자유』에서 그는 "인위적 질서"와 "발견된 질서"를 대조시켰다. 오크숏이 그런 것처럼, 격조 있는 이름을 사용하는 것은 하이에크의 입장에선 구별 자체가 완전히 타당하거나 설득력 있지 않다는 근심을 드러내는 것이었다. 현재 사회에 대한 하나의 설명인, 자생적 질서의 진화라는 하이에크의 설명은 시지윅이 강하게 비판했던 스펜서의 사회생물학과 다르지 않았다. 한 가지 문제는 사회 변화에 대한 하이에크의 묘사였다. 그의 진화적 설명으로 볼 때 부과된 혹은 "인위적" 사회 질서는 적응성이 없고 사회적으로 유리하지 않은 것, 즉 나쁜 것이었다. 사회가 진화하면서 그 질서는 적응성이 없고 유리하지 않은 성격을 탈피했다. 그럼에도 불구하고 "인위적" 질서는 살아남았다. 예컨대 그것은 과잉 통제적인 사회 개혁주의 속에서 살아남았다. 표면적으로 이 주장들은 서로 모순적이었다. 진화의 은유는 매우 빈약했다. 생물학에서 진화는 명백한 변화 메커니즘에 따라 아주 긴 시간에 걸쳐 진행되었다. 유전적 변이에 의해 무작위적으로 변형이 이루어지는 것이었다. 사회생활의 경우에는 명백한 메커니즘이 없었고, 생물학적 진화와 같은 진화가 일어나기에는 변화가 너무 빨랐다. 생물학에서, 유용함이나 유리함 같은 특징은 그 특징이 살아남은 데서 추론된 것이지 그 반대가 아니었다. 유용함은 예측 가치가 전혀 없었다. 생물학이 시적으로 사회생활에 끼어들었을 때 진화론 지지자들은 그 순서를 뒤집어, 유용함에서 생존을 추론했다. 그는 『자유헌정론』에서 "어떤 제도도 유용한 기능을 하지 않는다면 생존하지 못할 것이다"라고 썼다. 그러나 사회라는 세계에는 유용성 지향적 사회 진화의 여과기가 제 역할을 했다면 살아남지 말았어야 했을 반사회적이고 부적절한 규범이 가득했다. 하이에크는 자신의 모순된 주장들 중 어떤 것을 포기해야 하는지를 명확히 하지 않았다.

하이에크는 『법, 입법, 자유』에서 정치적 민주주의에 대한 자유주의의 경제적 비판으로 돌아왔다. 우파 자유주의자들에게는 효율적 시장에 대한 신념이 다수결 원칙 지지와 잘 어울리지 않는다는 것이 난처한 문제였다. 그 둘은 양립 불가능해 보였다. 하이에크는 이 문제를 정면으로 다루었다. 대중 민주주의는 두 가지 방식으로 경제적 효율성을 저해할 수 있었다. 대중 민주주의는 정부가 이해관계, 체제에 대한 도박, 표 매수로 나아가게 만들었다. 또한 대중 민주주의는 정부의 경제적 간섭을 조장했다. 이는 높은 취업률과 고임금을 과하게 약속하는 것으로 이어졌다. 이 모든 것이 함께 인플레이션을 일으켰고, 결국 가치의 침식과 절약 의욕의 저하를 불러왔다. 이러한 위험을 방지하고자, 그는 규제적 개입을 제한하고 경제적 이해관계에 휘둘리는 공적 재량을 제한하는 일반적 보호 장치를 제안했다. 더 구체적으로 말하자면, 45세 이상의 남녀로 구성된 강력한 상원을 만들어 선거 민주주의를 제한할 것을 제안했다. 상원은 법을 만들고 법치를 감독할 것이다. 하원은 사실상 보조적인 집행부로서 법을 관리할 것이다.

『법, 입법, 자유』에도 사회 정의에 대한 하이에크의 불신이 진술되어 있다. 냉담하고 비인격적인 경제적 해악과 관련해 하이에크는 단호했다. 어떤 이들은, 그러한 해악이 사람들의 자유를 침해하기 때문에 자유 시장의 규범을 해치지 않는 선에서 그 해악의 원인들을 규제하거나 금지할 수도 있다고 주장했다. 하이에크는 그렇지 않다고 믿었다. 다른 사람들에 의한 경제적 결정이 어떤 사람의 일자리를 잃게 하거나 어떤 사람의 저금을 완전히 고갈시킬 수도 있었고, 그래서 그 사람의 행동 범위를 제약할 수도 있었다. 그래도 그런 결정이 누군가의 자유를 제약하는 것으로 간주될 수는 없었다. 왜냐하면 자유에 대한 제약은 인격적이고 의도적인 것이지만, 시장 결정의 냉담한 영향은 그런 것이 전혀 아니기 때문이었다. 어느 누구도 어떤 사람을 콕 집어 그 사람의 회사를 망치거나 그 사람의 일자리를 없애려 의도하지 않았다. 단지 의도치 않은 결과로 나아가는 길에 그 사람이 놓여 있었던 것뿐이다. 하이에크가 내놓은 그 자유 시장 답변은 폭설 때문에 집에 갇히는 것과 스스로의 의지에 반해 부당하게 집에 감금당하는 것을 구별한 루소의 설명을 활용했다. 두 상황 다 자유를 제약하는 것이었다. 하지만 두 번째 경우만 비난받을 수 있었다. 이어진 주장에 따르면, 자유가 제약되었을 때 우리는 자연적 제약과 인간적 제약을 다르게 판단한다. 나쁜 경제적 결과는 폭설과 비슷하며, 어느 누구도 폭설에 책임을 묻지 않는다고 하이에크는 주장했다. 경제학이 자연과학처럼 들리게 하려고 그가 아무리 애써도, 여기에 자연적 사실은 없었다. 사실상 하이에크는 경제적 해악을 폭설처럼 **취급**하며 누구도 비난하지 말아야 한다고 권고한 것이었고, 이는 하이에크의 명확한 정당화가 결여된, 과장된 도덕적 주장이었다.

하이에크의 자유주의에 대한 좀체 사라지지 않는 의문점은 그에게 번영의 확대를 능가하는 어떤 관심사가 있는가 하는 것이었다. 유용함에만 의존하는—달리 말해 정의, 법, 권리, 프라이버시에는 관심이 없는—그의 전체 체계가 온통 경제성장의 촉진에만 관심을 갖는다는 의혹은 결코 사라지지 않았다. 하이에크도 그 위험을 알고 있었다. 그는 1938년 파리의 리프먼 컬로퀴엄에서 순수 자유방임 자유주의는 정치적 강령으로서는 사망했음을 받아들인 터였다. 번영을 도덕적으로 가장 중요한 것으로 만드는 것은 사람들의 헌신을 이끌어내기에 충분치 않다고 그는 인정했다. 그러나 대중의 헌신을 도덕성에 대한 테스트로 삼는 것은 편의상 거의 또는 전혀 진전이 없었다. 하이에크는 자신이 그런 문제들에 대해 원칙에 입각한 답을 갖고 있는지 여부를 분명히 밝히지 않았다.

그 대신에 그는 자신의 가장 분명한 최종 변론인 『자유헌정론』을 「나는 왜 보수주의자가 아닌가」라는 장을 통해 열렬한 당파적 입장으로 마무리했다. 그것은 앞선 책 『노예의 길』과 같은 열정과 신랄함으로 쓰였다. 그 장은 보수주의의 결점 열 개를 열거했는데, 하이에크는 자신이 그중 어떤 것도 공유하지 않는다고 밝혔다. 18세 이후로 그는 사회주의자가 아니었다. 우파 인사로서의 그의 명성은 충분히 합당한 것이었고 의문의 여지가 없었다. 하이에크의 체크리스트는 자유주의자와 보수주의자를 가르는 명확한 선을 제공했다. 하이에크의 설명에 따르면, 보수주의자에게는 다음과 같은 약점이 있었다. 그들은 변화를 과도하게 두려워했다. 그들은 통제되지 않는 사회 세력을 비합리적으로 두려워했다. 그들은 권위를 지나치게 좋아했다. 그들은 경제를 전혀 이해하지 못했다. 그들은 상이한 시각을 가진 사람들과 관계를 맺는 데 필요한 "추상"의 감각을 결여했다. 그들은 엘리트나 특권층과 너무 밀착되어 있었다. 그들은 호전적 애국주의와 광신적 애국주의에 굴복했다. 사회주의자들이 과도하게 이성적으로 사고하는 경향이 있는 만큼이나 그들은 신비적으로 생각하는 경향이 있었다. 끝으로, 그들은 민주주의를 지나치게 의심했다. 언급했다시피, 하이에크는 선거 민주주의에 대해서는 흔들렸다. 하지만 그 밖의 것에 대해서는 자유주의자임을 명확히 드러냈다. 그는 권력을 불신했다. 그는 진보를 믿었다. 그는 법적 평등과 프라이버시 보호의 요건으로 여겨지는 것인 시민적 존중을 주장했다. 동시에 그는 자유주의자들이 모든 사람에게 자신들의 이상을 어디까지 약속해야 하는지에 대해서는 대범하지 않았다. 그는 문제가 어디 있는지에 대해 끈질기고 정직했지만, 절대적인 민주주의자는 아니었다.

하이에크의 정치적 겸손은 공공연하게 정치 형태를 취했다. 회의적인 오크숏과 달리, 하이에크는 하나의 학설과 행동 강령을 갖고 있었다. 순수주의자인 벌린과 달리, 하이에크는 모든 가치를 번영, 행복, 정직성의 불안정한 방정식으로 정리하는 것처럼 보였다. 그럼에도 그의 영향력은 지대했다. 그는 사회 입법을 해체하기 위한 만능의 근거를 제시하는 것처럼 보였다. 그의 "구성적" 질서와 "자생적" 질서 구분은 1980년대 신자유주의적 급진주의자들의 중심 사상이 되었다. 그것은 어떤 공적인 문제도 경제적 부분과 정치적 부분으로 분석하고 문제를 정치 탓으로 돌리는 편안한 습관을 장려했다. 잊힌 자유주의자 리처드 닉슨에게 경제에 대한 조언을 했던 인물인 허버트 스타인은, 어떤 문제가 됐든 자신은 정치부 기자에게는 그것이 경제 문제라고 말할 것이고 경제부 기자에게는 그것이 정치 문제라고 말할 것이라고 농담한 바 있다. 그 차이는 미미할 수 있지만, 스타인과 그의 청중은 그 언급이 농담임을 이해했다. 아마도 경제에 대한 하이에크의 철학은 실용적인 생각을 가진 기업인들에게 대단히 매력적이었을 텐데, 왜냐하면 그것이 정치경제에서 정치를 배제하는 것을 목표로 삼았기 때문이다.

3. 오웰, 카뮈, 사르트르: 냉전 시대의 자유주의자들

1945년 이후의 자유주의 사상은 경제와 관련된 것만이 아니었다. 대학과 싱크탱크에 한정되지도 않았다. 20세기 중반의 자유주의 풍토는 뛰어난 산문들을 남긴 세 명의 작가에게 크게 빚지고 있었는데, 조지 오웰, 알베르 카뮈, 장폴 사르트르가 그들이다. 그들은 모두 성가시고 화해하기 어려운 고립적 인물을 중심으로 하여 정치적 주제의 소설을 쓴 작가였다. 역경을 무릅쓰는, 혹은 역경을 알지 못하는 태도를 취하는 것은 그들에게는 무모함의 증거가 아니라 도덕적 진지함의 표시였다. 오웰은 스페인에서 파시스트들과 싸웠다. 카뮈는 프랑스 레지스탕스를 위한 지하신문을 편집했다. 사르트르는 저명한 철학자였고, 전후 프랑스의 대표적인 좌파 잡지 『레 탕 모데른』을 30년간 편집했다. 사르트르의 입장은 좀더 선언적이었지만, 사르트르 역시 서구의 반공산주의와 식민주의, 프랑스의 드골주의라는 일련의 골리앗들에 맞서 다윗의 역할을 수행했다. 세 사상가 중 누구도 정당원이 아니었고, 모두 정치적으로 얽매이는 것을 싫어했다. 그들 모두, 심지어 사르트르도, 기질상 자유주의자였다.

정치 언어의 사용과 오용에 대해 숙고했던 조지 오웰(1903~1950)은 스스로를 사회주의자, 반공산주의자, 토리파 무정부주의자라 칭했다. 글에서는 격정적이었지만 인간적으로는 수줍음이 많았던 그는 지식인들을 조롱한 지식인이자 특권적 사회주의자들을 경멸한 좌파 이튼스쿨 동문이었다. 반전체주의적인 그의 두 소설 『동물 농장』(1945)과 『1984년』(1949)은 그를 일찍이 세계적 유명인으로 만들어주었지만,

그는 명성을 누리게 되기도 전에, 또한 의심의 여지 없이 자신의 명성을 조롱하게 되기도 전에 결핵으로 사망했다.

그는 벵골에서 에릭 블레어라는 이름으로 태어났다. 당시 그의 아버지는 중국의 아편 무역을 관장하는 벵골의 인도식민부에서 근무했다. 그는 영국의 학교로 보내졌는데, 당시 제1차 세계대전의 살육을 피하기에 충분한 어린 나이였다. 이튼의 친구들을 따라 옥스퍼드대학이나 케임브리지대학으로 진학하는 대신에 그는 버마의 식민지경찰에 지원했고, 거기서의 경험을 통해 그는 곧장 반식민주의자가 되었다. 그곳 사람들과 같은 입장에 있었다면 자신도 했을 일 때문에 그들을 가두는 것에 점점 더 환멸을 느낀다고 그는 썼다. 버마에 머물던 시기에 그의 유명한 에세이 두 편이 나왔다. 하나는 겁먹은 군중의 힘에 굴복한 것에 대한 자책인 「코끼리를 쏘다」였고, 다른 하나는 사형제에 대한 차분한 논박인 「교수형」이었다.

오웰의 자유주의 이해는 직관적이었지만 심오했다. 그는 과도한 권력을 증오했고, 그것이 무수한 형태로 출현한다는 것을 이해했다. 그는 다음과 같이 썼다. "나는 부르주아 공산주의자의 마음속에 있는 이상화된 노동자에게는 별로 애정이 없다. 하지만 자신의 본래의 적인 경찰과 투쟁하고 있는, 살과 피를 가진 현실 노동자를 볼 때면 나는 내가 누구 편인지 굳이 자문할 필요가 없다." 그는 사회에서 배제된 사람들을 보자마자 알아봤다. "아이들은 빵을 구걸하고 있는데 어떤 살찐 남자가 메추라기 고기를 먹고 있는 것은 역겨운 장면이다." 오웰은 이상과 정책보다 정치에 더 많은 것이 있다고 보았다. 오웰은 찰스 디킨스에 대해 다음과 같이 썼다. "그의 급진주의는 더할 수 없이 모호한 것이었지만, 그것이 거기 있다는 것을 사람들은 늘 안다. 그는 건설적인 제안도, 심지어 사회의 본성에 대한 분명한 이해도 갖고 있지 않았고, 다만 무언가 잘못되었다는 것을 감정적으로 지각했을 뿐이다. 결국 그가 할 수 있는 말이라고는 '부끄럽지 않게 행동하라!'인데……들리는 것처럼 꼭 그렇게 피상적인 말은 아니다." 자유주의자인 오웰은 사회주의자와 보수주의자들이 이해하기 어려워한 점을 인식했는데, 그것은 바로 불변성은 별 도움이 되지 않으며 정치는 결코 중단되지 않는다는 점이었다. "대부분의 혁명가는 잠재적 토리파인데, 모든 것이 사회 형태를 바꿈으로써 고쳐질 수 있다고 상상하기 때문이다. 일단 그 변화가 이루어지면, 그들은 또 다른 변화가 필요하지 않다고 본다."

오웰은 「정치와 영어」에서 그의 가장 강한 신념이라 할 만한 것을 피력했다. 나쁜 연설은 나쁜 사상을 반영하며, 정치가 주로 말로 수행되는 만큼 나쁜 연설은 정치적 어리석음, 폭력, 탄압으로 이어질 수 있다는 신념이었다. 소설 『1984년』에서 위협적인 불명료화를 묘사하기 위해 만들어낸 "신어新語 newspeak "라는 신조어는 권위에 의한 말의 오용과 권위에 의한 힘의 오용 사이의 연관을 이해하는 모든 사람에게 최소한의 설명도 필요 없이 이해되었다. 오웰의 신어는 "관리어 management speak "를 포함해 많은 파생어를 낳았다. 자책할 정도로 엄격했던 오웰은 불의에 저항해야 하는 우리의 의무가 사실상 무제한이라는 신념과 불의에 대해 뭔가를 할 수 있는 우리의 능력이 절대적으로 제한적이라는 신념을 결합했다. 그는 이론과 사변에 알레르기 반응을 보였고, 아마 말을 증오했을 것이다. 하지만 어떤 의미에서, 높은 요구와 낮은 능력으로 인한 오웰의 승산 없는 도덕성은 그를 영국의 실존주의자로 만들었다.

알베르 카뮈(1913~1960) 역시 달갑잖고 다루기 힘든 사회에서 거부자의 역할을 맡고 있었다. 오웰과 마찬가지로, 카뮈는 줄담배를 피워댔고 폐가 안 좋았다. 두 사람 다 46세에 사망했는데, 카뮈는 그의 책 발행인이 모는 파셸베가 자동차에 동승해 파리로 돌아오는 길에 자동차 사고를 당해 사망했다. 카뮈는 알제리의 알제에서 노동 계층에 속하는 프랑스인 부모에게서 태어났고, 알제대학에 진학했으며, 그 대학 축구팀에서 골키퍼로 운동을 했다. 카뮈는 자신이 마르크스가 아니라 빈곤으로부터 정치를 배웠다고 기록하게 된다. 반-반공주의가 공산주의로 귀결되지 않았던 사르트르의 경우와 달리, 카뮈는 1935~1937년 알제리 공산당에 소속되어 있었다. 독일 점령기 동안 카뮈는 프랑스 레지스탕스의 지하신문 『콩바』를 편집했다. 오웰처럼 카뮈에게서도 개인의 참여는 정책이나 학설보다 정치에서 더 중요했다. 두 사람 다 공산주의, 식민주의, 사형제 등에 대한 자신들의 반응과 혐오에 주의를 기울였다. 두 사람 다 성자도 순교자도 아니었다. 오웰은 영국 외무부에, 그곳의 선전 활동에 기용돼서는 안 된다고 자신이 생각하는 좌파 친구들의 명단을 제공했다. 카뮈는 독일 점령기에 어떤 에세이집을 출판하면서, 유대인 작가 카프카에 대한 언급을 빼라는 독일 검열관들의 요구를 따랐다. 카뮈는 알제리의 독립 투사들을 우상화하지 않았는데, 일단 권력을 잡으면 그들 역시 압제자가 될 수 있다는 우려 때문이었다.

카뮈는 소설과 희곡으로 가장 유명하지만, 정치 에세이들도 썼다.

『반항하는 인간』(1951)에서 그는 반공산주의적 자유주의자의 면모를 펼쳐놓았다. 프랑스 특유의 방식으로, 카뮈는 역사적으로 정치 원리에 대한 질문들을 제기했다. 카뮈는 물었다. 왜 계몽주의의 해방 프로젝트는 혁명의 공포로 끝났는가? 왜 근대의 자유 추구는 물질적 진보와 민주주의뿐만 아니라 독재와 어마어마한 학살로도 이어졌는가? 이 질문들은 새롭지도 않았고 해소되지도 않았다. 하지만 카뮈가 "나의 시대를 이해하려는 한 시도"라고 부른 것을 쓰기 시작했을 때 이 질문들은 시급한 것으로 여겨졌다. 카뮈는 자신의 정치적인 글들 중에서 『반항하는 인간』에 가장 자부심을 느꼈다. 그것은 마르크스주의적 좌파에 대한 더 잘 훈련된 지식인들의 조롱을 끌어냈고, 이로써 사르트르와의 우정도 영원히 깨졌다.

　카뮈는 프랑스 혁명과 나폴레옹 이후에 보수주의자들이 했던 질문을 다시 했다. 근대성의 범죄들은 자유 때문인가 아니면 자유의 악용 때문인가? 버크는 온건하게, 메스트르는 거칠게 자유를 비난했다. 버크가 보기에는, 사람들이 관습과 양식良識에서 해방되면서 최악의 범죄를 저지를 수 있게 된 것이 틀림없었다. 메스트르도 사람들이 신과 세속의 성직자들에게서 해방되면서 그렇게 되었다고 생각했다. 보수주의자가 보기에, 불복종과 반대는 도덕적으로 혼란과 당혹스러움을 낳았고, 정치적으로 혁명, 파괴, 반혁명을 낳았다. 자유의 정신은 인간의 삶을 더 좋게 만든 것이 아니라 더 나쁘게 만들었다. 반항은 자유 옹호자들이 주장하듯이 진보적인 것이 아니라, 퇴보적인 것이었다. 최초의 자유주의자들과 마찬가지로 카뮈는 이에 동의하지 않았다. 그 자유주의자들이 그랬듯이, 카뮈는 근대성의 과도함을 자유 자체가 아니라 자유의 악용 탓으로 돌렸다.

카뮈는 콩스탕과 기조처럼 혁명에서 좋은 점과 나쁜 점을 모두 보았다. 과도한 권력에 대한 저항으로서, 카뮈는 모든 인간을 구속하는 보편적 의무에 대한 반항을 취했다. 신의 침묵, 자연의 무심함, 인간에 의한 인간의 지배에 직면했을 때 유일하게 온당한 반응은 반항이라고 카뮈는 생각했다. 어떤 점에서 반항적임은 우리의 인간성을 규정해주었다. 반항은 불가피하게 사회적이었고, 우리를 다른 사람들과 관련시켰다. 또는 카뮈가 명쾌하게 이해되지 않는 어떤 경구로 말했듯이, "나는 반항한다, 그러므로 우리는 존재한다"라고 말할 수 있었다. 카뮈는 다양한 수준의 공감을 표현하면서, 작가, 댄디, 반도덕주의자, 허무주의자, 혁명기에 공포 정치를 편 자코뱅파, 고독한 반차르주의 폭탄 투척자 등 많은 반항인 유형의 마음과 행동을 묘사했다. 반항이 바람직하고 꼭 필요한 것이라면, 어째서 반항은 그런 재앙들을 초래한 것일까? 카뮈는 물었다.

카뮈의 에세이는 대답보다 질문에서 더 풍부했다. 그는 자신이 "지중해적"이라 부른, 관념에 의해 추동되지 않은 느슨하고 인도적인 정치에 대한 희망으로 끝을 맺었다. 전체주의적인 압제와 서구 과잉 사이의 중도라는 그의 비전은 분명 구체적이진 않았다. 좌파 지식인들 중 강경파가 비난을 쏟아냈다. 『레 탕 모데른』의 편집자 프랑시스 장송은 「반항하는 영혼」이라는 경멸적인 평론을 썼다. 그는 카뮈가 불의보다는 양심의 순수성에 더 관심을 갖고 있다고 주장했다. 알제리 독립운동가들을 돕는 프랑스 지하 조직의 용감한 일원인 장송의 좌파 자격은 흠잡을 데 없었다. 식민지의 독립이 압제로 이어질 것을 우려한 카뮈의 자유주의적 주저는 장송에게 공격의 빌미를 제공했는데, 장송에게는 알제리인의 알제리가 도덕적으로 완전무결한 것이었다. 어리석게도 카뮈는 오만하고 마음 상한 듯이 보이는 응수를 했다. 그러자 사르트르가 『레 탕 모데른』(1952년 8월)에 공개 서한으로 개입했고, 이것은 오늘날에도 문학적 암살의 소름끼치는 대작으로 읽힌다. 그와 카뮈는 다시는 거의 말을 섞지 않았다.

『반항하는 인간』은 거기 담긴 주장이나 정치적-문학적 위반에의 선동에서 중요하다기보다는, 자유주의가 좀더 일반적으로 취하고 있던 교정의 경향을 드러냈다는 점에서 중요했다. 1914~1945년의 극악무도 이후 자유주의자들은, 국가와 사회가 그것들이 사람들을 위해 할 수 있는 일에 대한 관심 때문에 그것들이 사람들에게 할 수도 있는 일에 대해 눈감아서는 안 된다는 점을 줄곧 되새겼다. 서구의 전 공산주의자들에 의한 철회의 책인 『실패한 신』(1950)처럼, 카뮈의 책은 스탈린주의의 폐해에 대한 좌파 지식인의 비판 표명을 억제해온 그간의 분위기를 해제하는 것이기도 했다. 침묵의 이유들이 어리석거나 불명예스러운 것만은 아니었다. 그것은 막대한 희생을 치르며 서유럽인들을 나치즘으로부터 구해준 나라에 대한 의리 같은 것이었다. 서구 역시 서구와 서구의 자유주의 가치를 방어하는 가운데 심각한 해를 끼치고 잔혹한 짓을 저질렀다. 그러나 카뮈와 오웰에게는 그런 침묵의 이유들이 더 이상 만족스럽지 않았다. 이제 터놓고 말해야 할 때가 되었다. 좋든 싫든 냉전은 어느 쪽을 지지할 것인지에 대한 선택을 강요했고, 그들은 서구를 선택했다. 작가로서 오웰과 카뮈는, 다시 자유주의자, 반공산주의자, 좌파가 될 수 있는 공간을 열고 있었다.

모든 사람이 그 공간에 들어서기를 선택한 것은 아니었다. 프랑스에서, 자유주의자와 좌파가 용어상 모순된다고 생각한 이들의 지적 지도자는 장폴 사르트르(1905~1980)였다. 하지만 사르트르 자신은 본인이 인정하려 했던 것보다, 그리고 아마도 이 책 초판에 대한 논평자들이 생각했던 것보다, 더 자유주의적이었다. 사르트르를 기질적 자유주의자라고 부르는 것은 엉뚱함이나 실수로 받아들여졌다. 그렇다면, 그것은 그의 저작을 알고 칭찬하는 사람들 공통의 실수였다. 그런 사람들 중 한 명이 미국의 정치사상가 마이클 월저였다. 월저는 사르트르의 「반유대주의자와 유대인」(1946)의 영어 번역판(1995)에 부친 서문에서 사르트르에 대해 "사실 그는 마르크스주의적 사회학의 관점을 취했음에도 불구하고 자유주의자였다"라고 썼다.

그러나 사르트르의 자유주의적 기질을 감지하는 데 권위자를 인용할 필요는 없었다. 그는 통치 권력과 지배적 관습에 대한 일종의 영구적인 선언적 반란을 통해서 저항하는 삶을 살았다. 그의 철학적 표어는 "단지 아니라고 말하라"였다. 엄청난 역경이 그를 매혹했던 것 같다. 그의 지적 프로젝트들은 감당하기 힘들 정도로 광대했다. 끝나지 않음은 일종의 성공의 표지였다. 60대에 그는 2300페이지에 달하는 귀스타브 플로베르 연구서를 미친 듯이 써놓고서 그것이 불완전하다고 선언했다. 그는 결코 철들지 않음을 뽐내고 다녔다. 명예 따위에 무관심했던 그는 1963년에 노벨상을 거부했다. 요컨대 사르트르는 괴짜였다. 그가 반려 동물이나 시골길 산책을 싫어하지 않고 프랑스인이 아니었다면, 괴짜들을 좋게 생각하는 영국에서 그는 사람들에게 사랑받았을 것이다.

그는 많은 여성을 사귀었는데, 끝까지 함께한 유일한 여성이 소설가이자 사상가인 시몬 드 보부아르였다. 그녀는 그의 삶과 일을 공유했고, 그의 친구, 연인, 간호사, 판관, 동료였으나 그의 아내는 결코 아니었다. 젊었을 때 한쪽 눈의 시력을 거의 잃은 사르트르는 그 밖에는 원기 왕성했다. 그럴 수밖에 없었다. 그는 매일 40개비의 부아야르 담배를 피우고 상당량의 커피와 술을 마시는 것 외에, 당시 의사의 처방 없이 구입할 수 있었던, 암페타민과 아스피린의 혼합물인 각성제 코리드란을 열두 알이나 복용했기 때문이다(하루 권장량은 두 알이었다).

사르트르의 진짜 마약은 글쓰기였다. 활동 시기 동안 그는 하루에 출판물 20페이지를 채울 만한 분량의 원고를 생산해냈다. 그는 쓴 것을 다시 읽거나 고치기를 거부했다. 일단 글이 지면에 실리면 그는 더 이상 생각하지 않았다. 짤막한 농담을 좋아한 그는 자신의 최고의 책은 언제나 이제 막 쓰려는 책이라고 말했다. 이런 재담 이면에는 그의 철학을 특징짓는 생각이 놓여 있었다. 과거는 우리에게 어떤 권위도 발휘하지 못한다는 것이었다. 언제라도 우리는 스스로를 자기가 바라는 대로 만들 수 있었다.

사르트르가 보기에 인간의 삶에서 핵심이 되는 것은 자유에 대한 확신과 제약에 대한 경험 사이의 갈등이었다. 우리는 자유롭게 생각할 수 있지만 자신의 상황 속에 갇혀 있었다. 지엽적으로라면 변화는 가능했다. 우리는 자신의 상황을 다르게 상상함으로써 그 상황을 자유롭게 "거부"할 수 있는 것이었다. 그런 정신적 자유는 우리의 계획과 희망에서 우리에게 매우 분명했다. 우리는 자기기만과 나쁜 신념을 통해서 자신에게 자신의 자유를 숨길 수 있다고 사르트르는 생각했다. 자기기만과 나쁜 신념은 우리의 사회적 분류를, 또는 우리의 신체적 한계를, 또는 우리의 자유에 대한 제한으로서의 도덕의 제약을 받아들이는 형태를 취했다. 자유에 대한 인정은 자기 인식의 척도가 되었다. 사르트르는 이런 생각을 『존재와 무』(1943)에 펼쳐놓았다. 이 책은 욕망, 역겨움, 응시됨처럼 충분히 분석되지 않은 인간 경험들에 대해, 소설가에게 기대할 만한 날카로운 통찰을 제시했다. 이 책은 자기기만과 진정성처럼 친숙하지만 검토하기 어려운 정신 현상들을 숙고했다. 또한 이 책은 인간의 자율성을 절대적으로 우선시하는 엄격한 견해와 도덕적 책임감에 대한 역시 엄격한 설명을 좀더 폭넓게 제시했다. 1940년대 말에 사르트르는 가르치는 일을 그만두고 글쓰기만으로 삶을 꾸려가게 되었다. 그의 가장 철학적인 소설 『구토』(1938)는 그의 생전에 160만 부 이상 팔렸고, 정치적 책임감을 다룬 희곡 「더러운 손」(1948)은 거의 200만 부가 팔렸다. 미완성작인 『변증법적 이성 비판』(1960)에서 사르트르는 인간의 자유에 대한 자신의 긴급한 견해와 마르크스주의에 대한 매우 개인화된 설명을 조화시키려 했다.

사르트르는 정도에서 벗어나고 무책임했다는 점에서 잘못했다고 볼 수도 있다. 그는 1930년대에는 반파시스트보다는 평화주의자였고, 1950년대 초에는 소련을 지지했고, 그 뒤 1960년에는 카스트로를 지지했고, 1968년 이후에는 마오쩌둥을 지지했다. "부르주아" 관습에 대한 그의 분노는 부르주아 관습을 그의 의제로 삼게 했다. 사르트르의 분노는 그를 악마적 안티히어로나 허무주의자나 심지어 테러리스트에 대한 무모한 칭찬으로 내몰기도 했다. 또한 사르트르는 훌륭하게 행동했다는 점에서 옳았다고 볼 수도 있다. 그는 1956년에 소련의 헝

가리 침공을 비난했고, 알제리인의 알제리를 요청했으며(우파 테러리스트들이 두 번이나 파리에 있는 그의 아파트에 폭탄을 던졌는데 한 번은 그가 거의 죽을 뻔했다), 1967년에 이웃 아랍 국가들의 위협에 맞서며 이스라엘을 지지했다. 사르트르의 마지막 활동의 하나는 레몽 아롱과 회동한 행사였는데, 의도했든 그렇지 않든 이 일은 화해의 상징으로 널리 받아들여졌다. 레몽 아롱은 1930년대부터 오랜 친구였고 1950년대부터 1960년대까지는 논쟁 상대였는데, 두 사람은 1975년 공산당의 사이공 함락 이후 베트남을 탈출하는 보트피플을 돕도록 프랑스 정부에 건의하기 위해 1979년에 함께 엘리제궁을 찾은 것이었다.

일찍 아버지를 여읜 사르트르는 맹목적으로 헌신하는 어머니와 교수 같은 할아버지 밑에서 외롭게 자랐다. 자신에게만 몰두하고 자기 머릿속에서 살고 있던 그는 우정을 갈망했다. 그는 1940년 독일 포로수용소에서 보낸 몇 달이 자기 삶에서 가장 행복했던 순간이라고 말했다. 상상의 대중과의 공상적인 이야기는 그를 전체주의적인 어리석음으로 이끌었다. 그러나 권위에 대한 그의 불신과 권위가 요구하기 마련인 폭력에 대한 불신이 그에 맞섰다. "명령하는 것이나 복종하는 것이나 똑같은 것이다." 그는 유년기에 대한 회고로 가장 훌륭한 자기 성찰서 『말』(1963)에서 이렇게 썼다. 이 경구는 알랭에게서 나옴직한 것이었는데, 사르트르가 고등사범학교에서 함께 공부한 친구들 중에는 알랭의 제자들이 있었다. 사르트르는 자유주의적 반공산주의자들을 싫어했다. 그러나 그는 대부분의 자유주의자들보다 더 무제한적이고 엄중한 인간의 자유를 요구했다. 사르트르는 결코 소속감과 자유로움의 균형을 주장하지 않았다. 그는 그런 균형이 가능하다는 생각을 조롱했다. 사르트르에게 최선은 그 둘을 그냥 내버려두고 각각이 어디로 향하는지를 보는 것이었다. 사르트르의 가장 용감한 사회활동 중 하나는 국가에 의해 괴롭힘을 당하는 급진주의자들의 시민권을 옹호하는 것이었다. 사르트르의 반자유주의적 언사들 이면에는 자유주의적 반대자가 숨어 있었을 수도 있다.

4. 롤스: 자유주의 정당화

존 롤스(1921~2002)의 이력은 두 가지 질문을 천착하는 것으로 이루어졌다. 하나는 "패배자들에게 무슨 말을 할 것인가?"이고, 다른 하나는 "윤리적으로 의견이 맞지 않는데 우리는 어떻게 함께 살 수 있는가?"이다. 이 질문들은 롤스의 가장 유명한 책이자 어떤 의미에서는 유일한 책인 『정의론』(1971)을 관통하는 두 개의 주제이기도 했다. 그에 대한 답으로서 롤스는 "잘 짜인" 혹은 "정의로운" 어떤 사회를 묘사했다. 그것은 바로, 그 사회의 이점을 누림에 있어서 어느 누구도 배제하지 않으며, 시민의 평화를 조건으로 가치 있는 삶의 형태에 관한 심오한 의견 불일치를 수용하는 사회였다. 롤스가 염두에 둔 정의 유형은 「공정으로서의 정의」라는 소논문의 제목에서 드러났다. 그는 1957년에 이 글을 썼는데, 이 글은 이후 계속 심화되고 수정되고 확대된 끝에 87개 절로 구성된 580쪽 넘는 책으로 불어났다. 『정의론』은 롤스가 1962년 코넬대학과 MIT로부터 하버드대학으로 자리를 옮긴 지 얼마 지나지 않아 초고 형태로 유통되기 시작했다. 그것이 마침내 출간되었을 때, 롤스는 자신이 들었거나 예상할 수 있는 많은 반론에 답하는 작업을 하고 있었다.

그 근면함이 그 책을 어렵게 만들었다. 영국의 비평가이자 도덕철학자인 리처드 헤어는 거의 절망적인 심정으로 몇 번이나 그 책을 내려놓았다고 전했다. 롤스의 논증의 찬찬한 속도와 거리낌 없는 우물쭈물은 그의 책이 논리학자이자 동료 철학자인 힐러리 퍼트넘이 제시한 철학적 고전의 검증 기준—당신이 똑똑할수록 그것도 똑똑해진다—에 맞는 것임을 의미하기도 했다. 영어권 정치철학자들 사이에서 롤스의 책은 곧 참고문헌이자 논쟁의 출발점이 되었다. 두 세대에 걸친 롤스주의자들은 해석, 논평, 이의, 옹호 차원의 학문적인 글을 5000편 넘게 생산했다. 그 책은 대학 교재가 되었는데, 1948년에 처음 출판된 폴 새뮤얼슨의 『경제학』에 버금가는 교육적 영향력을 발휘했다. 롤스가 사망할 무렵 『정의론』은 40만이 넘는 판매 부수를 기록하고 있었고, 중국어와 아랍어를 포함해 다수의 언어로 번역되어 있었다.

수준 높은 논증에서 롤스는 자유민주주의를 뒷받침하는, 일반적으로 줄여서 자유와 평등이라고 이야기되는 두 정치적 이상에 대한 20세기 중반의 정당화를 제시했다. "유능한 판관들"이 사람들에게 삶의 더 좋은 형태와 더 나쁜 형태를 보여줄 수 있다고 밀이 생각했다면, 롤스는 그 유능한 판관들의 지도적 권위가 이제 사라졌다는 것을 당연시했다. 그런 민주주의적 환경에서, 롤스는 공정 지향적인 근대 시민들이 인정하고 참여할 수용 가능한 자유주의 질서를 뒷받침하는 원리들로 어떤 것이 있을지 알고자 했다.

밀과 마찬가지로 롤스는 조화론자였다. 그는 사람들이 사익을 추구하지만 공정과 정의의 요구에도 열려 있다고 보았다. "정의로운 사회가 정의로운 시민을 만드는가 아니면 그 반대인가?"라는 오랜 난제에 대해 사실상 그는 "둘 다"라고 주장했다. 롤스는 자신의 사상을 만드는 과정에서 다양한 원천에 의존했는데, 정치적 의무에 대한 사회계약론, 칸트의 보편주의 윤리학, 당시의 사회과학, 합리적 선택 이론, 그리고 특히 자신의 도덕적 직관이 그것이었다. 그는 정치에 대한 모든 것을 하나의 정합적 체계로 설명하기 위해서, 자유주의 사상가들이 하지 말라고 권고했던 것을 하고 있는 것처럼 보였다. 롤스 체계의 복잡함은 어느 정도는 그 체계의 다양한 부분이 서로 맞물릴 것이라는 희망에 기인했다.

롤스는 『정의론』의 첫 문장에서 자신의 주제를 다음과 같이 못박았다. "진리가 사유 체계의 첫 번째 덕목인 것처럼, 정의는 사회 제도의 첫 번째 덕목이다." 불공정한 법과 제도가 안전과 번영을 제공해 줄 수도 있다. 그러나 만약 법과 제도가 공정하지 못하다면, 그것들은 "개혁되거나 폐기되어야 한다". 그 책을 읽어나가면서 독자들은 롤스가 공정한 사회에서 있어야 하는 일이라고 생각한 또 다른 것들을 알게 되었다. 공직자는 평범한 시민보다 더 높은 도덕적 평가 기준을 따라야 한다. 순종적인 시민이 법을 따르지 않아야 하는 시대도 있을 수 있다. 사회는 소외되거나 불리한 사람들을 소홀히 해서는 안 된다.

롤스의 위엄 있는 어조는 새로웠다. 그의 첫 단락은 마치 채닝의 설교나 소로의 권유처럼 들렸다. 『정의론』은 일정한 거주지가 없는 무국적의 중립적 지성에 의해 쓰인 것처럼 읽힐 수 있었다. 롤스가

1960년대의 미국에서 글을 쓰는 데 깊이 몰두한 시민이었음을 염두에 두면 그 책의 고요와 복잡성을 좀더 쉽게 이해할 수 있다. 그는 미국 사회가 황폐화되었다고 굳게 믿었다. 미국 사회의 인종 차별과 군사 중심 정책은 그를 질리게 했다. 그럼에도 불구하고 그는, 논증에 의존할 뿐 어떤 입장을 취하지는 않는다는, 자기 직업의 극기적 규정을 준수하려 안간힘을 썼다.

대략적인 사회 정의 영역은 충분히 친숙한 것이었다. 하지만 그것에 접근하는 롤스의 방식은 새로웠다. 법적 정의는 처벌, 보상, 적절한 과정에 관심을 두었다. 사회적 정의는 사회에서의 이익과 부담의 공정한 분배에 관한 것이었다. 사회 정의에 대한 명확한 질문들은 이런 것이었다. 어떤 분배가 공정한가? 공정한 분배는 평등한 분배여야 하는가? 그렇지 않다면, 얼마만큼의 불평등이 수용될 수 있는가? 이 주제는 오래되고 논쟁적인 것이었다. 롤스는 직접적으로 답하기보다 공정과 불공정의 원천에 주목했다. 그는 이익과 부담의 공정하거나 불공정한 몫에서 시작하지 않고, 몫을 나누는 절차와 제도에서 출발했다. 그리고 공정한 절차는 사람들이 결과를 모르고도 우선적으로 동의할 수 있는 절차라는 합리적인 생각을 일깨웠다. 공정하게 패를 돌렸다면 카드에 대한 불만은 있을 수 없다. 공정한 절차와 제도는 찾기 어렵지 않아 보였다. 그것은 사람들이 동의할 수 있는 절차와 제도였다. 문제는 모든 사람이 각자의 이해관계에 유리한 제도를 원하리라는 것이었다.

기초 제도의 경우, 롤스는 행정부와 입법부라는 친숙한 헌법적 기구도 염두에 두었지만, 또한 시장, 재산법, 분쟁 절차, 그 외 공동 삶과 관련된 기본 규칙들도 염두에 두었다. 그 기초 제도들은 흔히 중립적인 중재자로 묘사되었지만, 롤스가 보기에는 그렇지 않았다. 그것들은 다른 사람들보다 일부 사람—예컨대 부자, 백인, 강한 사람, 똑똑한 사람—에게 더 유리한 경향이 있었다. 제도를 더 공정하게 만드는 하나의 방법은 그런 편향성을 제거하는 것이었다. 그러면 공정한 제도가 더 평등한 결과를 낳을 것이다. 하지만 이것은 지나치게 성급하다고 롤스는 주장했다. 그런 답은 정반대의 잘못을 내포하고 있기 때문이었다. 예컨대 그것은 덜 특권적인 다수가 특권적인 소수를 제한하고 불리하게 만들게끔 할 수도 있었다. 온건한 평등주의적 자유주의자인 롤스는 부유하고 유능한 사람들을 침해하지도 않고 가난하고 덜 유능한 사람들을 배제하지도 않을 공정한 제도를 찾고자 했다.

빨리 요점을 알고 싶은 독자는 곧장 롤스의 "정의의 원칙들"로 건너뛰었다. 이상하게도 두 개의 원칙으로 기억되고 있지만, 사실 롤스는 세 개의 원칙을 제시했다. 첫째, 모든 사람은 자존적 삶에 필요한 일련의 불가침적 자유들을 똑같이 가져야 한다. 둘째, 공정한 기회는 모든 사람에게 균등하게 주어져야 한다. 셋째, 설사 자유롭고 생산적이고 번영하는 사회에서 일부 불평등이 불가피하다 할지라도, 그 불평등은 우선적으로 약자에 대한 도움을 허용하고 조성하는 것이어야 한다. 롤스는 마지막 원칙을 "차등 원칙"이라고 불렀다.

그의 세 원칙 자체는 사회 지향적인 자유민주주의에는 익숙한 이상이었다. 누구의 프라이버시도 침해되어서는 안 되고, 누구의 목표도 방해되어서는 안 되고, 누구도 그런 권리나 그 권리들의 행사를 위한 실질적 수단에서 배제되어서는 안 된다. 19세기 말과 20세기 초의 "새로운 자유주의자들"에게 동조하듯, 롤스는 자유, 기회 균등, 연대―레옹 부르주아의 말을 사용해―로 이루어진 삼색 깃발을 올리고 있었다. 그러나 롤스는 인상적인 부칙 하나를 덧붙였다. 20세기 말의 사회는 새로운 자유주의자들이 글을 쓰던 시대에 비해 훨씬 더 부유했다. 일단 사회가 충분히 부유해지면 정의의 세 원칙이 엄격하게 적용되어야 한다고 롤스는 판단했다. 주어진 어떤 경우에 세 원칙이 충돌한다면, 자유는 최고의 기회 균등에 대립되었고 기회 균등은 최고의 연대에 대립되었다.

자신의 원칙에 도달하기 위해 롤스는 박물관 수장고에서 사회 계약이라는 골동품을 꺼내들었다. 그는 각자의 소질과 부와 충성을 막론한, 어떤 질서 있는 사회의 예비 시민들이 자신들의 사회를 이끌 원칙들의 메뉴에서 무엇보다 공익이나 탁월한 실력이나 공정성을 선택하는 것을 상상했다. 각자의 목표와 능력을 편들지 않고 불편부당하게 선택한다면 사람들은 공정함이나 정의를 선택하리라고 롤스는 주장했다. 또한 롤스는, 그런 뒤 공정함이나 사회 정의의 원칙으로서의 선택지들이 제시되면 사람들은 롤스 자신이 꼽은 세 원칙을 택할 것이라고 주장했다. 2부에서는 롤스의 가상 시민들이 그다음으로 헌법, 경제 제도, 분쟁 절차를 택했다. 그 결과는 이상적으로는 근대 자유민주주의였다. 롤스의 전개는 복잡하고 논란의 여지가 있었다. 동료 철학자들이 공통으로 가진 불만은 롤스의 도덕적 직관이 가상 시민들의 선택을 추동했다는 것이었다. 출력―자유민주주의―이 입력―자유민주주의―에 의해 보장되었다. 그 장치는 어떤 정당화 작업도 수행하지 않은 것이었다. 영국 사상가 존 그레이는 『정의론』에 대해 윌리엄 베버리지 정치의 "선험적 연역"이라고 언급했는데, 이는 그런 불만을 표출한 것이었다.

그 불만은 대응 가능한 것이었다. 근본적으로 롤스는 자신의 "본래 입장"이 제도들의 공정함에 대해 크로스체크를 수행하는 것이기를 바랐다. 누구나 논쟁의 여지가 있는 어떤 사회적 결정—여성에 대한 불평등한 임금, 최저 임금, 인종 차별, 차별 철폐 조치—에 대해서 과연 이것이 누구든 자신의 재능, 관심사, 목표, 이상을 제쳐놓고 합리적으로 동의할 법한 것인지 물을 수 있다고 롤스는 주장하고 있었다. 직관적으로 롤스의 크로스체크는 효과적인 방법으로 보였다. 그러나 순환성에 대한 불만이 더 높은 수준으로 돌아왔다. 롤스의 가상 시민들이 수용 가능한 사회의 기본 규칙들을 결정하기에 앞서 스스로에 대한 것을 그렇게 많이 제쳐두는 것을 합리적으로 거부할 수도 있지 않을까? 게다가 롤스의 직관적 크로스체크를 법과 정치에서 사용할 수 있도록 실질적인 검증 방법으로 다듬는 것은 어려운 일이었다. 그 어려움은 자유주의자들에게서 더 컸는데, 그들은 자신들이 만든 검증 기준, 19세기에 익숙했고 결코 포기된 적 없는 검증 기준을 이미 갖고 있기 때문이었다. 공리주의에 의해 호출된, 공익 또는 보편적 행복이라는 기준 말이다.

롤스는 그 검증 기준을 포기하면서 전통과 단절했다. 콩스탕에서 벌린에 이르기까지, 자유주의자들은 인간 개인의 침해 불가능성을 주장해왔다. 그들 대부분은 원칙적으로 왜 그런지에 대해서는 답을 주지 않았다. 그들은 전체로서의 사회의 진보와 한 사람 한 사람에 대한 시민적 존중 간의 자유주의적 긴장을 줄이는 어떤 방법도 제시하지 않았다. 밀은 공익이라는 최우선적 요구를 사적 자유의 보호 및 개별성의 증진과 조화시키려고 가장 공공연하게 시도했다. 이후 자유주의자들은 일상적인 공리주의에 빠져들었다. 롤스가 보기에 그들은 사회를 진보의 수혜자로 간주하는 나쁜 습성을 갖게 되었다. 밀가루의 중량을 재는 제빵사처럼, 공리주의자들은 한쪽 저울판에는 승자의 순이익을 다 올려놓고 다른 쪽 저울판에는 패자의 순손실을 다 올려놓았다. 승자의 저울판이 더 무거운 것으로 입증되면 "전체로서의" 사회는 더 개선된 것이었다. 『정의론』의 두 번째 문장은 롤스의 공리주의 거부를 시사했다. "각 개인은 사회 전체의 행복이라는 명목으로도 무시할 수 없는, 정의에 입각한 불가침성을 갖는다."

롤스는 어느 누구도 사회 자체의 진보를 경험하지 않았다며 반대 근거를 제시하고 있었다. 사회의 "진보" 이후, 영향을 받은 모든 사람은 순 승자 아니면 순 패자였다. 공리주의는 누가 어느 쪽인지를 해명할 길이 없었다. 롤스가 유명하게 만든, 격언적이기는 해도 단호한 어떤 구절에 따르면, 공리주의는 "개인들 사이의 구별을 진지하게 받아들이지" 않았다. 공리주의는 왜 다른 사람들 아닌 어떤 사람들이 패자로 선택되는지 답하지 못했다. 승자들은 "누군가는 대가를 치러야 한다"고 말할 수도 있었고, 패자들은 그에 동의할 수는 있겠지만 여전히 "왜 우리인가?" 알고자 한다. 이에 대해 승자들은 하이에크를 따라 이렇게 응수할 수도 있었다. "어느 누구도 당신들을 지목하지 않았다. 그 결과는 의도된 것이 아니다. 그냥 그렇게 된 것이다."

롤스가 생각하기에 불운으로 설명하는 것은 충분치 않았다. 그것은 결과가 무작위적이며, 따라서 공정하지도 불공정하지도 않다는 것을 시사했다. 정의는 맹목적인 것이지 무작위적인 것이 아니었다. 정의는 불편부당한 것이지 변덕스러운 것이 아니었다. 사람들은 패자를 보고 "운이 나빴던 거야" 이상의 말을 할 수 있는 사회에서 살기를 바랐다. 롤스는 삶의 우발성을, 그리고 특히 재능이라는 운을 믿었다. 1999년의 2판에서는 빠졌지만 『정의론』 초판에 있는 설득력 있는 어떤 문장에 따르면 "사람들은 공정함으로서의 정의 안에서 서로 운명을 공유하는 것에 동의한다". 롤스는 두뇌, 정력, 용기가 번영을 창출하는 데 요구된다는 것을 인정하고 그것들이 제대로 보상받아야 한다는 것을 받아들였다. 하지만 그 우수성이 그 자체로 가치가 있다고 보지는 않았다. 결국, 오직 우연에 기초해 삶이 제공할 수 있는 것에 대한 기대는 공정을 추구하는 사람들로 하여금 사회에 대한 충성심을 갖게 하고 "무임승차"나 사회의 혜택을 공짜로 누리는 것을 단념하게 하기에는 너무 설득력이 떨어지는 동기가 아닐까 롤스는 염려했다.

롤스의 패자는 꼭 가난하기만 한 것이 아니었다. 불공정 사회가 사람들에게 줄 수 있는 부당한 대우는 돈의 결핍 외에도 많았다. 패자는 배제된 분파의 부유한 구성원일 수도 있었다. 또한, 소수에 대한 제도적 편견과 불충분한 보호를 수반하는 다수결 원칙의 민주주의 체제에서 걸핏하면 투표에서 지는 집단일 수도 있었다. 항상 뚜렷하게 드러나는 것은 아니었지만, 『정의론』에서 롤스는 빈곤만이 아니라 불관용도 염두에 두고 있었다. 공정 사회는 상호 원조만이 아니라 상호 관용도 요구했다.

롤스의 가상의 선택자들은 정의롭게 사는 데 동의하기에는 충분하지만 삶의 좋은 목표들에 대해 동의하기에는 충분치 않은 도덕성을 공유하는 것처럼 보였다. 롤스는 정의에 대해서는 도덕적 만장일치를 가정하고 그 밖의 모든 것에 대해서는 윤리적 불일치를 가정하는 것처럼 보였다. 그래서 그것은 널리 반박되었다. 롤스는 자신이 다른 자유주의자들보다 상태가 더 나쁜 것은 아니라고 응수할 수 있었다. 다른 자유주의자들은 모두 정치가 사적인 삶에 끼어들지 않기를 바랐다. 그들 누구도 공적 삶이 도덕과 무관한 무한 경쟁이 되기를 바라지 않았다. 어떤 자유주의자도 어디에 선을 그어야 할지에 대해 결정적인 답을 갖고 있지 않았다. 롤스는 근대의 개방적인 사회에서는 사람들이 자유와 공정에 대해서는 과도하게 요구하지만 청교도나 난봉꾼 중에, 독실한 기독교인이나 호전적인 세속주의자 중에, 세계주의자나 분파주의자 중에 무엇이 되기로 선택했는지에 대해서는 극히 관대하기로 동의할 수 있기를 바랐다. 앞서 우리는 프랑스에서 드레퓌스 사건 때 부글레가 유사한 희망을 갖고 있었음을 보았다. 그것은 매력적인 비전이었다. 하지만 가능한 것이었을까?

롤스는 정치에 도덕성을 끌어들이지 않으면서 정치를 공정하게 만들 만한 이런저런 방식들에 기댔다. 때때로 그는, 공정함을 고수하는 것은 차치하고, 공정함에 동의하기에 충분한 도덕적 토대를 사람들이 과연 공유하는지에 대해 의구심을 피력하기도 했다. 그러나 『정의론』의 저자는 확신에 찬 롤스였다. 3부에서 그는 어떤 질문을 제기했는데, 젊은 시절 신경쇠약에 걸렸던 시기에 밀의 말문이 막히게 했던 질문과 다르지 않았다. 밀은 인간의 행복의 성취가 인간을 행복하게 만드는지 물었다. 롤스는 정의로운 사회가 사람들을 정의롭게 행동하도록 부추기게 될지 물었다. 롤스는 이상적으로, 아마 그럴 것이라고 결론지었다. "정의의 관점을 취하는 것은 사람들의 선을 증진한다." 정의로운 제도와 정의로운 시민은 서로를 강화할 것이다. 롤스의 공정한 사회는 확실하게 공정할 것이다. 혹은, 롤스의 표현을 빌리자면, "안정적"일 것이다. 공정하다는 것을 대중이 인식하면 태만과 무임승차는 저지될 것이다. 공정한 사회는 충성심을 얻을 것이다. 이것은 큰 불평등이 존재하는 불공정한 사회는 충성심을 끌어내지 못할 것이고, 그 결과 안정적이지 않을 것임을 암시했다.

그 사상은 사변적이지만, 롤스의 명령조가 그의 배경과 관련 있다고 어렵잖게 생각할 수 있다. 1921년에 그가 태어난 곳인 메릴랜드주는 처음엔 가톨릭이 프로테스탄트를 위협하고 그다음엔 프로테스탄트가 가톨릭을 위협했던 공동체 간 편견의 역사를 갖고 있었다. 노예제가 존재하는 이른바 경계境界 주의 하나였던 메릴랜드는 계엄령하에서 1861년 남북전쟁이 발발했을 때 마지못해 연방 측에 소속되었다. 롤스의 아버지는 자신의 계급과 시대가 가진 편견을 공유한 볼티모어의 부유한 세무 변호사였다. 그는 친기업적인 역진세 세입을 감시하고 메릴랜드의 인종 차별적 학교들을 감독하는 주 위원회를 이끌었다. 그의 후원자는 허버트 후버를 무책임한 낭비자로 여기고 여성 참정권을 반대한 보수적 민주당원인 메릴랜드 주지사였다. 어머니는 독일계로, 여성의 권리 및 기타 급진적 대의들을 위해 캠페인을 벌인 진보적 인물이었다.

어린 롤스가 디프테리아에 걸렸던 1928년 남동생이 그에게서 옮은 디프테리아로 사망했다. 일 년 후 롤스는 폐렴에 걸렸는데, 그것이 또 다른 형제를 죽게 만들었다. 롤스는 자신이 평생 동안 말을 더듬게 된 것이 그들의 죽음 때문이라고 여겼다. 1949년에 그는 교사인 마거릿 폭스와 결혼했다. 그녀는 책에 대한 그의 사랑을 공유했고, 신혼여행에서 그들은 어떤 니체 해설서에 색인을 달면서 시간을 보냈다. 롤스는 그녀와 두 아들, 두 딸과 함께 산책과 항해 같은 야외 활동을 즐기며 살았다.

젊은 시절에 독실한 개신교 신자였던 롤스는 한때 목사가 될까 생각했었다. 교회와 관련이 없고 신학적 신념에 따른 것도 아니었지만, 이런 종교적 배경은 도덕성과 행운을 조화시키려는 그의 시도 속에 남아 있었다. "만인은 신 앞에서 평등하다" "신의 은총이 없다면 나도 그렇게 된다"라는 가르침을 받은 롤스인지라, 공로에 대한 회의와 삶의 우연성에 대한 의식은 롤스에게 강하게 남아 있었다. 동료들은 그의 다정함과 풍자적 유머를 기억했다. 그는 널리 존경받았고, 심지어 사랑받았다. 그는 대중 앞에서 수줍어했고, 대부분의 명예를 거절했으며, 특권이 낳는 타락의 결과에 대해 자주 불만을 표했다. 워싱턴 DC에 갈 때마다 그는 가능한 한 자신의 화해의 영웅인 링컨의 기념관을 방문하곤 했다. 개인적으로 그는 지나치게 겸손하고 남을 가르치려들지 않았지만, 그의 정치사상은 그의 인생관과 마찬가지로 어떤 의미에서 종교적이라 일컬어질 만한, 도덕에 대한 믿음으로 물들어 있었다. 아이제이아 벌린은 그에 대해 "그리스도"라고 말했는데, 그가 세속에서 괴롭힘을 당한다는 의미에서 한 말이었다. 롤스는 정치적 자유주의와 세속의 불신앙 사이에 밀접한 관련이 없다는 권위 있는 증거였다. 롤스 사후의 학문적 연구는 그의 사상의 윤리적-종교적 맥락을 확인해주었다.

어떤 이들은 롤스가 인간의 품위는 과대평가하고 이기심은 과소평가했다고 생각했다. 한 보수주의적 저자는 그가 순진하다고 언급했다. 롤스가 어떤 이들이 바란 것보다 더 경건했을 수는 있다. 하지만 순진한 것은 결코 아니었다. 그는 사람들이 직접 행할 수 있는 것이 무엇인지를 알고 있었다. 1943년에 롤스는 보병으로 입대해 태평양 해안에서 전투에 참가했다. 일본 점령 임무를 띤 군대를 수송하는 열차를 타고 가면서 그는 미국의 핵폭탄으로 바로 한 주 전에 말살된 나가사키의 폐허를 보았다. 무슨 일을 하고 무슨 생각을 할지 사람들에게 알려주는 것은 정치철학자의 임무가 아니라고 그는 믿었다. 그러나 『디센트』(1995) 지를 통한 흔치 않은 공적인 견해 표명에서, 롤스는 일본에 원자탄을 투하한 것에 대해 비도덕적이라고 비난했다.

　롤스의 저작은 학계 전반에서 반응을 촉발하며 롤스 이론과 반롤스 이론이라는 가상의 연구 분야를 창출했다. 논쟁이라는 것에서는 물러나 있는 사람들의 덜 전문적인 비판도 있었다. 우파 비판자들은 왜 중산층이 가난한 사람들의 문제를 해결해야 하느냐고 물었다. 페미니즘 철학자 캐럴 길리건은 『다른 목소리로』(1982)에서, 롤스가 돌봄의 윤리와 결핍에 대한 관심을 희생시키면서 공평무사라는 윤리적 가치를 과장한다고 주장했다. 포스트모던 비판자들은 롤스의 정의에 대한 호소를 이익과 권위를 위한 학문적 협박과 다름없는, 지배를 위한 대체로 위선적인 자유주의적 변명으로 간주했다.

　아이제이아 벌린의 후임자로서 옥스퍼드대 정치사상 교수가 된 제리 코언(1941~2009) 같은 평등주의자들은 롤스가 불평등에 지나치게 관대하다고 생각했다. 몬트리올 출신의 캐나다인인 코언은 자칭

"태생적 마르크스주의자"였다. 그는 분석철학을 활용해 자유 시장 자유주의자들과 롤스 같은 "중도파" 자유주의자들 모두에게 맞섰다. 요컨대, 코언은 사회 정의가 롤스가 말한 것보다 단순하다고 주장했다. 공정한 사회는 평등한 사회다. 평등으로부터의 이탈은 추정상 불공정한 일이었고, 이례적으로 강력한 방어를 필요로 했다. 코언의 생각은 설득력이 있었다. 그것은 정말로 사회 정의로 여겨지는 것, 즉 단지 기회의 평등이 아니라 기회를 활용할 물질적 수단의 평등에 대한 일상적 직관 및 급진적 전통과 더 잘 부합하는 듯 보였다. 권리, 공로, 욕구가 중요하긴 했지만, 그것들은 아무리 무시하기 힘든 것이라 해도 문제의 핵심을 건드리지는 못하는 것처럼 보였다.

코언의 비판에 따르면, 롤스는 불평등을 허용하고, 불평등이 공정할 수 있음을 보여주고, 자신의 이상적인 사회가 아직 혜택받지 못한 사람들 편에 설 수 있다고 주장하는 등 온갖 방법으로 문제를 만드는 것처럼 보였다. 코언은 롤스의 "차등 원칙", 즉 "사회적·경제적 불평등은 마땅히 그것이 모든 사람에게 유리하다고 기대되는 방향으로 조정되어야 한다"는 원칙에 초점을 맞췄다. 롤스의 생각에 따르면 일부 사람에 대한 고임금은 모든 사람에게 이로운데, 왜냐하면 고임금이 모든 사람을 이롭게 할 수 있는 선도적이고 어려운 일에 대한 유인책이 되기 때문이다. 코언은 왜 고임금자에게 그런 유인책이 필요한지 물었다. 유인책을 요구하는 것은 "차등 원칙"의 토대로 여겨지는 평등의 정신에 어긋나는 것이 아닌가? 코언은 부자와 재능 있는 사람의 노력을 자극하는 데는 사실상 유인책이 필요하다는 것을 인정했다. 코언의 그 실질적인 인정은 고임금과 유인책이 공평하다거나 정당하다는 의미가 아니었다. 코언은 "몸값을 지불하는 게 최선이다"라고 말하는 납치범에게 큰 금액을 지불할 것을 명하는 사람에 비유했다. 그것은 맞지만, 그렇다고 그것이 그 거래를 정당하게 만드는 것은 아니었다. 코언은 남북전쟁 이전에 남부의 노예제에 대해 질문받았을 때의 링컨의 정신으로 주장했다. 노예제는 사악한 것이지만 "불가피한" 것이라고 링컨은 말했다. 그의 말은 노예제를 종식시킬 실질적인 혹은 평화적인 방법이 없다는 것이었다. 노예제는 그의 마음속에서 여전히 사악한 것이었다. 코언은 불평등이 실제로 불가피한 것이라 하더라도 여전히 잘못된 것이라고 여겼다.

철학적 정신의 소유자였지만 노벨 경제학상을 수상한 경제학자인 아마르티아 센도 사회 정의가 롤스가 주장한 것보다 간단하다고 생각했다. 센은 코언보다 덜 급진적인 평등주의자였고, 자유 시장을 믿었다. 그는 거칠게 말해서 사회 정의가 자유와 평등 모두에 놓여 있다는 롤스의 믿음을 공유했다. 하지만 롤스와 달리 센은, 사회 정의와 사회 불의를 구별하기 위해서 이상적 제도에 견주어 현실의 제도를 평가할 필요가 있다고는 생각하지 않았다. 센은 『정의관』(2009)에서, 롤스의 설명이 정치철학자들로 하여금 현실 세계의 인식 가능하고 교정 가능한 병폐들에 주의를 기울이지 않게 했다고 주장했다. 롤스의 "초월적 제도주의"에 대한 대안으로 센은 "상대적 실현들"을 제시했다.

이론적으로 말하자면, 결과를 강조한 센은 윤리학의 오래된 철학적 구분에서 롤스의 반대편에 위치하는 것으로 보일 수도 있었다. 윤리학의 오래된 철학적 구분이란 의무를 강조하는 사람과 결과를 강조하는 사람들의 구분, 즉 롤스가 주장한바, 롤스 자신처럼 "옳음이 좋음에 앞선다"고 생각한 사람과 밀의 전통에서 정반대로 생각한 사람들 사이의 구분을 말한다. 그러나 실제로는 경계가 애매했는데, 센은 물질적 의미에 국한된 복지를 거부했기 때문이다. 밀만큼이나 센은 능력 개발에 사용할 수 있는 자유를 인간의 복지, 즉 행복의 핵심으로 여겼다. 전문 지식과 결합된 센의 넓은 복지 개념은 여러 나라의 복지를 측정하고 비교하는 경제학자들의 방식을 변화시키는 데 일조했다. 센과 동료 경제학자들이 1980년대 말에 고안한 유엔 인간개발지수는 1인당 소득이라는 공통적으로 사용되는 척도에다가 건강과 교육을 반영하는 기대 수명이라는 척도를 더한 것이었다. 얼마 안 있어 유엔 개발계획UNDP의 연간 보고서는 경제 불평등과 성차별 같은, 능력 또는 무능력의 여타 척도들을 만들었다.

좋은 삶에 대한 경제학자들의 생각이 확대되어 사람들 스스로가 자신의 재능을 발견할 수 있는 그런 정치적 틀을 포함하게 된 것은 밀에게 공감하는 것이자 롤스에게 수긍하는 것이었다. 처음부터 롤스는 "좋음"이 "옳음"에 의지한다고 주장했다. 말하자면 롤스는 라불레와 리히터처럼 진보적이지만 독재적인 체제에서 활동한 19세기 자유주의자들이 경험을 통해 알게 된 것, 즉 물질적 개선은 비자유주의적인 방식으로 이루어질 수 있다는 것을 최근 철학의 언어로 고쳐 말한 것이었다. 어떤 사람인지를 막론하고 모든 사람에게 마땅히 주어져야 하는 존중 없이 총체적인 경제적 진보만으로는 충분하지 않았다.

5. 노직, 드워킨, 매킨타이어: 롤스에 대한 반응들, 권리, 공동체

롤스의 저작과 그에 대한 반응들은, 허버트 하트가 언급한바, 공리주의에 대한 오래된 믿음에서부터 권리들에 대한 새로운 강조에 이르기까지 정치철학자들의 자유주의 세계 횡단이 완성되었음을 보여주는 것이었다. 인권이 그 세계의 시설물 중 어디에 속하는지, 인권이 정치에 대해 요구하는 바가 무엇인지에 대해 1948년에 카생과 마르탱이 밀어붙였던 철학적 질문들은 이제 풍부하게 답해졌다. 롤스는 자유의 형태로 공익에 대한 권리를 옹호했다. 권리는 자유주의 사유에서 개념적 마스터키가 되었다. 권리는 어떤 문이라도 열 수 있는 것처럼 보였다. 권리는 롤스의 사회 지향적 자유주의에 대립해서도, 그것을 옹호하기 위해서도 소환되었다.

로버트 노직은 『무정부, 국가, 유토피아』(1974)에서 정의에 대한 롤스의 원칙들이 화해할 수 없는 갈등 속에 있다고 주장했다. 노직은 불평등을 줄이기 위해 부를 재분배하려는 시도는 사적인 권리를 침해할 수밖에 없다고 믿었다. 정치 시장에서 우파 논객들은 공정한 절차에 대한 롤스의 표면적 관심이 평등한 결과에 대한 평등주의적 욕망을 감추지 못한다고 주장하면서 노직의 비판을 환기했다.

롤스를 실마리 삼아 로널드 드워킨은 『법과 권리』(1978)에서, 그리고 『자유주의적 평등』(2000)으로 정점에 이른 후기 연구에서 좌파 자유주의의 관점에서 평등권에 대한 입장을 취했다. 노직과 드워킨 모두 전후의 복지국가주의적 타협이 느슨해지면서 1970년대의 경제적 격변에 비추어 글을 쓰고 있었다. 노직에게 평등권은 그 어떤 정부도 사람들의 안전을 지키고 자유롭게 체결된 계약을 집행하기 위한 경우를 제외하고는 축소하는 것이 적절치 않은, 사람들의 반박 불가능한 자연적 자유의 한 가지였다. 드워킨에게 평등권은 모든 사람에게 평등한 존중과 배려를 보이라는 국가와 사회에 대한 구속력 있는 요구에서 생겨난 것이었다. 그것들의 차이가 얼마나 뚜렷한지는 그것들이 어떻게 제시되는지에 어느 정도 달려 있었다.

노직은 재분배 정책 자체를 금하는 논지를 폈다. 드워킨은 스스로의 삶을 책임져야 한다는 정치적 우파의 주장과 경제적 형평성에 대한 좌파의 관심이 균형을 이루게 하려 했다. 자유라는 것 자체는 존재하지 않지만 우리의 도덕적 권리와 같은 어떤 특정한 자유들은 정부의 행위나 다수의 압력에 의해 축소될 수 없다고 드워킨은 주장했다. 어떤 사람의 권리를 축소하는 것은 그 사람을 평등한 존중에 미치지 못하는 존중으로 대우함을 의미할 것이기 때문이다. 노직은 사람들이 권리로서 향유하는 자유들 가운데 조세, 경제 규제, 병역이나 여타 형태의 복무, 도덕적 단속으로부터의 자유를 강조했다. 드워킨은 언론의 자유, 성적 자유, 사회적 차별로부터의 자유를 강조했다. 현저히 다른 자유주의적 목적들에 권리의 언어가 부여될 수 있는 듯했다.

롤스주의에 대한 다른 어떤 반응은 그 학문적 기획 전체가 가망 없는 것은 아닌지 묻는 것이었다. 롤스주의는 실증주의와 마르크스주의에 의해 훼손된 주제를 소생시키기는커녕, 그 주제의 현실 세계와의 연결을 끊어버렸다. 그래서 형식에 대한 비판이자 내용에 대한 비판인 —그 차이가 뚜렷하지는 않지만—그 비판이 제기되었다. 원칙적으로는 정치적 신념들 자체와 그 신념들의 토대가 되는 사상과 논증에 대한 철학적 탐구를 분명하게 구분하는 것이 좋다. 하지만 실질적으로는 신념들과 그러한 탐구를 구분하는 것이 어려울 수 있다.

형식에 대해 말하자면, 롤스주의에 대한 비판은 학문적인 정치사상이 현실과 동떨어져 있고 현학적이며 지나치게 복잡하다는 것이었다. 그것은 "푸줏간의 고기를 다이아몬드 저울에 달지" 마라는 영국 헌법학자 A. V. 다이시의 1898년의 경고를 망각한 것이었다. 이 경고는 한 세기 후에 영국 철학자 버나드 윌리엄스에 의해 반복되었는데, 그에 따르면 정치의 "기초 개념들"은 대략적으로 다루어져야지 그것들을 "형이상학적으로 너무 섬세하게" 만들려는 것은 잘못이었다. 까다롭고 전문적으로 만족을 주는 그 새로운 스타일은 자유민주주의를 믿는 자유주의자들에게 그것을 실질적으로 개선하기 위한 중요한 도구와 정치 시장에서 그것의 공격자에게 맞설 믿을 만한 방어 수단을 거의 제공하지 못했다.

내용에 대해 말하자면, 앞서 언급한 센의 불만에서 염려의 한 축을 볼 수 있었는데, 롤스주의가 진보적 자유주의를 현실의 사회적 병폐를 교정하는 데서 분리시켰다는 것이었다. 염려의 또 다른 축은 롤스주의가 거짓된 공정함으로 스스로를 가리고 있다는 것이었다. 롤스주의는 좋은 혹은 가치 있는 삶의 방식을 판단하지 말 것을 주장하면서도 계속해서 그런 판단들을 했는데, 그럼에도 불구하고 논쟁의 여지가 있는 본래의 말에 머물 뿐, 그 판단들을 방어하거나 설득력 있게 만들지 못했다. 롤스주의자들은 선택을 높이 사면서도 선택된 것에 대해서는 침묵함으로써, 자유주의적 시민에 대한 축소된 그림을 제시했다. 그 전통이 사람들에게서 발견할 수 있는 가장 칭찬할 만한 점은 그들이 선택을 하는 데 능숙하고 효율적이라는 것이지, 그들이 선택한 것이 좋다거나 가치 있다는 것은 아니었다. 무엇보다 롤스주의자들은 자신들의 시대와 그 시대의 특징에 너무 사로잡혀서, 다른 사회적·도덕적 질서를 상상할 수 없었다. 그런 비판들은 전면적으로 제기되기도 하고 덜 전면적으로 제기되기도 했다.

덜 전면적인 경우, 롤스주의와 우파 중심 자유주의에 대한 비판이 "공동체주의적" 비판자들에게서 제기되었다. 그들의 비난에 따르면, 롤스주의자들은 선택을 높이 평가함으로써 사회가 제 능력을 충분히 발휘하지 못하게 했다. 예컨대 미국 사상가 마이클 샌델은 『자유주의와 정의의 한계』(1982)에서 롤스와 근대 자유주의자들이 일반적으로 가족적 정서, 집단적 충성심, 공동체에 대한 애착의 도덕적 비중을 경시했다고 주장했다. 공정한 사회에 대한 샌델의 현실적인 그림은 롤스의 것과 유사했다. 뒤에서 더 자세히 설명하겠지만, 그의 불만은 자유민주주의가 잘못된 이상을 내세웠다는 것이라기보다 현실의 자유주의 사회가 그 이상들에 부응할 수 없다는 것이었다. 특히, 시장 가치가 다른 모든 가치를 배제하려들면서 너무나 많은 종류의 것들이 이제 돈과 교환 가능해졌다. 또 다른 미국인 마이클 월저는 「철학과 민주주의」(1981)와 『정의의 영역들: 다원론과 평등의 옹호』(1983)에서, 정의란 어떤 것의 평등한 분배가 아니라고 주장했다. 돈, 공직, 교육은 권력과 영향력의 여러 영역이었다. 자유주의의 목표는 소수가 그것들을 지배하거나 누군가가 그것들에서 배제되는 것을 불허하는 것이어야 한다.

그들의 지적인 우려의 징후는 "공동체주의"로 알려진 1980년대 후반의 움직임이었다. 국가와 시장 사이의 중간 지대의 회복이라는 그것의 정치적 목표는 애매모호했다. "공동체"와 파시즘 및 가톨릭 협동조합주의와의 관련이 대체로 잊히면서, "공동체"라는 용어는 1980년대에 싱크탱크와 대학으로부터 정치적 논쟁 속으로 되돌아오게 되었다. 선거 전략가들은, 감세와 제한 정부를 좋아하지만 대처-레이건 시대의 이기주의를 불편해하는 부동층 유권자들에게 주목했다. 공동체와 그에 수반되는 자발주의, 시민적 덕성, 이웃에 대한 책임감 같은 표어들은 정부를 "재정의"하는 데 유용해 보였는데, 정부 재정의는 보통 오래된 책무들, "아웃소싱", 민관 제휴에서 벗어나는 것을 의미했다. 재정적 불안을 우회적으로 지적하는 것은 "사회 자본"의 명백한 침식에 대한 도덕적 경고였다. 병폐는 빈곤, 노상 범죄, 노후화된 공공 주택에서부터 도시의 아노미와 볼링연맹 불참같이 덜 명백한 해악들에 이르기까지 폭넓었다.

　"사회 자본" 논증의 설득력은 경기 순환에 영향을 많이 받았다. 호경기가 돌아오면, 범죄가 줄고 가난한 이들의 소득이 늘며 불결한 공공장소가 깨끗해졌다. 그 동향의 도덕적 메시지 역시 문제시되었다. 분리성이 반드시 이기심을 뜻해야 하는 것은 아니었다. 어떤 사람들은 참여자였고, 어떤 사람들은 그렇지 않았다. 모두가 참여자이거나 모두가 아웃사이더더라면 섬뜩한 일일 것이라고 지적되었다. 게다가 사회가 흐트러지고 있다거나 사회의 속이 파이고 있다거나 하는 은유들은 선전적이고 향수를 자극하는 것처럼 보였다. 연합의 오래된 형태들이 소멸되면서 새로운 형태들이 들어섰다. 결국 사회 집단들은 답답하고 이기적이고 사실상 부도덕할 수 있었다.

공동체주의자들이 싼값으로 사회적 덕성을 구하고 있다는 의심은 결코 사그라들지 않았다. 영국의 정치학도 R. M. 매키버가 『공동체』(1917)를 썼을 때, 그는 사회 지향적인 "새로운" 자유주의의 민주주의적 타협에 토대가 되는 일종의 시민적 헌신을 염두에 두고 있었다. 또한 공동체주의는 도덕주의를 침해한다는 세간의 평판도 떨쳐내지 못했다. 미국의 자유주의 사상가 에이미 거트먼은 공동체주의자들은 사람들이 청교도 마을 세일럼에 살되 마녀는 믿지 않기를 원한다는 농담을 한 바 있다.

　　롤스의 자유주의에 대한, 사실상 일체의 자유주의에 대한 좀더 전면적인 거부는 영미권 도덕철학자 알레스데어 매킨타이어에 기인한 것이었다. 매킨타이어는 『덕의 상실』(1981)에서 자유주의가 도덕성에 대한 잘못된 묘사에 의존한다고 이의를 제기했다. 자유주의자들은 사람들이 원하게 된 것이 사람들의 가치와 이상을 결정한다고 가정했지만, 실은 가치와 이상이 사람들이 당연히 원해야 하는 바를 결정하는 것이었다. 게다가, 가치와 이상은 사회의 공유된 관습에서 생겨나며, 그러한 관습만이 사람들에게 삶의 목적을 제공한다. 자유주의적 근대성은 사회를 혼란에 빠뜨렸고 사회의 관습들을 박살 냈다. 사람들에게 목적을 부여하는 공유된 관습도 없이 심지어 가치와 이상을 논하는 것은 난센스에 가까우며, 과거에는 정합적이었지만 더 이상 그렇지 않은 도덕적 담론의 메아리에 불과했다.

　　매킨타이어가 생각하기에는 도덕적 부정합성이 자유주의의 원죄였다. 그 오점은 마르크스주의자들에게도, 자유주의적 공리주의자들에게도 전해졌다. 그는 자유주의가 삶의 길들을 차단했다고 보았다.

자유주의는 자유의 철학이기는커녕 제약의 학설이었다. 자유주의자들은 18세기 계몽주의로부터 "관점들을 파괴하는 장치"라는 치명적 결점을 물려받았다. 인간은 자신의 사회적 본성에 걸맞은 목적을 찾는다는 아리스토텔레스적 설명을 포기함으로써, 계몽주의는 도덕성과 사회 사이의 연결 고리를 끊어버렸다.

자유주의 사회에서는 "도덕 담론의 혼란"이 만연했는데, 그것의 증상은 추상성, 사회에 단단히 결부되지 못함, 비인격성, 막연함이었다. 도덕은 권위가 있다고 여겨지는데, 도덕에 대한 자유주의적 논쟁이 끝이 없다고 매킨타이어는 불평했다. 사적 도덕에서는 "유미주의자"와 "심리 치료사"만이, 공적 도덕에서는 "관리자"만이 길잡이로 남았다. "관리통제주의"하에서는 사람들의 욕구에 대한 공평하고 효율적인 균형 유지가 사회의 주요 임무가 되었다. 목적이 빠진 도덕 담론은 자유주의하에서 세 가지 특징적인 형태로 계속되었다. 하나는 권리 주장으로, 매킨타이어는 이를 공유지의 무단 거주자들이 "출입 금지" 경고문을 세우는 것에 비유했다. 둘째는 도덕주의자연하는 가면 뒤에 숨겨진 진짜 관심사들을 폭로하거나 노출하는 것이었다. 셋째는 저항인데, 내전이 더 이상 선택 사항이 아니고 논쟁을 통한 설득의 희망도 사라진 만큼 저항은 유일하게 남아 있는 반대하는 방법이었다.

매킨타이어는 공동체주의자라는 꼬리표를 거부했다. 그에게 공동체주의는 자유주의자들 사이의 다툼 같은 것이었다. 더 나은 비교 대상은 포스트모더니즘이었을 것이다. 도덕이 혼란에 빠진 상황에 대한 매킨타이어의 음울한 설명은 현대 사유 일반에 대한 포스트모더니즘의 설명과 유사했다. 둘 다 이론의 부정합성과 실천의 붕괴를 강조했다. 프랑스 사상가 장-프랑수아 리오타르는 『포스트모던의 조건』 (1978)에서 오늘날의 과학을 매킨타이어가 자유주의적 도덕을 다룬 것과 거의 유사하게 묘사했다. 리오타르가 보기에, 탈산업 사회에서 과학적 지식은 무엇보다 생산력이 되었다. 그것은 과학의 오래된 정당성의 원천 두 가지를 다 상실했다. 그래서, 지식의 증진을 통한 인간성 해방이라는 계몽주의적 "메타 서사"를 아무도 믿지 않았다. 또한 그들은 진보적 역사의 2단계를 통해 함께 펼쳐지는 진리와 자유에 관한, 헤겔로 대표되는 독일 관념론의 극단적 이야기도 믿지 않았다. 리오타르가 생각하기에 과학적 지식은 이제 실용적으로 사용되는 것을 정당화했다. 그는 지식이 더 분화되고 비인격화되며 컴퓨터로 해독 가능해지고 상업적으로 거래 가능해지리라고 예측했다. 매킨타이어의 서술에 따르면 도덕적 무질서에서는 가치가 사람들에게 선택의 문제로 여겨지고 자본주의적 관리통제주의가 실천 이성의 한계를 정했는데, 이러한 서술은 기술적·과학적 지식을 실제로 거래 가능한 상품들로 본 리오타르의 서술을 반영하고 있었다.

매킨타이어는 그 자신의 믿음에 따라 좌파 자유주의에서 반자유주의적인 마르크스주의로 옮겨갔고, 이어서 다시 반자유주의적인 가톨릭주의로 옮겨갔다. 이러한 면을 두고 어떤 이들은 유행을 좇는 방랑자처럼 여겼지만, 또 어떤 이들은 밀이 보여준 삶의 실험 정신을 진정성 있게 추구하는 것으로 여겼다. 우호적 비판자들은 매킨타이어가 사실상 숨어 있는 자유주의자라고 추측했다. 매킨타이어의 허용과 조건을 감안하면, 그의 유덕한 사회는 독일 조합주의자 같은 지역 중심적 자유주의자들이 바랐던, 하지만 아마도 자유주의자들이 통상 만족해하는 수준보다는 정신적으로 더 순응적일 그런 곳과 근본적으로 다르지 않았다. 매킨타이어는 예컨대 자치적인 사회나 특정 종파의 대학 같은 "소규모 공동체"에서의 "도덕적 저항"의 윤리를 바랐다.

하지만 여기에 머문다면 매킨타이어의 의문들을 과소평가하는 일이 될 것이다. 그는 물었다. 왜 자유주의 사회는 그 사회의 실현되지 않은 꿈은 그렇게 많이 갖고 있으면서, 자유주의자든 아니든 모든 이가 소중히 해야 하는 가치 있는 것들에는 그토록 해를 끼치는가? 그는 알고자 했다. 왜 자유주의 사회는 대학 기관들을 망가뜨리고 탁월성을 손상시키며 문화를 상품화하고 빈자를 주변으로 내모는 데 그토록 효율적인가? 매킨타이어는 그 같은 병폐들이 자유주의 이상을 실현하지 못한 데 따른 것이 아니라고 주장했다. 오히려 그 병폐들은 자유주의 이상의 예측 가능한 결과로서 생겨났다. 매킨타이어가 보기에 자유주의의 죄는 사람들을 그냥 내버려두라고 사회에 촉구하고 각자의 길을 가라고 사람들에게 권장한 데 있었다. 매킨타이어가 근대 사회의 병폐를 과장하고 성취를 무시했다고 자유주의자들이 이의를 제기하자, 그는 자유주의자들이 "도덕적 개인주의"로 혼란스러운 나머지 그 결점들을 더 이상 보지 못하게 되었다고 응수했다. 오웰, 카뮈, 사르트르는 도덕적으로 세심한 외톨이를 그렸는데, 고통스럽게 자신의 자유를 인식하지만 자신이 통제할 수 없는 '몰록'과도 같은 사회 세력에 짓밟힌 존재였다. 매킨타이어는 자유주의 사회를 자신들이 파괴하고 있는 집단적 선善들을 더 이상 인식조차 할 수 없는 이기적이고 고립된 자아들의 유치원으로 묘사했다.

자유주의의 결점을 "도덕적 개인주의" 탓으로 돌리면서, 매킨타이어는 자신은 취하지 않기로 한 어떤 탈출구를 제시했다. 매킨타이어의 공격 전체는 자유주의를 도덕성에 대한 어떤 논쟁적인 그림에 더욱 굳게 연결시켰지만, 마찬가지로 그는 그 연결을 깨버릴 수도 있었을 것이다. 좀더 차분한 견해는 영국 철학자 조지프 라즈가 『자유의 도덕성』(1986)에서 보여주었다. 라즈는 정치의 자유주의 관행을 강력히 지지했지만, 그것이 불필요한 논쟁적인 윤리적 부담에서 벗어나기를 바랐다. 그는 자유주의가 권리에서 만들어질 수 있다는 것을 부인함으로써, 혹은 자유주의가 더 좋거나 더 나쁜 삶의 추구에 대한 엄격한 침묵을 정치에 요구한다는 것을 부인함으로써 롤스주의자들과 거리를 두었다. 그는 "도덕적 개인주의"를, 즉 교육이나 예술이나 법 같은 집단적 선이 엄밀히 말해 그 자체로는 무가치하고 그것을 중히 여기는 사람들을 만족시키는 수단으로서만 가치 있다는 뜻을 내포한 그 원리를 의심했다는 점에서 매킨타이어에게 기울어 있었다. 액턴이 사람들을 내버려둘 의무와 사람들을 가르칠 의무라는 상충하는 자유주의 의무들을 인식한 것은 라즈의 자유주의와 공명했다. 라즈는 "개인들이 선에 대한 타당한 개념을 추구하고 악하거나 공허한 개념들을 억제할 수 있게 하는 것이 모든 정치적 행동의 목표다"라고 썼다. 도덕적 개인주의를 거부하면서 라즈는 자신이 자유주의자들에게 필요치 않은 교조적 화물을 버리고 있는 것이라고 생각했다. 매킨타이어는 그 화물이 자유주의라는 배를 침몰시키기를 바랐다.

롤스의 친구이자 학문적 동료인 토머스 네이글은 롤스가 "주제를 변화시켰다"고 쓴소리를 한 바 있다. 롤스가 대학 밖의 세상을 얼마나 변화시켰는지는 논쟁의 여지가 있다. 그의 영향력은 오크숏이나 하이에크의 영향력과 대비되곤 했다. 그들의 영향력은 학문에서는 미약했지만 정치에서는 강력했다. 롤스는 그와 반대라고 이야기된다. 하지만 그것은 롤스에게 부당한 평가였다. 그는 경제학자와 정치학자들 사이에서 인간의 개선에 대한 폭넓은 이해에 기여했으며, 그다음에는 정책 결정자들에게 기여했다. 그는 자유주의자들이 사회의 패자들을 잊지 말아야 한다고 역설했다. 그는 논쟁의 여지가 있는 사회 제도들에 대한 크로스체크에 누구나 도입할 수 있는, 공정성에 대한 다음과 같은 대략적인 척도를 남겼다. "이것은 우리가 어떤 사람이든 우리 중 누구나 선택할 수 있는 종류의 것인가?"

13장

1950년대~1980년대의
폭넓은 자유주의 정치

1. 망데스-프랑스, 브란트, 존슨:
1950년대~1960년대의 좌파 자유주의

"산업혁명의 근본 문제들은 해결되었다. 노동자들이 산업적·정치적 시민권을 획득한 것이다." 미국의 정치학자 시모어 마틴 립셋은 『정치적 인간』(1960)의 마지막 장 「이데올로기의 종언?」에서 이렇게 밝혔다. 주로 서유럽과 미국을 다룬 그 책은 립셋이 번영, 도시화, 교육, "안정된" 민주주의—영국, 미국, 스위스, 스칸디나비아에서 볼 수 있는 정치 유형으로 이해될 만한—사이에서 파악한 선하고 상호 보강적인 연결 고리들을 확인해주는 방대한 통계적 증거를 제시했다. 립셋의 집필 대부분은 책이 출간되기 얼마 전에 이루어졌고, 그는 프랑스와 독일의 전후 민주주의를 주시하며 그 나라들을 "불안정한 민주주의 국가"에 포함시켰다. 미국 정치가 곧 겪을 격변에 대한 징후는 거의 없었지만, 립셋은 물질적 성공이 이루어졌어도 여전히 미완의 자유주의적 과제가 많이 남아 있음을 인정하는 것으로 조심스럽게 마무리했다.

자유주의 종말론이 팽배했다. 립셋은 걸출한 좌파 자유주의 잡지 『인카운터』(1955년 11월호)에 기고한 글 「이데올로기의 종언?」에서 『정치적 인간』 마지막 장의 제목을 따왔다. 당시만 해도 독자들은 몰랐지만, 그 잡지는 미국 정보부의 간접 지원을 받고 있었다. 그 글은 같은 해 밀라노에서 "자유의 미래"라는 주제로 열린 학술 대회에서 발표되었다. 계급 투쟁의 해결과, 한 스웨덴 사회민주당원의 말처럼 정치를 "따분하게" 만든 서구의 업적을 기념하기 위해서 자유주의 지식인과 사회 사상가들이 그 대회에 모였다.

하지만 당시 정치의 한복판에 있던 세 명의 좌파 자유주의자에게는 사태가 따분하게 느껴지지 않았다. 프랑스의 피에르 망데스-프랑스, 서독의 빌리 브란트, 미국의 린든 존슨이 그들이었다. 1950년대에 서구에서는 인간의 개선이라는 자유주의 이상이 물질적인 측면에서는 달성 가능해 보였다. 경제가 엄청나게 성장하고 있었다. 1880년부터 1945년까지 자유주의적 자본주의를 괴롭혔던 종류의 산업 분쟁은 심지어 관리가 잘 안 되고 교육 수준이 낮은 영국에서도 감소하기 시작했다. 경제적 집단주의자와 개인주의자들 간의 다툼은 열기를 잃어갔다. 좌파와 우파 정당들은 세심한 국가에 의해 준비되고 뒷받침되는 자유주의 자본주의로 수렴되는 중이었다.

물질적 성공은 자유주의자들이 바라는 종류의 질서를 확보하기 위한 일을 여전히 많이 남겨놓았다. 망데스-프랑스, 존슨, 브란트는 1950년대부터 1970년대까지의 기간에 그 일에 착수한 인물들로서 두각을 나타냈다. 세 사람 다 탈이데올로기적이고 탈주술적인 인물로, 막스 베버가 바랐던 종류의 좌파 자유주의자에 해당되었다. 그들은 베버가 정치의 책임과 관련해 이야기한, 뭔가 다른 것을 대표했다. 그것이 꼭 아주 수월한 관료적 일과는 아니라고 베버는 주장했다. 정치 역시 이상을 옹호하고 어떤 입장을 취하기를 요구했다. 망데스, 존슨, 브란트는 자유주의적 이상을 갖고 있었고, 어떤 입장을 취하고 있었다.

그들은 1914~1918년 전쟁 발발 직전의 6년 동안 태어났다. 모두 아웃사이더였고, 인종적·사회적·경제적 배제를 일찍이 직접 이해했다. 망데스-프랑스는 유대인이었고, 브란트는 사생아였고, 존슨은 텍사스 힐컨트리 출신의 파산한 농민-정치인의 아들이었다. 그들은 야망에 의해 추동되었고, 스스로의 방식으로 누군가를 딛고 올라섰다. 그들 모두 정상에 올랐는데, 망데스-프랑스는 순식간에, 브란트는 20년간 힘들게 오르락내리락한 끝에, 존슨은 아주 우연하게 그렇게 되었다. 그들은 각자의 독특한 생각과 양식으로 정치에 흔적을 남겼다. 그들 각자에게는 대비되는 인물이 있었다. 망데스에게는 전후 프랑스 정치에서 지배적 인물이었던 샤를 드골이 있었다. 드골은 1944~1946년 총리를 지냈고, 1958년 재차 총리를 지냈으며, 1959~1969년에는 대통령을 지냈다. 브란트에게는 대비되는 인물이 두 명 있었는데, 한 명은 사회민주당의 교활한 책사 헤르베르트 베너였고, 또 한 명은 브란트의 뒤를 이어 서독 총리가 된 정책 수행자 헬무트 슈미트였다. 린든 존슨에게는 존 케네디가 있었다. 그들의 이력에는 성공 못지않게 커다란 실책들도 포함되었다. 추종자들조차 "하지만"이라는 단서를 덧붙일 정도였다. 그럼에도 불구하고 그들 각자는 특유의 자유주의 양식을 갖고 있었고, 자유주의적-민주주의적 정치가 어떠해야 하는지에 대한 포괄적인 그림을 갖고 있었다.

피에르 망데스-프랑스(1907~1982)는 프랑스의 세 차례 공화국에 족적을 남겼고, 그 공화국들의 자유주의적 연속성을 예증해주었다. 제3공화국(1870~1940)에서 망데스는 급진 분파를 이끌며, 노회한 급진당의 진보적 뿌리를 되살려 급진당에 다시 활력을 불어넣으려 애썼다. 제4공화국(1944~1958)에서는 1954년 6월부터 8개월이라는 비교적 긴 시기 동안 총리직을 맡았는데, 당시 프랑스의 탈식민화라는 과제에 직면했지만 그것을 마무리하지는 못했다. 샤를 드골이라는 지배적 인물과 함께 1958년에 시작된 제5공화국에서 망데스는 권력을 위대한 인물과 연결 짓고 프랑스를 위대한 나라와 연결 짓는 드골의 사고방식에 반대했다.

파리의 엘리트 학교에서 교육받은 변호사 망데스는 일찍부터 싹수를 보였다. 재능과 용기를 겸비한 그는 엘리트 테크노크라트의 기량과 개인적 참여 정신을 결합하고 있었는데, 이러한 자질들이 융합된 덕분에 그는 줄곧 프랑스 중도 좌파의 핵심에 위치할 수 있었다. 25세에 망데스는 프랑스의 최연소 의회 의원으로 의회에 들어갔다. 31세에는 레옹 블룸에게 경제 긴축을 권고했다. 그의 연설은 재치 있고 직설적이었다. 그는 공공 재정이 핵심임을 깨달았다. 그는 독단적이지 않았고, 더할 나위 없이 간결했으며, 의회의 일원으로서 군 복무를 면제받았음에도 1939년에 자원 입대할 정도로 용감했다. 프랑스가 함락되자 망데스는 모로코에서 저항 운동에 합류했지만, 비시 정권에 의해

체포되어 탈영죄로 징역형을 언도받았다. 영국으로 탈출한 그는 능숙하진 않았지만 자유프랑스를 위해 폭격기를 조종했다.

독일 점령기는 프랑스에 국가의 수치를 회복하기 위한 두 가지 길을 남겼다. 하나는 드골의 방식으로서 독립 국가의 지위와 위대함을 호소하는 것이었고, 다른 하나는 망데스의 방식으로서 프랑스의 진솔함과 평범한 품위를 가르치는 것이었다. 대부분의 프랑스인은 적극적인 저항자도 적극적인 부역자도 아니었다. 점령기를 다룬 마르셀 오퓔스의 다큐멘터리 필름 「슬픔과 연민」(1969)의 언급을 따르자면, 망데스는 영웅적 반대와 결기 없는 좌절이라는 이항적 신화를 무효로 만든 최초의 프랑스 유명 정치인들 중 한 명이었다.

자신이 옳다고 가정하는 완고한 습관과 반대 그 자체에 대한 애호는 망데스의 덕목이 갖는 결점들이었다. 그는 자신의 해법을 설득시키는 것보다 발견하는 것에 더 명석했다. 1938년에 의회는 그의 경제 구제책을 거부했다. 1945년 재무부에 근무할 당시, 그는 잘 준비된 인플레이션 억제책을 기안했지만, 드골은 의욕만 앞설 뿐 융통성이 없다고 반대했다. 망데스는 유럽 내 군사적·경제적 협력에 우호적이었고 반드시 영국도 참여해야 한다고 보았지만, 영국은 처음에는 거절했고 두 번째에는 준비가 되어 있지 않았다. 망데스는 좌파든 우파든 여타 프랑스 자유주의자들처럼 평생 영국을 우방으로 여긴 친영파였지만, 결국 실망을 느꼈다. 탈식민화는 망데스의 최고 도달점이자 몰락의 원인이었다. 프랑스군이 베트남 디엔비엔푸에서 패배한 1954년, 망데스는 프랑스가 인도차이나 전쟁에서 졌음을 인정했다. 총리로서의 그의 첫 조치는 베트남과 평화 회담을 갖는 것이었다. 이와 반대로, 이듬해

초 알제리에서 발생한 반식민지 폭력 사태는 망데스의 허를 찌른 사건이었다. 그는 강압책과 회유책으로 대응했지만 좌파와 우파 모두 등을 돌렸고, 이를 계기로 그의 몰락이 확실해졌다.

그는 협상에 더 능한 급진주의자 에드가르 포르에게 자리를 내주었다. 망데스는 그 시대에 대한 자신의 회고록에 "통치하는 것은 선택하는 것이다"라는 제목을 붙였다. 포르는 자신의 회고록에 "언제나 올바른 것은 큰 실수다"라는 제목을 붙였다. 알제리 위기로 1958년 의회가 교착 상태에 빠졌을 때 드골은 권력을 잡았고, 망데스를 비롯한 프랑스 좌파는 그것을 쿠데타에 버금가는 것으로 받아들였다. 드골은 누구도 권력을 빼앗지 않았다고 잘라 말하는 것으로 응수했다. 불운한 의회가 권력을 여기저기 흩어놓았다면 자신은 단지 그 권력을 "쓸어 담았을" 뿐이라는 것이었다. 드골은 프랑스 정치의 섭리주의의 요소를, 즉 1799년, 1848년, 1940년처럼 질서를 바라는 분파가 독재자에게 권력을 위임했을 때 눈에 띄었던 요소를 반영하고 있었다. 망데스는 집중된 권력에 저항하는 대항적 전통을 주장했는데, 그 전통은 지역에 따라 "공화주의적"이라고 알려져 있지만 실제로는 철저하게 자유주의적인 것이었다. 알랭의 추종자였던 망데스는 "중요 인물"이라는 겉모습에 현혹되지 않고 과도한 권력—특히 카리스마 있는 지도자에게 집중되었을 때의—을 불신했다. 그는 의회의 책임보다 행정부 주도를 선호한 제5공화국의 역학적 구조에 반대했다기보다는 드골이 정부 권위를 인격화한 것에 반대했다. 제5공화국의 실제 운영은 그 공화국의 역학적 구조가 드골이 의도한 것만큼 그렇게 상의하달적이고 통할적이지 않다는 것을 이내 보여주었다.

테크노크라트이면서 배우이기도 했던 망데스는 반대자이자 비판자 역할을 맡았는데, 그것이 항상 유리한 것은 아니었다. 1968년 5월 시위가 파리를 뒤흔들었을 때, 망데스는 저항의 현장으로 이끌려들어가 학생들과 함께 행진도 하고 군중에게 연설도 했다. 그와 그의 의회 내 좌파 경쟁자인 프랑수아 미테랑은 권력이 무너졌다는 듯이 공공연히 말하고 다녔다. 우파 자유주의자 레몽 아롱은 그 두 사람 모두를 비난했다. 자유민주주의에서는 대중이 선출한 대통령을 제거하는 것이 왕을 폐위하듯이 수행될 순 없다고 아롱은 주장했다. 드골이 6월에 요청한 조기 선거는 의회 내 좌파를 가혹하게 응징했고 대통령으로서의 그의 권위를 확실히 해주었다.

망데스는 드골에게 과감히 맞섰지만, 그가 강력한 지도력을 발휘하자 그의 당이 그를 깎아내렸다. 그는 설득의 힘을 믿었지만 강력한 논거를 상실했다. 적대적인 증인이라면 자유주의자인 망데스가 국가 권력 자체보다 국가 권력의 인격화에 더 반대하며, 그 자신과 같은 전문가들을 과도하게 신뢰하면서도 다소 모순되게도 대중이 뽑은 의회보다 더 높은 권위는 허락하지 않는다고 주장할 만했다. 그의 자유주의 관점은 순수주의를 벗어나지 못했다. 유럽 통합의 신봉자였던 그는 1950년대에 유럽경제공동체에 대해서는 반대했는데, 그것이 경제적으로는 너무 자유주의적이고 정치적으로는 너무 중앙 정부들의 동호회 같아서였다.

좀더 일반적으로 말하자면, 망데스의 정치는 프랑스에서 널리 공유되었고, 지속성 있는 것으로 입증되었다. 그것은 중산층의 열망, 타협, 사적 기업과 공적 요구의 실용적 균형으로 이루어진 자유주의였다. 그것은 무역과 문화의 세계에 대한 개방성에서, 유럽의 화해와 통합에서 반국가주의적이었다. "우리는 좌파 정당이다." 망데스는 1955년 급진당 대회에서 이렇게 주장했다. 그리고 아무런 모순도 느끼지 않고 다음과 같이 덧붙였다. "우리는 언제나 중산층의 이해관계를 옹호해왔다." 망데스는 "성직자와 시민"의 전투가 끝나면 형성될 수도 있으리라고 기조가 침울하게 꿈꿨던 그런 프랑스 정치의 무게중심에 해당됐다. 망데스는 그의 전 재무 담당자 중 한 명이었던 발레리 지스카르 데스탱이 1974~1981년 대통령으로서 추구한 자유주의적 중도주의를 대표했다. 망데스의 경쟁자였던 미테랑은 지스카르의 뒤를 이어 1981~1995년 대통령을 지냈다. 그는 자신이 속한 좌파를 달래기 위해 전술적으로 잠깐 "사회주의적" 경제에 손을 댄 후 그 같은 자유주의적 중도주의를 추구했다.

망데스는 유능하고 독보적이었고, 테크노크라트였고, 정치의 스포츠맨이었다. 반이데올로기적 지식인인 그는 제스처 정치를 잘 이해하고 있었는데, 이는 왜 카뮈가 그를 존경했고 왜 이론으로 무장한 마르크스주의 좌파가 그를 경멸했는지를 어느 정도 설명해준다. 망데스는 토크빌과 알랭이 가졌던 오래된 우려, 즉 복잡하고 민주주의적인 사회에서는 한 사람이 정치에서 하는 일은 거의 중요하지 않다는 우려에 대해 직접적으로 답하는 것처럼 보였다. 망데스가 보여준 자유주의의 대부분은 그가 민주주의 정부를 진지하게 대하면서도 개인적인 입장을 취한 것이었다.

두 서독 총리 콘라트 아데나워와 빌리 브란트는 각자 두 가지 역사적 임무를 완수했다. 아데나워는 독일 우파를 대체로 자유주의 이상에 관용적인 하나의 민주주의 정당으로 통합했고, 서독을 서방에 안착시켰다. 브란트는 사회민주당을 중도 좌파 집권당으로 만들었고, 전 세계에서 독일에 대한 존중을 회복시켰다.

빌리 브란트(1913~1992)는 1913년 뤼베크에서, 그중에서도 토마스 만 소설에 나오는 허구의 부덴브로크 집안이 살던 곳 반대편에서 노동 계층의 사생아로 태어났다. 그의 할아버지는 북프로이센의 두드러진 낙후 지역인 메클렌부르크의 노동자였다. 그쪽 출신이었던 비스마르크는 다음과 같이 충고했다. "세상이 끝나면 메클렌부르크로 가라. 그곳에는 한 세기 후에나 뉴스가 도착한다." 아버지의 부재 속에서 좌파인 어머니와 살던 장학생 소년 브란트는 중산층 학교를 다니며 자신의 친바이마르적 견해를 좋아하지 않는 보수적인 급우들 사이에서 일찍이 스스로를 돌보는 법을 배웠다. 그는 남다른 조숙함으로 좌파 정치에 뛰어들었는데, 사회민주당 내에서 후원자를 발견했지만, 극우파의 위협에 직면해 당이 소극적인 태도를 보이자 1932년에 탈당했다. 나치가 집권하면서 수배자가 된 스무 살의 브란트는 노르웨이로 탈출했다. 1940년에 노르웨이가 점령당하자 그는 다시 스웨덴으로 탈출했다. 1930년대에 그는 한동안 베를린에서 위장한 채 살기도 했고, 내전 당시의 스페인에서 기자로 활동하기도 했고, 노르웨이인 행세를 하며 해외에 반나치 메시지를 전달하기도 했다.

1945년에 베를린으로 돌아온 브란트는 순진하게도 서구의 우방들이 민주주의 재건을 위해 자기 같은 좌파 출신 사람들을 환영하리라고 기대했던 것 같다. 브란트는 서구 연합국들이 모든 독일인을 나치 동조자로 취급한다고 여기며 격분했다. 브란트는 공산주의자들에 대해 전혀 환상을 갖고 있지 않았다. 그는 1930년대에 그들이 무책임하게도 프로이센 좌파를 분열시키려 한다고 생각했었다. 또한 1937년에 그들이 바르셀로나에서 비공산주의 좌파를 억압한다고 생각했었다. 그리고 이제는 공산주의자들이 베를린에서 똑같은 일을 하고 있다고 생각했다. 1945년의 시 선거에서 사회민주당이 공산당을 완파했을 때, 독일의 러시아 점령지에서는 러시아인들이 사회민주당을 공산당에 종속시키고 경쟁 정당들을 강압적으로 합병해버렸다.

브란트는 서구화주의자이자 사회민주당의 현대화주의자였던 에른스트 로이터의 피후견인이 되었다. 로이터의 적수는 1914~1918년 전쟁의 불굴의 참전 용사 쿠르트 슈마허였다. 슈마허는 사회민주당을 노동자 당으로 간주했고, 친사회주의적 투표가 동부, 특히 작센에서 강하다는 것을 알고 있었으며, 통일 독일을 끝까지 고집했다. 로이터와 마찬가지로 브란트는 이것을 서방과 소련 등 점령 세력들의 분명한 바람을 무시하는 공상적인 것으로 간주했다. 브란트는 당장은 서방에 정박하고 나중에 통일을 이루어야 한다고 생각했다. 그는 뼛속까지 반공산주의자였지만, 공산주의자들과의 대화를 신뢰했다. 브란트 특유의 "하지만 다른 한편으로는"이라는 접근법은 모든 사람이 보이는 것과는 다르다고 의심받는 분위기에서 그에게 문제를 일으켰지만, 그가 많은 진영과 계속 협력할 수 있게 해주었다.

브란트의 노선은 베를린의 사회민주당원들 사이에서 점차 우세해졌다. 그 당은 1950년대에 치른 두 번의 선거에서 성적이 좋지 못했는데, 그 결과 바트고데스베르크 당대회에서 현대화주의자들은 자신들이 좌파 자유주의적 민주주의 정당이라기보다는 사회주의 정당이라는—마르크스주의 정당은 차치하고—최소한의 가식만 남기고 모든 것을 벗어버렸다. 프랑스의 사회당과 영국의 노동당도, 인정하는 데 더 오랜 시간이 걸리기는 했지만, 유사한 경로를 따르고 있었다. 사회민주당을 현대화하고 계급 정당보다 국민 정당으로 만든 것이 선거에서 결실을 맺었다. 1966년의 일시적 불황이 서독의 전후 경제 기적의 주역인 루트비히 에르하르트 정부를 무너뜨렸을 때 기독교민주당과 사회민주당은 연합을 형성했다. 잡종적인 새 정부에는 총리가 된 전 나치 쿠르트 키징거, 전 공산주의자 베너, 바이에른의 우파 인사 프란츠-요제프 슈트라우스가 포함되어 있었다. 브란트는 자유민주당과의 연정을 원했었다. 하지만 독일 자유주의자들은 사회민주당과의 타협을 두고 분열되었다. 3년 후에는 자유민주당의 좌파가 우세했다. 그들은 사회민주당과 연립 정부를 구성했다. 브란트가 총리가 되었다.

그는 사회민주당을 집권당으로 만들겠다는 자신의 첫 번째 목표를 이루었다. 이제는 독일과 세계로 눈을 돌릴 차례였다. 1961년의 위기와 베를린 장벽 설치 이후, 서방과 소련은 베를린 분단을 포함한 현상 유지에 사실상 합의했다. 브란트는 단기적으로도 생각하고 장기적으로도 생각했다. 그의 단기적 목표는 서독이 서방과 확실히 제휴하는 가운데 동구와의 데탕트에 이르는 것이었다. 더 나아가 그는, 슈트레제만이 바랐던 것처럼, "유럽의 평화 질서" 속에서 통일된 독일이 재량권을 되찾기를 바랐다. 1970~1972년에 브란트가 동독 및 공산권과의 교류에 나선 것은 칭찬과 비난을 똑같이 받았다. 그러한 교류는 동독, 폴란드, 러시아를 너무나 쉽게 인정해주는 것이었고, 불법적인 체제를 정당화해주는 것이었다. 이런 것이 비판의 골자였다.

1945~1949년과 1989~1990년에 그랬듯이, 결정을 내리는 것보다는, "만약에" 놀이를 하며 독일 문제의 처리를 추측하는 것이 더 쉬웠다. 브란트가 지적하고자 했던 것처럼, 브란트 비판자들은 자신들이 선호하는 선택지가 결코 시도되지 않았다는 점에서 논쟁에서 유리한 위치에 놓였다. 어쩌면 동독에 대한 개방이 필요 이상으로 오래 동독을 지탱시켰을 것이다. 반대로, 어쩌면 지연 덕분에 오히려 종결이 더 조용히 이루어졌을 것이다. 1989년 종결에 이르러 동독이 서독의 품 안으로 무너졌을 때, 그 일은 거의 아무런 폭력 없이 평화적으로 일어났다. 일찍이 시작된 완화와 교류 없이 그러한 결과에 조용히 이를 수 있었으리라고는 생각하기 어렵다. 그것은 누구도 기대하거나 상상하지 못한 결과였다. 1970년대 말과 1980년대 초의 두 번째 냉전기에 서구의 학자들 사이에서는, 잔학하지만 제거 가능한, 칠레의 피노체트 정권 같은 독재 정권과 억압적이고 제거 불가능한, 소련 같은 "전체주의" 체제를 구별하는 것이 유행이었다. 비록 막판에 변화에 대한 브란트의 믿음이 흔들리긴 했지만, 그가 사태를 좀더 심층적으로 본 것은 칭찬할 만한 일이었다.

세계 사람 대다수가 브란트의 동방 정책에서 기억하는 것은 전략적 비전이나 외교적 세부 내용이 아니라, 1970년 12월 바르샤바에서 그가 보인 단순한 제스처였다. 바르샤바 게토 봉기의 희생자들을 기리는 기념비 앞에서 브란트는 무릎 꿇고 고개를 숙였다. 서독의 한 여론조사에서 응답자 거의 절반이 그 제스처가 지나쳤다고 보았다. 그러나 브란트는 세계의 더 많은 사람에게 모든 독일인이 나쁜 것은 아니라는 사실을 환기시켜주었다. 1972년에 브란트의 당은 1949년 이래 처음으로 기독교민주당을 꺾었다. 그때가 그의 정점이었다.

1973년의 석유 파동과 그에 따른 경기 침체는 전후 자유주의적 서구의 빛나는 질주를 종식시켰다. 아랍-이스라엘 전쟁 중에 취해진 아랍의 석유 수출 금지령은 과열된 경제를 불황으로 밀어넣었다. 브란트는 유럽과 미국의 갈등을 중재할 수 없었다. 사회민주당의 지지율은 폭락했다. 독일 공공 부문 노동자들은 파업을 벌였다. 브란트는 자신의 비서진에 동독 스파이가 포함돼 있는 것이 밝혀지면서 총리직에서 사임했지만, 당의 수장으로는 남아 있었다. 그는 중심에서 당을 장악하고 있었지만, 이제는 노동 계급 유권자들이 기독교민주당으로 옮겨가고 젊은 급진주의자들이 녹색당에 합류하거나 의회 밖의 반대자로 머무는 것을 지켜봐야 했다. 그는 관심을 바깥으로 돌렸다. 사회주의 인터내셔널의 의장을 맡았고, 줄곧 국제 단체들에 몸담으며 세계 곳곳의 발전과 민주주의를 위해 힘썼다. 브란트는 냉전의 경계를 넘어 어떻게 자유민주주의를 확산시킬 수 있을지를 이미 생각하고 있었다. 말로 끝나는 것도 아니었다. 그가 이끈 독일 사회민주당은 독재가 종식되었어도 여전히 방심할 수 없었던 1970년대 스페인과 포르투갈의 민주주의자들을 지지하는 데 중요한 역할을 했다. 당시 미국의 관리들은 불필요하게 유러코뮤니즘을 걱정하고 있었다.

린든 존슨(1908~1973)에게 정치 규칙 같은 것이 있다면, 좋은 일을 하는 것이 그냥 올바르게 있는 것보다 더 중요하다는 것이었다. 어쨌거나 출세부터 해야 했겠지만 말이다. 일단 출세를 하자 존슨은 미국 사회를 저지하고 있던 정치적 댐을 허물었다. 그 변화는 미국의 자유민주주의를 가다듬어, 미국을 더 공정하고 사회의 약자에게 더 주의를 기울이며 중산층에게 더 위안을 주는 나라, 유럽과 더 비슷해진 나라로 만들었다. 이것이 우파인 공화당원들에게서 "자유주의적"이라는 말과 "유럽적"이라는 말이 사실상 같은 욕설이 된 이유였다. 1960년대부터 내려온 이 유산을 두고 미국인들은 반세기 후에도 여전히 격론을 벌이고 있다.

정치적으로 존슨은 그를 조롱한 지식인들보다 영리했고, 아마 1963년의 암살로 존슨의 백악관 입성을 마련한 존 케네디보다 영리했을 것이다. 케네디는 아일랜드계 보스턴 사람인 아버지가 진입한 자유주의적 엘리트 계층의 새로이 확보된 안락함 속에서 민주주의 정치로 나아갔다. 존슨은 텍사스 시골 마을의 자유주의적 포퓰리스트의 아들로 유년기를 보내면서 민주주의의 혼탁함을 알게 되었다. 그의 뿌리는 그 자신이 주장하는 것보다는 덜 모호했다. 존슨에게도 텍사스 주의회 3선 의원인 정치인 아버지의 도움이 있었다. 텍사스 주의회에서 존슨의 부친이 큰 이권에 맞섰는지 아니면 큰 이권을 도모했는지에 대해서는 의견이 분분했다. 집안 형편은 처음에는 힘들었지만, 아버지가 마음을 다잡고 농장, 호텔, 신문사를 사들이면서 나아졌다. 대학 교육을 받은 어머니는 폭넓은 독서를 권장했고, 린든은 재수 끝에 사범대학에 입학했다. 아버지의 연줄 덕분에 그는 워싱턴에서 텍사스 출신 하원의원의 사무관직을 얻을 수 있었다. 그는 의회에 들어가기 위해서 처음에는 부유한 텍사스인들에게, 그다음에는 하원의장이자 자신을 아들처럼 대해준 독신의 일중독자인 새뮤얼 레이번에게, 그리고 마침내 상원의 남부 출신 민주당 탈당파의 수장인 리처드 러셀에게 아첨해가며 점점 더 위로 올라갔다. 그는 러셀의 힘을 갖고 싶어했고, 그 힘을 제 편으로 끌어들였으며, 결국 1964~1965년 역사적인 민권 법안을 통해 그 힘을 굴복시켰다.

존슨이 아첨으로만 일관한 것은 아니었다. 그는 선전에 능했고, 이 재능 덕분에 뉴딜 정책 지지자들의 관심을 얻었다. 연방정부의 일은 텍사스 사업가들에게 인기가 없었다. 존슨은 그들의 관심을 슬쩍 자극하는 단순한 논리를 동원했다. 연방 프로젝트에 따라 텍사스에 쓰이는 돈은 동부 사람들의 증세로 충당되지만 "우리는 텍사스에서 세금을 내지 않는다"고 존슨은 그들에게 환기시켰다. 그가 프로젝트들을 큰 이권자들에게 빼돌리고 있다고 불평하는 좌파 비판자들에게, 그는 큰 이권자들은 바로 큰 고용주들이라고 응수했다. 존슨은 반대파보다 더 많은 표를 얻어 1948년 미국 상원에 들어가게 되었고, 지지자들이 주장했듯이, 거기서는 그가 때를 기다리는 자유주의 개혁가라 할지라도 그것을 보여주는 데 시간이 걸렸다. 그는 남부 노선을 몰아냈고, 공산주의자를 색출하는 데 혈안이 된 위스콘신 출신 상원의원 조 매카시에게 서서히 맞서기 시작했다. 그의 절차적 수완은 탁월했다. 그는 북부 자유주의자가 원칙을 굽히거나 시급한 개혁을 방해하는 남부 보수주의자가 대가를 바라며 거부권을 철회하게 되는 때를 거의 예측할 수 있었다.

그렇지만 상원에서의 우세한 기술은 입법에서든 존슨 자신을 위해서든 큰 결과를 가져오지는 못했다. 1956년에 그는 민주당의 대통령 후보 지명을 받으려는 시도를 그르치고 말았다. 후보로 결정된 사람은 자유주의 성향의 민주당원 아들레이 스티븐슨이었는데, 존슨이 그의 강인함을 심히 과소평가한 탓이었다. 존슨은 그를 "서랍 속에 너무 많은 레이스를 갖고 있는 멋진 남자"라고 잘못 판단했던 것이다. 1960년에 북부 사람이자 가톨릭교도인 케네디는 존슨을 부통령 후보로 지명했는데, 이는 개신교 지배적인 남부를 의식한 것이기도 했지만, 존슨의 상원 장악력을 허물려는 것이기도 했다. 애초에 상원은 하원의 민주주의 열망을 완화하기 위한 의회의 "냉각제"로서 고안되었다. 남북전쟁 이후 남부인들은 필요할 때면 능수능란한 상원을 지역 이익을 위협하는 변화에 맞서게끔 꽁꽁 얼려놓곤 했다. 케네디는 자유주의적 개혁가와 충직한 남부인 중에서 어느 쪽이 진짜 존슨인지 확신하지 못했다.

존슨의 인품은 경외감을 안겨주기도 하고 불쾌감을 안겨주기도 했다. 그는 자신이 관심의 중심에 놓이고 모든 만남을 지배해야 직성이 풀렸다. 매력을 발휘하든, 괴롭히든, 모독하는 말을 하든, 무례하게 굴든, 곤혹스럽게 만들든, 옷깃을 움켜쥐든, 팔꿈치로 툭툭 치든, 정강이를 걷어차든 말이다. 『워싱턴 포스트』 편집인 벤 브래들리는 "존슨 요법"을 세인트버나드종 개가 한껏 핥아주는 것에 비유했다. 존슨은 자신의 거물 같고 지배자 같은 틀을 동원하듯이 그 말을 사용했다. 그는 사람들이 단지 주머니가 아니라 머릿속에 무엇을 넣어가고 싶어하는지를 즉각적으로 감지했다. 그가 사람들이 듣고 싶어하는 듯한 말을 그들에게 했을 때, 그에게는 그것이 진실을 말하는 한 방식이었다. 부통령으로서의 존슨은 자신을 신뢰하거나 존경하지 않는 케네디 휘하의 사람들에게 굽실거림으로써, 가뜩이나 생색 안 나는 그 직책을 최악으로 만들어버렸다. 어느 미친 총잡이가 없었다면, 존슨은 적어도 괴짜, 구시대적인 사람, 엄청난 실패자로 기억될 수도 있었을 것이다. 그러나 일단 백악관에 들어가자 존슨은 기회를 포착했다. 그는 우연히 거기에 도달했지만, 그 직책을 잘 이해하고 있었다. 그는 세계에서 가장 강력한 그 자유민주주의 국가에 대한 이상한 진실을 알아보았다. 당의 세력들이 결집하고 여론이 모이고 시기가 딱 맞으면 미국 대통령의 권력에는 뚜렷한 한계가 없다는 것이었다.

1964년 1월 8일의 국정 연설에서 존슨은 진지한 어조로 말했다. "지금 여기서 행정부는 빈곤과의 무조건적 전쟁을 선포한다." 그것은 "위대한 사회"로 알려진 입법 개혁의 신호탄이었다. 위대한 사회란 미국의 자유주의자 리프먼을 통해 전해진, 그의 하버드대학 스승이자 영국 페이비언주의자 그레이엄 월러스의 호소력 짙은 표현이었다. 20년 앞서 유럽에서 일어났고 몇몇 북부 주에서 일어났던 자유주의적-민주주의적 정부 내의 변화가 이제 전국에서 일어났다. 입법적 변화 다수는 다년간 계류되어 있던 것이었다. 존슨은 그것의 발상자도 입안자도 아니었지만, 어쨌거나 그것을 법으로 만들었다.

개혁에는 노인층(메디케어)과 저소득층(메디케이드)을 위한 정부 지원 의료 보험, 공공 주택 자금, 소비자 보호를 위한 법, 환경 오염에 대한 새로운 규제, 학교 지원 프로그램(헤드스타트), 문화 진흥(인문학과 예술을 위한 국가 기금), 공영 방송국, 정보공개법, 기회 균등을 위한 부처의 신설이 포함되어 있었다. 또한 존슨은 상원에서 남부 의원들을 굴복시켰고, 투표권법과 민권법의 통과를 이루어냈다. "흑인 문제는 없다. 남부 문제는 없다. 북부 문제는 없다. 오직 미국 문제만이 있다." 존슨은 1965년 3월 양원 합동 회의에서 투표권법의 통과를 부탁하며 말했다. "편견과 불의라는 치명적인 유산을 극복해야 하는 것이 진정 우리 모두의 일이다. 그리고 우리는 극복해낼 것이다." 두 법안이 함께 통과되면서 남부 주들에서 법적 보호의 차별이 폐지되었고, 처음으로 흑인과 백인을 포함한 모든 미국 시민이 연방 권리장전의 보호를 받게 되었다.

동시에, 자유주의 성향의 대법원은 남부에는 법에 따른 인종 차별 철폐를, 북부에는 사실상의 인종 차별을 금지했다. 또한 구금된 사람과 형사 재판 피의자에게까지 보호를 확대했으며, 언론의 자유를 강화했고, 피임약 판매의 법적 제한을 없앴다. 지지하는 시각에서 보자면, 대법원은 홈스와 브랜다이스의 전통에 따라 사람들의 삶으로부터 국가를 분리시켰고 프라이버시의 범위를 넓혔다. 다른 각도에서 보자면, 대법원은 권리장전을 포함하는 연방법을 각 주가 따르도록 만들었다. 조금 과장해서 말하자면, 1960년대까지 미국은 시민적 존중의 배제와 제한이 있었다는 점에서 이 책이 거론하고 있는 네 자유주의 국가 중 가장 덜 완전한 민주주의 사회였다고 할 수 있다. 전후에 일어난 정치 문화 변화 이전의 미국을 알지 못하는 사람들이라면 그 나라들이 도달한 규모를 느끼거나 그 나라들이 야기한 보수적 대항 운동의 강도를 가늠하는 데 상상력을 동원해야 한다.

존슨의 업적에도 불구하고, 몇몇 요인이 결합해 그의 공로를 부인했다. 가장 큰 요인은 베트남 전쟁이었는데, 미국의 좌파는 전쟁을 계속했다는 이유로 존슨을 비난했고, 우파는 전쟁에 패했다는 이유로, 월가는 증세 없이 전쟁을 했다는 이유로 존슨을 비난했다. 1968년에 이르러, 반전 시위에 더해 흑인 거주 지역에서의 폭동까지 간간이 발생하는 가운데 미국의 중산층 유권자들은 평온을 갈망하고 있었고,

완연하게 질서를 요구하고 있었다. 존슨은 연임을 위한 출마를 거절했고, 은퇴하여 텍사스로 갔다. 그의 명성은 허물어졌고, 그는 당의 원로로서도 인정받지 못했다. 그는 머리를 길렀고, 과체중에 대한 관리를 소홀히 했으며, 몸을 혹사했고, 결국 64세가 되던 해에 심장마비로 사망했다. 20세기의 미국 대통령 중에 그렇게 짧은 시기에 그렇게 많은 새로운 법을 만들어냄으로써 미국 정치를 바꾸는 데 그렇게 많은 일을 한 사람은 또 없었다. 반동이 예견되었고, 반동의 충격은 컸다.

존슨의 당에 미친 충격이 가장 두드러졌다. 국내 정치에서, 시민권과 위대한 사회로 인해 민주당은 한 세대 동안 남부의 지지를 잃을 것이라고 존슨은 예견했다. 하지만 실제로는 그 시간이 반세기 이상 지속되었으니, 그가 너무 적게 추산한 셈이었다. "백인의 반격"으로 민주당은 남부에서, 그리고 북부의 노동 계급 다수에게서 지지를 잃었는데, 법원이 주택 공급 양상 때문에 전교생이 흑인이거나 전교생이 백인인 지역 학교들에 인종이 섞이게 하고자 강제 버스 통학을 명령한 후에 특히 그랬다. 이전에 루스벨트와 뉴딜 정책에 의해 지탱되었던 민주당의 진보적 자유주의의 핵은 흑인, 페미니스트, 그리고 나중의 동성애자 등 "정체성 정치"의 부상에 따른 특수한 대의들의 "무지개" 연합으로 분열되었다. 그 대의들을 위한 활동은 목표에 있어서 자유주의적이었다. 그것들은 전통적인 자유주의적 대의, 즉 공권력으로 하여금 "차이"의 수많은 사회적 표지에 눈감게 하고 시민적 존중을 더 철저히 확대한다는 대의의 일환이었다. "정체성 정치"는 좀더 즉각적인 효과들로 인해 미국에서 정치적 자유주의를 약화시켰다. 정체성 정치는 자유주의자, 특히 민주당원들만 분열시킨 것이 아니었다. 그것은 도덕을 중시하는 보수층의 반격을 강화했다.

사회 변화가 정치를 주도했고, 정치는 다시 사회에 작용했다. 남부는 더 부유해지고 있었고, 낙후 지역에서 벗어나고 있었다. 미국 전역에서 베이비붐 세대가 부모 세대보다 더 많은 교육을 받고 더 많은 돈을 쓰면서 성인기에 진입하고 있었다. 권위의 낡은 원천들은 고갈되거나 외면받기 시작했다. 기업은 더 관대하고 덜 순종적인 윤리적 풍토를 재빨리 활용하고 촉진했다. 미국의 삶은 여러모로 점점 더 많은 사람에게서 더 나아지고 있었다. 하지만 정치는 전체적으로 깔끔하게 작동하지 않았다. 사람들은 "그만!"이라고 외칠 만큼 변화로 인해 혼란과 모욕감을 느꼈다. 변화가 너무 빨리 진행될 때 특히 그랬다.

공화당에 대한 충격은 지연되었다. 1969~1975년에 대통령이던 공화당의 리처드 닉슨은 1960년대의 자유주의 개혁을 심화하고 확장시켰으며, 잊힌 자유주의자 후버의 계보에 속하는 숨은 자유주의자로 행세하며 공화당 우파의 비위를 맞춰주었다. 닉슨은 숨기는 것이 공개하는 것보다 정치적으로 더 효과적이라고 평가하는 경향이 있었다. 그는 사석에서 참모에게 자신이 "우리가 약속할 수 있는 것보다 더 많은 일을 하는 자유주의자"라고 말했다.

미국에서 존슨 시대는 수용 가능한 자유주의 질서를 찾는 데 있어 역사적 성취였다. 수십 년이 지나서도 그 성취의 핵심들은 여전히 작동했다. 1950년대~1970년대의 프랑스, 영국, 독일도 마찬가지였다. 건강, 영양, 교육의 측면에서 사람들의 삶은 빠르게 향상되고 있었다. 불평등은 감소하고 있었고, 기회는 늘어갔다. 사람들은 부모 세대에 비해 덜 눈치 보고 살았고, 스스로 선택한 대로 행동하는 데 윤리적으로 더 자유로웠다. 영국에서 동성애에 대한 형사 처벌이 폐지되었다. 프랑스에서 방송 검열과 국가의 텔레비전 독점이 사라졌다. 합의 이혼이, 나중에는 낙태가 합법화되었다. 자유주의적 대의에 대한 미결 채무 한 건이 청산되어야 했다. 그것은 국가 권력의 제한들에 대한 철저한 자유주의적 태도 못지않게 좋은 단일 검증 기준이었다. 콩도르세는 프랑스의 1793년 헌법을 위한 자신의 거부된 초안에서 그 조치를 제안한 바 있다. 독일은 1949년 기본법을 통해 그것을 확립했다. 이제 프랑스와 영국이 서독과 행동을 같이해 사형제를 폐지했다.

전후의 물질적 풍요는 경제적 갈등을 감소시켰고, 새로운 방식으로 시민적 존중을 만족시켰다. 하지만 그것이 정치를 침묵시키지는 못했다. 국가의 권력, 시민의 자유, 시민적 존중의 정당한 수단, 심대한 윤리적 불일치의 수용과 관련해 새로운 갈등들이 생겨났다. 그런데 전후에 이어지던 경제 호황이 1973년에 끝나자, 다이아몬드 형태의 사회에서 상층과 중간층에 있는 사람들이 하층의 사람들에게 빚지고 있는 것과 관련해 물질적 갈등 자체가 되살아났다. 1950년대부터 1970년대까지의 변화들은 많은 사람에게 환영할 만한 격변이었다. 그러나 어쨌든 그것들은 격변이었다. 그것들은 기대치를 끌어올렸다. 그리고 친숙한 패턴들을 교란시켰다. 그것들은 분노에 찬 반대와 좌절된 희망이 뒤섞인 강력한 반작용을 축적해갔다.

2. 뷰캐넌, 프리드먼: 국가에 맞선 자유주의 경제학자

자유주의 세계에 널리 알려진 어떤 표결을 통해, 1978년 11월에 캘리포니아 주민들은 2대 1의 차이로 재산세 삭감을 선택했다. 몇 년 전 캘리포니아주 대법원은 가난한 지역들과 세입을 나눌 것을 부유한 지역들에 명령했었다. 그것은 골치 아픈 문제였는데, 재산세가 학교들—잘사는 지역에서는 좋고 못사는 지역에서는 나쁜—을 위해 쓰이기 때문이었다. 법원의 그 결정은 가장 부유한 캘리포니아 주민들에게는 거의 영향을 미치지 않았다. 그 결정은 캘리포니아 중산층을 격분시켰는데, 특히 1970년대에 인플레이션으로 그들의 집값이 계속 오르면서 재산세도 함께 올랐기 때문이다. 한편으로는 "백인"이라는 범주와 "중산층"이라는 범주가 많이 겹치고 다른 한편으로는 "흑인 또는 라틴계"라는 범주와 "빈민"이라는 범주가 많이 겹친다는 사실도 도움이 되지 못했다. 분노가 커졌고, 주 헌법에 재산세의 상한선을 명문화하도록 제안하는 것인 '주민발의안 13'이 인구 밀도가 아주 낮은 한 시골 지역을 빼고 모든 곳에서, 캘리포니아주의 주도이자 민주당 우세 지역인 새크라멘토에서, 좌파 자유주의 성향의 샌프란시스코에서 알려지고 통과되었다.

캘리포니아주 및 중서부 상부와 서부의 다른 주들에서 활용된 주민 발의는 유권자들에게 직접 민주주의의 수단이 되어주었다. 그것은 제1차 세계대전 이전의 진보당 운동의 유산이었다. 당시 '좋은 정부' 자유주의자와 대중 민주주의자들은 선거 정치의 부패를 피하기 위한 국가적·지역적 방법들을 모색했다. 주민발의안 13호는 70년에 걸친 진보적 변화에 대한 점증하는 반대 운동을 알리는 것이었다. 캘리포니아 주민발의안 13호는, 미국에서도, 지역적 차이가 있긴 하지만 영국에서도, 그리고 나중에는 덜 불화적이긴 했지만 프랑스와 독일에서도 자유주의적-민주주의적 정치를 지배하게 된 갈등의 축소판이었다.

1978년 11월의 조세 반란의 재정적 뿌리와 지적 뿌리는 깊고 넓게 뻗어나갔다. 두 갈래 뿌리 모두 캘리포니아를 넘어 멀리까지 뻗어나갔다. 첫 번째 요인은 물질적 발전 그 자체였다. 사회 형태가 피라미드보다는 다이아몬드를 점점 닮아가자 과세 대상의 폭이 넓어졌다. 누진 소득세는 1880년대~1910년대에 유럽과 미국에서 처음 도입되었을 때, 소득세를 내야 할 만큼 돈을 많이 버는 사람이 드물었기 때문에 광범위한 지지를 얻었다. 정부는 소득세를 좋아했는데, 소득세가 손쉽게 세수를 올려주기 때문이었다. 중산층 유권자들은 게으른 부자들에게서 많은 돈을 우려낸다는 이유로 소득세를 좋아했다. 1945년 이후 소득세는 열심히 일하는 중산층에게서도 많은 돈을 우려내기 시작했다. 둘째, 밀이 언급했고 진보적 개혁가들이 자신들의 제안에 대한 지지를 얻기 위해 기댔던, 힘들게 일해서 번 돈과 일하지 않고 번 돈 사이의 도덕적 대조는 이제 좀 유별나게 여겨졌다. 사실상 모든 사람이 일을 했다. 불로 소득은 이자 생활자들의 모피와 폴로 경기용 말에만 쓰이지 않았다. 그것은 중산층 사람들의 연금을 조성하기도 했는데, 그들 대부분은 투자신탁회사를 통해 은퇴 자금을 모았다. 자유민주주의는 20세기 초반만 해도 부자들의 조세 저항을 물리칠 수 있었다. 이제는 중산층의 조세 저항이 새로운 종류의 골칫거리가 되었다. 이제 중산층이 민주주의의 다수가 되었기 때문이다.

세 번째 요인은 재정 구조의 경직성이었다. 어려움의 형태는 나라마다 달랐다. 하지만 넓게 보면 문제는 비슷했다. 어떤 세금도 효과 면에서 완전히 중립적일 수는 없다. 소득 또는 판매에 세금이 부과될 수 있다. 그것은 부자 또는 빈자에게 유리할 수 있다. 가계나 기업에 세금이 부과될 수도 있다. 모든 재정 시스템에는 여러 세금이 혼합되어 있다. 예를 들어 미국은 연방 세수를 소득세에 주로 의존하며, 프랑스는 판매세와 사회보장부담금—그중 거의 70퍼센트를 고용주가 부담한다—으로 중앙 정부의 비용을 더 많이 충당한다. 매우 일반적인 문제는, 일단 과세 형태가 정해지면 이를 바꾸기가 정치적으로 어렵다는 것이다. 사람들이 익숙해진 강제 징수는 참아내겠지만 예기치 않은 강제 징수에는 맞서 싸우리라는 것은 마키아벨리만큼 오래된 지혜다. 세금 부과 대상을 한 집단에서 다른 집단으로 바꾸는 것은 세금의 전반적 수준이 일정할 때 충분히 도발적이다. 1970년대에는 어디서나 인플레이션으로 인해 재산에 부과되는 세금뿐만 아니라 소득에 부과되는 세금도 계속 인상되었다. 높아진 소득이 사람들을 더 높은 세율 구간으로 밀어넣었기 때문이다. 1970년대 말에 이르러서는 그 세 가지 요인—과세 대상의 폭, 대중의 분노의 초점이 유한 계급에서 세금 당국으로 옮겨감, 구조의 경직성—이 결합해 국고의 폭증을 낳았다.

　　인플레이션은 더 이상 한 국가만의 현상이 아니었다. 국제적으로 볼 때, 서유럽과 미국을 부유하게 성장시켰던 전후의 경제 균형은 무너졌다. 1950년대의 인플레이션은 대체로 통제 가능했다. 1960년대 말에는 인플레이션이 점증하는 위험으로 여겨졌고, 특히 영국과 미국에서 그랬다. 제2차 세계대전 이후 전 세계에 달러가 넘쳐났다. 우선,

사람들이 달러를 원했다. 사람들은 달러로 거래하고 투자했다. 따라서 사람들은 달러를 믿고 싶어했다. 하지만 달러가 많아질수록 그 믿음을 유지하기는 어려워졌다. 1960년대 말, 미국이 빈곤과의 전쟁과 베트남 전쟁을 치르느라 막대한 돈을 빌리면서 달러는 지속적으로 압력을 받았다. 브래턴우즈 통화 체제의 약점은 채무국 통화에 대한 평가 절하 압력이 채권국에 대한 평가 절상 압력보다 크다는 것이었다. 1960년대 후반에 독일과 일본은 주요 채권국이 되어 있었는데, 독일 마르크화와 일본 엔화의 가치를 떨어뜨림으로써 더 비싼 가격으로 수입을 하는 것을 못마땅해했다. 1971~1972년 세계의 은행이었던 미국은 금의 지불을 유예했고, 브래턴우즈 체제는 종말을 고했다. 장차 세계화된 체제가 새로운 번영의 동력임이 입증된다. 1970년대에 그것은 충격이 아무런 방해 없이 한 나라에서 다른 나라로 옮겨갈 수 있음을 의미했다.

정부에 대한 중산층의 저항의 지적 뿌리는 '자유 시장' 경제학에 있었다. 1930년대만 해도 그것은 인기가 없었다. 경제적으로, 그것은 불황에 대한 답이 되어주지 못했다. 정치적으로, 우파 사상은 정당하든 그렇지 않든 실패와 극단주의의 평판으로 얼룩져 있었다. 1960년대에 지적 풍토가 바뀌기 시작했다. 우파 사상은 무시와 경멸을 극복했다. "급진적"이라는 것과 "보수적"이라는 것의 평가가 바뀌었다. 민주당 존슨 정부와 공화당 닉슨 정부의 사회 지향적 조언자들은 이제 허약한 현상 유지를 대표했다. 그들의 급진적인 우파 경쟁자들은 그들을 30년간 공격했다. 경제학자들 중에서 가장 심하게 공격한 급진주의자 두 명을 꼽자면, 공공선택이론의 창시자 제임스 뷰캐넌과 반케인스적 통화주의자 밀턴 프리드먼이었다.

제임스 뷰캐넌(1919~2013)은 사람들에게 다시 한번 늑대로서의 국가를 생각해보라고 촉구했다. 뷰캐넌은 그 자신의 표현을 빌리자면 "비정한 방식"으로 "낭만 없는 정치"를 고찰했다. 좀더 전문적으로 말하자면, 뷰캐넌은 경제의 관점에서 민주주의를 비판했던 미헬스와 슘페터 같은 사람들의 회의적 사유를 재구성했다. 그의 이력은 순탄치 않았다. 그는 테네시주 머프리즈버러에 있는 아버지의 농장에서 자랐는데, 그곳은 남북전쟁 최고의 격전지였다. 뷰캐넌은 제2차 세계대전 때 해군 장교로 복무한 후 미국의 자유 시장 경제학 중심지인 시카고에서 공부했다. 뷰캐넌은 경제학을 정치에 적용하기로 결심하고 학교를 떠났다. 평시에 정부는 국민 소득의 3분의 1 내지 5분의 2를 쓰고 있는데 경제학자들은 그 지출의 방식과 이유를 눈여겨보지 않는다고 그는 지적했다. 이탈리아에서 1년간 공부하면서 뷰캐넌은 정부 권력에 대한 이탈리아의 오랜 의혹을 공유한, 그리고 정치인과 관료를 공공선의 지지자가 아니라 이기적인 여우와 늑대로 간주한 경제학 스승들의 영향을 받았다.

뷰캐넌은 버지니아대학의 교수가 되었고, 거기서 고든 털록을 만났다. 그의 새 동료는 위원회들의 의제 장악에 대한 덩컨 블랙의 연구와 투표의 역설에 대한 케네스 애로의 연구를 살펴보고 있었다. 블랙의 결과는 선택지가 제시되는 방식이나 순서에 의해 선거 결과가 어떻게 조작될 수 있는지를 보여주었다. 콩도르세가 이야기한 자멸적이고 순환적인 다수제의 역설을 가다듬어, 1950년에 애로는 공정한 투표 방법에 대한 그럴듯한 가정들에는 개인적 선호들로부터 일관된 하나의 "집단적" 선택을 이끌어낼 명확한 방법이 없다고 주장했다. 다수결 투표는 조작 가능하고, 따라서 결정적이지 않은 것 같았다. 뷰캐넌에게 그것은 환영할 만한 뉴스였다. 슘페터의 선례를 따라 그는 다수결 민주주의를 문제로 여겼기 때문이다. 그것은 매디슨과 캘훈의 뇌리를 떠나지 않았던 어떤 가능성, 즉 투표에서 이긴 소수파의 반영구적 지배의 가능성을 드러냈다. 뷰캐넌과 털록은 그러한 몇몇 생각을 『합의의 계산: 헌법 민주주의의 논리적 토대』(1962)라는 책으로 엮어냈다.

두 저자는, 정부에 대한 자신들의 의심이 맞는다면 도로, 병원, 공립 학교 같은 공공재가 과잉 공급될 공산이 크다고 주장했다. 납세자가 내는 세금과 납세자가 받는 혜택 사이에는 어떤 연관성도 있을 필요가 없다는 것이 지배적인 가르침이었다. 이러한 조건에서, 공공재의 공급을 관리하는 정치인과 관료들은 득표나 종신 고용을 위해 자신들을 "팔" 것이다. 반면 국가로부터 서비스를 받는 모든 사람이 그에 대한 대가를 지불하는 데 동의해야 한다면, 공공재는 공급 부족이 될 것이다. 필요 조건은 만장일치 규칙으로 작동해 모든 사람에게 거부권을 부여할 것이다. 대가를 지불하지 않아도 되는 공공 서비스만을 원하는 무임승차자들과 원칙적으로 공적 지출을 반대하는 자유지상주의자들은 어떤 지출 제안이든 다 저지할 것이다. 한편으로는, 책임 있는 납세자들이 공공재를 과잉 공급하는 다수결에 의한 선심성 사업으로부터 보호받을 자격이 있었다. 다른 한편으로는, 사회의 요구들이 자유지상주의적 열성분자나 무임승차자에 의해 좌절되어서는 안 되었다. 거부권이 주어진다면, 그들은 공공재의 공급 부족을 야기할 것이다. 저 양극단 사이의 어느 지점에서 뷰캐넌과 털록은 "실현 가능한 만장일치"를 추구했다. 그것을 찾기 위해, 뷰캐넌은 자신의 탐구를 더 높은 차원으로 가져갔다. 그는 게임의 규칙들이 만장일치로 동의되어야 한다고 결론지었다. 일단 그런 규칙들이 작동하면 다수결 제도가 잘 돌아갈 수 있었다. 뷰캐넌의 해석은 롤스의 해석과 매우 유사했다. 그들은 자유주의 스펙트럼에서 서로 정반대되는 지점에 있었음에도, 각자의 사고 실험을 통해 비슷한 결론을 도출했다. 마치 모든 사람을 위해 선택해야 할 의무가 있는 것처럼, 사람들은 최악의 경우를 보호하는 규칙들을 선택할 것이라고 롤스는 생각했다. 만장일치가 요구된다면 어느 누구도 사람들을 영구적 패자로 만들려는 규칙들에 동의하지 않을 것이라고 뷰캐넌은 생각했다.

뷰캐넌과 롤스는 다른 방식으로 가까웠다. 미국인들이 태도와 도덕에 대해 더 공개적으로 토론하기 시작했을 때, 뷰캐넌은 롤스가 그랬듯이 원칙의 문제에 대한 합의 가능성에 대해서는 비관적이었다. 하이에크와 달리 뷰캐넌은, 예컨대 자본주의가 사회적·윤리적 안정성을 영원히 뒤집어버리기 이전의 분명한 역사적 평온 상태에서 애덤 스미스와 데이비드 흄이 윤리적·사회적 응집력을 믿었던 것처럼 그냥 그렇게 윤리적·사회적 응집력이 믿을 만하다고는 생각하지 않았다. 롤스와 달리 뷰캐넌은 대학 밖에 큰 영향을 미쳤다. 직접적으로든 간접적으로든, 과세와 지출의 헌법적 제한에 대한 뷰캐넌의 사상은 캘리포니아에서 워싱턴까지 퍼져나갔다. 거기서 공화당원들은 정부 지출의 규모를 제한하거나 줄이기 위한, 자기 제한적 조례들을 모색하기 시작했다. 뷰캐넌의 연구는 미국 대중 전반에서 커지고 있던 반정치적 정서에 학문적 무게를 부여했다. 그의 냉소적이고 변방 지역 특유의 느린 말투로 진행된 단순 명쾌한 공개 강연에서 그가 자신의 연구에 대해 설명할 때면 특히 그랬다.

공적 논쟁의 초점을 높은 고용률 유지에서 낮은 인플레이션 유지로 이동시키는 데 있어 밀턴 프리드먼(1912~2006)보다 더 큰 역할을 한 경제학자는 없었다. 일류 경제 이론가이자 통화 역사가이기도 한 프리드먼은 어빙 피셔와 마찬가지로, 잘못된 통화 관리가 1920년대 후반의 경기 침체를 10년에 걸친 장기 불황으로 바꾸어놓았다고 보았다. 프리드먼의 주장에 따르면, 올바른 통화 정책을 취하는 것이 정부의 최우선적인 경제적 임무였다. 심지어 정부의 유일한 경제적 임무라고 그가 주장하는 것처럼 들릴 때도 있었다. 왜냐하면 사람들이 정부에 기대하게 된 다른 임무들은 프리드먼이 생각하기엔 정부에 의해 수행되어 분명 악영향을 미치거나 다른 방식으로 수행되어 더 좋은 영향을 미치거나 둘 중 하나이기 때문이었다. 오스트리아-러시아 국경 지역에서 온 브루클린의 1세대 이주민 가정에서 태어난 프리드먼은 학교를 졸업하고 시카고로 갔고, 거기서 자신이 수학과 학문적 토론에 뛰어나다는 것을 금세 깨달았다.

프리드먼은 자신의 사상을 파는 법을 알았다. 하이에크가 『노예의 길』 출간 이후 싱크탱크와 로비 집단을 섭렵한 도매상 같은 존재였다면 프리드먼은 소매상에 가까웠다. 사상을 파는 사람으로서 프리드먼은 유쾌하고 열광적이었다. 자유 시장을 다룬 그의 책 『자본주의와 자유』(1962)는 세계적인 베스트셀러가 되었다. 프리드먼과 아내 로즈는 공영 텔레비전 방송국의 「선택의 자유」라는 성공적인 프로그램에 출연했다. 18년 동안 프리드먼은 『뉴스위크』에 칼럼을 썼다. 케인스주의에 대한 그의 공격은 하이에크의 공격보다 더 날카로웠고 덜 모호했다. 케인스주의자들은 정부가 경제를 부양하고 실업을 저지할 필요가 있을 때 돈을 쓰고 돈을 빌려야 한다고 가르쳤다. 프리드먼은 그렇지 않다고 말했다. 정부는 통화 안정을 제공하고 내버려둬야 한다. 프리드먼이 인정했듯이, 일자리 부족은 1930년대에 치유되어야 할 질병이었다. 그 자신은 루스벨트 정부에서 일하면서 전시 동안의 원천 과세 도입에 일조하기도 했다. 하지만 이제 시대도 경제 사상도 변했다. 인플레이션이 위협 요소였다. 프리드먼은 인플레이션이 어떻게 발생하는지, 그리고 어떻게 멈춰질 수 있는지를 설명하고자 했다.

"인플레이션과 실업 사이에는 항상 상충관계가 존재한다. 하지만 영구적 상충관계는 없다." 프리드먼이 미국의 동료 경제학자들을 상대로 한 연설—「통화 정책의 역할」(1968)이라는 글로 발표—에서 나온 이 말은 전후의 경제에 대한 사고에서 하나의 전환점이 되었다. 프리드먼은 인플레이션의 발생이 일자리를 창출한다고 말했다. 그러나 높은 인플레이션은 일자리를 없앤다. 케인스의 교훈에 따르면, 정부는 돈을 더 풀거나 더 지출함으로써 약간의 인플레이션 상승을 대가로 아주 조금의 실업률 하락을 얻을 수 있었다. 프리드먼은 동의하지 않았다. 급진주의자들이 으레 그렇듯이 프리드먼은 케인스주의자들을 평판 나쁜 반대자로 설정하고, 자신과 그들이 얼마나 다른지를 과장해서 말했다. 케인스 역시 자신의 "고전적인" 적을 상대할 때 그랬었다. 프리드먼 내면의 수리경제학자는 스타 논객의 면모와 결합해 최대한의 효과를 냈다.

마셜의 충고를 좇아, 프리드먼은 조정의 시간적 척도가 중요하다고 주장했다. 케인스주의자들은 중기中期를 무시한다고 프리드먼은 불평했다. 기업과 소비자는 그것을 심각하게 받아들였다. 이제 그들은 정부의 차입이나 감세를 인플레이션의 징후로 간주했다. 돈을 더 많이 쓰는 것은 처음에는 사람들이 더 많이 구매하도록 자극할 수 있었다. 하지만 공급보다 수요를 더 강하게 밀어붙이는 것은 결국 물가 인상을 가져올 뿐이었다. 이득이 없을 게 뻔했다. 구매는 주춤해질 것이다. 그리고 실업이 다시 증가할 것이다. 모든 사람이 그런 일을 예상할 수 있는 만큼, 프리드먼은 케인스주의자들이 선호하는 도구인 재정 정책은 인플레이션을 유발하거나 비효율적이라고 주장했다. 프리드먼은 피셔의 화폐수량설에 공감했다. 더 많은 화폐를 발행하는 것의 지속적인 효과는 물가를 끌어올리는 것밖에 없었다. 생산과 일자리에 미치는 효과는 미미했다. 프리드먼은 「화폐수량설」(1956)에서 이러한 주장을 폈다.

재정 정책에 대한 프리드먼의 불신, "인플레이션은 언제 어디서나 통화와 관련된 현상"이라는 그의 확신, 그리고 대공황에 대한 그의 설명이 결합되어 하나의 적극적 권고가 되었다. 통화는 너무나 중요해서 중앙은행들의 재량에 맡겨질 수 없었다. 오히려 정부가 통화 공급의 증가를 위한 "통화 준칙"을 마련해야 했다. "권한이 아니라 준칙"이라는 생각이 퍼졌다. 하이에크는 참견하기 좋아하는 관료와 개혁가들을 준칙이 통제할 수 있다고 생각했다. 뷰캐넌은 준칙이 민주주의적 다수를 억제할 수 있다고 생각했다. 영국의 인플레이션을 억제하기 위해 마거릿 대처 정부는 1980년대에 프리드먼의 통화 목표 관리를 시도했다가 이내 포기했다. 경제에서 통화량에 대한 어떤 조치도 작동하지 않는 것처럼 보였다. 하이에크는 놀라지 않았다. 그는 거시경제적 총계만큼이나 프리드먼의 통화 목표 관리도 믿지 않았다. 프리드먼은 영국 재무부가 자신의 생각을 오해했다고 불평했다.

영국에서 프리드먼의 해결책은 굿하트 법칙의 희생자가 되었다. 영국 경제학자 찰스 굿하트의 이름을 딴 그 법칙은 "관찰된 그 어떤 통계적 규칙성도 통제 목적으로 압력이 가해지면 붕괴되는 경향이 있다"는 것이다. 동료 경제학자의 말을 빌려 달리 풀자면, "어떤 조치가 하나의 목표가 되면 더 이상 좋은 조치일 수 없다"는 것이다. 유사한 생각이 "합리적 기대"로 알려진 새로운 경제학 학파의 토대가 되었다. 이 학파 역시 정부가 경제를 관리할 수 있다는 데 대해 의구심을 가졌다. 그것이 암시하는 바는 미래의 가격과 임금에 대한 사람들의 추측이 틀릴 때보다는 맞을 때가 더 많다는 것이었다. 그것이 사실이라면, 미래의 가격과 임금에 영향을 미치는 정부 조치는 비효율적일 것이다. 왜냐하면 미래에 관한 사람들의 대체로 옳은 추측은 정부의 조치까지 이미 고려했을 것이기 때문이다. 다시 말해, 미래의 가격을 바꾸려는 현재의 조치로 기대되는 효과가 이미 현재의 가격에 반영된 것이다. 도식적으로 말해서, 통화주의자들은 케인스적 수요 관리가 자멸적이라고 가르쳤다. 합리적 기대 이론은 정부의 모든 시장 개입이 자멸적이라고 가르쳤다.

1973년에, 독일인들이 '경제 기적'이라 부르고 프랑스인들이 '영광의 30년'이라 부른 전후의 고마운 번영은 끝났다. 영국과 미국에서 문제가 생겼다. 1973년의 3차 아랍-이스라엘 전쟁 이후 네 배나 급등한 석유 가격과 석유 금수 조치가 서구 경제를 멈춰 세웠다. 하지만 인플레이션을 멈춰 세우지는 못했다. 그 새로운 병폐는 "스태그플레이션"이라 불렸다. 케인스주의자들은 그런 일이 일어날 수 없다고 말한 적이 없었다. 단 발생 가능성이 낮고 피할 수 있는 일이라고 말했을 뿐이다. 프리드먼은 정부가 소비력을 인위적으로 끌어올린다면 스태그플레이션이 발생할 가능성이 높고 피하기도 어렵다고 말했었다. 1970년대의 추이는 프리드먼이 옳았음을 입증해주는 듯 보였다.

프리드먼의 대중적 선언문은 『자본주의와 자유』(1962)였다. 하이에크와 마찬가지로 프리드먼은 정치적 자유가 경제적 자유를 필요로 한다고 주장했다. 시장은 사람들의 화폐와 무관한 차이들에 대해서는 눈감았다. 시장은 상호 관용과 수용을 촉진했다. 시장이 사회에 확산될수록 불관용, 압제, 해로운 정치적 분파주의의 여지는 줄었다. 1973년 이후에, 칠레의 부패하고 폭압적인 피노체트 정권은 그러한 주장의 시험대가 되어주었다. 그 정권은 프리드먼식 사상을 채택해—프리드먼이 직접 관여하지는 않았지만—복합적인 경제적 결과를 얻었다. 정치적 자유가 경제적 자유를 요구한다는 것이 참이라면, 그 역은 반드시 참은 아니었다. 피노체트 정권은 17년 동안 지속되었다. '자유 시장' 독재가 얼마나 오래 지속되어야 시장 자체가 정치적 자유를 촉진한다는 흔히 듣는 주장에 대한 반증이 될 수 있을까?

정부는 계약을 이행하게 하고, 경쟁을 촉진하고, "미치광이든 어린아이든 책임 능력이 없는 이들"을 보호하고, 안정 화폐를 지탱하는 역할로 스스로를 제한해야 한다고 프리드먼은 생각했다. 국가에 대한 이러한 제한은 마지막 항목만 빼고—하이에크는 그것이 망상이라고 여겼다—하이에크의 주장과 유사했다. 『자본주의와 자유』에서 프리드먼은 정부가 하지 **말아야** 할 열네 가지 일을 제시했다. 농업에 보조금을 지급하고, 지대를 통제하고, 국립공원을 운영하고, 국민연금 가입을 강제하고, 의사 면허를 허가하고—스펜서가 공포의 대상으로 여긴 것 중 하나—, 청년들을 징집하고, 은행을 규제하는 것 등등이었다. 그중 많은 것이 무시되었다. 반면 미국의 징병제는 1973년에 폐지되었는데, 프리드먼에게는 만족스러운 순간이었을 것이다. 나중에는 은행이 규제에서 벗어났다. 이 두 가지 개혁 모두 의도치 않은 결과를 낳았다. 그 책은 국제적으로 선견지명이 있었다. 『자본주의와 자유』는 4장에서 변동환율제를 권고했다. 그 제안은 학술적인 것처럼 보였다. 10년 후, 케인스가 수립을 도왔던 브레턴우즈 통화 체제가 무너졌다. 프리드먼이 희망했던 것처럼 노동, 상품, 자본이 국경을 자유롭게 넘나드는 세계화된 경제가 가시화되었다. 쉬망과 할슈타인은 각각 프랑스와 독일을 개방된 유럽을 만드는 길로 이끌었다. 미국인답게 전 세계적으로 생각한 프리드먼은 개방된 세계를 원했다.

1970년대에는 국가에 대한 자유주의적 태도로 무게 중심이 이동했다. 수용과 포용의 100년이 가고 이제 불신과 철회가 자리를 잡았다. 정부가 할 수 있는 일이 얼마나 되는가에 초점을 맞췄던 자유주의자들은 이제 정부가 하지 말아야 하는 일이 무엇인가에 대해 더 많이 생각했다. 먼저, 몇몇 전제가 정부 안팎에서 널리 공유되었다. 예산 제약이 "유연"했다. 신뢰할 만한 차용자인 국가가 대부 기관의 자금에 크게 의지할 수 있었던 것이다. 시장은 실업으로 기우는 경향이 있었고, 가난한 이들에게 불리하도록 불공정하게 작동하는 경향이 있었다. 사측과 노측이 협력에 따른 상호 이익을 이해함에 따라 경제적 갈등이 감소하고 있었다. 현대의 사업 성공은 경쟁자를 물리치는 것에 달려 있다기보다는 균형 잡힌 조직과 지휘에 달려 있었다. 경쟁은 규제와 상충하지 않았다. 모든 사회생활이 경쟁적인 것도 아니었다. 시장은 사회의 일부이지 사회의 전부가 아니었다.

뷰캐넌과 프리드먼, 그리고 또 다른 사람들의 연구에서 정부의 가장 기본적인 직무에 대한 기술이 나왔다. 정부의 유일하게 돈이 많이 드는 거시경제적 업무는 물가를 억제하는 것이었다. 그렇지 않으면, 정부는 부자의 돈을 빈자와 나누어 갖는 것을 그만둬야 한다. 정부는 일자리를 늘리기 위해 세금을 낮춰야 하며, 지출을 줄여 돈을 빌리지 않도록 해야 한다. 정부는 법치와 소유권은 확실히 지켜야 하지만 그 밖의 역할은 제한해야 한다. 시장이야말로 민간과 기업이 정부에 기대했던 많은 서비스를 제공하기에 더 적합한 곳이었다. 새로운 경제 어휘가 정치로 흘러들었다. 시민은 고객이 되었고, 병원의 환자는 소비자가 되었다. 사람들 간의 모든 거래는 경제 용어로 설명될 수 있는 것인 만큼 시장 법칙의 적용을 받는다는 전복적인 생각이 널리 퍼졌다.

그런 사상가들의 생각은 그 자체로 매력적이고 시의적절했지만 스스로 확산되지는 못했다. 대학과 무엇보다 싱크탱크가 그들의 사상을 정치에 퍼뜨렸다. 19세기의 시장 자유주의자들에게는 그들의 생각을 전파하는 매체와 비즈니스 출판물이 있었다. 개혁 자유주의자들에게는 대학─학자가 성직자를 대체한 지 그리 오래되지 않은─이 있었다. 이제는 신자유주의자들의 사상이 연구 기관들에서 발효되고 있었는데, 대개 기업의 돈으로 운영되고 뛰어난 지식인에 의해 주도되는 기관이었다. 그런 지식인들로는 워싱턴에 소재한 미국기업연구소 (1943년 설립)의 윌리엄 버루디, 런던에 소재한 경제문제연구소(1955)의 앤서니 피셔, 역시 런던에 소재한 정책연구센터(1974)의 앨프리드 셔먼 등이 있었다.

후에 자유주의 풍토가 바뀌었고 독일과 프랑스에서는 좀더 점진적으로 바뀌었지만, 새로운 사상들 역시 연구 기관과 싱크탱크들로부터 흘러나와 정계에 스며들기 시작했다. 전후의 독일 정당들은 모두 활발한 연구 기관을 갖추고 있었다. 가장 오래된 것은 사회민주당의 프리드리히 에베르트 재단(1925)이었다. 기독교민주당은 콘라트 아데나워 재단(1955)을, 자유민주당은 프리드리히 나우만 재단(1958)을 설립했다. 독일의 은행과 기업들 역시 재단과 연구 부서를 통해 의견 교환을 촉진했다. 가장 주목할 만한 곳은 베르텔스만 재단으로, 자유 시장 중심주의를 고취하기 위해 1977년 출판인 라인하르트 몬이 세운 곳이었다. 독일 연방은행과 전 세계적인 거대 은행으로 변모하기 이전의 도이체방크의 연구 부서들은 독일의 경제 논쟁에서 크게 활약했다.

프랑스의 경우, "자유주의적"이라는 말에 대한 알레르기와 마르크스주의적 경향에 대한 과도한 지적 관심에도 불구하고 자유주의 사상은 전후의 정치에서 중심적인 역할을 했다. '르 시에클'은 오페라 거리에 사무실을 두고 1944년에 설립된 초당파적 정치 클럽인데, 이에 속한 은행가, 기업인, 관료, 정치인, 언론인의 명단은 좌파 은행 비판자들의 글보다 프랑스 공적 생활에서의 자유주의적 무게 중심을 더 잘 짐작하게 했다. 1980년대에 이르러서는 경제와 관련해 더 많은 경쟁과 더 적은 규제를 옹호하는 주장이 중도 우파와 중도 좌파 모두의 권위자들에게서 마음을 얻고 있었다. 정치적으로 자유주의 관점을 취한 잡지들도 생겨났다. 그중에는 1978년 레몽 아롱이 창간하고 중도 우파 총리 레몽 바르의 고문이었던 장폴 카자노바가 편집을 맡은 『코망테르』, 1980년 역사가 피에르 노라가 창간하고 '뱅자맹 콩스탕' 장학생인 마르셀 고셰가 편집을 맡은 『데바』도 있었다.

사상은 전문적인 전달자들을 필요로 한다. 하지만 전문적인 전달자로는 충분치 않다. 그 이상의 것이 요구된다. 정치적 태도의 변화 또한 걸출한 정치인들을 필요로 한다. 그러나 그들이 새로운 풍토를 창출하는 것은 아니다. 그런 정치인들의 시대임을 각인하는 강력한 인물을 믿으려는 의지가 꺾기 어려워 보인다 할지라도, 어느 누구도 그렇게 할 수 없다. 오히려 정치적 변화는 새로운 풍토가 자리 잡았음을 정치인들이 사람들에게 보여줄 것을 필요로 한다. 1970년대에 신자유주의는 그러한 지도자 두 명을 보유하고 있었다.

3. 대처, 레이건, 미테랑, 콜:
1970년대~1980년대의 우파 자유주의

런던의 정책연구센터는 전 공산주의자 작가이자 스페인 내전 때 공화당을 위해 싸웠던 언론인인 셔먼과 옥스퍼드 출신의 변호사이자 보수당 하원의원인 키스 조지프의 작품이었다. 두 사람은 1945년 이후의 합의가 영국을 해치고 있다고 믿었다. 1974년의 연구센터 출범 직후 조지프는 별로 유명하지 않았던 동료 의원 마거릿 대처에게 절충으로 그럭저럭 버텨나가는 것에 반대하는 자신들의 연구센터에서 부장을 맡아줄 것을 요청했다. 일 년 후 놀랍게도 그녀는 당시 야당이었던 보수당의 당대표가 되었다. 인플레이션과 실업으로 지쳐가던 시대의 끝자락인 1979년에 보수당은 권력을 잡았다. 그들의 승리와 1990년까지 지속된 대처의 총리 재임은 사람들이 국가와 정부에 대해 어떻게 생각하는지와 관련된 근본적인 변화와 시기상 일치했다. 사람들이 정부를 친구보다는 적으로 여기게 된 것이 꼭 대처 때문은 아니었지만, 그녀의 대담함, 정치 감각, 결단력은 그러한 새로운 태도가 드러나게 해주었다. 탁월한 연설 능력으로 그녀는 야당인 노동당과 자유당뿐 아니라 자기 당 내의 비판자와 반대자들까지도 압도했다. 그녀는 생각해야 할 것이 무엇인지를 아는 데 싱크탱크를 필요로 하지는 않았지만, 조지프 같은 동료들은 그녀의 신념에 정책적 세부와 경제적 근거를 제공했다. 신념 자체는 그녀의 것이었다.

정치와 사회에 대한 대처의 좀더 큰 그림에 대해 말하자면, 그녀는 하이에크의 책 『자유헌정론』을 동료들에게 보여주면서 "이것이 바로 우리가 생각하는 것"이라고 책 표지를 탁탁 치며 말했다고 한다. 그 영향의 양상이 어떻든 간에, 그녀의 생각은 그의 생각과 일치했다. "사회가 누구인가?" 그녀는 1987년 한 인터뷰 진행자에게 이렇게 물었다. "그런 것은 없다! 개별적인 남성과 여성들이 있을 뿐이다. 가족들이 있을 뿐이다. 정부는 사람들을 통하지 않고는 아무것도 할 수 없으며, 사람들은 스스로를 가장 먼저 신경 쓴다. 우리 스스로를 돌보고 그다음에 이웃도 돌보는 것이 우리 의무다."

대처의 능수능란한 브리핑과 언변은 토리당 내에서의 그녀의 부상, 영국 유권자들에게 얻은 그녀의 인기, 세계적인 그녀의 명성에 매우 중요한 요소였다. 닥쳐올 역경 따위는 아랑곳없다는 듯이 그녀는 야당에 맞섰다. 그리고 여론에 신경 쓰지 않는다는 듯이 자신이 믿는 바를 옹호했다. 서방의 좌파 성향 자유주의자들로서는 당혹스럽게도, 동구 공산권 사람들이 그들의 세계가 붕괴된 1980년대에 아마도 가장 존경했을 서구 정치인은 바로 마거릿 대처였다.

사람들이 시장을 우호적으로 바라보고 국가를 비우호적으로 바라보도록 부추기면서 대처는 정치가 문제이고 경제가 답이라는 생각을 퍼뜨렸다. 그런 변화를 가져오는 데 그저 대처가 풍부하게 가지고 있던 영향력과 카리스마만 있으면 되는 것은 아니었다. 거기에는 권력이 필요했다. 그리고 바로 여기에 대처의 자유주의의 성격에 대한 첫 번째 당혹감이 자리한다. 그녀의 정부는 산별 노조의 힘을 약화시켰고, 영국 은행들의 클로즈드숍 제도를 약화시켰고, 지방 의회의 권력을 약화시켰고, 행정 부처들의 단결력을 약화시켰다. 통상 "자유"의 승리로 일컬어지긴 했지만, 그러한 변화들은 특히 은행 같은 대기업들의 수중에 경제 권력을, 화이트홀의 중앙 행정부에 정부 권력을, 그리고 총리 집무실에 화이트홀의 권력을 집중시켰다. "새로운" 자유주의자 로이드 조지 이래 그 어떤 총리도 대처만큼 권력을 집중시키지 못했다. 권력을 분산시키고 자발적 질서를 장려하는 데 헌신한 신자유주의적 지식인들에게 둘러싸여 있었던 총리에게 이것은 기이한 유산이었다.

대처의 자유주의를 특징짓는 또 다른 주목할 만한 요소는 국가에 대한 그녀의 감정이었다. 2013년 그녀가 사망했을 때, 홍보 회사에서 일한 경력이 있는 보수당 출신의 총리 데이비드 캐머런은 대처를 "애국자 총리"라고 칭했다. 적절한 표현이었다. 무엇보다 그녀는 영국의, 엄밀히 말해 잉글랜드의 자부심에 호소했다. 대처는 분열을 초래하는 열정으로 잉글랜드를 사랑했다. 그녀와 추종자들은 국내외의 적들에 의해 야기된 쇠락으로부터 영국을 구한다는 기만적인 이야기를 했다. 무능과 부패에 대한 그들의 급진적 서사는 1920년대와 1930년대의 반의회적 보수주의와 맥을 같이하는 것이었다. 서구 경제의 전반적 위기로 인해 영국이 고통을 겪고 있었던 1970년대의 사건들을 봐도 그렇고, 이후 북해 유전의 행운에도 불구하고 영국이 물가 안정, 일자리 창출, 노동 생산성에서 북유럽의 파트너들이나 특히 독일에 필적하지 못한 것을 봐도 그렇고, 그것은 지지를 받지 못했다.

경제적 사실들은 대처가 진심으로 믿은 애국적 서사를 손상시키지 못했다. 그녀는 잉글랜드—영국이 아니라—의 자부심에, 그리고 외국인들에 대한 불신, 특히 프랑스인과 독일인에 대한 불신에 효과적으로 의지했다. 그녀는, 승률에 반하는 도박을 하는, 그리고 미국이 사태를 수습하리라는 믿음—항상 맞는 것은 아닌—에서 국가의 역량 이상의 일을 벌이는, 치유하기 어려운 국민성에 의지했다. 이 모든 점에서 보면 대처는 자유주의자들 중 가장 덜 코브던주의자였다. 다른 식으로 보면 그녀는 속속들이 코브던주의자였다. 계급이나 지위에 구애받지 않았고, 사람들이 시샘이나 기득권에 방해받지 않고 주도적으로 스스로의 다양한 계획을 추진하도록 내버려두고자 했기 때문이다. 정치의 귀재인 그녀는 연설에서 느껴지는 인상에 비해 유연했다. "테러리스트들하고는 절대 협상하지 않는다"고 그녀는 공공연히 말했다.

은밀하게, 성공적으로, 관료들이 그녀를 대신해 아일랜드와 남아프리카의 "테러리스트들"과 협상했다.

1990년에 대처의 커가는 약점이 그녀의 당을 위협하자, 관습적 능숙함으로 당은 그녀 죽이기에 나섰다. 가까운 동료였던 제프리 하우는 그녀의 정부에서 사임하면서, 공화정 시대의 로마에서 독재자가 되려는 자에게 원로가 했을 법한 이야기를 하원 연설에서 했다. 대처의 유럽에 대한 반감과 반대 의견 묵살은 그녀의 당뿐만 아니라 그녀의 나라까지 위기에 빠뜨리고 있었다. 그녀의 재임 말기에, 얌전하게 말하는 전 장관에게서 나온 그런 비판은 치명적이었다. 동시에 그 비판은 이전에 대처의 힘의 원천이었던 것, 즉 자신감과 의지력을 겨누었다.

미국에서 싱크탱크들은 1980년의 공화당 재편에서 제 역할을 했다. 워싱턴에서 두 명의 가톨릭 보수주의자 에드윈 퓰너와 폴 웨이리치는 헤리티지 재단을 창립했고(1973), 이듬해에 자유지상주의적 사상가 머리 로스바드는 친구들과 함께 카토 연구소를 열었다. 두 기관 모두 처음에는 워싱턴 정계를 나이 든 괴짜들의 요양소처럼 보이게 만들었다. 워싱턴 정계는 곧 생각을 바꿔야 했다. 로널드 레이건 집권 하에, 자유지상주의적 경제와 보수적 도덕주의가 공화당의 팸플릿과 연설에 등장했다. 머잖아 자유지상주의자, 반정부 활동가, 도덕주의자들이 온건파 공화당원들을 주변부로 혹은 아예 당 밖으로 몰아내고 당의 주류가 되었다.

대처는 시장 권력을 해방시키기 위해 국가 권력을 사용하면서 국가를 공격했다. 레이건은 비슷한 목적으로 정부를 운영하기 위해 비숫하게 정부에 맞섰다. 대처가 정부를 이기적이고 못된 것처럼 보이게 만들었다면, 레이건은 정부를 우스워 보이게 만들었다. 그는 이런 말을 했다. "영어에서 가장 끔찍한 아홉 개의 단어는 바로 이것이다. I'm from the government and I'm here to help(나는 정부에서 나온 사람이고, 돕기 위해 여기 왔다)." 그 차이는 매우 컸다. 영국에서 1970년대와 1980년대의 논쟁들은 자유주의자들 사이에서 있었다. 그것은 자유주의 이야기에서 수차례 볼 수 있었던, 더 큰 정부와 더 작은 정부 사이의 오래된 자유주의 내부 논쟁의 되풀이였다. 대처는 우파였고, 자유에 대한 그녀의 모든 이야기에도 불구하고 권력을 과도하게 좋아했지만, 그래도 그녀는 여전히 자유주의적이었다. 소속 당에 따른 꼬리표에도 불구하고, 대처는 하이에크의 체크리스트를 적용한다면 간단히 보수주의자로 분류되는 편이 아니었다. 미국에서는 상황이 더 복잡했는데, 미국 우파에는 자유주의파와 비자유주의파가 있었기 때문이다.

정치적으로 말해서, 1950년대에 민주당원과 공화당원들은 자유주의적 중도파로 수렴되었다. 존 롤스는 미국이 최우선적인 자유주의적 합의를 근간으로 하는, 관리 가능한 불일치의 나라가 되어야 한다고 생각했지만, 자유주의 역사학자 하츠와 자유주의적 정치학자 립셋은 미국을 마치 진짜로 그런 나라인 것처럼 다루었고, 이 두 사람만이 이런 식으로 생각한 것도 아니었다. 미국의 정치인들은 항상 자유의 깃발로 스스로를 포장하고 있었다. 그들은 당보다 미국을 지지한다고 한결같이 주장하고 있었다. 20세기 중반에는 좌파나 우파나 모두 자유주의와 미국주의의 시의적절한 결합—1914년 이전의 급속 이민 시대와 두 차례의 세계대전 때 어떤 통일된 이미지로 기능했던, 시민적 자부심과 국가에 대한 충성심과 천부적 우위의 혼합—을 믿는 것이 가능했다.

1970년대에 와서는 자유주의와 미국주의의 결합이 믿음을 주기보다는 논쟁의 대상이 되었다. 자유주의와 미국주의 각각이 도전에 직면했다. 좌파에서는 정체성 정치가 민주당의 오랜 루스벨트-트루먼 연합의 분열을 도왔다. 민주당은 국가와 도시보다 피부색, 민족 집단, 젠더에 대해 더 많이 토론하기 시작했다. 우파에서는 도덕 정치가 과거의 소수파를 지배적이고 반자유주의적인 핵심 세력으로 만들면서 공화당을 완고하고 협소하게 만들기 시작했다. 거칠게 말해서, 이제는 대단히 미국적이어야만 좋은 민주당원이 될 수 있는 것은 아니었다. 이제는 대단히 미국적이어야만 좋은 공화당원이 될 수 있는 것은 아니었다. 단지 좋은 사람이기만 하면 되었는데, 이는 올바르고, 신을 두려워하고, 자유주의를 혐오하는—당파적인 것으로 자유주의의 의미가 변함에 따라—것을 의미했다. 어떤 역사적 성취에 대한 기술로서든, 어떤 사회적 이상에 대한 기술로서든, 하나의 당파적인 정치적 꼬리표로서든, 미국 정치에서 "자유주의적"이라는 말은 전쟁의 깃발이 되었다.

전후에 미국의 우파가 지적 자존감을 되찾았을 때, 네 개의 집단이 눈에 띄었다. 하나는, 앞서 언급했다시피, 시장 경제학자와 옛 뉴딜 정책 비판자들로 이루어져 있었다. 두 번째 집단에는 반집단주의 사회 내의 집단주의자들을 내쫓는 반공산주의자들이 속했다. 세 번째 집단에는 문화적 민주주의, 방임 정책, "시민성" 상실에 불안을 느낀 전통적 보수주의자들이 해당되었다. 재치 있는 가톨릭 논쟁가인 윌리엄 버클리는 반공산주의자와 전통주의자들을 통합하고 현대화했다. 버클리는 『내셔널 리뷰』(1955)를 창간했는데, 이는 40년 전 『뉴 리퍼블릭』이 자유주의의 물결에 힘을 보탰던 것처럼 우파의 부활에 힘을 보탰다. 버클리는 공영 텔레비전에서 「사선射線」이라는 토크쇼를 진행했는데, 거기서 정통파적 좌파 게스트들은 뜻밖에도 박식하고 논리적으로 만만치 않은 적수를 종종 만나곤 했다. 버클리의 업적은 괴짜들은 추려서 버리고 지적인 우파의 사상을 다시 중요한 것으로 만든 데 있었다. 네 번째 집단은 뉴욕의 신보수주의자들이었다. 그들 중 많은 사람이 전 마르크스주의자였고, 그들 모두가 자유주의자였다. 그들의 지도자 중 한 명인 어빙 크리스톨의 말을 빌리자면 "현실에 두들겨 맞은" 자유주의자이긴 했지만 말이다. 신보수주의자들은 닉슨과 레이건을 따랐지만, 공화당이 중도를 포기하자 공화당을 떠났다.

공화당 활동가들 사이의 "반정부" 움직임은 서로 교차하는 여러 갈래로 이루어져 있었다. 한 갈래는 미국의 과거에 뿌리를 둔, 즉 반연방주의와 지역주의에 뿌리를 둔, 거의 무정부주의적 우파에 가까운 **자유지상주의자**들이었다. 또 하나는 **성난 보수주의자**들이라는 다양한 무리로, 미국의 다민족공존주의 때문이든 관대한 세속주의 때문이든 현대의 미국 사회를 받아들이지 않은 사람들이었다. 엘리트에 대한 불신, "해안 지역들"에 대한 반감, 주州의 권리나 지역 공동체에 대한 담론이 이 두 집단과 관련 있었다. 이 갈래들보다 더 큰 갈래는 **실망한 자유주의자**들이었다. 그런 유권자들은 정부가 자본주의의 부침으로부터 자신들을 보호해주기를 기대했었다. 그들은 미국이 치른 전쟁들에서 미국이 승리하고 그로써 세계에서 사랑받기를 기대했었다. 자유지상주의자들과 달리, 이 실망한 사람들은 정치적 다툼을 원치 않았다. 그들은 라디오 방송에 전화를 걸어 거대 정부와 엘리트의 음모에 관해 떠들어대지 않았다. 오히려 정치는 이 실망한 사람들을 따분하게 했다. 다수가 특정 정당에 대한 군건한 충성심을 갖고 있지 않았다. 그들은 때로는 공화당에, 때로는 민주당에 투표했다. 그들은 미국 선거의 무게 중심을, 즉 미국의 전국적 선거를 승리로 이끄는 데 필요한 광범위하고 실용적으로 보수적인 중간 지대를 차지했다. 자유지상주의자나 성난 사람들과 달리 실망한 사람들은 현대 사회의 현대적 정부를 편하게 여겼다. 그들의 부모와 조부모는 루스벨트-트루먼 민주당에 투표한 사람들이었다. 당파적 의미가 아니라 넓은 의미에서, 그 실망한 사람들은 자유주의자였다. 1972년 실망한 자유주의자들은 닉슨에게 투표했고, 12년 후에는 레이건에게 투표했다. 오늘날의 미국식 용법을 감안하면 거슬리는 말이긴 하지만, 실망한 사람들을 자유주의자에 포함시키는 것은 현실의 정치 지형을 더 잘 묘사해준다. 1970년대의 "반정부" 움직임의 네 번째 갈래도 반드시 지적해야 한다. 그것은 1974년 닉슨의 사임을 불러온 워터게이트 사건에서 단적으로 드러난, 전쟁국가적 감시 남용과 정치적 권력 남용을 폭로한 민주당 자유주의자들에게서 생겨났다. 그 자유주의자들이 의도한 바는 아니었지만, 조사와 폭로를 촉구하는 그들의 캠페인은 지금과 마찬가지로 그때도 정부에 대한 환멸을 조장했다.

레이건은 그런 여러 "반정부" 흐름을 이해했다. 레이건은 과거에 루스벨트 민주당의 당원이기도 했고, 할리우드 배우협회 회장을 지내기도 한 인물로, 그 자신이 실망한 사람 중 한 명이었다. 비록 이혼도 하고 교회도 나가지 않았지만, 그는 근본주의 기독교도 청중 앞에서 "죄와 악"이 존재하며 모든 사람은 혼신의 힘을 다해 "그것에 맞설 것을 성경과 주 예수에 의해 명령받았다"고 진심으로 말할 수 있었다. 링컨이 그랬듯이, 그는 예의범절 뒤에 숨어 백인의 편견에 호소하는 법을 알고 있었다. 레이건은 거대 정부의 지출에 대한 험담으로 청중의 마음을 교묘하게 어루만져, 그가 자신에게 맡겨달라고 부탁하고 있는 것이 바로 그 거대 정부라는 것을 신이 난 청중이 잊어버리게 만들었다.

레이건은 손님을 초대한 식사 자리에서는 예의 바르고 느긋하고 재기 넘쳤지만, 사소한 것에 안달이 심했고 동료들에게도 냉혹했다. 그는 미국인들이 스스로에 대해 더 나아졌다고 느끼게 만들지만 정작 그들 다수가 어떻게 살고 있는지에 대해서는 무관심하다고 이야기되었다. 그는 기회를 만들었다기보다는 기회를 가로챘다. 그는 전임자가 개시한 국방력 강화를 물려받았다. 그는 국방력 강화에 힘입어 성장한 첨단 기술 창의성의 폭발을 물려받았다. 그는 연방준비제도이사회 의장인 폴 볼커를 물려받았다. 볼커는 레이건이 취임하기 1년 전에 금리를 11.5퍼센트나 올렸는데, 그 가혹한 조치 덕분에 이 신임 대통령의 임기 초에 두 자릿수의 인플레이션이 3.5퍼센트로 떨어졌고, 새로운 세기까지 계속된 장기 호황의 길이 열렸다. 또한 레이건은 이미 기울기 시작한 초강대국 경쟁자를 물려받았다. 소련이라는 그 경쟁자는 스스로의 실패로 궁지에 몰린 데다가 부상하는 중국에 가려지기 시작한 터였으므로, 미국은 이미 승리에 다가서 있었다. 훈련된 품위와 기술로 레이건은 그 기회들을 최대한 활용했다. 그는 소련에 문호 개방을 촉구할 때가 언제인지를 잘 알고 있었고, 1987년 6월 베를린에서 극적으로 "미스터 고르바초프, 이 장벽을 허물어버리시오"라고 요청했다.

레이건은 자신이 다섯 가지 목표를 가지고 대통령이 되었다고 전속 이발사 밀턴 피츠에게 말했다. 사기 진작, 세율 인하, 국방비 증대, 소련의 굴복, 정부 규모 축소가 그것이었다. 그는 마지막 것을 제외하고는 다 이루었다고 말했다. 그렇게 좋은 패를 가졌고 그렇게 대중의 인기를 얻은 그렇게 능란한 레이건 같은 정치인이 대통령의 권력을 갖고도 다섯 번째 임무를 완수할 수 없었다면, 아마도 미국의 실망한 다수가 그것이 완수되기를 진짜로 원하지 않았기 때문일 것이다. 아마도 그들은 더 작은 정부가 아니라 더 좋은 정부를, 그리고 자신들이 다시금 신뢰할 수 있는 정부를 원했을 것이다.

레이건은 여러 정치적 존재를 한데 결합하는 데 탁월했다. 그는 뉴딜 정책을 지지하는 민주당원과 금융 긴축을 원하는 대기업 친화적 공화당원들이라는 미국 자유주의의 양 진영에 호소했다. 또한 그는 기독교 강세 지역인 이른바 '바이블 벨트'의 비자유주의적 기독교인과 자유주의 경계 너머의 자유지상주의자들에게 호소하는 법도 잘 알고 있었다. 레이건 이후 공화당은 종교적 우파와 반정부적 근본주의자들 수중에 떨어졌고, 이 과거의 우파 자유주의 정당은 자유주의의 경계쯤에 있거나 그것을 넘어선 정당으로 변하기 시작했다.

프랑스와 독일에서는 국가에 대립하는 방향으로의 정치적 중도파의 분위기 전환이 덜 뚜렷이 인식되었고, 덜 교조적이었고, 무엇보다 분노를 덜 띠고 있었다. 1970년대와 1980년대에 프랑스 제5공화국의 하향식 권위는 누그러졌다. 1968년의 정치적-문화적 격동과 이듬해의 드골 퇴임에 이어 맞이한 1970년대에 프랑스의 정치 제도들은 덜 경직되면서 불안정해졌다. 발레리 지스카르 데스탱이 대통령이 되면서 자유주의 우파가 권력을 잡은 1974년 이후에 변화는 더 빨라졌다. 그가 속한 독립공화당은 중도적이고 친유럽적이었으며, 당의 선언문에 따르면 "정치적 의미에서" 자유주의적이었는데, 이는 대중과의 소통, 정부 영향으로부터 자유로운 미디어, 의회의 더 많은 발언권, 지역을 위한 더 큰 지방 권력을 의미하는 것이었다. 프랑스 제5공화국에서 대통령의 권력 장악은 사회주의자 대통령인 미테랑이 1981년 대통령에 당선된 후 더욱더 완화되었다. 5년 후 그의 사회당은 총선에서 패했고, 그는 우파 정부와 "공생"하지 않을 수 없었다.

어느 당이 국정을 이끌든, 1970년대와 1980년대는 프랑스에 많은 자유주의적 변화를 가져왔다. 국영 방송의 독점과 방송 검열은 종식되었다. 합의 이혼과 낙태는 합법화되었다. 선거에 의해 구성된 지역 의회들에 권력이 이전되었다. 드골주의의 프랑스 제일주의 호소가 흐려지자, 프랑스는 유럽연합과 단일 유럽 통화에 매진했다. 헌법재판소의 권한이 강화되었다. 프랑스는 프랑스 시민들이 국가의 범죄에 대해 유럽인권위원회에 직접 호소할 수 있음을 받아들였다.

자유주의적 중도파는 프랑스 좌파에 영향력을 행사했다. 미테랑은 공산당의 지지로 대통령에 당선되었고, 침체된 경제를 살리기 위한 국가 주도 시도들의 짧은 실험이 뒤따랐다. 경제적 자유주의자들이 예측한 대로, 그 실험은 프랑화 약세와 인플레이션 상승이 유턴과 재정 축소를 유발하는 것으로 끝났다. 환율 위험과 유럽 통합 같은 현대적 조건들 속에서 자족적인 "알바니아식" 정치는 더 이상 가능하지 않다는 결론이 났다. 독일 사회민주당의 바트고데스베르크 선언 이후 사반세기가 지난 1985년에 프랑스 사회당은 툴루즈에서 마지막 남은 사회주의 잔재를 공식적으로 청산했다. 이러한 교조적 변화는 사회 변화를 반영했다. 1930년에 프랑스의 노동 인구는 여전히 농업, 산업, 서비스업 세 영역에 골고루 분포되어 있었다. 하지만 이제는 서비스업에 종사하는 노동 인구가 압도적으로 많았다. 거의 아무도 경작지에서 일하지 않았고, 프랑스인의 20퍼센트만이 시골에서 살았다. 공업에 종사하는 노동 인구는 감소했다. 프랑스의 "가두시위"의 명성에도 불구하고, 20세기 말에 프랑스는 유럽에서 노조 가입률이 가장 낮은 나라들 중 하나였다.

반자유주의적 좌파는 급진 녹색당, 반신자유주의자, 현대판 트로츠키주의자들을 발효시키며 살아남았다. 그중 어느 쪽도 자유주의적 중도주의에 대한 자신만의 일관성 있고 신뢰할 만한 대안을 갖고 있지 않았다. 그들 각각은 자유주의의 자기만족에 구멍을 뚫는 날카롭고 효과적인 못과 같았다. 극우파는 생명력을 이어갔는데, 처음에는 미미했지만 시간이 가면서 점점 위협적인 존재가 되었다. 그들은 미국 공화당 우파의 경우와 비슷하게, 거대 정부와 대기업에 대한 대중적 분노를 맹목적 애국주의 및 오래된 저열한 편견들과 결합시켰다.

1989년에 이르러서는, 드골주의 우파의 영웅적 저항과 국가적 자부심에 대한 신화와 마찬가지로, 프랑스 사회주의 좌파의 미완의 혁명에 대한 전설도 사멸해가고 있었다. 프랑스 혁명 200주년을 기념해 7월 14일 파리의 샹젤리제에서 호화로운 퍼레이드가 열렸다. 상상 가능한 프랑스의 삶과 역사의 거의 모든 측면을 기념하는 퍼레이드였다. 멋지고 현대적인 미장센은 페리에라는 탄산수 광고로 유명한 광고 제작자 장폴 구드 덕분이었다. 1889년의 프랑스 혁명 100주년은 정치 원리를 확고히 하는 기회, 보수적 적들에 맞서 프랑스의 자유주의 공화국을 지키고 사회주의적 경쟁자들로부터 혁명의 역할을 넘겨받았음을 주장하는 기회가 되었었다. 샹젤리제에서 펼쳐진 유쾌하고 떠들썩한 구경거리에 어떤 정치적 주안점이 있다면, 그것은 압제자를 끌어내리거나 계급 투쟁을 재개한다는 것이 아니라 개방, 다양성, "차이"를 환영한다는 것이었다. 프랑스 혁명은 언제나 역사적 사건들의 총체 그 이상이었다. 그것은 적赤이 백과 싸우고, 좌가 우와 싸우고, 우가 악과 싸우는 정치적 상상의 전시장이기도 했다. 1799년에 권력을 잡은 나폴레옹과 동료 집정관들은 혁명이 끝났다고 성급하게 선언했다. 끝나지 않는 극단적 갈등 상황들이 한 세기 반 넘게 프랑스 정치를 물들였다. 1989년에 이르러서도 갈등은 프랑스에서 결코 사라지지 않았다. 하지만 갈등의 색깔이 변했다. 자유주의적인 방식으로, 갈등의 색깔이 다양해지고 혼합되었다. 자유주의자들이 늘 인정했듯이, 갈등은 끊이지 않았다. 구드의 퍼레이드가 어떤 징후였다면, 프랑스 내의 갈등은 이제 극단적이지 않고 다채로우며 변화무쌍하다고 볼 수 있었다.

1989년의 그 여름에는 아무도 알아채지 못했지만, 동독에서는 색다른 혁명이 임박해 있었다. 1953년, 1956년, 1968년에 소련은 동유럽에서 무력으로 공산주의 지배를 지켜냈다. 1980년대 중반에 이르러, 아프가니스탄 전쟁에서 패해 경제적으로 피폐해지고 쇠약해진 소련 공산당은 무력으로 생존할 의지를 잃었다. 1989년 소련 공산당에는 생존 의지가 남아 있지 않았다. 반정부 시위가 동독을 휩쓸었을 때, 동독의 공산당 지도자들은 개혁적인 소련 지도자 미하일 고르바초프로부터 간섭하지 않겠다는 말을 들었다.

11월에 동독에서 여행 제한이 풀렸다. 동독 사람들이 서독으로 몰려들었다. 같은 달에 베를린 장벽이 무너졌다. 일 년 내에 동서 두 독일은 하나가 되어, 서방 방어 동맹에 속하는 나라, 완전히 자리를 잡은 폴란드와 동쪽 국경을 접하는 나라가 되었다. 40년간 서로 대립했던 두 핵무장 초강대국의 갈등의 매듭은 놀라울 정도로 짧은 시간 동안의 회담에 의해 풀어졌다. 그런 엄청난 역사적 격변이 폭력 없이 이루어진 것은 양 진영에 확신이 충만하고 두려움이 없어서였다. 긴장 완화는 깨지기 쉬운 것이었는데, 많은 요소가 그런 긴장 완화 분위기를 유지하는 데 기여했다. 그 요소들 중에는 타의 추종을 불허하는 서독의 군사력, 그리고 유럽연합을 확대하는 것의 매력과 안정성도 있었다. 전략적 긴장 완화에 개인의 공적이 있었다면, 그것은 독일 총리 빌리 브란트의 것이었다. 브란트는 서베를린 시장으로 있던 1960년 소련 텔레비전에 나와 철조망으로 갈라진 독일 국민에 대해 이야기했는데, 당시에는 모스크바의 문호 개방을 촉구하지 않았다. 1차 냉전이 절정에 달해 있었고, 브란트는 동서 긴장 완화까지의 먼 길에 용감하게 첫걸음을 들여놓고 있었다.

1989년의 11월 혁명이 그런 속도와 결단력으로 독일 통일로 이어진 것은 또 다른 독일 총리 헬무트 콜(1930~2017) 덕분이었다. 결점이 있고 과소평가된 인물인 콜은 기회를 포착했다. 그는 독일 자유주의자들이 더 많은 "시장" 경제 정책을 추구하기 위해 사회민주당을 버린

1982년에 권력을 잡았다. 이제 콜은 그 뚝심에 의지해 빛나는 업적으로 나아갔다. 동독과 서독 사람들이 1989~1990년 겨울에 앞으로의 일이 어떻게 전개될지 궁금해하자 콜은 결단을 내렸다. 독일은 단계적으로가 아니라 단번에 통일되어야 했다. 동서 두 블록이 대립하던 시대에, 통일 독일 하면 누구나 중립국이 아니라 그냥 하나의 국가를 떠올렸다. 통일 독일은 분명코 유럽에, 서방에 속할 것이다. 통일 독일은 양국의 협상을 통해 이루어지지 않을 것이고, 새로운 헌법에 따라 통일을 이루기로 합의할 것이다. 독일은 1949년의 기본법에 따라 하나가 될 것이다. 쇠락한 동독이 경제적으로 서독과 하나 되려면 몇십 년이 걸릴 것이다. 그러나 서독은 힘든 과도기를 위한 비용을 치를 수 있을 만큼 부유했다. 상대적으로 말하자면, 동독 사람들은 구호 대상자일 수도 있었다. 그들은 통일 독일의 궁핍한 시민들로 출발하지 않을 것이다. 그들이 저축한 돈은 가치가 없었다. 서독 마르크화는 동독 마르크화보다 열 배나 가치가 높았다. 은행가와 재무 전문가들의 충고에도 불구하고, 콜은 통화가 일대일로 교환될 것이라고 주장했다. 거의 아무도 그렇게 되리라고 생각하지 않았지만 콜은 그렇게 했고, 본인 스스로도 놀라워했을 것이다.

1989년까지 콜은 정당 관리인, 부정한 해결사, 비전 없는 정치인이라는 세간의 평판을 결코 떨쳐내지 못했다. 심지어 이후 1990년에도 그의 당은 동독에서 사회민주당에 공산당이라는 오명을 씌우면서 성공적이지만 비열한 선거운동을 펼쳤다. 콜이 은퇴한 후, 그가 오랫동안 은밀히 정치 자금을 뿌려왔다는 오랜 의혹이 사실로 확인되었다. 하지만 그런 의혹도 1989~1990년 콜이 이루어낸 성과를 무효화할 수는 없었다. 그의 결단력은 흔치 않은 정치적 상상력의 작동으로 뒷받침된 것이었다. 그는 대안들 사이로 헤쳐나가며 난관들을 떨쳐냈고, 사람들이 자신에게 거의 불가능하다고 말한 결과를 얻기 위해 매진했는데, 막상 그 결과가 달성되면 사람들에게는 필연적인 결과인 것처럼 느껴졌다. 또한 콜의 결단력은 자유주의적 확신에서 나온 것이자, 자유민주주의, 특히 독일의 자유민주주의에 대한 믿음의 표시였다.

1945~1989년 좌우 자유주의 지도자들의 성취는 주목할 만한 것이었다. 자유주의의 실패와 실수가 그들을 가르쳤다. 그들은 자유주의 가치가 서구적인 것이 아니라 보편적인 것이라고 여겼다. 그들은 민주주의적 자유주의를 더 공정한 제도들 속에 새겼다. 복지국가에서 그들은 행사할 수단을 갖지 못한 권리는 피상적인 권리임을 알게 되었다. 그들은 자신들의 개혁 자체에서도 교훈을 얻었는데, 예컨대 경제적 조치들이 기대에 어긋나고 사회적 비용이 너무 많이 증가했을 때 그랬다. 그들은 정치에 대한 사고방식이 바뀌었음을 정당과 유권자들이 인식하게 해주었다. 스태그플레이션 시기를 거친 후 인플레이션이 꺾이고 경제는 호전되었다. 그들은 골육상잔의 대륙에 평화와 통일을 가져왔다. "그들"이 그런 일을 한 것은 아니라고 쉽게 응수할 수 있다. 더 큰 역사적 힘이 작용한 덕분이라고 말이다. 그럴지도 모른다. 그러나 그 모든 일이 그들의 감독하에서 일어났고, 좋은 결과든 나쁜 결과든 수장의 공과로 귀속된다는 것이 정치의 관습적 규칙이다. 또한 그 공과의 평판은 짧게 지속된다.

1945~1989년의 자유주의자들은 학습했고, 대가를 치렀고, 결과를 얻었다. 그들은 강력한 결과들을 남겼다. 장벽을 제거함으로써 세

계화된 세상을 만들어냈다. 그들은 어떤 의미에서는 그런 세상에 대한 이야기도 남겼는데, 그 이야기는 종종 이야기가 아닌 것처럼 들렸다. 1945~1989년의 자유주의 사상가들은 하지 말아야 할 것과 생각하지 말아야 할 것에 대한 교훈을 남겼다. 롤스의 탁월한 설명과 거기서 비롯된 논증들을 제외하면, 1945년 이후의 자유주의 사상은 소극적인 경향이 있었다. 그것은 사람들에게 역사나 정치에서 크고 지속성 있는 유형들을 기대하지 말 것을 권고했다. 그것은 유동성, 끝없는 선택, 불가피한 후회를 기대할 것을 권고했다. 그것은 구속 없는 자유로운 선택보다는 특정한 제약이 있는 선택들, 양자택일dilemma, 삼자택이trilemma를 주장했다. 경제학자들은 한 국가가 고정 환율, 자유로운 자본 이동, 국가의 금리 통제라는 세 가지가 아니라 그중 두 가지를 꾀할 수도 있다고 가르쳤다. 세계화된 세상에서 한 국가는 경제 개방, 국민 주권, 사회적 공정이라는 세 가지가 아니라 그중 두 가지를 바랄 수도 있을 것이다. 같은 맥락에서, 자유주의 사상은 자유주의적 꿈의 세 가지 요소—인류의 진보, 어떤 사람인지를 막론한 모든 사람에 대한 시민적 존중, 어떤 단일 이해관계나 단일 권력에 의한 지배의 방지—가 서로 긴장관계에 있음을 강조했다. 그렇지만 경험이 낳은 교훈 자체는 소극적인 것이 아니었다. 1945년에서 1989년까지 자유주의의 꿈은 더욱 현실화에 가까워졌다. 1914~1918년 전쟁 이후, 케인스는 자신이 19세기의 선배 자유주의자들에게서 높이 평가했던 자유주의에 대한 자신감이 상실된 것을 유감스러워했다. 1989년에 자유주의자들은 그 자신감이 회복되었음을 잠시 느낄 수 있었다.

"무엇을 배웠는가?" 1989년 12월 7일 프라하에서 열린 기자회견에서 한 기자가 바츨라프 하벨에게 이렇게 물었다. 체코슬로바키아의 공산당원들은 완전히 물러갔다. 그들의 당은 한 달 동안 세 번이나 대표가 바뀌었다. 반체제 운동 조직인 시민 포럼은 합법적인 것이었고, 권력의 문턱에 와 있었다. 체코슬로바키아의 극작가이자 전 양심수인 하벨은 이제 막 그 나라의 대통령이 된 터였다. 기자의 질문에 대한 그의 답변은 진지하면서도 냉소적이었다. "사람이 양심에 따라 행동하려고 할 때, 진실을 말하려고 할 때, 시민권이 무너진 상황에서도 시민답게 행동하려 할 때, 그것이 반드시 무슨 일을 만들어내지는 않겠지만 만들어낼 수도 있다." 성공에 방해가 되는 한 가지는 확실하다고 그는 덧붙였다. 그것은 반대 의견이 통할지를 놓고 고민하는 것이었다. 하벨의 말에는 자유민주주의를 위한 교훈이 담겨 있었다.

1989년의 집단적 도취 이후 많은 자유주의자는 이내 걱정하기 시작했는데, 상황이 그럴 만했다. 그들은 자유민주주의가 지속 가능한지, 한때 강점이었던, 자유민주주의의 다양한 약속 사이의 긴장이 약점으로 바뀌지는 않았는지, 전 세계에서 자유민주주의가 동맹을 얻는 것보다 더 빠르게 경쟁자들을 얻고 있는 것은 아닌지 걱정했다. 자유민주주의 국가들 내에서 일종의 비자유주의적 우파가 부상하는 상황에 직면한 자유주의자들은 깜짝 놀라며 이제 자신들이 자유주의 이후의 세계로 진입하고 있는 것은 아닌지 의심했다. 그들의 경보는 타당했다. 하지만 신경 써야 할 경보에 집중하는 것이 중요했다. 교정의 필요를 알리는 경보와 파멸의 위험을 알리는 경보를 구별하는 것이 중요했다. 그리고 경보를 무력화하지 않는 것이 중요했는데, 이것이 하벨의 교훈이었다.

IBERALISM

14장
자유민주주의를 흔든 20년

1. 강경 우파의 부상

2016년 6월 23일 치러진 영국 국민투표에서 이해하기 힘든 일이 일어났다. 52퍼센트의 투표자가 영국의 유럽연합 탈퇴를 지지한 것이다. 유럽연합 탈퇴는 결국 경제적으로나 군사 전략적으로나 대실패로 판명 나리라는 것이 좌우파 주류 정치인, 기업가, 경제학자, 역사학자, 과학자, 군사 전문가, 외교 정책 전문가의 거의 만장일치의 집단적 소견이었음에도 말이다. 11월 8일에는 공화당의 이단아로서 우파의 "미국 우선" 캠페인을 펼친, 부동산 개발업자이자 텔레비전 방송인 도널드 트럼프가 일반 유권자 투표에서는 더 적은 표를 얻었지만 선거인단 투표에서 더 많은 표를 얻어 미국 대통령에 당선되었다. 그가 대패하리라는 것이 소속 정당의 통렬한 예상이자 여론 전문가들의 공통된 판단이었음에도 말이다. 2017년 4월 23일, 국민전선의 수장 마린 르

펜이 전통적인 중도 좌파 정당과 중도 우파 정당을 제치고 프랑스 대통령 선거의 2차 투표에 진출했다. 결선 투표에서 지긴 했지만 르펜은 34퍼센트의 득표율을 기록했는데, 극단에 속해 있는 극우 정당치고는 굉장한 대중적 성공을 거둔 셈이었다. 2017년 9월 24일의 독일 총선에서 '독일을 위한 대안' 역시 주변부에서 탈출해 연방의회 전체 의석의 7분의 1에 해당되는 94석을 획득했다. 1950년대 이래 독일의 극우파가 국민을 대표한 적은 없었고 그렇게 강한 적도 없었다.

서구 자유주의의 핵심인 네 나라에서 15개월 내에 한꺼번에 일어난 이런 결과들은 자유민주주의 자체의 건전성에 대한 우려를 심화시켰다.

예상 밖의 선거 결과가 일반적으로 그런 경보를 유발하는 것은 아니다. 그 충격적인 선거들은 15년간의 당혹스러운 사건과 쓰라린 일들에 뒤이은 것이었다. 워싱턴과 뉴욕에서 거의 3000명에 달하는 사람들을 살해한 테러 공격(2001), 자유주의 사회를 흔들고 신앙의 전쟁을 도발하려는 호전적 이슬람교도들의 끊임없는 군사 행동에 대한 공격 개시와, 거짓으로 정당화된 미국·영국의 이라크 점령(2003), 전문 지식과 선출된 지도자에 대한 유권자의 불신을 심화시킨 침공 이후의 실패들과, 심각한 경기 침체를 야기한 세계 금융위기(2008)가 그것이다. 금융위기에 따른 경기 침체의 회복은 지지부진했다. 우파 자유주의 정부나 좌파 자유주의 정부나 모두 허덕였다. 경제적으로, 시장 지향적 정책이든 사회 지향적 정책이든 죄다 작동하지 않거나 충분히 빠르게 작동하지 않는 것처럼 보였다. 사건들의 충격 이면에서 불안한 추세가 감지되었다. 부모나 조부모 세대는 1945년 이후 주요 수치들의 상승을 보는 데 익숙했는데—소득이 더 평등해지고, 빈곤이 더 줄어들고, 건강 상태가 더 나아지고, 수명이 더 늘어났다—이제 그 수치들이 하락하기 시작했다. 주류 정당들에 대해서, 그리고 정치적 중간 지대를 공유하고 있다는—논란은 있지만—그들의 공통된 전제에 대해서 불만이 커졌다. 전 세계적으로, 1990년대에 약속된 자유주의적·민주주의적 변화의 조류는 퇴조하는 것처럼 보였다. 자유민주주의의 심장부인 유럽과 미국에서 선출된 정치인들은 실망스러워 보였고, 유권자들은 점점 더 분노했으며, 정치 평론가들은 어떤 관점을 취했든 간에 당혹감을 느꼈다.

이런 근심들은 잘 조절되거나 잘 대처되지 못했다. 낙선자들이 당선자보다 걱정이 더 많았다. 급등하는 금융 시장은 정치적 충격을 환영하거나 무시했다. 자유민주주의의 즉각적인 피해에 대해서는 논란의 여지가 있었다. 영국과 미국에서는 강경 우파가 승리했지만, 아슬아슬한 승리였다. 프랑스에서는 강경 우파가 주류로 비집고 들어왔지만, 거기서 대패했다. 독일에서는 강경 우파에 대한 지지가 작센을 비롯한 옛 동독 지역에서 강했지만, 전국적으로는 약했다. 자유민주주의의 건재에 대한 우려는 어디서도 새로운 것이 아니었다. 성과 부족, 구조적 결함, 목표에 대한 의견 불일치는 자유주의자들이 계속 인식해온 바였고, 이전 반세기 이상 동안 줄곧 논쟁거리였다. 필요한 보수가 이루어진다면 자유민주주의의 전망에 대한 낙관적 설명이 가능하긴 했지만, 나쁜 소식들이 쏟아지는 가운데 낙관적 설명은 두드러지지도 않았고 그럴듯하지도 않았다. 2016~2017년의 정치적 충격들은 불안에 새로운 권위를 부여했다. 걱정 많은 이들이 강경 우파의 부상, 경악할 만한 경제 동향, 지정학적 고립, 정체성과 민족 감정의 충돌, 지적 불만 등 자유민주주의의 골칫거리들을 층층이 드러내 보여줄 때 자유주의자들은 주의 깊게 관심을 기울였다. 이번 장에서는 이 문제들을 하나하나 검토할 것이다.

미국과 영국의 국가 지향적 강경 우파의 파괴적인 성격, 두 나라의 회의적 유권자들의 예측 불가능한 유동성, 자유주의적 중도의 방향 감각 상실에 대해서는 거의 다툴 거리가 없었다. 그럼에도, 정치의 한편에서는 사랑받고 다른 편에서 비난받는, 범주화하기 어려운 거구의 대통령이 미국에 먹구름을 드리우고 있었다. 『뉴욕 타임스』의 중도 우파 칼럼니스트 데이비드 브룩스의 말에 따르면, 그는 신진 권위주의자이자 냉소적 닉슨주의자이자 대중 선동가이자 대기업 친화적 공화당원인 것처럼 보였다. 또한 시기와 무시, 사랑과 동경이 역사적으로 뒤얽혀 있는 어떤 상상의 유럽이 영국에 먹구름을 드리우고 있었다. 유럽연합 탈퇴파는 그 유럽을 무시하면서 싫어했고, 잔류파는 유럽연합의 인정된 결점들에도 불구하고 그 유럽을 동경했다. 미국과 영국에서 표출된 격한 감정은 특히 일찍이 대중의 정치 이탈을 걱정했던 논평자들에게 놀라움을 안겨주었다. 그럼에도 불구하고 그 감정적 다툼에서 분명히 드러나는 것은, 권력에 대한 태도에서 비자유주의적이고 민주주의에 대한 비전에서 포퓰리즘적인 강경 우파가 두 나라에서 정치 주류에 진입했다는 것이었다.

미국에서는 2016년 이후 연방정부의 입법부·사법부·행정부 전부, 50개 주의회 중 32개, 50개 주 정부 중 반 이상이 강경 우파 공화당에 장악되었고, 공화당의 소수 온건파는 고립되거나 주눅 들어 있었다. 영국에서는 분열된 보수당 정부가 '리틀 잉글랜드Little England' 우파에게 시달려, 즉흥성과 실수가 빚어낸 복잡한 과정에 말려들었다. 2016년 6월 국민투표가 치러지고 며칠 후 신임 총리 테리사 메이는 그녀 자신이 반대 운동을 벌였던, 목적지를 알 수 없는 전략적 과정에 나라를 맡겼다. 보수당 하원의원의 대략 3분의 2가 유럽연합 잔류를 지지했지만, 그들은 자신의 의석과 자기 당의 생존을 위해서 충성스럽게 그 수장을 따랐다. 메이는 그 급진적이고 파멸적인 결정이 자신의 결정이라고 주장하기보다는, 대중의 의지라는 의심스러운 권위에 기대며 책임을 전가했다. 국민투표는 언제나 권고적인 것일 뿐이었고, 52퍼센트 대 48퍼센트라는 근소한 차이는 하나의 의지가 아니라 두 개의 의지를 보여줄 뿐이었으며, 영국에 귀속된 두 나라—스코틀랜드와 북아일랜드—는 큰 표차로 유럽연합 잔류를 지지했다. 자유민주주의의 규범을 적용한 위험한 즉흥적 행동이라는 비난에 대해, 노동당의 지지를 받은, 정부 결정의 옹호자들은 정치적으로는 그 결과가 절대적으로 탈퇴를 명하는 것이며 그 결과에 대해서는 선택의 여지가 없다고 응수했다. 헌법상의 국민투표의 강제력에 대해 잘못 알고 있던 정부는 그 내용에 당황했다. 잔류냐 탈퇴냐는 기만적이게도 양단간의 선택처럼 보였다. 머잖아 분명해졌듯이, 유럽연합으로부터 나가는 출구는 하나가 아니라 여럿이 있었고, 어떤 출구가 어디로 통하는지는 아무도 알지 못했다.

트럼프 휘하의 미국 공화당원과 이민배척주의자들에게 꽉 잡힌 영국 보수당원들의 사례에서 알 수 있듯이, 새로운 강경 우파 정치 엘리트들은 몇 가지 공통된 특징을 갖고 있었다. 언제든 대의 정부의 익숙한 규범들을 무시할 준비가 되어 있다는 것, 권력 분립을 못 견뎌한다는 것, 도전을 받으면 재빨리 자신들이 국민이 원하는 일을 하고 있다고 답한다는 것, 자국 우선주의를 내세우며 국제적 합의에 의해 약속된 오래된 원칙들을 뒤집거나 무시하려 한다는 것이었다.

지지자들이 보기에, 강경 우파의 지도자들은 어려운 시기에 분열된 사회에 방향을 제시했고, 헌법의 규범을 뒤틀거나 무시했던 과거의 독단적이지만 존경받았던 지도자들—예컨대 루스벨트, 처칠, 드골—의 방식으로 공직의 권한을 사용했다. 그들은 너무 오랫동안 정치를 지배해온 견고한 세계시민적 엘리트들의 공허한 약속에 맞서 근면하지만 쪼들리며 사는 이들을 강력히 옹호했다. 비판자들이 보기에, 트럼프 공화당과 브렉시트 보수당은 자유민주주의에 대한 위험한 반전으로, 이제 제한 장치나 자기 수정 장치가 파괴된 채 비자유주의적이거나 비민주주의적인 권력 형태로 미끄러지고 있었다. 그런 현상에서 어떤 비판자들은 정부의 무능과 즉흥과 무질서를 보았고 어떤 비판자들은 연성 권위주의의 발아를 보았으며, 또 어떤 비판자들은 그 두 가지가 어우러졌다고 보았다. 충분히 많은 규칙이 뒤틀리고 무질서가 표준이 될 때, 유권자들은 종종 비자유주의적 해결책으로 질서를 회복하기 위해 강력한 지도자에게 눈을 돌렸다. 비판자들에게 경각심을 안겨주고 "강경 우파"라는 꼬리표를 정당화한 것은 트럼프의 공화당원과 브렉시트의 보수당원들이 20세기 중반 이후 익숙한 것이 된 자유민주주의—우파든 좌파든—의 가장자리에 와 있다는 점이었다. 양쪽 다 우려스러운 연합을 보여주었는데, 바로 경제 민주주의를 희생하는 것을 기뻐하는 극단적 경제 자유주의들과 시민적 존중이라는 자유주의적 규범을 희생하는 것을 기뻐하는 이민배척주의자들의 연합이었다.

뚜렷한 역사적 유사 사례와 새로운 정치적 범주에 관한 논의들이 펼쳐졌다. 진지한 논평이 이전에는 과장되게 들렸을 질문들을 제기했다. 전 미국 대사 대니얼 프라이드는 MSNBC와의 인터뷰(2017년 3월 9일)에서, 미국의 분위기가 "자유민주주의라는 개념 자체가 의문시되었던 1930년대와 닮지" 않았느냐고 말했다. 100년 된 외교협회가 발행하는 진지하고 세심한 저널 『포린 어페어』(2017년 5~6월)에서는 미국이 여전히 "민주주의를 위해 안전"한가 하는 질문이 제기되었다. 포퓰리즘을 다룬 이전 호(2016년 11~12월)에서는 파시즘의 망령이 아닌가 하는 검토가 있었지만, 현명하게도, 유럽과 미국의 현 강경 우파와는 유사하지 않다는 판단하에 파시즘은 배제되었다. 파시즘은 역사적으로 특수한 것이었다. 그것은 유럽의 누구도 승자일 수 없었던 파괴적인 세계대전 이후 1920~1930년대에 불쑥 나타났다. 그것은 한 대중 정당의 우두머리인 지도자에 대한 숭배, 사회에 대한 전체주의화된 비전, 볼셰비키라는 통일된 적, 합법성에 대한 무관심, 정적에 대한 폭력 장려에 의지하는 것이었다. 반향은 분명하고 불온했지만, 규모와 맥락의 차이가 너무 커서 신뢰할 만한 유사성을 만들지는 못했다.

그렇지만 자유민주주의는 여러 방식으로 부식될 수 있었다. 오늘날의 부식제인 포퓰리즘이 진행 중인 상황에 대한 적절한 설명으로 널리 제시되었다. 포퓰리즘에 대한 적절한 이해는, 포퓰리즘이 제도적 장치나 민주주의의 한 형태가 아니라 정치적 자기 정당화의 일종이라는 것이다. 포퓰리즘 자체의 논쟁적인 언어로 말하자면, 포퓰리즘은 엘리트 현상이다. 포퓰리즘은 흔히 인민과 엘리트 사이의 경쟁으로 잘못 소개되지만, 사실 포퓰리즘은 엘리트끼리의 경쟁으로, 한쪽 엘리트들이 자신들이 인민을 대변한다고 주장하는 것이다. 우파 포퓰리스트들은 흔히 특정 인종의 국가로 상상되는 어떤 고결한 국가를 부패한 기성 체제와 위협적인 외국인들로부터 보호한다고 주장한다. 좌파 포퓰리스트들은 부패한 기성 체제와 부자들로부터 노동자를 보호한다고 주장한다. 좌파든 우파든 포퓰리스트들은 일반적으로 선거에서 여당에 대한 증오를 이용하려는 야당 쪽 사람들이다. 저항 세력인 그들은 익숙한 정당 형태들을 뒤엎고, 예기치 않은 선거 패배나 탄탄한 기성 정당의 와해 후에 패자가 승자를 가리켜 "포퓰리스트"라고 부른다는, "포퓰리스트"의 교활한 정의에 힘을 실어줄 수 있다. 정치적 평화의 교란자인 포퓰리스트들은 새로운 정당을 만들거나 기존 정당을 장악할 수 있다. 영국에서 브렉시트 소수파가 보수당에서 그랬던 것처럼, 그리고 코빈의 강경 좌파 지지자들이 노동당에서 그랬던 것처럼 말이다. 포퓰리스트들이 무엇을 하든, 그들이 인민이라는 그 신화적인 존재를 얼마나 소리 높여 대변하든, 흔히 그들은 자신들이 몰아내고 자리를 빼앗으려 하는 적수들과 같은 배경을 가진—보수당의 경우 같은 두 대학—활동가였다.

포퓰리즘은 직접 민주주의나 참여 민주주의와는 혼동되기 쉽고, 대의민주주의와는 뚜렷이 다르다. 하지만 얀-베르너 뮐러가 『포퓰리즘이란 무엇인가?』(2016)에서 분명히 밝혔듯이, 그것은 오해다. 포퓰리스트들은 자신이 대표자인 한은 대의 정부를 지지한다고 그는 언급했다. 일단 대의제 수단에 의해 선출된 권력을 갖게 되면, 그들은 이미 결정된 행동 방침을 확실히 하기 위해 국민투표나 주민투표에 기댔다. 포퓰리스트들은 다당제 경쟁이나 연립 정부를 불편해했고, 선출된 야당이 사기가 떨어지거나 무력할 때 가장 기뻐했다. 포퓰리스트들은 자신들이 경쟁자들보다 인민의 뜻을 더 잘 안다고 주장하면서 인민의 뜻의 보호자처럼 행동했다. 자신의 권위를 지키려 애쓰는 포퓰리스트들은 국가와 사회 내의 대항 권력들에 대해 냉담하거나 적대적이었다. 임기 중에 그들은 비판자들을 괴롭히고 추종자들을 편들고 자신들이 싫어하는 판결을 내린 재판관들을 공격하는 경향이 있었다.

크고 복잡하고 헌법으로 얽혀 있는 사회에서 정치와 정부가 작동하는 방식에 대한 하나의 설명으로서는 포퓰리즘이 부적절하다. 자유주의 사고방식에서는 엄밀히 말해 인민의 뜻 같은 것이 존재하지 않았고, 따라서 선출된 권력이 알거나 대변할 인민의 뜻이란 없었다. 예컨대 기조가 그렇게 이해했듯이, 인민 주권은 부정의 개념이었다. 즉, 어떤 단일한 이해관계나 계급의 주권을 부정하는 것이었다. 인민을 대변함으로써 주권은 시민을 대변하고 시민에게 응답했다. 모두를 대변함으로써 주권은 특정한 한 사람을 대변하지 않았다. 주권적 결정은 직관이나 예지에 따른 것이 아니라, 때로는 불만스럽기도 한 입헌적 절차에 따른 것이었다. 이와 반대로 포퓰리즘 사고방식에서는 인민의 뜻이 단일하고 나눌 수 없고 권력에 의해 권위적으로 직관되는 것이었다. 인민이란 시민이 아니라, 외국인과 구별되는 것인 문화적 국민과 엘리트와 구별되는 것인 평범한 사람들의 혼합이었다. 포퓰리즘이 독특한 수사적 호소를 수반한다고 이해된다면, 2017년 6월의 영국 선거에서 확인된 우파 정부는 포퓰리즘적이라 할 수 있다. 사회의 복잡성과 입헌적 작동은 사라지지 않았다. 제도적으로는, 영국은 계속 자유주의적이고 민주주의적이었다. 정치적으로는, 영국은 "우리는 당신이 원하는 것을 안다"라는 무언의 슬로건을 내건 정당의 수중에 당분간 들어가 있었다.

미국에서는 상황이 더 미묘했다. 역사적으로, 미국인민당American Populists은 1890년대의 대초원지대 급진주의자들로 이루어져 있었는데, 그들은 노동 계층이었고, 중산층과 함께 일종의 진보주의 운동을 지탱하는 세력이었다. 이처럼 "포퓰리스트"는 이미 주인이 있는 말이었으므로, 2016년의 공화당의 물결을 "포퓰리스트"라고 부르는 것은 더 말할 것도 없이 오해의 소지가 있었다. 월터 러셀 미드는 트럼프가 전국적 정치에 참여하기 전에 쓴 통찰력 있는 어떤 글에서, "잭슨주의자"라는 좀더 적절한 꼬리표에 대해 설명한 바 있다. 그의 설명에 따르면, 잭슨주의자는 뚜렷하게 구별되는 한 유권자 유형으로, 계층이나 교육 수준으로만 보면 당연히 민주당 지지자로 여겨질 수 있지만, 1960년대 이래 대체로 공화당에 투표해온 사람들이었다. 「잭슨주의 전통」(2000)에서 규정하고 있듯이, 이들 하위 중산층의 백인 미국인들은 메디케어, 주택담보대출 공제, 사회보장제도처럼 자신들에게 유리한 프로그램이 위태롭지 않은 한, 연방정부와 국내외 사회 개혁 및 조세에 적대적이었다. 그들은 명예, 군사적 덕목, 상위 사람들과의 평등을 믿었는데, 미드의 주장에 따르면 이는 많은 흑인 미국인이 공유하는 윤리 코드였다.

백인 잭슨주의자들은 트럼프의 집회, 트럼프의 구호, 트럼프의 연설에서 눈에 띄었지만, 그들만이 그를 지지하는 유권자는 아니었다.

미드의 이론적 유형 설명이 설득력이 있긴 했지만, 트럼프를 지지하는 유권자는 깔끔하게 전형화될 수 없었다. 그저 전형적인 공화당 지지자라는, 동어반복적이고 그다지 도움 되지 않는 설명이 가능할 뿐이었다. 이는 전형적인 보수당 지지자인 영국의 브렉시트 지지 유권자와 전형적인 극우파인 유럽의 극우 정당 지지자들에게도 해당되는 말이었다. 유럽 전역에서 그들은 사실상 잡다하게 구성된 유형일 뿐 하나로 똑 떨어지는 유형이 아니었다. 거기에는 이민배척주의자, 도덕적 전통주의자, 반유럽연합 자유지상주의자, 두려운 이슬람 잠식에 맞서는 서구 기독교 가치의 옹호자가 뒤섞여 있었다.

미국과 영국의 이런 투표를 설명해주는 즉각적인 이유로서, 잊힌 백인 민주당원과 불만을 품은 노동당 유권자가 과도한 관심을 끌었다. 그들에 대한 주장은 다음과 같았다. 그들은 최근의 세계화로 힘들었고, 이웃의 새로운 이민자들 때문에 곤란을 겪었다. 그들은 멀리 있는 힘에 대해 통제력을 상실했다는 느낌에 압도되었다. 19세기 초 이래 모든 사회 계층에서 울려 퍼진, 자유주의적 근대성에 맞서는 반동적인 낭만주의적 외침의 메아리에 압도된 것이다. 그들은 지난 세기 중반에 권위주의적 입장을 연구하는 독일과 미국의 정치학자들에게 주목받았고, 이제 와서 마치 새로 발견된 존재인 양 여론조사에서 충실히 기록되었다. 자유주의 좌파가 노동 계층의 표를 얻지 못한 것은 전혀 놀라운 일이 아니었을 것이다. 이전에 민주당에 충성했던 백인 노동 계층의 일정 부분은 1960년대 말 이후 줄곧 공화당에 투표하고 있었다. 노동당이 노동 계층으로부터 얻는 표는 1970년대에 이미 3분의 2에서 절반으로 떨어졌다. 무시되고 소외된 유권자들에 대한 설득력 없는 선거사회학은 흔들리는 민주주의적 자유주의자들을, 특히 산업 노동조합들의 부식에 의해 사람들의 연대와 자부심에 가해진 피해를 잊어버린 민주주의적 자유주의자들을 밀려난 존재로 다루었다. 전형적인 트럼프 투표나 전형적인 브렉시트 투표자들은 노동 계층이 아니라 교외에 거주하는 안락하고 보수적인 사람들이었다. 불편한 진실은, 어쨌든 영국과 미국에서는 투표한 동료 시민 다수가 강경 우파를 선택했다는 것이었다. 그 선택은 어리석었지만 자유롭게 취해진 것이었고, 사회적 사실에 의해 유권자들에게 강요된 것이 아니었다.

2016년 투표를 세계주의에 대한 혐오나 자유주의에 대한 태만의 결과로 보는 것보다 더 정확하고 덜 자책하는 방식이 있었다. 기대를 받았던 민주당이나 노동당 지지자들의 근소한 이탈이 아슬아슬한 패배로 이어진 것은 사실이다. 트럼프는 선거인단에서 승리를 거머쥐게 해준 세 개의 거대 주—미시간, 펜실베이니아, 위스콘신—를 도합 8만이 안 되는 표차로 확보했다. 그 주들은 흔히 민주당 텃밭이라고 이야기되었지만, 맞는 말이 아니었다. 세 곳 모두 닉슨(1972)과 레이건(1984)의 압승 때 공화당으로 기울었었고, 1940년대와 1950년대에는 위스콘신 유권자들이 공산주의자 사냥꾼이었던 공화당의 광신자 조지프 매카시를 두 번이나 상원으로 보낸 바 있었다. 만약 그 대선 결과를 단일한 이유로 설명하고자 한다면, 그럴듯한 이유 중 하나는 민주당의 흑인 투표율이 급감한 것이었다. 이와 유사하게, 영국에서는 계층보다는 나이가 그럴듯한 이유가 되었다. 젊은 유권자들은 주로 친잔류파였지만, 그들의 투표율은 전국 투표율 72퍼센트를 밑도는 65퍼센트에 그쳤다. 하지만 주로 친탈퇴파인 65세 이상의 유권자들은 거의 90퍼센트의 투표율을 기록했다.

자유민주주의자들은 두 가지 공공연한 의심에서 약간의 위로를 받을 수 있었다. 강경 우파는 미국과 영국에서 권력을 잡았지만, 그들이 얼마나 오래 유지할지 혹은 얼마나 일관되게 통치할 수 있을지 분명치 않았다. 양국에서의 그 아슬아슬한 승리는 일회성의 행운일 뿐 강경 우파의 선거 연합이 다음번에는 힘을 모으기 어려우리라는 주장이 있었다. 또한 집권한 강경 우파가 임기 중에 모든 약속을 지킬 수 없고, 결국 일관성 없는 추종자 다수를 실망시킬 수밖에 없다는 주장도 있었다. 1930년대의 선동가인 휴이 롱과 콜린 신부처럼, 트럼프는 부자를 건드리지 않고 평범한 시민들을 돕겠다고 약속했다. 마찬가지로 영국의 보수당도 빈자와 약자를 돕는 한편 지속적으로 공공 지출을 압박하고 부유한 기부자를 섬기겠다고 약속했다. 사실상 강경 우파는 부자연스러운 조합이었다. 그것은 자유무역을 지지하고 이민에 관대한, 자유 시장과 작은 정부 지향의 보수주의자와, 자신들이 엘리트라고 부르는 존재에 맞서 인민을 대변한다고 주장하는 이민배척주의적이고 자국민우선주의적인 보수주의자들을 한데 엮은 것이었다. 실행 불가능한 그들의 공통 강령은 정부 보조금과 낮은 세금, 노동 계층 지원, 기업의 자유 재량을 약속했다.

이런 식의 생각은 민주주의적 자유주의자들을 어느 정도 달래줄 뿐이었다. 강경 우파는 선거 운이 따라주어서 권력을 잡은 것일 수도 있었다. 강경 우파는 강령에 따라 분열될 수도 있었다. 강경 우파의 핵심 유권자들은 나이가 많으니, 머잖아 사망할 것이다. 하지만 어쨌거나 강경 우파가 권력을 잡고 있었다. 어떻게든 투표를 통해 강경 우파를 권좌에서 몰아낼 수밖에 없었는데, 바로 이 지점에서 더 이상 위안이 통하지 않았다. 조직적이고 효과적인 선거 대안이 약하거나 결여되어 있었기 때문이다. 이론적으로 생각하면, 자유주의 우파와 자유주의 좌파는 강경 우파를 물리치고 중도의 표심을 되찾는다는 공통의 대의를 발견할 수 있어야 했다. 그렇지만 두 진영 다 대단히 불리한 조건에 직면해 있었다.

미국에서는 트럼프의 과도함과 공화당의 "No" 정치 때문에 난처해진 온건 보수파가 갈팡질팡했다. 그들이 온건함을 버리고 트럼프를 따를지, 아니면 보수주의를 버리고 우파를 포기할지 불분명했다. 신보수주의의 후예인 윌리엄 크리스톨과 자유주의적 정치학 교수인 윌리엄 갤스턴은 유권자들에게 '새로운 중도'로의 재결집을 요구하면서 과감하게 정치적 중간 지대에 작은 합동 깃발을 꽂았다.

다년간 축적된 여론조사 결과를 보면, 정치적으로 미국인은 미국 정치인들보다는 덜 분열돼 있다는 것, 정당에 얽매이지 않는 경향이 커지고 있다는 것, 그 점에서 넓은 중간 지대가 각축장이 되고 있다는 것을 알 수 있었다. 하지만 반대되는 증거도 있었는데, 미국인은 미국 정치인들만큼이나 정치적으로 분열돼 있을 뿐만 아니라 상대방에 대해 정치적으로 화가 나 있고, 상대 정당 지지자와 어울리거나 결혼하는 것조차 꺼린다는 것이었다. 중도에서 자유주의 좌파와 자유주의 우파가 결합해 만들어진 새로운 정당은 바람직할 수도 있었지만, 제3당에 가혹한 선거 체제에서 기대를 걸기엔 위험했다. 좌파든 우파든 자유주의자들에게는 용인할 수 없는 공화당 아니면 성공적이지 못한 민주당이라는 좋지 않은 선택지가 남아 있었다.

낙관적인 민주당원들은 미래에는 민주당이 다수당이 되리라고 기대했다. 공화당원들은 나이가 많은 반면 젊은 유권자들은 민주당에 투표한다는 판단에서였는데, 젊은이들 역시 늙을 수밖에 없고 처음에 가졌던 생각을 노망이 들 때까지 계속 유지하지는 않으리라는 점에서 그 희망은 잘못된 것이었다. 영국의 분열된 노동당은 중요한 지점에서 강경 우파에 미미한 저항밖에 보여주지 못했다. 우선, 대다수 보수당 하원의원과 마찬가지로 대다수 노동당 하원의원이 유럽연합 잔류를 희망했음에도 불구하고 노동당은 브렉시트에 굴복하고 말았다. 그런 뒤 노동당은 매력적이지만 돈이 들지 않는 국민 지원 공약으로 선거운동에 임했고, 결국 2017년 6월의 선거에서 유권자 5분의 2의 표를 얻었지만 집권하지는 못했다. 노동당 대표인 과소평가된 인물 제러미 코빈은 성공적인 선거운동가임을 입증했지만, 노동당의 놀라운 성공은 오히려 보수당의 어리석음과 불신임 때문이었다. 영국에 더 민주주의적인 비례선거제가 있었다면, 좌파인 노동당은 우선회를 막는 데 필요한 닻으로서의 영구적인 소수당 지위를 확보할 수 있었을 것이다. 그렇지만 노동당은 또다시 집권당이 될 수 있다는 희망에 집착하며 비례대표제에 저항해온 터였다. 부활한 노동당이 영국의 국가 지향적 강경 우파에게 분명한 반대를 표할 수도 있었다. 그러나 노동당은 이제 브렉시트라는 무모한 전략을 공모했던 국가 지향적 좌파의 수중에 들어갔다.

1945년 이후의 번영과 안정의 기둥이었던 프랑스와 독일의 중도 좌파 정당들은 분열되었고, 선거에서 저조한 성적을 거뒀다. 전통적인 좌파 정당들이 의존해온 노동 계층의 삶의 지형은 도처에서 황폐해져갔다. 영국의 노조 가입자 수는 1300만 명(1979)에서 2010년대 중반에 600만 명으로 하락했다. 미국에서도 이러한 침체 현상이 나타났다. 민주당의 노동 계층적 장치들이 무너지면서, 공화당은 우파가 선호하는 교회, 싱크탱크, 기업 로비 같은 장치들을 효과적으로 활용했다. 물론 웅변, 확신, 현 상태를 바꾸자는 열렬한 요구는 여전히 좌파의 것이었다. 미국의 버니 샌더스, 영국의 제러미 코빈, 프랑스의 장-뤼크 멜랑숑의 열광적인 정치 연설은 군중, 특히 젊은 군중을 결집시키고 급진적 희망을 되살렸지만, 평균 연령 69세인 이 세 인물은 미래의 지속 가능한 좌파 정부 지도자라기보다는 저항 운동의 선두에 선 인기 있는 아저씨로 보이기 십상이었다. 그들은 50년간 전체적으로 오른쪽으로 이동해온 스펙트럼에서 최소한의 급진성을 띠고 있을 뿐이었다. 그들이 제시한 정책은 보수 정당을 포함해 1950년대와 1960년대의 집권당들에게는 소심한 것으로 비쳤을 것이다.

영국과 미국의 자유민주주의의 건전성이 이런 암울한 그림을 보여주었다면, 프랑스와 독일은 고무적인 대조와 우려할 만한 이유를 동시에 제공했다. 프랑스에서는 2017년 5월 민주주의적 자유주의자들이 승리했지만, 이는 자유주의적 중도 그 자체의 호소력과 일관성이 납득되지 않는 만큼이나 극좌와 극우도 납득되지 않았기 때문이었다. 전 사회당원이자 전 은행원인 중도파 에마뉘엘 마크롱이 안정적으로 대통령에 당선되었고, 이어진 총선에서는 투표율이 대단히 낮긴 했지만 그가 만든 신당이 압승을 거두었다. 독일에서도, 자유주의적 중도 노선의 주요 정당인 기독교민주당과 사회민주당이 모두 약해지긴 했지만, 자유주의적 중도파가 승리했다.

그런 정치적 배경 위에서 자유민주주의자들은 경제적 우려와 정치 지형적 우려에 차례차례 직면했다. 주된 경제 문제는, 자유민주주의가 경제적으로 의존해온 '성장+복지'라는 1945년 이후의 자본주의 모델 자체가 자유민주주의자들이 받아들일 수 있는 정치 조건 위에서 지속 가능한지 여부였다. 정치 지형적 문제는, 자유민주주의의 위상과 매력이 최근에 와서는 과거에 비해 확고하지 않아 보인다는—특히 그 자체의 분열 때문에—것이었다. 2016~2017년 프랑스와 독일에서는 자유주의적 중도가 유지되었지만, 영국과 미국에서는 그렇지 못했다. 한때 통일성이 있었던 서방이 여전히 공통의 자유주의적-민주주의적 관점으로 통일되어 있다는 가정은 더 이상 통하지 않았다.

19세기의 초기 자유주의자들은 절대적 권한이나 전적인 권력이 부재하는, 지배자 없는 질서를 희망했다. 20세기의 민주주의적 자유주의는 그러한 자유주의적 질서를 어떤 사람인지를 막론하고 모든 사람을 포함하는 것으로 확대시켰다. 이렇게 확대된 자유주의적 질서의 경제적인 측면은 시장의 절대적 지배나 부유층의 전적인 권력으로부터 모든 사람을 보호한다는 약속이었다. 그런 약속은 타협하지 않은 좌파에게는 공허한 것이었고, 단호한 우파에게는 절도 행위로 비쳤다. 그럼에도 불구하고 그 약속은 자유민주주의 국가들을 전 세계의 물질적 선망의 대상으로 만들 만큼 1945년 이후 수십 년 동안 충분히 많이 이행되었다. 그 약속의 이행은 충분한 경제성장에 의해서만 가능했기 때문에, 자유민주주의의 미래를 확실히 하는 것은 20년간 유럽과 미국을 벗어났던 경제 속도를 회복하는 것을 의미했다.

2. 경제적 불만

2008년 금융위기에서 시작된 깊은 경기 침체로부터의 회복이 더디고 미미하게 진행되는 가운데, 정책과 무관하게 자유주의적 자본주의가 경제 저성장 시대에 진입했다는 주장은 일반적인 것이 되었다. 그렇다면 그것은 자유민주주의에 불리한 일이었다. 1930년대의 대공황 이후로 중도 우파와 중도 좌파 모두가 인정하는 것은, 불가피한 사회 갈등은 충분한 경제성장이 이루어지고 있을 때에만 관리 가능하다는 것이었다.

어떤 정책이 추진되든 충분한 성장이 이루어지지 못하면, 자유민주주의 세계 전역에서 나타나는 빈곤, 불평등, 정책 불신의 문제는 다루기 더 어려워질 것이고, 악화될 가능성이 높을 것이다. 자본주의의 경기 순환을 원활하게 하고 자본주의의 분배적 결함을 개선하는 1945년 이후 정부의 재정·통화 업무는 저성장 상황에서는 효과가 떨어질뿐더러 그다지 도움이 되지도 않을 것이다. 정부의 위신과 권위는 추락하고, 정책에 대한 불신은 계속 커질 것이다.

반면 적절한 정책으로 좀더 빠른 성장을 이룰 수 있다 해도, 정치적 어려움에 직면해야 했다. 경제학자들은 실제로 어떤 것이 적절한 정책인지에 대해 전문적으로 동의하거나 동의하지 않을 수 있었지만, 그들의 의견 불일치 정도는 통상 비경제학자들에 의해 과장되었다. 오히려 문제는, 자유주의 진영 내부의 서로 대립하는 정치 집단 각각이 경쟁자가 선호하는 경제 정책에 대해 그것이 성장을 늦춘다거나 더 빠른 성장을 통해 해결될 수 있는 사회 문제들을 악화시킨다고 주장하는 것이었다.

좌우의 자유주의자들은 거의 한 세기 동안 그런 성장 논쟁을 벌여왔다. 2부에서 기술했듯이, 그 논쟁은 자유주의적 자본주의가 맞은 20세기의 첫 번째 위기(1930년대) 동안에 시작되었다. 그리고 3부에서 기술했듯이, 자유주의적 자본주의의 20세기의 두 번째 위기(1970년대)에도 이어졌다. 자유주의 진영의 경제적 우파와 경제적 좌파는 서로 상대방이 잘못된 종류의 성장 촉진책을 추진한다거나 아니면 올바른 종류의 성장 촉진책을 너무 오래 추진해 역효과를 불러온다고 비난했다.

혼란스럽게도, 명목상 좌파든 우파든, 자유주의적 중도에 속하는 경쟁적 정당들은 어떤 우세한 경제적 통설을 중심으로 뭉치는 경향이 있었다. 앞서 살펴본 것처럼, 경제적 좌파는 1930년대 이후 논쟁에서 이겼고, 1950~1960년대에 어떤 색채의 정부가 됐든 정부를 이끌었다. 1930년대 이후의 통설에 따라 정부들은 경제를 부양하고 사회적 병폐를 고치는 책임을 짊어졌다. 그 정부들은 성장 추구와 사회적 목적을 결합했다. 사회적 목적이란, 시장은 당연히 제공하지 않는 보편적 의료 서비스나 빈민 지원 같은, 국가 차원의 공공재 지급이라고 할 수 있다.

저성장 혹은 제로 성장이 치솟는 물가와 결합된 1970년대에는 경제적 우파가 경제적 좌파와의 논쟁에서 승리했는데, 우파의 논지는 대체로 1970년대의 파괴적인 인플레이션을 1930년대 이후의 통설 탓으로 돌리는 것이었다. 영국과 미국에서 먼저, 그다음에 유럽 전역에서, 경제적 우파의 대안—인플레이션 없는 성장, 낮은 세금, 균형 예산—이 그것의 내부 긴장에도 불구하고 새로운 통설이 되었다. 중국과 인도의 무역 개방과 경제성장에 힘입어, 그 새로운 통설은 저인플레이션과 강력한 성장의 1990년대에 성공적인 것으로 드러났다. 중도 좌파 정당들도 그것을 수용해, 이들은 경제의 측면에서 중도 우파 정당들과 별로 다르지 않게 되었다.

1970년대 이후의 통설에 대한 비판자들은 그것의 일관성에 대해 의문을 제기했다. 그것은 예산 매파들이 보기에는 감당할 수 없는 적자를 약속하는 것이었고, 복지 옹호자들이 보기에는 용납할 수 없는 지출 삭감을 약속하는 것이었다. 온갖 신조의 경제학자들이 그것은 우려스러운 근본적 추세를 거의 바꾸지 못했다고 생각했다. 노동 생산성은 계속 하락했고, 실질 임금은 증가한다 해도 완만하게 증가했다. 그렇지만 자유 시장과 작은 정부 통설이 마침내 진상을 드러내고 공개적으로 혹은 실질적으로 포기된 것은 2008년의 금융위기와 그것의 여파에 이르러서였다. 너무 멀리, 너무 오래 밀어붙인 결과, 자유 시장 통설은 지속적인 성장을 이루는 데 실패했다. 게다가 30년 동안 계속된 복지비 삭감은 위기가 닥쳤을 때 사회적 비용을 더 악화시키는 결과를 낳았다.

그럼에도 그것을 대체할 새로운 것은 없었다. 케인스식이든 하이에크식이든 프리드먼식이든 한 가지 답은 없었다. 정부는 그때그때 조치를 취했다. 소비를 촉진하기 위해 세금이 낮아졌고, 정부는 지출을 늘렸다. 하지만 이미 세금이 낮았기 때문에 재정적 도구는 제한적으로 사용되었다. 게다가, 세계에서 신용이 좋고 따라서 재정 적자에 대한 걱정이 덜한 달러 발행국 미국을 제외하고, 정부들은 곧 다시 지출을 줄였다.

교리는 혼란에 빠지고 통설들은 퇴색했지만, 1930년대에 그랬듯이 목표는 분명했다. 단기적 목표는 금융위기 이후의 경기 대침체가 제2의 대공황이 되지 않도록 막는 것이었다. 장기적 목표는 부유한 나라들에서 경제성장을 회복시키는 것이었는데, 이것이 이루어지지 않으면 자유민주주의의 제한 없는 사회적 약속들은 이행되지 못할 위기에 처할 수밖에 없었다.

단기 부양책은 중앙은행에 달려 있었다. 중앙은행은 명목상 독립기관이지만 사실상 정부 기관처럼 작동하는 곳이었다. 흔들리는 시중은행들을 안정화하기 위해, 미국 연방준비은행은 은행들에 좋은 조건으로 화폐를 공급했다. 연방준비은행의 직접 지원이 종결된 2014년 10월에는 연방준비은행이 취약한 은행 및 기타 대출 기관들의 자산에 투입한 돈이 4조 5000억 달러에 달해 있었다. 2015년에는, 이전에는 인색했던 유럽중앙은행이 좀더 작은 규모로 그런 일을 했다. 회복은 단속적이었지만, 경제성장이 커졌고 사실상 임금이 상승했다. 2017년 봄에는 주식 시장이 질주하기 시작했고, 계절적인 비유와 함께 경기 회복의 조짐이 경제 논평에서 다시 언급되었다. 성급하든 그렇지 않든, 직접적인 위기는 지나간 것처럼 느껴졌다.

2008년 이후 자유주의적 정책 결정자들이 어떤 일을 해냈는지에 대한 판단은 기대치에 의해 왜곡되었다. 1990년대와 같은 빠른 성장으로의 활발한 회복에 대한 기대는 실망으로 변했다. 일자리 조성보다 통화 안정을 택한 유로존의 정책 결정자들은 별로 도움이 안 되며 너무 느리다고 비판받았다. 자유주의적 중도파는 구제할 수 없는 것을 구제하려 했다고 양극단으로부터 조롱받았다. 강경 좌파와 강경 우파는 복지 자본주의가 실패했다고 보았는데, 강경 좌파가 생각하는 이유는 그것이 자본주의적이라는 데 있었고, 강경 우파가 생각하는 이유는 그것이 복지국가주의적이라는 데 있었다. 더 나쁜 재앙을 피할 수 있었던 것은 사실이다. 대공황 때인 1929년부터 1933년까지의 기간에 미국의 1인당 생산량은 30퍼센트 감소했고, 10년 동안 완전히 회복되지 않았다. 이런 감소는 2008년 이후의 감소보다 훨씬 가파른 것이었다. 하지만 2008년 이후의 회복은 1930년대에 비해 더디게 진행되어왔다. 위기가 시작된 지 12년 후, 일하는 미국 성인 1인당 국내 총생산은 11퍼센트밖에 증가하지 않았을 것으로 추정되었다.

경제적 성과의 부진에 따른 사회 침체는 논란의 여지가 없었다. 빈곤, 낮은 임금 상승률, 고용 불안, 장기 실업, 소득 불평등이 심화되었다. 인적 피해는 특히 부유한 나라들에서는 용인될 수 없는 것이었는데, 그것은 어디서나 고르게 나타나지도 않았고 같은 양상으로 나타나지도 않았다. 1980년대에 주목된 일부 장기적 추세—예컨대 느린 실질 임금 상승률—는 새로운 세기에 들어와 악화되었지만, 2015년 이후에는 역전되지는 않더라도 둔화되는 것으로 나타났다. 대도시, 대학가, 첨단 산업 지구, 그리고 미국의 석유·가스·농화학 분야는 영향을 덜 받았다. 독일의 경우에는, 그 나라 도처에 자리 잡고 있는 중간 규모의 강력한 수출 기업들과 120년이나 된 신뢰할 만하고 익숙한 사회 안전망, 그리고 2005년의 노동 시장 개혁 덕분에 다른 어떤 나라보다 고통을 덜 겪을 수 있었다. 이와 달리 프랑스의 지방들에서는, 반세계주의적 사회지리학자인 크리스토프 길뤼가 설득력 있게 기술했듯이, 한때 번성했던 도시들이 일자리가 사라지고 가게들이 문을 닫으면서 빈껍데기가 되었다. 미국의 사양화된 북부 공업 지대와 영국의 북부 공업 지역에서는 대도시들이 공동화되었다. 미국의 가장 타격이 심한 지역들에서는 사람들의 건강 상태가 나빠지고 기대 수명이 낮아졌다.

가장 힘든 문제가 빈곤이었는데, OECD에 따르면 2010년대의 절대적 척도로 평가할 때 미국인 5명 중 한 명이, 영국인 8명 중 한 명이 빈곤의 덫에 걸렸다. 하지만 좌절한 중산층에게서는 웬만해서는 빈곤이 표출되지 않는다는 점에서 이는 더욱 관심을 끌었다. 사회의 광범위한 중간층에서 반세기 동안 계속되었던 물질적 진보가 멈춘 것은 2000년대에 그 상황이 닥쳤을 때 충격적이었고, 이후 오랫동안 정치적으로 영향을 미쳤다. 가장 힘든 고충은 나라마다 달랐다. 미국에서는 치솟는 의료비가, 영국 동남부에서는 너무 비싼 주택 비용이, 프랑스에서는 거의 20퍼센트를 넘는 청년 실업률의 지속이 가장 골칫거리였다. 부유한 서구의 많은 지역에서 공통적으로, 많은 사람의 물질적 삶이 그때까지 익숙했던 방식으로 점점 더 나아지기를 멈췄다. 이제 맞벌이 부부가 일반적이게 되었다. 두 개의 수입원은 가구 소득을 높여주었지만, 추가된 소득의 많은 부분이 육아를 위해 쓰였다. 일자리를 가진 사람들에게서 일자리의 안정성은 떨어졌고, 평생 직장이라는 것은 골동품이 되었다. 사회의 중간층에 해당되는 60퍼센트에서 가난한 이들을 돕기 위해 세금을 내는 것이 부당하다는 불만이 그 어느 때보다 커졌고, 상위 10퍼센트의 소득이 가파르게 증가하고 상위 1퍼센트의 소득이 터무니없는 비율로 부풀면서 불공평의 의식이 커졌다.

그동안 잊혔던 말인 '불평등'이 공적 논쟁에 다시 등장했는데, 불평등은 조명을 받기도 했지만 또한 눈에 잘 띄지 않기도 했다. 불평등 문제는 부자들을 짜증스럽게 했는데, 최상위 부자들은 더 많은 사람이 누릴수록 가치가 떨어지는 것인 이른바 "지위"재를 위한 경쟁에서 시야에 안 잡힐 정도로 월등히 앞서 질주하는 존재이기 때문이었다. 그런 지위재는 경제적 특권의 재화였다. 어떤 지위재에는 최고의 학교나 최고의 병원처럼, 많은 사람이 원하는 사회적 명성이 딸려 있었다. 또 어떤 지위재는 전용 공항이나 조용하고 고급스러운 거주 지역 출입 같은, 구매자를 혼잡한 공공 장소와 일상생활의 확대된 편의 시설로부터 격리해주는 재화였다. 또한 불평등 문제는 자신들이 사회의 부담을 부당하게 짊어지고 있다고 여기는 중산층을 짜증스럽게 했다. 그러나 경제학자들의 면밀한 검토에 따르면, 미국에서는 중산층 세금 우대 조치들—예컨대 주택담보대출 이자 공제, 고용주 건강보험에 대한 비과세—이 그 부담을 상당히 덜어주었고, 이를 감안하면 중산층의 실질 소득은 주요 항목 수치들이 제시하는 것에 비해 2000~2015년에 별로 둔화되거나 뒤처지지 않은 것이 사실이었다. 마지막으로, 불평등 문제는 소외되고 목소리를 내지 못하는 빈자들을 위한 복지 옹호자들을 짜증스럽게 했다. 그들은 돈이 없지 않은—돈이 없다면 어리석게 사용되고 있는 것인—부유한 사회의 풍부한 자원을 이용 가능한 것으로 보았다.

성장과 사회적 진보를 결합하는 것을 목표로 하는—즉, 복지국가에 매진하는—자유주의적 자본주의가 그 두 가지 과제 모두에서 기대에 미치지 못하고 있음은 분명했다. 무엇을 해야 하는가에 대해서는 파괴적인 답과 건설적인 답이 있었다. 파괴적인 답이 이론적으로 서로 대립되는 양 진영, 즉 자유지상주의적 강경 우파와 반자유주의적 강경 좌파 모두에게서 지지를 끌어냈다.

자유지상주의적 강경 우파는, 삶의 위험을 막아주는 보호 장치이자 비용 분담을 통한 빈곤 구제로 이해되는 사회적 진보가 정치적 목표로서 포기되어야만 건강한 자본주의가 지속 가능하다고 보았다. 근대 복지국가에서 구체적으로 나타났듯이, 그 목표는 실질적으로 달성될 수 없는 것이었고 원칙적으로 잘못된 것이었다. 사회 지향적 자유주의자들은 한 세기가 넘도록 빈곤을 줄이려 분투해왔다. 하지만 그들의 노력에도 불구하고 빈곤은 다시 증가하기 시작했다. 자유주의자들은 부당하고 근거 빈약한 평등 추구에 잘못 매달려 계속 실패를 해왔다. 어느 비판도 사실이 아니었다. 그럼에도 두 비판 모두 널리 수용되었다. 그 비판들은 모두를 위한 사회적 진보라는 목표를 거부하고 권력에 저항하라는 자유주의적 요구를 왜곡한다는 점에서 비자유주의적이었다. 자유지상주의적 우파는 시장 권력을 해방하기 위해서 국가 권력을 제한하고자 했다. 자유지상주의적 우파는 자본주의와 복지를 융합하는 방법이 무엇인지에 대해, 복지가 필요하다는 것을 부인하는 것으로 파괴적으로 답했다.

강경 좌파는 자본주의를 역사적으로 실패한 것으로 보았는데, 자본주의가 도덕적 불공정으로 정치적 파멸을 초래하거나 일관성 없는 메커니즘으로 경제적 붕괴를 초래하리라는 이유에서였다. 사회 보험과 누진세로 충당되는 복지에 의해 자본주의를 완화하는 것은 불의에 대한 은폐나 죽어가는 환자에 대한 고통 완화 치료로 치부되었다. 자유주의자들과 마찬가지로 강경 좌파는 사회 진보를 믿는다고 주장했다. 하지만 그들의 믿음은 현실적인 것이라기보다 연극적인 것이었다. 강경 좌파는 진보를 옹호하는 연기를 함으로써 진보를 부인하고 있었다. 강경 좌파는 정의로운 사회에 도달하는 것 말고는 어떤 것도 진보로 여기지 않았지만, 정의로운 사회가 어떤 것인지에 대해서는 설명하지 않았다. 그렇긴 해도, 사회 정의가 실종되었다면 그것을 알아볼 수는 있었다. 자유주의 사회는 자본주의 경제에 의존하고 자본주의는 용납될 수 없는 불평등에 의존한다는 점에서 자유주의 사회는 구조적으로 사회적 불의를 만들어내지 않을 수 없다고, 강경 좌파는 타당하게 주장했다. 진보적 자유주의자들은 두 가지 답변을 갖고 있었다. 약한 답변은, 목적지에 대해 더 많은 말을 하지 않은 채 불의한 자유주의를 뒤로하는 것은 당연히 더 큰 정의로 이어지지 않을 수 있으며, 경험이 알려준 바에 따르면 그것은 아마 더 작은 정의로 이어질 수 있다는 것이었다. 강한 답변은, 자유주의 사회가 이로운 부 창출의 해로운 부작용으로서 실제로 불의를 낳았다 하더라도, 자유주의 사회는 불의를 바로잡는 데 사용될 수 있는 정치 형태들 또한 낳았다는 것이었다. 강경 좌파는 듣고 싶어하지 않았다. 지적으로는, 강경 좌파는 문화적 비판을 위해 정치와 경제를 포기함으로써든, 설명할 수 없는, 혹은 설명할 수는 있더라도 달성할 수는 없는 공상적 대안을 제시함으로써든, 자유주의적 진보를 방해했다. 실제적으로는, 강경 좌파는 모든 자유주의자를 틀린 것이지만 널리 사용되는 "신자유주의자"라는 꼬리표를 붙이며 경제적 자유지상주의자로 낙인찍음으로써 자유주의적 진보를 방해했다. 강경 좌파는 자신의 자리를 지키려 애쓰느라, 함께 자본주의의 공공연한 사회적 해악의 감소를 이끌어낼 수 있는 자연스러운 동반자인 자유주의적 중도와의 협력을 무모하게 거부했다.

자유주의적 자본주의의 성과가 기대에 미치지 못한 것에 대한 건설적인 답은 성장과 사회적 목표 사이에서 새롭게 균형을 찾음으로써 자본주의를 구제한다는 것이었다. 성장을 확보하는 것에 대해 말하자면, 정직한 경제학자들은 어떤 확신도 주지 않았고, 그저 편견 없는 실험을 제안하고 마법적 해법에 대한 불신을 피력할 뿐이었다. 1인당 생산량으로 측정한 미국 경제는 역사적으로 지난 한 세기 반 동안 매년 2퍼센트씩 성장했고, 1950~1973년의 절정기와 1990년대의 호황기에는 2.5퍼센트씩 성장했으며, 2008~2009년 추락 이후 2017년에 이르러 2퍼센트라는 전망치를 기록하며 다시 역사적 추세로 안정화되었다. 이러한 기록에 비추어, 트럼프 행정부 초기에 제시된 3퍼센트 성장이라는 목표는 희망 사항에 가까웠다. 그러나 한 세기 이상 계속되었던 평균 2퍼센트의 성장률 정도면 그 행정부의 지지자들이 미국이 이제 곧 누리게 되리라 믿고 있던 강력한 성장의 갑작스러운 분출에 적합할 수 있었다.

경제 회복 속도가 그렇게 느린 이유에 대해 여러 답변이 제시되었다. 전 연방준비제도이사회 의장인 벤 버냉키는 저성장의 원인이 인도, 중국을 비롯한 급속히 발전하는 나라들의 성장이 불러온 과잉 저축에 있다고 보았다. '장기 침체' 학파의 주도적 인물인 로런스 서머스는 부유한 나라들이 만성적 과잉 저축과 투자 부족으로 고통받고 있다고 진단했다. 그는 정부가 "확장적 재정 정책"으로 개입해야 한다고 생각했다. 부자 아닌 사람들은 부자들에 비해 덜 저축하고 더 소비하므로, 이들에게 더 빠른 성장과 더 많은 임금을 가져다줄 수 있도록, 더 큰 적자, 더 많은 지출—특히 시설 보수와 미뤄졌던 공공 공사에 대한—, 기업의 세금 인하로 나아가야 한다는 것이었다.

경제사가들은 과거의 황금기와 대조되는 암울한 미래를 예견했다. 프랑스 경제학자 토마 피케티는 『21세기 자본』(2014)에서 지난 세기 후반에 해당되는 자유민주주의의 호시절이 예외적이고 반복될 수 없는 것이라고 주장했다. 자본주의 경제에서는 소득 중 자본에 배당되는 몫이 증가하는 경향이 있으며, 결국에는 저축이 성장을 초과하면서 경제가 침체된다고 그는 주장했다. 피케티의 예측은 80년 후의 미래까지 뻗어나갔고, 공감하는 경제학자들조차 이를 추측에 지나지 않는 것으로 여겼다. 그럼에도 그 책은 세계적인 베스트셀러가 되었다. 미국의 경제학자 로버트 고든 또한 기술 변화와 생산성에 대한 연구서인 『미국 성장의 성쇠』(2016)에서, 1945년 이후의 시기가 반복될 수 있다는 생각을 꺾어버렸다. "특별한 세기"(1870~1970)에 미국 경제의 규모를 7, 8배 키워준 생산적 혁신—전기, 자동차, 백신, 화학물질 등—에 비하면 1980년대의 야심 찬 인터넷 기술 혁명이 미국 경제에 부여한 추진력은 그에 훨씬 못 미치는 것이었다고 고든은 주장했다.

기술 낙관론자들은 미래에 있을 의학이나 인공지능의 비약적 발전을 상기시키는 것으로 고든에게 응수했지만, 그러한 발전이 실현된다면 전자는 아마도 수명을 연장시킴으로써 생산 인구가 비생산 인구를 위해 져야 하는 부담을 악화시킬 것이고, 후자는 일거리가 없는 사람들이 의미 있는 일을 찾는 것을 더 어렵게 만들 것이다. 고든에 대한 좀더 세심한 비판자들은 기술 혁신이 항상 자본주의의 발전을 추동해왔으며, 1940년대에 포퍼가 경제결정론에 반대하며 논했듯이, 미래의 혁신과 그것의 경제적 효과는 알 수 없다고 했다. 불확실성에 근거한 그 주장은 꽤 그럴듯했지만 결정적인 것은 아니었다. 고든의 예측은 빗나갈 수도 있고 들어맞을 수도 있을 것이다. 만약 그가 틀렸고 강력한 성장이 다시 온다면, 복지 자본주의는 계속 스스로를 감당할 수 있을 것이다. 만약 그가 맞았고 강력한 성장이 다시 오지 않는다면, 복지든 자본주의든 악화될 것이다. 자유민주주의자들의 어려움은, 어떻게 될지 알지 못한 채 이 두 가지 모두에 대비해야 한다는 것이었다.

감당하기 힘들다는 우려에 더하여, 복지 자본주의는 앞서 언급했듯이 비효율적이고 기대를 거스른다는 비난에 직면했는데, 이는 사회 지향적 자유주의자들이 답변해야 할 문제였다. 비효율성의 비난은 일부 나라의 일부 지역에서 시행되는 일부 사회 계획과 관련해서는 맞는 말이었다. 하지만 모든 나라의 모든 지역에서 시행되는 모든 사회 계획이 그런 것은 아니었다. 복지국가가 제 기능을 못 했다는 엄청난 주장은 역사를 따져보면 허튼소리에 불과했다. 한 세기 이상의 경험에 따르면, 정부를 통해 사람들이 삶의 위기로부터 스스로를 지키게 만들어주는 것(사회 보험)이나 빈곤한 소수의 사람에게 세금으로 직접 지원을 해주는 것(복지)은 사람들이 빈곤에서 벗어나게 해주거나 그들이 나락으로 떨어지는 것을 막아주었다. 경제 자유주의자들이 지적하는 부인할 수 없는 사회적 비용은 부인할 수 없는 사회적 이익을 제하고 제대로 산출된 경우가 거의 없었다. 또한 경제 자유주의자들은, 1945년 이후의 서구 사회들이 사회복지라는 완충 장치가 없었다면 어떻게 발전할 수 있었을지에 대한 그럴듯한 이야기도 갖고 있지 않았다.

다시 말해, 사회보장과 복지는 잘 돌아갈 수 있었지만, 어떤 종류의 사회보장과 복지인지에 많은 것이 달려 있었다. 부자 나라들은 사회적 목적에 돈을 올바르게 쓸 수도 잘못 쓸 수도 있었다. 어떤 사회들은 다른 사회들에 비해 사회적으로 더 효율적인 경제 체제를 갖고 있었다. 즉, 그런 사회들은 나라의 부를 더 인간적인 목적에서 사용했다. 예컨대 덴마크는 1인당 소득이 미국보다 낮은 나라지만, 2016년 유엔 인간개발척도의 인간 개발 항목에서는 미국보다 순위가 높았다. 일반적으로 북유럽은 일관되고 투명하며 효율적인 복지 체제를 갖췄다. 미국은 사회적 목적을 위해 더 많은 세금을 지출했지만, 통일성 없이 비효율적으로 지출했다. 이런 비판은 흔했고 1960년대부터 계속 있었지만, 이해관계와 로비와 당파의 충돌 속에서 어떤 개혁도 충분히 광범위하게 진행되지 않았고, 어떤 제한적인 개혁도 오래도록 목표를 달성하지 못했다. 덴마크처럼 응집력 있는 작은 사회와 미국처럼 분열된 거대 사회를 견주는 것은 사실 잘못된 비교다. 오히려 몇몇 주가 상이한 프로그램들을 시도해볼 수 있다는 점에서 연방 체제에 이점이 있을 수 있다.

성장 추구를 배경으로 사회적 목표를 설정하는 데는 철칙이 없다. 2014년의 한 IMF 연구는 정치학자 프레더릭 솔트가 수집·분석한 173개국 소득 불평등에 대한 몇십 년간의 데이터를 이용한 것으로, 선진 민주주의 국가들에서 큰 소득 불평등은 성장을 둔화시키며, 정부에 의한 어느 정도의 재분배는 불평등을 일부 시정할 수 있지만 지속적인 대규모 분배는 그에 비해 지속성 있는 강력한 성장을 달성하기 더 어렵게 만든다는 것을 보여주었다. 그런 연구 결과는 어느 정도는 도움이 되었지만, 정치인과 유권자들을 '너무 멀리 나가지 마라'라는 진부한 생각에서 그다지 벗어나게 해주지 못했다.

경제적 어려움의 시기, 2016~2017년의 정치적 충격들, 복지 자본주의의 구조적 취약함 탓에 흔들린 자유주의자들은 앞으로 닥칠 일에 대해 암울한 이야기를 하고자 했다. 자동화 확산에 따른 일자리 감소, 사회 고령화와 사회 의존도 상승에 따른 급속한 재정 악화, 세계화가 가속화됨에 따라 점점 더 약해지는 경제 주권, 사회 갈등의 심화, 정치적 중도로부터의 더 많은 선회, 강압적 질서에 대한 더 강력한 요청 등의 이야기였다. 또한 희망적인 이야기를 할 수도 있었다. 일자리 증가의 회복, 예산 안정화, 무역 불균형 완화, 자유민주주의의 안정 회복을 기대하는 이야기였다.

어떤 것이 실제로 앞으로 벌어질 일에 더 가까운지는 아무도 알 수 없었다. 태평스러운 자유주의 정치는 희망에 찬 이야기를 할 것이다. 예컨대 미래의 새로운 장치들과 자유 시장이 작동하도록 허용되기만 한다면 사회적 필요를 충족시킬 성장이 이루어질 것이라고 말하는 식이다. 신중한 자유주의 정치는 암울한 가능성을 강조하고 그것을 만회하는 일을 도모할 것이다.

이 딜레마는 기후 변화의 딜레마와 다르지 않았다. 기후의 미래는 불확실하다. 비용을 별로 혹은 전혀 들이지 않고 무대책으로 있다가 나중에 극심한 위기에 맞닥뜨릴 수도 있다. 막대한 비용을 들여 예방했는데 효과가 없는 것으로 판명 날 수도 있다. 복지 자본주의의 경우도 마찬가지다. 자유민주주의자들은 미래의 은총을 믿고 있다가 은총을 받지 못하면 사회 갈등에 직면하게 되는 것 말고는 아무것도 할 수 없었다. 아니면, 사회적으로 평화로운 미래를 보장하기 위해, 새로운 장치와 시장의 은총이 어떻게든 가져다줄 경제성장을 촉진하기 위해 사회적으로 비용이 많이 드는 조치를 취할 수도 있었다. 경제학자들은 기술적 조치가 성장을 촉진하리라는 데 동의할 수 있었다. 하지만 그런 조치에 드는 사회적 비용을 어떻게 조달할지에 대한 정치적 동의는 거의 없었다. 마술적인 해법을 제쳐놓는다면, 자유주의와 민주주의의 역사적 타협에 대한 재조정이 필요할 것이다. 거기에는 시장과 정부, 경제와 사회가 관련될 것이다.

그런 재협상에는 상상력, 대담성, 인내심 외에도, 점점 더 난이도가 높아지는 여러 가지가 필요할 것이다. 우선 복지국가를 단지 조정하는 것이 아니라 재고해야 할 것이다. 1900년대 이후 자유민주주의자들은 노인, 병자, 장애인, 빈자, 실업자, 무주택자, 대학생, 자녀가 있는 젊은 부부 등 길어진 리스트에 속하는 사람들을 국영 보험에 의해서든 직접적으로든 돌보거나 지원하겠다고 약속해왔다. 그 약속이 반드시 지켜질 수 있으려면 근본적인 변화가 필요할 것이다. 아이디어는 충분했다. 예컨대 보편적 기본 소득은 로비나 이해관계와 뒤엉켜 있는 각종 프로그램을 대체할 수 있을 것이다. 보편적 기본 소득은 시민을 대상으로 할 것이다. 하지만 자산 조사가 허용되고 중산층의 혜택이 제한될 수도 있었다. 또는, 1830년대의 채드윅의 "열등 처우"에서 나타났고 1980년대 이후의 복지 개혁에서 되살아난, 빈자에게 주어지는 지원금 때문에 빈자가 일하지 않는다는 오래된 자유주의적 편견이,

빈곤에 오명을 씌우지 않는 복지를 위해 버려질 수도 있었다.

　다음 단계의 어려움은 일자리였다. 사람들은 빈곤에서 벗어나고 싶어하지만, 의미 있는 일을 하기를 더욱 원한다. 새로운 경제적 타협은, 세계화 때문이든 자동화 때문이든 일자리를 잃었고 그 일자리를 되찾지 못할 많은 사람이 단지 소득을 원하는 것이 아니라 보람 있는 일을 원한다는 점을 인정해야 할 것이다. 점점 더 많은 사람이 안정적이고 보수가 적당하며 좋게 평가되는 일 대신에 불안정하고 보수가 낮고 안 좋게 평가되는 일밖에 기대할 수 없다면 가능한 해결책은 두 가지뿐이었다. 저임금의 하찮은 노동에 만족과 존경을 부여하는 방향으로 노동에 대한 재평가를 이루어내거나, 아니면 사라진 보람 있고 생산적인 일자리들을 다시 공급할 방법을 찾아야 했다. 사회적 태도와 야망에 있어서 있을 법하지 않은 변화가 일어나지 않는 한, 하찮게 평가되는 노동에 대한 재평가는 마술적 해법의 한 가지로 보였다. 반면에 생산적이고 보람 있는 일자리를 다시 공급하는 것은 힘든 과제를 요하는 것이었다. 그 과제는 바로 부유한 나라들이 1960년대 말부터 누렸던 것보다 더 강력한 경제성장과 더 높은 시간당 생산량을 회복하는 것이었는데, 다른 모든 것이 거기에 달려 있기 때문이었다.

　만약 천칭의 한쪽 저울판에 올려진 성장이 다른 쪽 저울판에 올려진 제한 없는 사회적 약속과 균형을 이룰 만큼 충분히 무겁지 않다면 성장과 사회적 약속의 균형을 이야기하는 것은 공허할 터이다. 자본주의적 가치관이 격변해 비경제적 보상이 급진적으로 승격되지 않는 한, 만약 그 일이 경제적으로 생산적인 것이 아니라면 보람 있는 일을 이야기하는 것은 공허할 터이다. 마지막 단계의 어려움은, 현재 사람들을 위한 신속한 성장—성취 가능하다면—과 미래 세대를 망칠 수 있는 재앙적 기후 변화를 막는 예방 조치—필요하다면—의 균형을 이루는 것이었다. 간단히 말해서, 여기에는 자유주의자도 다른 누구도 어떻게 생각하고 어떻게 풀어야 할지에 대한 안정적이고 설득력 있는 방법을 아직 찾지 못한, 목표의 충돌—더 빠른 성장이냐 환경 보호냐—이 있었다. 그 과제들은 너무나 어려워 보였고, 자유민주주의는 더 이상 그런 과제들을 감당할 수 없다고 주장하는 목소리가 넘쳐났다. 그런 목소리는 그렇다면 어떤 정치 관행이 경제와 환경의 균형이라는 과제를 감당할 대안이 될지에 대해서는 언급할 수 없었으므로, 그 주장은 자유민주주의에 대한 진지한 비판이라기보다는 난감함에서 나온 비명이었다.

과거에는 어려운 과제들이 자유주의 지식인들의 상상을 초월하거나 자유주의 정부들의 즉흥적 대처를 초월하는 것으로 판명된 적이 없었다. 자유주의는 전략적 비전, 지역적 실험, 파멸적 실수로부터의 학습이 복합적으로 작용한 덕분에 살아남았다. 이제 경제적 과제는 전문적인 것이라기보다는 정치적인 것이었다.

초기 자유주의자들은 왕이나 국가의 지배, 독점적 특권, 국내 시장들에 대한 지역적 장벽에서 자유로운 경제 질서를 꿈꿨다. 19세기 말에는 그런 꿈이 대체로 실현되어 있었다. 시장 자본주의가 야기한 사회 갈등의 한복판에서 20세기 초의 자유주의자들은 선거 민주주의와 복지 자본주의를 출현시킨 역사적 타협을 위해 협상했다. 그 타협이 1930년대에 유럽 대부분의 나라에서 완전히 실패하고 영국과 미국에서 거의 실패한 뒤, 1945년 이후의 단련된 자유주의자들은 다시 협상에 나서 그 역사적 타협을 이끌어냈다. 1989년 이후의 자유주의자들에게 사회적 도전 과제와 경제적 도전 과제는 순서가 비슷했지만, 그들에게 그것을 다루려는 정치적 의지가 있을지는 미지수였다. 민주주의적 자유주의자들이 정치적 양극단에 맞서 중간 지대를 점할 수 있을지는 미지수였다. 복지를 믿지 않기 때문에 복지 자본주의가 실패하기를 바라는 강경 우파와 자본주의를 믿지 않기 때문에 복지 자본주의가 실패하기를 바라는 강경 좌파로부터 복지 자본주의가 방어될 수 있을지는 미지수였다.

2010년대 말, 앞으로 어떤 패턴의 경제성장이 전개될지는 아무도 알 수 없었다. 서구에 이로웠던 전후의 국제 자유주의 질서가 이제는 세계를 이롭게 하며 존속할지 아니면 적대적인 중상주의적 진영들을 남기고 와해될지 아무도 알 수 없었다. 서구를 지배했던 1945~1989년의 민주주의적 자유주의가 일시적인 현상으로 판명되고, 불평등이 심화되는 각자도생의 경쟁 사회가 곧바로 뒤따르게 될지 아무도 알 수 없었다. 불확실한 상황에서, 영국과 미국의 노기를 띤 이민배척주의적 정치가 우세할지 아니면 프랑스와 독일의 좀더 수렴적이고 실용적인 정치가 우세할지 아무도 알 수 없었다. 정해져 있는 것은 없었다. 필연적인 것은 없었다. 자유주의자들이 논쟁에서 지는 확실한 방법은 논쟁을 그만두는 것이었다.

3. 지정학적 고립

최초의 자유주의자들은 무역이 전쟁을 압도하고 조약이 무력을 압도하는 국제 질서를 꿈꿨다. 콩스탕과 코브던은, 무역과 개방을 통해 얻는 상호 이득이 전리품보다 커지면서 동등하고 독립적이며 탈제국주의적인 국가들 사이에서 평화로운 세계 질서가 강화될 수 있기를 바랐다. 희망에 찬 그 자유주의의 꿈은 19세기 후반의 유럽 무역 강국들 간 제국주의적 경쟁과 그로 인한 1914~1918년의 상호 살육에서도 살아남았다. 전쟁이 끝나자, 역사에 주의를 기울이는 경제학자 슘페터는 자유주의적 자본주의를 검토했고, 그것이 겉보기와 다르게 평화적이라고 평가했다. 그는 「제국주의의 사회학」(1919)에서, 전쟁은 자신들이 아는 유일한 방식인 팽창과 정복에 의해 자신들의 "복귀 돌연변이"를 보존하려 싸우는 퇴보적인 힘들에 의해 야기되었다고 썼다. 이와 반대로 자본주의 사회에서는 국가의 이익을 포함한 모든 것이 협상의 대상이었다. 민주주의 문화는 사람들을 깃발 아래 불러 모으는 것을 어렵게 만들었다. 국가들이 자본주의적이고 민주주의적으로 되어감에 따라, 전쟁은 점점 더 발생 가능성이 줄어들 것이고 점점 더 부조리한 일이 될 것이다.

평화로운 상업적 질서를 바라는 자유주의의 꿈은 1939~1945년의 전쟁을 거치고도 살아남았다. 자화자찬하는 자유주의자처럼, 그 전쟁은 볼셰비키 러시아, 나치 독일, 제국주의 일본의 상호 싸움과 포식에서 비롯된 것이고, 자유민주주의 국가들은 자기 방위 차원에서 마지못해 끌려든 것이라고 말할 수도 있을 것이다. 그 뒤,

1945~1989년 세계 곳곳에서 벌어진 전쟁, 즉 그리스, 이스라엘-팔레스타인, 한국, 케냐, 말레이 반도, 인도차이나, 알제리, 콩고, 인도네시아, 인도-파키스탄, 나이지리아, 중앙아프리카, 중앙아메리카, 아프가니스탄에서 벌어진 전쟁들을 거치고도 자유주의의 꿈은 살아남았다. 1945년 이후의 자유주의자들이 설명했듯이, 그 전쟁들은 탈식민지 전쟁이거나 민주주의가 정착되지 않은 나라들 간의 전쟁이거나 그 나라들 안에서 벌어진 내전이었다. 그 참상에도 불구하고, 그것들은 강대국들의 세계대전이 아니라 지역적이고 억제할 수 있는 전쟁이었다. 또한 자유주의적 전쟁국가, 특히 미국의 고도 성장에도 자유주의의 꿈은 방해받지 않았다. 자유주의적 전쟁국가의 파괴력과 전 세계에 걸친 영향력이 똑같이 고도로 무장한 소련이라는 전쟁국가로부터 자유주의와 민주주의를 보호한 덕분이었다.

소련 제국이—전쟁국가 소련이 아니고—무너지고 자본주의적 중국이 세계에 모습을 드러냈을 때, 많은 자유주의자는 자유주의와 민주주의의 전 세계적 확산을 기대했다. 그 희망적 순간을 맞아, 자유주의자들은 콩스탕과 코브던의 꿈의 세 번째 등장에 위안을 얻었다. 미국의 외교 정책 이론가 마이클 도일이 1980년대와 1990년대에 광범위한 애독자를 얻은 책과 글들에서 주장했듯이, 결국 슘페터가 옳았다. 자유민주주의는 서로 대립하는 전쟁을 만들어내지 않은 것이다. 그럼에도 불구하고 자유주의자들이 자유주의를 옹호하거나 확장하기 위해 비자유주의자들과 전쟁을 벌였다는 도일의 조심스러운 경고는 크게 주목받지 못했다. 1989년 이후 가능성 넘치는 세계에서, 세 가지 은총과도 같은 자유주의와 민주주의와 평화가 이제 안정적이면서도 왕성한 현대성을 축복하리라는 자유주의적 만족감이 시작되었다. 의심하는 사람들은 비웃었지만, 그 꿈은 희망 사항에 불과한 것이 아니었다. 자유주의자들은 지난 100년간 평화와 국제 질서에 대한 자신들의 꿈과 관련해 많은 것을 학습했다.

역사적 경험에 따르면, 전 세계적으로 증가하는 무역과 부 그 자체로는 평화를 유지할 수 없었다. 공인된 규칙 제정자와 감시자가 부재하는 상황에서, 지금처럼 국제 무역, 해외 투자, 해외 이주가 왕성했던 세계 경제 속에서 1914년 강대국들 사이에 전쟁이 일어났던 것이다. 1920~1930년대에 전 세계적으로 성장이 둔화되고 붕괴했을 때, 억제할 수 없는 정치적 갈등이 제2차 세계대전으로 이어졌다. 내버려 두면 조만간 세계 경제가 회복되리라는 순수 자유시장주의자들의 호소는 그게 진실이라 하더라도 아무 도움이 되지 않았다. 정치적으로도 인간적으로도 시간이 별로 없었다.

이러한 역사적 교훈들은 미국이 규칙 제정자이자 경찰로서 지도력을 발휘하는 가운데 새로운 자유주의 경제 질서를 수립한 1945년 이후의 자유주의자들의 뇌리를 떠나지 않았다. 무역, 통화, 방위의 측면에서, 미국은 동맹들과의 협상을 통해서 상호 이익을 위해 국가 주권을 어느 정도 희생하는 다자 간 협정들을 이끌어냈다. 세계무역기구 WTO의 전신으로 관세 인하를 목표로 했던 관세 및 무역에 관한 일반 협정GATT, 달러를 기축 통화로 하는 1945년 이후의 고정환율제와 변동환율제, 가입국이 공격받았을 때 서로를 방어하기 위해 개입하도록 한 군사 동맹인 북대서양조약기구NATO가 대표적이다. 이런 경제적-군사적 협정의 설계자들을 이끈 것은 개방이 번영을 증진시키며, 따라서 국가들이 개방을 방해하지 않도록 스스로를 구속해야 하리라는 확신이었다.

서구와 미국이 주도하는 경제 질서는 1980년대와 1990년대에 아시아, 라틴아메리카, 대부분의 아프리카를 포함하면서 전 세계적인 것이 되었다. "서구적"이라는 꼬리표는 떨어졌고, 그 경제 질서는 자유주의 국제 질서로 알려졌다. 1949년 13개국이 전후 최초의 관세 회담에 참석했다. 2001년에 이르러서는 159개국이 그 나라들 간 무역 개방을 협의하고 있었다. 국제노동기구ILO는 경제 개방이 서구에 가져다주었던 이득을 전 세계에 약속했다. 그렇지만 자유주의적 서구주의와 자유주의적 세계주의의 차이는 금세 명확해졌다. 얼어붙은 냉전 질서로부터 평화로운 유동성이 아니라 지정학적 무질서가 출현했고, 그 무질서에는 약속이 가득한 만큼 분열과 위험도 가득했다. 1980년대부터 2010년대까지 무역 개방이 이루어지고 세계화된 경제는 가난한 나라들을 더 부유하게 만들어주었고, 10억 이상의 인구를 빈곤에서 탈출시켰다. 그럼에도 그 개방은 저성장 경제, 살금살금 이루어지는 무역 보호, 채권국과 채무국 간 재정 긴장으로 인해 이제 위기에 처해 있었다. 경제 질서만 위험에 처한 것이 아니었다. 저성장이 모든 갈등을 국가 내에서 억제하는 것을 더 어렵게 만든 것처럼, 전 세계적 경제 침체나 붕괴는 국가들 간의 지정학적 마찰을 촉발할 위험이 있었다.

자유주의자들은 자유주의적 세계주의가 그 모든 매력에도 불구하고 취약하며 검증되지 않았다는 점을 우려했다. 그들은 어떻게 단 하나의 도전받지 않는 힘이 아닌 대여섯 개의 경쟁하는 힘에 의해서 그것이 유지될 수 있는지 의심스러워했다. 자본주의의 전 세계적 승리는 이데올로기적 갈등을 종식시켰지만 지정학적 갈등은 끝내지 못했다는 것을 그들은 깨달았다. 그들은 많은 사람이 자유주의적 경제 질서에 필수라고 믿은 정치적 뒷받침—자유민주주의의 전 세계적 확산—이 둔화되거나 역전된 것을 걱정했다. 그들은 반세계주의가 확산되고 그와 함께 하이브리드 강경 우파—이론적으로는 국제적인 비즈니스를 약속하지만, 지역의 불만을 달래기 위해서 실제로는 파괴적인 일방주의를 추구하는—또한 성장하고 있는 것을 우려했다. 2010년대 후반에는 질서가 아닌 무질서가 강화되고 있는 듯 보였다.

두 개의 수정 강대국과 세 개의 현상 유지 강대국이 인정된 행동 반경이나 서로의 의도에 대한 명확한 이해 없이 마주하고 있었다. 수정 강대국 중 러시아는 건설적인 측면에서는 약하지만 파괴적인 측면에서는 능력이 있었고, 예측 불가능한 권력의 수중에 있었다. 중국은 강했고, 장악이 유지되는 한 흔들림 없이 확고한 권력의 수중에 있었다. 현상 유지 강대국 중에서 미국은 전략적 측면에서 전면적인 '하드 파워'로서 타의 추종을 불허했지만, 그 파워는 세계에서 어떤 역할을 하는지 불분명했고 어떻게 발휘될지 예측 불가능했다. 유럽은 '소프트 파워'에서는 강했지만, 정치적으로 자신의 경제적 무게와 사회적 매력을 지정학적 경쟁에 쏟아부을 만한 뚜렷한 논리를 아직 갖추고 있지 않았다. 일본은 경제적으로는 강했지만, 유럽과 마찬가지로 노화하고 있었고 전략적 동반자 관계에 대해 확신이 없었다. 인도는 명백히 수정적이지도 않고 명백히 현상 유지적이지도 않은 잠재적인 여섯 번째 강대국으로서 배회하는 중이었다.

이데올로기적 갈등이 종식되었다는 것은 전 세계의 경쟁자들이 더 이상 이데올로기—다른 말로 하자면 정치적 관점—를 갖지 않게 되었다는 뜻이 아니다. 그것은 그들이 더 이상 자신의 이데올로기를 타인에게 강요하는 데 노골적으로 힘쓰지 않게 되었다는 뜻이다. 냉전 종식 이후 국제적인 질서가 출현한다면, 그것은 베스트팔렌 조약 (1648) 이후의 국제 질서나 1815년 이후에 펼쳐진 '나폴레옹 이후의 유럽 협조'에 더 가까운 것이 될 가능성이 있었다. 베스트팔렌 조약 때는, 유럽 강대국들이 한 세기 반에 걸친 종교 전쟁을 끝내면서, 각국은 나름대로의 기독교 신앙을 선택해야 하고 그것을 따르지 않는 기독교인을 용인해야 한다는 데 동의했다. 1815년 이후의 유럽 협조 때는, 국가적 힘들이 명백히 큰 허점인 국제 평화를 교란하지 않는 한 국가적 힘들이 서로의 정치적 합의를 방해하지 말아야 한다는 데 동의가 이루어졌다. 일단 신앙과 정치가 분쟁의 명분에서 제거되더라도, 17세기에서 19세기까지의 권력은 여전히 다툴 거리가 많았고, 21세기에도 그랬다.

자본주의적 일당 체제인 중국은 전 세계적 자본주의의 통화-상업 규범들을 수립하며 감시하는 자본주의적이고 민주주의적인 미국과 경쟁했다. 두 나라는 무역과 적자를 두고 다퉜는데, 그것들은 원칙적으로 서로의 이익에 도움이 되는 것이었지만, 그것들의 규모를 감안할 때 분쟁의 가능성을 내포하고 있었다. 2016년 미국은 중국에 판매한 것보다 3500억 달러 더 많은 물품을 중국으로부터 구매했으며, 연말에 중국은 미국의 공식 부채 중 1조 1000억 달러를 보유하고 있었고, 다른 달러 증서도 그만큼 많이 보유하고 있었을 것이다. 자본주의적이고 비자유주의적인 러시아와 자본주의적이고 자유주의적인 유럽은 영토 문제에 따른 화약고들과 원한에 사무친 기억들이 가득한 유럽의 중심부를 가로질러 아주 오래된 경쟁에 참여했다. 중국과 일본은 이웃한 해역에서 각자의 전략적 이익을 추구했다. 중동 전역에서는 이슬람권의 내전들이 해결될 전망 없이 계속되면서 인명 손실, 추방, 빈곤이 증가해갔고, 전투원들이 강대국들에 후원자를 두고 있는 탓에 역외 전염의 위험도 있었다.

자유주의의 고립은 1990년대 이후 누그러지기는커녕 심해졌다. 한계에 처한 자유민주주의 대신에 사람들은 "민주주의의 역행"과 "자유주의의 후퇴"를 이야기했다. 자유주의적·민주주의적 진보에 대한 국제 지수는 침체나 역전을 가리켰다. 이코노미스트 인텔리전스 유닛의 민주주의 지수(2016)에 따르면, 세계인의 절반이 온전하거나 결함 있는 민주주의를 누리고 있었고, 4.5퍼센트만이 온전한 민주주의를 누리고 있었다. 이는 10년 전보다 낮아진 수치였는데, 여기에는 미국이 대중의 정치 신뢰라는 점에서 점수가 추락하면서 "결함 있는" 나라로 강등된 탓도 있었다. 정치적 진보와 경제적 진보가 분리된 것은 놀라운 일이 아니었다. 역사적 경험에 따르면, 번영하는 자유주의 경제에는 무역 개방, 재산권, 재산권을 옹호하는 독립된 법원, 부패하지 않은 정부, 널리 수용되는 조세가 필요했다. 그런 경제는 자유주의적이든 비자유주의적이든, 민주주의적이든 비민주주의적이든 다양한 정치 형태를 취할 수 있었다.

냉전이 정치적으로 경쟁하는 진영 각각을 강화했다면, 이제 탈냉전의 무질서는 이전 진영들, 특히 서방 안에서 분열을 드러냈다. 서방 세 강대국 사이의 냉전적 불화는 만연해 있었지만, 처음엔 그것이 관리 가능한 불화였다. 하지만 유럽 사람과 일본인들이 일방 독주적 미국과 자기 고립적 영국의 출현을 지켜보게 된 만큼 그것은 더 이상 사실이 아니었다. 미국과 영국에서 강경 우파의 득세는 유럽과 일본의 자유주의적-민주주의적 연속성과 뚜렷이 대조되었다. 단지 한때 통일성을 띠었던 서방이 와해되고 있는 것이 아니었다. 이전의 그 서방에 속했던 나라들 내부에서 새로운 분열이 나타난 것이었다. 그 분열은 세계주의자와 지역주의자, 다자주의자와 일방주의자, 직접적 승자와 직접적 패자를 갈라놓았다. 그 내적 분열은 20세기의 자유주의자들이 대체로 침묵하거나 혼란스러워했던, 국민 의식과 애국주의라는 골치 아픈 주제들을 제기했다. 그 분열은 미국에서 가장 뚜렷했다.

유례없는 경제, 통화, 전략의 힘 덕분에 1989년 이전의 미국은 종종 논란이 있긴 했지만 항상 동류 중의 최고로 인정되었다. 연속된 미국 행정부들에서 알 수 있듯이, 서방의 자유주의적 다자주의의 지도력은 국익과 자유주의적 사명의 행복한 합치를 수반했다. 시장 개방, 저리 대출, 미군의 전 세계적 주둔은 미국의 이익에 봉사했다. 자유주의의 경제적 가치는 더 자유로운 무역과 더 쉬운 금융 흐름에 의해 서방 전역에서 확대되고 지속되었다. 자유주의의 정치적 가치는 미국의 군사력이 반자유주의적 공산주의로부터 서방을 보호함에 따라 결과적으로 빛났다. 본질에서는 민주당원이나 공화당원이나 모두 동의하는, 미국 외교 정책에서의 매우 오래된 어떤 합의에 따라 미국주의는 순조롭게 서구주의, 자유주의와 어우러졌다. 미국 내에서의 자유주의의 정치적 통합은 확실치 않았다. 자유주의적 사명이 좌파에게는 제국주의적 이기심의 가면으로 여겨졌고, 우파에게는 특히 냉전이 끝나자 무익하고 보람 없는 이상주의의 가면으로 여겨졌다. 그럼에도 불구하고 70년간, 자유주의 질서가 미국에도 유익하고 세계에도 유익하다는 광범위한 동의가 유지되었다.

　냉전의 종식으로 미국의 외교 정책적 합의를 가능하게 만든 지정학적 틀이 깨진 것인지, 혹은 베트남전 이후 지금까지 그 합의가 예상보다 오래 이어진 것인지, 혹은 반대로 그 합의가 1980~1990년대에 되살아났다가 이라크 전쟁에 와서야 깨진 것인지는 미래의 역사가들이 풀어야 할 문제다. 2016년에 이르러서는 미국의 그 합의는 사라지고 없었다. 미국을 우선시하겠다고 약속하고 행동을 통해서 그 약속이 단지 선거 구호에 불과한 것이 아님을 재빨리 전 세계에 보여준 인물이 대통령에 당선되었다. 새 대통령은 미국을 유럽 동맹국들과 분리하고 다자 협정에서 철수하기만 한 것이 아니었다. 그는 동맹과 다자주의 자체의 가치에 의문을 던지기 위해 계산된 방식으로 그렇게 한 것이었다. 그의 백악관은 완전히 예측 불가한 대통령의 의중을 파악하기 위해 경쟁하는 미국우선주의자들과 오랜 외교 정책적 합의의 옹호자들로 갈라져 있었지만, 이는 단지 외부 세계의 불확실성을 가중시킬 뿐이었다.

　미국우선주의는 새롭거나 이상한 것인 양 널리 인식되게 되었지만 사실 그런 것은 아니었다. 그것은 20세기 초의 미국의 일방주의뿐만 아니라 미국의 자족에 대한 최초의 신념과 외국과의 얽힘에 대한 불신에도 뿌리를 두고 있었기 때문이다. 2부에서 언급했듯이, 제1차 세계대전 후 공화당원 캐벗 로지는 미국의 국제연맹 참여에 대한 거부를 이끌었고, 제2차 세계대전 후에는 그의 뒤를 이어 보수적 공화당 정책을 주도하게 된 로버트 태프트가 공화당의 NATO 반대를 이끌었다. 그런 태도는 국가주의적이라거나 고립주의적이라기보다는 일방주의적인 것이었다. 트럼프의 대통령직 재임은 미국의 대對세계 정책에서 일방주의 전통이 재천명되었음을 보여주는 것이었다. 월터 러셀 미드가 사용해서 친숙해진 용어로 말하자면, 트럼프는 미국의 잭슨주의를 재도입했다. 그는 국가를 가장 우선시했고, 군사력을 숭배했으며, 설득보다는 명령을 선호했다. 그는 윌슨이 내세운 법과 평화의 국제주의를 싫어했고, 해밀턴주의적 통상 개방에 기꺼이 의문을 표했다. 트럼프 행정부와 공화당 우파의 관점에서, 자유주의적 국제 질서는 더 이상 미국의 이익에 봉사하는 것으로 간주될 수 없었다. 자유주의와 미국주의는 잠시 어긋나버렸다.

자유민주주의의 옹호자로서의 미국의 역할에 대한 검증된 대역이자 대체 가능 후보인 유럽은 강점과 약점을 모두 갖고 있었다. 하드파워가 기준이라면 유럽은 경쟁이 안 되었다. 미국은 세계에서 미국 다음으로 가장 중무장한 6개국의 국방비를 합친 것보다 많은 6110억 달러의 국방비(2016)를 지출하는 나라였고, 그런 미국에 비하면 유럽은 약골이었다. 하지만 지정학적 소프트 파워—마음을 끌어당기는 힘, 공동 채택의 힘, 설득의 힘—에서 유럽은 미국보다 위는 아닐지라도 미국에 버금갔다. 유럽 국가들은 총체적으로 인간적 행복, 사회적 개방성, 정치적 책무라는 국제적 지표 모두에서 상위에 있었다. 유럽의 시민들은 평균적으로 미국인들만큼 많은 보수를 받지는 못했다. 그러나 여가 시간, 건강, 수명을 계산에 넣을 경우, 돈으로 치면 미국인들보다 5분의 1 정도 덜 버는 프랑스와 영국의 시민들이 물질적 행복에서 미국의 수준에 거의 도달해 있었다. 한 사회 모델로서 유럽은 단지 민주주의적 자유주의자들에게만 선망의 대상이 된 것이 아니었다. 자유주의적이든 아니든 전 세계 사람들이 거기서 살고 싶어했다. 그들은 단지 돈이나 복지에 끌리는 것이 아니었다. 거의 모든 비교 테스트에서 유럽은 개방적이고 공정하며 꽤 살기 좋은 곳이었다. 1945년 이래 유럽인들은 도덕적 악행을 속죄하고 역사적 병폐를 고침으로써, 지금은 당연한 것으로 받아들이기 쉬운 어떤 유럽의 전형을 만들었다. 독재 국가 스페인·포르투갈·그리스의 민주화, 과거에 분할돼 있었던 대륙에서의 유럽연합의 평화적 확대, 인내심 있고 멀리 내다보는 정부와 책임 있는 민주주의 정치의 합작인 독일 통일 등이 그러한 맥락에서의 성취였다.

유럽의 약점들은 적대적인 영미권에서 회자되었고, 반유럽적 언론의 헤드라인을 장식했고, 좌든 우든 국가주의적 성향의 유럽인들을 결집시켰다. 호전적 애국주의와 시기심과 단순 무지가 혼합된 희화화도 많았지만, 진정성 있는 불만도 많았다. 경제적 불만 중에는 저성장, 부진한 생산성, 높은 청년 실업률, 단일 화폐의 통화상의 진통이 있었다. 정치적 불만 중에는 유럽연합의 제도적 불투명성, 민주주의적 정당성 부족, 자유주의적 가치에 대한 회원국들의 불균등한 헌신이 있었다. 유럽의 문제 가운데 많은 것이 부유한 나라들에 공통적인 것이었고, 모든 문제가 유럽 전역에서 똑같이 느껴지지는 않았다. 그럼에도 전체적으로 보면 유럽에는 세 개의 뚜렷한 선이 그어져 있었다. 하나는 부유한 채권국들인 북부와 덜 부유한 채무국들인 남부를 가르는 것이었다. 또 하나는 자유주의적인 서부와 덜 자유주의적인 혹은 솔직히 말해서 비자유주의적인 동부를 가르는 것이었다. 나머지 하나는 친유럽파와 반유럽파를 가르는 것이었는데, 이는 지리적인 선이라기보다는 정치적인 선으로, 유럽의 핵심부와 주변부 사이에 그어져 있다기보다는 각국 유권자들 안에 그어져 있었다.

유럽 프로젝트에는 처음부터 그런 종류의 긴장들이 존재하고 있었다. 그 긴장들이 유럽의 새로운 구조를 만들었고 유럽 역사에 영향을 미쳤다. 유럽의 확대—원래 6개국(1950년대)이던 것이 9개국(1970년대)으로, 12개국(1980년대)으로, 28개국(1990년대~2000년대)으로 확대—는 긴장을 증가시켰다. 영국의 이탈로 그 긴장이 악화될지 완화될지 유럽인들은 확신하지 못했다. 프랑스-독일이라는 핵은 계속 남아 있었고, 미국의 태도 변화, 영국의 결정, 러시아에서 발원한 꾸준한 동쪽의 압력 속에서 상호 필요에 따라 강해졌다. 명백한 어려움들에도 불구하고, 2016~2017년의 충격이 결국 유럽에 유익하게 되리라고 생각하는 것은 어리석은 일이 아니었다. 프랑스와 독일은 협력을 통해, 기대했던 2017년 이후의 더 잠잠해진 정치의 바다에서, 유럽의 더 심각한 도전에 맞서기 시작했다. 통화의 부담을 분담하는 것과 독일의 긴축에 대한 프랑스와 독일 간의 의견 불일치는 다루기 좀더 쉬워 보였고, 종종 예측되는 유로화의 소멸은 믿을 만하지 않아 보였으며, 더 긴밀한 연합이 됐건 덜 긴밀한 연합이 됐건, 다단 변속 장치를 가진 하나의 유럽은 더 이상 금기로 보이지 않았다.

영국이 빠진다면 27개 나라로 구성되는 하나의 유럽은 현재의 상태로는 안정적이지 않았고, 회원국들은 동등한 발언권을 갖지만 사실상 동등하지 않았다. 4억 5000만 인구의 단일 시장, 3억 4000만 인구의 유로존, 크고 작은 나라들의 혼성적인 초국가적 연합은 더 강력하고 더 책임 있는 중앙 기구들이든 더 느슨하고 더 유연한 가입 조건이든 갖추어져야만 잘 결합할 수 있었다. 만약 유럽이 더 긴밀한 연합으로 가는 첫 번째 경로를 취한다면, 유럽은 지금까지와 달리 자유민주주의의 수동적 옹호자가 아니라 자유민주주의의 능동적 옹호자가 될 수 있을 것이고, 사회정치적 모델이 아니라 지정학적 경쟁자가 될 수 있을 것이다. 더 긴밀한 연합으로 가는 그 첫 번째 경로는 가능성이 덜한 경로이지 불가능한 경로는 아니었다. 전략적 비전과 과감한 행동을 취할 수 있는 유럽의 능력은 타협의 성향과 역사적 실수를 잘 저지르는 성향에 어울리는 것이었다. 최근의 실수들 중에는 독일이 부채가 많은 스페인, 포르투갈, 이탈리아, 그리스를 유로존의 초기 회원국으로 받아들인 것이 있었다. 반면에 유럽은 외교적 성공도 거둘 수 있었는데, 특히 이란과의 핵 협상을 인내심 있게 이끌었다. 많은 것이 프랑스와 독일의 협력의 강도에 달려 있었다. 프랑스와 독일은 유럽연합을 탄생시켜 성공을 가져왔지만, 각자 자국의 이익을 위해 유럽을 잘 이용하기도 했다. 독일 국내총생산의 8퍼센트에 맞먹는 독일의 2800억 달러 무역 흑자(2016)는 긴축에 덜 얽매이는 다른 유럽 회원국들이 미국과 불만을 공유하는 논쟁의 원천으로 남아 있었다. 그럼에도 불구하고, 개혁에 필요한 에너지와 관심이 영국의 탈퇴 협상으로—그 어리석은 일이 이행되어야 한다면—고갈되지 않는 한, 갑작스러운 고립이 유럽에 충격을 주어 유럽연합 수립자들이 발휘했던 대담성을 다소 되찾게 할 수도 있을 것 같았다.

프랑스-독일이라는 듀오는 프랑스-독일-영국이라는 트리오가 되었어야 했다. 그 트리오라면 세계에서 유럽연합의 발언권과 가능성을 강화했을 것이다. 영국의 두 주요 정당인 보수당과 노동당 중 어느 쪽도 충분히 열성적이지 않았다. 1989년 이후 영국은 유럽의 지배적 강자의 출현에 저항하는 영국의 오래된 전략의 새로운 변형으로서 어떤 파괴적인 장기전을 펼쳤다. 그 강자는 17세기와 18세기에는 프랑스였고, 19세기에는 독일이었으며, 20세기 말에는 유럽 그 자체였다. 유럽의 프랑스-독일이라는 핵을 약화시키기 위해서 영국은 과거의 공산권 국가인 동유럽 국가들을 포함하는 즉각적인 팽창을 촉구했다. 유럽의 엄밀하게 경제적인 비전에 충실하게 그 나라들은 상품, 서비스, 자본, 사람들의 자유로운 이동과 단일 시장의 신속한 창출을 동시에 촉구했다. 그러는 동안 그 나라들은 시장의 자기 교정 능력에 대한 망상적 믿음에 이끌려, 그런 경제 협정이 지속되는 데 필수적인 좀더 긴밀한 정치적 통합을 향한 발걸음을 가로막았다. 2008년에 시장이 교정에 실패했을 때, 유럽의 조정력 부족 탓에 회복 비용은 필요 이상으로 커졌다. 당시 흔들리는 어떤 친유럽 정당을 편입시킬 준비를 하고 있던 영국 보수당의 반反유럽연합 세력은 유럽 대륙의 진통을 틈타 영국의 이른바 우월성을 과시하고, 불확실성으로 돈을 버는 헤지펀드로부터 런던시의 재정 지원을 얻었다. 그들은 보수당이 갈구해온 그 단일 유럽 시장의 직접적 결과인 유럽으로부터의 이민을 멈추자고 주장함으로써 대중의 지지를 끌어모았다.

브렉시트 찬성파는 반대파에 대해 현실 안주라고 비판했고, 반대파는 찬성파에 대해 기만적이라고 비판했다. 국가 안보, 제도적 완전성, 영국인들의 미래 복지가 위태로웠다. 근본적인 선택은 분명했다.

그것은 로런스 서머스에 의해 통용된 삼자택이의 관점에서 설명될 수 있었다. 그의 주장에 따르면, 국가는 경제 개방, 국가적 통제, 공공 목적―시장은 제공하지 않는, 정부의 빈민 대책―이라는 세 가지가 아니라 그중 두 가지를 취할 수 있었다. 유럽연합의 목표는 유럽연합 차원에서 지속되는 경제 개방과 공공 목적을 위해 국가적 통제를 포기하는 것이었다. 유럽연합의 이상은 자유무역과 경제적 경쟁이 사회복지와 균형을 이루도록 하는 것이었다. 브렉시트 찬성파는 그러한 이상을 거부하면서, 영국이 두 가지 결과 중 하나를 얻기를 바라고 있었다. 인색한 폐쇄 경제 체제에서의 정부의 사회적 지급이든, 강한 자가 승리하는, 공공 목적 없는 자유 경쟁적 개방 경제 체제에서의 정부의 사회적 지급이든, 둘 중 하나를 얻기를 바란 것이다. 이 두 번째 결과는 1970년대 이래 경제적 강경 우파의 전략적 목표였다. 경제적 강경 우파는 마치 영국이 더 강하고 더 공정한 독일과는 경쟁할 수 없다고 판단해 영국이 저임금과 사회 불안을 놓고 인도, 중국과 경쟁하기를 바라는 것 같았다. 그 기본 전략을 이해했든 그렇지 않든 브렉시트 찬성에 투표한 사람들은 탈국가적 자유민주주의에 대한 세계에서 가장 희망적인 실험에 등을 돌리고 있었다.

브렉시트 국민투표와 트럼프 대통령 당선은 도외시되고 뒤처진 유권자들의 정치적 불만을 이야기하는 가짜 사회학을 촉발했다. 사회에 대한 그런 추측은 노동 계급 유권자들이 1960년대 이래 우파에게 투표해왔다는 것을 놓치고 있는 것처럼 보였다. 트럼프는 전형적인 공화당원이 아니었지만, 그의 당선은 여러모로 전형적인 공화당의 승리였다. 2016년에 부자들은 우파에게 투표했고, 부자 아닌 사람 대다수는 좌파에게 투표했다. 대다수의 백인이 우파에게 투표했고, 투표에 참여한 비백인 대다수가 좌파에게 투표했다. 사실, 더 높은 학력을 가진 백인들 사이에서만 민주당 대통령 후보가 과반수 지지를 얻었다. 이와 유사하게 영국에서는 브렉시트 국민투표가 전형적인 보수당의 승리였고, 그 승리는 심지어 교외와 시골의 노인층에 포진한 승자들조차 놀랄 만한 솜씨로 달성되었다.

공화당 지지와 브렉시트 지지가 공동화된 마을과 낙후된 지역들의 소수의 궁핍한 유권자들에게서 나온 것 또한 사실이고, 바로 그러한 유권자들이 공화당과 브렉시트 찬성파의 승리라는 결과를 설명하는 데서 큰 부분을 차지했다. 그런 유권자들은, 자동화와 기술 변화가 주범일 가능성이 높음에도 불구하고, 자신들의 곤경의 원인이 자유무역과 일자리 수출에 있다고 설문에 응답했다. 무역과 투자에 대한 세계의 태도를 다룬 퓨리서치센터의 조사(2014년 9월)가 보여주었듯이, 2000년대 초반부터 부유한 나라들에서 자유무역에 대한 반감은 커지기 시작했다. 그 조사에 따르면 예컨대 미국과 프랑스에서는 설문에 응답한 사람의 약 절반이 무역이 일자리를 없애고 임금을 낮춘다고 믿고 있었다. 세계화 덕분에 사람들이 빈곤에서 벗어나고 있는 가난한 국가들에서는 설문에 응답한 사람의 거의 90퍼센트가 자유무역에 찬성했고, 작은 비율의 사람들만이 무역이 일자리와 임금에 해를 끼친다고 생각했다. 그러나 부유한 나라의 불만 있는 유권자들은 가난한 나라의 기준에 따라 자신들의 상황을 판단하지 않고, 물질적 진보가 꾸준히 이루어지리라는 관습적 기대—이제는 좌절된—에 견주어 판단했다. 그런 친숙한 사실들을 고려했다 하더라도, 당장의 사회학이 설명하지 못한 부분은 왜 경제적 불만이 국가주의적 형태를 띠는가 하는 것이었다. 반면에 역사는 선례를 제공했다. 과거에 자유주의 사회들은 이민배척주의적 분노의 폭풍에 휩쓸린 적이 있었다. 그 폭풍은 1890년대에, 그리고 1920년대와 1930년대에 또다시 유럽과 미국을 휩쓸었다. 자유주의자들은 당혹스러워했으나, 다시 말하건대 그것은 새로운 일이 아니었다. 자유주의자들은 배타적인 국민 신분 요구를 어떻게 이해해야 할지 난감해하곤 했었다.

4. 국민이라는 것, 시민이라는 것, 정체성

1890년대에 외국인 혐오와 불관용으로의 격렬한 회귀를 목격하게 된 프랑스의 사회사상가 셀레스탱 부글레는 「자유주의의 위기」(1902)에서, 자기 마음대로 결정할 수 있는 상황에 놓인 사람들이 편협하고 비자유주의적이며 배타적이기를 선택할 때 자유주의자들이 어떻게 대응해야 하는지를 물었다. 2부에서 언급했듯이, 부글레는 자기만족적인 자유주의자들에게 개방성과 타자 수용의 정착이라는 측면에서 이룬 초기의 진보에 기대고 있어서는 안 된다고 촉구했다. 지금과 마찬가지로 당시에도 자유주의적 근대성은 경제와 사회의 친숙한 양상들을 전복시켰다. 시골에서 온 이와 외국에서 온 이민자들은 사람들 북적이는 동네들에서 친숙한 삶의 양식을 뒤엎고 있었다. 프랑스뿐만 아니라 유럽 전역과 미국에서도 정치적 우파는 비자유주의적이고 배타적인 국가주의가 그랬던 것처럼 이민자와 사회적 아웃사이더들에 대한 배척적인 반응을 조장하고 부추겼다.

부글레는 외국인을 혐오하는 유형의 애국주의를 혐오했지만, 자유주의자들이 국가에 대한 애정과 소속의 욕구를 소극적으로 다뤘다는 보수주의적 불만을 인정했다. 보수주의자들이 보기에 국가는 시민권에 초점을 부여하고 사회에 통일성을 부여하는 것이었다. 국민으로서의 강한 의식이 없으면 사람들을 하나로 묶기 어렵기 때문에 지속 가능한 정치 질서를 갖출 수가 없었다. 비판들 중에는, 사회가 사람들에게 지고 있는 의무와 사람들이 서로에게 지고 있는 의무를 자유주의자들이 과도하게 강조한다는 것도 있었다. 권력에 맞서고 사람들을 지지한다는 그들의 이상은 너무 소극적이거나 너무 빈약해서, 필요한 사회적 유대를 스스로 창출할 수가 없었다. 다시 말해 자유주의자들은 애국심에는 냉담했지만 국가를 이용했다. 국가가 없으면 시민들은 분주한 시장이나 붐비는 철도역 이상의 응집력을 갖출 수 없었다. 자유주의자들이 직면한 어려운 과제는 그러한 보수주의적 불만을 해소해주면서도 편협하거나 배타적이지 않은 애국주의를 찾아내는 것이었다.

「애국심 가르치기」(1904)에서 부글레는 공유된 정치적 이상들을 사회가 공유할 만한 역사적 기억 및 일반적 정서와 융합할 수 있는 애국주의를 지지했다. 자유주의적 애국주의는 자유주의 원칙을 프랑스의 과거에 대한 상상적 숭배와 결합하고자 했던 기조의 바람에서 파생된 것이었다. 그것은 또한 『대의정부론』(1861)에서 표현된 밀의 신념과도 맥을 같이했는데, 밀에 따르면 자유주의적·민주주의적 정치 질서에 필요한 "동료 의식"에서 핵심이 되는 것은 "국가 역사의 보유"와

"기억의 공동체"였다.

20세기 초반에 해당되는 반세기는 자유주의적 애국주의에 불친절했다. 1914년, 전쟁은 정치를 침묵시켰고 사회는 통합을 요구받았다. 파리에서 클레망소가 선언했다. "우리 군인들이 적을 향해 행진할 때, 급진주의자들은 필시 반동주의자들과 함께 행진할 것이다." 베를린에서 황제가 선언했다. "나는 더 이상 어떤 정당도 어떤 종파도 인정하지 않는다. 오늘 우리는 모두 독일 형제들이며, 오직 독일 형제들일 뿐이다." 그러나 제2차 세계대전이 끝나 서구의 나라들이 서로 간의 살육을 멈추자 외국인 혐오의 애국주의는 자유주의적 애국주의에 밀려났다. 1945년 이후 국가의 가치는 할인되었고 국제적 선린의 가치는 할증되었다. 프라하 출신의 미국인 학자 칼 도이치는 『국가주의와 대안』(1956)에서 국가란 조상에 대한 공통의 착각과 이웃 국가들에 대한 공유된 혐오로 단결한 사람들의 집단이라는 냉소적인 오래된 격언을 인용했는데, 다수의 자유주의자는 이에 동의할 준비가 되어 있었다.

배타적이고 외국인을 배제하는 유형의 애국주의가 살아남은 것은 사실이지만, 은밀하게 혹은 변장한 채로 살아남았다. 예컨대 미국에서의 매카시적 반공주의처럼, 혹은 운이 다한 제국을 유지하기 위한 프랑스와 영국의 헛된 전쟁 때 우파가 취한 친식민주의처럼 말이다. 1990년대에 이르러서는 근근이 이어지던 그 격정마저 사멸한 것처럼 보였다. 국외의 대상에 대한 적대감은 시민들을 결집하거나 국민감정을 고취하는 데 더 이상 필요치 않았다. 세계 지향적 자유주의자들 사이에서 탈국가적 세계에서의 자유주의적 애국주의에 대한 희망이 되살아났다. 그런 애국주의는 지역적 신이나 국가적 신에 대한 문화적 숭배를 경제 개방, 인권, 지구 보호라는 보편적 이상들에의 정치적 헌신과 결합시킬 것이었다. 상충하는 목표와 애착들을 전 세계적 애정을 받으며 갈구되는 대상과 혼합하는 것은 고귀하지만 어리석은 꿈처럼 보일 수도 있었다. 그렇지만 탈국가적 자유주의자들에게는 그것이 첫걸음이라고 생각할 근거가 있었다.

자유주의의 경제적·인도주의적 이상들이 확산되고 있었다. 장소와 기억에 대한 애착이 19세기 이전에 그랬던 것처럼 점점 덜 국가적인 것이 되어갔고, 점점 더 지역적인 것이 되어갔다. 대륙을 가로지르는 저렴한 여행, 전 세계적 무역, 즉각적 소통과 함께 국가적 생활 방식과 삶의 태도는 희미해져갔는데, 부유한 세계 전역에서 먼저 그렇게 되었고, 그다음에는 덜 부유한 세계의 중간 계층에서 그렇게 되었다. 국가의 책무들이 영국과 프랑스 같은 중앙집권 체제에서는 구성 국가나 지역들로 하향 이관되고 미국과 독일 같은 연방 체제에서는 주로 하향 이관되면서, 정부 자체가 변화하고 있었다. 동시에 국가 주권이 상위의 초국가적 기구들과—유럽에서는 특히 유럽연합과—공유되었다. 21세기 초에 이르러 서방 대국들은 시민에 대한 단 하나의 가장 큰 지배권, 즉 젊은이들의 목숨에 대한 지배권을 포기했다. 병역 의무는 젊은 예비역을 훈련시키는 데 비용이 너무 많이 든다고 생각하게 된 쪼들리는 영국에서(1960), 베트남에서의 정치-군사적 실패 이후 미국에서(1973), 프랑스에서(1996), 독일에서(2011) 폐지되었다. 국가적 경쟁은 월드컵 축구 같은 평화적인 대체 형태로 존속했지만, 20세기 말에 이르러서는 탈국가적 클럽 팀들 사이에서 더 큰 경쟁이 벌어졌고,

그 팀들의 선수들은 축구를 하는 세계 모든 나라로부터 충원되었다.

탈국가적 자신감이 깃든 1989년 이후의 자유주의 분위기는 새로운 세기에 이어진 테러, 전쟁, 불경기의 유해한 조합에 의해 흐려졌다. 분위기가 방어적으로 변하면서 보호와 무조건적 지지와 새로운 자신감에의 갈망이 커졌는데, 자유주의 이념은 이런 것을 제공하는 데 서투른 것처럼 보였다. 국가와 공동체에 관한 사람들의 애착을 인식하지 못한 자유주의에 대한 불만은 1980년대의 사상가와 저술가들 사이에서 냉정하게 다시 표면화되었지만, 거의 주의를 끌지 못하고 이내 사그라졌다. 이제 자유주의 이상들이 발휘하는 마음을 끄는 힘에 대한 의구심이 되살아났다. 자유주의 관점은, 시민들의 공통의 닻이 되어 국가에 대한 사랑을 대체하기에는 너무 허약하다거나, 아니면 한 국가 내에서는 충분히 강력할지 몰라도 국경을 넘어가면 고갈되어 남아 있지 않게 된다고 비판받았다. 비판자들은 그런 식으로 자유주의자들이 딜레마에 처하기를 바랐다. 만약 과도한 권력에 저항하고 모든 사람을 존중하라는 자유주의적 요구가 예컨대 국가를 따지지 않는 인권에의 헌신과 세계 빈곤 퇴치에 의해 전 세계적인 것으로서 희석되고 일반화된다면, 그 자유주의적 요구는 굳건한 애국주의의 중심으로 서는 너무 공허한 것이 되었을 것이다. 반면 그 두 가지 자유주의적 이상이 국민의 지속적 애착을 얻기에 충분한 실질적인 기구를 부여받는다면, 그 이상들은 국경 너머로 무한히 뻗어나갈 수 없을 것이다.

2008년 금융위기 이후 민주주의적 자유주의의 위상이 더 추락하면서 국민다움과 관련된 어려움이 심화되었다. 처음에 자유주의자들은 문화의 다양성을 과도하게 강조했다. 이제 그들은 경제적 개방성을 과장했다. 두 경우 모두에서 자유주의자들은 국가가 무엇인지, 국가가 왜 중요한지를 망각했고, 그래서 널리 비판받았다. 국가에 대한 강한 의식이 없는 자유주의자들은 특히 정치적 상상력을 혹사시키고 공개 토론을 어지럽히는 세 가지 주제에서 혼란을 느꼈다. 이민, 이슬람교도의 동화, 분열적 주장들을 내세우는 정체성 정치라는 주제였다. 그것들 각각은 자유주의자들에게 국민다움에 대한 문제를 제기했다. 이민이라는 주제는 국가에 속하는 사람이 누구인지의 문제를 제기했고, 동화라는 주제는 어떤 국가에 속한 사람들이 그 국가에 어떤 의무를 지는지의 문제를 제기했으며, 정체성 정치라는 주제는 국가라는 집단이 그 안의 작은 집단들—그런 집단으로 인정되든 그런 집단으로 자처하든—에 어떤 의무를 지는지의 문제를 제기했다.

　자유주의자들은 국가를 이해하지 못한다는 비난에 대해 응수할 수 있었지만, 적의와 참을 수 없어 하는 분위기 속에서 그 비난을 물리치기 어렵다는 것을 깨달았다. 비판자들이 결국 옳을 수도 있다는 스스로의 두려움 때문에도 자유주의자들은 괴로워했다. 경제적 진보와 개인의 만족으로 유지되는, 지배자 없는 사회 질서라는 자유주의의 원초적 꿈은 사회에 필요한 결속력을 가져다줄 외국의 적대적 타자가 존재하지 않는다면 사실상 공허한 것이었고, 자유주의자들은 이 점을 우려했다. 실제의 적이든 상상의 적이든 적이 없는 자유주의자들은 자립적 질서라는 자신들의 꿈이 심지어 1945년 이후의 성공적인 민주주의적 자유주의에서도 공허하다는 것을 우려했다. 그 성공은 사회적 포용과 공공 복지에 대한 공동의 헌신에 크게 힘입은 것이었다. 하지만 이제는 둘 다 도전받고 있었다. 아마도 20세기 초와 마찬가지로 21세기 초는 자유주의적 애국주의에 호의적이지 않을 것 같았다.

도식화하자면, 근대 국가는 문화적 측면과 정치적 측면을 가지고 있다. 근대 국가는 일종의 윤리적-문화적 실체로 여겨질 수도 있고 정치체로 여겨질 수도 있다. 다시 말해서 국가는 윤리적 이상과 문화적 애착을 공유하는 사람들, 즉 에토스ethos로 간주될 수도 있고, 시민들의 조직체인 데모스demos로 간주될 수도 있다. 보수주의자들은 국가의 윤리적-문화적 측면을 강조했고 자유주의자들은 정치적 측면을 강조했지만, 모든 실제 국가가, 분명 모든 근대 국가가 두 가지를 다 포함하고 있었다. 각 진영은 자신들이 우선시하는 국가 관념에 따라 정치적 이상을 구축하는 경향이 있었다. 보수주의자들에게 국가는 통합하는 것이었고, 자유주의자들에게 국가는 유용한 것이었다.

보수주의자들은 국적을 선택하기보다는 주어지는 것으로 여겼고, 국가를 태곳적부터 내려온 오래된 것, 구성상 민족적인 것, 다른 목적들을 위해서가 아니라 그 자체로 가치 있는 것, 따라서 숭배와 헌신의 대상이 되는 것으로 여겼다. 반면 자유주의자들은 국적을 주어지는 것이라기보다 선택하는 것으로 여겼고, 국가를 근대적이고 시민적이며 정치적인 것으로 여겼다. 국가 자체는 숭배의 대상도 헌신의 대상도 아니었다. 자유주의자들이 보기에 국가는 유익한 자원이기 때문이었다. 국가는 경계가 있는 영토였고, 사람들이 선택한 목적—자본주의 기업이든, 사적 이익이든, 자유주의적 진보든—을 추구할 수 있도록 정리되고 준비된, 사용 가능한 장이었다.

자유주의자들은 사람들을 그들의 나라와 묶어주는 상상과 애착이라는 비정치적 유대를 잘 알아볼 수 있었다. 자유주의자들은 단지,

그러한 유대들이 하나의 공식으로 포착될 수 있다는 것을 부인하거나, 또는 그런 공식이 가능하다고 가정할 때 어떤 유대가 다른 유대들보다 중요한지에 관한 권위 있는 답변이 존재한다는 것을 부인할 뿐이었다. 대부분의 사람은 자기 나라에 대한 상상의 그림을 하나씩 갖고 있고, 여러 개 갖고 있는 경우도 종종 있지만, 모든 사람이 그런 그림을 갖고 있거나 반드시 갖고 있어야 하는 것은 아니었다. 보수주의자들이 강조하는 국가 의식의 핵심 요소인 연속성, 뿌리, 공통의 역사는 밀이 인정한 어떤 어려운 문제에 직면했는데, 그것은 바로 모든 국가의 과거는 결렬, 뿌리 뽑힘, 논란의 여지가 있는 역사로 이루어진 과거라는 것이었다.

미국은 윈스럽에 의해 "언덕 위의 도시"로 성경적으로 상상되었고, 토크빌에 의해 민주주의의 실험실로 예언적으로 상상되었고, 휘트먼에 의해 "국가들로 가득한 국가"로 시적으로 상상되었고, 더글러스에 의해 자유와 노예라는 불가능한 조합으로서 비난조로 상상되었다. 그중 어떤 것이 옳은지 따지는 것은 무의미하다. 세 개의 노래가 미국의 국민 가요처럼 불려왔다. 캐서린 리 베이츠의 국토에 대한 찬가 「아름다운 미국」(1893), 우디 거스리의 박애에의 호소 「이 땅은 당신의 땅」(1944), 밥 딜런의 미국의 불안에 대한 비가 「구르는 돌처럼」(1965)이 그것이다.

영국다움(영국적인 것)에 대해 말하자면, 4000명의 직원을 거느린 미들랜즈 철강회사의 소유주였던 보수당 총리 스탠리 볼드윈에게는 영국이 "모루에 망치 두드리는 소리" "숫돌에 낫 가는 소리" "4월의 숲에 핀 야생 아네모네와 야간의 건초 쌓기"를 떠올리게 했다. 그가 「영국에 대하여」(1926)에서 쓴 그런 풍경과 소리에 대한 사랑은 "우리 국민의 타고난 고유한" 것이었다. 반면 영국의 영화감독 대니 보일이 연출한 런던 하계 올림픽 개막 행사 「경이로운 섬」(2012)의 영국다움을 환기하는 장면들에서는 그 나라의 푸르고 평온한 대지가 나타났다가, 공장에서 뿜어져 나오는 매연으로 더럽혀진 모습이 펼쳐졌다가, 애국적 찬양의 대상으로 널리 인정받는 국민건강보험을 기려 대형 병원의 침상들에서 간호사와 환자와 의사가 함께 춤추는 모습이 그려졌다.

프랑스와 독일의 경우, 여기서 설명하고 있는 종류의 국가적 애착이 두 개의 방대한 문집으로 예시되었다. 피에르 노라가 편집한 프랑스와 프랑스적인 것에 대한 역사적-문학적 소환인 『기억의 장소』 (1984~1992)는 총 일곱 권의 책에 130편의 에세이를 수록했다. 에티엔 프랑수아와 하겐 슐체가 편집한 독일편 『기억의 장소』(2001~2008)는 국가에 대한 감정과 성찰이 당연히 빠져들 만한 18개 범주로 나누어 총 122편의 에세이를 수록했다. 그 18개 범주는 영토, 작가와 사상가, 사람들, 적, 분열, 죄, 혁명, 자유, 규율, 능력, 법, 근대성, 교육, 감정, 신앙과 종파, 조국, 낭만주의, 정체성이었다.

애국적 보수주의자는 그런 작품들이 국가에 대한 사랑을 보여주는 것이 아니라 허접스러운 유산에 대한 학자의 열광이나 관광객의 심취를 보여주는 것이라고 쏘아붙일 수도 있다. 하지만 그런 험담은 정곡을 벗어난 것이다. 자유주의자들은 국가를 무시하거나 부인하지 않는다. 그들은 보수주의자와는 다른 식으로 국가를 이해하고 있으며, 그런 식으로 이해하는 것이 역사와 사람들의 실제 애착에 더 맞는다고 생각한다. 국가를 설명할 때 보수주의자들이 경건과 신비에 의지한다면, 자유주의자들은, 그들 스스로 그렇게 이해하듯이, 역사와 원칙에 의지한다. 자유주의자들이 생각하기에 윤리적-문화적 국가는 19세기에 국민국가와 국내 시장이 서로를 발전시키는 가운데 그것들과 함께 성장했다.

국가에 대한 서로 대조되는 보수주의적 견해와 자유주의적 견해는 보수주의와 자유주의가 각각 지지하는 정치적 이상에 따른 것이었다. 보수주의자들은 사회와 마찬가지로 국가를 창조된 것이 아닌 혹은 자연적인 통일체로 간주했다. 그들은 국가 구성원에 대한 국가의 권위적이고 이론의 여지 없는 지배력을 받아들였다. 자유주의자들은 국가를 사회의 인위적 창조물로, 그 자체로 갈등의 영역으로 이해했다. 자유주의자들이 생각하기에 국가의 성격에 대해서는 필연적으로 논쟁의 여지가 있었고, 구성원들에 대한 국가의 요구에는 반드시 타당한 이유가 수반되어야 했다. 자유주의는 사람들에게 국가의 요구를 피할 수 있는 보호책, 예컨대 국가를 떠날 자유와 새로운 국적을 취득할 자유를 제공했다. 보수주의는 국적을 주어지거나 부과되는 것으로 여겼고, 표면적으로만, 법의 형식으로만 변경될 수 있다고 보았다. 하나의 문화적 통일체로 이해되는 국가를 보수주의자들은 정치 질서의 원천으로 보았고, 자유주의자들은 정치 질서의 결과로 보았다. 영국의 철학자 로저 스크루턴은 『어떻게 보수주의자가 되는가』(2014)에서 바로 이 점을 강조했다. 그는 정치 질서는 "정치 자체가 결코 제공할 수 없는 것으로서 문화적 통일체"를 필요로 한다고 썼다.

차이가 커 보이기는 하지만, 화해는 가능했다. 만약 문화적 통일체가 협소하고 배타적인 일련의 문화적 애착을 의미한다면, 자유주의자들은 동의할 수 없을 것이다. 그들은 프랑스다움, 영국다움, 독일다움, 미국다움에 대한 한 가지 해석을, 특히 배타적인 타자나 비자유주의적 정치 이상이 암묵적으로 내포된 해석을 받아들이지 않을 것이다. 반면 문화적 통일체가 자유주의적-민주주의적 이념에 대한 공통의 헌신과 함께 광범위하고 제한 없는 일련의 문화적 애착을 의미한다면, 많은 자유주의자는 동의할 것이다. 사회 지향적 보수주의자와 민주주의적 자유주의자가 그렇게 이해했듯이, 문화적 통일체와 자유주의적 애국주의는 그렇게 멀리 떨어져 있지 않을 것이다. 서로가 상대방이 무시할까봐 우려하는 부분을 위해 여지를 둘 수 있었다. 보수주의자들의 주장대로 자유주의자들은, 시민들이 도덕적 정서, 특히 일체감과 자부심에 대한 요구가 있는, 또한 좋든 싫든 자유주의적-민주주의적 규범의 수용에 대한 요구가 있는 그런 좀더 큰 국가 전체에 좋든 싫든 속해 있다는 것을 인정할 수 있었다. 자유주의자들의 주장대로 보수주의자들은 국가에 대한 일체감과 국가에 대한 자부심이 무조건적인 것이 아님을 인정할 수 있었다. 즉, 그들은 한 국가의 정치적 이상이 중요하다는 것, 그리고 한 국가가 잘못된 이상을 갖고 있거나 혹은 올바른 이상을 갖고도 그에 부응하지 못할 때 국가에 대한 자부심은 국가에 대한 수치로 변하고 국가에 대한 일체감은 국가에 대한 불찬성으로 변한다는 것에 동의할 수 있었다. 이념의 공간에서는 보수주의자와 자유주의자가 동의할 만한 국가에 대한 사랑이 중도에서 가능했다.

여기까지는 좋은데, 국가를 아무리 촘촘하거나 느슨하게 상상하고 생각해도 그 국가에 속하는 사람이 누구인지, 국적에 따르는 권리와 의무가 무엇인지에 대한 실질적인 질문들이 해결되어야 했다. 애국적 자유주의자가 애국적 보수주의자와 접점을 찾기 위해 아무리 논쟁을 벌여도, 딱 떨어지는 내국의 "우리"와 딱 떨어지는 외국의 "그들"이 결코 존재하지 않았다는 난처한 사실이 남아 있었다. 어떤 나라에 정착할 수 있는 사람이 누구인가(이민), 또는 일단 어떤 나라에 정착하면 사람들은 어떤 지위를 갖는가(국적) 하는 문제에 대한 안정적인 답은 거의 없었다. 국적과 이민의 역사에서 드러나는 것은 독특한 국가 성격에 대한 주옥 같은 사실들이 아니라 변화하는 법과 정의定義의 뒤얽힘이었다. 두 주제가 계속 정치적으로 갈라지고 공정한 협상에서 벗어나 있는 것처럼 보이는 이유 중 하나는 각 주제가 야기하는 격정과 노련한 지식—둘 중 어떤 것에 대한 것이든—에 기반한 전문성 간의 지속적 불일치에 있었다.

국가는 더 많은 사람, 새로운 일손, 새로운 병사가 필요할 때 외국인을 환영하는 경향이 있었다. 혁명 이후 프랑스인이라는 것은 법적으로 프랑스인 아버지에게서 태어난 것으로 정의되었다. 인구 감소와 병역을 치를 젊은 남성의 부족에 대한 우려에서 1889년에 프랑스인이라는 국적은 프랑스 내에서 비프랑스인 아버지로부터 태어난 자에게로 확대되었다. 1927년에 전쟁으로 피폐해진 프랑스는 이민 정책을 완화했는데, 이는 잘못된 종류의 외국인, 특히 나중에 비시 정부의 국적법에서 배제 대상으로 규정되는 유대인을 유입시켰다는 이유로 우파로부터 악의적인 공격을 받았다. 탈식민지화, 특히 알제리의 탈식민지화는 옛 프랑스 식민지 출신의 사람이 프랑스로 갈 수 있는지에 대한 까다로운 문제를 프랑스에 제공했다.

전쟁과 탈식민지화는 영국인이라는 것의 형성에도 영향을 미쳤다. 영국에서는 1915년에 와서야 충성스러운 신민과 적국인을 구별하기 위해서 누가 영국인이고 누가 영국인이 아닌지를 의회가 처음으로 규정했고, 그 이전에는 국적에 대한 법률적 정의가 없었다. 1945년 이후의 식민지들에 대한 독립 승인으로 제국주의 이후의 영국에서는 국가의 범주와 거주 자격들이 뒤얽혔는데, 이는 이후 몇십 년 동안 국적법에 대한 여섯 차례 이상의 주요 개정과 함께 정리되고 혼란스러워지기를 거듭했다. 유럽연합 가입은 어느 정도 일관성과 안정성을 가져다주었지만, 영국 정부의 유럽연합 탈퇴 결정은 어떤 유럽인들이 계속 그곳에서 살고 일할 수 있는지에 대한 의문을 불러일으켰고, 뿌리내린 기대를 다시 한번 뒤엎으면서 영국 시민들에게 익숙해졌던 유럽 내에서의 동등한 권리들을 위태롭게 했다. 반면에 영국의 유럽연합 참여는 옛 제국에 속했던 나라들의 시민과 영연방의 시민들이 영국에 정착할 기회를 제약하고 있었다. 유럽연합의 제약에서 벗어나면 그러한 배제를 바로잡을 수 있을 테고, 바로 이것이 가족이나 기억에 의해 영국과 연결돼 있는 비유럽 세계에 문을 열어줄 것을 요구하는 브렉시트 찬성파가 역설하는 바였다. 어느 쪽이든, 영국인이라는 것은 법률 재조정과 정치적 기류 변화의 가능성이 있는 불확정적인 것임이 다시금 입증되고 있었다.

결국 유럽은 어떤 면에서는 개방적이었고, 어떤 면에서는 폐쇄적이었다. 경기 침체기인 1970년대에 유럽은 외국 이민자들에게 국경을 닫았다. 1990년대와 2000년대에 유럽연합이 확장되자, 유럽연합은 바깥쪽 경계는 닫은 채로 두되 내부의 국경들은 개방해 유럽연합 시민 누구나 자유롭게 국경을 넘나들 수 있게 했다. 북아프리카로부터 오는 경제적 이민과 시리아전 난민의 압박은 예상대로 유럽연합을 분열시켰다. 그러나 유로화 갈등이 유럽연합을 분열시킬 것이라는 예측이 그렇듯이, 유럽의 위기 전망은 계속 줄어들고 있었다.

역사적으로 자본은 풍부하지만 노동력은 부족했던 미국에서는 국경이 1920년대까지 세계에 개방되어 있다가 닫혔고, 1960년대에 어느 정도 다시 개방되었다. 그 후 이민은 또다시 해결되지 않는 정치적 논쟁거리가 되었는데, 다만 그 논쟁에서는 진영 간 입장이 바뀌었다. 1970년대와 1980년대에 텍사스에서 캘리포니아에 이르기까지 제조업과 농업 분야에서 값싼 노동력이 필요했다. "국경을 개방하라!"가 공화당의 구호였다. 여전히 민주당 내에서 힘을 갖고 있던 북부의 노동조합들은 미국인의 임금을 보호하기 위해 저항했다. 마이클 월저는 『정의의 영역들』(1983)에서 이민 통제를 주장했는데, 이것이 자유주의 좌파의 유일한 목소리는 아니었다. 그 뒤 입장이 바뀌었다. 공화당은 미국의 국경을 더 조이려 했고, 민주당은 국경을 계속 열어두려 하거나 적어도 차별적인 방식으로 닫지는 않으려 했다. 중간적 입장은 금방 사라졌다. 공화당에게는 통제에 반대하는 사람은 누구나 반미주의자였고, 민주당에게는 통제에 저항하지 못하는 사람은 누구나 반자유주의자였다.

그 정치적 유동성은 학문에도 반영되었다. 자유주의 사상가들 사이에 시민이라는 것과 국민이라는 것에 대한 철학은 전혀 없었다. 보편주의적 자유주의자들은 국가와 사회의 사람들을 위해 요구되는 시민적 존중을 국가적 차원이 아니라 전 세계적 차원에서 이해할 것을 제안했다. 그들은 사람들이 어디에 있건, 어떤 나라에 속해 있건 상관없이 존중받아야 한다고 주장했다. 그들은 국경 개방에 반대할 훌륭한 논거는 없음을 주장하고자 했다. 예컨대 캐나다 철학자 조지프 캐런스는 국경 개방이 보편적 권리라는 노직의 입장, 국경 개방이 공정의 한 요건이라는 롤스의 입장, 국경 개방이 국경 폐쇄보다 전반적으로 더 이롭다는 공리주의의 입장을 들어 국경 개방을 옹호했다. 엄격한 보편주의자들은 가난한 방글라데시 농민의 요구가 선덜랜드나 릴의 해고 노동자들의 요구와 똑같이 중시되어야 한다고 주장했다. 자유주의 경제학자들 사이에서는 국경 개방에 따른 실익이 주장되었는데, 그것은 비록 산만하고 점진적이라 할지라도 장차 기대를 걸어볼 만한 것이었다. 자유주의 정치인의 어려운 과제는 철학적 주장을 펴든 경제적 주장을 펴든 해고된 지역 노동자를 직시하면서 해야 한다는 것이었다.

국가 지향적 자유주의 사상가들은 편파적 주장과 현장의 요구를 수용할 준비가 더 잘 되어 있었다. 예컨대 영국의 정치사상가 데이비드 밀러는 『국적에 대하여』(2005)에서, 자유민주주의 국가는 무엇보다 그들이 유지하고 보호하고 싶어하는 정치 이념과 사회적 성취에 대한 공동의 헌신에 의해 통합되어 있다고 주장했다. 모든 인간의 생명이 똑같이 귀중하며 모든 사람이 똑같이 인권을 공유해야 한다는 보편주의적 자유주의자들의 생각은 의심의 여지 없이 옳았다. 그럼에도 불구하고, 난민의 경우가 아니라면, 국가들이 국경을 폐쇄하는 것이 이주하려는 사람들을 억압하는 것은 아니라고 밀러는 주장했다. 요청을 거절하는 것은 부당한 요구를 강요하는 것이 아니었다. 따라서 이민을 통제하는 것 자체는 불의한 일이 아니었다. 모든 나라가 인간의 복지에 대한 인도주의적 의무를 띠고 있음을 밀러는 인정했지만, 그 의무의 이행은 역량과 지역적 의무에 따라 정당하게 제한될 수 있었다. 그렇긴 하지만, 국가 지향적 자유주의자들은 종교적 이유나 민족적 이유로 사람들을 차별하는 노골적으로 비자유주의적인 방식으로 이민을 통제하는 것은 잘못이라는 보편적 자유주의자들의 생각에 동의하는 편이었다.

누구를 받아들이고 얼마나 많은 사람을 받아들일지에 대한 격한 의견 불일치는 새로운 나라에 정착한 이들이 어떻게 행동해야 하는가의 문제로까지 이어졌다. 이민에 대한 논점 회피적인 격한 논쟁은 동화, 특히 이슬람교도의 동화에 대한 논점 회피적인 격한 논쟁에 필적했다. 이민의 복잡성이 국내와 국외의 틀에 박힌 사례들에 의해 공개 논쟁에서 단순화된 것처럼, 동화의 복잡성은 이슬람교도와 서구의 틀에 박힌 사례들에 의해 단순화되었다. 서방은 이슬람의 위협을 받고 있으며, 그것을 알아차리지 못하는 사람, 특히 선의의 자유주의자는 눈이 먼 것이라고 주장되었다. 그것이 바로 20년 이상 유럽과 미국에서 우파가 외친 메시지였다. 그런 공세 속에서는 다음과 같은 여론조사 결과들도 놀라울 게 없었다. 2012년의 프랑스 여론조사에서는 설문에 응한 사람 중 43퍼센트가 그 나라의 이슬람교도가 "프랑스의 정체성에 대한 위협"이 된다고 답했다. 2013년의 독일 여론조사에서는 51퍼센트의 응답자가 이슬람이 독일의 삶의 방식을 위협한다고 보았다. 2013년의 영국 라디오 여론조사에서는 18~24세의 사람들 중

27퍼센트가 이슬람교도를 신뢰하지 않는다고 고백했는데, 이에 반해 불교도를 신뢰하지 않는 사람은 13퍼센트, 기독교도를 신뢰하지 않는 사람은 12퍼센트에 불과했다.

이슬람의 위협이라는 우파의 이야기는 단순함에서 힘을 얻었다. 이는 남북전쟁 이후 미국에서 있었던 인종적 이야기와 매우 유사했다. 그 인종적 이야기는 편견을 조장하고 코드화하는 이원적 인종 대립을 강조하며 어느 정도는 지어냄으로써 가난한 백인과 가난한 흑인을 갈라놓았다. 이슬람 위협설은 두 가지 거짓말에 의존했는데, 그 각각은 더 큰 거짓을 지탱해줄 만한 진실을 포함하고 있었다.

첫 번째 거짓말은, 이민과 그로 인한 사회적 어려움이 성격에 있어서나 규모에 있어서나 이전과 다르다는 것이었다. 이민을 둘러싼 긴장은 미국(1890~1900년대), 프랑스(1920년대), 영국(1950년대), 독일(1960년대)에서 인구 많은 도시와 정비되지 않은 지역에 살면서 주택난을 겪는 박봉의 노동자들 사이에서 타올랐다. 대규모 인구 이동과 그로 인해 야기되었다는 해로운 변화의 역사가 소환되었지만, 그것은 대개 안전할 정도로 아주 먼 역사였고 마치 그림책 같은 역사였다. 예컨대 4세기에 게르만족이 로마 국경을 위협한 역사나 16세기에 오스만제국이 빈을 압박한 역사처럼 말이다.

두 번째 거짓말은 동질적인 서구 사회가 동질적인 민족인 이슬람교도들에게 위협받고 있다는 것이었다. 그 거짓말의 공급자들은 위협받는 그 사회적 동질성을 어떤 성격으로 규정할지에 대해 확실한 생각을 갖고 있지 않았다. 그것은 자유주의일까, 세속주의일까, 기독교일까, 유대-기독교일까, 서구주의일까, 혹은 "기독교를 상속받은 사회"라는 주제넘고 감이 잘 안 잡히는 꼬리표를 고려할 때 그 모든 것의 혼합일까? 그 단결된 위협 세력에 대해 말하자면, 그 거짓말의 공급자들은 그것이 하나의 민족인지(다양한 차이점을 내포한 이슬람교도) 아니면 하나의 종교인지(여러 종파를 내포한 이슬람교)에 대해 확실한 생각을 갖고 있지 않았다.

2010년 프랑스에서는 북아프리카 출신의 시민이 약 500만 명 살고 있는 것으로 추정되었다. 조사에 따르면 그중 다수는 세속적이었고, 스스로 종교를 엄수한다고 여기는 40퍼센트 중에서도 4분의 1만이 금요 기도회에 참석했다. 1960년대와 1970년대에 그들의 조부모는 이슬람교도가 아니라 아랍인이나 마그레브인으로 알려져 있었다. 그들은 모든 계층에 걸쳐 있었고, 매우 다양한 시각을 갖고 있었다. 다시 말해서, 프랑스에 500만 내지 600만 명의 이슬람교도가 있다고 말하는 것은 프랑스에 4400만 명의 기독교도가 있다고 말하는 것만큼이나 오늘날의 프랑스 사회와 정치에 대해 별로 알려주는 바가 없었다. 게다가 어느 누구도 그 수를 확실히 알지 못했다. 이슬람교도의 수는 어떤 조사에 따르면 600만 명이었고, 또 어떤 조사에 따르면 350만 명이었다. 공식 집계는 없었다. 영국, 미국과 달리 프랑스는 1978년 이후 몇몇 예외가 있었을 뿐 인종이나 종교 관련 통계의 수집 및 배포를 법으로 금지했다. 프랑스는 비시 정권(1940~1944) 때 유대인에게 수치스러운 행동을 했던 것을 되새기며, 논쟁의 여지가 있고 편견의 여지가 있는 범주들을 인정하지 않으려 했다. 이런 자기 부정은 프랑스 내 이슬람교도의 수가 과소평가됐다는 프랑스 우파의 주장을 반박하기 어렵게 만들었지만, "눈에 띄지 않음을 통한 평등"이라는 정책은 유지되었다. 점진적 동화에 대한 프랑스의 믿음은, 교회와 국가의 법적 분리를 요구하고—미국처럼—종교를 공적 논쟁의 대상으로 삼지 않을 것임을 표명하는 치열하고 오래된 원칙인 정교분리 원칙에 의해 단단해졌다.

영국은 프랑스처럼 종교를 따지지 않는 동화를 추구하는 대신에 제한적 다문화주의를 채택했는데, 이는 특정한 문화적 보호와 지역적 특혜를 이민자 집단이나 그 집단에서 지명된 지도자에게 확장하는 정책이었다. 이슬람을 흡수하기 위한 영국의 제도적 맥락은 프랑스의 맥락과 달랐다. 영국 사회가 프랑스 사회처럼 철저히 세속화되긴 했지만, 영국은 교회와 국가를 분리하지 않았다. 영국의 군주는 영국 성공회의 수장이었고, 종교적 공직을 맡고 있는 사람들은 공적 생활에서 미미하긴 하지만 목소리를 낼 수 있었다. 자유주의적 존중은 이슬람 교단의 지도자인 이맘을 영국 성공회 목사와 다르게 대우하는 것을 옳지 않은 것으로 만들었다. 프랑스의 이슬람교도들과 달리 영국의 이슬람교도들은 주로 파키스탄과 방글라데시 출신이었고, 자신들만의 배경과 전통을 가지고 있었다. 1970년대와 1980년대에 일어난 아시아인 이슬람교도와 흑인 사이의 도시 폭동은 대립적인 소수 민족들이 시민적 평화 속에 스스로 섞여들리라는 희망을 흔들어놓았고, 이를 계기로 뭔가 조치가 필요하다는 것이 인정되었다. 어느 정도의 사회적 분리가 인정되었다. 커뮤니티 지도자들이 시민의 일에 대표로서 참여했다. 대도시에는 파키스탄계와 방글라데시계 사람들의 집단 거주지가 생겨났는데, 그곳에서는 소수의 지역 지도자들이 노골적인 분리주의를 부추겼고, 훨씬 더 소수의 지역 지도자들은 과격한 폭력을 부르짓었다. 독일의 접근 방식은 다문화주의와 동화 사이에 놓여 있었다. 독일에는 사회적으로 자리 잡은 많은 터키계 인구가 있었는데, 그들은 1960년대에 독일에 온 이주 노동자들의 자녀와 손자녀들로, 이제는 시민권을 갖고 있었다.

갈등과 사회 문제 때문에, 시민의 부식과 붕괴에 대한 예측이 40~50년 동안 세 나라 모두에서 줄곧 들려왔다. 1980년대의 영국 폭동과 2005년의 프랑스 폭동은 긍정적인 동향들보다 더 많이 주목받았다. 느리고 불완전한 통합이 화제가 되기는 힘들었지만, 유럽에서 이슬람의 대중적 면모는 이슬람 위협설이 암시하는 것과 달리 더 다양하고 더 친숙하고 덜 불안스러웠다. 어색하고 불완전하게, 유럽은 수용이 자유주의 가치의 옹호와 균형을 이룬다는 점에서 새로운 이민자들을 받아들이고 있었다. 데이비드 밀러는 『국적에 대하여』(2005)에서 그런 이야기를 한 바 있다. 그는 국가 지향적 자유주의가 이민자들에게 "새로운 정체성이 형성될 수 있도록 현재의 정치 구조를 수용하고 호스트 커뮤니티에 참여하려 애쓸 것"을 요구해야 한다고 썼다. 2010년대에 이르러서는 그런 희망이 정말로 실현되고 있다는 징후가 있었다. 이슬람 대중이 자유민주주의 규범들을 좀더 기꺼이 받아들이면서 이슬람 커뮤니티와 이슬람 종교 지도자들은 지역과 정부의 의사 결정에서 더 큰 역할을 하기 시작했다. 2016년에 런던의 유권자들은 런던 태생의 온건한 전 노동당 하원의원 사디크 칸을 시장으로 선출했는데, 그는 1960년대에 파키스탄에서 영국으로 이민한 수니파 이슬람교도의 아들이었다. 칸은 종교 관습을 따르는 이슬람교도였지만, 직업에 있어서는 차별에 맞서는 변호사였다. 그의 당선은 문화의 개방성과 적응성을 상기시켜주는 것이었다. 이민자들이 모국어로 자신의 옛 문화와 계속 접촉하게끔 해주는 글로벌 커뮤니케이션은 새로운 나라의 언어와 방식을 배우는 것을 방해한다고 이야기되곤 했다. 그것은 아마도 맞는 말이었겠지만, 글로벌 커뮤니케이션이 그들이 계속 접촉하는 옛 문화 또한 변화시키고 있다는 점을 간과하고 있었다.

요컨대 이슬람 위협설이 틀렸다고 생각할 합리적인 근거들이 있었다. 유럽 사회는 인구통계학적으로나 문화적으로나 정치적으로나 압도되고 있지 않았다. 이슬람 위협설은 오래된 출생률을 인용했고, 그것을 50년 이상 후의 미래와 직결시켰다. 그것은 자유주의적 근대성에 내포된 사회적 복잡성과 문화적 매력을 무시했다. 그것은 이주와 정복이라는, 전근대 시대와의 설득력 없는 역사적 유사점을 주장했다. 그것은 이슬람교도를 반자유주의적 이슬람주의자와 동일선상에 놓고 반자유주의적 이슬람주의자를 과격 이슬람주의자와 동일선상에 놓음으로써, 서방을 위협하는 것이 무엇인지의 문제를 혼란스럽게 만들었다. 유럽과 미국에서 자유민주주의 원칙이 압박을 받는다면 그것은 이슬람 때문이 아니라 자유민주주의가 약속을 지키지 못했기 때문일 것이다.

그럼에도 불구하고 미국과 마찬가지로 유럽은 중동의 이슬람 사회들을 휩쓴 내전으로부터의 폭력적 여파에 노출되었다. 그 여파는 끊임없는 테러 행위의 형태를 띠었고, 이러한 테러는 경계심과 병력 동원을 야기했다. 테러 행위는 일반적으로 서구에서 태어나거나 서구에서 교육받은 신병에 의해 자행되었지만, 중동 내 반자유주의 움직임에 영향받은 것이었다. 테러는 이슬람 사회들에 신앙에 대한 경직되고 꽉 막힌 해석을 강요하며 더 개방적인 근대적 해석들을 차단하기 위한 군사 행동의 한 전술이었다. 테러가 노리는 효과는 두 가지였는데, 하나는 유럽인과 미국인들을 동요시켜 이슬람교도 시민들을 적대적이고 이질적인 집단으로 다루게 만드는 것이었고, 다른 하나는 그런 이슬람교도 시민들을 동요시켜 일반적으로 인정되는 사회적 불만들을 서구 사회와 전쟁을 벌일 명분으로 취급하게 만드는 것이었다. 테러로 인해 안정이 파괴되는 것은 결코 과소평가될 수 없는 일이었지만, 작으나 고무적인 한 가지 징후는 유럽의 이맘과 이슬람 커뮤니티 지도자들이 과격 이슬람주의라는 이름으로 자행된 테러 공격들 이후 애도하고 연대를 표하는 데 동참하려는 더 큰 의지를 보인 것이었다.

유럽과 미국 내에서 과격 이슬람주의가 발현되는 정도와 성격에 대해서는 논란의 여지가 있었다. 어떤 관찰자들은 공격의 무질서하고 모방적인 성격과 공격자의 사회적 고립을 강조했다. 또 어떤 관찰자들은 테러의 배후에 있는 이념적 목적을 강조했다. 프랑스에서는 유명한 두 이슬람 연구가인 올리비에 루아와 질 케펠이 상반된 견해를 갖고 있어서 견해의 대비가 선명한 편이었다. 루아는 유럽을 괴롭히는 테러가 정치적인 것이라기보다는 범죄적인 것에 가깝다고 보았다. 그는 테러를 주변성과 잡범의 이슬람화라고 기술했다. 케펠은 과격 이슬람주의를, 1920~1930년대 서구 파시스트 작가들의 글을 읽었고 테러리스트의 폭력이 갖는 힘을 이해하고 있는 정치인과 지식인들에 의해 주도되는 반자유주의 운동으로 간주했다. 런던 킹스 칼리지의 국제급진화연구소가 최근 몇 년 동안의 영국 지하드 전사들에 대해 연구한 바에 따르면, 그들 다수가 비교적 유복한 집안 출신의 교육받은 사람이었지만 방황했고, 허무주의적 시각을 갖고 있었으며, 대의명분을 찾고 있었다. 명칭은 종교적이었지만, 그들은 1970년대에 독일 적군파와 이탈리아 붉은 여단에 들어가거나 1920년대에 파시스트 비행 여단을 결성한, 확고한 기반이 없는 유럽 젊은이들과 다르지 않았다.

자유주의자들은 여전히 희망적인 이야기를 할 수도 있었다. 테러가 경찰과 정보기관에 의해 폭로되고 저지될 때, 그리고 불화와 이해 부족에도 불구하고 마지못해 평온하게 함께 살아가려는 이들 사이에서 테러가 사회 전쟁을 부추기는 데 실패할 때, 테러는 소멸할 것이다. 자유주의자들은 또한 암울한 이야기를 할 수도 있었다. 테러는 사람들이 위협의 규모를 가늠하지 못하게 할 수 있었다. 테러는 반테러적 시민의 자유들의 익히 알려진 막대한 비용에 비해 그로 인해 얻는 눈에 보이지 않고 논란의 여지가 있는 이득이 더 크다고 말하기 어렵게 할 수 있었다. 테러는 자유민주주의를 적대적인 진영들로 분열시키는 데 성공할 수 있었다.

민주주의적 자유주의에서 통합과 차이의 문제는 정체성 정치에 의해 덜 걱정스럽게, 그러면서도 더 광범위하게 제기되었다. 민권 운동과 차별 철폐 운동이라는 중대한 행동들을 통해서 그러한 운동 뒤에 있는 원칙들이 일단 법에 뿌리내리자, 이제 정체성 정치라는 범주로 묶인 새로운 운동들이 일어났다. 정체성 정치는 사회 계층이 아니라 젠더, 인종, 신앙, 종족, 국적에 중점을 두었다. 계층과 관련 없는 요소들은 먼 옛날부터 정치에 등장했다. 그러나 사회심리학과 인정의 자유주의에서 차용한 "정체성 정치"라는 꼬리표는 새로운 것이었다. 옥스퍼드 영어 사전에 제시된 "정체성 정치"에 대한 첫 번째 관련 인용은 1989년의 것이었다.

현대판 정체성 정치는 1960년대부터 시작되었다. 근래에 그것은 장애물인 비판자들에 의해 전적으로 좌파와 연결되고 좌파에 계류되어 있었다. 그러나 사실 정체성 정치는 처음부터 양 정치 진영 모두에서 행해졌고, 종종 우파에서 능란하게 행해졌다. 미국에서 민주당이 인종 차별 철폐와 민권을 추구할 때, 공화당은 1970년대부터 백인 노동 계급의 반발에 따른 "종족적" 표를 얻었다. "종족적"이라는 말을 "백인"을 위한 코드로 사용하면서 공화당원들은 '닉슨을 찍는 민주당원'이라는 말을 만들어냈는데, 이것은 1980년대에는 '레이건을 찍는 민주당원'이 되었다가, 2016년에 와서는 마치 처음 들어보는 것인 양 '트럼프를 찍는 민주당원'으로 재발견되었다. 이와 비슷한 일이 1970년대에 영국과 그 밖의 유럽 국가들에서도 일어나, 당시 좌파는 이민 문제와 관련해 노동 계급의 지지를 우파의 이민배척주의 정당들에 빼앗기기 시작했다. 문제의 유권자들은 편협하게 여겨지는 것에 대해 당연히 반감을 가졌을 수 있지만, 그럼에도 불구하고 일찍이 정체성 정치에 능숙했던 우파 선거운동가들은 그런 편협한 유권자들을 탐지해 편협한 방식으로 그들에게 호소했다.

좌파의 정체성 정치는 다른 식으로 분열적이었고, 미국과 영국에서 특히 그랬다. 하나의 슬로건과 범주로서의 정체성은 모든 사람을 위한 시민적 존중을 제한적인 희망 이상으로 만들기 위한 역사적 캠페인의 세 단계 중 마지막 단계에 이르러서야 비약할 수 있었다. 첫 번째 단계는 특히 미국 흑인들을 위해서 차별에 반대하고 평등한 권리를 지지하는 것이었다. 대부분의 자유주의자가 이에 동의했다. 두 번째 단계는 소수자 우대 조치 또는 차별 철폐 조치로 알려진, 직업과 교육에서의 기회의 평등을 지향하는 선택적 도움이었다. 이에 대해서는 대부분의 좌파 자유주의자가 동의했다. 그런데 세 번째 단계에는 매우 새로운 요구가 있었다. 단지 편견으로부터의 보호를 요구하는 것이 아니었다. 단지 과거의 편견으로 인한 피해를 바로잡도록 도움을 요구하는 것이 아니었다. 그 요구는 과거에 낙인찍혔던 집단들 자체를 이제는 인정하고 존중하고 환영해야 한다는 것이었는데, 어떤 종류의 자유주의자든 거의 동의하지 않았다. 좌파 연구자들 사이에 전선이 그어졌다. 정체성 정치 찬성파와 반대파가 대립하게 된 것이다.

정체성 정치의 옹호자들은 자유주의적 보편주의에 반대하는 소극적 주장과 새로운 종류의 '집단 존중'을 옹호하는 적극적 주장을 폈다. 소극적 주장에 대해 말하자면, 차이를 따지지 않는 것과 동등한 존중이라는 자유주의적 이상은 일관성이 없거나 억압적이라고 비판되었다. 차이를 따지지 않는 것은 사실상 차별적이었다. 동등한 존중은 너무 포괄적이어서 공허하거나, 내용이 주어질 경우 획일성으로 인해 억압적이었다. 그런 종류의 자유주의 원칙을 공격한 대표적인 예로 아이리스 매리언 영의 「정체와 집단 차이: 보편적 시민권 이념에 대한 비판」(1989)을 꼽을 수 있다. 적극적 주장에 대해 말하자면, 정체성 정치에의 요구는 시몬 드 보부아르의 사상과 저작에 대한 전문가인 소니아 크럭스에 의해 나중에 잘 정리되었다. 크럭스는 정체성 정치를 "이전에는 인정받지 못했던 바로 그 근거들에 기초해 인정을 요구하는 것"이라고 보았다. 여성들이라는 집단, 흑인들이라는 집단, 동성애자들이라는 집단이 인정을 요구한 것이라고 크럭스는 썼다. 그녀의 주장에 따르면, 누구도 "자신의 다름을 막론하고" 존중할 것을 요구하고 있지 않았다. 새로운 요구는 "남다른 존재로서의 자신에 대한 존중"이라고 크릭스는 말했다.

그 애매한 문구를 해석하는 것은 1950년대에 두 명의 정신분석학자—자유주의적 중도에 해당되는 에릭 에릭슨과 급진 좌파에 해당되는 프란츠 파농—에 의해 대중화된, 바람직하게 통합된 자아라는 임상적 개념으로 돌아가는 일일 것이다. 그것은 진정한 자아에 대한 하이데거적이고 실존주의적인 사상으로 돌아가는 일일 것이고, 모든 형태의 사회적 억압이나 정치적 억압에 대한 공통의 설명 장치인, 불인정이라는 최근 부활한 헤겔의 개념으로 돌아가는 일일 것이다. 하지만 그런 흐릿함 속에서 어떤 성가신 생각이 사라지지 않을 것이다. 누군가의 자아에 대한 존중을 요구하는 것은 연대의 표시 아니라 자만의 표시 아닐까? 남다른 존재로서의 자신에 대한 존중을 요구하는 것은 집단주의의 가면을 쓴 일종의 급진적 개인주의 아닐까? 만약 권력의 부당한 불평등이 쟁점이라면, 자아와 정체성에 대한 이야기는 그 논쟁을 끌고 나가기에는 너무나 간접적이고 혼란스러운 방법일 것이다.

제대로 이해되었다면 정체성 정치란 범주화의 정치를 하는 한 방식이며, 자유주의자들은 사람들을 범주로 나누어 어떤 범주 내에 유지시키는 것을 끔찍이 싫어하고 또 싫어해야만 한다. 자유주의자들은 어리석지 않다. 그들은 필요와 상태의 범주들을 인정한다. 살아가는 동안 사람들은 젊을 때도 늙었을 때도 있고, 독신일 때도 기혼자일 때도 있고, 건강할 때도 아플 때도 있고, 더 나을 때도 더 나쁠 때도 있고, 유능할 때도 덜 유능할 때도 있다. 이 삶의 시기들은 자유주의자들이 주의를 기울이거나 기울여야만 하는 사회적 범주다. 자유주의자들은 출생과 함께 사람을 흠뻑 적시고 평생 그 사람을 가려버리는, 사회적으로 주어지는 정체성들을 못 보거나 못 봐야 한다.

만약 정체성 정치가 어느 누구도 사회적 외피로 인해 비하되거나 차별받지 않아야 한다는 주장과 관련 있다면, 그리고 만약 정체성 정치가 문화의 독점 대신 문화의 다양성이 자리 잡는 것을 찬양하는 것이라면 괜찮다. 만약 정체성 정치가 문화적 집단들과 그 집단마다의 전통이 각 집단만의 자양분이 되는 가치를 가지고 있음을 인정하는 것을 의미한다면 괜찮다. 만약 정체성 정치가 견고한 보호와 권한 부여를 통한 모든 사람에 대한 시민적 존중의 약속을 재확인할 것을 자유주의 정치에 요구하는 것이라면 괜찮다. 반면 만약 정체성 정치가 공통의 시민권과 공유된 정치 도덕을 희석하거나 부인하는 분열적이고 개인주의적인 방식으로 이해된다면, 그렇다면 정체성 정치는 민주주의적 자유주의를 뿌리째 위협할 것이다.

이런 식으로 정리하면, 이번 절의 서두에서 이야기한 자유주의적 애국주의와 관련해서는 기대할 게 거의 없는 것처럼 보일 수도 있다. 자유주의자를 몽유병자로 여기는 대단히 비판적인 의심자와 조롱자가 많았다. 국수주의적 열기의 회귀에 직면한 자유주의자들은 그럼에도 절망할 필요가 없었다. 중요한 것은 자유주의적-민주주의적 이상을 분명히 하는 것, 위축되거나 변명하지 않고 그 이상들을 고수하는 것, 무엇보다 초점을 흐리는 단순 논리들을 피하는 것이었다.

초점을 흐리는 단순 논리들에 대해 말하자면, 첫째, 미국의 정치학자 새뮤얼 헌팅턴의 「문명의 충돌」(1993)에 담겨 있는, 윤리적-문화적 갈등이 계급 간 경쟁을 대체했다는 주장이었다. 문명이란, 지정학 내에 설득력 있게 배치하는 것은 고사하고 정의하기도 어려운 것이었다. 2008년 이후 몇 년 동안 계급과 불평등이 기운차게 정치로 돌아온 것에서 분명히 알 수 있듯이, 문화가 정치 갈등의 원인인 계급과 경제를 대체했다고 보는 것은 시기상조였다. 문명 전쟁은, 그런 전쟁이 도모되고 추진되는 게 아니라면, 존재할 필요가 없다.

둘째, 자유주의가 서구의 여권을 가지고 왔다는 주장이었다. 이는 자유주의가 19세기 의상을 입고 왔다고 주장하는 것만큼이나 우스꽝스러운 것이었다. "서구가 보기에는 보편주의, 나머지가 보기에는 제국주의"라는 조롱 섞인 주장은 "나머지"가 누구인지에 대해서 애매모호했다. 자유주의 가치가 서구적이라거나 제국주의적이라고 주장하는 그 "나머지"는 일반적으로 다른 사람들에 의해 선택받은 지도자가 아니라 지도자를 자임하고 나선 이들이었고, 대개 남성이었고, 권력이 별로 없고 발언권이 거의 없거나 전혀 없는 다른 사람들—꼭 스스로가 받아들인 것은 아닌 어떤 논쟁적인 정체성-꼬리표로 분류되어온—을 대변한다고 주장했다.

마지막으로, 열정적 애착이 없는 자유주의자라는 우스꽝스러운 주장이었다. 브렉시트 캠페인에 동원된 거짓말 중 하나가 바로 국가적 감정에 관한 거짓말이었다. 프랑스인들은 프랑스를 사랑했다. 독일인들은 독일을 사랑했다. 영국인들은 영국을 사랑했다. 다시 말해 그들은 유럽을 사랑하는 것이 아니었다. 또한 유럽을 사랑할 수도 없었다. 유럽은 하나의 나라가 아니라, 불분명하게 정의된 위원회들이 공통의 역사나 문화 없이 냉담하게 관료적으로 얽혀 있는 것이기 때문이었다.

하지만 2016~2017년 유럽에서 치러진 중요한 선거들이 보여주었듯이, 그러한 비난은 거짓이었다. 영국에서 브렉시트가 부결된 이후의 정치적 감정의 분출은 널리 언급되었다. 다양한 감정이 있었는데, 그중 하나는 유럽에 대한 상처 입은 애국심이었다. 유럽에 대한 사랑은 프랑스에서 반유럽적 극우의 완패로 나타났다. 1950년대와 1960년대에 드골은 드골파 보수주의로 유입된 프랑스 극우를 프랑스에 대한 사랑을 호소함으로써 침묵시키고 흡수했다. 2017년에 마크롱은 유럽에 대한 사랑을 호소함으로써 프랑스 극우를 확실하게 물리쳤다. 유럽에 대한 애국심은 유럽 젊은이들 사이에서 두드러졌다. 그들은 부글레가 고대했던, 기억과 이상을 혼합한 일종의 자유주의적 애국심으로 유럽을 사랑했다. 그들은 유럽의 과거 때문에, 그리고 유럽의 과거에도 불구하고 유럽을 사랑했다. 애국자의 조국에 대한 자부심에는 부끄러워할 줄 아는 능력이 내포되어 있는 것처럼 말이다. 그들은 자기 나라에서 위협받을까봐 우려되는 자유주의적-민주주의적 이상들을 유럽이 구현하고 있기 때문에, 그리고 유럽의 모든 결점에도 불구하고 유럽이 사회적 관심에 의해 떠받쳐지는 열린 사회에 대한 애착을 대표하기 때문에 유럽을 사랑했다. 그들은 조국에 대한 사랑 때문에, 그리고 뜻을 같이하는 이웃 나라들로 이루어진 하나의 유럽 안에서 조국이 더 나아지고 더 안전해지리라는 생각 때문에 유럽을 사랑했다.

사람들이 단 하나의 사회적 정체성만을 갖고 있고 초국적 애국주의를 느낄 줄은 모른다는 주장은 틀렸다. 국가도, 국가 아래의 하위 집단도 그것들 자체에 대한 누군가의 충성심이나 감정을 요구하는 최종적이고 결정적인 청구권을 갖고 있지 않다. 이 모든 것이 사실이라면, 자유주의자들은 비판자들에게 맞서, 자신들은 자유주의적인 방식으로 나름대로 국가를 이해하고 있고 나름대로 사실상 애국적이라고 주장할 수 있다. 자유주의자들이 국가에 대한 애착과 관련해 선택과 책임을 주장함으로써 초연함을 지지하는 것처럼 가장한다고 비판자들이 불평할 때, 자유주의자들은 비판자들이 어떤 유대의 힘이나 기원을 그 유대를 통해 사람들이 묶여 있는 대상과 혼동하고 있다고 응수할 수 있다. 국가에 대한 애착을 갖거나 표현하는 방법의 폭이 그 애착을 공통의 애착으로 간주하는 것이 의미 없을 정도로까지 넓어질 수 있다는 위험이 있다. 국가에 대한 유연한 애착들이 두 개의 당파적 진영과 일치하는 두 개의 적대적 유형으로, 즉 자유주의자들이 주장하는 애착과 국기를 흔드는 준엄한 우파가 주장하는 애착으로 굳어질 더 큰 위험이 있다.

5. 지적 회의와 불만

자기만족적이라는 자유주의에 대한 평판에도 불구하고, 자기비판은 자유주의의 두 번째 이름이다. 자유주의는 스스로에게도 적에게도 결점을 숨기지 않는다. 1930년대 이후의 어떤 시기를 들여다보더라도, 자유주의자들이 근심스럽게 자유주의의 활력 징후를 살피거나 비자유주의자들이 조용히 그 환자의 사망을 선고하는 것을 발견할 수 있을 것이다. 조지 데인저필드의 『자유주의 영국의 이상한 죽음』(1935)에서 H. W. 브랜즈의 『미국 자유주의의 이상한 죽음』(2001)까지의 사이에 자유주의의 상태에 대해 우려를 표한 많은 저작이 있었다. 존 할로웰은 「자유주의의 쇠퇴」(1942)에서, 대중 사회가 자유주의가 기대어왔던 "개인주의적 세계관"을 한물간 것으로 만들었다고 평가했다. 아서 에커치는 『미국 자유주의의 쇠퇴』(1955)에서, 링컨에서 아이젠하워에 이르기까지의 미국이라는 전쟁국가가 강압적 권력에 대한 자유주의적 저항을 약화시켰다고 우려했다. 시어도어 로위는 『자유주의의 종말』(1969)에서, 관료적 파벌주의와 기업 친화적 정부에 의해, 그리고 이익집단의 정치가 자유주의의 더 큰 이상들을 억압하면서 커지는 복지국가의 부담에 의해 시민 지향적 자유주의가 약해지고 있다고 우려했다. 대니얼 벨은 『자본주의의 문화적 모순』(1976)에서, 자유주의적 자본주의가 역사적 성공을 위해 의지해온 근면, 절약, 사회적 책임이라는 덕목들이 윤리적 자유방임, 자기만족, 어린아이 같은 단기적 놀이 정신에 자리를 내주고 있다고 우려했다. 새뮤얼 헌팅턴은 삼각위원회를 위해 프랑스와 일본의 동료 학자들과 공동 집필한 『민주주의의 위기』(1975)에서, 자유민주주의 정부가 너무 많은 임무를 약속함으로써, 그리고 결국 충족할 수 없는 기대가 부담으로 돌아옴으로써 실패를 예고하고 있다고 우려했다. 1920년대 말에 독일의 자유주의 역사가 프리드리히 마이네케가 드러냈던 근심을 상기시키는 로널드 터첵은 『자유주의자들이 말하는 자유주의』(1986)의 「자유주의의 성공의 결실과 자유주의의 위기」라는 장에서, 자유주의의 성취가 너무 쉽게 당연시된다고, 또한 자기만족적으로 자유주의의 생존이 상정된다고 우려했다. 로저 킴벌과 힐턴 크레이머는 논문집 『자유주의의 배신』(1999)에서, 정체성 정치의 분열적·배타적 주장과 과분한 수

혜권의 확산이 사람들과 그들이 선택한 계획에 대한 자유주의적 존중의 가치를 타락시켰다고 불만을 토로했다. 좌파 지식인인 정치 분석가 레이먼드 고이스는 「자유주의와 자유주의에 대한 불만들」(2002)과 『철학과 현실 정치』(2008)에서, 현대의 자유주의에 고통을 주는 것으로 널리 알려져 있는 질병들의 우울한 목록을 작성했다. 현대의 자유주의는 열정이 없고 영감을 주지 못했다. 그것은 자신이 해체한 오래된 사회적 유대를 대체할 수 없었다. 그것은 자유주의의 최악의 상태인 상업주의를 구현했다. 그것은 이 세계에 보호가 아니라 손상만을 약속했다. 그것은 가짜 보편주의를 들먹이며 서구의 특권을 가렸고, 빈곤이나 불평등에 대한 어떤 해답도 갖고 있지 않았다. 미국의 가톨릭 학자인 패트릭 드닌은 『자유주의는 왜 실패했는가』(2018)에서, 자유주의가 평등권을 선포하면서도 물질적 불평등을 야기하고, 동의에 기초해 정당성을 확보하면서도 시민의 참여를 저해하고, 개인의 자율성을 지지할 것을 주장하면서도 알려진 가장 깊은 데까지 힘을 미치는 국가를 유지시킨다고 비난했다.

그 모든 저자가 똑같은 주장을 편 것은 아니었다. 일부는 자유주의에 우호적이었고 일부는 적대적이었다. 일부는 자유주의가 자기만의 것이기를 바라며 다른 자유주의자들에게는 자유주의라는 꼬리표를 거부하려 했다. 일부는 자유주의를 희화화하거나 자유에 대한 이론의 여지가 있는 옹호론을 폄으로써 자유주의 자체에 대한 신용을 떨어뜨리려 했다. 일부는 자유주의를 완전히 물리치거나 대체하려 했다. 그렇지만 거의 100년에 걸친 자기 분석과 비판을 통해서 21세기의 우려하고 비판하는 사람들이 근거로 삼을 만한 엄선된 많은 비난거리가 마련되었고, 그들은 그것을 열심히 이용했다. 21세기의 의심과 비판 거의 전부가 이전에 들어본 것이라고 해서 그것들이 근거가 빈약하다는 뜻은 아니었다. 자유주의에 대한 의심과 비판적인 불만의 목소리가 여러 방면에서, 다양한 기록에서 제기되었다고 해서 그것들이 서로서로 상쇄되었다는 뜻은 아니다. 현 상태의 자유민주주의가 뭔가 잘못되었다는 데는 거의 모든 사람이 동의할 수 있었고, 다만 어떤 상태인지를 보여주는 많은 방법이 있었을 뿐이다.

동조적인 정치학자들은 자유민주주의가 정치적으로 어떻게 뒷받침될 수 있는지를 고심했다. 동조적인 철학자들은 어떻게 하면 자유민주주의를 철학적으로 가장 잘 방어할 수 있는지를 물었다. 우파와 좌파의 적대적 지식인들은 안정적이거나 신뢰할 만한 대안을 갖고 있지 않으면서도 자유민주주의의 명백한 결함들을 신랄하게 지적했다.

뒤죽박죽인 상황을 더 혼란스럽게 만든 것은 현재의 정치적 갈등에 대한 비정치적 해석들이 대중화되었다는 것이다. 이는 사람들이 메커니즘의 유혹이라 불릴 만한 것에, 즉 정치란 그 누구도 통제할 수 없는 깊은 힘—믿기 어려울 만큼 장기적인 지속의 역사든, 진화생물학이든, 장기간에 걸친 인구통계학적 변화든, 정치적 분쟁을 윤리와 문화의 중개하기 어려운 차이들로 간주하는 전 세계적 문화지리학이든—에 좌우된다는 믿음에 굴복하도록 부추겼다. 그런 설명들의 매력은 주제를 정치에서 다른 것으로 바꿈으로써 논쟁을 해소하는 것이었다. 불평등을 줄이기 위한 정치적 행동이 작동했다 하더라도 잠깐뿐이었다는 것이 예컨대 석기 시대 이래의 인간 불평등의 역사에 의해 주장되었다. 또한 자유주의자와 보수주의자 사이의 의견 차이가 사실, 논쟁, 상충하는 이해관계의 측면에서 이해될 수 있다기보다는, 초기 인간들로부터 유전적으로 전승된, 대비되는 뿌리 깊은 도덕적 반응들의 측면에서 이해될 수 있다고 주장되었다. 아니면, 전 세계의 정치적 다양성은 문화적으로 가장 잘 드러날 수 있으며, 한편으로는 "전통적" 가치나 "세속적-합리적" 가치에 대한, 다른 한편으로는 "생존" 가치나 "자기표현" 가치에 대한 사람들의 헌신 정도—조사 측량된—에 따라 지도화될 수 있다고 주장되었다. 눈길을 끄는 다양한 사실들과 호소력 있는 설명에도 불구하고, 그것들은 어떤 자유주의자도 전적으로 믿을 수 없는 환원적 이야기였다. 그 이야기들은 너무 일반적이어서 실제적인 논쟁을 다룰 수 없었다. 기껏해야 그 이야기들은 결함 있는 인류에 대해 항상 있어왔던 생각을 새롭게 확인해주었고, 최악의 경우 정치적 갈등을 통제할 수 없는 것으로 취급하는 것에 대해 변명했다. 그런 이야기에는 논쟁이나 절충의 여지가 거의 또는 전혀 없었고, 자유주의자들에게는 그 두 가지가 없으면 정치도 없는 것이었다.

20세기에 이루어진 자유주의와 민주주의의 역사적 타협이 심각하게 압박받고 있다는 공통된 생각이 사방에서 들려왔다. 소수를 위한 비민주주의적인 자유주의의 약속 아닌 모두를 위한 민주주의적인 자유주의의 약속이 아무리 표명되고 받아들여진다 해도—유감스럽게든 기쁘게든—, 이제 그 약속은 그것의 오래된 친숙한 말들로는 전달될 수 없을지도 모른다는 믿음이 퍼지고 있었다.

자유주의자들 중 프랜시스 후쿠야마의 저작은 자유주의가 1990년대의 조심스러운 희망에서 2010년대의 걱정스러운 문제로 변한 것에 대한 중요한 표본이 되었다. 냉전이 끝나자, 당시 캘리포니아 샌타모니카에 위치한 랜드 연구소의 연구원이던 후쿠야마는 「역사의 종말?」(1989)이라는 대담한 논문을 썼다. 오해를 부르기 쉬운 말장난 같은 이 제목은 이 논문이 확장되어 『역사의 종말과 최후인 인간』(1992)이라는 책으로 출간되면서 물음표를 떼어버렸다. 후쿠야마는 소련 공산주의의 몰락으로 자유주의적-민주주의적 관점이 광범위하고 영구적인 호소력을 지닌 유일한 정치적 관점으로 남겨졌다고 주장했다. 그는 권위주의, 국가 자본주의, 깡패 자본주의, 신권 정치, 독재자 포퓰리즘 같은 다른 관점들 또한 존재한다는 것을 인정했다. 하지만 그가 보기에 그중 어떤 것도 지속 가능하지 않았다. 각각 결정적인 결함을 지니고 있었다. 파괴적인 내부 갈등, 치료 불가능한 경제적 비효율, 그리고 자유주의자들이 "자유"나 "해방"으로 불러온 것과 신헤겔주의적인 후쿠야마가 인정의 열망이라 부른 것에 대한 사람들의 일상적 요구를 충족시킬 수 없다는 점이 그런 결함이었다. 그에게서 인정은 사회 권력들이 우리 각자를 자신만의 삶과 헌신을 가진 자기중심적인 사람으로서 존중하는 것을 의미했다.

후쿠야마는 서구의 성취가 아니라 자유민주주의의 목표와 이상에 대해 글을 쓴 것이지만, 그는 서구 승리주의자로 널리 오해되었다. 희화화를 자제하고 이야기하자면, 후쿠야마는 자신이 강력한 자유민주주의에 필요하다고 믿은 시민적 태도, 사회 패턴, 정부 제도에 대한 20년간의 연구를 시작한 것이었다. 그는 시야를 세계로 넓혔고, 정치질서가 어떻게 생겨나고 어떻게 무너질 수 있는지에 대한 두 권의 방대한 연구서를 만들어내기 위해 시간을 한참 거슬러 올라갔다. 그중 두 번째 책인 『정치 질서와 정치적 쇠퇴』(2014)는 산업혁명 이후의 자본주의적 근대성에 초점을 맞췄다. 대중의 책임성, 건강한 경제, 사회 진보는 공인된 법에 따라 공익에 봉사하는 부패하지 않은 국가에 달려 있다고 이 책은 주장했다. 그의 판단에 따르면, 자유민주주의 국가인 미국은 20세기 후반에 그런 모범적인 공화국에 가까이 다가가 있었지만 이제는 "정치적 쇠퇴"에 빠져 있었다.

후쿠야마는 그 교훈을 일반화했다. 자유민주주의는 계속해서 고쳐지지 않는 한, 그리고 타락한 이해관계에 붙잡히지 않도록 보호되지 않는 한, 사실상 약화되거나 무너질 수 있다고 그는 말했다. 누구보다 먼저 기성 정당에 대한 다가오는 경제적 반발을 감지하고 그는 「자유민주주의는 중산층의 쇠퇴에도 살아남을 수 있을까?」를 썼다. 후쿠야마는 제목을 이루고 있는 질문에 답하며, "선진국의 중산층"이 "전례 없이 자유로운 시장과 더 작은 국가"가 자신들의 이익 도모에 가장 도움이 된다는 지난 30년간의 지배적 서사를 포기하지 않는다면 자유민주주의가 과연 살아남을 수 있을지 의문을 표했다. 신보수주의의 사회적 우려를 공유했음에도 이제 그는 신보수주의에 대한 이전의 지지를 철회했는데, 힘으로 민주주의를 퍼뜨린다는 신보수주의의 희망이 망상에 불과하기 때문이었고, 정부에 대한 신보수주의의 경제적 적대감이 정치 질서라는 기본 요소를 무시하기 때문이었다.

2년 뒤, 미국에서의 정치적 교착 상태와 정부의 실패에 대한 후쿠야마의 우울한 글인 「쇠퇴하는 미국」(2014)이 발표되었다. 하지만 곧이어 그는 트럼프와 샌더스의 반란을 다룬 2016년의 글에서, 미국의 민주주의가 "어떤 점에서는 기대했던 것보다 더 정상적으로 작동"하고 있는 것일 수 있다는 징후를 보았다. 그는 두 후보 다 믿지 않았는데, 특히 트럼프를 개혁에 "대단히 부적절한 도구"라며 불신했다. 그럼에도 불구하고 그는 대중의 분노에서 가능성을 보았다. 후쿠야마는 유권자들이 "조직화된 이익집단과 과두 정치 지배자들"을 대변하는 "비토크라시vetocracy"로부터 정치 서사에 대한 "통제권을 빼앗으려" 하고 있다고 보았다. 대중 동원은 환영받았지만, 그 자체로는 자유주의적-민주주의적 건전성을 회복하기에 충분치 않았고, 위험이 없지 않았다. 진보 시대와 뉴딜 정책 때 그랬던 것처럼, 팽배한 분노와 좋은 정부는 "위대한 일"을 해냈다. 그렇지만 1930년대 유럽에서 그랬던 것처럼, 팽배한 분노와 나쁜 정부가 "끔찍한 일"을 해낼 수도 있었다.

1989년 이후의 자신감 상실은 자유주의 철학자들 사이에서도 두드러졌지만, 아마도 제한적 영향력의 상실은 정치에서 두드러졌다. 부주의하게 보면, 철학적 분위기 전환이 정치적 신념의 동요로 오인될 수 있었다. 하지만 의심은 자유주의 자체보다는 자유주의를 옹호하는 방식과 더 관련 있었다. 질문의 대상은 자유민주주의라기보다는, 1970년대와 1980년대에 영어권 정치철학을 지배했던 롤스의 '정당화의 자유주의'였다. 의심을 표한 대표적인 이들은 주디스 시클라, 리처드 로티, 존 그레이, 존 스코럽스키, 버나드 윌리엄스였다. 그들은 철학학파를 만들지 않았지만, 그들에게는 "현실주의자"라는 다중적인 꼬리표가 붙었다. 또한 그들은 정치적 집단을 만들지 않았지만, 규정하기 어려운 그레이 외에는 모두 일종의 좌파 자유주의자였다. 정치사상을 옹호함에 있어 그들이 사상가로 분류되는 것은 그들이 롤스적 야망에 반대되는 철학적 겸손을 택했기 때문이다.

롤스의 자유주의 원리 옹호에 대한 익숙한 반론은 정당화가 원을 그리는 것처럼 보인다는 것이었다. 자유민주주의로 들어와 자유민주주의로 나가는 것이다. 롤스주의가 민주주의적이고 사회 지향적인 자유주의자들에게 민주주의적이고 사회 지향적인 자유주의를 신뢰할 철학적으로 좀더 분명한 이유들을 제시하는 것으로 받아들여진다면 그 원은 해롭지 않았다. 반면에 롤스주의가 모든 참가자에게 하나의 주장으로 여겨진다면, 롤스주의는 그들에게 납득시키고자 하는 것을 너무 많이 전제하는 셈이었다. 정당화의 자유주의가 정당한 정치 질서에 대해 요구하는 것은, "모든 시민에게 정당화될 수" 있을 것(롤스), "정치 질서 아래서 살아야 하는 모든 사람"에게 정당화될 수 있을 것(토머스 네이글), 혹은 "정치 질서 아래서 살아야 하는 모든 사람의 동의에 근거"할 것(제러미 월드런)이었다. 비판자들이 주장했듯이, 사람들에게 가장 중요한 것—특히 신앙과 도덕—에 대한 의견이 일치하지 않는 "굉장한 다양성"의 사회에서, 사람들이 공통된 정치적 기본 규칙들을 수용하리라 기대하는 것은 합리적이지 않았다. 사람들이 그 규칙을 감수할 수는 있겠지만, 그렇다고 해서 그들이 그 규칙을 정당하거나 합당한 것으로 여긴다는 뜻은 아니었다. 롤스 학파는 그 어려움을 알고 있었고, 해결책을 많이 갖고 있었다. 하지만 어떤 해결책도, 자유주의에 대한 수준 높은 논쟁적 해명이 비자유주의자들, 심지어 논쟁에 열려 있는 합리적인 비자유주의자들로 하여금 생각을 바꾸게 하지 않으리라는 의심을 잠재우지 못했다.

그 대신에 리처드 로티는 『우연성, 아이러니, 연대성』(1989)에서, 사회 지향적이고 자유민주주의적인 신념에의 진심 어린 헌신과, 사람들이 자기 시대를 뛰어넘어 합리적인 모든 참가자에게 칸트식으로 그런 신념을 정당화할 수 있도록 철학이 사다리가 되어주지 못한다는 것에 대한 수용이 결합된, "아이러니한" 입장을 보여주었다. 또 다른 미국 사상가 주디스 시클라는 「공포의 자유주의」(1989)에서 유사한 입장을 보여, 철학적 시각을 줄이고 실용적 초점을 좀더 선명히 할 것을 요청했다. 그녀의 주장에 따르면, 자유주의의 임무는 최악의 해로움을 피하는 것(해로움과 이로움이 따로따로 평가될 수 있다는 전제하에, 가장 큰 이로움을 도모하기보다는), 정치를 고수하는 것(거칠어진 민주주의 문화를 개선하려 함으로써 윤리적 고양을 추구하기보다는), 그리고 무엇보다 권력 남용에 저항하는 것이었다. 시클라는 "죽이고 손상시키고 세뇌하고 전쟁을 일으키는 압도적 힘을 가진 이 세상 정부들을 무조건 신뢰해서는 안 된다"고 썼다. 시클라의 자유주의 "피해야 할 것"이라는 어조는 포퍼와 벌린에게서 들었던 것이다. 권력에 대한 그녀의 의심은 콩스탕과 기조가 열어놓은 자유주의의 왕도에 들어서는 것이었다.

영국에서도 유사한 생각이 표명되었다. 존 그레이는 『자유주의』(1989)와 『자유주의의 두 얼굴』(2000)에서 롤스의 자유주의를 직접 공격했고, 그것이 "오만하고 결함 있다"고 보았다. 그레이의 주장에 따르면, 롤스의 자유주의는 가짜 보편성에 시달렸고, 자유주의 실천을 인도하기 위해 자유주의 이론을 취한 것이었고—그 반대가 아니라—, 정치에서 수용 가능한 것과 수용 불가능한 것에 대한 명확한 테스트가 되어주지 못했고, 윤리적 중립을 주장하면서도 사람들에게 자유주의 자체의 삶의 윤리를 강요하려 했다. 그레이의 불평은 자유주의의 목표에 대한 것이라기보다는 방법과 어조에 대한 것이었다. 어떤 신을 섬길 것인지, 어떤 삶의 방식을 따를 것인지에 대해 서로 생각이 다른 사람들 사이에서 평화로운 공존을 추구하는 그의 "모두스 비벤디modus vivendi" 자유주의는 화해할 수 없는 도덕적·종교적 불일치 속에서 정치적 기본 규칙들에 대한 "중복되는 의견 일치"를 바라는 롤스의 희망과 거의 다르지 않았다. 그레이는 자유주의가 의존했던 관용의 전통을 고수하고 "자유주의적 시민사회의 역사적 유산"을 고수했지만, 시간이 지나면서 자유주의로부터 완전히 멀어진 것처럼 보였다. 그는 자유주의 사상이 철학적으로 정당화될 수 없다고 생각하기만 한 것이 아니라, 진보에 대한 자유주의의 신념을 "망상"으로 치부하며 거부했다.

존 스코럽스키는 「자유주의의 공허한 승리」(1999)에서 덜 신랄하게, 자유주의는 석조 아치와도 같아서 구성 요소들이 서로를 지탱하며 결합될 수 있다면 형이상학적 발판 없이도 서 있을 수 있다고 주장했다. 스코럽스키의 은유를 더 따라가보자면, 시민적 품위, 개인의 책임, 공평한 배려 같은 자유주의적 이상들은 법에 따른 평등과 공통의 인간적 감정이라는 두 개의 홍예받침대에 의해 서로를 지탱하기 때문에 무너져 내리지 않는다고 그는 믿었다.

야심찬 철학적 지지가 없다는 것 자체가 문제 되는 것은 아니었다. 자유주의에 대한 이른바 현실주의적 옹호들은 결국 나름대로 철학적이었다. 어쨌든 자유주의에 대한 하나의 철학은 존재한 적이 없다. 공리주의는 19세기 초 자유주의자들에게 복무했고, 신헤겔주의 관념론은 19세기 말 자유주의자들에게 복무했고, 과학 지향적인 반형이상학 철학은 20세기 중반 자유주의자들에게 복무했고, 우파 중심의 신사회계약설은 20세기 말 자유주의자들에게 복무했다. 좀더 정치적인 걱정거리는 자유주의 자체에 대한 세평이었다. 민주주의적 자유주의가 아무리 철학적으로 옹호되더라도, 그것의 좌우에 지적 불만이 만연한 상황에서 설득력 있는 대변자들 없이 그것이 정치적으로 얼마나 잘 버틸 수 있을까 하는 의문이 남아 있었다.

자유주의자들이 자기만족적으로 보수주의자들을 생각 없는 당파로 여겼음에도 불구하고, 우파의 반자유주의적 사고는 새로운 잡지, 새로운 책, 새로운 재단, 새로운 생각이나 되살아난 생각과 함께 들끓었다. 보수적 사고는 자유주의 사회에 대한 문화적 비판과 자유주의적-민주주의적 정치에 대한 비판으로 나뉘는 경향이 있었다. 그 구분이 엄격하지는 않았지만 말이다.

문화적 보수주의는 자유주의적 근대성을 결코 받아들이지 않았다. 18세기 말과 19세기 초에 뿌리내려 변함없이 창창했던 보수주의적 불만들이, 상업주의, 자기우선주의, 세속적 불신앙에 반대하는 그 보수주의적 불만들이 다시 들렸다. 문화 국가의 자유주의적 부식에 대한 더 국수주의적인 불만들도 들렸다.

미국의 보수주의자들은 오늘날의 문화를 병들게 하는 것에 대한 두 가지 이야기, 희망적인 이야기와 암울한 이야기를 갖고 있었다. 희망적인 이야기는 자유주의의 함락을 말했다. 그 이야기에 따르면, 1950년대와 1960년대에 전형성을 띠지 않은 어떤 세속적·자유주의적 엘리트가 근본적으로 신을 경외하는 고결한 이들에게서 교회, 대학, 미디어, 법정을 빼앗아갔다. 보수주의자들의 임무는 그것을 되찾는 것이었다. 그 목표는 공화당의 정신을 위한 싸움에 나서도록 기독교 우파에 영향을 미쳤다. 1980년대의 레이건-부시 시절에 정점에 오른 기독교 우파는 자신들이 미국의 정치적 다수를 근간이 되는 도덕적 다수로 재편했다고 거의 믿었다. 암울한 이야기는, 세속적 타락이 너무나 유혹적이어서 지배적이지 않을 수 없다는 것이었다. 심지어 2016년 이후 보수주의자들이 입법, 사법, 행정을 모두 장악했을 때에도, 이런 암울한 시각을 가진 사람들은 지난 40년간의 사적인 도덕과 관련된 법의 전면적 변화들이 후퇴할 것을 예상치 못했다.

직설적으로 말해서, 그 암울한 시각에 따르면 미국에는 비도덕적인 다수가 있었고, 정의로운 사람들은 이에 대해 할 수 있는 일이 거의 없었다. 적절한 대응은 정치적 저항이 아니라, 영적이고 지적인 일신이었다. 이러한 쪽에서의 대표적인 출판물은 세계교회주의적이지만 대단히 가톨릭적인 잡지 『퍼스트 싱스』로, 자유주의 사회에 대한 신보수주의적 비판자인 존 뉴하우스 신부가 창간한 것이었다. 『퍼스트 싱스』는 노트러데임대학을 중심으로 한 신토마스주의 사상가들의 글을 게재하는 것으로 유명했는데, 그 사상가들은 자신이 생각하는 자유주의의 오류에서 벗어난 새로운 정치 도덕을 재창조하고자 했다. 덜 철학적인 것으로 말하자면, 로드 드리어가 정치적 행동에 대한 암울한 견해를 『베니딕트 옵션』(2017)에서 드러냈는데, 이것은 독실한 미국 가정들을 향해 부패한 사회에서 물러나 기도와 홈스쿨링으로 이루어진, 그리고 가능하면 다른 영적 망명자들이 운영하는 가게만 이용하는 은둔적인 일상을 살아갈 것을 호소하는 책이었다. 철학적 차원의 종교적 저항이든 자기 개선 차원의 종교적 저항이든 모두 1980년대의 매킨타이어의 주장에서 영향을 받았다. 3부 12장에서 언급했듯이, 매킨타이어는 반전통이 살아 있을 수 있는 적대적이고 세속적인 사회로부터의 피난처 역할을 하고 아마도 나중에는 다시 우세해질, 특히 대학과 같은 비자유주의적인 기관들이 필요하다고 주장했다.

자유주의 사회에 대한 비판자인 영국 철학자 로저 스크루턴은 대표작 『보수주의의 의미』(1980) 이후 자신이 제기해온 불만들을 한데 모은 책 『인간 본성에 대하여』(2017)에 네 편의 논문을 수록했다. 모든 정치적 관점은 인간에 대한 어떤 철학적 그림을 전제로 한다고 그는 썼다. 자유주의 사회들에서 널리 받아들여진 한 가지 그림은 세 가지 오류에 근거한 것이었다. 스크루턴 자신은 그 용어들을 사용하지 않았지만, 자유주의 사회들에는 과학만능주의, 철학적 자유지상주의, 거래주의라는 꼬리표가 붙을 수 있었다. 과학만능주의는 생물학과 진화심리학을 우리가 누구인지에 대한 온전한 진리를 약속하는 것으로 잘못 받아들였다. 과학은 우리의 동물적 자아를 설명해주었다. 하지만 과학은 우리가 누구인지 인식하게 하고 우리의 행동 방식에 대해 서로에게 설명할 수 있게 하는, 더 이상 단순화하기 힘들 정도로 개인적인 관점을 설명해줄 수는 없었다. 자유지상주의는 우리 각자가 도덕적으로 자유롭고 개인적으로 설명 가능하다는 점에서 옳았지만, 의무를 부과하고 우리가 누구인지를 구체화하는 비자발적인 사회적 유대를 소홀히 했다는 점에서는 틀렸다. 거래주의는 가치 있는 것을 선택이나 동의에 의해 가치를 획득한 것으로서 취급했는데, 이는 가치를 가격과 동일시하고 중요한 모든 것을 거래에 노출시킬 우려가 있는 실수였다. 스크루턴은 예컨대 아름다움, 배움, 자연환경, 개인의 국가 등 많은 것이 누가 그것들을 선호하는지와 상관없이 그 자체로 중요하다고 반박했다. 그런 "영구적인 것들"은 소중히 다루어지고 보호될 필요가 있었다. 그것들에 대한 적절한 태도는 "이것이 무슨 쓸모가 있는가?"를 묻는 것이 아니라, 비종교적인 의미로 스크루턴이 경건이라 부른 것, 즉 무조건적 승인과 존중을 보여주는 것이었다. 그는 허약해진 자유주의 문화를 포기할 필요는 없다고 믿었다. 더 많은 사람이 경건을 회복한다면 자유주의 문화도 치유될 수 있기 때문이었다.

많은 자유주의자는 스크루턴의 윤리적-문화적 비판, 환경에 대한 우려, 본질적 가치에 대한 믿음에 동의할 수 있었다. 그렇다고 자유주의 관점이 과학만능주의, 자유지상주의, 혹은 인간 삶에 중요한 모든 것이 다른 중요한 무엇과 시장 가격으로 거래될 수 있다는 식의 철저한 경제적 자유주의에 기초해 있다는 그의 주장에 그들이 동의할 필요는 없었다. 이 책에서 종종 언급되었듯이, 원칙적으로 자유주의는 그 세 가지 오류 중 어떤 것에도 근거해 있지 않았다. 정직한 자유주의자라면 왜 그 오류들이 근대 자유주의 사회에서 그렇게 널리 인정되고 아마도 촉진되었는지, 그리고 왜 비판자들이 그렇게 쉽게 그 오류들을 자유주의자의 목에 걸었는지 따져보려 하겠지만 말이다.

독일과 프랑스에서 자유민주주의에 대한 우파의 문화적 비판은 정치와 뒤섞였고 이민배척주의적 색채를 띠었다. 2010년대의 베스트셀러 두 권은 1920년대와 1930년대에 이 두 나라에서 번성했고 완전히 사라진 적 없는, 괄시받는 외부인이나 부패한 내부인을 낙인찍는 국가 퇴보적 책의 대중적 인기라는 전통을 되살렸다. 21세기의 독일에서 죄인은 이민자와 복지 수혜자였다. 전 독일 중앙은행 이사인 틸로 자라친은 『독일이 자멸하고 있다: 어떻게 우리는 조국을 위기에 빠뜨리는가』(2010)에서, 이슬람 국가와 아프리카 국가 출신의 이민자들을 동화시키는 데 실패한 것이 독일 사회를 약화시키고 있으며, 사회복지가 지속 불가능해지고 있다고 썼다. 에리크 제무르는 『프랑스의 자살』(2014)에서, 1960년대 세대의 "조롱, 해체, 파괴" 탓에 프랑스의 "활력"이 약화되었다고 여기며 그 세대를 비난했다. 제무르의 견해에 따르면, 교육 수준이 높은 68세대의 무책임하고 반권위주의적인 어리석음이 국가 엘리트들의 지도적 관점이 되어 있었다. 그가 비난하는 병폐들의 목록에는 여성 해방, 낙태, 동성애의 권리, 이민자, 미국의 비즈니스 관행이 포함되어 있었다. 자라친과 제무르의 책들은 부글레가 한탄했던 비자유주의적·배타적 애국주의의 본보기였다. 둘 다 당시의 폭주하는 베스트셀러였다.

　미국에서는 트럼프의 대통령 당선에 따른 충격으로 중도 우파의 사상가와 저술가들이 당혹감에 빠졌다. 보수적 칼럼니스트인 『워싱턴 포스트』의 조지 윌과 『뉴욕 타임스』의 데이비드 브룩스는 공화당 지지자로 여겨져왔다. 하지만 그들은 가혹한 말로 트럼프를 거부했다. 윌은 트럼프의 "위험한 무능"을 언급하면서, "이 대통령을 격리"해야 한다고 미국 대중에게 주장했다(2017년 5월). 2017년 봄에 브룩스가 쓴 칼럼들의 제목에서 온건 보수주의가 배반당했다는 그의 쓰라린 감정을 엿볼 수 있었다. "트럼프 엘리트: 오래된 듯하지만 더 나쁜 엘리트!" "서구 문명의 위기" "어린아이가 세계를 이끌고 있을 때" 같은 제목이었다. 그들의 어려움은, 편협하지 않고 협상의 자세를 갖춘 보수주의가 의지할 곳이 당장은 없다는 것이었다. 대부분의 공화당원이 트럼프를 위해 결집했고, 당에 대한 충성심이 그의 대통령직 수행을 빠르게 정상화하고 있었다. 윌리엄 갤스턴(자유주의)과 윌리엄 크리스톨(보수주의)의 '새로운 중도New Centre'—"자유민주주의 제도와 원칙"이 "공격받고 있음"을 밝히는 간결한 성명과 함께 2016년 11월에 시작된 중도주의 운동—는 아직은 정치적으로 추방된 이들을 위한 대피소에 지나지 않았다. 유사한 일이 영국에서도 관찰되는데, 영국에서는 온건 보수주의 입장이 한편으로는 브렉시트를 주장하는 강경 우파에, 다른 한편으로는 코빈이 이끄는 노동당의 대중적 좌익주의에 직면해 붕괴되고 있는 것처럼 보였다.

미국의 모든 보수주의자가 중도 우파의 반트럼프적 고뇌로 고통받은 것은 아니었다. 줄리어스 크레인은 트럼프의 승리를 반겼고 『더 저널 오브 아메리칸 그레이트니스』라는 온라인 잡지의 운영을 도왔던 우파 청년인데, 2017년 초 뉴욕 하버드클럽에서 『아메리칸 어페어스』라는 새 잡지를 창간했다. 비록 크레인이 나중에 트럼프 자신에 대해 냉담해지긴 했지만, 어쨌든 그는 우파 연구자들이 1989년 이후 미국의 외교 정책적 합의를 대체할 트럼프 독트린을 제공하는 플랫폼으로서 이 잡지가 기능할 것이라고 밝혔다.

게다가 선거 민주주의의 타당성에 대한 우파 지식인들의 우려에 트럼프의 당선만 영향을 미친 것도 아니었다. 자유지상주의적 우파는 이미 오랫동안 우려를 표해온 터였다. 워싱턴DC 소재 조지타운대학의 제이슨 브레넌은 『민주주의를 반대한다』(2016)에서, 자유주의적 자본주의와 선거 민주주의의 양립에 관해 슘페터와 하이에크가 표명했던 오래된 의구심을 최근에 이루어진 정치 연구들에 의지해 되살렸다. 브레넌은 "지식인 통치 체제epistocracy"라는 것을 주창했는데, 이는 무지한 유권자들의 선택에 의해 구성된 무지한 정부에 반대되는, 자신이 하고 있는 일에 대해 잘 아는 사람들이 이끌어가는 유능한 정부를 의미했다. 시민은 무능한 정부로부터 보호받을 권리가 있다고 브레넌은 주장했다. 올바른 정치 이론은 어떤 종류의 정부가 유능한지를 보여주었다. 즉, 작고, 낮은 세율과 자유 시장을 지향하고, 사회적으로 자유주의적인 정부가 유능한 정부임을 보여주었다. 정치에 관한 여론조사를 보면, 대부분의 유권자는 올바른 이론을 알아볼 줄 몰랐고, 무지로 인해 유능한 정부와 무능한 정부를 구별하지 못했다. 브레넌은 무능함으로부터 보호받을 시민의 권리가 유지될 수 있도록 투표가 걸러지는 방식에 대해 수용적이었다. 그가 제안한 것으로는 유권자 명부에서 무지한 유권자를 빼버리는 것, 교육받은 유권자들에게는 투표에서 한 표 이상을 행사할 수 있게 하는 것, 선출직으로 구성되는 기관들의 특히 통화나 금융 관련 결정에 대한 거부권을 전문가 위원회들에 부여하는 것 등이 있었다. 크레인의 『아메리칸 어페어스』와 마찬가지로 브레넌의 책은, 미국 우파의 지적 자신감이 되살아났으며 미국 우파가 확고히 자리 잡은 자유주의적-민주주의적 전제들에 학문적 화력을 쏟아부을—적수들에게 놀라움을 안겨줄 정도로—준비가 되어 있음을 보여주는 좋은 예였다.

좌파의 반자유주의적 사고는 민주주의적 자유주의의 고난에 대해 "그럴 줄 알았지" 하는 식으로 반응하는 경향이 있었다. 민주주의적 자유주의가 일소된다 해도 네오마르크스주의자나 포스트마르크스주의자는 아쉬울 게 없었다. 좌파 반자유주의를 표출한 지식인으로는 알랭 바디우, 볼프강 슈트레크, 페리 앤더슨을 꼽을 수 있다. 알랭 바디우는 한때 마오주의자였던 철학자로, 2017년 6월 프랑스 유권자들에게 극우 인민전선에 맞서 중도 자유주의자에게 투표하느니 차라리 기권하라고 촉구했다. 볼프강 슈트레크는 반유럽연합적이고 반자본주의적인 독일 정치경제학자였다. 페리 앤더슨은 역사학자로, 아직 확실치 않은, 자유주의 이후의 미래를 믿는 냉철한 네오마르크스주의자였고, 1960년대부터 타협 없는 좌파의 영어권 대표 잡지인 『뉴 레프트 리뷰』를 편집하고 이끌었다.

슈트레크는 「자본주의는 어떻게 종식될 것인가?」(2014)에서 자본주의가 더 이상 민주주의와 양립할 수 없다고 주장했다. 슘페터는 그보다 75년 앞서 민주주의가 자본주의의 걸림돌이 되는 것을 우려했으나, 결국에는 그 둘이 잘 어울릴 수도 있겠다고 결론 내렸다. 자본주의가 민주주의의 걸림돌이 되는 것에 대한 슈트레크의 설명은 더 단호했다. 전후 서구의 성공을 뒷받침했던 자유주의와 민주주의의 역사적 타협은 깨졌다고 그는 믿었다. 자본주의에는 자본주의가 야기한 사회적 해악을 완화할 방법이 더 이상 남아 있지 않았다. 자본주의는 제일 먼저 임금을 올림으로써(1970년대), 그다음에는 보건·복지 비용을 위해 돈을 빌림으로써(1980년대와 1990년대) 피해를 줄이고자 했다. 저성장과 사회적 비용 증가에 따른 지탱할 수 없는 부채는 정부들로 하여금 노력을 포기하고 지속적인 긴축을 받아들이게 했다(2000년대와 2010년대). 슈트레크의 설명은 부유한 나라들 사이의 차이점을 간과한 것이었다. 그의 설명은 부채에 시달리는 정부들을 경제적 불가피성의 포로로 만들었지만, 사실 그 정부들은 하이에크주의 경제학자들의 포로일 가능성이 더 높았다. 그러나 가장 눈에 띄는 것은 슈트레크의 경제적 국가주의였고, 이는 새로운 좌파 경향을 대표하는 것이었다. 좌파의 반자유주의는 전통적으로 국제주의적이었다. 마르크스주의는 국가가 아니라 세계를 놓고 자본주의와 싸운 것이었다. 자본주의가 세계를 제패한 지금 슈트레크는 국가에 구제를 기대했다. 탈국가적인 유럽연합은 아무것도 해줄 수 없었다. 유로는 슈트레크의 눈에 비민주주의적인 것으로 비쳤고, 그는 독일의 유럽연합 가입에 반대했다. 그는 오직 민주주의 국가만이 세계화된 자본으로부터 권력을 되찾을 수 있다고 믿었고, 그나마도 확신이 없었다. 그는 파국이 임박했음을 감지했지만, 민주주의에 먼저 금이 갈지 자본주의에 먼저 금이 갈지에 대해서는 불명확했다. 슈트레크는 자본주의가 자멸하며 진정 민주주의적인 미래로의 길을 열 것이라고 말할지, 아니면 자본주의가 민주주의를 무너뜨릴 것이라고 말할지 주저했다. 그는 후자처럼 될 가능성이 더 크다고 주장했는데, 민주주의의 저항이 필요하긴 하지만 아마도 소용없을 것이기 때문이다.

반자유주의적 좌파 모두가 자본주의라는 괴수에 기가 죽거나 그것의 힘에 눌려 체념한 것은 아니었다. 영국의 코빈과 미국의 샌더스처럼, 프랑스의 장-뤼크 멜랑숑은 특히 청년 군중을 자극하는 감격적인 유세 연설을 1950년대와 1960년대의 자유주의 좌파 정당들에게는 소심해 보였을 만한 정책들과 결합시켰다. 멜랑숑은 『사람의 시대』 (2014)에서 단순하고 대중적인 어조로, "치명적인 독"으로서의 자유무역에 대해, 그리고 사람들이 내린 결정을 인가하지 않는 "금융 과두제"에 대해 기술했다. 포퓰리즘에 대한 우려는 곧 당대의 새로운 정치 행위자인 인민에 대한 우려라고 그는 썼다. 그는 새로운 헌법을 기초할 제헌의회에 의해 프랑스에 "제6공화국"이 수립되어야 하며, 새 헌법에는 소수의 목소리를 의회로 가져올 수 있는 환영할 만한 아이디어인 비례대표제가 규정되어야 한다고 주장했다. 영국의 코빈처럼 멜랑숑은 제안된 것들을 시행하거나 비용을 충당하는 방법에 대해서는 더할 수 없이 개략적인 생각을 제시했지만, 정가에서의 왕성한 존재감을 약속했다.

자유주의적 자본주의에 대한 대중의 불만이 비등할 때마다 『뉴레프트 리뷰』 편집자들은 감격했지만, 오래 지속되는 법은 없었다. 앤더슨은 특히 학문적 성취들을 늘 굽어보고 있었는데, 현대판 그람시주의자인 그는 참된 전투가 치러지는 곳은 길거리가 아니라 바로 학문 영역이라고 믿었다. 일반적으로 말해서, 적의 힘을 과소평가하는 것보다 더 나쁜 잘못은 없다고 그는 생각했다. 『뉴 레프트 리뷰』는 2000년 상징적으로 번호를 다시 매겨 제239호를 제1호로 만들면서 다시 발행을 시작했는데, 이때 앤더슨은 편집자로서 「갱신」(2000)이라는 글을 썼다. 여기서 그는 다음과 같이 자유주의의 우세를 인정했다. "정치적인 힘의 상관관계에 변화가 있기 전에는 이 지적 우위의 균형이 크게 바뀔 것 같지는 않다……양차 대전 사이에 있었던 균형이 거의 쇠퇴함에 따라 현재의 합의의 매개변수들이 흔들릴 가능성은 있어 보인다." 이에 반해 좌파 지식인들은 "사회주의 전통의 모든 연속성의 근절"로 상처 입어왔고, "인상적인 이론적 활력과 생산성"에도 불구하고 그 어떤 "사회적 대의"도, 즉 자유민주주의 사회의 성취 가능한 대안에 대한 그 어떤 그럴듯한 비전도 만들어내지 못했다는 것이 그의 판단이었다. 그럼에도 불구하고 앤더슨은 무언가 나타나리라는 확고한 신념을 드러냈다.

얼마 지나지 않아 앤더슨은 프랑스 정치판에 대한 암울한 고찰인 「급락」(2004)을 썼다. 그는 자신의 잡지를 통해 영어권 독자들에게 소개된, "타협을 거부하는" 좌파에 속하는 1945년 이후의 야심찬 프랑스 사상가들의 부재를 우울하게 한탄했다. 모든 것을 설명하는 거대 서사는 1970년대와 1980년대에 프랑스에서 유행이 지나 있었다. 사상가들은 프랑스의 자유주의를 재발견했고, 마르크스주의가 지배하는 좌파와 견고한 기득권층 우파를 가르는 오래된 전선은 해체되었다. 다음 몇십 년 동안 벌어진 일에 대한 앤더슨의 그림은 빈약하고 합의가 있고 비판이 없는 풍경을 보여주었는데, 텔레비전에서 벌어진 정치 사상 토론은 이에 대한 과도한 비난을 공유하는 것처럼 보였다. 과거를 그리 아쉬워하지 않는 다른 사람들은 들끓는 목소리들이 타협 없는 극좌로부터 사려 깊은 중도 우파까지 뻗어 있는 것을 보았는데, 이는 에밀 샤발의 「지식인과 민주주의의 위기」(2017)에 잘 묘사된, 프랑스의 활기찬 그림이었다.

프랑스에서는 자유주의가 상아탑 밖에서의 승리 없이 사상의 차원에서 오래전 절정에 올랐다. "자유주의적"이라는 말은 많은 이에게 헐뜯는 말로 남았고, 점검되지 않는 가장 부패한 자본주의의 동의어로 남았다. 비시 정부 때를 빼고 프랑스가 19세기 후반 이래 추구해왔던 정치 관행인 자유주의 자체는 이제 공개적으로 수용되고 인정되었다. 『코망테르』『데바』『푸부아르』 같은 자유주의 잡지들이 권위 있고 세련된 진보의 목소리인 이러저러한 마르크스주의 출판물들을 대체했다. 비록 주간지 『르몽드 디플로마티크』를 비롯해 반자유주의의 보루들이 남아 있긴 했지만 말이다. 자유주의와 민주주의에 대한 중도 좌파 역사가이자 '사상 공화국'이라는 싱크탱크를 이끄는 인물인 피에르 로장발롱은 풍토의 변화를 잘 보여주었다. 그는 『평등 사회』(2011, 2013)에서, 18세기 말의 혁명에서부터 산업 자본주의의 불평등 재조성, 20세기 민주주의적 자유주의의 평등 재발견, 훗날의 평등의 후퇴 ─2010년대에 자유민주주의의 고민거리가 된─에 이르기까지 민주주의적 평등의 흥망을 추적했다. 로장발롱이 조심스럽게 환영한 마크롱의 당선 이후, 그는 프랑스의 선택이 더 이상 자유주의냐 반자유주의냐에 있지 않고 어떤 종류의 자유주의를 추구할 것이냐에 있다고 『르 몽드』에 밝혔다. 로장발롱은 사실상 사회 지향적 자유주의와 시장 지향적 자유주의 사이의 선택을 시사한 것이었다.

안개 자욱한 풍경을 이렇게 개관한 끝에 알게 된 것이 있다면, 지식인 자유주의자들은 희망의 근거와 절망의 근거를 갖고 있다는 것, 하지만 어느 쪽도 그들을 오래 붙들어두지는 않으리라는 것이다. 중요한 것은 자유주의적 분위기가 아니라 자유주의자들이 자유민주주의를 어떻게 이해하고 옹호하느냐였다. 결국 자유주의자들은 항상 희망과 절망 사이를 오갔다. 정치사학자 데이비드 런시먼의 『자만의 덫에 빠진 민주주의: 제1차 세계대전부터 트럼프까지』(2013)의 바탕을 이루고 있는 것이 이런 생각이었다. 런시먼의 책은 이번 절의 서두에 제시된 자유주의에 관한 지적인 불만들의 목록에 상응하는 역사적 맥락을 보여주었다. 런시먼은 자유민주주의를 "민주주의"로 약칭해 부르면서, 영국과 미국 중심의 자신의 연구에 한정해 자유민주주의에 대한 확신이 심하게 흔들렸던 일곱 가지 비판적 사건을 회고했다. 예기치 못한 전쟁(1914), 예기치 못한 불황(1933), 전후 유럽에 대한 위협(1947), 쿠바 미사일 사태로 인한 절멸의 위기(1962), 경제적 스태그플레이션(1974), 단명한 승리주의(1989), 금융위기(2008)가 그것이다. 자유민주주의가 난관을 극복했다고 런시먼이 인정하긴 했지만, 자유민주주의가 지난 위기들을 어느 정도 극복했는지를 말하는 것은 시기상조였다.

역사가 자유주의자들에게 주는 교훈은 역사에 의지하지 말라는 것이라고 런시먼은 주장했다. 오래된 문제들은 되풀이되었지만, 같은 형태로 되풀이된 적은 거의 없었다. "숙명론적"이고 경직된 독재 체제와 달리 민주주의 체제에서는 사람들이 미래가 달라지기를 기대했다. 자유민주주의는 부단한 변화에 적응해오는 가운데 난관을 타개할 지략을 축적할 수 있었다. 런시먼은 불평등, 재정 확대, 기후 위기, 중국의 부상하는 힘이 자유민주주의를 혹독한 시련으로 내몰고 있음을 인정했다. 그는 자유민주주의가 틀림없이 시련을 이겨낼 것이라고도, 이겨내지 못할 것이라고도 생각하지 않았다. 역사가로서 그는 역사의 철칙을 믿지 않았다. 그는 정치적 변화를 설명하는 메커니즘의 유혹에 굴복하지 않았다. 그렇지만 만약 자유민주주의가 난관을 극복한다면, 뜻밖의 방식으로 될 것이다. 런시먼의 지적은 강점이었지만, 자유주의자들을 놀라게 한 일이나 자유주의자들에게 일어난 일보다는 자유주의자들이 한 일을 더 강조하는 하나의 방식이 되어줄 수 있었다. 자유민주주의가 난관을 극복한다면, 그것은 민주주의적인 자유주의자들이 자유민주주의를 지키기 위해 무엇을 했거나 하지 않았기 때문일 것이다. 스스로의 이상을 추구하고 스스로 파놓았던 구덩이로부터 벗어나는 과정에서, 자유주의자들은 스스로에게 충실하다면 언제나 정치가 우선임을 받아들였다.

15장

정치의 우선성

이전에는 상상할 수 없었던 규모의 사회적·경제적 격변 속에서 1830~1880년 최초의 자유주의 사상가와 정치인들은 독특한 목표와 이상에 따른 새로운 정치 질서의 토대를 마련했으며, 그 목표와 이상은 함께 유연하고 매력적인 사각형을 이루었다. 이 책 전반에 걸쳐 간략하게 언급되었듯이, 그 사각형을 이루는 네 요소는 갈등에 대한 인정, 권력에의 저항, 진보에 대한 믿음, 모든 사람에 대한 시민적 존중이었다.

　1부에서 설명한 것처럼, 최초의 자유주의자들은 이제 사회에서 도덕적·물질적 갈등이 불가피하다는 것을 잘 알고 있었다. 그들은 견제받지 않는 권력과의 갈등을 억제하려 하기보다는, 반대로 권력—그것이 국가 권력이든 돈이든 다수 의견이든—의 독점적 장악에 저항할 수 있는 지속 가능한 방법을 모색했다. 최초의 자유주의자들은 진보를 신봉하는 사람들로, 사회 평화의 좀더 확실한 원천을 위한 인간 개선을 지향했다. 그들은 갈등이 경쟁으로서 순화되어 논쟁, 실험, 거래에 유익하게 사용되기를 바랐다. 마지막으로 그들은 개성, 혁신, 문화 다양성에 대한 자유로운 지지가 일반적인 예의뿐만 아니라 사람들이 어떻게 대우받아야 하는지에 대한, 무엇보다 어떻게 학대받지 않을지에 대한 집행 가능한 기준들과도 결합될 수 있다고 믿었다.

2부에서 설명한 것처럼, 1880~1945년에 자유주의자들은 그런 목표와 이상을 민주주의적으로 모든 사람에게 확장해야 하는 도전에 직면했다. 다시 말해서, 자유주의를 탄생시킨 사람들인 교육받은 재산 있는 남자들의 범위를 넘어, 어떤 사람이든 상관없이 모든 이에게로 그러한 목표와 이상을 확장해야 하는 도전이었다. 3부에서 설명한 것처럼, 1945~1989년 불명예에 처한 자유주의자들은 전쟁, 정치적 붕괴, 그리고 자유주의가 초래했거나 단호히 예방하지 못한 더 나쁜 일 등 20세기의 재앙들을 염두에 두고서, 새로운 자유민주주의 질서를 구축하고 옹호했다. 자유주의 사상가들은 자유주의자들이 정당한 자부심을 가질 만한 전후 업적에 대한 지적 정당성을 제시했다. 그러나 4부 14장이 보여주었듯이 자유주의의 희망은 곧 어두워졌고, 21세기의 첫 20년 동안 자유주의의 자신감은 고갈되었다. 자유주의자들은 1989년이 새로운 자유주의 시대를 알리기는커녕 반갑지 않은 탈자유주의의 새벽을 알리는 것은 아닌지 걱정하기 시작했다. 그들은 1945~1989년 자유민주주의의 성공이 역사적으로 더 전형적인 시대인 분열의 시대, 불평등의 시대, 전쟁의 시대 사이의 있을 법하지 않고 반복될 수 없는 간주곡 같은 게 아니었을지 우려했다.

예언의 유혹을 물리쳐야 한다. 앞으로 어떤 일이 일어날지 스스로에게 말할 수 있다면 좋을 것이다. 예컨대 인류의 선사 시대를, 우리의 도덕적 반응의 진화적 뿌리를, 인구통계학적 변화나 일치하지 않는 정치 문화들에 대한 세계 지리학을 천착해 앞으로 자유민주주의가 어떻게 전개될지 알려줄 만한 법칙이나 동향을 발견할 수 있다면 좋을 것이다. 스스로 안정화하는 시장의 수력학적 원리나 자본주의 쇠퇴의 철칙들이 자유민주주의가 지불 능력을 갖고 있을지 여부를 우리에게 말해줄 수 있다면 좋을 것이다. 즉, 메커니즘의 유혹에 굴복해, 정치를 보통 예기치 못한 상황에서 우연과 선택에 지배되는 지겹도록 끝없는 논쟁과 교섭으로 여기기보다 불가피한 일로 여긴다면 좋을 것이다.

그렇다면 좋겠지만, 자유주의적이지는 않을 것이다. 자유주의자들이 자신들의 목표가 충돌할 때조차 그 목표들을 추구할 것을 주장하는 만큼, 자유주의자들은 정치를 있는 그대로의 것으로 받아들이고 그것을 다른 것으로 바꾸지 않을 것을 주장하기 때문이다. 자유주의자들은 정치의 우선성을 믿는다. 자유주의자들에게 정치는 논쟁·교섭·타협이 지배하는, 사람들의 일상적 관행이다. 정치의 우선성을 주장할 때 자유주의자들은 공공 영역에서의 우연성과 선택의 힘을 인정하는 것이다. 메커니즘과 메커니즘을 필요로 하는 예언에 호소하는 것은 정치의 우선성을 부정하는 한 방법이다. 그다음에 자유민주주의에 어떤 일이 일어날지는, 예기치 못한 것일 수도 있고 아무도 통제할 수 없는 것일 수도 있는 많은 것에 달려 있을 것이다. 하지만 상황이 어떻든, 그것은 자유주의자들이 자유민주주의를 얼마나 잘 이해하고 지키느냐에도 달려 있을 것이다.

자유주의자들은 자신이 지지하는 것이 무엇인지, 잘못되고 있는 것이 무엇인지를 자문함으로써 논쟁거리, 전통, 경험을 남겨놓는다. 지난 두 세기에 걸쳐 자유주의자들은 몇 가지 교훈을 얻었거나 얻었어야 한다. 이 책에 서술된 자유주의의 역사가 암시했듯이, 보편적 교육과 문화적 진보는 인간의 사리 분별을 보증하지 않는다. 계몽하고 개선하려는 자유주의적 열정은 통제하고 지배하려는 충동으로 굳어질 수 있다. 근대 경제는 저절로 믿음직하게 안정화되지 않는다. 국제 무역과 금융 거래는 평화를 보장하지 않는다. 폭주하는 자본주의와 거만한 위세는 적대적인 비판자들의 주장과 달리 자유주의의 일부가 아니지만, 어쨌든 그것들은 인지하고 맞서 싸워야 할, 자유주의 덕목들의 습관적 악습이다. 20세기 초에 자유주의자들은 충격적이게도, 자유주의의 평화적 질서가 자유주의적 자본주의의 성공이 가능케 한 규모의 전쟁과 야만으로 돌아갈 수 있다는 것을 알게 되었다. 21세기 초에 자유주의자들은 자유민주주의가 자립적이지도 않고 전 세계에 행복하게 확산되지도 않는다는 것을 알게 되었다. 이 교훈들을 하나로 뭉뚱그린다면, 자유민주주의는 스스로를 돌보는 것이 아니라 방어되고 보수되어야 하는 것이라는 교훈이다.

한 가지 분명한 점은 흔들리는 자유주의자들이 자신의 지적인 힘을 견고히 해야 한다는 것이다. 4부 14장의 앞의 네 절은 우려하고 경계할 것에 대해 자세히 기술했다. 정치적 불신, 경제적 지속 불가능성, 지정학적 고립, 그리고 국가주의나 집단 정체성의 더 강한 끌어당김에 맞설 때 자유주의 이상들이 영향을 미치지 못한다는 단점 같은 것이다. 그리고 지적 불만에 대한 절은 반자유주의적 비판과 자유주의의 자기비판들에 대한 작은 목록을 제시했다. 거기에는 포괄적이면서 무시할 수 있는 비판부터 날카롭지만 답할 수 있는 비판, 날카로우면서 아직 답할 수 없는 비판까지 두루 포함되어 있었다.

포괄적이면서 무시할 수 있는 비판들은 한 방으로 완전히 끝내버리려는, 핵무기 같은 것이었다. 그런 비판들은 효과적이어서가 아니라 널리 제기되기 때문에 간단히 짚고 넘어갈 만하다. 그것들의 공통된 전술은, 자유주의와 관련된 모든 어려움을 한데 묶고서 자유주의 프로젝트가 단지 결함 있는 것이 아니라 가망 없다고 선언하는 것이다. 그런 포괄적인 비판으로 두 가지가 두드러졌다. 하나는 계획에 일관성이 없다는 것이었고, 다른 하나는 사람들과 사회에 대해 잘못된 그림을 그리고 있다는 것이었다.

자유주의는 그것의 목표와 이상들이 다 함께 충족될 수는 없다는 점에서 일관성이 없다고 비판받았다. 자유주의는 사회 진보, 권력 제한, 사람들에 대한 시민적 존중을 제안했다. 하지만 시간을 포함해 자원은 한정돼 있었다. 이를테면 초고속 경제성장이라는 형태로 더 많은 사회 진보를 이룰 수 있을 것이다. 지역의 권리와 대중의 동의라는 형태로 권력을 더 많이 제한할 수 있을 것이다. 동시에 둘 다 이룰 수는 없을 것이다. 성취 불가능한 목표에의 헌신은 자유주의자들을 진지한 몽상가나 교활한 위선자로 만들었다.

자유주의자들은 상충하는 목표에 대한 불만이 심각한 일이 아니라거나 자유주의에 국한된 것이 아니라고 답할 수 있었다. 모든 사람은 상충하는 목표들을 가지고 있었다. 다른 목표들을 희생시키고 어떤 한 목표를 추구하기로 선택한다 해도 그랬다. 삶과 마찬가지로 정치도 상충하는 요구들을 만들어냈다. 정치는 다양한 과제에 대한 관심을 요구했다. 자유주의는 모든 과제를 받아들이는 것이 특징이었다. 자유주의는 피할 수 없는 어려운 선택들을 더 단순하게 보이게 하려고 처음부터 어떤 과제를 다른 과제들에 희생시키거나 또는 긴급함의 경중을 따져 과제들에 미리 순위를 매기거나 하지 않았다. 자유주의자들은 다른 과제들이 더 쉽게 달성될 수 있도록 어떤 한 과제를 포기할 수도 있었다. 이를테면 권력의 제한과 사람들에 대한 시민적 존중을 더욱더 밀고 나가기 위해서, 진보를 더 늦추는 식의 혹은 국가 권력에 재량권을 줌으로써 갈등을 잠재우고 질서를 확보하는 식의 희생을 치를 수도 있었다. 그러나 그런 식으로 상충하는 어떤 목표를 버리는 것은 자유주의를 버리는 것이나 마찬가지일 것이다. 정치의 여러 상충하는 요구를 충족시키려 한다는 점은 자유주의를 독특한 것으로 만들어주기만 한 게 아니었다. 그것은 자유주의를 매력적인 것으로 만들어주었다.

두 번째 포괄적인 비판은 사람과 사회에 대한 자유주의의 그림이 부적절하다는 것이었다. 자유주의에는 믿을 만한 철학적 인간학이나 정치사회학이 없었다. 간단히 말해서, 자유주의자들은 동료 인간들에 대해 무지했다. 그 비판은 여러 형태를 띠었다. 철학적으로는, 자유주의가 사람에 대한 그림에서 개인주의적이며 개인주의는 옳지 않다는 비판이 제기되었다. 그러나 시민적 존중, 관용, "개인"을 다룬 절에서 논한 바와 같이, 검토된 개인주의는 어떤 불일치하는 신념들의 총체였으며, 그 신념들은 정치적 자유주의에 필수적인 것이 아닐 수도 있고, 설령 필수적이라 해도—예컨대 한 사람 한 사람에 대한 도덕적 관심―자유주의만의 특이한 것이 아닐 수도 있었다.

사회에 대한 자유주의의 그림과 관련해서는, 자유주의자들이 결코 존재한 적 없는 어떤 이상화된 시민에 의존하고 있다는 비판이 제기되었다. 모든 정치적 관점에 대해 같은 비판이 제기될 수 있지만, 자유주의가 의존한다는 과도하게 이상화된 시민이 어떤 유형이기에 틀렸다는 것인지도 불분명했다. 그것은 자유주의 이전인 16세기와 17세기 사상가들이 칭송했던, 권력을 꺼리는 시민적 공화주의자였을까, 칸트의 충실한 보편주의자, 밀의 실험자, 슘페터의 자기 본위적이고 합리적인 계산 빠른 사람이었을까? 자유주의를 그런 전형들의 하나와 연결 짓는다면 자유주의의 폭넓음을 부인하는 일이 될 것이다. 자유주의를 그 전형 모두와 연결 짓는 것은 강점으로 보일 수 있었다. 많은 이상적 시민 유형으로 구성된 다양성 있는 포트폴리오를 확보하게 된다는 점에서 말이다.

역사적으로는, 자유주의가 시대착오적이라는 비판이 제기되었다. 책임과 독립이라는 자유주의의 사회적 덕목들이 자기 주도적이고 심지가 굳은 시민들에게 적합한 것인 만큼, 자유주의는 19세기에나 통할 수 있었다고 주장되었다. 대중 사회의 변하기 쉽고 유순한 시민들에게는 자유주의가 통할 수 없었다. 1부에 상세히 설명되었듯이, 사회적으로 전형적인 19세기 자유주의자는 없었다. 자유주의자들 중에는 공장 소유·경영자와 공장 노동자도 있었고, 토지 소유자와 해방 노예도 있었고, 은행가와 중개인과 신문 편집인과 교수와 성직자도 있었고, 노예제에 반대하는 활동가와 자유무역이나 여성의 권리나 투표권 확대나 세계 평화를 지지하는 활동가도 있었다. 어떤 자유주의자들은 그중 여러 가지에 해당되기도 했다. 인간 능력의 성장에 대한 훔볼트의 믿음과 개인의 보호에 대한 밀의 주장은 계급이나 시간에 억류된 것이 아니었다. 조소와 달리, 자유주의는 정상 범주의 다양한 개인적 태도와 기질을 가진 다양한 사회적 유형의 사람들이 참여하는 지속적인 정치 관행이었다. 그것은 깔끔하게 캡슐에 넣을 수 있는 기성 의견들의 집합이 아니었고, 가정된 어떤 사회적 유형에 마치 모자처럼 올려놓을 수 있는 마지막 추가 항목이었다.

반면 자유주의의 단호한 사회적 요구에 아마도 잘 적응하지 못한 19세기 이후의 시민은 시야에 들어오기 어려웠다. 19세기 이후의 시민은 독자적 의지와 목적을 가진 대중 사회에 장악된 것처럼 그려지거나, 아니면 자신의 삶에 갇힌 채 사회적으로 무책임하고 분리된 것처럼 그려졌다. 전형적인 근대 시민은 사회에 짓눌릴 정도로 약하거나 사회를 해체할 정도로 고립되어 있었다. 자유주의의 사회적 부적합성에 대한 더 교묘한 이론들은 결함 있는 근대 시민의 두 유형으로 보이는 것이 사실은 하나라고 주장했다. 그런 관점에서 자기 몰두는 사실상 자기 상실이었다. 왜냐하면 진정한 자아의식은 오직 사회 참여에 의해서만 발견될 수 있기 때문이었다.

그런 비판들은 다양한 성향과 기질을 가진 사람들의 있는 그대로의 모습을 허용하지 못했다. 게다가 근대 시민이 저버린 시민적 자립과 사회 참여의 기준이 무엇을 의미하는지는 좀처럼 분명치 않았다. 19세기 초 이래 자유주의적 근대성을 상대로 프라이버시로의 후퇴와 공동체로부터의 철수에 대한 비판이 제기되어왔지만 자유주의는 살아남았다. 플래시몹, 온라인 모금, 대통령 트윗은 다른 정치 참여 형태들이 사라지면서 새로운 정치 참여 형태가 등장한다는 것을 상기시켜주었다. 대부분의 사람은 대부분의 시간 동안 정치에 거의 관심을 기울이지 않지만, 그러다가 갑자기 많은 관심을 기울이는 것이 가능하다.

자유주의에 대한 사회학적 비판의 가장 큰 약점은 정치적 합의와 정치 참여를 혼동하는 것이었다. 그런 비판은 건강한 자유민주주의가 지속적 성공을 위해서 적극적이고 참여적인 시민을 얼마나 많이 필요로 하는지를 분명히 하지 않았다. 지속적 정당성을 갖기 위해서 자유주의는 합의를 필요로 했다. 자유주의는 적극적이고 참여적인 자유주의자가 많이 있을 것을—대다수일 것은 말할 것도 없고—필요로 하지 않았다. 어느 때건 실제로 정치에 관여하는 이들, 즉 정치인, 공무원, 기부자, 활동가, 자원봉사자는 늘 소수다. 자유민주주의는 스스로의 제도들을 계속 보수하고 스스로의 결점들과 싸우기 위해서, 활발한 소수의 적극적 자유주의자와 신뢰할 수 있는 다수의 수동적 지지를 필요로 했다. 그 이상은 필요치 않았지만, 그 두 가지를 요구하는 것 자체가 이미 많은 것을 요구하는 것이었다.

반자유주의적 좌파와 반자유주의적 우파의 비난은 덜 포괄적이고 더 날카롭지만 그래도 답할 수 있는 것이었다. 반자유주의적 좌파는 자유주의가 위선적이라고 여겼다. 자유주의는 평등한 존중과 모든 사람의 포용을 제공한다고 공언했지만 실제로는 불평등의 생성을 허가하고 부추겼는데, 왜냐하면 자유주의는 자본주의에 의존하고 자본주의는 불평등과 배제의 생성에 의존하기 때문이었다. 정직한 자유주의자들은 자본주의가 유익한 번영의 바람직하지 않은 부산물로서 불평등과 배제를 낳는 것에 동의할 수 있었다. 그러나 그들은 반자유주의적 좌파에 맞서, 자유주의가 자본주의를 완화하고 불평등을 시정하며 배제를 줄이기 위한 정치적 수단들을 고안했다고 덧붙일 수 있었다.

반자유주의적 우파에게는 자유주의의 진보에 대한 약속이 공허했다. 물질적 진보의 측면에서 자유주의는 한 세기 동안의 노력에도 불구하고 빈곤과 물질적 불평등을 줄이는 데 실패했다. 부유한 사회 내에서 빈곤은 여전히 남아 있었고 점점 더 악화되고 있었다. 게다가 자유주의적 복지는 가족을 약화시키고, 책임을 약화시키고, 일반적으로 가난한 이들의 삶을 더 악화시켰다. 자유지상주의자들이 그런 주장을 좋아했는데, 자유주의적 과세가 요구하는 것처럼 누구든 가난한 사람을 돕게 되어 있어야 한다고 보지 않기 때문이었다. 전통적인 보수주의자들도 그런 주장을 좋아했는데, 가난한 이들이 분발해 지원금에 기대지 말아야 한다고 생각하기 때문이거나, 아니면 일반적으로 진보를 믿지 않는 데다 우리 곁에는 늘 가난한 이들이 존재하기 마련이라고 받아들이기 때문이었다. 근대 우파의 그 두 무리 다 그런 주장을 좋아했는데, 그들은 사회적 지출을 줄이고 낮은 세금을 유지하겠다고 약속했기 때문이다. 이 책의 여러 곳에서 언급했듯이, 자유주의자들은 그들 모두에게 내놓을 답을 가지고 있었다. 대부분의 이른바 복지는 지원금이 아니라, 삶을 향상시키는 의무 보험이었다. 좋은 정책은 역사적으로 빈곤을 감소시켰다. 빈곤이 다시 증가하는 경우, 그것은 성장을 저해하는 세금과 도덕적으로 부패한 복지보다는 낮은 임금과 고용 불안정 때문이었다.

문화적 진보에 대해 말하자면, 반자유주의적 보수주의자들은 자유주의적 방임과 기준에 대한 경멸이 사실상 문화적·지적 생활을 해치고 있다고 불평했다. 정직한 자유주의자들은 개방적이고 자유주의적인 사회가 심각한 문화적 문제들을 야기한다는 데 동의할 수 있었다. 언론의 자유는 종종 저속하거나 혐오스럽거나 무책임하다. 학교와 대학의 젊은이들이 성장해 스스로를 책임지도록 격려하는 것은, 그들이 진짜로 어른이 되고 책임 있는 존재가 되기도 전에 스스로를 어른으로 여기고 책임 있는 존재로 여기는 경우에는 그들을 가르치기 어렵게 만든다. 선택의 폭이 넓은 다양한 문화에서는 공통의 추구 대상이 종종 보이지 않게 되고, 규범이 잊히며, 시간과 함께 성장해온 훌륭한 기관들이 방치되고 관리통제주의의 시각에서 비방의 대상이 되고 재정적으로 목이 졸린다.

보수주의자들의 실수는 모든 문화적 문제를 한 덩어리의 문명적 문제로 몰아간 것이었다. 하나의 공유 문화의 작동 요소들—학교, 대학, 미디어, 예술, 지적 생활, 순수 연구, 국가의 "기억의 장소들"—을 계속 보수하고 특수 이익의 손아귀에서 벗어나게 하는 것은 하나의 과제가 아니라 많은 과제였다. 그중 어떤 것도 결코 끝나지 않았고, 그것들 각각이 대가를 치러야 했다. 이 모든 것은, 간단하고 당파적인 답을 찾기 어려운 갈등과 정치를 내포하고 있었다. 자유주의에 대한 보수주의의 문화적 비판은 샤토브리앙과 콜리지만큼 오래되었다. 그 비판은 그 모든 애조 띤 매력에도 불구하고 정치적으로 결코 솔직하지 않았다. 보수주의자들은 문화에 대해, 자유주의자들이 생각 없이 낭비하는, 믿을 수 없이 자유로운 증여나 유산 같은 것으로 기술하는 경향이 있었다. 그러나 문화는 가보가 아니라 진행 중인 작품이다. 자유민주주의와 마찬가지로, 문화는 지속되어야 하고 계속 보수되어야 한다. 정치적 자유주의에 대한 보수주의의 문화적 비판은 다양한 문화와 풍요로운 지적 생활의 유지에 필요한 것인 비용, 수고, 그리고 이익과 이익 관리인에 대한 꾸준한 저항을 경시한다.

날카로우면서 아직 답할 수 없는 비판은 자유주의자들 스스로가 느꼈다. 14장의 5개 절을 관통하는 것은 자유민주주의의 지속 가능성에 대한 우려였다. 자유주의자들은 자유주의적 요소와 민주주의적 요소가 어떻게 결합할 수 있을지 당연히 걱정했다. 비민주주의적 자유주의든 전前 민주주의적 자유주의든 소수를 위한 자유주의는 비교적 유지하기 쉬웠다. 민주주의적 자유주의인 모든 사람을 위한 자유주의는 항상 어려울 것이었다.

제대로 돌아간다면 자유민주주의는 정치와 정부에 의존해 자유주의와 민주주의라는 두 요소를 함께 유지한다. 자유민주주의가 잘못 돌아가면 정치와 정부가 소수의 이해관계에 사로잡힌다. 자유민주주의가 보수되어야 한다면, 첫 번째 과제는 더 작은 정부가 아니라 더 나은 정부다. 여론조사들은 정부에 대한 대중의 신뢰가 무너졌음을 보여주는데, 지난 반세기 동안 정부가 축소되고, 정부가 해결책이 아니라 문제라는 말이 들리고, 똑똑한 젊은이들이 공무원을 직업으로 택하지 않은 것을 볼 때 이는 놀라울 게 없다.

자유민주주의가 강화되려면 자유주의 정부에 권위와 위신이 회복되어야 하는데, 이는 많은 요소로 이루어진 큰 과제다. 우선 자유주의자들은 시민과 정부 각각의 의무에 대해 더 명확하고 더 엄격해질 필요가 있다. 그들은 정부를 갖지 않는 자유지상주의적 환상을 버려야 하는 것처럼, 정부를 국민의 목소리인 양 포퓰리즘적으로 왜곡하는 것과 싸워야 한다. 대의민주주의에서는 시민이 정부를 선택하고 정부가 시민을 다스린다.

실질적인 측면에서, 국가 재정상의 형평성이라는 요건이 인정되어야 한다. 사람들은 자기가 비용을 대 정부와 공공재를 얻는 것이다. 마치 조세가 학교, 병원, 도로, 법원, 사회 질서의 공적 공급과 아무 관련이 없는 강탈 같은 것으로 다루어질 수 있다는 듯이, 자유주의자들은 조세를 정당화해야 한다는 덫에 너무 쉽게 빠진다. 반면 세금이 함께 늘어나지 않은 채 혜택이 늘어난다면 사람들은 너무 적은 세금에 비해 너무 많은 것을 정부에 기대하는 것이다. 솔직한 자유주의자라면, 공적 공급이 아주 잘 갖춰진 좀더 공정한 사회는 더 높은 세금을 요구한다는 것을 인정해야 한다. 솔직한 보수주의자라면, 세금이 낮게 유지되어야 한다면 사회가 덜 공정하고 공적 공급이 더 빈약하리라는 것을 인정해야 한다.

"정부가 문제"라는 슬로건보다 사회에 더 큰 해를 끼친 슬로건은 없다. 사람들이 현재 자유주의를 '작은 정부' 교리로 받아들인다면 자유주의자들 자신도 이에 책임이 있다. 교조적인 '자유 시장' 자유주의는 과도한 국가 권력에 너무 오래 집중함으로써(1970년대~2010년대) 정치적 난제들을 낳았는데, 오늘날 부의 과잉 집중과 정부에 대한 대중의 불신 속에서 자유민주주의가 직면해 있는 것이 바로 그 난제들이다.

경제적 불평등이 자유민주주의를 분열시킬 위험이 있다는 것은 이제 중도 우파와 중도 좌파 자유주의자들 사이에서 널리 동의를 얻고 있다. 간단히 말해서, 그것은 맞는 말이지만 오해의 소지가 있다. 주된 경제적 난제는 불평등 자체가 아니며, 불평등으로 인한 어려움은 순수하게 경제적인 것이 아니다. 14장의 한 절에서 강조했듯이, 근본적인 경제적 난제는 성장이 너무 느리고 임금이 너무 낮고 노동 불안정성이 공식적 실업률이 말해주는 것 이상으로 높다는 데서 암시된다. 근본적인 사회적·정치적 난제는 특권의 강화와 특권에서 배제되는 것에 대한 무관심인데, 이 두 병폐의 증상은 소득과 부의 불평등이다.

자유주의 시각에서, 한 국가의 권력들—국가, 부, 사회—은 사람들에게 유리하도록 서로 균형을 이루어야 한다. 어느 하나의 이해관계가 세 개의 권력 각각을 장악하고 그 권력들을 각각의 이해관계에 따라 행사하는 게 허용되지 않아야 한다는 것으로는 충분치 않았다. 세 개의 권력이 소수의 이익을 위해 연합하는 것 또한 허용되지 않아야 한다. 즉, 세 개의 권력이 안정적 부, 사회 제재, 정치적 특전의 삼중 보호를 받는 특권층을 만들어내는 것이 허용되지 않아야 한다. 지난 30~40년간의 자유민주주의의 가장 극명한 결함은 다수가 아닌 소수를 위해 경제적·사회적·정치적 권력을 함께 운용하도록 허용한 것이다.

최초의 자유주의자들은 사회의 고지들에 다다르게 해주는 누구나 오를 수 있는 사다리를 아무 방해 없이 제공하는 사회 질서를 꿈꿨다. 시간이 지나면서 그 이상은 기회의 평등 또는 능력주의로 알려졌다. 그것은 어떤 면에서는 동경할 만한 이상이었지만, 달성하여 완결된 일로서 제쳐놓을 수 있는 이상은 아니었다. 기회의 사다리를 딛고 올라간 사람이 그 사다리를 차버려 아래에 있는 다른 사람들이 따라 올라오는 것을 막으려 한다면 인간적으로 있을 수 있는 일이다. 정치와 정부의 일은 그 사다리를 제자리에 돌려놓는 것이다.

1970년대 이후 사다리는 걷어차였고 제자리에 돌아오지 않았다. 부의 집중, 공적·사회적 가치의 희생을 수반하는 사적·상업적 가치의 상승, 정부 역량의 쇠퇴는 삶을 순조롭게 만드는 자원들—돈뿐만 아니라 교육, 안락함, 연줄, 명성 등도—에 대한 과도한 통제권을 누리는 소수의 혜택받은 사람들 내에 도전받지 않는 특권 집단이 생겨나도록 조장했다. 1퍼센트라는 슬로건 수치가 적절하다면 부유한 세계의 특권층은 약 1000만 명에 달한다. 그들은 파벌이라기에는 너무 많고, 기득권층이나 심지어 엘리트층—자유주의적 엘리트나 세계주의적 엘리트는 고사하고—이라기에는 위치나 태도가 너무 다양하다. 그런 꼬리표를 붙이는 것은 당파적 비방보다 사회적 설명으로 제시되었다 해도 요점을 벗어나는 것이다. 엘리트 운운하는 것은 문제를 지나치게 개인화하고 잘못 배치하게 만든다. 용납할 수 없는 특권의 생성은 탐욕이나 이기적인 무관심에서 오는 것이 아니라 정치적 실패에서 온다. 자유주의자들은 국가 권력, 경제 권력, 사회 권력의 분리를 지지해야 한다. 그러는 대신에 그들은 다수가 아니라 운 좋은 소수를 보호하기 위해서 세 개 권력 간의 협력이 커지도록 허용했다.

이 책에 서술된 자유주의의 이야기는 두 가지 명백한 반대에 부딪힐 수 있다. 하나는 이것이 자유주의에 대한 이야기가 아니라는 것이다. 자유나 평등이 자유주의의 모든 것인데 이 책에는 자유와 평등이 거의 등장하지 않는다는 이유에서다. 이에 대해서는, 자유와 평등이라는 명칭이 사용되지 않았을 뿐, 이 책에서 줄곧 자유와 평등이 다양하게 이야기되었다고 답할 수 있다.

통치자, 지주, 성직자의 간섭과 강요에 직면했을 때 권력으로부터, 심지어 공인된 권력으로부터 방어해주는 믿을 만한 보호책이 바로 사람들이 옛날부터 자유라고 일컬어온 것이었다. 모든 사람을 위한 그런 보호책이 바로 사람들이 옛날부터 평등이라고 일컬어온 것이었다. 서두에서 말했듯이 최초의 자유주의자들은 신의 권위, 기존 전통, 편협한 관습에 기초하지 않는 윤리적 질서를 바라고 있었다. 즉, 관용의 경험을 바탕으로 그들은 도덕적 자유가 받아들여지기를 바라고 있었다. 그들은 법으로 정해진 위계나 특권 계급이 없는 사회 질서를 바랐다. 즉, 그들은 법적 평등을 바라고 있었다. 그들은 왕이나 국가의 간섭, 독점권, 전국적 시장에 방해가 되는 지역적 장벽, 국가 간의 무역을 막는 국제 관세로부터 자유로운 경제 질서를 바라고 있었다. 즉, 그들은 경제적 자유를 바라고 있었다. 그들은 시민들이 이해하고 수용하고 어느 정도 통제할 수 있는, 절대적 권위나 분리되지 않은 권력이 없는 정치 질서를 바라고 있었다. 즉, 그들은 정치적 자유를 바라고 있었다. 민주주의의 압박을 받자, 자유주의는 자유주의적 희망이 약속하는 것에서 누구도 배제되지 않도록 그러한 희망들을 확장했다. 즉, 민주주의적 자유주의자들은 도덕적·경제적·정치적 자유의 평등을 지향하고 있었다. 그 용어 모두가 논쟁적인 데다 의미가 명료하지 않았기에, 낯설지만 더 직설적인 말로 이야기하는 것이 더 간단해 보였다.

다른 하나의 명백한 반대는 이 책의 이야기가 자유주의에 대한 이야기가 아니라 자유주의들에 대한 이야기라는 것이다. 각각 "자유주의적"이라는 꼬리표를 달고 있지만 서로 느슨하고 혼란스럽게 관련되어 있을 뿐인 별개의 전통들에 대한 이야기라는 것이다. "자유주의적"이라는 말을 마주했을 때, 하나의 자유주의가 존재하는지 여러 개의 자유주의가 존재하는지를 확실히 해줄 결정적인 의미론적 사실은 찾을 수 없다. "자유주의"가 하나의 관행 또는 전통을 일컫는 것인지 아니면 다수의 관행 또는 전통을 일컫는 것인지에 대해서는 합의된 개념적 사실이 없다. 그러나 '하나의 자유주의인가 다수의 자유주의인가'에 대한 설득력 있는 역사적 답변이 있다.

지난 세기 동안, 이 책에서 줄곧 본보기로서 조명된 서양의 네 국가—프랑스, 영국, 독일, 미국—는 연속성과 특수성에서 논란의 여지가 없는 어떤 공통된 정치 관행으로 수렴되었다. 그 관행의 건강과 생존이 그토록 광범위한 관심의 대상이 되어 있는—자유주의의 친구들 사이에서도 적들 사이에서도—지금은 그것이 특히 사실이다. 바로 그 관행을 "민주주의적 자유주의"라고 부르는 것이 더 설명적이지만 "자유민주주의"가 일상적 용법에 더 가깝다. 어느 쪽이건, 중요한 것은 일컬어지는 대상이지 이름 그 자체가 아니다. 자유주의가 무엇인지가 여전히 불분명하다는 주장이 제기된다면, 잘못된 종류의 명확성을 요구하고 있거나 잘못된 곳에서—명확성이 발견될 수 있는 곳인 역사보다는 의미론적 또는 개념적 공간에서—명확성을 찾고 있는 것이라고 응수할 수 있다. 자유주의는 자유민주주의를 낳은 것으로서 역사적 기준으로 볼 때 성공적이고 심지어 감탄스러운 것이(었)지만, 이제는 오인과 방치의 위험에 처해 있다.

자유민주주의를 수호하고 보수하기 위해 자유주의자들은 자유민주주의가 성취한 바를 명심해야 한다. 철학자 칼 포퍼는 영국의 사회개혁가이자 아동 복지 운동가인 엘리너 래스본에 대한 추모 강연인

「우리 시대의 역사: 낙관주의자의 관점」(1986)에서 노년을 돌아보며 자유민주주의의 성공을 칭송했다. 그의 축하는 자기비판적 자유주의 자들이 유념하도록 인용할 가치가 있다. '만약에'나 '하지만' 없이, 그리고 남자와 여자를 아울러 지칭할 때 구식으로 "men"이라는 말을 사용하면서, 포퍼는 청중에게 다음과 같이 말했다. "어떤 다른 시대, 어떤 다른 곳에서도 사람들이 우리 사회에서보다 더 사람으로서 존중받은 적은 없었다. 사람들의 인권과 사람들의 인간으로서의 존엄성이 그렇게 존중된 적은 없었고, 다른 사람들, 특히 자신보다 운이 좋지 않은 사람들을 위해 그렇게 많은 사람이 큰 희생을 감수할 준비가 된 적은 없었다. 나는 이것이 사실이라고 믿는다."

자유민주주의와 관련된 그다지 즐겁지 않은 사실들도 있다. 예컨대 전쟁국가, 가르치고 뻐기려드는 오만한 충동, 지속적인 불평등, 쉽게 위기에 처하는 경향 등인데, 이러한 점은 이 책 전체에 걸쳐서 강조되었다. 자유주의의 강점뿐만 아니라 약점과 실패도 강조하며 자유주의의 일생에 대해 쓸 때 목표는 중립이 아니라 객관성이었다. 이 책은 실제로 시도된 적 있는 알려진 정치 관행들 중에서 자유민주주의가 가장 결함이 적다고 가정했지만, 주장하지는 않았다. 목표는 "자유민주주의: 찬성인가 반대인가?"를 쓰는 것이 아니었다. 목표는 자유주의가 무엇인지를 더 잘 파악하여 무엇이 잘못되고 있는지를 더 명확히 하는 것이었다. 작가이자 의사였던 안톤 체호프는 자신의 노트에서 동료 인간들에 대해 이야기하며, 그들은 있는 그대로의 자기 모습을 보게 되어야만 더 나아질 것이라고 썼다. 이 책 『자유주의: 어느 사상의 일생』은 그런 조언을 염두에 두고 쓰였다. 만약 21세기의 자유주의자들이 비판자들이 하듯이 자신의 모든 난제를 극복할 수 없을 정도로 높이 쌓아 올리고만 있지 않는다면, 만약 그들이 이전의 자유주의자들처럼 저항, 진보, 존중이라는 목표를 새로운 도전에 걸맞게 재고할 수 있다면, 만약 그들이 자유민주주의 사회의 많은 결점을 일부라도 고쳐보려는 정치적 의지를 발견할 수 있다면, 그렇다면 희망의 동상 아래 자유주의를 묻어버리기는 아직 너무 이를 것이다.

감사의 말

이 자유주의 연대기를 쓰면서 나는 수많은 필자와 학자의 저작을 마음껏 활용했다. 나는 그들에게 빚졌고, 그들 모두에게 감사한다. 개인적으로는 올리버 블랙, 도널드 프랭클린, 찰스 호프, 하워드 나이시, 하임 태년바움, 토니 토머스, 데이비드 위긴스에게 진심으로 감사한다. 그들은 이 책의 초고 전부 혹은 일부를 읽고 오류를 찾아내주었으며 귀중한 조언들을 아끼지 않았다. 나의 에이전트인 캐서린 클라크는 내가 "이야기를 하게끔" 격려해주었다. 프린스턴대학 출판사의 앨 버트런드는 요점을 잘 파악했고, 현재의 자유주의의 진통을 추가해 개정판을 낼 것을 내게 권유했다. 이 책의 편집자인 세라 카로와 그녀의 프린스턴대학 출판사 동료들도 많은 도움을 주었다. 나의 아들 말로 포셋은 영화 기술을 가르쳐주었다. 그리고 내 아내 나탈리아 히메네스는 전폭적인 지지를 보내주면서도, 초고를 읽는 내내 "이해가 안 되네" "그래서 어쨌다는 거지?"라는 말을 기탄없이 던져주었다.

참고문헌

정치사 및 정치사상에 관한 이 책을 위해 나는 자유주의 사상가들과 정치인들 자신의 글뿐 아니라 많은 학자와 논평가의 해석과 논평에도 의지했다. 나는 그들에게 빚지고 있고, 그들 모두에게 감사한다. 직접 인용한 부분을 빼면, 그들의 텍스트 자체를 인용하지는 않았다. 아래 제시한 것이 내가 각 장 또는 절을 위해 참고한 문헌들의 목록이며, 목록 맨 앞에는 몇몇 일반적 저작들과 자료 출처들을 배치했다. 책 제목과 간행물 제목은 이탤릭체로 표시했다. 논설, 연설, 팸플릿의 제목은 따옴표로 표시했다. 가변적인 온라인 출처들의 경우에는 다운로드 연월을 제시했다. 본문에서는 가독성을 위해 모든 제목을 영어로 제시했지만 여기 참고문헌 목록에서는 비영어권 제목의 경우 원제를 제시하고, 경우에 따라 번역서 제목이나 적절한 번역 제목을 병기했다. 각 항목마다, 내가 다룬 자유주의자들의 저작이나 연설을 먼저 제시한 뒤, 해석·평가·논증으로 내게 특히 큰 힘이 되어준 저작

자유주의: 어느 사상의 일생

들을 선별해 제시했다. 그리고 이어서 나 자신뿐만 아니라 독자들에게
도 도움이 될 만한 다른 문헌들을 초판 발행일 순으로 열거했다.

일반 문헌

Guido de Ruggiero, *Storia del liberalismo europeo (1924); trans. Collingwood, The History of European Liberalism* (1927); Harold Laski, *The Rise of European Liberalism* (1936); C. B. Macpherson, *The Political Theory of Possessive Individualism* (1962); Kenneth Minogue, *The Liberal Mind* (1963); Larry Siedentop, "Two Liberal Traditions", in *The Idea of Freedom* (1979), ed. Ryan; Rudolf Vierhaus, "Liberalismus", in *Geschichtliche Grundbegriffe, Vol. III* (1982), eds. Brunner, Conze, and Koselleck; Gerald Gaus, *The Modern Liberal Theory of Man* (1983); Steven Seidman, *Liberalism and the Origins of European Social Theory* (1983); Ronald J. Terchek, "The Fruits of Success and the Crisis of Liberalism", in *Liberals on Liberalism* (1986), ed. D'Amico; Jeremy Waldron, "Theoretical Foundations of Liberalism", *Philosophical Quarterly* (April 1987); Stephen Macedo, *Liberal Virtues* (1990); J. Q. Merquior, *Liberalism Old and New* (1991); Richard Bellamy, *Liberalism and Modern Society: An Historical Argument* (1992); Richard Bellamy and Martin Hollis, "Liberal Justice: Political and Metaphysical", *Philosophical Quarterly* (January 1995); Immanuel Wallerstein, *After Liberalism* (1995); Michael Freeden, *Ideologies and Political Theory* (1996); Ralf Dahrendorf, "Squaring the Circle: Prosperity, Civility and Liberty", in *Liberalism and Its Practice* (1999), eds. Avnon and Shalit; Jo_rn Leonhard, *Liberalismus* (2001); Jo_ rn Leonhard, "Semantische Deplazierung und Entwertung: Deutsche Deutungen von 'liberal' und 'Liberalismus' nach 1850 in europa_ischen Vergleich", *Geschichte und Gesellschaft* (January-March 2003); Gaus, *Contemporary Theories of Liberalism* (2003); Freeden, "Twentieth-Century Liberal Thought: Development or Transformation?", in *Liberal Languages* (2005); *Histoire du libéralisme en Europe* (2006), eds. Nemo and Petitot; Susan James, "The Politics of Emotion: Liberalism and Cognitivism", in *Political Philosophy* (2006), ed. O'Hear; Cathérine Audard, *Qu'est-ce que le libéralisme?* (2009); Alan Ryan, *The Making of Modern Liberalism* (2012).

선집, 사전

The Liberal Tradition (1956), eds. Bullock and Shock; *Western Liberalism: A History in Documents from Locke to Croce* (1978), eds. Bramsted and Melhuish; *Blackwell Encyclopedia of Political Thought* (1987), eds. Miller et al.; Simon Blackburn, *The Oxford Dictionary of Philosophy* (1994); *A Companion to Contemporary Political*

Philosophy (1995), eds. Goodin and Pettit; *The Routledge Encyclopedia of Philosophy* (1998), ed. Craig, disc version *REP 1.0* (2001); *Liberalism, Critical Concepts in Political Theory: Vol. I, Ideas of Freedom, Vol. II, Rights, Property and Markets, Vol. III, Justice and Reason, Vol. IV, The Limits of Liberalism* (2002) (English-speaking journal articles 1950s-1990s), ed. Smith; Roger Scruton, *Dictionary of Political Thought* (3rd 2007); Ian Adams and R. W. Dyson, *Fifty Major Political Thinkers* (2007); *Freedom: A Philosophical Anthology* (2007), eds. Carter, Kramer, and Steiner; *Les Penseurs libéraux* (2012), eds. Laurent and Valentin; *Dictionnaire du libéralisme* (2012), ed. Laine.

온라인 자료

Stanford Encyclopedia of Philosophy Online; The Online Library of Liberty, a Project of the Liberty Fund; *German Historical Documents & Images (GHDI)*, website of the German Historical Institute (Washington, D.C.); INSEE online database (France); *Social Trends* (2008-13), Office for National Statistics (Britain); *Destatis*, online database of Statistiches Bundesamt (Germany); *Statistical Abstract 2012*, Census Bureau (United States); OECD Data Lab (OECD statistics online); *American National Biography Online (ANB Online)*; *Oxford Dictionary of National Biography Online (ODNB Online)*.

프랑스의 자유주의

Michel Chevalier, "Power and Liberty", in *Society, Manners and Politics in the United States* (1835, trans. 1839); Charles Renouvier, *Manuel républicain des droits de l'homme et du citoyen* (1848); Edouard Laboulaye, *Le parti libéral: son progre\s et son avenir* (1863); Emile Ollivier, *L'empire libérale* (1895-1907); Emile Faguet, *Le libéralisme* (1903); André Siegfried, *Tableau des partis en France* (1930); René Rémond, *Les droites en France* (1954; 3rd 1982); Raymond Aron, *Dix-huits lec^ons sur la société industrielle* (1962); *Démocratie et Totalitarianisme* (1965); *Trois essais sur l'a^ge industrielle* (1966); *Politics and Society in Contemporary France 1789-1971: A Documentary History* (1972), ed. Eric Cahm; Bertrand de Jouvenel, *Du pouvoir* (1972); Theodore Zeldin, *France 1848-1945: Vols. I & II, Ambition and Love* (1973); *Vol. III, Politics and Anger* (1973); *Vol. IV Intellect and Pride* (1977); Joseph Amato, *Mounier and Maritain: A French Catholic Understanding of the Modern World* (1975); "Etat libéral et libéralisation économique", Adeline Daumard in *Histoire économique et sociale de la France III/2* (1976), eds. Braudel and Labrousse; William Logue, *From Philosophy to Sociology: The Evolution of French Liberalism, 1870-1914* (1983); Louis Girard, *Les libéraux franc^ais: 1814-75* (1985); John Godfrey, *Capitalism at War: Industrial Policy and Bureaucracy in France, 1914-18* (1987); Vincent Wright, *The Government and Politics of France* (3rd 1989); Stephen Davies, "French Liberalism", in *A Dictionary of Conservative and*

Libertarian Thought (1991), eds. Ashford and Davies; Rémond, *Notre Sie\cle, 1918-88* (1988) and "Liberal Models in France 1900-1930", in *Liberty/Liberté: The American and French Experiences* (1991), eds. Klaits and Haltzel; Jean Rivero, "The Jacobin and Liberal Traditions", and George Armstrong Kelly, "The Jacobin and Liberal Contributions", in *Liberty/Liberté*; Sudhir Hazareesingh, *Political Traditions of Modern France* (1994); Nicolas Roussellier, "Libéralisme", in *Dictionnaire historique de la vie politique franc^aise au XXe\me sie\cle* (1995), ed. Sirinelli; Jean-Claude Casanova, online interview, nonfiction.fr (June 2010); Iain Stewart, "Raymond Aron and the Roots of the French Liberal Renaissance", doctoral submission to Manchester University (2011); Jeremy Jennings, *Revolution and the Republic: A History of Political Thought in France since the Eighteenth Century* (2011); Aurelian Craiutu, "Raymond Aron and the Tradition of Political Moderation in France"; Raf Geenens and Helena Rosenblatt, "French Liberalism, an Overlooked Tradition?"; William Logue, "The 'Sociological Turn' in French Liberal Thought"; Cheryl B. Welch, " 'Anti-Benthamism': Utilitarianism and the French Liberal Tradition"; all in *French Liberalism from Montesquieu to the Present Day* (2012), eds. Geenens and Rosenblatt.

영국의 자유주의

A. V. Dicey, *Lectures on the Relation between Law and Public Opinion in England in the Nineteenth Century* (1898); Elie Halévy, *La Formation du radicalisme philosophique* (1901-04); trans. Morris, *The Growth of Philosophic Radicalism* (1928); George Dangerfield, *The Strange Death of Liberal England* (1935); John Plamenatz, *The English Utilitarians* (1949); Crane Brinton, *English Political Thought in the 19th Century* (1949); Stephen Koss, *Asquith* (1976); John Dinwiddy, "The Classical Economists and the Utilitarians", in *Western Liberalism*, eds. Bramsted and Melhuish (1978); Koss, *The Rise and Fall of the Political Press in Britain: Vol II, The Twentieth Century* (1984); Peter Stansky, "The Strange Death of Liberal England: Fifty Years", *Albion: A Quarterly Journal Concerned with British Studies* (Winter 1985); Jonathan Clarke, *English Society 1688-1832* (1985); David Cannadine, "The Passing of the Whigs", in *The Decline and Fall of the British Aristocracy* (1990); Stefan Collini, *Public Moralists: Political Thought and Intellectual Life in Britain, 1850-1930* (1991); Jonathan Parry, *The Rise and Fall of Liberal Government in Victorian Britain* (1993); Martin Daunton, *Progress and Poverty: An Economic and Social History of Britain 1700-1850* (1995); Conrad Russell, *An Intelligent Person's Guide to Liberalism* (1999); G. R. Searle, *The Liberal Party: Triumph and Disintegration 1886-1929* (2001); G. R. Searle, *A New England? Peace and War 1886-1918* (2004); Boyd Hilton, *A Mad, Bad, Dangerous People? England 1783-1846* (2006); Parry, *The Politics of Patriotism: English Liberalism, National Identity and Europe, 1830-86* (2006); Collini, *Absent Minds: Intellectuals in Britain* (2006); Steve

Pincus, *1688: The First Modern Revolution* (2009); Brian Harrison, *Seeking a Role: The United Kingdom 1951-70* (2009) and *Finding a Role? The United Kingdom 1970-90* (2011).

독일의 자유주의

Paul von Pfizer, "Liberal, Liberalismus", in *Staatslexikon* (1840); John Hallowell, "The Decline of Liberalism", in *Ethics* (April 1942); Irene Collins, "Liberalism in 19th-Century Europe" and Franz Schnabel, "The Bismarck Problem", in *European Political History 1815-70: Aspects of Liberalism* (1966), ed. Black; Geoffrey Barraclough, "Mandarins and Nazis", *New York Review of Books (NYRB)* (October 19, 1972); Wilfried Fest, *Dictionary of German History 1806-1945* (1978); James Sheehan, *German Liberalism in the Nineteenth Century* (1978); Gordon A. Craig, *Germany 1866-1945* (1978); Thomas Nipperdey, *Deutsche Geschichte, 1800-1866: Bu_rgerwelt und starker Staat* (1983); trans. Nolan, *Germany from Napoleon to Bismarck, 1800-1866* (1996); H. W. Koch, *A Constitutional History of Germany* (1984); E. L. Jones, *German Liberalism and the Dissolution of the Weimar Party System, 1918-33* (1988); Jarausch and Jones, "German Liberalism Reconsidered"; Marion W. Gray, "From the Household Economy to 'Rational Agriculture': The Establishment of Liberal Ideals in German Agricultural Thought"; Geoffrey Eley, "Notable Politics, the Crisis of German Liberalism, and the Electoral Transition of the 1890s"; Jarausch, "The Decline of Liberal Professionalism"; Thomas Childers, "Languages of Liberalism"; all in *In Search of a Liberal Germany* (1990), eds. Jarausch and Jones; Lothar Gall et al., *Bismarck: Preussen, Deutschland und Europa* (1990), show catalog, German Historical Museum, Berlin; Mary Fulbrook, *A Concise History of Germany* (1990); Winkler, "Nationalismus, Nationalstaat und nationale Frage in Deutschland seit 1945", in *Politik und Zeitgeschichte* (September 1991); Stephen Davies, "German Liberalism", in *A Dictionary of Conservative and Libertarian Thought* (1991), eds. Ashford and Davies; Peter Pulzer, "Political Ideology", in *Developments in German Politics* (1992), ed. Smith; Otto Dann, *Nation und Nationalismus in Deutschland 1770-1990* (1993); Richard Bessell, *Germany after the First World War* (1993); Horst Mo_ller, "Bu_rgertum und bu_rgerlich-liberale Bewegung nach 1918", in *Historische Zeitschrift*, Sonderheft 17 (1997), and Introduction by Gall; David Blackbourn, *Germany 1780-1918: The Long Nineteenth Century* (1997); August Winkler, *Der lange Weg nach Westen* (2000); trans. Sager, *Germany: The Long Road West* (2006); *Liberalism, Anti-Semitism and Democracy: Essays in Honor of Peter Pulzer* (2001), eds. Tewes and Wright; John Zmirak, *Wilhelm Ro_pke* (2001); Jonathan Wright, *Gustav Stresemann: Weimar's Greatest Statesman* (2002); William Hagen, *Ordinary Prussians* (2002); Niall Ferguson, "Max Warburg and German Politics", in *Wilhelminism and Its Legacies* (2003), eds.

Eley and Retallack; Gerd Habermann, "La 'mesure humaine' ou 'l'ordre naturel' ", in *Histoire du libéralisme en Europe* (2006), eds. Nemo and Petitot; Jonathan Steinberg, *Bismarck* (2011).

미국의 자유주의

John Dewey, *Liberalism and Social Action* (1935); Richard Hofstadter, *The American Political Tradition* (1948); Arthur Schlesinger Jr., *The Vital Center* (1949); David Riesman, Nathan Glazer, and Reuel Denney, The Lonely Crowd *(1950); Louis Hartz,* The Liberal Tradition in America *(1955); Arthur Ekirch,* The Decline of American Liberalism *(1955); C. Wright Mills,* The Power Elite *(1956); Bernard Crick,* The American Science of Politics *(1959); Seymour Martin Lipset,* Political Man *(1960); Daniel Bell,* The End of Ideology *(1960); Christopher Lasch,* The New Radicalism in America 1889-1963 *(1965); Hofstadter,* The Progressive Historians *(1968); Robert Paul Wolff,* The Poverty of Liberalism *(1968); Barton J. Bernstein, "The Conservative Achievements of Liberal Reform", in* Towards a New Past: Dissenting Essays in American History *(1968), ed. Bernstein; Theodore Lowi,* The End of Liberalism *(1969); Gordon S. Wood,* The Creation of the American Republic *(1969); John Dunn, "The Politics of Locke in England and America in the Eighteenth Century", in* John Locke: Problems and Perspectives *(1969), ed. Yolton; Charles Reich,* The Greening of America *(1970); J.G.A. Pocock, "The Americanization of Virtue", chap. 15 of* The Machiavellian Moment *(1975); Bell,* The Cultural Contradictions of Capitalism *(1976); Ann Douglas,* The Feminization of American Culture *(1977); Lasch,* The Culture of Narcissism *(1979); Daniel Walker Howe,* The Political Culture of the American Whigs *(1979); William Galston, "Defending Liberalism",* American Political Science Review *(September 1982); Steven Dworetz,* The Unvarnished Doctrine: Locke, Liberalism and the American Revolution *(1990); J. Isaac Kramnick,* Republicanism and Bourgeois Radicalism *(1990); Lasch, "The Fragility of Liberalism",* Salmagundi *(Fall 1991);* Debates on the Constitution I & II *(1993), ed. Bailyn; David Greenstone,* The Lincoln Persuasion: Remaking American Liberalism *(1993);* A Companion to American Thought, *eds. Fox and Kloppenberg (1995); Howe,* The Making of the American Self *(1997); Robert Remini, "The Age of Jackson and Its Impact", in* The Liberal Persuasion *(1997), ed. Diggins; David Kennedy,* Freedom from Fear: The American People in Depression and War, 1929-45 *(1999); John Silber, "Procedure or Dogma: The Core of Liberalism", in* The Betrayal of Liberalism *(1999), eds. Kramer and Kimball; H. W. Brands,* The Strange Death of American Liberalism *(2001); James Hurtgen,* The Divided Mind of American Liberalism *(2002); Charles Noble,* The Collapse of Liberalism *(2004);* American Speeches I & II *(2006), ed. Wilmer; Thomas Bender,* A Nation Among Nations: America's Place in World History *(2006); Paul Starr,* Freedom's Power: The True

Force of Liberalism *(2007); Arthur Schlesinger Jr.,* Journals 1952-2000 *(2007); Alan Wolfe,* The Future of Liberalism *(2009); Norman Podhoretz,* Why Are Jews Liberals? (2009).

훔볼트

Wilhelm von Humboldt, *Ideen zu einem Versuch, die Grenzen der Wirksamkeit des Staats zu bestimmen* (written 1791-92; pub. 1852); trans. Coulthard, *The Limits of State Action* (1969), rev. and ed. Burrow; Peter Berglar, *Wilhelm von Humboldt* (1970); Paul Sweet, *Wilhelm von Humboldt: A Biography I* (1978) and *II* (1980). Other works: Friedrich Meinecke, *Weltbu_rgertum und Nationalstaat* (1908); trans. Kimber, *Cosmopolitanism and the National State* (1970); Eduard Spranger, *Wilhelm von Humboldt und die Reform des Bildungswesens* (1910); F. Schaffstein, *Wilhelm von Humboldt: Ein Lebensbild* (1952); E. V. Gulick, "The Final Coalition and the Congress of Vienna, 1813-15", in *New Cambridge Modern History IX* (1965); Nicola Abbagnano, "Humboldt", in *Encyclopedia of Philosophy*, ed. Edwards (1967); Manfred Geier, "Die Bru_der Humboldt", in *Deutsche Erinnerungsorte III* (2001), eds. Franc^ois and Schulze; Detmar Doering, "Wilhelm von Humboldt et les origines du libéralisme allemand", in *Histoire du libéralisme en Europe*, ed. Nemo and Petitot (2006); Charles Esdaile, *Napoleon's Wars: An International History 1803-05* (2007); Frederick Beiser, "Humboldt", in *REP 1.0*; Kurt Mueller-Vollmer, "Humboldt", in *SEP Online* (December 2010); Franz-Michael Konrad, *Wilhelm von Humboldt* (2010).

콩스탕

Benjamin Constant, "De la force du gouvernement actuel de la France et de la necéssité de s'y rallier" (1796); "Des réactions politiques" (1797); "Des effets de la terreur" (1797), all in *Des réactions politiques*, ed. Raynaud (1988); "De la perfectibilité de l'espe\ ce humaine" (1805); "De L'esprit de conque^te et de l'usurpation" (1814); "Principes de politique" (1815); "De la liberté des anciens comparée a\ celle des modernes" (1819); "Du développement progressif des idées religieuses" (1826); all in *Ecrits Politiques* (1997), ed. Marcel Gauchet; *Adolphe* (1816); *Journaux Intimes*, eds. Roulin and Roth (1952); Stephen Holmes, *Benjamin Constant and the Making of Modern Liberalism* (1984); Pierre Manent, "Benjamin Constant and the Liberalism of Opposition", in *Histoire intellectuelle du libéralisme* (1987); trans. Balinski, *An Intellectual History of Liberalism* (1994); *The Cambridge Companion to Constant* (2009), ed. Rosenblatt. Other works: Harold Nicolson, *Benjamin Constant* (1949); Gall, *Benjamin Constant: Seine Politische Ideenwelt und der deutsche Vorma_rz* (1963); Georges Poulet, *Benjamin Constant par lui-me^me* (1965); *Benjamin Constant (1767-1830), Une Vie au Service de la Liberté* (1980), show catalog, Lausanne; Kurt Kloocke, *Benjamin Constant: Une Biographie*

Intellectuelle (1984); Etienne Hoffman, "Constant", in *Dictionnaire Napoléon* (1988), ed. Tulard; Tzvetan Todorov, "Freedom and Repression during the Restoration", in *A New History of French Literature* (1989), ed. Denis Hollier; Biancamaria Fontana, *Benjamin Constant and the Post-revolutionary Mind* (1991); Dennis Wood, *Benjamin Constant, A Biography* (1993); Maurice Cranston, review of Wood, *Times Literary Supplement (TLS)* (September 3, 1993).

기조

Franc^ois Guizot, *Histoire des origines du gouvernement representatif en Europe* (1821-22); trans. Scoble, *Origin of Representative Government in Europe (1861); Histoire de la civilisation en Europe* (1828); trans. Hazlitt, *The History of Civilization in Europe*, with Introduction by Siedentop (1997); Douglas Johnson, *Guizot: Aspects of French History 1787-1874* (1963); *Guizot: Historical Essays and Lectures* (1972), ed. Mellon; Laurent Theis, *Franc^ois Guizot* (2008). Other works: Manent, "Guizot", in *Histoire intellectuelle du libéralisme* (1987); Pierre Rosanvallon, "Guizot", in *Dictionnaire Critique de la Révolution Franc^aise* (1989), eds. Furet and Ozouf.

매디슨, 캘훈

James Madison, in *Federalist Papers* (1787-88); Letter to Jefferson (October 24, 1787), in *Debates on the Constitution, Vol. I* (1993), ed. Bailyn; John Calhoun, *Disquisition on Government* (posth.), ed. Lence, Library of Liberty Online; Senate speeches: "On Anti-slavery Petitions" (1837); "On Compromise Resolutions" (1850), in *American Speeches* (2006), ed. Ted Wilmer.

채드윅, 코브던

Edwin Chadwick, *The Poor Law Commissioners' Report* (1834); Pamphlets (later as books): on enthusiasm for America and Commerce as "Grand Panacea", in *England, Ireland and America* (1835); Against Regulation of Trade in "Russia" (1836); Against Annexation of Burma and Britain's Culpability for "Imperial Crimes" in "How Wars Are Got Up in India" (1853); Against British Part in Ottoman-Russian Conflict and "Don Quixotes of the World" (1854); Campaigning Speeches: Free Trade as Fair to Laborers (February 8, 1844); Free Trade versus Landed Interest (July 3, 1844); Free Trade as Moral Principle and "I Have a Dream" (January 15, 1846); House of Commons Speeches: Against Armaments (June 12, 1849); On Liberal Economic Doctrines, Nonintervention, Reform (August 1862); In Support of North in American Civil War and Against British Empire in India (November 24, 1863); Richard Cobden, *Letter to His Brother from Prussia* (September 11, 1838) in *Richard Cobden's German Diaries* (2007), ed. R. J. Davis; John Morley, *Life of*

Cobden (1879). Antony Brundage, *England's "Prussian Minister": Edwin Chadwick and the Politics of Government Growth, 1832-54* (1988); Peter Mandler, "Chadwick, Sir Edwin", *ODNB Online* (December 2010); Myles Taylor, "Cobden, Richard", *ODNB Online*. Other works: Frank Trentmann, *Free Trade Nation: Commerce, Consumption and Civil Society in Modern Britain* (2008); Jonathan Parry, review of *Letters of Richard Cobden, TLS* (December 10, 2010).

토크빌, 슐체-델리치

Tocqueville, *De la Démocratie en Amérique* (1835 and 1840); *Souvenirs* (1850), ed. Monnier (1942); *L'Ancien Régime et la Révolution* (1858); Hugh Brogan, *Alexis de Tocqueville: Prophet of Democracy in an Age of Revolution* (2006). Other works: Alexander Herzen, *My Past and Thoughts* (1854-66); trans. Garnett, rev. Higgins (1968); André Jardin, *Alexis de Tocqueville: 1805-1859* (1984); Alan S. Kahan, *Aristocratic Liberalism: The Social and Political Thought of Jacob Burckhardt, John Stuart Mill and Alexis de Tocqueville* (1992).

"Schulze-Delitzsch", in *Dictionary of German Biography* (2001), eds. Killy and Vierhaus; Ulrike Laufer, "Schulze-Delitzsch", in *Gru_nderzeit 1848-71: Industrie und Lebenstra_ume zwischen Vorma_rz und Kaiserreich* (2008), show catalog, German Historical Museum, Berlin. Other works: Léon Walras, *Les associations populaires de consommation, de production et de crédit* (1865); James Sheehan, *German Liberalism in the 19th Century* (1978) and *German History 1770-1866* (1989); R. J. Bazillion, "Liberalism, Modernization, and the Social Question in the Kingdom of Saxony, 1830-90", in *In Search of a Liberal Germany* (1990), eds. Jarausch and Jones; Timothy W. Guinnane, "A 'Friend and Advisor': External Auditing and Confidence in Germany's Credit Cooperatives, 1889-1914", *Business History Review* 77 (2003).

스마일스, 채닝

Samuel Smiles, *Self-Help* (1859); *Thrift* (1875); H.G.C. Mathew, "Smiles, Samuel", *ODNB Online* (February 2013). William Ellery Channing, "Self-Culture" (1838); Daniel Walker Howe, "Channing, William Ellery", *ANB Online* (February 2013). Other works: Herbert Wallace Schneider, "Intellectual Background of William Ellery Channing", *Church History* (March 1938); Sydney E. Ahlstrom, *A Religious History of the American People* (1975); Howe, *The Making of the American Self* (1997).

스펜서

The Proper Sphere of Government (1843), in *Spencer: Political Writings* (1994), ed. Offer; *Social Statics* (1851); *The Man Against the State* (1884) in Offer; *"Justice", Part IV of Principles of Ethics* (1891); *An Autobiography* (1904); David Miller, *Social Justice*

(1976); Jose Harris, "Spencer, Herbert", *ODNB Online* (May 2012). Other works: Henry Sidgwick, "The Theory of Evolution in Its Application to Practice", *Mind* (January 1876); "Mr Spencer's Ethical System", *Mind* (April 1880); F. W. Maitland, "Mr Herbert Spencer's Theory of Society, I & II", *Mind* (July and October 1883); D. G. Ritchie, "The State v. Mr Herbert Spencer", LSE Pamphlet (1886); Hillel Steiner, "Land, Liberty and the Early Herbert Spencer", *History of Political Thought* 3 (1982); Tim Gray, "Herbert Spencer's Liberalism", in *Victorian Liberalism* (1990), ed. Bellamy; James Meadowcroft, *Conceptualising the State: Innovation and Dispute in British Political Thought 1880-1914* (1995); Tim Gray, "Herbert Spencer", in *REP 1.0*; Mark Francis, *Herbert Spencer and the Invention of Modern Life* (2007); Steven Shapin, "Man with a Plan: Herbert Spencer's Theory of Everything", *New Yorker* (August 13, 2007); Jonathan Ree, "How to Be Happy", *TLS* (November 30, 2007), both reviews of Francis.

존 스튜어트 밀

Principles of Political Economy (1848; and later editions); *On Liberty* (1859); *Utilitarianism* (1861); *Representative Government* (1861); *The Subjection of Women* (1869); *Autobiography* (1873); all in the Toronto Edition of *Collected Works of John Stuart Mill* (1963-91) in Library of Liberty Online; *Letters of John Stuart Mill* (1910), ed. Eliot; Michael St. John Packe, *Life of J. S. Mill* (1954); John Gray, Introduction to *John Stuart Mill: On Liberty and Other Essays* (1991); Richard Wollheim, "J.S. Mill and Isaiah Berlin", in *J. S. Mill "On Liberty" in Focus* (1991), eds. Gray and Smith; Roger Crisp, *Mill on Utilitarianism* (1997). Other works: James Fitzjames Stephen, *Liberty, Equality, Fraternity* (1873); John Skorupski, "J.S. Mill", in *REP 1.0*; William Stafford, *J.S. Mill* (1998); Alan Ryan, Introduction to *J.S. Mill's Encounter with India* (1999), eds. Moir, Peers, and Zastoupil; Ten Chin Liew, *Was Mill a Liberal?* (2004); David Weinstein, "Interpreting Mill", in *J.S. Mill and the Art of Life* (2011), eds. Eggleston, Miller, and Weinstein; Agnar Sandmo, "Consolidation and Innovation: John Stuart Mill", in *Economics Evolving* (2011); Jose Harris, "Mill, John Stuart", *ODNB Online* (March 2012).

링컨

Richard Hofstadter, "Lincoln", in *The American Political Tradition* (1948); James McPherson, *Battle Cry of Freedom: The Civil War Era* (1988); Eric Foner, *Reconstruction* (1988); *Speeches and Writings, 1832-58 & 1859-65* (1989), ed. Fehrenbacher; David Donald, *Lincoln* (1995); *Our Lincoln: New Perspectives on Lincoln and His World* (2008), ed. Foner.

라불레, 리히터

Edouard Laboulaye, *Le parti libéral: son progre\s et son avenir* (1863); Rosenblatt, "On the Need for a Protestant Reformation: Constant, Sismondi, Guizot and Laboulaye", in *French Liberalism from Montesquieu to the Present Day* (2012), eds. Geenens and Rosenblatt. Eugen Richter, *Sozialdemokratischen Zukunftsbilder, frei nach Bebel* (1891); trans. Wright, *Pictures of a Socialistic Future* (1907), in Library of Liberty Online; Ina Susanne Lorenz, *Der entschiedene Liberalismus in wilhelminischer Zeit 1871 bis 1906* (1981), *Historische Studien, Heft 433*; Theodore Hamerow, review of Lorenz, *Journal of Modern History* (September 1983).

글래드스턴

David Bebbington, "The Nature of Gladstonian Liberalism", in *The Mind of Gladstone* (2004); H.G.C. Mathew, "Gladstone, William Ewart", in *ODNB Online* (December 2010). Other works: Bullock and Shock, Introduction to *The Liberal Tradition* (1956); *Gladstone Diaries V, 1855-60 (1978)*, ed. Mathew; Gerhard Joseph, "The Homeric Competitions of Tennyson and Gladstone", *Browning Institute Studies* 10 (1982); Andrew Adonis, "Byzantium and Liverpool: Marx's Critique of Gladstone—and Gladstone's Refutation by Example", *TLS* (February 9, 1996); Hoppen, *The Mid-Victorian Generation, 1848-1886* (1998).

시민적 존중, 개인, 개인주의

Steven Lukes, *Individualism* (1973); Colin Bird, *The Myth of Liberal Individualism* (1999). Other works: William Blackstone, "On the Nature of Laws in General", *Commentaries on the Laws of England* (1753); Bentham, "Attacks upon Security", in *Principles of the Civil Code* (post. 1843), ed. Bowring; Henry Sidgwick, *Elements of Politics* (1891); Zeldin, "Individualism and the Emotions", in *France 1848-1945: Intellect and Pride* (1977); Jon Elster, "Marxisme et individualisme méthodologique", in *Sur l'individualisme* (1986), eds. Leca and Birnbaum; Philip Pettit, *The Common Mind* (1993); Roy Porter, *Rewriting the Self* (1997); Lars Udehn, "The Changing Face of Methodological Individualism", *Annual Review of Sociology* 28 (2002); Carol Rovane, "Why Do Individuals Matter?", *Daedalus*, "On Identity" (Fall 2006); "Law of Persons: Family and Other Relationships", pt. 4 of *The Oxford History of the Laws of England XIII 1820-1914: Fields of Development*, eds. Cornish et al. (2010); Marion Smiley, "Collective Responsibility", in *SEP Online* (February 2010); Joseph Heath "Methodological Individualism", in *SEP Online* (December 2011); Jeremy Waldron, "Liberalism", in *REP 1.0*.

관용

John Milton, *Areopagitica: A Speech for Liberty of Unlicensed Printing* (1644); John Goodwin, "Independency of God's Verity or the Necessity of Toleration" (1647); Benedict Spinoza, *Tractatus Theologico-Politicus* (published anon., 1670); Pierre Bayle, *Commentaire philosophique sur "Contrains-les d'entrer"*; trans. *Philosophical Commentary on "Compel Them to Come in That My House May Be Full"* (1686); John Locke, *Letter Concerning Toleration* (trans. from Latin, 1689); Daniel Defoe, "The True-Born Englishman" (1701); Ashley Cooper, Earl of Shaftesbury, "On Enthusiasm", *Characteristics* (1711); Thomas Gordon, *Cato's Letters* (1720); Montesquieu, *Notes sur l'Angleterre* (1730); Voltaire, *Traité sur la tolérance* (1763); Mill, *On Liberty* (1861); *On the Subjection of Women* (1869); Gerhard Besier and Klaus Schreiner, "Toleranz", in *Geschichtliche Grundbegriffe VI*, eds. Brunner, Conze, and Koselleck (1990); Bernard Williams, "Toleration: An Impossible Virtue?", in *Toleration: An Elusive Virtue* (1996), ed. Heyd; John Horton, "Toleration", *REP 1.0*; Cecile Laborde, "Toleration and laicite", in *The Culture of Toleration in Diverse Societies: Reasonable Tolerance* (2003), eds. McKinnon and Castiglione; Rainer Forst, "Toleration", *SEP Online* (July 2012); John Christian Laursen, "Toleration", Encyclopedia.com (August 2012). Other works: Charles Mullett, "Some Essays on Toleration in Late 18th-century England", *Church History 7* (1938); Herbert Marcuse, "Repressive Tolerance", in Marcuse, Barrington Moore, and Robert Paul Wolff, *A Critique of Pure Tolerance* (1965); Robert N. Bellah, "Civil Religion in America", *Daedalus*, "On Religion in America" (Winter 1967); Henry Kamen, *The Rise of Toleration* (1967); Hilary Putnam, "Reason and History", chap. 7 of *Reason, Truth and History* (1981); Joseph Raz, "Freedom and Autonomy", chap. 15 of *The Morality of Freedom* (1986); *On Toleration* (1987), ed. Mendus; *Justifying Toleration* (1988), ed. Mendus; Thomas Nagel, *Equality and Partiality* (1991); Jonathan Rauch, *Kindly Inquisitors* (1993); Alain Bergounioux, "La lai_cité, valeur de la République"; Gérard Defois, "La lai_cité vue d'en face"; Rémond, "La lai_cité et ses contraires"; Jacques Zylberberg, "Lai_cité, connais pas", all in *Pouvoirs 75*, "La lai_cité" (1995); *Toleration* (1996), ed. Heyd; Michael Walser, *On Toleration* (1997); Thomas Nagel, "Concealment and Exposure", *Philosophy and Public Affairs* (1998); Jeremy Waldron, "Political Neutrality", *REP 1.0*; *Toleration in Enlightenment Europe* (2000), eds. Grell and Porter; Christopher Hill, "Toleration in 17th-Century England: Theory and Practice", in *The Politics of Toleration in Modern Life* (2000), ed. Mendus; *Toleration, Neutrality and Democracy* (2003), ed. McKinnon; *Daedalus*, "On Secularism and Religion" (Summer 2003); Ronald Dworkin, *Is Democracy Possible Here?* (2006); Catriona McKinnon, *Toleration* (2006); Paul Starr, "Religious Liberty and the Separation of Church and State", in *Freedom's Power: The True Force of Liberalism* (2006).

정치적 민주주의

Sie\yes, "Qu'est-ce-que c'est le tiers état?" (1789); Condorcet, "Sur l'admission des femmes aux droits de Cité" (1790); Moisei Ostrogorski, *Democracy* (1902); Acton's letter of April 24, 1881, to Mary Gladstone in *Letters of Lord Acton* (1904), ed. Paul; Georges Sorel, *Réflexions sur la violence* (1908); trans. Jennings, *On Violence* (1999); *Les Illusions du progre\s* (1908); Joseph Schumpeter, *Capitalism, Socialism and Democracy* (1942); Richard Wollheim, "A Paradox in the Theory of Democracy", in *Philosophy, Politics and Society* (1962), eds. Laslett and Runciman; Max Weber, *Political Writings*, eds. Lassman and Speirs (1994); Richard Bellamy, "The Advent of the Masses and the Making of the Modern Theory of Democracy", in *The Cambridge History of Twentieth-Century Political Thought* (2003), eds. Ball and Bellamy; John Dunn, *Setting the People Free: The Story of Democracy* (2005); Andreas Fahrmeir, *Citizenship: The Rise and Fall of a Modern Concept* (2007). Other works: Denis Brogan, *Citizenship Today* (1960); Robert A. Dahl, "Democracy", in *Blackwell Encyclopedia of Political Institutions* (1987), ed. Bogdanor; Benjamin Barber, "Democracy", in *Blackwell Encyclopedia of Political Thought* (1987), eds. Miller et al.; Russell L. Hanson, "Democracy", in *Political Innovation and Conceptual Change* (1989), eds. Ball, Farr, and Hanson; Amy Gutman, "Democracy", in Goodin and Pettit (1995); Joseph Femia, "Complexity and Deliberative Democracy", *Inquiry* 39 (1996); Charles Tilly, *Democracy* (2007); Adam Przeworski, *Democracy and the Limits of Self-Government* (2010); David Runciman, *The Confidence Trap: A History of Democracy in Crisis from World War I to the Present* (2013); Stein Ringen, *Nation of Devils: Democracy and the Problem of Obedience* (2013).

경제적 민주주의

Hermann Levy, *Economic Liberalism* (1913); H. A. Shannon, "The Limited Companies of 1866-1883", *Economic History Review* (October 1933); Pierre Caron, *Histoire économique de la France, XIXe\me-XXe\me sie\cle* (1973); trans. Bray, *Economic History of Modern France* (1979); Wolfram Fischer and Peter Lundgren, "The Recruitment of Administrative Personnel", in *The Formation of Nation States in Western Europe* (1975), ed. Tilly; *United States Historical Statistics: Bicentennial Edition, Bureau of Census* (1976); W. H. Greenleaf, *The British Political Tradition (I): The Rise of Collectivism* (1983); Eberhard Kolb, review of Abelshauser, *Die Weimarer Republik als Wohlfahrtsstaat* (1987), *Historische Zeitschrift* (June 1989); Angus Maddison, *The World Economy in the 20th Century* (1989); H. J. Braun, *The German Economy in the Twentieth Century* (1990); Gosta Esping-Andersen, *The Three Worlds of Capitalism* (1990); Niall Ferguson, "Public Finance and National Security: The Domestic Origins of the First World War Revisited", *Past and Present* (February 1994); H. Berghoff and R. Moller, "Tired Pioneers and Dynamic Newcomers? English and

German Entrepreneurial History, 1870-1914", *Economic History Review* (May 1994); *The Boundaries of the State in Modern Britain* (1996), eds. Green and Whiting; Clive Trebilcock, "The Industrialization of Modern Europe" and Harold James, "Fall and Rise of the Economy", in *Oxford Illustrated History of Modern Europe* (1996), ed. Blanning; *Creating Modern Capitalism* (1997), eds. Thomas McCraw; Vito Tanzi and Ludger Schuknecht, *Public Spending in the 20th Century: A Global Perspective* (2000); Niall Ferguson, *The Cash Nexus* (2001); Daunton, *Just Taxes: The Politics of Taxation in Britain, 1914-1979* (2002); John Micklethwait and Adrian Wooldridge, *The Company* (2003); Werner Abelshauser, *Deutsche Wirtschaftsgeschichte seit 1945* (2004); *Cambridge Economic History of Modern Britain 1939-2000* (2004), eds. Floud and Johnson; Toni Pierenkemper and Richard Tilly, *The German Economy during the 19th Century* (2004); Christopher Kopper, "Continuities and Discontinuities", *Contemporary European History* (special issue, November 2005); Maddison, *The World Economy* (2006); Daunton, *Wealth and Welfare: An Economic and Social History of Britain, 1850-1951* (2007); *State and Market in Victorian Britain: War, Welfare and Capitalism* (2008); *The European Economy in an American Mirror* (2008), eds. Eichengreen, Landesmann, and Stiefel; Carmen Reinhart and Kenneth Rogoff, *This Time is Different: Eight Centuries of Financial Folly* (2009); Philip Coggan, *Paper Promises: Money, Debt and the New World Order* (2011).

윤리적 민주주의

Célestin Bouglé: "Crise du libéralisme" (September 1902); *Solidarisme et libéralisme* (1904), with Introduction by Alain Policar (2009); "Le solidarisme" (1907); "Marxisme et sociologie" (November 1908); "Remarques sur le polytélisme" (September 1914); Georges Davy, "Célestin Bouglé, 1870-1940", *Revue franc^aise de sociologie* 8 (January-March 1967); William Logue, "Sociologie et politique: le libéralisme de Célestin Bouglé" and W. Paul Vogt, "Un durkheimien ambivalent: Célestin Bouglé (1870-940)", both in *Revue franc^aise de sociologie*, "Les Durkheimiens" (January-March 1979); Lavinia Anderson, *Windthorst: A Political Biography* (1981); David Blackbourn, "Catholics and Politics", pt. III of *Populists and Patricians: Essays in Modern German History* (1987); Ronald Ross, *The Failure of Bismarck's Kulturkampf* (1998).

발라, 마셜

Léon Walras, *Eléments d'économie politique pure* (1874); "L'Etat et le chemin de fer", *Revue du Droit public et de la Science politique* (1875); "Théorie de la propriété", *Revue Socialiste* (June 1896), cited in *The Origins of Left-Libertarianism* (2000), eds. Vallentyne and Steiner; B. Burgenmeier, "The Misperception of Walras", *American Economic Review* (March 1994); Donald A. Walker, "Walras, Léon", in *The New*

Palgrave: A Dictionary of Economics (2nd 2008), eds. Durlauf and Blume; Sandmo, "The Marginalists: Leon Walras", in *Economics Evolving* (2011). Alfred Marshall, *The Principles of Economics* (1890); J. M. Keynes, "Alfred Marshall", *The Economic Journal* (September 1924); Sandmo, "The Marginalists: Alfred Marshall", in *Economics Evolving* (2011); Rita McWilliams Tullberg, "Marshall, Alfred", *ODNB Online* (June 2012); on freedom of contract: P. S. Atiyah, *The Rise and Fall of Freedom of Contract* (1979).

바스티아, 마르티노, 배젓, 르루아

Harriet Martineau, *Illustrations of Political Economy, Vol. 1: Life in the Wilds, Hill and the Valley, Brooke and Brooke Farm* (1832); Frédéric Bastiat, *Sophismes Economiques* (1845); Margaret G. O'Donnell, "Harriet Martineau: A Popular Early Economics Educator", *Journal of Economic Education* (Autumn 1983); Eric Hobsbawm, Introduction to *The Communist Manifesto: A Modern Edition* (1998).

Walter Bagehot, "Letters on the French coup d'état of 1851 in France", *The Inquirer* (1852); *The English Constitution* (1867); "Mr Robert Lowe as Chancellor of the Exchequer" (1871); *Physics and Politics* (1872); *Lombard Street* (1873); "The Metaphysical Basis of Toleration" (1874); *Postulates of English Political Economy* (1876); "Adam Smith as a Person" (1876); "Adam Smith and Our Modern Economy", in *Economic Studies* (posth. 1915); Joseph Hamburger, "Bagehot, Walter", *ODNB Online* (November 2012).

Paul Leroy-Beaulieu, *De la colonisation chez les peuples modernes* (1874); *L'Etat moderne (1890);* Les Etats Unis au XXie\me sie\cle *(1891); Zeldin,* France 1848-1945: Politics and Anger *(1973). Other works: Dan Warshaw,* Paul Leroy-Beaulieu and Established Liberalism in France *(1991); Sharif Gemie, "Politics, Morality and the Bourgeoisie: The Work of Paul Leroy-Beaulieu (1843-1916)",* Journal of Contemporary History *(April 1992); Pierre Léve^que, review of Warshaw,* Annales (January-February 1996).

홉하우스, 영국의 "새로운 자유주의자들"

T. H. Green, *Lectures on the Principles of Political Obligation* (1879-80); "Liberal Legislation and Freedom of Contract" (1881); Herbert Samuel, *Liberalism: Its Principles and Proposals* (1902); Leonard Hobhouse, *Morals in Evolution* (1906); *Liberalism* (1911); *The Metaphysical Theory of the State* (1918); J. A. Hobson and Morris Ginsberg, *L. T. Hobhouse* (1931); Collini, *Liberalism and Sociology: L. T. Hobhouse and Political Argument in England, 1880-1914* (1979); Michael Freeden, "Hobhouse, Leonard Trelawney", *ODNB Online* (December 2011). Other works: Gareth Stedman-Jones, *Outcast London* (1971); Collini, "Hobhouse, Bosanquet and the State: Philosophical Idealism and Political Argument in England 1880-1918", *Past and Present* (August

1976); Freeden, "The New Liberalism and its Aftermath", in *Victorian Liberalism* (1990), ed. Bellamy.

나우만, 독일의 사회적 자유주의자들

Friedrich Naumann, *Demokratie und Kaisertum* (1900); *Mitteleuropa* (1915); Tomas Masaryk, *The New Europe: The Slav Standpoint* (1917, trans. 1918); Theodor Heuss, *Friedrich Naumann: Der Mann, das Werk, die Zeit* (1937); Peter Theiner, *Sozialer Liberalismus und deutsche Weltpolitik: Friedrich Naumann in Wilhelminischen Deutschland, 1860-1919* (1983). Other works: Richard Nu_rnberger, "Imperialismus, Sozialismus und Christentum bei Friedrich Naumann", *Historische Zeitschrift* 170 (1950); William O. Shanahan, "Friedrich Naumann: A Mirror of Wilhelmine Germany", *Review of Politics* (1951); Heuss, *Vorspiele des Lebens* (1953); trans. Bullock, *Preludes to a Life* (1955) and "Naumann, Friedrich", *Neue Deutsche Biographie* (1955, rev. 1997); Shanahan, "Liberalism and Foreign Affairs: Naumann and the Pre-War German View", *Review of Politics* (January 1959); Beverly Heckart, *From Bassermann to Bebel: The Grand Bloc's Quest for Reform in the Kaiserreich 1900-14* (1974); Moshe Zimmermann, "A Road Not Taken: Friedrich Naumann's Attempt at a Modern German Nationalism", *Journal of Contemporary History* (October 1982); Hans Fenske, review of Theiner, *Historische Zeitschrift* 240 (1985); A. J. Nicholls, review of Theiner, *English Historical Review* 101 (1986); Michael Freeden, review of Schnoor, *Liberalismus zwischen 19. und 20. Jahrhundert, am Beispiel von Friedrich Naumann und Leonard Hobhouse in English Historical Review* (September 1994); George Steinmetz, "The Myth of the Autonomous State: Industrialists, Junkers, and Social Policy in Imperial Germany", in *Society, Culture and State in Germany 1870-1930* (1996), ed. Eley; Frederic Schwartz, *The Werkbund: Design Theory and Mass Culture before the First World War* (1996); Chris Thornhill, *Political Theory in Modern Germany* (2000); Margaret Lavinia Anderson, *Practising Democracy: Elections and Political Culture in Imperial Germany* (2000); Joachim Radkau, *Max Weber* (2005), trans. Camiller (2009); Andrea Orzoff, *Battle for the Castle: The Myth of Czechoslovakia in Europe* (2009).

부르주아, 프랑스 사회연대주의

Léon Bourgeois, *Solidarité* (1896); Zeldin, "Solidarism", chap. 8 of *France 1848-1945: Politics and Anger* (1974); James Kloppenberg, *Uncertain Victory: Social Democracy and Progressivism in European and American Thought, 1870-1920* (1986). Other works: Charles Renouvier, *Manuel républicain des droits de l'homme et du citoyen* (1848); Emile Durkheim, *De la division du travail social* (1893); Charles Gide and Charles Rist, "Les Solidaristes", V, iii, in *Histoire des doctrines économiques* (1909); trans. Richards,

A History of Economic Doctrines (1915); Léon Duguit, *Souveraineté et liberté* (1922); Maurice Hamburger, *Léon Bourgeois* (1930); J.E.S. Hayward, "Solidarity: The Social History of an Idea in 19th Century France", *International Review of Social History* (August 1959); David Wiggins, "A First-Order Ethic of Solidarity and Reciprocity", lecture nine in *Ethics: Twelve Lectures on the Philosophy of Morality* (2006); Wiggins, "Solidarity and the Root of the Ethical", *Tijdschrift voor Philosophie* (June 2010); Nicolas Delalande, "Le solidarisme de Léon Bourgeois: un socialisme libérale?" on website la vie des idees.fr (April 2012).

크롤리, 와일, 미국의 진보주의자들

Croly, *The Promise of American Life* (1909); Walter Weyl, *The New Democracy* (1912); Charles Forcey, *The Crossroads of Liberalism: Croly, Weyl, Lippmann and the Progressive Era 1900-1925* (1961); "Herbert Croly", in *A Companion to American Thought* (1995), eds. Fox and Kloppenberg; Steven L. Piott, *American Reformers 1870-1920: Progressives in Word and Deed* (2006); David W. Levy, "Croly, Herbert David", *ANB Online* (August 2010); David W. Levy, "Weyl, Walter Edward", *ANB Online* (August 2010).

체임벌린, 바서만, 자유주의적 제국주의

P. M. Kennedy, *The Rise of the Anglo-German Rivalry 1860-1914* (1980); Gall, *Bu_rgertum in Deutschland* (1989); Peter T. Marsh, "Chamberlain, Joseph", *ODNB Online* (December 2009). Other works: Friedrich Fabri, *Bedarf Deustchland der Kolonien?* (1879); Gustav Schmoller, *Studien u_ber die wirtschaftliche Politik Friedrich des Gros_en* (1884); introduction trans. Ashley, *The Mercantile System and Its Historical Significance* (1896); J. A. Hobson, *Imperialism* (1902; 2nd 1905); V. I. Lenin, *Imperialism: The Highest Stage of Capitalism* (1917); Winston Churchill, "Joseph Chamberlain", in *Great Contemporaries* (1937); William E. Leuchtenburg, "Progressivism and Imperialism", *Mississippi Valley Historical Review* (December 1952); George Lichtheim, *Imperialism* (1971); Sidney Morgenbesser, "Imperialism: Some Preliminary Distinctions", *Philosophy and Public Affairs* (Autumn 1973); Ian L. D. Forbes, "Social Imperialism and Wilhelmine Germany", *Historical Journal* (June 1979); Mathew Burrows, " 'Mission Civilisatrice': French Cultural Policy in the Middle East, 1860-1914", *Historical Journal* (March 1986); Anthony Pagden, *Lords of All the World: Ideologies of Empire in Spain, Britain and France c. 1500-1800* (1995); Douglas Porch, *Wars of Empire* (2000); Alan Ryan, "Liberal Imperialism", in *The Future of Liberal Democracy* (2004), eds. Fatton and Ramazani; Henk Wesseling, "Imperialism and the Roots of the Great War"; Robin Blackburn, "Emancipation and Empire from Cromwell to Karl Rove"; Anthony Pagden, "Imperialism, Liberalism and the Quest for Perpetual Peace"; Kenneth Pomeranz, "Empire and 'Civilizing Missions', Past and Present"; all in

Daedalus, "On Imperialism" (Spring 2005).

클레망소, 로이드 조지, 윌슨

Woodrow Wilson, *Congressional Government* (1885); *The State* (1889); *The New Freedom* (1913); Henry Cabot Lodge, "Speech to Senate Against League of Nations" (August 1919), in *American Speeches* (2006), ed. Wilmer; *Lloyd George* (1968), speeches, writings, and assessments ed. Martin Gilbert; H. W. Brands, *Woodrow Wilson* (2003); Michel Winock, *Clemenceau* (2007); Kenneth O. Morgan, "George, David Lloyd", *ODNB Online* (January 2011). Other works: Keynes on Clemenceau in *Economic Consequences of the Peace* (1919); Churchill, "Clemenceau", in *Great Contemporaries* (1937); E. M. Hugh-Jones, *Woodrow Wilson and American Liberalism* (1947); Georges Wormser, *Clemenceau vu de pre\s* (1979); *Clemenceau (1841-1929): Exposition du cinquantenaire* (1979), show catalog, Palais des Beaux-Arts, Paris; Niall Ferguson, "Germany and the Origins of the First World War: New Perspectives", *Historical Journal* (September 1992); Stephen Constantine, *Lloyd George* (1992); Ian Packer, *Lloyd George* (1998); Margaret Macmillan, *The Peacemakers* (2001); Ronald Steele, "The Missionary", on Wilson, *NYRB* (November 20, 2003); D. R. Watson, *Georges Clemenceau* (2008); Christopher Clark, *The Sleepwalkers: How Europe Went to War in 1914* (2012).

알랭, 볼드윈, 브랜다이스

Alain, *Propos* (1906-36) (Pléiade ed. 1956); *Souvenirs de guerre* (1937); Ramon Fernandez, "Propos sur Alain", *NRF* (July 1941); *Politique* (1951); *Les Passions et la Sagesse* (Pléiade ed. 1960); Paul Foulquie, *Alain* (1952); Raymond Aron, "Alain et la politique", in *NRF "Hommage a Alain"* (September 1952); Ronald F. Howell, "The Philosopher Alain and French Classical Radicalism", in *Western Political Quarterly* (September 1965); Simone de Beauvoir, on Alain's pupils, *La cérémonie des adieux* (1981); John Weightman, "Alain: For and Against", *American Scholar* (June 1982); Thierry Leterre in "Alain Colloque, 2009", *ENS Paris website* (October 2010). Peggy Lamson, *Roger Baldwin: Founder of the American Civil Liberties Union: A Portrait* (1976); Norman Dorsen, "Baldwin, Roger Nash", *ANB Online* (January 2012). Louis Brandeis, *Brandeis and America* (1989), ed. Dawson; *Brandeis on Democracy* (1995), ed. Strum; Philippa Strum, "Brandeis, Louis Dembitz", *ANB Online* (January 2012). Other works: Arthur Schlesinger Jr., *War and the American Presidency* (2004); Geoffrey R. Stone, *War and Liberty: An American Dilemma, 1790 to the Present* (2007).

케인스, 피셔, 하이에크

J. M. Keynes, *The Economic Consequences of the Peace* (1919); "Am I a Liberal?" (1925);

"The End of Laissez-Faire" (1926); *The General Theory of Employment, Interest, and Money* (1936); Robert Skidelsky, *John Maynard Keynes: Vol. I: Hopes Betrayed, 1883-1920* (1983); *Vol. II: The Economist as Saviour, 1920-37* (1992); *Vol. III: Fighting for Britain* (2000). Other works: Skidelsky, *Keynes* (1996); Samuel Brittan, "Keynes's Political Philosophy", in *Cambridge Companion to Keynes* (2006), eds. Backhouse and Bateman; Sandmo, "John Maynard Keynes and the Keynesian Revolution", in *Economics Evolving* (2011).

Irving Fisher, *Booms and Depressions* (1932); "The Debt-Deflation Theory of Great Depressions", *Econometrica* (October 1933); "Destructive Taxation: A Rejoinder", *Columbia Law Review* (March 1943); James Tobin, "Fisher, Irving", in *The New Palgrave: A Dictionary of Economics* (2nd 2008), eds. Durlauf and Blume. Other works: William J. Barber, "Irving Fisher of Yale", and Robert W. Dimand, "Fisher, Keynes and the Corridor of Stability", *American Journal of Economics and Sociology* (January 2005); "Out of Keynes's Shadow", on Fisher, *The Economist* (February 14, 2009); Theodore M. Porter, "Fisher, Irving", *ANB Online* (August 2012).

Friedrich Hayek, "Economics and Knowledge", *Economica* (1937); *The Road to Serfdom* (1945); "The Uses of Knowledge in Society" (1945); "Individualism, True and False" (1948); *The Constitution of Liberty* (1960); "Principles of a Liberal Social Order" (1966); *Law, Liberty and Legislation: Vol. I: Rules and Order* (1973); *Vol. II: The Mirage of Social Justice* (1976); *Vol. III: The Political Order of a Free People* (1979); Andrew Gamble, *Hayek: The Iron Cage of Liberty* (1996); Samuel Brittan, "Hayek, Friedrich August", *ODNB Online* (June 2011). Other works: Jacob Viner, "Hayek on Freedom and Coercion", *Southern Economic Journal* (January 1961); Lionel Robbins, "Hayek on Liberty", *Economica* (February 1961); Fritz Machlup, "Friedrich Hayek's Contribution to Economics", *Swedish Journal of Economics* (December 1974); John Gray, "Hayek on Liberty, Rights and Justice", *Ethics* (October 1981); Jeremy Shearmur, "Hayek", in *Blackwell Encyclopedia of Political Thought* (1987), eds. Miller et al.; Richard Cockett, *Thinking the Unthinkable: Think-Tanks and the Economic Counter-Revolution, 1931-1983* (1994); Edna Ullman-Margalit, "The Invisible Hand and the Cunning of Reason", *Social Research* (Summer 1997); Mario Sznajder, "Hayek in Chile", in *Liberalism and Its Practice*, in Avnon and de-Shalit (1999); Alan Ebenstein, *Friedrich Hayek: A Biography* (2001); Bruce Caldwell, *Hayek's Challenge: An Intellectual Biography* (2003); Roger W. Garrison, "Over-Consumption and Forced Savings in the Mises-Hayek Theory of the Business Cycle", *History of Political Economy* (2004); Kim Phillips-Fein, *Invisible Hands: The Businessman's Crusade Against the New Deal* (2009).

후버, 루스벨트

Herbert Hoover, speeches: "Business Ethics" (1924); "Rugged Individualism" (1928),

"The Meaning of America" (1948); William Leuchtenburg, *Herbert Hoover* (2009); Joan Hoff, "Hoover, Herbert Clark", *ANB Online* (June 2012).

Franklin D. Roosevelt, *The Roosevelt Reader* (1957), selected speeches, messages, press conferences, and letters, ed. Rauch; Alan Brinkley, "Roosevelt, Franklin Delano", *ANB Online* (June 2012). Other works: Ray T. Tucker, "Is Hoover Human?", *North American Review* (November 1928); Richard Hofstadter, "The Ordeal of Herbert Hoover", in *The American Political Tradition* (1948); Charles Kindleberger, *The World in Depression: 1929-39* (1973); David U. Romasco, "Herbert Hoover: The Restoration of a Reputation", *Reviews in American History* (March 1984); Barry Eichengreen and Peter Temin, "The Gold Standard and the Great Depression", NBER Working Paper 6060 (June 1997); David Kennedy, *Freedom from Fear: The American People in Depression and War, 1929-1945* (1999); Amity Shlaes, *The Forgotten Man* (2007); Andrew B. Wilson, "Five Myths about the Great Depression: Herbert Hoover Was No Proponent of Laissez-Faire", *Wall Street Journal* (November 4, 2008); H. W. Brands, *Traitor to His Class: The Privileged Life and Radical Presidency of Franklin Delano Roosevelt* (2008).

리프먼

Walter Lippmann, *Drift and Mastery* (1914); *Public Opinion* (1922); *The Good Society* (1937); G. J. Morton Blum, *Public Philosopher: Selected Letters of Walter Lippmann* (1985); Ronald Steel, "Lippmann, Walter", *ANB Online* (August 2010). Other works: Christopher Lasch, "Walter Lippmann Today", *NYRB* (December 9, 1965); and Steel, *Walter Lippmann and the American Century* (1980); Franc^ois Denord, "Aux Origines du néo-libéralisme en France: Louis Rougier et le Colloque Walter Lippmann de 1938", *Le Mouvement Social* 195 (2001); Daniel Stedman-Jones, *Masters of the Universe: Hayek, Friedman and the Birth of Neo-liberal Politics* (2012).

포퍼

Die Logik der Forschung (1934); trans. author, *The Logic of Scientific Discovery* (1959); "The Poverty of Historicism Vol. I" (myth of prophecy) and Vol. II (piecemeal social engineering), *Economica* (May and August 1944); "The Poverty of Historicism Vol. III" (laws and trends), *Economica* (May 1945); *The Open Society and Its Enemies* (1945); "Intellectual Autobiography", in *The Philosophy of Karl Popper* (1974), ed. Schillp; Anthony Quinton, "Popper: Politics without Essences", in *Contemporary Political Philosophers* (1975), eds. Crespigny and Minogue; Anthony O'Hear, *Karl Popper* (1980). Other works: Hilary Putnam, "The 'Corroboration' of Theories"; William C. Kneale, "The Demarcation of Science", and W. V. Quine, "On Popper's Negative Methodology", in Schillp; Manfred Geier, *Karl Popper* (1994); Stephen Thornton, "Karl

Popper", *SEP Online* (Winter 2011).

인권

William Paley, "The Division of Rights", in *Principles of Moral and Political Philosophy* (1775); Jeremy Bentham, *Anarchical Fallacies: An Examination of the Declarations of Rights Issued during the French Revolution* (1796); Max Weber, "Zur Lage der bu_ rgerlichen Demokratie in Rus_land" (1906); trans. Speirs, "On the Situation of Constitutional Democracy in Russia" (1994); Hannah Arendt, "The Perplexities of the Rights of Man", chap. 9, ii of *Origins of Totalitarianism* (1951); Herbert Hart, "Are There Any Natural Rights?", *Philosophical Review* (April 1955); J.E.S. Fawcett, *The Law of Nations* (1968); *Historical Change and Human Rights* (1995), ed. Hufton; Mary Ann Glendon, *A World Made New: Eleanor Roosevelt and the Universal Declaration of Human Rights* (2001); Tom Bingham, *The Rule of Law* (2010); Samuel Moyn, *The Last Utopia: Human Rights in History* (2010); Andrew Vincent, *The Politics of Human Rights* (2010).

독일의 1949년 기본법

J. F. Golay, *The Founding of the Federal Republic of Germany* (1958); Carlo Schmid, *Politik und Geist* (1961); Peter Merkl, *The Origin of the West German Republic* (1963); H. W. Koch, *A Constitutional History of Germany* (1984).

베버리지

William Beveridge, *Social Insurance and Allied Services* (1942); José Harris, *William Beveridge* (1997); Michael Freeden, "The Coming of the Welfare State", in *Cambridge History of 20th-Century Political Thought* (2003), eds. Ball and Bellamy; Harris, "Beveridge, William Henry", *ODNB Online* (September 2012).

오크숏, 벌린

Michael Oakeshott, *Experience and Its Modes* (1933); *The Social and Political Doctrines of Contemporary Europe* (1939); *Rationalism in Politics and Other Essays* (1962), containing "Rationalism in Politics" (1947); "Political Education" (1951); "The Voice of Poetry in the Conversation of Mankind" (1959); "Political Discourse" (1962); *On Human Conduct* (1975); Paul Franco, *Michael Oakeshott* (2004). Other works: *The Intellectual Legacy of Michael Oakeshott* (2005), eds. Abel and Fuller; Andrew Gamble, "Oakeshott's Ideological Politics: Conservative or Liberal?", in *The Cambridge Companion to Oakeshott* (2012), ed. Podoksik.
Isaiah Berlin, "Two Concepts of Liberty" (1957); *Personal Impressions* (1981), ed. Hardy; *Flourishing: Letters, 1928-46* (2004); *Enlightening: Letters 1946-60* (2009), eds.

Hardy and Holmes; *Building: Letters 1960-75* (2013), eds. Hardy and Pottle; Michael Ignatieff, *Isaiah Berlin* (1998). Other works: Gerald C. McCallum, "Negative and Positive Freedom", *Philosophical Review* (July 1967); J. P. Day, "On Liberty and the Real Will", *Philosophy* (July 1970); John Gray, "On Liberty, Liberalism and Essential Contestability", *British Journal of Political Science* (October 1978); Charles Taylor, "What's Wrong with Negative Liberty", in *The Idea of Freedom* (1979), ed. Ryan; Amartya Sen, "Individual Freedom as a Social Commitment", *NYRB* (June 14, 1990); Chandran Kukathas, "Liberty", in *A Companion to Contemporary Political Philosophy* (1995), eds. Goodin and Pettit; *The Legacy of Isaiah Berlin* (2001), eds. Dworkin, Lilla, and Silvers; Ian Carter, "Positive and Negative Liberty", in *SEP Online* (December 2012).

오웰, 카뮈, 사르트르

Homage to Catalonia (1938); *The Collected Essays, Journalism and Letters Vols. I-IV* (1968-2000), eds. Sonia Orwell and Angus; Bernard Crick, *Orwell: A Life* (1980); Jeffrey Meyers, *Orwell: Wintry Conscience of a Generation* (2000); George Orwell, *Orwell and the Dispossessed: "Down and Out in London and Paris" and Other Essays* (2001), ed. Peter Davison.

Albert Camus, *Le mythe de Sisyphe* (1942); *L'Homme révolté (1951); trans.* Bower, The Rebel *(1954); Francis Jeanson, "Albert Camus ou l'a^me révoltée",* Temps Modernes *(May 1952);* Camus, *"M. le directeur",* Temps Modernes *(June 1952); Sartre, "Mon cher Camus",* Temps Modernes *(August 1952); Ronald Aronson,* Camus and Sartre: The Story of a Friendship and the Quarrel That Ended It (2004).

Jean Paul Sartre: *L'Imaginaire* (1940); *L'e^tre et le néant* (1943); *trans.* Barnes, *Being and Nothingness* (1957); *Les Mots* (1963); *Carnets de la dro^le de guerre* (1983); Ronald Hayman, *Writing Against: A Biography of Sartre* (1986). Other works: *The Philosophy of Jean-Paul Sartre*, ed. Cumming (1968); Raymond Aron, *Mémoires* (1983); Annie Cohen-Solal, *Sartre 1905-1980* (1985); Nicolas Baverez, *Raymond Aron: un moraliste au temps des idéologies* (1993); Jean Sirinelli, *Deux Intellectuels dans le sie\cle: Sartre et Aron* (1995).

롤스, 롤스주의

John Rawls, *A Theory of Justice* (1971); *Political Liberalism* (2nd 1996); *Collected Papers* (1999), ed. Freeman; Chandran Kukathas and Philip Pettit, *A Theory of Justice and Its Critics* (1990); G. A. Cohen, *Rescuing Justice and Equality* (2008). Other works: *Reading Rawls: Critical Studies on Rawls's "A Theory of Justice"* (1975), ed. Daniels; *The Philosophy of Rawls, a Collection of Essays: Vol. I, Development and Main Outlines of Rawls's Theory of Justice; Vol. II, The Two Principles and their Justification; Vol. III,*

Opponents and Implications of a Theory of Justice (1999), ed. Richardson; *Vol. IV, Moral Psychology and Community; Vol. V, Reasonable Pluralism* (1999), ed. Weithman; David Wiggins, "A Fresh Argument for Utilitarianism" and "Neo-Aristotelian Reflections", in Wiggins, *Ethics* (2006); Paul Graham, *Rawls* (2006); Thomas Pogge, *John Rawls* (2007), trans. Kosch; Joshua Cohen and Thomas Nagel, "Faith in the Community: A Forgotten 'Senior Thesis' that Signals John Rawls's Future Spiritual Force", *TLS* (March 20, 2009).

노직, 드워킨, 매킨타이어

Robert Nozick, *Anarchy, State and Utopia* (1973); Ronald Dworkin, *Taking Rights Seriously* (1978); *Sovereign Justice* (2000); *Justice for Hedgehogs* (2011); Alasdair Macintyre, *A Short History of Ethics* (1967); *After Virtue* (1981); *Whose Justice, Which Rationality?* (1988); *Three Rival Versions of Moral Enquiry* (1990); *After MacIntyre* (1994), eds. Horton and Mendus; *The MacIntyre Reader* (1998), ed. Knight; Leif Wenar, "Rights", *SEP Online* (December 2010).

망데스-프랑스, 브란트, 존슨

"Mende\s-France, Pierre 1907-1982", in *Historical Dictionary of the French IIId Republic 1870-1940* (1980), ed. Hutton; and in *Dictionnaire de la résistance* (2006), eds. Marcot, Leroux, and Levisse-Touze; Jean Lacouture, *Mende\s-France* (1981); *Pierre Mende\ s-France: La morale en politique* (1990), eds. Che^ne et al.; Eric Roussel, *Pierre Mende\ s-France* (2005); Richard Vinen, "Writer's Choice", review of Roussel, *TLS* (May 18, 2007).

Willy Brandt, *Erinnerungen* (1989); trans. Camiller, *My Life in Politics* (1992); *Die Spiegel-Gespra_che, 1959-1992* (1992); Barbara Marshall, *Willy Brandt: A Political Biography* (1997).

Merle Miller, *Lyndon: An Oral Biography* (1980); Robert Caro, *The Years of Lyndon Johnson: Means of Ascent* (1990); *Master of the Senate* (2002); *The Passage of Power* (2012); Lloyd Gardner, "Johnson, Lyndon Baines", *ANB Online* (December 2012). Other works: Rowland Evans and Robert Novak, *Lyndon Johnson: The Exercise of Power* (1966); Robert Dallek, *Lone Star Rising: Lyndon Johnson and His Times, 1908-60* (1991); James T. Patterson, *Grand Expectations: The United States 1945-74* (1996); Dallek, *Flawed Giant: Lyndon Johnson and His Times, 1961-73* (1998).

뷰캐넌, 프리드먼

James Buchanan and Gordon Tullock, *The Calculus of Consent* (1962); Buchanan, "The Justice of Natural Liberty", *Journal of Legal Studies* (January 1976); Lecture at Francisco Marroquin University, FMU website (March 2011); Steven Pressman, "What is Wrong with Public Choice", *Journal of Post Keynesian Economics* (Autumn 2004). Friedman, *Capitalism and Freedom* (1962); with Anna J. Schwartz, *A Monetary History of the United States 1867-1960* (1963); "The Role of Monetary Policy", *American Economic Review* (March 1968).

대처, 레이건, 미테랑, 콜

Sincerely, Ronald Reagan (1976), sayings, thoughts, and letters, ed. Helene von Damm; Richard Reeves, *President Reagan: The Triumph of Imagination* (2005). "D'ou venons nous? Que sommes nous? Ou allons nous?: A Survey of France", *The Economist* (March 12, 1988); Franz-Olivier Giesbert, *Le Président* (1990), on Mitterrand. Horst Teltschik, *329 Tage* (1991), on Kohl and German unification; "Not as Grimm as it Looks: A Survey of Germany", *The Economist* (May 23, 1992).

하벨

Letters to Olga (1983; trans. Wilson 1988); *Living in Truth* (1986, trans. various); *Disturbing the Peace* (1990; trans. Wilson); *Open Letters* (1991; trans. Wilson); *To the Castle and Back* (2005; trans. Wilson 2007); Mark Frankland, *The Patriots' Revolution* (1990); Tony Judt, "Living in Truth", *TLS* (October 11, 1991); Michael Simmons, *The Reluctant President* (1991); John Keane, *Vaclav Havel: A Political Tragedy in Six Acts* (1999).

강경 우파의 발생

Michael Mann, "The Social Cohesion of Liberal Democracy", *American Sociological Review* (June 1970); Charles Peters, "A Neo-Liberal's Manifesto, *Washington Monthly* (September 5, 1982); Fareed Zakaria, "The Rise of Illiberal Democracy", *Foreign Affairs* (November-December 1997); Marc Plattner, "Liberalism and Democracy: Can't Have One Without the Other", *Foreign Affairs* (March-April 1998); Morris Fiorina, *Culture War? The Myth of Polarized America* (2004); Tony Judt, "What is Living and What is Dead in Social Democracy?", *NYRB* (December 17, 2009); Lane Kenworthy, "America's Social Democratic Future", *Foreign Affairs* (January-February 2014); "What's Gone Wrong with Democracy", *The Economist* (March, 4 2014); Thomas Meaney and Jascha Mounk, "What was Democracy?", *The Nation* (May 13, 2014); "Beyond Distrust: How Americans View their Government", Pew Research Center (November 2015); Michael Ashcroft, "How the United Kingdom Voted on Thursday...and Why", lordashcroftpolls.com (June 24, 2016); Ronald F. Inglehart, "The Danger of Deconsolidation: How Much Should We Worry?", *Journal of Democracy* (July 2016); Max Ehrenfreund and Jeff Guo, "A Massive New Study Debunks a Widespread Theory for Donald Trump's Success", *Washington Post* (August

12, 2016); Victor Davis Hanson, "Why Trump Won", *Hoover Daily Report* (November 11, 2016); William A. Galston and William Kristol, "A New Center", *The Weekly Standard* (November 29, 2016); Kelefa Sanneh, "A New Trumpist Magazine Debuts at the Harvard Club", *New Yorker* (February 25, 2017); Jennifer Schuessler, "Talking Trumpism: A New Political Journal Enters the Fray", *NYT* (March 8, 2017); Ross McKibbin, "Labour in Crisis: The Red Sag", *Prospect* (March 10, 2017); Christopher Caldwell, "The French: Coming Apart", *City Journal* (Spring 2017); David Brooks, columns on Trump, *NYT* (March 24, April 21, May 16, 2017); Suzanne Mettler, "Democracy on the Brink: Protecting the Republic in Trump's America", *Foreign Affairs* (April 2017); Robert Mickey, Steven Levitsky, and Lucan Ahmad Way, "Is America Still Safe for Democracy? Why the United States is in Danger of Backsliding", *Foreign Affairs* (May-June 2017); Michael Lind, "The New Class War", *American Affairs* (May 20, 2017); "Macron's Victory in Charts", *Financial Times Online* (June 2017); Fiorina, "The 2016 Presidential Election: Identities, Class and Culture", Hoover Institution Essays 11 (June 22, 2017); "La France périphérique: comment on a sacrificié les classes populaires", on Christophe Guilluy, fr.wikpedia (June 2017).

포퓰리즘, 신권위주의, 파시즘

Seymour Martin Lipset, "Democracy and Working-Class Authoritarianism", *American Sociological Review* (August 1959); Robert Paxton, "Les fascismes: essai d'histoire comparée", lecture at Ecole des Hautes Etudes en Sciences Sociales (June 13, 1994); *The Anatomy of Fascism* (2004); Jan-Werner Mueller, *What is Populism?* (2016); Other works: *Fascists and Conservatives* (1990), ed. Blinkhorn; Pierre Milza, "Le Front National", in *Histoires des droites: Vol. I, Politique* (1992), ed. Sirinelli; Edwy Plenel and Alain Rollat, *La République menacée: dix ans d'effet Le Pen* (1992), ed.; *Histoire de l'extre^me droite en France* (1993), ed. Winock; Tim Mason, *Nazism, Fascism and the Working Class* (1995); Jonathan Marcus, *The National Front and French Politics: The Resistible Rise of Jean-Marie Le Pen* (1995); Axel Schildt, *Konservatismus in Deutschland* (1998); Walter Russell Mead, "The Jacksonian Tradition", *National Interest* (Winter 1999-2000); Slavoj Zizek, "Why We All Love to Hate Haider", *New Left Review* (March-April 2000); Peter Davies, *The Extreme Right in France, 1789 to the Present* (2002); Catherine Fieschi, *Fascism, Populism and the French Vth Republic* (2004); "Le Front National", *Pouvoirs* 157 (2016); Sheri Berman, "Populism is Not Fascism: But it Could be a Harbinger", *Foreign Affairs* (November-December 2016); Hajo Funke, *Von Wutbu_rgern und Brandstiftern: AfD, Pegida, Gewaltnetze* (2016); Joshua Green, *Devil's Bargain* (2017); Martin Wolf, "The Economic Origins of the Populist Surge", *Financial Times* (June 27, 2017).

경제적 불만

Fred Hirsch, *The Social Limits to Growth* (1976); Richard Posner, *The Economics of Justice* (1981); Robert Skidelsky, "Thinking about the State and the Economy" (1996), in *The Boundaries of the State in Modern Britain* (1996), eds. Green and Whiting; John Williamson, interview on Washington Consensus and Neo-liberalism, *Washington Post* (April 12, 2009); John Cassidy, "After the Blowup: Laissez-faire Economists Do Some Soul-Searching, and Finger-Pointing", *New Yorker* (January 10, 2010); Skidelsky, "Where Do We Go from Here?", *Prospect* (January 17, 2010); Posner, *A Failure of Capitalism: The Crisis of '08 and the Descent into Depression* (2010); Zanny Minton Beddoes, "For Richer, for Poorer: Special Report on the World Economy", *The Economist* (October 13, 2012); Kimberley J. Morgan, "America's Misguided Approach to Social Welfare: How the Country Could Get More for Less", *Foreign Affairs* (January-February 2013); Martin Wolf, *The Shifts and the Shocks: What We've Learned—and Have Still to Learn—from the Financial Crisis* (2014); "Inequality v Growth", *The Economist* (March 3, 2014); Eugene Steuerle and Sisi Zhang, "Impact of the Great Recession and Beyond: Disparities in Wealth Building by Generation and Race", Urban Institute Working Paper (April 2014); Thomas Piketty, *Capital in the 21st Century* (2014); Charles J. Jones, "The Facts of Economic Growth", *Stanford GSB and NBER* (April 6, 2015); Daron Acemoglu and James A. Robinson, "The Rise and Decline of General Laws of Capitalism", *Journal of Economic Perspectives* (Winter 2015); Robert Gordon, *The Rise and Fall of American Growth* (2016); Tyler Cowan, "Is Innovation Over?", review of Gordon, *Foreign Affairs* (March-April 2016); Ben Bernanke and Lawrence Summers, Exchange on Secular Stagnation, Ben Bernanke's Blog/brookings.edu (June 2016); Lawrence Summers, "The Age of Secular Stagnation", *Foreign Affairs* (March-April 2016); J. Tomilson Hill and Ian Morris, "Can Central Banks Goose Growth?", *Foreign Affairs* (March-April 2016); Laurence Chancy and Brina Seidel, "Is Globalization's Second Wave about to Break?", *Brookings Global Views* (October 2016); "Income Inequality Update: Table 1. Key Indicators on the Distribution of Household Disposable Income and Poverty", *OECD* (November 2016); "Inequality or Middle Incomes: Which Matters More?", *The Economist* (January 7, 2017); "From Deprivation to Daffodils: The World Economy is Picking Up", *The Economist* (March 18, 2017); "Union Membership has Plunged to an All-Time Low, says DBEIS", *Guardian* (June 1, 2017); Jason Furman, "Looking Backward and Forward at the US Fiscal Trajectory", lecture at Peterson Institute for International Economics (June 29, 2017); *Human Development for Everyone: UNDP Human Development Report 2016* (2017).

지정학적 고립

Joseph Schumpeter, "The Sociology of Imperialisms" (1919); Michael Doyle, "Liberalism and World Politics", *APSR* (December 1986); Stewart Patrick, "The Unruled World: The Case for Good Enough Global Governance", *Foreign Affairs* (January-February 2014); "Faith and Scepticism about Trade, Foreign Investment", Pew Research Center (September 2014); "Why is World Trade Growth Slowing?", *The Economist* (October 12, 2016); Robert Niblett, "Liberalism in Retreat: The Demise of a Dream", *Foreign Affairs* (January-February 2017); "Donald Trump, Trade and the New World Order", *The Economist* (March 25, 2017); John Peet, "Creaking at 60: The Future of the European Union", *The Economist* (March 25, 2017); *Democracy Index 2016*, Economist Intelligence Unit (April 2017); Anatole Kaletsky, "Theresa May's Pyrrhic Victory", projectsyndicate.org (April 29, 2017); "What Donald Trump Means by Fair Trade"; "The Trump Trilemma: The Contradiction at the Heart of Trumponomics", *The Economist* (May 13, 2017); "Why Trade is Good for You", *The Economist* (May 27, 2017); "What the German Economic Model can Teach Emmanuel Macron" (May 27, 2017); "An Interview with Wolfgang Ischinger", *The Economist Online* (May 30, 2017); Richard Haass, *A World in Disarray: American Foreign Policy and the Crisis of the Old Order* (2017).

국민이라는 것, 시민이라는 것, 정체성

W. H. Walsh, "Pride, Shame and Responsibility", *Philosophical Quarterly* (January 1970); Ernest Gellner, *On Nations and Nationalism* (1983); Eric Hobsbawm, *Nations and Nationalism since 1780* (1990); Fritz Gschnitzer, Reinhart Koselleck, Bernd Scho_nemann, and Karl Ferdinand Werner, "Volk, Nation, Nationalismus, Masse" in *Geschichtliche Grundbegriffe* 7 (1992), ed. Koselleck; David Miller, *On Nationality* (1995), *The Nationalism Reader* (1995), eds. Dahbour and Ishay; Miller, *Citizenship and National Identity* (2000); Patrick Weil, *Qu'est-ce qu'un Franc^ais?: Histoire de la nationalité franc^aise depuis la Révolution* (2002; 2005); trans. *How to be French: Nationality in the Making since 1789* (2008); Miller, "Democracy's Domain", *Philosophy and Public Affairs* 37, 3 (2009); Nenad Miscevic, "Nationalism", *SEP Online* (December 2015); Dominique Leydet, "Citizenship", *SEP Online* (December 2015); Sabine Corneloup, "Les modes actuels d'acquisition de la nationalité franc^aise"; Dominique Schnapper, "Nationalité et citoyenneté"; Serge Slama, "Jus soli, jus sanguinis, principes complémentaires et consubstantiels de la tradition républicaine"; Hugues Fulchiron, "Les enjeux contemporains du droit franc^ais de la nationalité a\ la lumie\re de son histoire"; all in "La Nationalité", *Pouvoirs* 1 (2017).
Free Movement: Ethical Issues in the Transnational Migration of People and Money (1992), eds. Barry and Goodin; Michael Walzer, *Spheres of Justice* (1983); Joseph Carens, "Aliens

and Citizens", *Review of Politics* 49 (1987); *International Handbook on the Economics of Migration* (2013), eds. Constant and Zimmermann; Samuel Scheffler, "Immigration and the Significance of Culture", *Philosophy and Public Affairs* (Spring 2007); Stephen Macedo, "Should Liberal Democracies Restrict Immigration?", in *Citizenship, Borders, and Human Needs* (2011), ed. Smith; Chandran Kukathas, "Expatriatism: The Theory and Practice of Open Borders", in ibid.; Christopher Caldwell, "The Hidden Costs of Immigration", *Claremont Review of Books* (November 8, 2016).

Multiculturalism Reconsidered (2002), ed. Paul Kelly; Will Kymlicka, *Liberalism, Community and Culture* (1989); *The Rights of Minority Cultures* (1995) and *Politics in the Vernacular: Nationalism, Multiculturalism and Citizenship* (2001); Kenan Malik, "The Failures of Multiculturalism", *Foreign Affairs* (March-April 2015); and "Britain's Dangerous Tribalism", *INYT* (July 11, 2015); Michael Ignatieff, *The Lesser Evil: Political Ethics in an Age of Terror* (2005); Malise Ruthven, "How to Understand Islam", *NYRB* (November 8, 2007); Panka Mishra, "Islamism", *New Yorker* (June 7, 2010); "Uneasy Companions: Islam and Democracy", *The Economist* (August 6, 2011); Timothy Garton-Ash, "Freedom and Diversity: A Liberal Pentagram for Living Together", *NYRB* (November 22, 2012); Malise Ruthven, review of Claire Adida, David Laitin, and Marie-Anne Valfort, "Why Muslim Integration Fails in Christian-Heritage Societies", *Financial Times* (January 29, 2016); Adam Nossiter, "That Ignoramus: Two French Scholars of Radical Islam Turn Bitter Rivals", *NYT* (July 12, 2016); Cecile Laborde, Liberalism's Religion (2017).

Eric Hobsbawm, "Identity Politics and the Left", *New Left Review* (May-June 1996); Brian Barry, *Culture and Equality* (2001); Amy Gutmann, *Identity and Democracy* (2003); Anthony Appiah, *The Ethics of Identity* (2005); Natalia Stoljar, "Feminist Perspectives on Autonomy", *SEP Online* (January 2016); Mark Lilla, "The End of Identity Liberalism", *NYT* (November 18, 2016); Cressida Heyes, "Identity Politics", *SEP Online* (December 2015); Somogy Varga and Charles Guignon, "Authenticity", *SEP Online* (December 2015).

지적 회의와 불만

George Dangerfield's *The Strange Death of Liberal England* (1935); John Hallowell, "The Decline of Liberalism", *Ethics* (April 1942); Arthur Ekirch, *The Decline of American Liberalism* (1955); Theodore Lowi, *The End of Liberalism* (1969); Daniel Bell, *The Cultural Contradictions of Capitalism* (1976); Samuel Huntington, Michel Crozier, and Joji Watanuki, *The Crisis of Democracy: On the Governability of Democracies* (1975); Ronald Terchek, "The Fruits of Success and the Crisis of Liberalism", in *Liberals on Liberalism* (1986); Meinecke citation, Rudolf Vierhaus, "Liberalismus", in *Geschichtliche Grundbegriffe* 3 (1982), ed. Koselleck; Roger Kimball and Hilton

Kramer, *The Betrayal of Liberalism* (1999); H. W. Brands, *The Strange Death of American Liberalism* (2001); Raymond Geuss, "Liberalism and its Discontents", *Political Theory* (2002) and *Philosophy and Real Politics* (2008); Patrick Deneen, *Why Liberalism Failed* (2018); Jonathan Haidt, *The Righteous Mind: Why Good People are Divided by Politics and Religion* (2012); Thomas Nagel, "The Taste for Being Moral", review of *The Righteous Mind*, *NYR* (December 6, 2012); Ronald Inglehart and Scott C. Flanagan, "Value Change in Industrial Societies", *APSR* (December 1987); Ronald Inglehart and Chris Welzel, "The WVS Cultural Map of the World", World Values Survey website (July 2017); Walter Scheidel, *The Great Leveller: Violence and the History of Inequality from the Stone Age to the 21st Century* (2017); Francis Fukuyama, "The End of History?", *National Interest* (Summer 1989); *Political Order and Political Decay* (2014); "Can Liberal Democracy Survive the Decline of the Middle Class?", *Foreign Affairs* (January-February 2012); "America in Decay", *Foreign Affairs* (September-October 2014); "American Political Decay or Renewal? The Meaning of the 2016 Election", *Foreign Affairs* (July-August 2016); Samuel Huntington, "The Clash of Civilizations?", *Foreign Affairs* (Summer 1993); *"The Clash of Civilizations": The Debate, 20th Anniversary Edition, Foreign Affairs* (August 2013); Azar Gat, "The Return of Authoritarian Great Powers", *Foreign Affairs* (July-August 2007); Daniel Deudney and G. John Ikenberry, "The Myth of the Autocratic Revival: Why Liberal Democracy Will Prevail", *Foreign Affairs* (January-February 2009); Azar Gat, "Which Way is History Marching? Democracy's Victory is Not Preordained", *Foreign Affairs* (July-August 2009); Ikenberry, "The Future of the Liberal World Order", *Foreign Affairs* (May-June 2011); "The Plot Against American Foreign Policy: Can the Liberal Order Survive?", *Foreign Affairs* (May-June 2017); Andrew Levine, "A Conceptual Problem for Liberal Democracy", *Journal of Philosophy* (June 1978); Richard Rorty, *Contingency, Irony and Solidarity* (1989); Judith Shklar, "The Liberalism of Fear", in *Liberalism and the Moral Life* (1989), ed. Rosenblum; John Gray, *Liberalisms* (1989); Richard Bellamy and John Zvesper, "The Liberal Predicament: Historical or Logical?", *Politics* (February 1995); John Skorupski, "Liberty's Hollow Triumph", *Royal Institute of Philosophy Supplements* 45 (March 2000); Gray, *The Two Faces of Liberalism* (2000); Raymond Geuss, "Liberalism and Its Discontents", *Political Theory* (June 2002) and *Philosophy and Real Politics* (2008); Jeremy Waldron, *Torture, Terror and Trade-Offs: A Philosophy for the White House* (2010); Marc Stears, "Liberalism and the Politics of Compulsion", *British Journal of Political Science* (July 2007); Matt Sleat, "Liberal Realism: A Liberal Response to the Realist Critique", *Review of Politics* (Summer 2011); Edward Hall, "Contingency, Confidence and Liberalism in the Political Thought of Bernard Williams", *Social Theory and Practice* (October 2014); Steven Pinker and Andrew Mack, "The World is Not Falling Apart", *Slate* (December 22, 2014); Charles

Kenny, "2015: The Best Year in History for the Average Human Being", *The Atlantic* (December 18, 2015); Peter Vallentyne and Bas van der Vossen, "Libertarianism", *SEP Online* (May 2017); "Le suicide franc^ais", fr.wikipedia.org (September 30, 2016); Alexander Stille, "The French Obsession with National Suicide", *New Yorker* (December 11, 2014); Regina Krieger, "Wie Sarrazin Milliona_r wurde", *Handelsblatt* (May 21, 2012); "Deutschland schafft sich ab", de.wikipedia.org (September 30, 2016); Jason Brennan, *Against Democracy* (2016); Roger Scruton, *On Human Nature* (2017); Rod Dreher, *The Benedict Option* (2017); Albert O. Hirschman, "Rival Interpretations of Market Society: Civilizing, Destructive or Feeble?", *Journal of Economic Literature* (December 1982); Wolfgang Streeck, "How Will Capitalism End?", *New Left Review* (May-June 2014); "Le retour des évincés", in *L'a^ge de la régression* (2017), ed. Geiselberger; on Streeck, Adam Tooze, "A General Logic of Crisis", review of Streeck's work, *London Review of Books* (January 5, 2017); Jean-Luc Mélenchon, L'e\re du peuple (2014); Perry Anderson, "Renewals", *New Left Review* (January-February 2000); "Dégringolade", *London Review of Books* (September 2, 2004); Emile Chabal, "Les intellectuels et la crise de la démocratie", *Pouvoirs* 2 (2017).

옮긴이 신재성

서울시립대에서 철학과 박사과정을 수료했다. 현재는 대안학교 '더불어가는배움터길'에서 길잡이 교사로 재직 중이다. 논문으로 「헤겔의 시민사회·국가론의 재고찰」「스피노자의 정치이론: 시민사회와 국가의 관계를 중심으로」 등이 있고, 공저로 『코뮌의 미래』(근간)가 있다. 『경험의 노래들』 『헤겔의 신화와 전설』 『탈산업사회에서 포스트모던사회로』(공역) 등을 우리말로 옮겼다.

자유주의
어느 사상의 일생

1판 1쇄 2022년 11월 25일
1판 2쇄 2024년 7월 12일

지은이 에드먼드 포셋
옮긴이 신재성
펴낸이 강성민
편집장 이은혜
책임편집 한선예
마케팅 정민호 박치우 한민아 이민경 박진희 정유선 황승현
브랜딩 함유지 함근아 고보미 박민재 김희숙 박다솔 조다현 정승민 배진성
제작 강신은 김동욱 이순호

펴낸곳 (주)글항아리 출판등록 2009년 1월 19일 제406-2009-000002호

주소 10881 경기도 파주시 심학산로 10 3층
전자우편 bookpot@hanmail.net
전화번호 031-955-2689(마케팅) 031-941-5158(편집부)
팩스 031-941-5163

ISBN 979-11-6909-057-5 03100

www.geulhangari.com